# Verhandlungen

des

# Neunzehnten Deutschen Juristentages.

Herausgegeben

von

dem Schriftführer-Amt der ständigen Deputation.

Dritter Band.

Berlin und Leipzig.
Commissions-Verlag von J. Guttentag.
(D. Collin.)
1888.

# Inhaltsverzeichniß.

# Verzeichniß der Mitglieder

der

## ständigen Deputation

für den **19. Juristentag 1888.**

| Nr. | Name. | Stand. | Wohnort. |
|---|---|---|---|
| 1 | **Anschütz** | Justizrath | Leipzig. |
| 2 | **Becker** | Landgerichtspräsident | Oldenburg. |
| 3 | Dr. **Brunner** | Professor | Berlin. |
| 4 | Dr. **Drechsler** | Reichsger.=Senatspräsident | Leipzig. |
| 5 | Dr. **Enneccerus** | Professor | Marburg. |
| 6 | Dr. **Heinsen** | Rechtsanwalt | Hamburg. |
| 7 | Dr. **Hiller** | Professor | Czernowitz. |
| 8 | **Hopmann** | Landgerichts=Präsident | Wiesbaden. |
| 9 | Dr. **Jaques** | Hof= und Gerichtsadvocat | Wien. |
| 10 | **Kleiner** | Landgerichtspräsident | Schweinfurt. |
| 11 | v. **Köstlin** | Staatsrath | Stuttgart. |
| 12 | **Makower** | Justizrath | Berlin. **(Schatzmeister.)** |
| 13 | Dr. **Mörschell** | Rechtsanwalt | Würzburg. |
| 14 | Dr. **Petersen** | Reichsgerichtsrath | Leipzig. |
| 15 | Dr. v. **Schwartze** | Generalstaatsanwalt | Dresden (gestorben). |
| 16 | **Stenglein** | Reichsanwalt | Leipzig. |
| 17 | Dr. v. **Stößer** | Oberlandesgerichts = Senats=präsident | Karlsruhe. |
| 18 | **Thomsen** | Oberlandesgerichtsrath | Stettin. |
| 19 | v. **Wilmowski** | Geheimer Justizrath | Berlin. **(Schriftführer.)** |

Dr. v. **Gneist**, Professor und Wirkl. Geheimer Oberjustizrath, Berlin, **Vorsitzender.**

# Statut

des

# deutschen Juristentages.

---

§ 1.

Der Zweck des deutschen Juristentages ist: eine Vereinigung für den lebendigen Meinungsaustausch und den persönlichen Verkehr unter den deutschen Juristen zu bilden; auf den Gebieten des Privatrechts, des Processes und des Strafrechts den Forderungen nach einheitlicher Entwickelung immer größere Anerkennung zu verschaffen, die Hindernisse, welche dieser Entwickelung entgegenstehen, zu bezeichnen und sich über Vorschläge zu verständigen, welche geeignet sind, die Rechtseinheit zu fördern.

§ 2.

Der deutsche Juristentag tritt in der Regel alljährlich zusammen; doch ist die ständige Deputation ermächtigt, aus Gründen der Zweckmäßigkeit ausnahmsweise die Wiedereinberufung des Juristentages erst in dem auf dessen letzten Zusammentritt folgenden zweiten Kalenderjahre vorzunehmen.

§ 3.

Zur Mitgliedschaft berechtigt sind die deutschen Richter, Staatsanwälte, Advocaten und Notare, die Aspiranten des Richteramts, der Anwaltschaft und des Notariats, sowie jeder, der nach seinen Landesgesetzen zum Richteramte, zur Anwaltschaft oder zur Ausübung des Notariats für befähigt erkannt ist, ferner die Lehrer an den deutschen Hochschulen, die Mitglieder der gelehrten Academien, die Doctoren der Rechte und die rechtsgelehrten Mitglieder der Verwaltungsbehörden.

§ 4.

Die Mitgliedschaft beginnt mit dem Empfange der Mitgliedskarte. Sie berechtigt zur Theilnahme an den Verhandlungen und an der Abstimmung.

§ 5.

Der Beitrag der Gesellschaftsmitglieder beträgt Sechs Mark jährlich und ist innerhalb vier Wochen nach Beginn des neuen Jahres zu entrichten, widrigenfalls derselbe durch Postvorschuß eingezogen wird. Nimmt ein Mitglied den mit Postvorschuß beschwerten Brief nicht an, so wird dies einer ausdrücklichen Austrittserkärung gleich erachtet. — Für die am

Orte des Juristentages selbst zu lösende Anmeldungskarte sind Drei Mark zu entrichten.

§ 6.

Den Plenarverhandlungen des deutschen Juristentages gehen der Regel nach Abtheilungsberathungen voraus. Zu diesem Zwecke werden durch freiwillige Einzeichnungen der Mitglieder folgende vier Abtheilungen gebildet:

1) Abtheilung für Privatrecht, insbesondere Obligationen- und Pfandrecht, juristisches Studium und praktische Ausbildung.
2) Abtheilung für Handels-, Wechsel-, See- und internationales Recht.
3) Abtheilung für Strafrecht, Strafproceß und Gefängnißwesen.
4) Abtheilung für Gerichtsverfassung und Civilproceß.

Die Abtheilungen wählen ihre Vorsitzenden, Schriftführer, Berichterstatter und benachrichtigen den Vorsitzenden der Plenarversammlung (§ 7), sobald ihre Berathungen über einzelne Gegenstände geschlossen sind; ihre Anträge sind schriftlich zu fassen. In jeder Abtheilung stimmen nur Diejenigen mit, welche sich in die betreffende Abtheilung bereits eingezeichnet haben.

Sämmtliche Beschlüsse der Abtheilungen werden in der Plenarversammlung mitgetheilt. Es findet jedoch eine Erörterung und Entscheidung im Plenum nur dann statt, wenn dieselbe von der betreffenden Abtheilung vorgeschlagen, oder wenn sie von mindestens zehn Mitgliedern beantragt und von der Plenarversammlung beschlossen wird. Ueber die Vorfrage, ob dem von mindestens zehn Mitgliedern gestellten Antrage auf Plenarentscheidung stattzugeben, wird nur einem der Antragsteller und dem Berichterstatter das Wort ertheilt.

§ 7.

Die Verhandlungen der Plenarversammlung leitet ein Vorsitzender, welcher für die Dauer eines jeden Juristentages in der ersten Plenarversammlung durch Stimmzettel oder Acclamation gewählt wird. Derselbe benennt zwei bis vier Stellvertreter und vier Schriftführer. Er bestimmt die Tagesordnung und kann einzelne Gegenstände, ohne Vorberathung in den Abtheilungen (§ 6), unmittelbar zur Plenarberathung stellen. Auch ist er befugt, Nichtmitglieder als Zuhörer zuzulassen.

§ 8.

Bei allen Beschlüssen der Plenarversammlung und der Abtheilungen entscheidet einfache Majorität der anwesenden Mitglieder, bei allen Wahlen relative Majorität und im Falle der Stimmengleichheit das Loos.

§ 9.

Wird Schluß der Debatte beantragt, so wird über diesen Antrag sofort abgestimmt. In der Plenarversammlung sind alle Anträge mit Ausnahme des Antrages auf Schluß der Debatte schriftlich zu stellen.

§ 10.

Vor dem Schlusse eines jeden Juristentages wird von der Plenarversammlung durch Acclamation oder in einem einzigen Scrutinium durch

Stimmzettel eine aus neunzehn Mitgliedern und dem Präsidenten des letzten Juristentages als Ehrenpräsidenten bestehende ständige Deputation gewählt. Die Liste der zur Acclamation vorzuschlagenden Personen wird durch den Präsidenten der Plenarversammlung, seine Stellvertreter und je zehn von jeder Abtheilung gewählte Vertrauensmänner gemeinschaftlich festgestellt.

Die ständige Deputation hat folgende Befugnisse und Obliegenheiten:

1) sie sorgt für die Ausführung der von dem Juristentage gefaßten Beschlüsse, veranlaßt nach eigenem Ermessen den Druck der Protocolle und Vorlagen, bewirkt die Vertheilung der Drucksachen an die Mitglieder und verwahrt alle Acten und Schriftstücke des Juristentages;
2) sie bestimmt Zeit und Ort des nächsten Juristentages, trifft die für denselben nöthigen Vorbereitungen, erläßt die Einladungen, stellt die vorläufige Tagesordnung auf, wobei sie in der Regel nur die bis zum 31. Mai des laufenden Jahres eingegangenen Vorlagen zu berücksichtigen hat, und bereitet Abänderungsvorschläge in Betreff der Geschäftsordnung für die Plenarversammlung vor;
3) sie nimmt die Beitrittserklärungen neuer Mitglieder entgegen, fertigt die Mitgliedskarten aus, empfängt die Beiträge, bestreitet die Ausgaben und legt der folgenden Deputation Rechnung;
4) sie ergänzt sich sebst, falls eins oder mehrere Mitglieder während des Geschäftsjahres ausscheiden.

Die Deputation wählt aus ihrer Mitte einen Vorsitzenden, einen Schriftführer, welcher ein von der Deputation festzusetzendes Pauschquantum für baare Auslagen erhält, und einer Cassirer. Der Letztere ist verpflichtet, der ständigen Deputation bei ihrem jedesmaligen Zusammentritt einen Cassenabschluß vorzulegen. Die Deputation läßt durch eines oder mehrere ihrer Mitglieder die Rechnung prüfen und die Casse revidiren.

Die Deputation bestimmt Ort und Zeit ihrer Zusammenkunft. Zur Gültigkeit ihrer Beschlüsse ist die Einladung sämmtlicher Mitglieder, sowie die Mitwirkung von wenigstens fünf Mitgliedern erforderlich.

## § 11.

Abänderungen dieses Statuts können zwar von der Plenarversammlung durch einfache Stimmenmehrheit, jedoch nur auf schriftlichen Antrag, der vier Wochen vor dem Zusammentritt des Juristentages der ständigen Deputation (§ 10) überreicht worden, beschlossen werden.

# Alphabetisches Verzeichniß

derjenigen

# Mitglieder des deutschen Juristentages

welche

**dem Verein im Jahre 1888 angehören.**

| Name. | Stand. | Wohnort. |
|---|---|---|
| Abel | Justizrath | Hannover. |
| Abesser | Amtsgerichtsrath | Kamburg a. d. Saale. |
| Ackermann, Max | Rechtsanwalt und Notar | Berlin. |
| Ackermann, Fr. | Geheimer Justizrath, Landgerichtsdirector | Dessau. |
| Ackermann | Geheimer Hofrath | Dresden. |
| Adams | Geheimer Justizrath | Koblenz. |
| Ade | Rechtsanwalt | Schw. Hall. |
| Adickes | Amtsrichter | Neuhaus a. d. Oste. |
| Adler | Rechtsanwalt | Stuttgart. |
| Dr. Aegidi | Prof., Geh. Legationsrath z. D. | Berlin. |
| Mosig v. Aehrenfeld | Rechtsanwalt | Löbau (Sachsen). |
| Dr. Albrecht | Wirkl. Geh. Oberjustizrath, Oberlandesgerichtspräsident | Frankfurt a. Main. |
| Albrecht | Landgerichtsrath | Prenzlau. |
| Alexander, Mor. | Landrichter | Braunsberg (Ostpreußen). |
| Alster, G. | Justizrath | Cassel. |
| Dr. Althoff, Friedr. | Geheim. Oberregierungsrath | Berlin. |
| Amann | Landgerichtspräsident | Offenburg (Baden). |
| Dr. André | Oberbürgermeister | Chemnitz (Sachsen). |
| Anschütz | Justizrath | Leipzig. |
| Anz | Justizrath | Essen a. d. Ruhr. |
| Dr. Apelt | Regierungsrath | Dresden. |
| Dr. Arndt, E. | Oberlandesgerichtsrath | Hamburg. |
| Arndts | Justizrath | Berlin. |

| Name. | Stand. | Wohnort. |
|---|---|---|
| Arndts | Justizrath | Leipzig. |
| Dr. Aronheim | Rechtsanwalt | Braunschweig. |
| Dr. Asch | Rechtsanwalt | Posen. |
| Dr. Aschrott | Amtsrichter | Berlin. |
| Asemissen | Rechtsanwalt | Detmold. |
| v. Auer | Justizrath | München. |
| Aulig | Rechtsanwalt | Pyritz. |
| Bacher | Rechtsanwalt | Stuttgart. |
| Behrend | Regierungsrath | Stettin. |
| Baist | Amtsgerichtsrath | Rinteln. |
| Bandmann, C. E. | Dr jur. | Hamburg. |
| Dr. v. Bar | Geh. Justizrath, Professor | Göttingen. |
| Dr. Baer, M. | Rechtsanwalt | Frankfurt a. Main. |
| Dr. Bardeleben | Oberlandesgerichtspräsident | Celle. |
| Dr. Bartels | Notar | Hamburg. |
| Bartolomaeus | Landgerichtsdirector | Breslau. |
| Dr. Bartsch | Rechtsanwalt | Constantinopel. |
| Bärwinkel | Justizrath | Arnstadt. |
| Bärwinkel, Emil | Justizrath | Leipzig. |
| Dr. de Bary, E. | Rechtsanwalt | Frankfurt a. Main. |
| v. Basedow | Justizrath | Dessau. |
| Bauer | Landgerichtsrath | Berlin. |
| Bauer | Rechtsanwalt | Höchst a. Main. |
| Baunacke, Rob. | Rechtsanwalt | Pegau (Sachsen). |
| Baustaedt | Consistorialdirector | Stade. |
| Freiherr v. Beaulieu-Markonnay | Oberlandesgerichtspräsident | Oldenburg (Großherzogth.). |
| Beck, Hugo | Referendar | Leipzig. |
| Beck | Landgerichtsrath | Stuttgart. |
| Becker | Landgerichtspräsident | Oldenburg (Großherzogth.). |
| Dr. Beckh, Herm. | Rechtsanwalt | Nürnberg. |
| Dr. Behagel | Hofrath, Professor | Freiburg (Baden). |
| Behrnauer | Landgerichtsdirector | Zwickau (Sachsen). |
| Beiersdorf | Rechtsanwalt | Lauban. |
| Beisert | Kreisgerichtsdirector a. D. | Berlin. |
| Beleites, Alb. | Landgerichtspräsident | Konitz (Westpreußen). |
| Belser | Oberamtsrichter | Leonberg (Württemberg). |
| Benfey I | Rechtsanwalt | Hannover. |
| Dr. Berend | Rechtsanwalt | Hannover. |
| Berentzen | Justizrath | Osnabrück. |
| Dr. Bergas | Rechtsanwalt | Wiesbaden. |
| Berger, Herm. | Justizrath | Greifswald. |

| Name. | Stand. | Wohnort. |
|---|---|---|
| Berger, Jul. | Justizrath | Leipzig. |
| Berghofer | Rechtsanwalt | München. |
| Bergold | Landgerichtsrath | Würzburg. |
| Bering, Rud. | Regierungsrath | Hannover. |
| Berlein | Rechtsanwalt | Rotenburg a. d. Fulda. |
| Dr. Berlin, H. | Amtsrichter | Nürnberg. |
| Dr. Berlin, Max | Landgerichtsrath | Nürnberg. |
| Bernert | Bürgermeister | Ratibor. |
| Dr. Bernhöft | Professor | Rostock (Mecklenburg). |
| Bernstein, C. | Dr. jur. | Berlin. |
| v. Bernuth | Staatsminister a. D. | Berlin. |
| Dr. Berolzheimer | Rechtsanwalt | Nürnberg. |
| Bertram | Erster Staatsanwalt | Marburg (Hessen). |
| Dr. Bertram | Appellationsgerichts=Vice=präsident a. D. | Wiesbaden. |
| Dr. Beschütz | Secretär d. Oberlandesger. | Hamburg. |
| Dr. Beseler | Landgerichtspräsident | Oppeln. |
| Beutler | Rechtsanwalt | Reichenbach (Voigtland). |
| Dr. Bewer, R. | Gerichtsassessor | Belgard (Pommern). |
| Dr. Bielenberg | Rechtsanwalt | Hamburg. |
| Dr. Bierling | Professor | Greifswald. |
| Bierwirth | Landgerichtsrath | Verden (Hannover). |
| Dr. v. Binder | Wirklicher Staatsrath | Stuttgart. |
| Dr. Bindseil | Staatsanwalt | Kottbus. |
| Dr. v. Bingner | Senatspräsident | Leipzig. |
| Birkenbihl | Amtsgerichtsrath | Wiesbaden. |
| Dr. Birkmeyer | Professor | Schwabing bei München. |
| Dr. Bischoff | Amtsrichter | Küstrin. |
| Blume | Staatsanwalt | Hildesheim (Hannover). |
| Blumenthal | Landgerichtsrath a. D. | Stettin. |
| Bock | Amtsgerichtsrath | Stettin. |
| Dr. Bockenheimer | Landgerichtsrath | Mainz. |
| Bödcher | Oberbürgermeister | Halberstadt. |
| Bohm | Justizrath | Stettin. |
| Böhmer | Rechtsanwalt | Verden (Hannover). |
| Böhr, Rich. | Amtsgerichtsrath | Erfurt. |
| Dr. Boissellier, Th. | Reichsgerichtsrath | Leipzig. |
| Bojunga | Rechtsanwalt | Hannover. |
| Bölte | Rechtsanwalt | Grevesmühlen (Mecklenbg.). |
| Bolza | Notar | Landau (Pfalz). |
| Bong=Schmidt | Geheimer Justizrath | Flensburg. |
| Bonhard | Landgerichtsrath | Darmstadt. |

| Name. | Stand. | Wohnort. |
|---|---|---|
| Bönner | Rechtsanwalt | Siegen. |
| Dr. v. Bönninghausen | Rechtsanwalt | Hamburg. |
| Dr. Borchardt, Oskar | Assessor | Berlin. |
| Borchers | Justizrath | Celle. |
| Dr. Bornhak | Privatdocent | Berlin. |
| Dr. de Boselli | Amtsgerichtsrath | Frankfurt a. Main. |
| Bossert | Erster Staatsanwalt | Kaiserslautern. |
| Bothführ, H. J. | Bürgermeister | Riga. |
| Freiherr v. Bothmer | Landrichter | Greifswald. |
| Bötzow | Gerichtsassessor | Greifenhagen. |
| Bourwieg | Justizrath | Stettin. |
| Boyens | Rechtsanwalt | Stettin. |
| Boysen | Landgerichtsdirector | Hanau. |
| Dr. Brackenhöft | Rechtsanwalt | Hamburg. |
| Braikmann | Syndicus | Stade. |
| Bramigk | Justizrath | Köthen (Anhalt). |
| Brauer | Justizrath | Berlin. |
| Braun | Hofrath | Augsburg. |
| Braun | Oberconsistorialrath | Berlin. |
| Dr. Braun, Carl | Justizrath | Berlin. |
| v. Braun | Oberamtsrichter | Karlsruhe (Baden). |
| Braunbehrens | Oberlandesgerichtsrath | Celle. |
| Breede | Rechtsanwalt | Wandsbeck. |
| Bregenzer | Landgerichtsrath | Tübingen. |
| Breithaupt | Rechtsanwalt | Göttingen. |
| Breitung | Rechtsanwalt | Schweinfurt. |
| Breyer | Oberamtsrichter | Eltmann a. Main. |
| Broda, Gustav | Rechtsanwalt | Leipzig. |
| Brown | Landgerichtsrath | Berlin. |
| Dr. Bruch | Rechtsanwalt | Mainz. |
| Dr. Brück | Justizrath | Wiesbaden. |
| Dr. Brüger, Carl | Oberlandesgerichtspräsident | Jena. |
| Brümmer | Senator | Rostock (Mecklenburg). |
| Brunnemann | Rechtsanwalt | Stettin. |
| Dr. Brunner, H. | Professor | Berlin. |
| Brunner | Justizrath | Gudensberg. |
| Brunner | Verwaltungsgerichtsdirector | Stettin. |
| Brüstle | Rechtsanwalt | Ludwigsburg. |
| Buch | Notariatsinspector | Karlsruhe (Baden). |
| Dr. Buchheister | Richter | Hamburg. |
| Buchholtz | Landgerichtspräsident | Münster (Westfalen). |
| Bueck | Landgerichtspräsident | Stettin. |

| Name. | Stand. | Wohnort. |
|---|---|---|
| Budde | Landgerichtsrath | Greifswald. |
| Buff | Reichsgerichtsrath | Leipzig. |
| Bülau, Ernst | Rechtsanwalt | Zwickau (Sachsen). |
| Bunsen, Friedr. | Amtsrichter | Rostock (Mecklenburg). |
| Burchardi | Amtsgerichtsrath | Glückstadt. |
| Burchardi | Gerichtsassessor | Pinneberg. |
| Busch, Ed. | Rechtsanwalt | M. Gladbach. |
| Bussenius | Justizrath | Leipzig. |
| Büstorff | Oberlandesgerichtsrath | Cassel. |
| Buttel | Bürgermeister | Neustrelitz. |
| Buttmann | Landgerichtsdirector | Berlin. |
| Büttner, Curt | Landgerichtsrath | Leipzig. |
| Dr. Cadenbach | Landgerichtsdirector | Waldshut (Baden). |
| Callomon, Hugo | Rechtsanwalt | Breslau. |
| Cappell | Landgerichtsdirector | Paderborn. |
| Cäsar | Justizrath | Frankfurt a. Main. |
| Cäsar | Regierungsrath | Wiesbaden. |
| Dr. Caspari, F. | Rechtsanwalt | Frankfurt a. Main. |
| Caspari, A. | Rechtsanwalt | Cassel. |
| Castagne, W. | Justizrath | Kiel. |
| Dr. v. Chelius | Landgerichtsrath | Karlsruhe (Baden). |
| Clüsener | Rechtsanwalt | Detmold. |
| Dr. Cnyrim | Rechtsanwalt | Frankfurt a. Main. |
| Dr. Cohen, J. | Rechtsanwalt | Hamburg. |
| Dr. Cohen, M. | Rechtsanwalt | Hamburg. |
| Dr. Cohn, Ludw. | Rechtsanwalt | Breslau. |
| Dr. Cohn | Professor | Heidelberg. |
| Cohn | Rechtsanwalt | Neustrelitz. |
| v. Cöllen | Rechtsanwalt | Cöln a. Rhein. |
| Dr. Cosack | Professor | Berlin. |
| Coester, Carl | Amtsrichter | Cassel. |
| Courtin | Landgerichtsrath | Freiburg (Baden). |
| Creutzberger | Rechtsanwalt | Grünberg (Schlesien). |
| Cunow | Rechtsanwalt | Potsdam. |
| Dalcke | Oberstaatsanwalt | Königsberg (Preußen). |
| Dann, Rud. | Notar | Stuttgart. |
| Dr. Daude | Geheimer Regierungsrath | Berlin. |
| Daudistel | Justizrath | Mainz. |
| Dauenhauer | Oberamtsrichter | Kaiserslautern. |
| Daumer | Amtsrichter | Ellwangen. |
| David, Cornelius | Rechtsanwalt | Frankenthal (Bayern). |
| Davidsohn | Rechtsanwalt | Offenbach a. Main. |

| Name. | Stand. | Wohnort. |
|---|---|---|
| v. d. Decken | Geheimer Oberjustizrath, Landgerichtspräsident | Verden (Hannover). |
| Deeke | Landrichter | Holzminden. |
| Deegen | Kammergerichtsrath | Berlin. |
| Dr. v. Degenkolb | Professor | Tübingen. |
| Degner, Alfr. | Senatspräsident | Dresden. |
| Dr. Deiß | Rechtsanwalt | Leipzig. |
| Delbrück | Landrichter | Lüneburg. |
| Dr. Delbrück | Gerichtsreferendar | Stettin. |
| Denhard | Landesrath | Stettin. |
| Denso | Landrichter | Berlin. |
| Dr. Dernburg | Geh. Justizrath, Professor | Berlin. |
| Detmold | Landrichter | Göttingen. |
| Dettmar, H. | Justizrath | Hildesheim (Hannover). |
| Deumling | Amtsrichter | Paderborn. |
| v. Dewitz | Geheimer Justizrath | Stettin. |
| Dr. Dickel | Amtsrichter | Berlin. |
| Dr. Diehl, Th. | Rechtsanwalt u. Notar | Frankfurt a. Main. |
| Dierry | Rechtsanwalt | Gießen. |
| Dietrich | Rechtsanwalt | Prenzlau. |
| Dietz | Landgerichtsrath | Stettin. |
| Diße | Justizrath | Münster (Westfalen). |
| Dr. Dittmar | Rechtsanwalt | Gießen. |
| Dohrn, Eugen | Rechtsanwalt | Itzehoe. |
| Dölitzsch, Arthur | Rechtsanwalt | Altenburg (Sachsen-Altbg.). |
| Dr. Dorn | Geheimer Justizrath | Leipzig. |
| Dorner | Ministerialrath | Karlsruhe (Baden). |
| Dorner, Christ. | Rechtsanwalt | Mosbach (Baden). |
| Dose, Wolf | Rechtsanwalt | Neustadt (Holstein). |
| Dove, Heinr. | Landrichter | Frankfurt a. Main. |
| Dr. Drabert | Gerichtsassessor | Berlin. |
| Dr. Drechsler | Senatspräsident | Leipzig. |
| Dr. Dreyer | Reichsgerichsrath | Leipzig. |
| Dr. Drucker, M. | Rechtsanwalt | Leipzig. |
| Düesberg | Justizrath | Bochum. |
| Duncker | Amtsrichter | Brüssow. |
| Dürbig | Dritter Staatsanwalt | München. |
| Dürr | Justizrath | München. |
| Dürrschmidt, Heinr. | Reichsgerichtsrath | Leipzig. |
| v. Dursy | Ministerialrath | Straßburg (Elsaß). |
| Ebel, Ludw. | Oberamtsrichter | Wald-Michelbach i. Odenwald. |
| Ebel | Rechtsanwalt | Wiesbaden. |

| Name. | Stand. | Wohnort. |
|---|---|---|
| Eberhard | Justizrath | Hanau. |
| Eberlein | Oberamtsrichter | Forchheim (Bayern). |
| Dr. Ebner | Rechtsanwalt | Frankfurt a. Main. |
| Ebner | Rechtsanwalt | Ulm. |
| Dr. Eck | Geh. Justizrath, Professor | Berlin. |
| v. Eck | Justizrath | Wiesbaden. |
| Dr. Eckels | Stadtsyndicus | Einbeck. |
| Dr. Eckhard | Oberlandesgerichtsrath a. D. | Frankfurt a. Main. |
| Eckhard, Karl | Bankdirector | Mannheim. |
| Ehrenwerth | Rechtsanwalt | Stettin. |
| Eisen | Landgerichtsrath | Freiburg (Baden). |
| Eißner | Rechtsanwalt | Pulsnitz (Sachsen). |
| Ekert | Geheimrath, Director | Freiburg (Baden). |
| Dr. Elder | Oberamtsrichter | Lübeck. |
| Eller | Amtsrichter | Gartz a. d. Oder. |
| Elsperger | Oberlandesgerichtsrath | Nürnberg. |
| Elven | Justizrath | Cöln a. Rhein. |
| Elze | Rechtsanwalt | Halle a. d. Saale. |
| Dr. Emden, Ed. | Rechtsanwalt | Frankfurt a. Main. |
| Emmerling | Oberamtsrichter | Hilpoltstein. |
| Enderlein | Rechtsanwalt | Ansbach. |
| Dr. Engel, Max | Assessor | Rüdesheim (Rhein). |
| Engel, J. | Landgerichtsdirector | Hamburg. |
| Engelke | Rechtsanwalt | Stettin. |
| Engels | Justizrath | Potsdam. |
| Dr. Enneccerus | Professor | Marburg (Hessen). |
| Dr. Enzmann | Justizrath | Chemnitz (Sachsen). |
| Erler | Justizrath | Leipzig. |
| Erythropel | Rechtsanwalt | Leipzig. |
| Ettlich | Gerichtsassessor | Penkum. |
| Evers | Geheimer Justizrath | Celle. |
| Eysoldt | Rechtsanwalt | Dresden. |
| Faas | Rechtsanwalt | Mannheim. |
| Dr. v. Faber | Staatsminister | Stuttgart. |
| Dr. Fabricius | Landgerichtsrath | Frankfurt a. Main. |
| Dr. Falker | Rechtsanwalt | Mainz. |
| Faull | Rechtsanwalt | Ellwangen. |
| Fechner | Landgerichtsrath | Frankfurt a. Main. |
| Fechner | Justizrath | Hamm (Westfalen). |
| Dr. Antoine-Feill | Rechtsanwalt | Hamburg. |
| Feldmann | Rechtsanwalt | Cammin (Pommern). |
| Dr. Fels, Gustav | Justizrath | Leipzig. |

| Name. | Stand. | Wohnort. |
|---|---|---|
| Fendel | Amtsrichter | Hilchenbach (Westfalen). |
| Fenner | Justizrath | Leipzig. |
| Ferber | Rechtsanwalt | Danzig. |
| Dr. Fester, Adolf | Rechtsanwalt | Frankfurt a. Main. |
| Ficker | Rechtsanwalt | Leisnig. |
| Dr. Fiebiger | Rechtsanwalt | Leipzig. |
| Dr. Filehne | Landgerichtsrath | Ratibor. |
| Dr. Finger | Staatsminister | Darmstadt. |
| Fischer | Bürgermeister | Augsburg. |
| Dr. Fischer | Professor | Greifswald. |
| Fischer | Amtsrichter | Guttstadt (Ostpreußen). |
| Fischer, J. J. | Justizrath | Cöln a. Rhein. |
| Flechsig | Advokat | Zwickau (Sachsen). |
| Dr. Fleischauer | Senatspräsident | Leipzig. |
| v. Flembach | Oberappellationsgerichtsprs. | München. |
| Flenck | Staatsanwalt | Stettin. |
| Fließ | Rechtsanwalt | Stettin. |
| Forkel, Fr. | Geheimer Justizrath | Koburg. |
| Förster | Amtsrichter | Lyck (Ostpreußen). |
| Dr. Fösser | Rechtsanwalt | Frankfurt a. Main. |
| Francke | Amtsgerichtsrath | Alfeld (Hannover). |
| Francke | Amtsrichter | Berlin. |
| Dr. Francke | Appellationsgerichtspräsident | Celle. |
| Frank | Kreisgerichtsrath | Frankfurt a. d. Oder. |
| Frank | Amtsgerichtsrath | Langfuhr bei Danzig. |
| Frankenburger | Rechtsanwalt | Nürnberg. |
| Freege | Erster Staatsanwalt | Schneidemühl. |
| Freese | Staatsanwalt | Stargard (Pommern). |
| Freiesleben | Rechtsanwalt | Heidenheim (Württemberg). |
| Frenckel | Rechtsanwalt | Kaiserslautern. |
| Frenkel | Justizrath | Leipzig. |
| Freude | Rechtsanwalt | Stettin. |
| Dr. Freudenthal | Rechtsanwalt | Würzburg. |
| Freund | Justizrath | Breslau. |
| Frey | Rechtsanwalt | Wiesbaden. |
| Freytag, Bernh. | Rechtsanwalt | Leipzig. |
| Freytag, Otto Emil | Rechtsanwalt | Leipzig. |
| Fricke | Oberlandesgerichtsrath | Stettin. |
| Dr. v. Friedberg | Justizminister | Berlin. |
| Dr. Friedberg | Geh. Hofrath, Professor | Leipzig. |
| Dr. Friedenthal | Staatsminister | Berlin. |
| Friedländer, S. | Rechtsanwalt | Berlin. |

| Name. | Stand. | Wohnort. |
|---|---|---|
| Friedländer | Amtsrichter | Wittenberge. |
| Dr. Friedleben, Fritz | Rechtsanwalt | Frankfurt a. Main. |
| Dr. Friedmann, F. | Rechtsanwalt | Berlin. |
| Friedmann, Isidor | Rechtsanwalt | Glogau. |
| Frieß | Rechtsanwalt | Cassel. |
| Fritsch | Landgerichtsrath | Görlitz. |
| Fritsche | Gerichtsassessor | Stettin. |
| Fritz | Amtsrichter | Berlin. |
| Fritze | Amtsgerichtsrath | Stettin. |
| Fritze | Gerichtsassessor | Stettin. |
| Fromherz | Rechtsanwalt | Freiburg (Baden). |
| Fuchs | Gerichtsassessor | Berlin. |
| Dr. Fuchs | Prof., Oberlandesgerichtsrath | Jena. |
| Fuhrmann | Landgerichtsrath | Greifswald. |
| Dr. Fuld, L. | Justizrath | Frankfurt a. Main. |
| Dr. Fuld, L. | Rechtsanwalt | Mainz. |
| Funke | Richter | Bremerhaven. |
| Furbach | Justizrath | Stettin. |
| Fürst, Alex. | Rechtsanwalt | Heidelberg. |
| Gabler | Justizrath | Altenburg (Sachsen-Altbg.). |
| Gäde | Landrichter | Köslin. |
| Dr. Gäbertz | Erster Oberbeamter des Stadt- und Landamtes | Lübeck. |
| Gaitzsch | Referendar | Chemnitz (Sachsen). |
| Gättens | Amtsrichter | Hagenow (Mecklenburg). |
| Dr. Gaupp | Landgerichtsrath | Tübingen. |
| Dr. Gebhard | Ministerialrath | Berlin. |
| Gebhard | Oberlandesgerichtsrath | Bamberg. |
| Dr. Geiger, B. | Rechtsanwalt | Frankfurt a. Main. |
| Geißmer, Joseph | Rechtsanwalt | Mannheim. |
| Dr. Gentzsch | Rechtsanwalt | Leipzig. |
| Dr. Georgii | Landgerichtsrath | Stuttgart. |
| Gerhard, Otto | Rechtsanwalt | Braunschweig. |
| Gerstaecker | Amtsgerichtsrath | Stettin. |
| Gervinus | Rechtsanwalt | Cassel. |
| Gesenius | Director des Pfandbriefamts | Berlin. |
| Gesenius | Gerichtsassessor | Stettin. |
| Dr. Getz | Justizrath | Frankfurt a. Main. |
| Geyler, Ernst | Oberamtsrichter | Reichenbach (Voigtland). |
| Dr. Gierke | Geh. Justizrath, Professor | Berlin. |
| Dr. Gieschen, Heinr. | Rechtsanwalt | Hamburg. |
| Dr. Giese | Bürgermeister | Rostock (Mecklenburg). |

| Name. | Stand. | Wohnort. |
|---|---|---|
| Giesebrecht | Bürgermeister | Stettin. |
| Dr. Gilmer | Landgerichtsrath | Gießen. |
| Dr. Gitzler | Professor | Breslau. |
| Glasewald | Amtsgerichtsrath | Naumburg a. d. Saale. |
| Dr. Glaß | Rechtsanwalt | Schneidemühl. |
| Dr. Glöckner | Rechtsanwalt | Frankfurt a. Main. |
| Dr. v. Gneist, Rud. | Wirkl. Geh. Oberjustizrath, Professor | Berlin. |
| Dr. Goldschmidt | Geh. Justizrath, Professor | Berlin. |
| Dr. Goldschmidt | Rechtsanwalt | Berlin. |
| Goldstein | Rechtsanwalt | Stargard (Pommern). |
| Göllnitz | Rechtsanwalt | Lengenfeld (Voigtland). |
| Dr. Gordan, F. | Erster Staatsanwalt | Duisburg. |
| Goering | Rechtsanwalt | Stolp (Pommern). |
| Dr. Gorius | Rechtsanwalt | Cöln a. Rhein. |
| Görlitz | Obergerichtsanwalt | Birkenfeld (Rhein-Oldenbg.). |
| Goerz | Oberlandesgerichtspräsident | Darmstadt. |
| Gotthard | Justizrath | Braunschweig. |
| Gotthelf | Rechtsanwalt | München. |
| Götting I., Carl | Justizrath | Hildesheim (Hannover). |
| Gottschalck, Ferdinand | Rechtsanwalt | Dresden. |
| Gottschalk | Geheimer Justizrath | Berlin. |
| Götz, Heinr. | Rechtsanwalt | Leipzig. |
| Dr. Goetzke | Gerichtsassessor | Stettin. |
| Graf, Eduard | Notar | München. |
| Gräfe | Senatspräsident | Berlin. |
| Gräff | Rechtsanwalt | Koblenz. |
| Gralow, Ferd. | Amtsrichter | Polzin. |
| Graßhoff | Landgerichtsrath | Göttingen. |
| Gräßner | Justizrath | Magdeburg. |
| Grimm | Rechtsanwalt | Glauchau. |
| Dr. Grimm | Justizrath | Marburg (Hessen). |
| Grimm, Franz | Notar | München. |
| Gropp | Geheimer Justizrath | Hannover. |
| Groß | Rechtsanwalt | Mergentheim. |
| Freiherr Dr. v. Groß | Wirklicher Geheimrath | Weimar. |
| Frhr. Groß v. Trockau | Landgerichtsrath | Würzburg. |
| Groth | Rechtsanwalt | Schwerin. |
| Gruner | Justizrath | Weimar. |
| Grützmacher | Rechtsanwalt | Stettin. |
| Gülde | Rechtsanwalt | Rochlitz. |
| Gülzow | Rechtsanwalt | Greifenhagen. |

| Name. | Stand. | Wohnort. |
|---|---|---|
| Günsberg | Rechtsanwalt | Berlin. |
| Gunzenhäuser | Rechtsanwalt | Fürth (Bayern). |
| Dr. Güterbock | Geh. Justizrath, Professor | Königsberg (Preußen). |
| Dr. Gutfleisch | Rechtsanwalt | Gießen. |
| Haberland | Landgerichtsrath | Holzminden. |
| Dr. Häberlin | Rechtsanwalt | Frankfurt a. Main. |
| Häckermann | Rechtsanwalt | Greifswald. |
| Hageborn | Assessor | Marienwerder (Westpreuß.) |
| Hagemann II. | Landgerichtsdirector | Hannover. |
| Haken | Gerichtsassessor | Stettin. |
| v. Hallberger | Obertribunalsrath | Stuttgart. |
| Hallwachs, L. | Geheimer Staatsrath | Darmstadt. |
| Dr. Hambrook | Reichsgerichtsrath | Leipzig. |
| Dr. Hamburger | Justizrath | Frankfurt a. Main. |
| Hammacher | Dr. jur. | Berlin. |
| Hammer | Rechtsanwalt | Chemnitz (Sachsen). |
| Hänel, Arthur | Rechtsanwalt | Dresden. |
| Hänisch | Landrichter | Stettin. |
| Hänle | Rechtsanwalt | Ansbach. |
| Hanssen | Regierungsrath | Altona. |
| Dr. Harburger | Privatdocent | München. |
| v. Harlessem | Justizrath | Hannover. |
| Dr. Harmening | Rechtsanwalt | Jena. |
| Harseim | Wirkl. Geh. Kriegsrath | Berlin. |
| Harth, Leop. | Gerichtsvollzieher | Würzburg. |
| Hartmann, Bernh. | Rechtsanwalt | Nürnberg. |
| Dr. Hartmann, K. A. | Erster Staatsanwalt | Plauen (Voigtland). |
| Hase, Otto | Justizrath | Altenburg (Sachsen-Altbg.). |
| v. Hassel | Oberlandesgerichtsrath | Stettin. |
| Hattenbach | Oberlandesgerichtsrath | Oldenburg (Großherzogth.). |
| Hauck | Rechtsanwalt | Frankfurt a. Main. |
| Häusler | Justizrath | Braunschweig. |
| Haußmann | Erster Staatsanwalt | Heilbronn. |
| Havenstein | Amtsrichter | Arnswalde. |
| v. Haxthausen | Amtsgerichtsrath | Lauenburg (Pommern). |
| Hebel, Wilhelm | Bezirksamtmann | Scheinfeld. |
| Hecht, Max | Rechtsanwalt | Frankenthal (Bayern). |
| Dr. Hecht | Bankdirector | Mannheim. |
| Heck | Gerichtsassessor | Berlin. |
| Hecke | Justizrath | Breslau. |
| Hecker | Oberstaatsanwalt | Naumburg a. d. Saale. |
| Dr. Heilbluth | Rechtsanwalt | Hamburg. |

| Name. | Stand. | Wohnort. |
|---|---|---|
| Heilborn | Justizrath | Berlin. |
| Heilpern, S. | Rechtsanwalt | Leipzig. |
| Heim, Michael | Rechtsanwalt | Würzburg. |
| Dr. Heink, P. Fr. | Advocat | Zürich. |
| Dr. Heinsen | Rechtsanwalt | Hamburg. |
| Heinsheimer | Oberlandesgerichtsrath | Karlsruhe (Baden). |
| Heintzmann | Landgerichtsrath | Dortmund. |
| Heinzemann | Erster Staatsanwalt | Limburg a. d. Lahn. |
| Hellmann | Landrichter | Essen a. d. Ruhr. |
| Dr. Hellmann, Friedr. | Rechtsanwalt | München. |
| Dr. Hempel, C. | Rechtsanwalt | Zwickau (Sachsen). |
| Hemptenmacher | Justizrath | Wanzleben bei Magdeburg. |
| Hendrichs | Rechtsanwalt | Cöln a. Rhein. |
| Henke | Oberstaatsanwalt | Stettin. |
| Dr. Ritter v. Henle, S. | Hofrath | München. |
| Dr. Henning | Rechtsanwalt | Greiz. |
| Hensel | Landrichter | Stargard (Pommern). |
| Hentschel, Mor. | Rechtsanwalt | Leipzig. |
| Hentschel, Oscar | Amtsrichter | Marienberg (Sachsen). |
| Hermes | Bürgermeister | Röbel (Mecklenburg). |
| Herr | Rechtsanwalt | Köslin. |
| Hertz | Geheimer Oberjustizrath | Berlin. |
| Dr. Hertz, G. | Senator | Hamburg. |
| Dr. Herz | Rechtsanwalt | Mannheim. |
| Dr. Herz | Justizrath | Wiesbaden. |
| Herzfeld | Justizrath | Halle a. d. Saale. |
| Herzfeld II. | Rechtsanwalt | Halle a. d. Saale. |
| Herzog | Oberstaatsanwalt | Braunschweig. |
| Dr. Hesdörffer | Rechtsanwalt | Frankfurt a. Main. |
| Dr. Hesekiel | Landgerichtsrath | Berlin. |
| Heß, Jacob | Rechtsanwalt | Ulm a. d. Donau. |
| Hetzer | Landgerichtsdirector | Stettin. |
| Heuser | Rechtsanwalt | Bückeburg. |
| von der Heyde | Rechtsanwalt | Rüdesheim (Rhein). |
| Dr. Heyden, C. | Syndicus u. Herausgeber der volkswirthschaftlichen Zeitschrift: „die Sparkasse“ | Lindengut b. Essen a. d. Ruhr. |
| Heymann | Justizrath | Altona. |
| Dr. Heymann, S. | Rechtsanwalt | Hamburg. |
| Dr. Hick | Oberamtsrichter | Wiesloch (Baden). |
| Hildebrand | Geheimer Justizrath | Stettin. |
| Hilf | Justizrath | Limburg a. d. Lahn. |

| Name. | Stand. | Wohnort. |
|---|---|---|
| Hilpert | Rechtsanwalt | Nürnberg. |
| Dr. Hilse, Benno | Kreisgerichtsrath a. D., Syndicus | Berlin. |
| Dr. Hilse, Carl | Syndicus und Rechtslehrer | Berlin. |
| Dr. Hinschius | Geh. Justizrath, Professor | Berlin. |
| Dr. Hirl | Bezirksgerichtsrath a D. | München. |
| Dr. Hirschfeld | Referendar | Berlin |
| Hirschfeld | Amtsrichter | Stolp (Pommern). |
| Hirschhorn | Rechtsanwalt | Gießen. |
| Hirschmann | Rechtsanwalt | Schw. Hall. |
| Hochstetter | Oberlandesgerichtsrath | Stuttgart. |
| Hoefeld | Regierungsrath | Stettin. |
| Dr. Hoffmann, W. | Regierungsrath | Berlin. |
| Hoffmann, Konr. | Justizrath | Leipzig. |
| Hoffmann | Oberamtsrichter | Nürtingen. |
| Hoffmann, Th. | Landgerichtsrath | Regensburg. |
| Hofmann | Amtsrichter | Rennerod. |
| Holbein | Rechtsanwalt | Apolda. |
| Dr. Holdheim | Rechtsanwalt | Frankfurt a. Main. |
| v. Holtzendorff, H. | Rechtsanwalt | Berlin. |
| Dr. v. Holtzendorff | Professor | München. |
| Höniger | Justizrath | Inowrazlaw. |
| Hopmann | Landgerichtspräsident | Wiesbaden. |
| Hoppe | Justizrath | Hannover. |
| Dr. Horch, Hermann | Rechtsanwalt | Mainz. |
| Dr. Horwitz | Justizrath | Berlin. |
| Dr. Horwitz | Rechtsanwalt | Hamburg. |
| Dr. Hothorn, P. | Rechtsanwalt | Leipzig. |
| Dr. Hübener | Bürgermeister | Burgdorf bei Celle. |
| Dr. Hübler | Geheim. Oberregierungsrath, Professor | Berlin. |
| Dr. Huch II. | Rechtsanwalt | Braunschweig. |
| Huck | Rechtsanwalt | Gleiwitz. |
| Humbert | Justizrath | Berlin. |
| Dr. Humser | Justizrath | Frankfurt a. Main. |
| Huschke, Bruno | Justizrath | Erfurt. |
| Jacob | Amtsrichter | Braunsberg (Ostpreußen). |
| Jacobi | Rechtsanwalt | Bergen a. Rügen. |
| Jacobsohn | Rechtsanwalt | Posen. |
| Dr. Jacoby, L. | Rechtsanwalt, Privatdocent | Berlin. |
| Dr. Jahrsdörffer | Rechtsanwalt | München. |
| Jaschkowitz | Regierungsassessor | Stettin. |

| Name. | Stand. | Wohnort. |
|---|---|---|
| Dr. Ickelheimer | Rechtsanwalt | Frankfurt a. Main. |
| Dr. Jeidels | Notariats-Aspirant | Würzburg. |
| Jelito, Emil | Oberamtsrichter | Neustadt a. d. Hardt. |
| Jentzsch, C. | Amtsrichter | Wanzleben bei Magdeburg. |
| Jerusalem | Landrichter | Saarbrücken. |
| Joachim | Rechtsanwalt | Berlin. |
| Dr. Jolly | Staatsminister | Karlsruhe (Baden). |
| Jonas, Paul | Rechtsanwalt | Berlin. |
| Jonas | Rechtsanwalt | Marienthal bei Wandsbeck. |
| Jordan | Regierungsrath | Stuttgart. |
| Jordan | Rechtsanwalt | Tilsit. |
| Dr. Josephson | Rechtsanwalt | Hamburg. |
| Josephthal, Gust. | Rechtsanwalt | Nürnberg. |
| Joesten | Oberlandesgerichtsrath | Posen. |
| Dr. Israel, John | Rechtsanwalt | Hamburg. |
| Dr. Israel, Simon | Rechtsanwalt | Hamburg. |
| Itzinger | Amtsgerichtsrath | Stettin. |
| Jübell | Rechtsanwalt | Hannover. |
| Jung | Geheimer Justizrath | Freiburg (Baden). |
| Dr. Jung, G. W. | Amtsgerichtsrath | Frankfurt a. Main. |
| Dr. Jung, G. J. | Oberlandesgerichtsrath | Frankfurt a. Main. |
| Junghans | Rechtsanwalt | Stettin. |
| Dr. Jungk | Landrichter | Berlin. |
| Kahr | Justizrath | Kronach. |
| Kanzow | Gerichtsassessor | Königsberg (Preußen). |
| Kassel, Eduard | Rechtsanwalt, Notar | Schweidnitz. |
| Dr. Alexander-Katz, Paul | Rechtsanwalt | Berlin. |
| Dr. Katz, Edwin | Rechtsanwalt | Berlin. |
| Kaufmann, Felix | Rechtsanwalt | Berlin. |
| Kaufmann | Amtsrichter | Straßburg (Elsaß). |
| Kaulla | Rechtsanwalt | Stuttgart. |
| Keber | Amtsrichter | Angermünde. |
| Keck | Gerichtsassessor | Koblenz. |
| Keferstein | Stadtsyndicus | Lüneburg. |
| Keibel | Geheimer Oberjustizrath | Berlin. |
| Dr. Keil | Rechtsanwalt | Weimar. |
| Keim | Landgerichtsrath | Wiesbaden. |
| Kelch | Intendanturrath | Stettin. |
| Keller | Bankdirector | Stuttgart. |
| Kempner | Rechtsanwalt | Berlin. |
| Kerckhoff | Landgerichtspräsident | Aurich. |

| Name. | Stand. | Wohnort. |
|---|---|---|
| Kern | Amtsgerichtsrath | Hameln a. d. Weser. |
| Kern | Landgerichtsrath | Waldshut. |
| Kerstein | Landgerichtsrath | Dortmund. |
| Keßler | Amtsgerichtsrath | Magdeburg. |
| Kewer | Justizrath | Rheinberg (Rheinlande). |
| Kienast | Amtsrichter | Zanow. |
| v. Kienitz | Landgerichtsdirector | Stettin. |
| Kierski | Rechtsanwalt | Köslin. |
| Dr. Kierulff | Oberappellationsgerichts-Präsident a. D. | Lübeck. |
| Dr. Kiesselbach | Oberlandesgerichtsrath | Hamburg. |
| Dr. Kilzer, W. | Rechtsanwalt | Frankfurt a. Main. |
| Dr. v. Kirchbach, W. | Landrichter | Berlin. |
| Dr. v. Kirchenheim | Professor | Heidelberg. |
| Kirchgeßner, Gottfried | Landgerichtsrath | Würzburg. |
| Kirchner | Appellationsgerichtsrath a. D. | Frankfurt a. Main. |
| Kirschbaum | Landrichter | Aachen. |
| Kirstemaker | Justizrath | Osnabrück. |
| Klein, Max | Landgerichtsrath | Ansbach. |
| Kleiner, Otto | Landgerichtspräsident | Schweinfurt. |
| Dr. Kleinfeller, G. | Privatdocent | München. |
| Kleinschmidt | Hofrath | Tangerhütte. |
| Klemm | Senatspräsident | Dresden. |
| Dr. Klemm | Rechtsanwalt | Leipzig. |
| Klinger | Rechtsanwalt | Burgstädt. |
| Klöppel | Rechtsanwalt | Jena. |
| Klotz | Landgerichtsrath | Berlin. |
| Klotz, Joseph | Rechtsanwalt | Nürnberg. |
| Klüpfel | Finanzassessor a. D. | Essen a. d. Ruhr. |
| Dr. Knackfuß | Referendar | Dresden. |
| Dr. Kniep | Professor | Jena. |
| Knobloch | Regierungsassessor | Stettin. |
| Knoch | Amtsgerichtsrath | Felsberg (Reg.-Bez. Cassel). |
| Kobbe | Amtsgerichtsrath | Siegen. |
| Koch | Justizrath | Buchholz (Sachsen). |
| Koch | Rechtsanwalt | Glatz. |
| Koch, F. H. | Rechtsanwalt | Leipzig. |
| Koch | Amtsrichter | Stettin. |
| Kochann | Amtsgerichtsrath | Berlin. |
| Dr. Kohli | Stadtsyndicus | Stettin. |
| Dr. Köhne, Paul | Assessor | Berlin. |
| Köppel | Rechtsanwalt | Belgard (Pommern). |

| Name. | Stand. | Wohnort. |
| --- | --- | --- |
| Dr. Korn | Rechtsanwalt | Berlin. |
| Körner | Rechtsanwalt | Zwickau (Sachsen). |
| Kortum, H. | Justizrath | Halberstadt. |
| Kortum, Karl | Justizrath | Naumburg a. d. Saale. |
| Köster | Landgerichtsrath | Hagen (Westfalen). |
| v. Köstlin | Staatsrath | Stuttgart. |
| Köth, Joseph | Rechtsanwalt | Würzburg. |
| Kraft, Bernh. | Rechtsanwalt | Berlin. |
| Krah | Amtsgerichtsrath | Diez. |
| Dr. Krahmer | Gerichtsassessor | Stettin. |
| Krahmer | Regierungsrath | Stettin. |
| Krampf, Joseph | Rechtsanwalt | Würzburg. |
| Krauß | Landgerichtsrath | Ravensburg. |
| Kraußold | Rechtsanwalt | München. |
| Kremer, L. | Landgerichtsrath | München. |
| Kreppel, Fr. Ludw. | Notar | Bamberg. |
| Dr. Freiherr v. Kreß | Rechtsanwalt | Nürnberg |
| Kretschmann | Justizrath | Magdeburg. |
| Dr. Kretzschmar | Professor | Gießen. |
| Kretzschmar, A. F. J. | Stadtrath | Dresden. |
| Krieg, Emil | Rechtsanwalt | Leipzig. |
| Krobitsch | Staatsanwalt | Berlin. |
| Kröger | Rechtsanwalt | Elmshorn. |
| Dr. Kronecker | Landrichter | Berlin. |
| Kronecker, W. | Referendar | Berlin. |
| Dr. Kronfeld | Rechtsanwalt | Berlin. |
| Dr. Krüger | Professor | Bonn. |
| Krüger | Justizrath | Halberstadt. |
| Küchendahl | Justizrath | Stettin. |
| Kugler | Rechtsanwalt | Freiberg (Sachsen). |
| Kühn | Rechtsanwalt | Trachenberg (Schlesien). |
| v. Kunowski | Landgerichtspräsident | Bielefeld. |
| v. Kunowski | Oberlandesgerichtspräsident | Breslau. |
| Dr. Kuntze | Professor | Leipzig. |
| Dr. Kurlbaum, C. | Geheimer Oberjustizrath | Berlin. |
| Kusel | Rechtsanwalt | Karlsruhe (Baden). |
| Labroisse, L. | Rechtsanwalt | Gießen. |
| Dr. Ladenburg | Rechtsanwalt | Mannheim |
| Lahode, Max | Landgerichtsrath | Chemnitz (Sachsen). |
| Lähr | Amtsrichter | Belgard (Pommern). |
| Dr. Lahr | Amtsrichter | Zwingenberg b. Darmstadt. |
| Lambrecht | Amtsgerichtsrath a. D. | Naumburg a. d. Saale. |

| Name. | Stand. | Wohnort. |
|---|---|---|
| Dr. Lamey | Ministerialpräsident a. D. | Mannheim. |
| Lamm | Senatspräsident | Dresden. |
| Lammfromm | Oberjustizprocurator | Tübingen. |
| Dr. Lamprecht | Landrichter | Hamburg. |
| Dr. Landau | Rechtsanwalt | Berlin. |
| Landgrebe | Regierungsrath | Stettin. |
| Dr. Lang | Rechtsanwalt | Frankfurt a. Main. |
| Dr. v. Lang, H. | Landgerichtsdirector | Rottweil. |
| Lang | Landgerichtsrath | Straßburg (Elsaß). |
| Dr. Langbein, Oscar | Rechtsanwalt | Leipzig. |
| Langenbach | Rechtsanwalt | Darmstadt. |
| Laporte | Rechtsanwalt | Linden bei Hannover. |
| Dr. Lappenberg | Oberlandesgerichtsrath | Hamburg. |
| Lasker | Rechtsanwalt | Landsberg a. d. Warthe. |
| Laué | Geheimer Justizrath | Berlin. |
| Laué, Walter | Assessor | Kottbus. |
| Lauff | Justizrath | Cöln a. Rhein. |
| Laux | Landgerichtsrath | Ravensburg. |
| Lazarus | Rechtsanwalt | Berlin. |
| Lebenstein | Landrichter | Schneidemühl. |
| Dr. Lebin | Justizrath | Berlin. |
| Lebrecht | Rechtsanwalt | Stuttgart. |
| Freiherr v. Ledebuhr | Landgerichtspräsident | Stargard (Pommern). |
| Lehmann, Emil | Rechtsanwalt | Dresden. |
| Dr. Lehmann, Gustav | Rechtsanwalt | Dresden. |
| Dr. Lehmann, Eugen | Senator | Hamburg. |
| Leipheimer | Rechtsanwalt | Stuttgart. |
| Dr. Leisler jun. | Rechtsanwalt | Wiesbaden. |
| Leistikow | Justizrath | Stettin. |
| Dr. Lenel | Professor | Straßburg (Elsaß). |
| v. Lengrießer, J. N. | Landgerichtsrath a. D. | München. |
| Dr. Leo | Rechtsanwalt | Magdeburg. |
| Leonhard | Justizrath | Berlin. |
| Dr. Leonhard | Professor | Marburg (Hessen). |
| Leske, O. Fr. | Senatspräsident | Breslau. |
| Lesse | Justizrath | Berlin. |
| Lesser | Reichsgerichtsrath a. D. | Leipzig. |
| Lettgau | Landgerichtspräsident | Prenzlau. |
| Dr. Leuthold | Bergamtsdirector | Freiberg (Sachsen). |
| Leuthold | Rechtsanwalt | Schöneck (Sachsen). |
| Levi | Rechtsanwalt | Stuttgart. |
| Levinsohn | Assessor | Berlin. |

| Name. | Stand. | Wohnort. |
|---|---|---|
| Dr. Levita | Justizrath | Mainz. |
| Dr. Levy | Advocat | Amsterdam. |
| Levy, M. | Justizrath | Berlin. |
| Lewald | Rechtsanwalt | Leipzig. |
| Lewin | Gerichtsassessor | Stettin. |
| Dr. Lewin | Rechtsanwalt | Stettin. |
| Dr. Lewinski | Rechtsanwalt | Posen. |
| Leyser | Rechtsanwalt | Charlottenburg. |
| Lezius | Justizrath | Köthen (Anhalt). |
| Libawsky | Justizrath | Kreuzburg (Oberschlesien). |
| Liebster, Arno | Rechtsanwalt | Leipzig. |
| Dr. v. Lilienthal | Professor | Zürich. |
| Linckelmann I., Carl | Justizrath | Hannover. |
| Dr. Linckelmann II. | Rechtsanwalt | Hannover. |
| Lindemann | Landgerichtsdirector | Stettin. |
| Graf von Linden | Hofmarschall | Stuttgart. |
| Lindenberg | Rechtsanwalt | Berlin. |
| Lindner | Justizrath | Danzig. |
| Dr. von Lingen | Rechtsanwalt | Bremen. |
| Lipke | Rechtsanwalt a. D. | Berlin. |
| Graf zur Lippe | Staatsminister a. D. | Berlin. |
| Graf u. Edler zur Lippe | Regierungsrath | Wiesbaden. |
| Lippmann | Rechtsanwalt | Hamburg. |
| Lippold | Justizrath | Altenburg (Sachsen-Altbg.). |
| Dr. v. Liszt | Professor | Marburg (Hessen). |
| Litthauer | Rechtsanwalt | Posen. |
| Loebell | Reichsgerichtsrath | Leipzig. |
| Dr. Lochte | Justizrath | Magdeburg. |
| Dr. Lohe | Regierungsrath | Cöln a. Rhein. |
| Löhmann, R. | Oberlandesgerichtsrath | Hamburg. |
| Dr. Lohse, G. | Hofrath | Leipzig. |
| Dr. Lorey | Rechtsanwalt | Frankfurt a. Main. |
| Löwe | Amtsrichter | Lippehne. |
| Dr. Löwenfeld, H. | Bankdirector | Berlin. |
| Löwenstein I. | Rechtsanwalt | Stuttgart. |
| Löwenstein II. | Rechtsanwalt | Stuttgart. |
| Löwenthal, F. | Rechtsanwalt | Schwerin (Mecklenburg). |
| Ludewig | Landrichter | Stettin. |
| Dr. Ludolph, E. | Amtsrichter | Salzuflen. |
| Dr. Ludwig | Rechtsanwalt | Lüchow. |
| Ludwig, Königl. Hoheit | Prinz von Bayern | München. |

| Name. | Stand. | Wohnort. |
|---|---|---|
| Lurje | Rechtsanwalt | Stettin. |
| Dr. Lürmann | Bürgermeister | Bremen. |
| Lustig | Rechtsanwalt | Gleiwitz. |
| Dr. Magnus | Rechtsanwalt | Braunschweig. |
| Mahlstedt | Landgerichtsrath | Flensburg. |
| Mainhardt | Rechtsanwalt | Mosbach (Baden). |
| Makower | Justizrath | Berlin. |
| Dr. Malblanc | Landgerichtsdirector | Ellwangen. |
| Mallebrein | Oberamtsrichter | Baden-Baden. |
| Mandel | Regierungsrath | Straßburg (Elsaß). |
| Dr. v. Mandry | Professor | Berlin. |
| Mangold | Justizrath | Celle. |
| Dr. Mann | Rechtsanwalt | Stettin. |
| Mannsfeld | Oberamtsrichter | Leipzig. |
| Mansfeld | Landgerichtspräsident | Braunschweig. |
| Markert | Rechtsanwalt | Stettin. |
| Dr. Marquardsen | Professor | Erlangen. |
| v. Martens | Oberamtsrichter | Geislingen (Württemberg). |
| Martienssen | Amtsrichter | Lübz. |
| Dr. Martin, R. | Oberlandesgerichtsrath | Hamburg. |
| Martini, Oscar | Rechtsanwalt | Meerane (Sachsen). |
| Martins | Oberbürgermeister | Glogau. |
| Martinß | Erster Staatsanwalt | Posen. |
| Martiny | Rechtsanwalt | Danzig. |
| Masche | Justizrath | Stettin. |
| Dr. Matsen | Advocat und Bibliothekar | Hamburg. |
| Maurer | Rechtsanwalt | Herbstein (Oberhessen). |
| Maurer | Landgerichtsrath | Mannheim. |
| Dr. May | Rechtsanwalt | Frankfurt a. Main. |
| Dr. May, Hermann | Rechtsanwalt | Hamburg. |
| Mayer, F. | Erster Staatsanwalt | Eichstädt. |
| Dr. Mayer, F. P. | Rechtsanwalt | Mainz. |
| Mayer, Ph. | Landgerichtspräsident | Neuburg a. d. Donau. |
| Dr. Mayer, C. | Amtsrichter | Oehringen (Württemberg). |
| Dr. Mayer, Otto | Professor | Straßburg (Elsaß). |
| Mecke | Justizrath | Leipzig. |
| Dr. Mehnert, P. | Rechtsanwalt | Dresden. |
| Meibauer | Rechtsanwalt | Konitz (Westpreußen). |
| Dr. v. Meibom | Reichsgerichtsrath a. D. | Cassel. |
| Meier, Heinr. | Rechtsanwalt | Kiel. |
| Meischner | Rechtsanwalt | Penig. |
| Meisner | Rechtsanwalt | Bamberg. |

| Name. | Stand. | Wohnort. |
|---|---|---|
| Dr. Meisner | Oberlandesgerichtsrath | Posen. |
| Meister | Oberlandesgerichtsrath | Posen. |
| Meister | Rechtsanwalt | Stettin. |
| Melchers | Landgerichtsrath | Erfurt. |
| Melchior | Justizrath | Dortmund. |
| Dr. Melly, H. | Rechtsanwalt | Leipzig. |
| Dr. Meltzer, M. | Rechtsanwalt | Leipzig. |
| Memelsdorff | Rechtsanwalt | Limburg a. d. Lahn. |
| Mende | Amtsrichter | Stettin. |
| Merckle | Rechtsanwalt | Frankenthal (Pfalz). |
| Dr. Merkel | Professor | Straßburg (Elsaß). |
| Mertens | Erster Staatsanwalt | Stettin. |
| Messerschmidt | Landgerichtsrath | Bromberg. |
| Metz | Rechtsanwalt | Gießen. |
| v. Metzsch, Hugo | Rechtsanwalt | Leipzig. |
| Dr. Meurer | Privatdocent | Breslau. |
| Meurer | Justizrath | Cöln a. Rhein. |
| Meyen | Justizrath | Berlin. |
| Meyer, Alexander | Dr. jur. | Berlin. |
| Meyer, Sigmund | Justizrath | Berlin. |
| Dr. Meyer, Fritz | Rechtsanwalt | Frankfurt a. Main. |
| Dr. Meyer, Aug. | Rentier | Hamburg. |
| Dr. Meyer | Professor | Jena. |
| Dr. Meyer | Regierungsrath | Cöln a. Rhein. |
| Meyer, Georg | Reichsgerichtsrath | Leipzig. |
| Meyer, H. | Rechtsanwalt | Rabingen bei Melle. |
| Dr. Meyer | Geh. Oberjustizrath, Senats-Präsident | Stettin. |
| Dr. Meyer, Jul. | Rechtsanwalt | Wolkenstein. |
| Meyersburg | Justizrath | Celle. |
| Mezger | Oberamtsrichter | Blaubeuren. |
| Milch | Rechtsanwalt | Breslau. |
| Milentz | Amtsgerichtsrath | Stettin. |
| Minsberg | Geheimer Justizrath | Bunzlau. |
| Dr. Mirus | Rechtsanwalt | Leisnig. |
| v. Mittelstädt | Justizrath | Neuwied. |
| Dr. Mittelstraß, A. | Rechtsanwalt | Hamburg. |
| Mittermaier, Franz | Dr. jur. | Heidelberg. |
| Mohr, O. | Rechtsanwalt | Rudolstadt. |
| Dr. Mohrmann | Staatsbeamter | Hamburg. |
| Dr. Mohrmann | Reichsgerichtsrath | Leipzig. |
| Moll | Dr. jur. | Berlin. |

| Name. | Stand. | Wohnort. |
|---|---|---|
| Moll | Landrichter | Charlottenburg. |
| Möller | Oberlandesgerichtsrath | Breslau. |
| Möller | Staatsanwalt | Stettin. |
| Möller | Regierungsassessor | Stettin. |
| Montigny | Amtsrichter | Rheydt (R.-B. Düsseldorf). |
| Moritz | Erster Staatsanwalt | Wiesbaden. |
| Mörschel, Carl | Rechtsanwalt | Würzburg. |
| Moser | Gerichtsassessor | Köslin. |
| Moßdorf, Henri | Rechtsanwalt | Erfurt. |
| Motty | Rechtsanwalt | Grätz. |
| Müermann | Landgerichtsrath | Bielefeld. |
| Mugdan | Amtsrichter | Berlin. |
| Müller, Boguse | Landgerichtsdirector | Berlin. |
| Müller | Rechtsanwalt | Demmin. |
| Müller | Rechtsanwalt | Hofgeismar. |
| Dr. Müller | Justizrath | Cassel. |
| Müller, Alb. | Rechtsanwalt | Cöln a. Rhein. |
| Müller, Ottomar | Rechtsanwalt | Ludwigshafen. |
| Müller | Landgerichtsdirector | Mannheim. |
| Müller | Landgerichtspräsident | Paderborn. |
| Müller, C. H. | Rechtsanwalt | Rostock (Mecklenburg). |
| Müller | Amtsgerichtsrath | Stettin. |
| Müller | Regierungsrath | Stettin. |
| Münch | Justizrath | Gera (Reuß j. L.). |
| v. Münchow | Landgerichtsrath | Bromberg. |
| Munckel | Rechtsanwalt | Berlin. |
| Dr. Munck | Gerichtsassessor | Werder bei Berlin. |
| Dr. Naumann | Justizrath | Celle. |
| Naumann | Rechtsanwalt | Lüneburg. |
| Nentwig | Staatsanwalt | Breslau. |
| Neubauer | Oberlandesgerichtsrath | Berlin. |
| Dr. Neukirch | Rechtsanwalt | Frankfurt a. Main. |
| Neumann, Adolf | Rechtsanwalt | Sorau (Niederlausitz). |
| Neumayer, Jos. | Hofrath | Kaiserslautern. |
| Neundörfer | Amtsrichter | Wöllstein (Hessen). |
| Niemand | Landpfennigmeister | Heide (Holstein). |
| Dr. Nißen | Professor | Straßburg (Elsaß). |
| Nokk | Ministerialpräsident | Karlsruhe (Baden). |
| Nokk, Rud. | Reichsgerichtsrath | Leipzig. |
| Nöldeke | Oberappellationsgerichtsrath | Celle. |
| Oehme, O. F. | Justizrath | Leipzig. |
| Oldenburg, Heinr. | Dr. jur. | Hamburg. |

| Name. | Stand. | Wohnort. |
|---|---|---|
| Ollmann | Rechtsanwalt | Greifswald. |
| v. Oelschläger | Wirklicher Geh. Oberjustizrath, Kammergerichtspräsident | Berlin. |
| Dr. Olshausen | Kammergerichtsrath | Berlin. |
| Omeis | Notar | Nürnberg. |
| Dr. Oppe | Rechtsanwalt | Chemnitz (Sachsen). |
| Oppenheim | Obertribunalsrath a. D. | Berlin. |
| Dr. Oppenheim, Ludw. | Rechtsanwalt | Mainz. |
| Oppert | Landgerichtsrath | Berlin. |
| Ordolff, W. | Domänenkanzleidirector | Kastell (Bayern). |
| Oßwald | Oberbürgermeister | Altenburg (Sachsen-Altbg.). |
| Dr. Oswalt | Rechtsanwalt | Frankfurt a. Main. |
| Dr. Oetker | Justizrath | Cassel. |
| Otto | Dr. jur. | Heilbronn. |
| Dr. v. Oven | Senator | Frankfurt a. Main. |
| Pantzlaff | Rechtsanwalt | Stettin. |
| Patzki, Fr. | Justizrath | Leipzig. |
| Pauli | Amtsrichter | Stepenitz. |
| Dr. Pechwell, Alfr. | Gouvernementsauditeur | Dresden. |
| Peltasohn, Leop. | Rechtsanwalt | Liegnitz. |
| Dr. Pernice | Professor | Berlin. |
| Dr. Pescatore, G. | Professor | Greifswald. |
| Dr. Peters | Justizrath | Braunschweig. |
| Dr. Peters, W. | Amtsrichter | Schwedt a. d. Oder. |
| Petersen, L. | Rechtsanwalt | Dresden. |
| Dr. Petersen, Julius | Reichsgerichtsrath | Leipzig. |
| Petersen | Rath am ob. Landesgericht | München. |
| Petiskus | Justizrath | Breslau. |
| Petiskus | Justizrath | Oels (Schlesien). |
| Dr. Petong | Referendar | Berlin. |
| Petri | Erster Staatsanwalt | Bautzen. |
| Petrich | Amtsrichter | Ohlau. |
| Petsch | Rechtsanwalt | Stettin. |
| Pfaff | Landgerichtsdirector | Ulm. |
| Pfannenstiel | Rechtsanwalt | Kolmar (Elsaß). |
| Pfizer | Landgerichtsrath | Ulm. |
| Philipp | Justizrath | Altona. |
| Dr. Philippi | Gerichtsassessor | Berlin. |
| Philler | Landgerichtspräsident | Elbing. |
| Dr. Pilling | Rechtsanwalt | Dresden. |
| Pinckert | Justizrath | Erfurt. |

| Name. | Stand. | Wohnort. |
|---|---|---|
| Dr. Planck | Geheimer Justizrath | Berlin. |
| Dr. v. Planck | Geheimrath, Professor | München. |
| Dr. Pleißner | Rechtsanwalt | Dresden. |
| Plitt | Justizrath | Borken (R.=B. Cassel). |
| Pohl | Justizrath | Frohburg (Sachsen). |
| Pohl | Gerichtsassessor | Ratibor. |
| Prechtl | Advocat | Weiden (Bayern). |
| Preußer | Landgerichtsrath | Neuwied. |
| Priber | Rechtsanwalt | Frankenberg (Sachsen). |
| Protzen | Landgerichtsrath | Beuthen (Oberschlesien). |
| Pürkhauer | Notar | München. |
| v. Puttkamer | Appellationsgerichtsrath a. D. | Deutsch=Carstenitz b. Hebron=Damnitz. |
| Rabe | Erster Staatsanwalt | Aachen. |
| Rabenhofer, Jos. | Amtsrichter | München. |
| Raht | Justizrath | Weilburg. |
| Dr. Ramm | Landrichter | Lyck (Ostpreußen). |
| Dr. Rau | Justizrath | München. |
| Dr. Reatz | Rechtsanwalt | Gießen. |
| Reclam | Landgerichtsrath | Stettin. |
| v. Reden | Oberlandesgerichtsrath | Celle. |
| Dr. Regelsberger | Geh. Justizrath, Professor | Göttingen. |
| Dr. Regensburger | Rechtsanwalt | Karlsruhe (Baden). |
| Rehm | Landgerichtsrath | Bayreuth. |
| Reich | Geheimer Justizrath | Magdeburg. |
| Reichardt | Kreisgerichtsrath | Ulm. |
| Reiche=Eisenstuck | Oberstaatsanwalt | Dresden. |
| Reimkasten | Rechtsanwalt | Schwerin (Mecklenburg). |
| Dr. Reinach | Rechtsanwalt | Mainz. |
| Reincke | Reichsgerichtsrath | Leipzig. |
| Reinecke | Geh. Regierungsrath a. D. | Hannover. |
| Reinholdt | Rechtsanwalt | Frankenberg (Sachsen). |
| Reiß, Paul | Rechtsanwalt | Frankfurt a. Main. |
| Renz, Adolf | Landgerichtsrath | Schw. Hall. |
| Dr. Reuling | Justizrath | Leipzig. |
| Dr. Rewoldt | Rechtsanwalt | Greifswald. |
| Rheinwald | Oberlandesgerichtsrath | Stuttgart. |
| Richter | Justizrath | Leipzig. |
| Dr. Rieke, Gustav | Landrichter | Hamburg. |
| Rieß I. | Justizrath | Berlin. |
| Rieß | Justizrath | Cassel. |
| Dr. Rießer, J. | Bankdirector | Berlin. |

| Name. | Stand. | Wohnort. |
|---|---|---|
| Rieth | Rechtsanwalt | Cöln a. Rhein. |
| Riffart, J. | Rechtsanwalt | Cöln a. Rhein. |
| Ritschl | Rechtsanwalt | Stettin. |
| Ritter | Justizrath, Divisionsauditeur | Hannover. |
| Ritter, Eug. | Kgl. Hofrath, Gerichtsnotar | Stuttgart. |
| Rittler | Justizrath | Torgau. |
| Robert | Justizrath | Berlin. |
| Dr. Rockinger, Ludw. | Geh. Staatsarchivar, Prof. | München. |
| Dr. Rödler | Landgerichtsdirector | Metz. |
| Romberg | Justizrath | Leipzig. |
| Dr. Römer | Amtsgerichtsrath | Frankfurt a. Main. |
| Roos, Carl | Oberlandesgerichtsrath | Karlsruhe (Baden). |
| Roscher | Landgerichtspräsident | Göttingen. |
| Dr. Roscher, Th. | Rechtsanwalt | Hannover. |
| Dr. Rosenthal, Ed. | Professor | Jena. |
| Dr. Rosenthal, F. | Rechtsanwalt | München. |
| Rösler | Landrichter | Cassel. |
| Roßbach | Rechtsanwalt | Leipzig. |
| Roßtäuscher | Oberstaatsanwalt | Dresden. |
| Dr. v. Roth, P. | Professor | Berlin. |
| Rottmann | Oberamtsrichter | Gerolzhofen. |
| Dr. Rubo | Professor, Amtsgerichtsrath | Berlin. |
| Dr. Ruhwandl, M. J. | Rechtsanwalt | München. |
| Dr. Rumpf | Oberlandesgerichtsrath | Frankfurt a. Main. |
| Saaßen, J. H. | Notar | Wittlich. |
| Sachs, Emil | Rechtsanwalt | Leipzig. |
| Dr. Salomon, A. | Rechtsanwalt | Berlin. |
| Dr. Samter | Rechtsanwalt | Berlin. |
| Sander | Justizrath | Berlin. |
| Sänger | Rechtsanwalt | Ulm. |
| Dr. Schall, R. | Rechtsanwalt | Stuttgart. |
| Schall | Rechtsanwalt | Ulm. |
| v. Schamberger | Generaldirector | München. |
| Schanz, Rich. | Rechtsanwalt | Dresden. |
| Schaper | Reichsgerichtsrath | Leipzig. |
| Dr. Scharlach | Rechtsanwalt | Hamburg. |
| Scharmann | Justizrath | Darmstadt. |
| Schäzler | Notar | Erlangen. |
| Scheffer | Rechtsanwalt | Cassel. |
| Schenck | Anwalt | Berlin. |
| Schenke, Friedr. | Referendar | Erfurt. |
| Scherer | Rechtsanwalt | Aschaffenburg. |

| Name. | Stand. | Wohnort. |
|---|---|---|
| Dr. Scherer, M. | Rechtsanwalt | Leipzig. |
| Dr. Scherer | Rechtsanwalt | Mainz. |
| Dr. Scherlensky | Rechtsanwalt | Frankfurt a. Main. |
| Scheuffler, Lebrecht | Rechtsanwalt | Leipzig. |
| Scheuffler | Rechtsanwalt | Meißen. |
| Scheurich | Justizrath | Krossen a. d. Oder. |
| Schiele | Staatsanwalt | Bernburg. |
| Schlegel I., Frz. Arthur | Rechtsanwalt | Dresden. |
| Dr. Schlesinger | Reichsgerichtsrath | Leipzig. |
| Schlick, Georg | Rechtsanwalt | Schleiz. |
| Schlieckmann, Alb. | Justizrath | Halle a. d. Saale. |
| Schloß | Rechtsanwalt | Heilbronn. |
| Schlüter | Oberlandesgerichtsrath | Celle. |
| Schmedes | Senatspräsident | Hamm (Westfalen). |
| Dr. Schmid | Oberlandesgerichtspräsident | Braunschweig. |
| Schmidt | Rechtsanwalt | Belgard (Pommern). |
| Schmidt, Alexander | Landgerichtsdirector | Berlin. |
| Schmidt | Geh. Oberjustizrath, Präsident | Celle. |
| Schmidt, Fr. Chr. | Rechtsanwalt | Dresden. |
| Dr. Schmidt-Polex, K. | Rechtsanwalt | Frankfurt a. Main. |
| Dr. Schmidt | Rechtsanwalt | Fürth (Bayern). |
| Schmidt | Generalpostdirectionsrath a. D. | Cassel. |
| Dr. Schmidt, Karl | Oberlandesgerichtsrath | Kolmar (Elsaß). |
| Schmidt, C. Th. | Oberjustizrath | Leipzig. |
| Schmidt | Ministerialdirector | Schwerin (Mecklenburg). |
| Schmidtmüller | Rechtsanwalt | Kolmar (Elsaß). |
| Dr. Schnapper | Rechtsanwalt | Frankfurt a. Main. |
| Schneider, Julius | Landgerichtsrath | Kaiserslautern. |
| Dr. Schneider | Rath am ob. Landesgericht | München. |
| Dr. Scholz | Landrichter | Berlin. |
| Scholz | Justizrath | Wiesbaden. |
| Schomer | Geheimer Oberfinanzrath, Provinzialsteuerdirector | Stettin. |
| Schondorff | Senator, Rechtsanwalt | Röbel (Mecklenburg). |
| Schorcht | Rechtsanwalt | Hameln. |
| Schott | Rechtsanwalt | Ulm. |
| Schramm, G. | Referendar | Dresden. |
| Dr. Schreiner | Rechtsanwalt | Cöln a. Rhein. |
| Schrey | Rechtsanwalt | Leipzig. |
| Schröder | Justizrath | Altona. |
| Schröder, W. | Kammergerichtsrath | Berlin. |

| Name. | Stand. | Wohnort. |
|---|---|---|
| Schröder | Justizrath | Eisleben. |
| Dr. Schröder | Geheimer Hofrath, Professor | Heidelberg. |
| Schubarth | Rechtsanwalt | Markneukirchen. |
| Schuberth | Oberlandesgerichtsrath | München. |
| Dr. Schultz | Rechtsanwalt | Hagen. |
| Schultze, Gust. | Rechtsanwalt | Leipzig. |
| Dr. Schulz | Professor, Bibliothekar | Leipzig. |
| Schulz | Landgerichtspräsident | Osnabrück. |
| Schulz | Amtsrichter | Zeitz. |
| Schumann, Heinr. | Rechtsanwalt | Mosbach (Baden). |
| Schuster | Landgerichtsrath | Heilbronn. |
| Schütte | Landgerichtsrath | Stettin. |
| Schütz | Gerichtsassessor | Potsdam. |
| Schwartz | Landrichter | Tübingen. |
| Schwarz | Rechtsanwalt | Schw. Hall. |
| Schwarz | Reichsgerichtsrath | Leipzig. |
| Dr. v. Schwarze, Joh. | Amtsrichter | Dresden. |
| Schwauß | Polizeidirector | Dresden. |
| Schwenker | Gerichtsassessor | Stettin. |
| Dr. v. Seeger | Professor | Tübingen. |
| Seeger | Oberamtsrichter | Urach (Württemberg). |
| Dr. Seelemann | Rechtsanwalt | Hamburg. |
| Dr. Seelig | Rechtsanwalt | Leipzig. |
| Sehlmacher | Justizrath | Stettin. |
| Dr. Seibert | Rechtsanwalt | Darmstadt. |
| Seibert | Amtsrichter | Darmstadt. |
| Seiferling, Georg | Oberlandesgerichtsrath | Augsburg. |
| Dr. Seitz, Karl, Joseph | Landgerichtsrath a. D. | München. |
| Seligmann | Justizrath | Koblenz. |
| Dr. Seligsohn | Rechtsanwalt | Berlin. |
| Seligsohn | Rechtsanwalt | Wiesbaden. |
| Senff | Rechtsanwalt | Berlin. |
| Dr. Seuffert, H. | Geh. Justizrath, Professor | Breslau. |
| Seume | Rechtsanwalt | Zwickau (Sachsen). |
| Seybarth | Amtsrichter | Siegen (Westfalen). |
| v. Seydewitz | Landgerichtspräsident | Greifswald. |
| Seyfert, E. H. | Oberlandesgerichtsrath | Dresden. |
| Dr. v. Sicherer | Professor | München. |
| Siebenhaar | Rechtsanwalt | Stettin. |
| Dr. Siebert | Justizrath | Frankfurt a. Main. |
| Siebert | Oberamtsrichter | Höchst (Odenwald). |
| Siebert | Rechtsanwalt | Wiesbaden. |

| Name. | Stand. | Wohnort. |
| --- | --- | --- |
| Siegel | Rechtsanwalt | München. |
| Dr. Sieger | Rechtsanwalt | Frankfurt a. Main. |
| Sieger | Rechtsanwalt | Cöln a. Rhein. |
| Siegfried, Herm. | Geheimer Justizrath | Cöln a. Rhein. |
| Sieveking | Rechtsanwalt | Altona. |
| Dr. Simon, H. V. | Rechtsanwalt | Berlin. |
| Dr. Simon | Amtsrichter | Hannover. |
| Dr. Simonis | Bürgermeister | Rostock (Mecklenburg). |
| Dr. Simson | Präsident des Reichsgerichts | Leipzig. |
| Dr. Sobernheim | Rechtsanwalt | Berlin. |
| Sommer | Justizrath | Grottkau (Reg.-Bez. Oppeln). |
| Sonnenkalb | Geheimrath | Altenburg (Sachsen-Altbg.). |
| Spangenberg | Rechtsanwalt | Hannover. |
| Staehler | Rechtsanwalt | Hadamar. |
| Stammler | Amtsrichter | Rosenthal (Bez. Cassel). |
| Stangl, Franz | Amtsrichter | Bischofsheim (Bayern). |
| Stapff | Rechtsanwalt | Weimar. |
| Starck | Rechtsanwalt | Stettin. |
| Stebel | Rechtsanwalt | Freiburg (Baden). |
| Dr. Steible, Georg | Hofrath, Bürgermeister | Würzburg. |
| Steinbach | Geheimer Justizrath | Magdeburg. |
| Steinhausen | Geheimer Justizrath | Berlin. |
| Stellmacher | Oberstaatsanwalt | Celle. |
| Dr. Freiherr v. Stengel | Professor | Breslau. |
| Stenglein | Reichsanwalt | Leipzig |
| Steubing | Landgerichtsrath | Greifswald. |
| Steubing | Amtsrichter | Wetzlar. |
| Dr. Stoeckel | Landrichter | Gnesen. |
| v. Stockhausen | Landgerichtspräsident | Liegnitz. |
| Stoltz | Landrichter | Hannover. |
| Stöpel | Justizrath | Potsdam. |
| Storr | Oberlandesgerichtsrath | Stuttgart. |
| Dr. v. Stößer | Senatspräsident | Karlsruhe (Baden). |
| Dr. Strauß | Rechtsanwalt | M.-Gladbach. |
| Strauß, C. | Rechtsanwalt | Heilbronn. |
| Strempel | Oberlandesgerichtsrath | Rostock (Mecklenburg). |
| Ströbel | Justizrath | Dresden. |
| Struckmann | Oberlandesgerichtsrath | Berlin. |
| Dr. Struckmann | Oberlandesgerichtspräsident | Cöln a. Rhein. |
| Strützki | Kammergerichtsrath | Berlin. |
| Stüler, Ludw. | Amtsgerichtsrath | Heiligenstadt (R.-B. Erfurt). |
| Stumpff | Oberlandesgerichtsrath | Frankfurt a. Main. |

| Name. | Stand. | Wohnort. |
|---|---|---|
| Succo | Oberlandesgerichtsrath | Stettin. |
| Süpfle | Oberamtsrichter | Heidelberg. |
| Süpfle | Rechtsanwalt | Karlsruhe (Baden). |
| Sutro | Justizrath | Bochum. |
| Tafel, Herm. | Rechtsanwalt | Stuttgart. |
| Dr. Täschner, Ad. | Rechtsanwalt | Leipzig. |
| Teichen | Syndikus | Berlin. |
| Dr. Teichmann | Professor | Basel. |
| Dr. Teuscher | Rechtsanwalt | Sommerfeld. |
| Thalmann | Rechtsanwalt | Frankenthal (Bayern). |
| Theremin | Landgerichtsrath | Schweidnitz. |
| Thewalt | Amtsgerichtsrath | Königstein(R.-B.Wiesbaden). |
| Dr. Thöl | Landrichter | Lübeck. |
| Thomsen | Amtsgerichtsrath | Emden. |
| Dr. Thomsen | Rechtsanwalt | Leipzig. |
| Thomsen | Oberlandesgerichtsrath | Stettin. |
| Thomsen | Dr. jur. | Stettin. |
| Thönges | Justizrath | Wiesbaden. |
| Throner | Notar | Kissingen. |
| Dr. Thümmel | Wirkl. Geh. Oberjustizrath, Oberlandesgerichtspräsident | Stettin. |
| Tiemann | Bürgermeister a. D. | Bielefeld. |
| Tietz | Rechtsanwalt | Greifenberg (Pommern). |
| Dr. Tiktin, G. | Rechtsanwalt | Berlin. |
| Tonn | Rechtsanwalt | Tremessen. |
| Tornau | Rechtsanwalt | Bitterfeld. |
| Traub, Berth. | Landgerichtsrath | Mannheim. |
| Treplin | Reichsanwalt | Leipzig. |
| Trimborn | Justizrath | Cöln a. Rhein. |
| Troitzsch, Emil | Rechtsanwalt | Leipzig. |
| Dr. Tröndlin | Justizrath, Bürgermeister | Leipzig. |
| Dr. Türck | Amtsrichter | Sontra. |
| Dr. Turban | Staatsminister | Karlsruhe (Baden). |
| Dr. Ullrich | Oberlandesgerichtsrath a. D. | Hamburg. |
| Dr. Ulrichs | Rechtsanwalt | Bremen. |
| v. Ungern-Sternberg | Geheimer Legationsrath | Karlsruhe (Baden). |
| Urban | Rechtsanwalt | Zwickau (Sachsen). |
| Dr. v. Uttenhofen | Geheimer Staatsrath | Meiningen. |
| Velde | Justizrath | Diez a. d. Lahn. |
| Dr. Versmann | Senator | Hamburg. |
| Vette | Justizrath | Wittenberg(R.-B.Merseburg). |
| Viëtor | Landrichter | Hildesheim (Hannover). |

| Name. | Stand. | Wohnort. |
|---|---|---|
| Volland | Kreisgerichtsrath a. D. | Suhl. |
| Dr. Vollert | Geheimer Staatsrath | Gera (Reuß j. L.). |
| Waaser | Rechtsanwalt | Schw. Hall. |
| Dr. Wach | Professor | Leipzig. |
| Wächter | Amtsrichter | Elze (Hannover). |
| Wahl | Finanzrath | Stettin. |
| Walcher | Rechtsanwalt | Stuttgart. |
| Walter | Justizrath | Beuthen (Oberschlesien). |
| Walther | Landrichter | Frankfurt a. d. Oder. |
| Warmuth | Landgerichtsrath | Augsburg. |
| Warnkönig | Hofrath | Donaueschingen. |
| Wassermeyer | Justizrath | Bonn. |
| Weber, Hans | Landgerichtssekretär | Altenburg (Sachsen-Altbg.). |
| Weber | Amtsgerichtsrath | Lauban. |
| Dr. Weber | Rechtsanwalt | Offenbach a. Main. |
| Weber | Amtsgerichtsrath | Schmölln. |
| Dr. Weber | Justizrath | Würzburg. |
| Wedekind | Rechtsanwalt | Altona. |
| Wedekind | Landgerichtsrath | Danzig. |
| Wegelin | Oberamtsrichter | Vilbel (Oberhessen). |
| Wegner | Justizrath | Berlin. |
| Wegner | Landgerichtsrath a. D. | Stolp (Pommern). |
| Wehrmann | Rechtsanwalt | Stettin. |
| Weichsel | Oberlandesgerichtsrath | Naumburg (Saale). |
| Weidig | Amtsrichter | Vilbel (Oberhessen). |
| Weidling | Dr. jur. | Berlin. |
| Weigert | Landrichter | Stettin. |
| Dr. v. Weinrich | Rechtsanwalt | Colmar (Elsaß). |
| Weismann | Rechtsanwalt | Koburg. |
| Weißleder | Amtsrichter | Posen. |
| Weizsäcker | Gerichtsassessor | Cöpenick bei Berlin. |
| Weizsäcker | Landgerichtsrath | Oehringen (Württemberg). |
| Welcker | Rechtsanwalt | Marburg (Hessen). |
| Wellmann | Landrichter | Stettin. |
| Wendlandt | Geheimer Justizrath | Stettin. |
| Dr. Wendler sen., Emil | Rechtsanwalt, Dompropst | Leipzig. |
| Dr. Wendler, Eug. | Rechtsanwalt | Leipzig. |
| Wenning | Rechtsanwalt | Cassel. |
| Werner | Staatsanwalt | Celle. |
| Werner | Justizrath | Naumburg a. d. Saale. |
| Werner | Justizrath | Stettin. |
| Werren | Rechtsanwalt | Aschersleben. |

| Name. | Stand. | Wohnort. |
|---|---|---|
| Dr. Werthauer | Rechtsanwalt | Leipzig. |
| Dr. Wertheimer | Rechtsanwalt | Baden-Baden. |
| Dr. Westerkamp | Professor | Marburg (Hessen). |
| Wettke | Landgerichtspräsident | Meseritz. |
| Wex | Geheimer Oberjustizrath | Stettin. |
| v. Widenmann | Generalauditeur | Stuttgart. |
| Wielandt, Fr. | Ministerialrath | Karlsruhe (Baden). |
| Wielandt, K. | Reichsgerichtsrath | Leipzig. |
| Dr. Wiener | Reichsgerichtsrath | Leipzig. |
| Dr. Wiesand | Oberlandesgerichtsrath | Dresden. |
| Wiester | Justizrath | Hirschberg (Schlesien). |
| Wiethaus | Landrichter | Hagen (Westfalen). |
| Wiggers | Justizrath | Rendsburg. |
| Dr. Wilckens, J. | Rechtsanwalt | Bremen. |
| Wilhelmi, Aug. | Ob.-Gerichtsprocurator a. D. | Hattenheim. |
| Wilhelmi | Gerichtsassessor | Stettin. |
| Wilhelmi | Landrichter | Wiesbaden. |
| Wilke | Justizrath | Berlin. |
| Willert | Amtsrichter | Woldegk (Mecklenburg). |
| Dr. v. Wilmowski | Geheimer Justizrath | Berlin. |
| Winchenbach | Oberlandesgerichtsrath | Stettin. |
| Windscheid | Steuerrath | Cöln a. Rhein. |
| Dr. v. Windscheid | Geheimrath, Professor | Leipzig. |
| Windthorst | Amtsgerichtsrath | Bielefeld. |
| Wintterlin | Director | Stuttgart. |
| Witowski | Regierungsassessor | Stettin. |
| Witte, E. | Landgerichtsdirector | Breslau. |
| Dr. Wittelshöfer | Rechtsanwalt | Fürth. |
| Wittmer | Rechtsanwalt | Mosbach (Baden). |
| Dr. Wolf I. | Rechtsanwalt | Dresden. |
| Wolf, Eberhard | Referendar | Stettin. |
| Wölfel | Rechtsanwalt | Merseburg. |
| Wolfenstetter | Landgerichtsrath | Bamberg. |
| Wolff | Justizrath | Frankfurt a. d. Oder. |
| Wolff | Amtsrichter | Poelitz. |
| Dr. Wolffsohn, J. | Rechtsanwalt | Hamburg. |
| Dr. Wolfskehl | Rechtsanwalt | Mainz. |
| Wollaib | Landgerichtsdirector | Ulm. |
| Wollner, H. | Rechtsanwalt | Berlin. |
| Woerrlein | Notar | Oettingen (Bayern). |
| Wörsch | Notar | Wöllstein (Rheinhessen). |
| Wroncker | Rechtsanwalt | Berlin. |

| Name. | Stand. | Wohnort. |
|---|---|---|
| Wulfert | Reichsgerichtsrath | Leipzig. |
| Wündisch | Rechtsanwalt | Zabern (Elsaß). |
| Wüstenfeld | Reichsgerichtsrath | Leipzig. |
| Zacke | Amtsgerichtsrath | Halle a. d. Saale. |
| Graf v. Zech | Oberlandesgerichtsrath | München. |
| Dr. Zehme, F. | Rechtsanwalt | Leipzig. |
| Zeidler | Rechtsanwalt | Greifenhagen. |
| Dr. Zeller | Regierungsrath | Darmstadt. |
| Zelter | Gerichtsassessor | Stettin. |
| Dr. Zenker, Oskar | Rechtsanwalt | Leipzig. |
| Zickermann | Rechtsanwalt | Schwerin (Mecklenburg). |
| Dr. Ziegler, A. Gottfr. | Privatier | Würzburg. |
| Ziehm, H. | Syndikus | Friedland (Mecklenburg). |
| Ziemssen | Amtsrichter | Stralsund. |
| Zinkeisen, Alex. | Rechtsanwalt | Leipzig. |
| Zirkler | Oberjustizrath | Tübingen. |
| Dr. Zitelmann | Professor | Bonn. |
| Zitelmann | Consistorialrath | Stettin. |
| Zitelmann | Geheimer Regierungsrath | Stettin. |
| Zschucke, Th. | Bürgermeister | Markneukirchen. |
| Zückler | Rechtsanwalt | Glauchau. |
| Zutt, Otto | Rechtsanwalt | Mosbach (Baden). |

| Name. | Stand. | Wohnort. |
|---|---|---|

## Kaiserreich Oesterreich.

| Name. | Stand. | Wohnort. |
|---|---|---|
| Dr. Abensamer | Advocat | Wien. |
| Dr. Angerer | Advocat | Wien. |
| Dr. Anthofer | Oberlandesgerichtsrath | Wien. |
| Ritter v. Aull | Landesgerichtsrath | Jicin. |
| Bareuther | Doctor der Rechte | Wien. |
| Dr. Biach | Advocat | Wien. |
| Dr. v. Bozoki | Professor | Großwardein. |
| Dr. Brezina | Advocat | Wien. |
| Dr. Brezina | Notar | Wien. |
| Dr. Brichta | Advocat | Wien. |
| Dr. Bruck | Notar | Wien. |
| Dr. Burian | Advocat | Wien. |
| v. Csemeghi, Carl Excellenz | Wirkl. Geh. Rath, Senats-Präsident am obersten Gerichtshofe | Budapest. |
| Czuka, Eduard | Advocat | S. a. Ujhely. |
| Dr. Ritter v. Demel | Advocat | Teschen. |
| Dr. Exner | Professor | Wien. |
| Dr. Fayer | Advocat und Privatdocent | Pest. |
| Dr. Ritter v. Feistmantel, Carl | Advocat | Wien. |
| Feld | Advocat | Darda. |
| Dr. Ritter v. Mündel-Feldberg | Advocat | Wien. |
| Dr. Ritter v. Floch | Finanzrath und Advocat | Pest. |
| Dr. Fochtmann | Notar | Buchau. |
| Dr. Foltanek, | Notar | Wien. |
| Dr. Frantz | Advocat | Wien. |
| Landgraf zu Fürstenberg, Excellenz | Wirkl. Geh. Rath, Senats-Präsident des obersten Gerichtshofes | Wien. |
| Fürth, | Notar | Steyr. |
| D. Geller, L. | Advocat | Wien. |
| Dr. Ritter v. Glanz | Advocat | Linz. |
| Dr. Freiherr v. Hye-Glunek, Excellenz | Wirkl. Geh. Rath | Wien. |
| Dr. Freiherr v. Hue-Glunek | Landesgerichtsrath | Wien. |
| Dr. Götz | Advocat | Nikolsburg. |
| Dr. Goldschmid | Advocat | Prag. |
| Dr. Groß | Advocat | Wien. |

| Name. | Stand. | Wohnort. |
| --- | --- | --- |
| Dr. Edl. v. Gschmeidler | Advocat | Ober-Hollabrunn. |
| Dr. Guln | Advocat | Szabadka. |
| Dr. Ritter v. Haberler | Advocat | Wien. |
| Dr. Frhr. v. Haerdtl, Carl | Advocat | Wien. |
| Dr. Haele | Advocat | Ried. |
| Dr. Ritter v. Harrasowsky | Hofrath | Wien. |
| Dr. Heil | Staatsanwalt-Substitut | Budapest. |
| Heinrich | Landesgerichtsrath | Prag. |
| Dr. Heller | Professor | Wien. |
| Dr. Ritter v. Hermann | Advocat | Wien. |
| Dr. Hiller | Professor | Czernowitz. |
| Dr. Hirsch | Advocat | Olmütz. |
| Dr. Hoffmann, Herm. | Advocat | Salzburg. |
| Dr. Horn, Ferd. | emer. Advocat | Wien. |
| Dr. Horowitz, Leo | Advocat | Krakau. |
| Dr. Huber, Ludw. Josef | Advocat | Wien. |
| Dr. Hugelmann | Hofsekretär | Wien. |
| Dr. Jäger | Advocat | Salzburg. |
| Dr. Jaques | Advocat | Wien. |
| Dr. Kaiser | Advocat | Ungarisch-Hradisch. |
| Dr. Ritter v. Kaltenegger | Hofrath und Finanz-Procurator | Wien. |
| Dr. Kaufmann | Advocat | Znaim. |
| Dr. Ritter v. Keller | Senats-Präsident | Wien. |
| Dr. Kern, Theodor | Advocat | Budapest. |
| Dr. Kerpal | Advocat | Wien. |
| Dr. Ritter v. Kindinger | Hofrath und Landesgerichts-Präsident | Trient. |
| Dr. Kirchler | Advocat | Schwanenstadt. |
| Klissenbauer, Hans | Gerichts-Adjunct | Linz. |
| Dr. Klob | Advocat | Brünn. |
| Dr. Koch | Staatsanwalt | Ried. |
| Dr. Környei | Advocat | Budapest. |
| Dr. Kokoschinegg | Advocat | Graz. |
| Dr. Kolbe, Dominik | Advocat | Wien. |
| Dr. Kosjek | Advocat | Graz. |
| Dr. Krasnopolski | Professor | Prag. |
| Dr. Kratky | Advocat und Vorstand des Wiener Zweig-Bureaus d. Deutsch. Juristentages | Wien. |

| Name. | Stand. | Wohnort. |
|---|---|---|
| Dr. Kunwald | Advocat | Wien. |
| Dr. Libitzky | Advocat | Wien. |
| Dr. Lichtenstern | Advocat | Wien. |
| Dr. Links | Advocat | Wien. |
| Dr. Löwy, M. | Advocat | Wien. |
| Dr. Machek | Advocat | Chrudim. |
| Dr. Markbreiter | Advocat | Wien. |
| Dr. Mayer | Professor | Wien. |
| Dr. v. Menger, Max | Advocat | Wien. |
| Dr. Millanich | Advocat | Wien. |
| Dr. Mitlacher | Advocat | Wien. |
| Dr. Ritter v. Mitscha | Regierungsrath | Wien. |
| Dr. Moosmann | Advocat | Ravelsbach. |
| Müller | Notar | Niemes. |
| Dr. v. Nagel | Advocat | Mattighofen. |
| Dr. Neumann, Herm. | Advocat | Budapest. |
| Dr. Neußer | Advocat | Troppau. |
| Dr. Oberhuber | Advocat | Ried. |
| Dr. Pann, Arnold | Regierungsrath u. Advocat | Wien. |
| Dr. Pfaff | Professor | Wien. |
| Dr. Pfob | Advocat | Wien. |
| Dr. Pisko | Advocat | Wien. |
| Dr. Plattner | Advocat | Steyr. |
| Dr. Pohl | Advocat | Eger. |
| Dr. Pokorny, Eduard | Advocat | Wien. |
| Dr. Prusik, Eduard | Stadtrath | Iglau. |
| Dr. Ptaczek | Advocät und Notar | Boskowitz. |
| Dr. Ritter v. Raimann | Oberlandesgerichtsrath | Wien. |
| Dr. v. Schrutka-Rechtenstamm | Professor | Wien. |
| Dr. Reif | Advocat | Wien. |
| Reindl | Notar | Urfahr-Linz. |
| Dr. Reiser | Advocat | Wien. |
| Dr. Reiser | Notar | Marburg. |
| Dr. Reissig | Advocat | Brünn. |
| Dr. Riehl | Advocat | Wiener-Neustadt. |
| Dr. Rosenbacher, Arn. | Advocat | Prag. |
| Dr. Rosian | Advocat | Salzburg. |
| Dr. Ritter v. Schmerling, Excellenz | Wirkl. Geh. Rath, Erster Präsident d. ob. Gerichtshofes | Wien. |
| Dr. Schmettan | Advocat | Freiwaldau (Schlesien). |
| Dr. Schmeykal | Advocat | Prag. |

| Name. | Stand. | Wohnort. |
| --- | --- | --- |
| Dr. Schmidt | Advocat | Elbogen. |
| Dr. Schmidt | Advocat | Wien. |
| Dr. Schneider | Advocat | Mauerkirchen. |
| Dr. Schreiter, Franz | Advocat | Komotau. |
| Dr. Schüßler | Advocat | Wien. |
| Schustler | Notar | Mährisch-Weißkirchen. |
| Dr. Freiherr v. Sommaruga | Advocat | Wien. |
| Dr. Spitzer | emer. Advocat | Wien. |
| Ritter v. Stahl | Ministerialsekretär a. D. | Wien. |
| Dr. Steinwender, P. | Notar | Leonfelden. |
| Dr. Stern, Alfred | Advocat | Wien. |
| Dr. Strasser | Notar | Ried (Innkreis). |
| Dr. Strauß | Advocat | Wien. |
| Dr. Thanner | Professor | Innsbruck. |
| Dr. Theumer | Notar | Elbogen. |
| Theumer | Hofrath | Prag. |
| Dr. Theumer | Advocat | Aussig a. d. Elbe. |
| Dr. Tobisch | Advocat | Bilin. |
| Dr. Tremel | Advocat | Wien. |
| Dr. Ullmann | Regierungsrath u. Professor | Wien. |
| Dr. Unger, Excellenz | Wirkl. Geh. Rath, Präsident des Reichsgerichtes | Wien. |
| Dr. v. Vaszary | Advocat | Kaposvar. |
| Dr. Volkelt | Advocat | Prag. |
| Dr. Wahlberg | Hofrath und Professor | Wien. |
| Wallaschek | Notar | Brünn. |
| Weinert | Bezirksrichter | Tepl. |
| Dr. Weißel, Edmund | Advocat | Wien. |
| Dr. Weitlof | Advocat | Wien. |
| Dr. Werner | Professor | Kaschau. |
| Dr. Widmann | Advocat | Salzburg. |
| Dr. Ritter v. Wiedenfeld | Advocat | Wien. |
| Dr. v. Wlassics | Staatsanwalt-Substitut | Budapest. |
| Dr. Zapletal | Advocaturs-Candidat | Rudolfsheim bei Wien. |
| Dr. Zatecky | Advocat | Wien. |
| Dr. Zimmermann | Advocat | Wien. |
| Dr. Zloch | Notar | Karlsbad. |
| Dr. Zoll | Regierungsrath u. Professor | Krakau. |

## Abschluß der Kasse des

**Debet.**

| 1888 | | M. | $\mathcal{S}$ |
|---|---|---|---|
| 2. Juli | An Cassa p. Post an Rechtsanwalt Ritschl (Stettin) . . . . . . . . . | 6000 | 00 |
| 26. Juli | " " Honorare für Gutachten . . | 1470 | 00 |
| 20. September | " " für Reisekosten . . . . . | 50 | 00 |
| 17. October | " " für Stenogramme . . . . | 1365 | 30 |
| 31. December | " Zinsen laut Staffel . . . . . . | 8 | 40 |
| | " Porto und Spesen . . . . . . | 8 | 91 |
| | | 8902 | 61 |

Berlin, den 31. December 1888.

## Bestand an Werthpapieren.

M. 1 800 Bayerische Prämien-Anleihe mit Zinsen v. 1. Juni 1888 ab.
M. 2 100 Badische Prämien-Anleihe mit Zinsen v. 1. August 1888 ab.
M. 35 100 Pommersche $3^1/_2$ % Pfandbriefe nebst Zinsen vom 1. Juli 1888 ab.

deutschen Juristentages.

**Credit.**

| 1888 | | M. | Pf. |
|---|---|---|---|
| 1. Juli | Per Saldo . . . . . . . . . . . | 4874 | 26 |
| 2. Juli | „ M. 1200 Pommersche $3^1/_2$% Pfandbriefe . . . . . . . . . . | 1214 | 60 |
| 3. Juli | „ Coupons v. $3^1/_2$% Pomm. Pfandbr. | 635 | 25 |
| 4. August | „ Coupons von Badischer Prämien-Anleihe . . . . . . . . . | 42 | 00 |
| 29. September | „ Rückzahlung aus Stettin . . . . | 918 | 00 |
| 2. November | „ Fernere Rückzahlung aus Stettin . | 1000 | 00 |
| 31. December | „ Saldo per 1. Januar 1889 . . . | 218 | 50 |
| | | 8902 | 61 |

# Verzeichniß der Redner.

Die Zahlen bedeuten die Seiten.

---

# Stenographische Berichte.

# Erste Plenarsitzung

des

# Neunzehnten deutschen Juristentages

zu Stettin

am

**Dienstag, den 11. September 1888.**

---

(Beginn: Vormittags 9 Uhr 15 Min.)

Reichsgerichtssenatspräsident Dr. **Drechsler** (Leipzig): Meine Herren! Im Auftrage der ständigen Deputation des deutschen Juristentages erkläre ich hiermit den 19. deutschen Juristentag für eröffnet.

Senats-Präsident Staatsrath **von Köstlin**-Stuttgart: Meine Herren! § 7 unseres Statuts lautet:

> „Die Verhandlungen der Plenarversammlung leitet ein Vorsitzender, welcher für die Dauer eines jeden Juristentages in der ersten Plenarversammlung durch Stimmzettel oder Acclamation gewählt wird."

Im Auftrage der ständigen Deputation habe ich die Ehre, Ihnen zur Stelle des Vorsitzenden den Herrn Senatspräsidenten des Reichsgerichts Dr. Drechsler vorzuschlagen. Es wird wohl, wenn wir diesen Namen hören, eines Stimmzettels nicht bedürfen; ich glaube, daß die Versammlung einverstanden sein wird, wenn dieser verehrte Herr im Wege der Acclamation ersucht wird, den Vorsitz dieses 19. deutschen Juristentags zu führen. (Lebhafte Zustimmung.)

Wenn ich Ihre Meinung getroffen habe, so bitte ich diejenigen, welche einverstanden sind, sich zu erheben. (Geschieht.)

Ich darf annehmen, daß die Wahl des Herrn Präsidenten Dr. Drechsler zum Vorsitzenden dieses Juristentages einstimmig erfolgt ist, und bitte ich sonach denselben, den Präsidentenstuhl einzunehmen.

Reichsgerichtssenatspräsident Dr. **Drechsler** (Leipzig): M. H.! Ich danke Ihnen für das Vertrauen, das Sie mir durch die Wahl zum Präsidenten des 19. deutschen Juristentages erwiesen haben. Wir haben ja leider zu bedauern, daß Herr Geheimer Rath Gneist uns heute fehlt. Wichtige Gründe können es nur gewesen sein, die ihn bestimmt haben, an unseren Arbeiten nicht theilzunehmen. Wir kommen zum 19. Male zusammen. Fünfmal hat der verstorbene Geheimrath Wächter unsere Arbeitet geleitet, zweimal Geheimrath Bluntschli, im Übrigen mit einer einzigen Ausnahme hat seit 1868, also seit 20 Jahren, Herr Professor Gneist die Sitzungen geleitet. Wir erfüllen gewiß nur eine Pflicht der Dankbarkeit, wenn wir heute das Bedauern aussprechen, ihn nicht unter uns zu sehen, und wünschen, daß das, was er uns angekündigt hat, daß ihm sein Gesundheitszustand erlauben wird, später wieder an den Arbeiten theilzunehmen, daß dieser Wunsch und diese Hoffnung erfüllt wird.

M. H.! Wenn ich die Arbeiten des diesmaligen Juristentages eröffne, so möchte ich es nicht ohne einige Worte der Einleitung thun über die Lage des Juristentages, wie sie sich nun seit 28 Jahren gestaltet hat. Ich gehöre dem Juristentage seit seiner Gründung — 1860 — an und bin in ihm alt geworden. Der Zweck des Juristentages, herbeizuführen einen geselligen Verkehr, eine Annäherung der deutschen Juristen untereinander, ist gewiß auf allen Juristentagen in Erfüllung gegangen. Denn soweit meine Erinnerung reicht, ist niemals ein Mißton unter den versammelten deutschen Juristen hervorgetreten.

Als der Juristentag gestiftet wurde, hatten wir von einheitlicher Gesetzgebung in Deutschland keine Spur! Das römische Recht, das preußische Landrecht, das französische Civilrecht und Hunderte von Particularrechten herrschten; auch das Handelsgesetzbuch war noch nicht publicirt. Seitdem ist entstanden: das Handelsgesetzbuch, die Wechselordnung, — zwar schon vielfach publicirt, aber doch nicht in allen Ländern in Geltung — ist seitdem durch Reichsgesetz zur Gültigkeit gelangt. Das Strafgesetzbuch, die Strafprozeßordnung sind publicirt; das Gerichtsverfassungsgesetz hat Deutschland eine Gestaltung gegeben für das Verfahren, welches in der Civilprozeßordnung geordnet ist. Übrig blieb nur noch das eigentliche Privatrecht, und die Commission zu Ausarbeitung eines Privatrechts hat die erste Lesung am Schluß des vorigen Jahres beendigt. Der Juristentag hat die Aufgabe: mitzuwirken bei der Herbeiführung einer Einheitlichkeit des Rechts, gewiß getreulich zu erfüllen mitgeholfen! Denn wenn Sie die Motive zum bürgerlichen Gesetzbuch durchblättern, — und mehr als ein „Durchblättern" ist mir bei meiner vielfachen Beschäftigung wenigstens noch nicht möglich gewesen — so finden Sie dort in anzuerkennender Weise immer die Bezugnahme auf die Arbeiten unseres Juristentags. Und, m. H., wenn wir die Gutachten ansehen, die uns geliefert worden sind, namentlich in den letzten Jahren, wenn wir die Verhandlungen selbst in die Hand nehmen, so glaube ich ohne Ueberhebung sagen zu können, der Juristentag hat auch seine zweite Aufgabe zu erfüllen angestrebt, nämlich die: zur Einheit des Rechts mitzuwirken. Namentlich zum gegenwärtigen Juristentage liegen wichtige Fragen, insbesondere aus der bürgerlichen Gesetzgebung vor. Die Gutachten, welche uns geliefert sind, können sich sehen lassen; sie sind mit treuem Fleiß gearbeitet und tüchtige, wissenschaftliche Leistungen. Ich treffe wohl den Willen der Versammlung, wenn ich unseren Gutachtern, die so Tüchtiges geleistet haben, hiermit unsern Dank ausspreche! (Bravo!)

Nun m. H., was den Entwurf eines bürgerlichen Gesetzbuches betrifft, der ja abschließt das Einheitswerk, wenigstens zum größten Theil, so verkenne ich nicht, daß gewichtige Stimmen laut geworden sind, welche sich gegen Einzelheiten dieses Entwurfs erklärt haben; ja es giebt bedeutende Juristen, die überhaupt es für unzweckmäßig noch heute halten, daß dieser Commission der Auftrag geworden ist, ein bürgerliches Gesetzbuch auszuarbeiten, und glauben, es wäre viel besser gewesen, in Einzelgesetzgebungen vorzugehen und so allmählich eine Rechtseinheit anzubahnen, die demnächst hätte schließen können mit einem bürgerlichen Gesetzbuch. Dieser Ansicht durfte die Commission, welcher der Auftrag wurde, eine Codification herzustellen, gewiß nicht beipflichten.

Was aber den Entwurf selbst betrifft, so ist gegen Umfang, Inhalt und Form manches gesagt worden.

Was nun das erstere betrifft, den Umfang, so bekenne ich allerdings, daß ich gewünscht hätte, daß auch manche Materie aufgenommen worden wäre, die noch nicht behandelt worden ist. Aber damit ist gewiß nicht das Werk als solches zu verwerfen, und wenn auch vieles der Landesgesetzgebung überlassen worden ist, so heißt das doch nicht, daß selbst mit Annahme dieses Entwurfes, sei es in derselben Gestalt, wie er vorliegt, oder in einer hier und da veränderten Gestalt, die Reichsgesetzgebung aufhören solle, die Rechtseinheit zu fördern. Es bleiben da noch die Materien übrig, die vorläufig den Landesgesetzgebungen überwiesen, demnächst aber durch Reichsgesetze einheitlich zu ordnen sind. Wir haben ja ein Beispiel an dem Handelsgesetzbuche. Das Handelsgesetzbuch fand viel mehr Anerkennung als der jetzige Entwurf, und doch finden sich im Handelsgesetzbuch viel mehr Verweisungen auf die Landesgesetzgebungen, als wünschenswerth war. Inzwischen hat die Reichsgesetzgebung in den wichtigsten Punkten dafür gesorgt, daß diese Landesgesetze beseitigt worden sind, und so hoffe ich, daß, wenn der Entwurf in seiner Beschränkung Annahme findet, damit die Reichsgesetzgebung nicht stille stehen, sondern nach und nach auch die übrigen Theile, die nicht behandelt worden sind, ihrer Gesetzgebung unterwerfen wird. Der Entwurf hat ungefähr denselben Umfang wie die neueste Codification in Deutschland, die sich seit 20 Jahren als tüchtig bewährt hat, das bürgerliche Gesetzbuch für das Königreich Sachsen. Neben diesem Gesetzbuche gelten eine Menge einzelne Gesetze, und so stelle ich mir auch die Entwicklung vor, falls das Gesetzbuch Annahme findet. Freilich ist zu befürchten, daß bis dahin noch eine lange Zeit vergehen wird, und es ist das nothwendig allerdings, wenn die Ausstellungen gegen den Inhalt und die Form des Gesetzes begründet sind; dann werden wir allerdings noch viel zu verbessern und zu ordnen haben; aber eine Grundlage, glaube ich, für die Verbesserung und Aenderung wird dieser Entwurf jedenfalls bieten. An diesem Gesetzentwurfe ist aber vor allen vom Anfange an betheiligt gewesen ein Mann, der mir seit vielen Jahren persönlich nahe gestanden ist, der tüchtigste gewissenhafteste und unermüdlichste Arbeiter auf dem Gebiete der Gesetzgebung; ich meine den Herrn Geheimrath Pape. Sie haben gewiß alle mit Bedauern gelesen, daß er seit einigen Tagen von einer schweren Krankheit ergriffen worden ist; ich glaube, daß der jetzige Moment, in dem wir hier zusammenkommen, nachdem das Gesetzbuch in erster Lesung vollendet ist, an welchem er den größten Antheil hat, gewiß geeignet ist, von Seiten des Juristentages ihm eine herzliche Besserung zu wünschen, und so möchte ich von hier aus ein Telegramm absenden, welches ihm diesen Wunsch ausdrückt. (Bravo!) Ich schlage also vor, an ihn zu telegraphiren: Der neunzehnte deutsche Juristentag sendet dem hochverdienten Präsidenten der Commission zur Ausarbeitung eines bürgerlichen Gesetzbuches seine herzlichen Wünsche für baldige Genesung. (Bravo!) Wenn die Herren einverstanden sind, werde ich das Telegramm absenden. (Bravo!)

M. H., jetzt können wir zum Beginn unserer Arbeiten schreiten, zunächst zur Vervollständigung des Bureaus, da möchte ich nun den Herrn Oberlandesgerichtspräsidenten Dr. Thümmel von hier bitten, als erster Vicepräsident neben mir seinen Platz einzunehmen. Sollte der Herr Präsident Dr. Thümmel nicht anwesend sein, dann bitte ich ihn zu benachrichtigen, und ich hoffe, daß er in der 2. Plenarsitzung anwesend sein wird. Als zweiter Vicepräsident möchte ich ersuchen, hier Platz zu nehmen, Herrn Oberlandesgerichtssenatspräsidenten Wex, ferner schlage ich als weitere Vicepräsidenten vor den Herrn Geheimen Justizrath Professor Dr. Dernburg und den Herrn Geheimen Justizrath Professor Dr. Brunner zu Berlin.

Das Schriftführeramt bitte ich zu übernehmen Herrn Rechtsanwalt Meister von hier. Ist Herr Rechtsanwalt Meister anwesend? (Wird verneint.) Dann ist vielleicht anwesend Herr Landrichter Harnisch von hier. (Wird bejaht.) Ich bitte ihn, neben Herrn Rechtsanwalt Dr. Horwitz das Schriftführeramt zu übernehmen, und die beiden Herren, sich wegen der Protocollführung mit einander zu verständigen. Die Meldung zum Worte bitte ich an den linkssitzenden Herrn zu richten.

M. H., zunächst haben wir vorzunehmen die Vertheilung der Berathungsgegenstände. Ich setze voraus, daß Sie alle den Text dieser Berathungsgegenstände vor Augen haben, so daß ich bloß die Nummern zu nennen brauche. Bei dieser Vertheilung ist zu bemerken, daß die ständige Deputation davon hat absehen müssen, die Vertheilung streng nach den Materien vorzunehmen und danach die Abtheilungen zu constituiren, weil es nicht so viel Fragen gegeben hätte, um jede der drei Abtheilungen genügend zu beschäftigen, und wiederum, wenn alle gleichartigen Fragen einer Abtheilung überwiesen worden wären, dieselbe überbürdet worden sein würde. Die ständige Deputation hat beschlossen, — und das würden Sie zu genehmigen haben — daß drei Abtheilungen gebildet werden, Abtheilung I, Abtheilung II und die combinirte Abtheilung III und IV. Der I. Abtheilung würden zu überweisen sein die Fragen 1, 2 und 3 der vorläufigen Uebersicht, die Fragen: Kauf bricht Miethe, Servituten an Grundstücken und die Legatenfrage, der Abtheilung II die Fragen 5, d. i. über die väterliche Gewalt, 7, Handelsgesellschaftliche Haftung, 8 und 9, der Abtheilung III die übrigbleibenden Fragen 4, 6, 11, 12 und 13. Nr. 10 der vorläufigen Tagesordnung: Antrag des Kreisgerichtsrath Dr. Hilse in Berlin, betreffend die Rechte des Werkmeisters auf Immobilien, kann nicht zur Berathung kommen, da weder ein Gutachten noch ein Referat für denselben vorhanden ist; diese Frage muß also vorbehalten werden.

Von Herrn Dr. Hilse war auch noch in seiner Eigenschaft als Syndicus der „Großen Berliner Pferdebahn-Gesellschaft in Berlin“ ein Antrag, betreffend die Abänderung und Ergänzung des Haftpflichtgesetzes vom 7. Juni 1871 eingegangen. Dieser Antrag konnte ebenso wie andere Anträge nicht mehr auf die schon überfüllte Tagesordnung gesetzt werden. Der Antragsteller hat indeß 100 Exemplare seiner Schrift über die Haftpflicht der Straßenbahnen und sonstigen Fuhrbetriebe zur Verfügung gestellt, welche zur Vertheilung kommen werden.

Ferner hat Herr Dr. Medem, Privatdocent und Landgerichtsrath zu Greifswald, mehrere Exemplare seiner Werke „Problem der Strafzumessung“, „Strafzumessung und Strafvollzug“, „das Studium und die Examina zum höheren Justizdienst“ zur Vertheilung vorgelegt und können diese Schriften an die Abtheilung III und IV abgegeben werden.

Sodann hat Herr Rechtsanwalt Strauß zu Heilbronn die Darstellung eines Rechtsfalls dem Juristentage unterbreitet, in welchem er auf Veranlassung des Oberbürgermeisters Hegelmeier zu Heilbronn wegen angeblichen Querulantenwahnsinns entmündigt war, was dann auf Anfechtungsklage durch rechtskräftiges Urtheil der Civilkammer zu Heilbronn vom 8. Juni d. J. wieder aufgehoben wurde. (Heiterkeit.) Der Juristentag wird über einzelne Streitfälle Beschlüsse nicht fassen können. In diesem Sinne wird der Herr Schriftführer die Güte haben, Herrn Rechtsanwalt Strauß zu antworten.

Wir gehen nun weiter in unserer Tagesordnung, und zwar: **Bericht** des Schriftführers Geheimen Justizrath v. Wilmowski zu Berlin **über die Rechtsentwicklung in Deutschland** seit der letzten Juristentagsversammlung.

Geh. Justizrath **v. Wilmowski** (Berlin): Seit dem letzten deutschen Juristentage haben wir eine schwere und verhängnißvolle Zeit durchlebt. Wir haben den Heimgang unseres hochverehrten Kaisers Wilhelm I. betrauern müssen, welcher das Deutsche Reich wieder in verjüngter kraftvoller Gestalt gegründet und die längst gehegten deutschen Träume und Wünsche in lebendiger Wirklichkeit bewahrheitet hat, und welcher das neugegründete Deutsche Reich sodann in kraftvoller und dabei milder und gerechter Regierung zum dauernden Bestande und mächtigen europäischen Friedenshorte gehoben und gefestigt hat. Jedem von uns schien ein Theil der eigenen Lebenskraft zu fehlen, als der ebenso gerechte und gnadenreiche, als siegreiche Kaiser nach den Wohlthaten seiner langen Regierung im höchsten Alter der Natur den schuldigen Tribut zollen mußte.

Wir haben dann das tragische Schicksal seines Sohnes, des Kaisers Friedrich III., schmerzlich mit empfunden, welcher als treuer deutscher ritterlicher Held im Felde kräftig zur Gründung des Reiches gewirkt und durch seine liebenswürdige, milde versöhnende Persönlichkeit, den Künsten und Wissenschaften des Friedens hold, die Einigung der deutschen Stämme im Frieden wesentlich gefördert hat, und welchem dann ein heimtückisches, von ihm mit unvergleichlicher Tapferkeit und Ergebung ertragenes Leiden nur die kurze Regierung eines kranken Mannes vergönnte, ohne ihm zu gestatten, die auf ihn gesetzten Hoffnungen zu verwirklichen.

Wir vertrauen indeß nun, daß unser jugendlicher Kaiser Wilhelm II. im Geiste seiner edlen Vorfahren seinem hohen Beruf in der Schirmung und Entwickelung des Reiches und aller seiner Glieder erfüllen wird, und der von seinen Vorvorfahren heraufbeschworenen neuen Zeit das ihr zukommende Recht angedeihen läßt und fördern hilft.

Eine weitere verhängnißvolle Wendung, welche namentlich für uns Juristen von besonderer Bedeutung ist, hat uns die letzte Juristentags-Periode gebracht, indem seit Kurzem nach langen, sorgfältigen Vorarbeiten der Entwurf des allgemeinen deutschen bürgerlichen Gesetzbuches veröffentlicht ist, welcher bestimmt sein soll, die Rechtseinheit des Civilrechts im Deutschen Reiche zu verwirklichen. Dem deutschen Sinne entsprechend, wird er nicht verfehlen, die Juristen in intensivster Weise zur Kritik anzuregen, und es hat natürlich insbesondere auch der Juristentag die Aufforderung, seinen Inhalt im Verhältnisse zu den Bedürfnissen des praktischen Lebens und deutscher Weise zu prüfen. Ohne bestreiten zu wollen, daß der schon jetzt vielfach angefochtene Entwurf verbesserungsfähig und namentlich auch ergänzungsbedürftig ist, mag es mir an dieser Stelle gestattet sein, den innigen Wunsch auszusprechen, daß der sorgfältig und mühsam errichtete Bau der allgemein gültigen Rechtsgrundsätze mit liebevoller und schonender Scheu geachtet und daß, soweit nicht dringende Interessen des Verkehrs und des Lebens und die nothwendigen Rücksichten auf die Jetztzeit und auf die Entwickelung deutscher Rechtsitte Aenderungen und Ergänzungen gebieterisch fordern, nicht versucht werden möge, die Einheitlichkeit des Werkes in Betreff der allgemeinen Rechtsgrundsätze zu zerstören, wesentliche Grundzüge abzubröckeln und die Wohlthat einheitlichen Rechts für das Deutsche Reich noch länger uns vorzuenthalten, als durchaus nöthig ist. Die Ersetzung der vielfachen verschiedenen Rechtsnormen durch ein für alle Deutschen im Reichsgebiete gleiches Rechtssystem und die Möglichkeit der gleichen Kenntniß und Anwendung derselben Rechtsnormen im gesammten Deutschen Reiche ist ein so unschätzbares Gut, daß die Freude daran auch überwiegen muß, wo dem Einzelnen zuzumuthen ist, solche Rechtsnormen zu verlassen, welche er für richtiger gehalten hat, weil er mit ihnen groß geworden ist. Hoffen wir, daß der Zeitpunkt nicht mehr fern ist, wo wir die Einheitlichkeit des deutschen bürgerlichen Rechts als eine Wahrheit erleben. Wir werden dann besser und leichter dies wirklich Reformbedürftige auch einheitlich reformiren können. Ohnehin bleibt immer noch der Wunsch und das Bestreben, daß auch auf vielen Gebieten, welche der Entwurf des deutschen bürgerlichen Gesetzbuches noch unberührt bezw. der Landesgesetzgebung überlassen hat, ebenfalls die Einheitlichkeit hergestellt werde.

Abgesehen von den Aussichten auf künftige geistige Anregung, welche uns der Entwurf des bürgerlichen Gesetzbuches eröffnet, hat die bereits ins Leben getretene Gesetzgebung des Deutschen Reiches aus den letzten zwei Jahren zunächst auf dem staatsrechtlichen Gebiete eine wesentliche Aenderung darin herbeigeführt, daß durch das Reichsgesetz vom 18. März 1888 statt der bisherigen dreijährigen Legislaturperiode des Reichstags zur Verminderung der Häufigkeit und Schärfe der Wahlagitationen und zur Förderung der Stetigkeit der Gesetzgebung eine fünfjährige Legislaturperiode bestimmt ist. — Zur kräftigen Sicherung des Bestandes des deutschen Reiches und seiner Mission zur dauernden Aufrechterhaltung des Friedens dienen die wichtigen Reichsgesetze vom 11. März 1887, betreffend die Friedenspräsenz des Heeres und vom 11. Februar 1888, betreffend die Aenderung der Wehrpflicht, beide zur angemessenen Verstärkung der Wehrkraft des Reiches bestimmt. Wenngleich die Einzelnheiten dieser Gesetze mehr dem militärischen Gebiete angehören, sind sie als Garantien gesicherter Zustände im Reiche auch hier zu erwähnen. Der Feststellung für die Militärverhältnisse gehören auch noch an: das Gesetz vom 21. Juni 1887, betreffend Aenderungen der früheren Gesetze vom 25. Juni 1868 und 13. Februar 1875 über Quartier- und Naturalleistungen für die bewaffnete Macht im Frieden; die Ausführungs-Instruction vom 30. August 1887 betreffs dieser Naturalleistungen; die Verordnung vom 11. Februar 1888, welche den Militär-Transport auf Eisenbahnen im Frieden regelt, und die Verordnung vom 14. April 1888 zur Ausführung des Gesetzes vom 13. Juni 1873 über die Kriegsleistungen.

Für die Entwickelung der Zustände im Innern des Reiches ist vor Allem die weitere Verfolgung der schon in den früheren Jahren leitenden socialpolitischen Richtung hervorzuheben, welche kürzlich durch das neuerliche Kaiserliche Programm auch für die Zukunft sanctionirt ist. Im Anschluß an die früheren Unfallversicherungsgesetze und im Wesentlichen nach gleichen Grundsätzen regelt das Gesetz vom 11. Juli 1887 die Unfallversicherung für die bei Bauten beschäftigten Personen. Durch dasselbe ist außer den Berufsgenossenschaften der Baugewerbetreibenden die Bildung einer Berufsgenossenschaft für die gewerbmäßige Ausführung von Eisenbahn-, Canal-, Wege-, Strom-, Deich- und anderen Bauarbeiten, welche nicht unter die Bestimmungen des allgemeinen Unfallversicherungs-Gesetzes oder die Anordnungen des Bundesraths fallen, angeordnet. Die Versicherung bei Bauarbeiten, welche vom Reiche oder von einem Bundesstaate als Unternehmer ausgeführt werden, erfolgt durch das Reich bez.

den Staat; bei Bauarbeiten, welche in anderen als Eisenbahnbetrieben von einem Communalverbande oder einer anderen öffentlichen Corporation ausgeführt werden, durch den Communalverband bez. die Corporation, sofern auf deren Antrag die Landescentralbehörde den Communalverband bez. die Corporation für leistungsfähig dazu erklären. Für solche Bauarbeiten des Reichs, eines Staats, eines Communalverbandes oder einer Corporation treten diese an die Stelle der Berufsgenossenschaft und werden die Befugnisse und Obliegenheiten der Genossenschafts-Versammlungen und des Genossenschaftsvorstandes durch Ausführungsbehörden wahrgenommen, welche für das Reich von dem Reichskanzler und im Uebrigen von der Landescentralbehörde zu bestimmen sind. Die Bekanntmachung des Reichskanzlers vom 14. Januar 1888 veröffentlicht einige ergänzende Bestimmungen des Bundesraths betreffs der Bildung der Bauberufs-Genossenschaften.

Das Gesetz vom 13. Juli 1887 regelt die Unfallversicherung für Seeleute und andere bei der Seeschifffahrt betheiligte Personen betreffs aller ausschließlich oder vorzugsweise zur Seefahrt benutzten Fahrzeuge, welche unter deutscher Flagge fahren, sowie für solche, welche in inländischem Betriebe für schwimmende Docks und ähnliche Einrichtungen, für Lootsendienste, Rettung von Personen und Sachen bei Schiffbrüchen, für Bewachung, Beleuchtung und Instandhaltung der dem Seeverkehr dienenden Gewässer beschäftigt sind. Die Versicherung erfolgt auch hier durch die Unternehmer, für deren Rechnung der Betrieb erfolgt, bei Schifffahrtsbetrieben durch die Rheder als Unternehmer, welche für jedes Fahrzeug im Heimathshafen einen gemeinschaftlichen Bevollmächtigten zu bestellen haben, als welcher der Correspondentrheder gilt, wenn nicht ein Anderer bestellt ist. Die Bildung der Genossenschaften, die Beschließung und der obligatorische Inhalt des Statuts, Wahl und Functionen des Genossenschaftsvorstandes bez. der Genossenschaftsversammlungen sind auch hier eingehend geordnet; desgleichen die Entschädigungen, deren Feststellung durch den Vorstand der Genossenschaft bez. der Section, die Berufung an ein Schiedsgericht, die Bildung dieses Schiedsgerichts und die Aufsicht durch das Reichsversicherungsamt. Für Betriebe des Reichs oder eines Bundesstaats treten auch hier das Reich bez. der Staat an die Stelle der Berufsgenossenschaft, deren Befugnisse und Obliegenheiten durch Ausführungsbehörden des Reichs bez. des Staats vertreten werden, wobei einzelne besondere Modificationen bestimmt sind.

Das bereits am 5. Mai 1886 erlassene Gesetz, betreffend die Unfall- und Krankenversicherung der in land- und forstwirthschaftlichen Betrieben beschäftigten Personen ist durch Verordnung vom 28. März 1888 in Preußen, Großherzogthum Sachsen, Waldeck und Lübeck mit dem 1. April 1888, und in Württemberg und Schaumburg-Lippe mit dem 15. Mai 1888 in Kraft gesetzt; ferner durch Verordnung vom 26. Juni 1888 in Schwarzburg-Sondershausen mit dem 1. Juli 1888; und tritt laut Verordnung vom 21. Juli 1888 für Baden mit dem 1. October 1888 und für Bayern und Sachsen mit dem 1. Januar 1889 in Kraft.

Für das, zur Ergänzung des socialpolitischen Systems in Aussicht genommene Gesetz zur Alters- und Invaliden-Unterstützung für Arbeiter ist bekanntlich erst der vom Bundesrath berathene Entwurf, welcher statt der Berufsgenossenschaften die administrativen Communal- und Provinzialverbände als Träger der Versicherung in Aussicht nimmt, veröffentlicht, um ihn zuvörderst der allgemeinen Beurtheilung zu unterbreiten. — Die Dauer der Geltung des Gesetzes vom 21. October 1878 gegen die gemeingefährlichen Bestrebungen der Socialdemokratie ist durch Gesetz vom 18. März 1888 wieder bis zum 30. September 1890 verlängert.

Durch Gesetz vom 28. Februar 1888 ist ferner die Unterstützung der Mannschaften der Reserve, Landwehr, Ersatzreserve, Seewehr und des Landsturms, sobald diese Mannschaften in den Dienst treten, durch die nach dem Gesetze vom 13. Juni 1873 über Kriegsleistungen gebildeten Lieferungsverbände, und wo solche nicht gebildet sind, durch den Staat geregelt.

Dem Zwecke der Unterstützung Hülfsbedürftiger dienen ferner die Gesetze, betreffend die Fürsorge für Wittwen und Waisen der Officiere und der Civilbeamten. Das Gesetz vom 17. Juni 1887 verpflichtete die Officiere, Aerzte mit Officiersrang und Beamte des Reichsheeres und der Kaiserlichen Marine unter bestimmten Voraussetzungen und unter Befreiung der Officiere vom Hauptmann (Rittmeister) zweiter Klasse einschließlich abwärts, Wittwen- und Waisengeld-Beiträge zur Reichskasse zu entrichten. Den Wittwen und Kindern eines zur Zeit seines Todes zur Entrichtung solcher Beiträge Verpflichteten wurde dafür aus der Reichskasse Wittwen- und Waisengeld nach bestimmten Normen zugesichert. Durch das Gesetz vom 5. März 1888 wurde jedoch sodann bestimmt, daß sowohl diese Wittwen- und Waisengeld-Beiträge als auch diejenigen, welche auf Grund des Gesetzes vom 20. April 1881 von Reichsbeamten der Civilverwaltung zu entrichten waren, vom 1. April 1888 nicht mehr erhoben werden, und daß auch ohne deren Erhebung der an die Verpflichtung geknüpfte Anspruch auf Wittwen- und Waisengeld bestehen bleibt. — Dabei mag noch das Gesetz vom 24. März 1887, betreffend Aenderungen der Bestimmungen über Pensionirung für die Marine erwähnt werden; desgleichen das Gesetz vom 25. Mai 1887, betreffend einige Aenderungen des Reichsbeamtengesetzes vom 31. März 1873 hinsichtlich der Pensionen und der Verfolgung von Ansprüchen aus diesem Gesetze.

Zur Kräftigung gewerblicher Innungen soll das Gesetz vom 6. Juli 1887 dienen. Dasselbe bestimmt: Für den Bezirk einer Innung kann auf deren Antrag durch die höhere Verwaltungsbehörde bestimmt werden, daß Arbeitgeber eines in der Innung vertretenen Gewerbes, welche der Innung nicht angehören, sowie deren Gesellen zu mehreren Kategorieen von Kosten der Innung ebenso beizutragen haben, wie Innungsmitglieder und deren Gesellen, sofern die Einrichtungen, für welche dies beantragt wird, und zu deren Benutzung sie dann ebenfalls berechtigt sein sollen, für ihren Zweck geeignet erscheinen. — Der Gewerbegesetzgebung gehört ferner das Gesetz vom 5. Juli 1887 an, welches die Verwendung gesundheitsschädlicher Farben zur Herstellung von Nahrungs- und Genußmitteln, sowie von Gebrauchsgegenständen unter specieller Benennung einer Reihe von unzulässigen Stoffen verbietet.

Das Gesetz vom 30. März 1888 bestimmt: Das Erlöschen einer im Handelsregister eingetragenen Firma ist vom Gerichte von Amtswegen einzutragen, wenn die Anmeldung durch die hierzu Verpflichteten gemäß Art. 26 Hand.-Ges.-B. nicht herbeigeführt werden kann. Die Inhaber der Firma oder deren Rechtsnachfolger sollen zuvor zur Geltendmachung eines etwaigen Widerspruchs (nöthigenfalls durch öffentliche Bekanntmachung) aufgefordert werden. Ueber einen Widerspruch entscheidet das Gericht, vorbehaltlich einer Nothfrist von zwei Wochen zulässigen Beschwerde.

Das Gesetz vom 22. März 1888 zum Schutze von Vögeln verbietet unter Strafandrohung in sehr detaillirten Bestimmungen das Zerstören und Ausheben von Vogelnestern und Eiern, verschiedene Arten des Vogelfangs und das Fangen in bestimmten Zeiten, unter Ausnahme bestimmter Vogelarten.

Einen politisch und juristisch wichtigen Inhalt hat das Gesetz vom 5. April 1888 über die Oeffentlichkeit von Gerichtsverhandlungen. Dasselbe modificirt die desfallsigen Bestimmungen des Gerichtsverfassungs-Gesetzes. Namentlich die Ausschließung der Oeffentlichkeit bei Besorgniß einer Gefährdung der Staatssicherheit ist in Folge der Erfahrungen bei den Hoch- und Landesverraths-Prozessen der letzten Jahre hervorgehoben. Von der Regel der öffentlichen Verkündung der Gründe kann durch Gerichtsbeschluß eine Ausnahme für die gänzliche oder theilweise Verkündung bei Besorgniß der Gefährdung der Staatssicherheit oder der Sittlichkeit gemacht werden. Bei der Verkündung der Ausschließung der Oeffentlichkeit ist anzugeben, ob die Ausschließung wegen Gefährdung der öffentlichen Ordnung, insbesondere der Staatssicherheit, oder der Sittlichkeit erfolgt. Bei Gefährdung der Staatssicherheit kann das Gericht den Anwesenden die Geheimhaltung von Thatsachen zur Pflicht machen. Im Falle der Ausschließung der Oeffentlichkeit wegen solcher Gefährdung dürfen Berichte über die Verhandlung durch die Presse nicht veröffentlicht werden; desgleichen auch nach Beendigung des Verfahrens nicht die Anklageschrift oder andere amtliche Schriftstücke des Prozesses. Zuwiderhandlung ist mit Geldstrafe bis 1000 Mark oder Haft oder Gefängniß bis 6 Monate bedroht. Ebenso ist mit Strafe eine Mittheilung aus Verhandlungen, für welche die Oeffentlichkeit wegen Gefährdung der Sittlichkeit ausgeschlossen wurde, bez. aus Schriftstücken für solche Verhandlungen bedroht, wenn die Mittheilung geeignet ist, Aergerniß zu erregen. Die Ausschließung der Oeffentlichkeit steht der Anwesenheit der die Justizdienstaufsicht führenden Beamten bei den Verhandlungen vor dem erkennenden Gerichte nicht entgegen. Bei der Berathung und Abstimmung dürfen indeß außer den zur Entscheidung berufenen Richtern nur die beim Gerichte zu ihrer juristischen Ausbildung beschäftigten Personen zugegen sein, soweit der Vorsitzende deren Anwesenheit gestattet.

Auf dem Gebiete des internationalen Rechts ist vor Allem der Vertrag der westeuropäischen Mächte vom 9. September 1886 zu bemerken, wonach für Werke der Literatur und der Kunst die Urheber und ihre Rechtsnachfolger in den übrigen contrahirenden Staaten dieselben Rechte genießen sollen, welche dem inländischen Urheber eingeräumt sind oder künftig werden. Dasselbe gilt für Verleger und für die Aufführung dramatischer oder dramatisch-musikalischer Werke. Der Vertrag enthält detaillirte Bestimmungen zur Anwendung und Ausführung der Befugnisse. — Ein anderer, nunmehr ratificirter internationaler Vertrag der Seestaaten vom 14. März 1884 und ein dazu erlassenes Reichsgesetz vom 21. November 1887, welches die wesentlichen Bestimmungen dieses Vertrags auch innerhalb der deutschen Küstengewässer anwendbar erklärt und Strafandrohungen enthält, sichern und regeln den Schutz der unterseeischen Telegraphenkabel. — Schließlich ist noch die am 24. Februar 1887 ratificirte Uebereinkunft vom 9. Mai 1886 zwischen der österreichisch-ungarischen Monarchie und dem Deutschen Reiche zu erwähnen, nach welcher die Angehörigen beider Reiche im andern unter denselben Bedingungen und Voraussetzungen zum Armenrechte zugelassen werden, wie die Angehörigen des Landes, in welchem die Bewilligung des Armenrechts nachgesucht wird.

Für das Reichsland **Elsaß-Lothringen** ist durch Reichsgesetz vom 7. Juli 1887 allgemein bestimmt, daß durch Kaiserliche Verordnung mit Zustimmung des Bundesraths angeordnet werden kann, daß eine durch Reichsgesetz erfolgte Abänderung reichsgesetzlicher Vorschriften, welche in Elsaß-Lothringen als Landesrecht gelten, für Elsaß-Lothringen landesrechtliche Anwendung haben soll. — Durch Gesetz vom 27. Februar 1888 ist in Elsaß-Lothringen die deutsche Gewerbeordnung mit deren reichsgesetzlichen Abänderungen und Zusätzen mit einigen Modificationen, namentlich unter Aufrechterhaltung der bisherigen Landesgesetze über den Gewerbebetrieb betreffs der Herstellung, des Umsatzes und der Verbreitung von Schriften, Drucksachen und bildlichen Darstellungen eingeführt. In Betreff der Preßvergehen sind dann durch ein ferneres Gesetz vom 29. März 1888 noch weitere Bestimmungen betreffs der Aufrechterhaltung einzelner bisherigen landesgesetzlichen Vorschriften getroffen.

Die **deutschen Schutzgebiete** haben auch in den letzten zwei Jahren die Reichsgesetzgebung in Bewegung gesetzt. Ein allgemeines Gesetz vom 31. Mai 1887 bestimmt für die Kaiserlichen Beamten, welche in den Schutzgebieten länger als ein Jahr Verwendung gefunden haben, daß die dortige Dienstzeit bei der Pensionirung doppelt in Anrechnung zu bringen ist, und daß Gouverneure, Kanzler und Commissare durch Kaiserliche Verfügung jederzeit mit Wartegeld in Ruhestand versetzt werden können. — Umfassende Aenderungen des Gesetzes vom 17. April 1886 über die Rechtsverhältnisse in den deutschen Schutzgebieten bestimmt das Gesetz vom 15. März 1888. Dasselbe gestattet namentlich erhebliche Anordnungen durch Kaiserliche Verordnung und überträgt dem Reichskanzler verschiedene Befugnisse. Es gestattet ferner, daß deutschen Colonialgesellschaften für die Schutzgebiete auf Grund eines vom Reichskanzler genehmigten Statuts durch Beschluß des Bundesraths die Rechte juristischer Persönlichkeit, Eigenthum zu erwerben, Verbindlichkeiten einzugehen, klagen und verklagt zu werden, bewilligt werden; sie stehen dann unter der statutmäßig zu regelnden Aufsicht des Reichskanzlers.

Für einzelne Schutzgebiete sind verschiedene Gesetze erlassen. Durch Gesetze vom 11. Januar 1887 und 1. März 1888 sind in den Salomons-Inseln (Neu-Guinea-Compagnie) das Gesetz vom 10. Juli 1879 über Consulargerichtsbarkeit und das Gesetz vom 4. Mai 1870, betreffend Eheschließung und Personenstand im Auslande, in Kraft gesetzt; ebenso durch Gesetze vom 18. November und 21. December 1887 das Gesetz über die Consulargerichtsbarkeit in dem Schutzgebiete der deutschen ostafrikanischen Gesellschaft und im südwestafrikanischen Schutzgebiete. — Durch Gesetz vom 20. Juli 1887 ist im Schutzgebiete der Neu-Guinea-Compagnie für den Eigenthumserwerb und die dingliche Belastung von Grundstücken das preußische Eigenthums-Erwerbs-Gesetz vom 5. Mai 1872 mit mehreren Modificationen (Nichtnothwendigkeit der Gleichzeitigkeit der Auflassungs-Erklärungen, Nichtanwendung der Grundschuld u. s. w.) eingeführt. — Das Gesetz vom 25. März 1888 ordnet das Bergwesen und die Gewinnung von Gold und Edelsteinen im südwestafrikanischen Schutzgebiete auf der Grundlage, daß der deutschen Colonial-Gesellschaft das Bergregal unter Aufsicht des Reichs zusteht; die Gesellschaft hat eine Bergbehörde zu bestellen, deren Functionen vorgeschrieben sind, und welche unter Oberaufsicht des Kaiserlichen Commissars die Verwaltung führt. — Das Gesetz vom 2. Juli 1888 regelt die Rechtsverhältnisse in den Schutzgebieten von Kamerun und Togo, und führt dort das Gesetz über Consulargerichtsbarkeit mit besonderen Modificationen für die Rechtspflege und die Zwangsvollstreckung, sowie das preußische Eigenthums-Erwerbs-Gesetz vom 5. Mai 1872 mit den oben für die Neu-Guinea-Compagnie erwähnten Modificationen ein.

In der besonderen Gesetzgebung von **Preußen** haben die, im Gegensatze zu dem, im vorigen Jahrzehnt angenommenen Systeme der kirchenpolitischen Stellung des Staats zur römisch-katholischen Kirche vorgenommenen Aenderunngen, welche seit dem Jahre 1880 begonnen hatten, anscheinend in dem Gesetze vom 29. April 1887 ihren Abschluß gefunden. Dasselbe hat in Gemäßheit des Gesetzes vom 21. Mai 1886 den Bischöfen von Osnabrück und Limburg die Errichtung von Seminarien zur wissenschaftlichen Vorbildung von Geistlichen gestattet, und für alle zu eröffnenden Seminare die Beschränkung aufgehoben, daß sie nur für diejenigen Studirenden bestimmt sind, welche dem jedesmaligen Sprengel angehören. Die Verpflichtung der geistlichen Obern zur Anzeige von Candidaten für ein geistliches Amt und das Einspruchsrecht des Staates sind für die Bestellung eines Verwesers eines Pfarramts aufgehoben. Das Einspruchsrecht ist nur für die dauernde Uebertragung eines Pfarramts aufrecht erhalten, und als Zulässigkeitsgrund für dies Einspruchsrecht ist (außer dem Fehlen der gesetzlichen Erfordernisse zur Bekleidung des Amts und den Thatsachen, welche ein Entgegenwirken gegen staatliche Gesetze und Anordnungen oder die Störung des öffentlichen Friedens annehmen lassen) jetzt unter Aenderung des Gesetzes vom 11. Mai 1873 nur noch der Einwand aufgestellt, daß der Anzustellende aus einem auf Thatsachen beruhenden Grunde, welcher den bürgerlichen und staatsbürgerlichen Gebieten angehört, für die Stelle nicht geeignet sei. Der staatliche Zwang zur dauernden Besetzung des Pfarramts ist aufgehoben. Gerichtliche Entscheidungen gegen Geistliche, welche sie zur

Zuchthausstrafe verurtheilen oder die bürgerlichen Ehrenrechte oder die Fähigkeit zur Bekleidung öffentlicher Aemter aberkennen, haben nicht mehr schon von Rechtswegen die Erledigung der Stelle zur Folge. Das Abhalten von Messen und das Spenden von Sacramenten seitens nicht genehmigter Geistlichen fällt nicht mehr unter die Strafbestimmungen. Die Verpflichtung der geistlichen Obern zur Mittheilung kirchlicher Disciplinar-Entscheidungen an die Ober-Präsidenten, sowie die Bestimmungen des Gesetzes vom 13. Mai 1873 über die zulässigen Grenzen kirchlicher Straf- und Zuchtmittel sind aufgehoben. Die Orden und ordensähnlichen Congregationen der katholischen Kirche, welche sich der Aushülfe in der Seelsorge, der Uebung der christlichen Nächstenliebe, dem Unterrichte und der Erziehung weiblicher Jugend in höheren Mädchenschulen und gleichartigen Erziehungsanstalten widmen, und deren Mitglieder ein beschauliches Leben führen, sind wieder zugelassen; und das staatlich in Verwaltung genommene Vermögen aufgelöster Niederlassungen wird den wiedererrichteten, sobald sie Corporationsrechte besitzen, zurückgegeben. Die §§ 4—19 des Gesetzes vom 20. Mai 1874 über die Verwaltung erledigter katholischer Bisthümer sind aufgehoben. — Mit Rücksicht auf diese Bestimmungen über die geistlichen Orden sind dann durch Gesetz vom 22. Mai 1888 mehreren wieder zugelassenen Niederlassungen von Orden und Congregationen die Corporationsrechte verliehen. — Durch Verordnung vom 13. Februar 1887 ist der von den katholischen Bischöfen zu leistende Eid anders normirt; er enthält das Gelöbniß des Gehorsams gegen den Landesherrn, das Gelöbniß der Fürsorge, daß in Geistlichen und Gemeinden Ehrfurcht und Treue gegen den König, Liebe zum Vaterlande, Gehorsam gegen die Gesetze, und die Tugenden eines guten, christlichen Unterthans gefördert werden, sowie das Gelöbniß der Enthaltung von Verbindungen, welche die öffentliche Sicherheit gefährden.

Nächst der Kirche hat besonders die Schule die Gesetzgebung in Anspruch genommen. Das Gesetz vom 26. Mai 1887 regelt die Feststellung der Anforderungen für Volksschulen, welche zur Erfüllung der allgemeinen Schulpflicht dienen. Wenn die Schulaufsichtsbehörden für eine Volksschule Anforderungen zu größerer Belastung der Unterhaltungspflichtigen stellen, entscheidet darüber bei fehlendem Einverständniß der Betheiligten der Kreisausschuß bezw. die Kreisschulcommission (bei Stadtschulen der Bezirksausschuß bezw. die Gemeindevertretung) mit Rücksicht auf Bedürfniß und Leistungsfähigkeit; gegen die Entscheidung ist eine binnen zwei Wochen anzubringende Beschwerde an den Provinzialrath bez. die Provinzialschulcommission statthaft. — Das Gesetz vom 14. Juni 1888 sichert zur Erleichterung der zur Unterhaltung der Volksschule Verpflichteten Jahresbeiträge des Staates zum Diensteinkommen der Lehrer und Lehrerinnen zu; jährlich 400 Mark für einen alleinstehenden oder ersten ordentlichen Lehrer, 200 Mark für einen zweiten ordentlichen Lehrer (150 Mark für eine Lehrerin) und 100 Mark für einen Hülfslehrer oder eine Hülfslehrerin. Die Erhebung eines Schulgeldes bei Volksschulen findet künftig nicht mehr statt; Ausnahmen von diesem Grundsatze sind nur gestattet einmal für Kinder, welche im Schulbezirke nicht einheimisch sind und sonst nur soweit, als das gegenwärtig bestehende Schulgeld durch den Staatsbeitrag nicht gedeckt wird, in welchem Falle das einstweilen noch zulässige Schulgeld mit Genehmigung des Kreis- bez. Bezirksausschusses (in Schleswig-Holstein und Posen des Landraths bez. Regierungspräsidenten) von je 5 zu 5 Jahren festzustellen ist.

Aus wesentlich politischen Gründen der Gegenwirkung gegen polonisirende Bestrebungen ist das für die Volksschulen in den Provinzen Posen und Westpreußen erlassene Gesetz vom 15. Juli 1886 hervorgegangen. Es regelt für diese Provinzen die Anstellung der Lehrer und Lehrerinnen. Sie erfolgt durch den Staat mit der Maßgabe, daß in den Städten der Magistrat und die Schuldeputation, bez. wenn die Unterhaltung nicht der Stadtgemeinde obliegt, der Vorstand der Schulgemeinde, und auf dem Lande bei Gemeindeschulen der Gemeindevorstand, bei Societätsschulen der Schulvorstand vorher zu hören ist. Die Lehrer und Lehrerinnen unterliegen der Disciplinarbestrafung nach Maßgabe des Gesetzes, betreffend die Dienstvergehen nicht-richterlicher Beamten.

In staatsrechtlicher Beziehung ist zu erwähnen, daß durch das Gesetz vom 27. Mai 1888 die Legislaturperiode des Landtags auf 5 Jahre verlängert ist, entsprechend der gleichen für den Deutschen Reichstag gegebenen Bestimmung. — Das Gesetz vom 29. Juni 1886 regelt die Heranziehung von Militairpersonen zu Abgaben für Gemeindezwecke durch Besteuerung ihres außerdienstlichen selbständigen Einkommens.

In Ausbildung des reichsgesetzlichen socialpolitischen Systems der Fürsorge gegen Betriebsunfälle bestimmt das Gesetz vom 18. Juni 1887 Unterstützungen für unmittelbare Staatsbeamte, welche in Betrieben, die der reichsgesetzlichen Unfallversicherung unterworfen sind, beschäftigt und durch einen Betriebsunfall beschädigt werden, sowie für deren Hinterbliebenen durch Pensionen, Sterbegelder und Renten unter Feststellung durch die Dienstbehärden nach bestimmt vorgeschriebenen Normen. — Das Gesetz vom 26. Juli 1886 regelt im Anschlusse an das Reichsgesetz vom 5. Mai 1886 über die Unfall- und Krankenversicherung der in land- und forstwirthschaftlichen Betrieben beschäftigten Personen die Zuständigkeit der Behörden für das Verwaltungsstreitverfahren und das Gesetz vom 20. Mai

1887 bestimmt die Organisation der Berufsgenossenschaften in Gemäßheit jenes Versicherungsgesetzes.

Das Gesetz vom 2. April 1887 ordnet die Vertretung und Verwaltung für gemeinschaftliche, durch ein Auseinandersetzungsverfahren begründete Angelegenheiten (Wege, Triften, Gruben, Lehm-, Sandgruben und dergl.). Die Regelung erfolgt auf Antrag der Betheiligten. Die Vertretung und Verwaltung ist dem Gemeindevorstande zu übertragen; sofern es zweckmäßig ist, kann von der Auseinandersetzungsbehörde ein besonderer Vertreter und Verwalter bestellt werden. Die vertretene Gesammtheit der Betheiligten kann als solche klagen und verklagt werden. Der Vertreter kann mit Genehmigung der Auseinandersetzungsbehörde über die Substanz des gemeinschaftlichen Vermögens verfügen und letztere kann die Verwendung oder Vertheilung der dafür gewährten Geldentschädigung reguliren. Die Befugnisse der Vertreter uud der Behörden, sowie das Verfahren sind durch nähere Bestimmungen geregelt. — Zu erwähnen ist noch das Gesetz vom 27. Mai 1888 für das Verwaltungsstreitverfahren; es bestimmt und ordnet die Entscheidung über streitige Rechtsfragen durch das Plenum des Oberverwaltungsgerichts, wenn ein Senat desselben von einer früheren Entscheidung eines andern Senats oder das Plenum abweichen will. — Durch Gesetz vom 20. Juni 1887 ist schließlich der Verkehr auf den Kunststraßen geordnet.

Als Gesetze von provinzieller Bedeutung sind zunächst die Kreisordnung vom 31. Juli und die Provinzialordnung vom 1. August 1886 für die Provinz Westfalen, die Kreisordnung vom 30. Mai und die Provinzialordnung vom 1. Juni 1887 für die Rheinprovinz und die Kreisordnung vom 26. Mai nebst Provinzialordnung vom 27. Mai 1888 für Schleswig-Holstein zu nennen, durch welche die neue Feststellung der Kreis- und Provinzialordnungen bis auf die Provinz Posen nun abgeschlossen ist. Für sämmtliche Provinzen sind ferner besondere, den Verhältnissen der einzelnen Provinzen angepaßten Verordnungen zur Ausführung des Fischereigesetzes vom 30. Mai 1874 erlassen, vom 23. Juli 1886 für die Rheinprovinz, von demselben Tage für den Regierungsbezirk Wiesbaden, vom 8. August 1887 je für Ostpreußen, Westpreußen, Pommern, Schleswig-Holstein, Hannover, Brandenburg, Schlesien, Sachsen, Westfalen, Hohenzollern und Regierungsbezirk Cassel und vom 12. Mai 1888 für die Provinz Posen. Die Verordnungen enthalten Verbote der Fischerei für die verschiedenen Fischarten, wenn sie nicht eine bestimmte Größe erreicht haben, ferner Verbote für bestimmte Schonzeiten und Verbote einzelner Fangarten und Fangwerkzeuge.

Von hervorragender Bedeutung sind die für das Gebiet des

Rheinischen Rechts erlassenen neueren Gesetze, namentlich zur Annäherung an die altpreußischen Rechtsinstitute. Das Gesetz vom 18. April 1887 ordnet das Vertheilungsverfahren für Fälle, in welchen Inhaber von Hypotheken statt des Pfandobjects gesetzlich einen festgestellten Preis beanspruchen können, im Anschluß an die Bestimmungen der Civilproceßordnung. Das Gesetz vom 16. Mai 1887 regelt die Zuständigkeit der Amtsgerichte für Angelegenheiten außerhalb der ordentlichen streitigen Gerichtsbarkeit. Das Gesetz vom 22. Mai 1887 ordnet das Theilungsverfahren unter mehreren Erbschaftsbetheiligten und den gerichtlichen freiwilligen Verkauf von Immobilien. Das Gesetz vom 24. Mai 1887 ergänzt das am 20. Mai 1885 erlassene Gesetz über Veräußerung und hypothekarische Belastung von Grundstücken. Das Gesetz vom 12. April 1888 führt die altpreußischen Gesetze über den Eigenthumserwerb für Grundstücke und die Belastung von Grundstücken, sowie die Grundbuchordnung vom 5. Mai 1872 und das Gesetz vom 13. Juli 1883 über Zwangsvollstreckung in unbewegliches Vermögen mit entsprechenden Modificationen und besonderen Vorschriften für die Anlegung von Grundbüchern im Geltungsbereiche des Rheinischen Rechts ein. Das Gesetz vom 13. April 1888 gestattet unter Aufhebung des früheren Verbots die Verbindung der Rechtsanwaltschaft mit den Functionen eines Notars.

Von den sonstigen provinziellen Gesetzen ist namentlich die Landgüterordnung vom 1. Juli 1887 für den Regierungsbezirk Cassel (mit Ausnahme des Kreises Rinteln) zu erwähnen, welche sich in den Grundsätzen den in den früheren Jahren für andere Provinzen erlassenen Landgüterordnungen anschließt; ferner die Verordnung vom 10. Januar 1887 über die Ausübung der Rechte des Staates gegenüber der evangelischen Kirche im Bezirke des Consistoriums zu Cassel und das Gesetz vom 30. März 1887 über die Aufhebung früherer Verordnungen. betreffs des Feuerlöschwesens in Schlesien.

Die Justizgesetzgebung in **Bayern** seit dem Juli 1886 ist nicht umfangreich. Erheblich ist ein Gesetz vom 18. December 1887, betreffend Sachen und Forderungen, welche der Pfändung nicht unterworfen sind. Es bestimmt im Art. 1: daß die Rechte, welche nach den Vorschriften des bürgerlichen Rechts dem Vermiether und dem Verpächter an den eingebrachten Sachen des Miethers und des Pächters bez. an den Früchten des verpachteten Grundstücks zustehen, sich nicht auf diejenigen Sachen erstrecken, welche nach § 715 Nr. 1—4, 6, 7, 9, 10 der Civilproceßordnung der Pfändung nicht unterworfen sind. Im Art. 2 ist ferner bestimmt, daß, soweit die im § 749 der Civilproceßordnung bezeichneten

Forderungen der Pfändung nicht unterworfen sind, vorbehaltlich der Bestimmungen der Reichsgesetze eine Uebertragung oder Verpfändung derselben und bei den in Nr. 2 und 3 des § 749 bezeichneten Forderungen auch eine Aufrechnung nicht stattfindet. — Außerdem ist noch ein Gesetz vom 8. März 1888 über Abänderung des Gebührengesetzes erlassen, welches sich nur auf einzelne Acte der nicht streitigen Rechtspflege und Versteigerungen bezieht und ein Gesetz vom 26. April 1888 über Abänderung einzelner Bestimmungen des in der Pfalz geltenden Hypotheken- und Vormundschaftsrechts.

Für das Königreich **Sachsen** ist das wichtigste Gesetz der letzten Periode das am 16. April 1887 zur Abänderung und Ergänzung des allgemeinen Berggesetzes vom 16. Juni 1868 erlassene. Die wesentlichsten Bestimmungen desselben sind: Die Abtrennung des Rechts zum Abbau von Stein- oder Braunkohlen vom Grundeigenthum, als dessen Ausfluß diese Rechte dort gelten, erfolgt durch Abschreibung vom Grundbuchsfolium des Oberflächengrundstücks. Verliehene Bergbaurechte auf metallische Mineralien, sowie vom Grundeigenthum abgetrennte Kohlenabbaurechte gelten als unbewegliche Sachen und erhalten je ein besonderes Folium. Für Erben von Bergbaurechten kann das Bergamt unter Umständen einen Vertreter und zwar für jeden Nachlaßtheil bestellen. Unbekannte Inhaber eines Kohlenbergbaurechts können auf Antrag des Eigenthümers des Oberflächengrundstücks unter bestimmten Voraussetzungen zur Anmeldung ihrer Rechte zur Vermeidung der Annahme des Verzichts bei Nichtanmeldung vorgeladen werden. Das Bergbaurecht an einem, gemäß Entscheidung des Bergamts vollständig abgebauten Kohlenfelde gilt als erloschen. Aufgabe und Entziehung eins Bergbaurechts sind im Amtsblatte bekannt zu machen und den Hypothekengläubigern, sowie beim Kohlenbergbau auch dem Grundeigenthümer mitzutheilen; diese können binnen drei Monaten die Zwangsversteigerung des Bergbaurechts beantragen. Letzteres erlischt, wenn ein solcher Antrag nicht gestellt oder ein Gebot nicht erlangt ist. In allen Fällen der Zwangsversteigerung erfolgt unbedingt der Zuschlag auf das Höchstgebot. Außerdem sind besondere Bestimmungen, betreffend die Grundbuchsfolien für Bergbaurechte und Uebergangsbestimmungen getroffen. Zu diesem Gesetze ist eine Ausführungsverordnung vom 19. März 1887 erlassen.

Zur Ausführung bez. Ausdehnung der Unfall- und Krankenversicherungsgesetze sind erlassen: 1. eine Verordnung vom 13. November 1887 betreffs der bei Bauten beschäftigten Personen; 2. ein Nachtrag vom 31. December 1887 betreffs des Betriebes und der Verwaltung der sächsischen Staatseisenbahnen und des Wasserbaus; 3. ein Gesetz vom 22. März 1888 betreffs der in land- und forstwirthschaftlichen Betrieben beschäftigten Personen; 4. ein Gesetz vom 9. April 1888 betreffs Pensionen und Renten für Beamte und deren Hinterbliebene in Folge von Betriebsunfällen.

Ein Gesetz vom 10. Februar 1888 betrifft die Heranziehung von Militärpersonen zu örtlichen Abgaben nach ihrem außerdienstlichen Einkommen. Eine Verordnung des Kriegsministeriums vom 17. Juli 1888 enthält vorläufige Ausführungsbestimmungen zu dem Reichsgesetze über Aenderungen der Wehrpflicht. Ein Gesetz vom 25. Februar 1888 betrifft die Dauer der Landrenten-Entrichtung und die Löschung der durch Amortisation erloschenen Renten, sowie der Hülfsrenten im Grund- und Hypothekenbuche. Ein Gesetz vom 9. April 1888 ertheilt Gerichtsvollziehern die Befugniß zur Aufnahme von Protokollen in andern als in den nach den Proceßgesetzen von ihnen zu erledigenden Angelegenheiten nur dann, wenn ihnen diese Befugniß für ihre Person ertheilt ist. Das Recht zur Beglaubigung von Abschriften steht den zur Protokollaufnahme Berechtigten und sonstigen Angestellten, mit deren Stelle die Befugniß zum Protokolliren überhaupt verbunden ist, sowie den Accessisten und Expedienten, welchen diese Befugniß für ihre Person ertheilt ist, zu. Zwei Gesetze vom 13. April 1888 ändern die Verfassungsurkunde und das Königl. Hausgesetz mit Bezug auf die Bestimmungen über das Königl. Hausfideicommiß und Privateigenthum des Königs ab. Zu erwähnen sind ferner zwei Gesetze vom 13. und 18. October 1886 über Aenderungen der Gesetze vom 25. und 28. August 1876, betreffend die Landes-Immobiliar-Versicherungs-Anstalt und die Mobiliar-Privat-Versicherung.

Eine Verordnung des Cultus-Ministeriums vom 7. Mai 1887 bestimmt, daß die Mitbetheiligung an Kirchen- und Schullasten, sowie an Gemeindelasten wegen Gewerbebetriebs in der Regel nur da, wo die gewerbliche Niederlassung besteht, in Anspruch genommen werden kann, und daß auch juristische Personen zu den gedachten Lasten beizutragen haben; eine Verordnung desselben Ministeriums vom 31. August 1887 ist betreffs der Prüfung für das höhere Schulamt erlassen. Eine Verfügung des Ministeriums des Innern vom 30. Juli 1887 ändert einige Bestimmungen der Ausführungsverordnung zum Reblausgesetze; die Bekanntmachung desselben Ministeriums vom 2. September 1886 erklärt, daß Deutsche, welche mit Schweizerinnen in der Schweiz und Schweizer, welche mit Deutschen im Deutschen eine Ehe schließen wollen, den Nachweis ihrer Staatsangehörigkeit vorausgesetzt, nicht mehr darzuthun brauchen, daß sie ihre Staatsangehörigkeit durch die Eheschließung auf ihre Ehefrau und ihre Kinder übertragen. Die eventuelle Verpflichtung, nachzuweisen, daß ihrer Eheschließung nach dem bürgerlichen Rechte ihrer Heimath kein bekanntes Hinderniß entgegensteht, bleibt bestehen.

Die Gesetzgebung von **Württemberg** bietet aus den letzten zwei Jahren nichts erwähnenswerthes.

Im Großherzogthum **Baden** ist in Betreff der allgemeinen Justiz-dienst-Angelegenheiten durch Verordnung vom 15. Febrnar 1888 das Verfahren für die, im Auslande zu erledigenden, Ersuchschreiben der Justizbehörden um Rechtshülfe eingehend bestimmt. Durch Verordnung vom 7. October 1887 ist die öffentliche Hinterlegung von Geld- und Werthpapieren für Beträge bis zu 100 M. vereinfacht. Das Gesetz vom 1. Februar 1888 erleichtert die Förmlichkeiten für Eintragungen in Grund- und Pfandbücher, deren Führung durch Verordnung vom 19. Mai 1888 organisirt ist, während die Verordnung vom 2. August 1886 die Zustellungen für das Grundbuchwesen vereinfacht. Durch Verordnung vom 13. December 1886 sind die Gebühren für die zweite juristische Prüfung (behufs Ernennung der Rechtspraktikanten zu Referendarien) auf 40 M. festgesetzt.

Für das bürgerliche Recht sind zur Ausführung des Fischereigesetzes vom 26. April 1886 die Verordnung vom 1. Februar 1888 und die Landesfischereiordnung vom 3. Februar 1888 mit eingehenden Bestimmungen: zum Schutze der Brut und des Bestandes, über anwendbare Geräthe und Fangweisen und über Fischereiaufsicht erlassen; ferner die Verordnungen vom 3. Februar 1888 über Lachsfischerei und Perlenfischerei. Zur Ausführung des Jagdgesetzes vom 29. April 1886 sind Verordnungen vom 23. October und 6. November 1886 erlassen, von welchen die letztere detaillirte Vorschriften über jagdbare bezw. schädliche Thiere, Jagdverpachtung, Jagdgenossenschaften, Wildschadenersatz, Jagdschonung und Jagdaufsicht enthält. Das Gesetz vom 21. Mai 1886, die Anlegung, Verlegung und Abschaffung von Feldwegen und die Verlegung und Zusammenlegung von Grundstücken betreffend, nebst Vollzugsverordnungen vom 21. Mai und 23. October 1886 ändert mehrfach das Gesetz vom 5. Mai 1856 hinsichtlich der Beschlußfassung durch die Mehrheit der Betheiligten, Vereinfachung des Verfahrens und Uebernahme erheblicher Kosten auf den Staat. Das Gesetz vom 23. März 1888 stellt den Bestand der vorhandenen geschlossenen, unter das Edikt vom 23. März 1808 fallenden, untheilbaren Hofgüter über die bestehenden Grenzen fest und ordnet einzelne Beziehungen derselben, ohne das Hofgüterwesen auszudehnen. Das Gesetz vom 24. März 1888 regelt die Ausstellung gerichtlicher Erbbescheinigungen, dem preußischen Gesetze vom 12. März 1869 entsprechend, und das Gesetz vom 21. Juni 1888 bestimmt eine anderweite Regulirung der Verlassenschaften bayrischer, in Baden sterbender Staatsangehöriger. Zu erwähnen sind noch Dienstweisungen für Standesbeamte vom 21. December 1886 und für Vormünder vom 9. Juni 1888; ferner die Bestimmung der allgemeinen Feiertage (Neujahr, Charfreitag, Ostermontag, Himmelfahrt, Pfingstmontag, Frohnleichnam, Allerheiligen, Christtag, Stephanstag) durch Verordnung vom 18. Juli 1887, sodann Aenderungen betreffs der Gerichtskosten vom 14. April 1887 und betreffs der Gerichtsvollzieher vom 22. Juli 1887.

Für das Strafrecht sind Ausführungs-Verordnungen vom 20. und 27. November 1886 zum Gesetze vom 4. Mai 1886 betreffend die Fürsorge für Erziehung jugendlicher Verwahrloster; ferner vom 17. Juni 1887 zum Reichsgesetze vom 9. Juni 1884 betreffend Sprengstoffe und vom 27. Januar 1888 zum Reichsgesetze vom 5. Juli 1887 betreffend gesundheitsschädliche Farben zu bemerken; sodann Ergänzungs-Verordnungen vom 24. September 1886 betreffend die Einreihung verpflichteter Jagdaufseher unter die Criminalpolizei, vom 29. September 1886 über Vollziehung erkannter Verweise und vom 23. Juni 1888 über Mittheilung von Strafnachrichten an ausländische Regierungen. Zu erwähnen ist endlich noch, daß mehrere, mehr politische bezw. socialpolitische Gesetze betreffend kirchliche Verhältnisse, Unfallsversicherung und Beamtenverhältnisse erlassen sind, welche im Ganzen der vom Deutschen Reiche und von Preußen angegebenen Richtung folgen.

Im Großherzogthum **Hessen** sind durch ein umfangreiches Gesetz vom 30. Juli 1887 die Rechtsverhältnisse und die Benutzung der Bäche geregelt. Alle frei fließenden, nicht schiffbaren und nicht floßbaren Flüsse und Bäche, und die zu allgemeinen Zwecken angelegten, nicht schiffbaren Wasserläufe, welche sämmtlich unter der Gesammtbezeichnung Bäche begriffen werden, sind als öffentliche Gewässer erklärt und unterliegen dem allgemeinen Gebrauche unter Aufsicht des Staats. Die Benutzung unter Berücksichtigung des gleichen Benutzungsrechts aller anderen Personen und der bereits erworbenen Rechte ist der polizeilichen Regelung unterworfen; dagegen stehen Quellen, stehende Gewässer und die zu Privatzwecken angelegten Wasserläufe im Privateigenthum. Quellwasser darf jedoch im öffentlichen Interesse enteignet werden und Aenderung des natürlichen Wasserlaufs von dem höher gelegenen Grundstücke zum Nachtheil fremden Eigenthums ist untersagt. Die Rechtsverhältnisse für die Bildung von Inseln und Alluvionen sind geordnet; ebenso die nur mit Genehmigung des Kreisausschusses statthafte Einleitung fremder Stoffe in Gewässer, die Gestattung von Stauanlagen, die Benutzung fremder Ufer dazu und die Mitbenutzung von Stauanlagen, die mit staatlicher Genehmigung erfolgende Bildung von Wassergenossenschaften mit dem Rechte juristischer Personen unter Aufsicht des Staats; ferner die Reinigung und Instandhaltung der Bäche und die Schutzmaaßregeln gegen Uferangriffe und Ueberschwemmung, die Verpflichtung der Gemarkungsgemeinde, unter Umständen mehrerer interessirten Gemeinden zur Unterhaltung und zu Schutzmaßregeln; die Umlegung der Kosten bezw. die Verpflichtungen Einzelner betreffs künstlicher Anlagen; sowie die, im öffentlichen Interesse mit staatlicher Genehmigung erfolgende Regulirung von Bächen.

Zwei Gesetze vom 28. September 1887 betreffen die Landescultur-Genossenschaften und die Feldbereinigung und ein Gesetz vom 4. Juni 1887 das Dammbauwesen in den Gebieten des Rheins, des Mains, des Neckars und des schiffbaren Theils der Lahn. — Ein Gesetz vom 18. Juni 1887 regelt die Anlegung vormundschaftlicher und pflegschaftlicher Gelder, Aufbewahrung von Werthpapieren sowie Ordnungsstrafen bei Vormundschaften und Pflegschaften.

Durch das Gesetz vom 5. Juli 1887 über die Vorbildung und Anstellung der Geistlichen sind unter Aufhebung des Gesetzes vom 23. Juli 1875, entsprechend der auch in Preußen in der neuern Zeit und namentlich in der jüngsten Novelle vom 29. April 1887 eingeschlagenen Richtung, die früher gegen die römisch-katholische Kirche gerichteten Verbots- und Strafbestimmungen geändert. Zur Funktion als Geistlicher wird das Gymnasialzeugniß der Reife unter fortdauernder Untersagung von Knabenseminaren, aber unter Gestattung von Pensionaten für Zöglinge, welche ein Gymnasium besuchen, erfordert; ferner ein (abgesehn von zulässiger Dispensation) dreijähriges theologisches Studium an einer deutschen Staatsuniversität. Das letztere kann jetzt auch an einem, vom Ministerium für geeignet erklärten kirchlichen Seminar erfolgen. Für die Zulassung eines Seminars ist die Mittheilung des Lehrplans, dessen Uebereinstimmung mit dem Universitätslehrplan, und Mittheilung der Namen der Leiter und Lehrer, welche Deutsche sein müssen, erforderlich. Eine staatliche Prüfung der Candidaten ist nicht mehr nöthig. Kirchliche Anstalten zur practischen theologischen Ausbildung sind unter analogischen Voraussetzungen wie für Seminare gestattet. Der Einspruch des Staats ist nur bei dauernder Uebertragung eines Kirchenamts aufrecht erhalten und ist auch hierfür, die gesetzlichen Erfordernisse der Vorbildung vorausgesetzt, auf den, auch in der preußischen Novelle enthaltenen, Grund beschränkt, daß der Anzustellende aus einem auf Thatsachen beruhenden Grunde, welcher dem bürgerlichen oder staatsbürgerlichen Gebiete angehört, für die Stelle nicht geeignet sei. Die Uebertragung eines Amtes gegen die Gesetze wird für nicht geschehen erachtet, bewirkt keine Uebertragung der Pfründen und hat Geldstrafen (nicht mehr Gefängnißstrafen) zur Folge.

Auf dem social-politischen Gebiete ist ein Gesetz vom 4. April 1888 zur Ausführung des Reichsgesetzes vom 5. Mai 1886 betreffend die Unfall- und Krankenversicherung der in land- und forstwirthschaftlichen Betrieben beschäftigten Personen erlassen; ferner ein Gesetz vom 11. Mai 1887, betreffend die Unterbringung jugendlicher Uebelthäter und verwahrloster Kinder. Ein Gesetz vom 18. Juni 1887 räumt den Staatsbeamten (nicht den Communalbeamten) und deren Hinterbliebenen im Falle eines im Dienste erlittenen Betriebsunfalls dieselben Rechte gegen den hessischen Staat ein, welche im Reichsgesetze vom 15. März 1886 betreffs der Reichsbeamten gegen das Reich festgestellt sind.

Für das Großherzogthum **Oldenburg** ist nur ein Gesetz vom 3. Februar 1888 erwähnenswerth. Dasselbe regelt unter Aufhebung des früheren Gesetzes vom 15. April 1867 das Aufgebot und die Kraftloserklärung inländischer Papiere auf den Inhaber im Anschlusse an die Bestimmungen der Civilproceßordnung, insbesondere die erforderlichen Bekanntmachungen und Atteste, das Ruhen der Verjährung bez. der Ansprüche aus dem Papiere während des Aufgebotverfahrens bez. des Anfechtungsprocesses das Verfahren im Falle der Vorlegung des aufgebotenen Papiers und die Folgen des Aufgebotverfahrens betreffs der Zahlung des Capitals und der Zinsen.

In den, am Oberlandesgerichte zu Jena betheiligten **Thüringischen Staaten** sind, außer dem dieselben gemeinschaftlich umfassenden Vertrage vom 12. Juni 1885 über Gewährung gegenseitiger Rechtshülfe bei Zwangsvollstreckungen in Verwaltungsangelegenheiten (je nach der Zulässigkeit gemäß dem Rechte des ersuchten Staates) überall Ausführungsvorschriften zu den Reichsgesetzen zur Kranken- und Unfallversicherung erlassen worden.

Für das Großherzogthum **Sachsen-Weimar** ist das Gesetz vom $\frac{\text{4. Januar}}{\text{11. April}}$ 1888 über die Ausgabe von Inhaberpapieren erlassen, welches die Ausstellung und den Umlauf solcher Papiere von der Genehmigung des Landesherrn abhängig macht und Zuwiderhandlungen mit Geldstrafen und Einziehung bedroht; ferner eine Verordnung vom 18. September 1887 zur Ausführung des Fischereigesetzes vom 6. Mai 1876; das Gesetz vom 5. Januar 1887, welches wesentliche Aenderungen für das Kostenwesen in Gerichts- und Verwaltungssachen bestimmt; das Gesetz vom 13. Juli 1887 betreffend die Aufhebung des fiscalischen Chaussee- und Brückengeldes und das Steuergesetz vom 19. December 1886 für die Jahre 1887—1889.

Für das Großherzogthum **Sachsen-Altenburg** ist nur eine weitere Verordnung vom 14. Mai 1886 zur Ausführung des Impfgesetzes vom 24. Mai 1874 zu erwähnen.

Für **Sachsen-Coburg-Gotha** sind zu bemerken: die Allgemeine Berg-Polizei-Verordnung vom 12. Februar 1886; Verordnung vom 22. März 1886 über Bereitung, Feilbietung und Verkauf von Arzneimitteln; Verordnung vom 2. Juni 1886, betreffend Anlage und Betrieb von Steinbrüchen und Gräbereien; Gesetz vom 9. August 1886 zur Aenderung des Gesetzes vom 31. Mai 1884 über Enteignung von Grundeigenthum; Gesetz vom 17. Mai 1887 über weitere Strafbestimmungen zum Berggesetze vom 16. August 1868; Gesetz vom 11. Juli 1887, betreffend die Verlängerung einiger Fristen des zur Ausführung des Gerichtsverfassungsgesetzes erlassenen Gesetzes vom 26. Juni 1884; Gesetz vom 14. Juli 1887 zur Aenderung einiger Bestimmungen des Gesetzes über den Civilstaatsdienst, namentlich betreffs der Cautionsleistungen, und Berechnung der Dienstjahre bei Pensionirungen; Gesetz vom 1. August 1887 betreffend die Vertretung der Gesammtheit der Interessenten für gemeinschaftliche Anlagen in Folge von Grundstückszusammenlegungen und die Verwaltung solcher Anlagen; Ministerial-Bekanntmachung vom 19. September 1887, betreffend die Wahl der Vertreter zur Genossenschaftsversammlung der landwirthschaftlichen Berufsgenossenschaft des Herzogthums Gotha und Instruction vom 13. Januar 1888 zur Ausführung des Impfgesetzes.

Aus dem Herzogthum **Sachsen-Meiningen** sind zu erwähnen das Gesetz vom 18. Februar 1887 zur Aenderung des Einführungsgesetzes für das Handelsgesetzbuch; das Gesetz vom 29. April 1887, betreffend die Ausübung der Jagd und ein Nachtrag zum Gesetz über Anlegung der Grund- und Hypothekenbücher vom 24. März 1888.

Im Fürstenthum **Reuß ältere Linie** sind erlassen eine Verordnung vom 24. April 1886 betreffs Beaufsichtigung der Dampfkessel; Ergänzungen vom 19. December 1886 zur Ausführung der C.P.O.; Gesetz vom 3. Januar 1887, das Versammlungsrecht betreffend, und Bekanntmachung vom 26. Juni 1888, betreffend Mittheilung von Strafnachrichten an ausländische Regierungen.

Für das Fürstenthum **Reuß jüngere Linie** sind zu erwähnen die Instruction vom 26. Februar 1887 betreffs der Berg-, Grund- und Hypothekenbücher; die Ministerial-Verfügung vom 22. October 1887 über die Ausübung der Fischerei und das Gesetz vom 17. April 1888, betreffend eine Abänderung des Gesetzes über die Zwangsenteignung für Eisenbahnzwecke.

Im Fürstenthum **Schwarzburg-Rudolstadt** sind erlassen: Gesetz vom 2. December 1886 nebst Verordnungen vom 7. Januar und 23. December 1887, betreffend die Zuständigkeit der Behörden bei Ermittelung der Erbschaftsabgaben; Gesetz vom 2. December 1886 zur Ergänzung des Gesetzes vom 20. October 1880 betreffend Abänderung des Einführungsgesetzes für die Civilproceßordnung und die Concurs-Ordnung; Gesetz vom 11. December 1886 über Aenderung der Sportelgesetzgebung; Verordnung vom 26. Januar 1887, betreffend die Anlage und den Betrieb von Steinbrüchen und Gräbereien; und schließlich die allgemeine Berg-Polizei-Verordnung vom 4. März 1887.

In **Hamburg** ist am 27. Mai 1886 von der Synode ein Gesetz zur Erhebung von Kirchensteuern und deren Entrichtung an eine Centralstelle, welche dieselben nach bestimmten Normen an die einzelnen Gemeinden vertheilt, erlassen und am 29. December 1887 vom Kirchenrathe publicirt. — Im Gesetze vom 14. Juni 1887 ist das Auswandererwesen einer scharfen staatlichen Controlle unterworfen. Ueber die Geschäftsführung der Auswanderer-Expedienten und Wirthe, über Form und Inhalt ihrer Verträge mit Auswanderern, über die nöthige Ausrüstung der Auswandererschiffe, über die Verpflegung der Auswanderer während der Reise sind in dem Gesetze und den dazu erlassenen Ausführungsbestimmungen genaue Vorschriften enthalten. Ein Gesetz vom 6. April 1887 regelt die Zwangserziehung verwahrloster jugendlicher Personen. In dem Gesetze vom 16. Mai 1888 betreffend die Miethzahlung und deren Sicherung sind mit unwesentlichen Aenderungen die zur Zeit schon geltenden Grundsätze über Miethen von Grundstücken oder Theilen derselben, sowie die Wirkungen von Miethbeschlägen zusammengestellt.

Abgesehen von Verordnungen betreffs der Verwaltung sind noch zu erwähnen: ein Gesetz vom 15. Juni 1887 betreffend die Fischerei, ein Gesetz vom 10. October 1887 betreffend die Behörde zur Entscheidung von Streitigkeiten selbständiger Gewerbetreibender mit ihrem Hülfspersonal, ein Gesetz vom 2. März 1888 zur Ausführung des Reichsgesetzes vom 5. Mai 1886 betreffend die Kranken- und Unfallversicherung der in land- und forstwirthschaftlichen Betrieben beschäftigten Personen, und ein Gesetz vom 11. Mai 1888 über die Organisation der Zollverwaltung.

In **Lübeck** sind in dem Gesetze vom 18. April 1887 die Pfandrechte des Vermiethers an den eingebrachten Sachen des Miethers geordnet. Die der Zwangsvollstreckung nach § 715 C.P.O. nicht unterworfenen Sachen sind vom Pfandrechte ausgeschlossen. Nach siebentägigem Rückstande Miethzinses kann das Amtsgericht nach Prüfung des Sachverhalts den Vermiether zum Verkauf der Sachen befugt erklären. Vor anderen pfändenden Gläubigern steht dem Vermiether in gewissen Grenzen ein Vorzugsrecht im Erlöse der Sachen zu. — Ferner ist eine Fischereiordnung vom 27. April 1887 erlassen.

In **Bremen** sind durch Gesetz vom 28. Januar 1887 einige Bestimmungen des Firmensteuergesetzes und unter dem 15. März 1887 der § 60 der Vormundschaftsordnung betreffend die Belegung der Mündelgelder geändert. Ferner sind eine Feldpolizeiordnung vom 20. October 1887, ein Fischereigesetz vom 27. Mai 1888 und ein Gesetz vom 4. Mai 1888 betreffend die Ausführung des Reichsgesetzes über die Unfallversicherung land- und forstwirthschaftlicher Arbeiter erlassen. — Vier Gesetze vom 15. December 1887 betreffen den Schiffsverkehr. Das eine bestimmt, daß alle Flußschiffe, welche einen Brutto-Raum-Gehalt von über 50 cbm haben und im Eigenthum eines, im Bremischen Staate wohnhaften Bremer Staatsangehörigen sind, zu einem Schiffsregister anzumelden sind, welches öffentlich ist und auch zur Eintragung und Vermerkung von Pfandrechten dient. Ein anderes dieser Gesetze bestimmt die gesetzlichen Pfandrechte an Flußschiffen, die Wirkungen solcher Pfandrechte und die Folgen ihrer Eintragung und Nichteintragung. Ein drittes Gesetz vom 15. December 1887 regelt die Begründung vertragsmäßiger Pfandrechte an See- und Flußschiffen. Ein solches Pfandrecht — abgesehn von Faustpfandrechten — entsteht darnach durch Eintragung in das Schiffsregister (auf Antrag des Eigenthümers oder im Falle eines gegen ihn ergangenen Urtheils auf Antrag des Gläubigers) oder durch Uebergabe eines, vom Eigenthümer ausgestellten Pfandbriefes. Die Wirkungen des so bestellten Pfandrechts sind im Gesetze näher bestimmt. Das vierte Gesetz vom 15. December 1887 bestimmt über die Zwangsvollstreckung wegen Geldforderung in Schiffe (von mehr als 50 cbm Brutto-Rauminhalt), über gerichtliche Schiffsverkäufe und Arreste in Schiffe. Die Zwangsvollstreckung wird von dem Amtsgerichte, in dessen Bezirke sich das Schiff befindet, verfügt und geleitet.

Die Justizgesetzgebung für **Oesterreich** hat für die beiden letzten Jahre eine verhältnißmäßig geringere Ausbeute ergeben, da die Aufmerksamkeit der gesetzgebenden Körperschaften mehr den nationalen, politischen und volkswirthschaftlichen Fragen zugewendet war.

Die erheblichsten Gesetze betreffen Beschränkungen der Execution. Das Gesetz vom 10. Juni 1887, betreffend Abänderungen und Ergänzungen des Executionsverfahrens zur Einziehung von Geldforderungen bestimmt zunächst, daß der Execution unbedingt entzogen werden: die dem Schuldner unentbehrlichen Vermögensgegenstände, wie Kleidungsstücke, Betten, Wäsche, Haus- und Küchengeräthe, die für zwei Wochen erforderlichen Nahrungs- und Feuerungsmittel, eine Milchkuh oder nach Wahl des Schuldners zwei Ziegen oder drei Schafe, sowie die zum Unterhalte und zur Streu für dieselben für zwei Wochen erforderlichen Futter- und Streuvorräthe, falls die Thiere für die Ernährung des Schuldners unentbehrlich sind; ferner die zur Ausübung des Berufs erforderlichen Gegenstände und die anständige Kleidung bei Officieren, Beamten, Geistlichen, Lehrern, Advocaten, Notaren, Aerzten und Künstlern, sowie bei anderen Personen, welche einen wissenschaftlichen Beruf ausüben; das Werkzeug der Gewerbsleute und Arbeiter, die zum Betriebe einer Apotheke unentbehrlichen Geräthe, Gefäße und Waarenvorräthe, die zum Gebrauche des Schuldners und seiner Familie in der Küche und der Schule bestimmten Bücher, der Ehering, die Briefe, Schriften, Familienbilder, Orden und Ehrenzeichen. Die Execution in bewegliche Sachen soll unterbleiben und etwa vorgenommene Maßregeln sollen unwirksam erklärt werden, wenn nicht zu erwarten ist, daß der Erlös für die zu verkaufenden Sachen einen Ueberschuß über die Executionskosten ergiebt. Das Zubehör einer Liegenschaft darf nur mit dieser selbst zur Execution gezogen werden. Eine zweite Reihe von Bestimmungen betrifft die Execution in unbewegliche Sachen. Hervorzuheben ist daraus: Wenn bei einer zwangsweisen Veräußerung eines Gutes der vom Ersteher gebotene Preis zwei Drittheile des Schätzungswerthes oder in Ermangelung eines solchen des Ausrufpreises nicht erreicht, so kann die Veräußerung durch ein Uebergebot unwirksam gemacht werden, wenn innerhalb vierzehn Tagen das frühere Meistgebot um den fünften Theil überboten wird. Dann wird ein neuer Bietungstermin angeordnet, wobei der Ueberbieter jedenfalls an sein Uebergebot gebunden ist. Wenn ferner bei einer zwangsweisen Veräußerung der Preis nicht einmal den dritten Theil des Schätzungs- oder Ausrufspreises beträgt und die Durchführung dieser Veräußerung das wirthschaftliche Verderben des Schuldners herbeiführen müßte, so ist derselbe berechtigt, zu beantragen, daß das Gericht die erfolgte zwangsweise Veräußerung für unwirksam erkläre. Ueber diesen Antrag hat das Gericht nach freiem Ermessen zu entscheiden; wird ihm stattgegeben, so hat dies die Wirkung, daß ein Jahr lang von diesem Ausspruche an gerechnet eine neuerliche executive Feilbietung des Gutes wegen derselben Forderung nicht beantragt werden darf. Dies gilt jedoch nicht nach eröffnetem Concurse. Dies Gesetz, welchem eine Bestimmung über die Rückwirkung fehlt, hat in der Praxis zu vielen Controversen geführt.

Dem Gegenstande nach verwandt ist das, aus der Initiative unsers verehrten Mitgliedes, des Reichstagsabgeordneten Dr. Jaques hervorgegangene Gesetz vom 26. Mai 1888 über die Execution auf die Bezüge der im Privatdienst dauernd Angestellten und deren Hinterbliebenen, ferner auf Pensionen, Provisionen, Unterhalts- und Erziehungsgelder, welche von Anstalten, Vereinen oder Gesellschaften an ihre Mitglieder und deren Hinterbliebene verliehen werden. Durch dies Gesetz ist der Betrag jener, von jeder Executionsmaßregel freien Bezüge von 600 Gulden jährlich auf 800 Gulden erhöht; die Execution in die gedachten Pensionen, Provisionen, Unterhalts- und Erziehungsgelder ist nur hinsichtlich des 500 Gulden jährlich übersteigenden Betrages zulässig. In beiden Beziehungen sind nun die Privatbeamten den öffentlichen gleichgestellt.

Ein Gesetz vom 7. Juni 1887, betreffend die Wirkungen und die Anfechtbarkeit der von Behörden des stehenden Heeres, der Kriegsmarine und der Landwehr auf administrativem Wege gefällten Ersatzerkenntnisse eröffnet jeder im Dienstverbande des stehenden Heeres, der Kriegsmarine oder der Landwehr stehenden Person die Möglichkeit, gegen administrative Erkenntnisse, durch welche gegen sie auf Ersatz eines Schadens erkannt ist, nach Erschöpfung der administrativen Anfechtungsmittel den ordentlichen Rechtsweg zu betreten, um die gänzliche oder theilweise Aufhebung der administrativen Erkenntnisse zu bewirken.

Von Entwürfen, welche noch der parlamentarischen Bearbeitung harren, ist hier nur einer zu erwähnen, welcher die theilweise Einführung eines kürzeren mündlichen Verfahrens in Civilrechtsstreitigkeiten bezweckt.

Auf dem mehr volkswirthschaftlichen als juristischen Gebiete sind das Gesetz vom 28. December 1887 über die Unfallversicherung der Arbeiter und das Gesetz vom 30. März 1888 über die Krankenversicherung der Arbeiter bemerkenswerth. Das Erstere umfaßt die Versicherung aller in Fabriken, Hüttenwerken, Werften, Stapeln, Brüchen, sowie bei Bauausführungen beschäftigten Arbeiter und Betriebsbeamten. Diesen Beschäftigungen sind ferner gleichgestellt die Betriebe, in welchen explodirende Stoffe erzeugt oder verwendet werden, sowie diejenigen (auch land- und forstwirthschaftliche), bei welchen Dampfkessel oder durch elementare Kraft oder Thiere bewegte Triebwerke zur Anwendung kommen. Gegenstand der Versicherung ist der Ersatz des Schadens, welcher durch Tod oder Körperverletzung des Versicherten entsteht. Die Versicherung soll der Regel nach durch Landesversicherungs-Anstalten erfolgen, so daß jedes Kronland eine solche Anstalt besitzt. Indeß können von der Verpflichtung des Beitritts zu diesen Anstalten Unternehmungen befreit werden, falls eine als entsprechend befundene Versicherung für dieselben bereits besteht; auch ist eine berufsgenossenschaftliche Versicherung nicht ausgeschlossen. Die Rente des Versicherten beträgt bei gänzlicher Erwerbsunfähigkeit 60 Procent des Jahresarbeitsverdienstes. Die Versicherungsbeiträge sind mit 10 Procent vom Versicherten und mit 90 Procent vom Unternehmer zu leisten. — Die Krankenversicherung betrifft nach dem Gesetze vom 30. März 1888 sämmtliche nach Vorstehendem gegen Unfälle zu versichernden Arbeiter, außerdem aber auch alle Arbeiter, welche in irgend einer gewerbsmäßig betriebenen Unternehmung, sowie beim Eisenbahn- und beim Binnenschifffahrtsbetriebe beschäftigt sind. Die Krankenversicherung der land- und forstwirthschaftlichen Arbeiter soll durch besondere Landesgesetze geregelt werden. Die Maximaldauer der Krankenversicherung ist auf zwanzig Wochen festgesetzt; außer der freien ärztlichen Behandlung wird ein Krankengeld in Höhe von 60 Procent des im Gerichtsbezirke für gewöhnliche Arbeit üblichen Tagelohns gewährt. Die Versicherung erfolgt durch sog. Bezirkskrankenkassen, wodurch jedoch die Versicherung bei Betriebs-, Bau-, Genossenschafts-, Knappschafts- und Vereins-Krankenkassen nicht ausgeschlossen ist. Die Versicherungsbeiträge dürfen zur Deckung des Mindest-Erfordernisses der Krankenversicherung 3 Procent des im Gerichtsbezirke für gewöhnliche Arbeit üblichen Tagelohns nicht übersteigen; davon haben die Versicherten zwei Drittel und die Arbeiter ein Drittel zu tragen.

Der Vollständigkeit halber ist schließlich außer dem schon für das Deutsche Reich erwähnten internationalen, auch Oesterreich umfassenden Vertrage zum gegenseitigen Schutze der Urheber von Werken der Litteratur und Kunst und ihrer Rechtsnachfolger und dem ebenfalls bereits erwähnten Vertrage vom 9. Mai 1886 mit dem Deutschen Reiche, betreffend die Gegenseitigkeit bei Bewilligung des Armenrechts, noch der am 22. Januar 1887 publicirte Vertrag zwischen Oesterreich und dem Fürstenthum Monaco vom 22. Februar 1886 über Auslieferung von Verbrechern zu bemerken.

Es ist von hohem Interesse, bei Vergleichung der für Oesterreich getroffenen gesetzgeberischen Bestimmungen mit den für das Deutsche Reich geltenden Anordnungen zu sehen, wie theils in übereinstimmender Weise, theils mit abweichenden Mitteln die Erreichung wesentlich gleicher Zwecke erstrebt wird.

Wenn die Berichte über die deutsche Gesetzgebung noch ein buntes und in seinen Einzelnheiten kaum zu übersehendes Bild darstellen, so müssen wir auch in dieser Beziehung auf die Zukunft hoffen. Dem deutschen Juristentage, dessen Ziele und Wirken wesentlich der Zukunft gewidmet sind, steht noch zur Krönung seiner Thätigkeit für die Herstellung eines nationalen deutschen Rechts die thätige Mitwirkung zur Schöpfung des deutschen bürgerlichen Gesetzbuches bevor. Nachdem der deutsche Juristentag beim Rückblicke in die Vergangenheit sich rühmen kann, zur einheitlichen Reichsgesetzgebung, soweit sie bis jetzt erreicht ist, auf weiten Gebieten, insbesondere auf den Gebieten des Strafrechts und formellen Verfahrens, des Strafprocesses und des Civilprocesses, recht wesentlich die eingeschlagenen Bahnen vorgezeichnet zu haben, so wird er auch für diese noch bevorstehende würdige Aufgabe, welche dem deutschen Civilrechte die Gesammteinheit gewähren und den formalen Reichsjustizgesetzen den positiven Inhalt geben soll, alle seine Kräfte einzusetzen haben. Seinem eigenen Wesen treu, wird er zwar weder eigene Systeme, noch förmliche detaillirte Bestimmungen zu bieten haben, aber für die erheblichen Rechtsverhältnisse die Grundsätze darzulegen haben, welche sich als deutsches Rechtsleben, dem Rechtsbewußtsein unserer Zeit entsprechend, kennzeichnen. Unser Stolz wird es sein müssen, vollends für diese Hauptaufgabe den uns ehrenden Namen des deutschen Juristentages zu verdienen und, wenngleich mit möglichster Schonung der, in dem vorliegenden Entwurfe enthaltenen, allgemein gültigen Rechtsgrundsätze dafür zu wirken, daß das zu erwartende Gesetzbuch ein, den gegenwärtigen Verhältnissen entsprechendes und wirklich deutsches werde. (Lebhaftes Bravo )

---

Präsident Dr. **Drechsler:** Wir haben den Bericht dankend entgegengenommen.

Ich habe noch Mittheilung zu machen in Betreff einer Abänderung des Anfangs der zweiten Plenarsitzung, die sich vernothwendigt dadurch, daß unser hiesiger Vergnügungsausschuß so viel geboten hat, daß die Arbeit sich darnach einrichten muß (Heiterkeit), wenn die Herren alles mitmachen wollen. Es betrifft die Fahrt nach Catharinenhof und Finkenwalde. Anfang dieser Fahrt ist auf 2 ½ Uhr morgen Nachmittag fixiert. Ein Versuch, einen etwas späteren Termin herbeizuführen, um den Abtheilungen mehr Arbeitszeit einzuräumen, mußte daran scheitern, daß nach gemachter Mittheilung diese Abfahrtszeit 2 ½ Uhr wegen der Eisenbahnverhältnisse pünktlich eingehalten werden muß. Um nun den Abtheilungen die Möglichkeit zu gewähren, wenn sie am Mittwoch mit ihrer Arbeit bis ½ 2 Uhr nicht fertig werden sollten — denn es muß doch eine Pause zur Erholung und zum Mittagsessen bleiben — möchte ich mir den Vorschlag erlauben, die II. Plenarsitzung nicht schon um 9 Uhr Vormittags, sondern erst um 11 Uhr zu beginnen. Wenn die Herren damit einverstanden sind, dann bleibt für die Abtheilungen, welche am Mittwoch nicht ganz fertig geworden sind, die Möglichkeit, am Donnerstag Vormittag um 9 Uhr noch eine weitere Sitzung zu halten. Es reicht die

Zeit von 11 bis $3\frac{1}{2}$ Uhr, wo das Festessen beginnt, erfahrungsmäßig für die Arbeiten der II. Plenarsitzung vollständig aus.

Wenn die Herren keinen Widerspruch erheben, so würde ich das als beschlossen annehmen und demgemäß den Herren, welche demnächst in den Abtheilungen die Arbeiten leiten, das Weitere überlassen.

Hat Jemand sonst noch etwas in der heutigen Sitzung vorzutragen, so bitte ich ihn, sich zum Worte zu melden. (Zuruf: Kassenbericht!) Der Kassenbericht steht nicht auf der Tagesordnung, er wird regelmäßig in der letzten Sitzung vorgetragen. (Folgt eine Mittheilung des Vergnügungscomitées, betreffend die Fahrt nach Heringsdorf.)

M. H., weitere Gegenstände liegen nicht vor. Ich schließe die I. Plenarsitzung und ersuche die Abtheilungen, nach einer etwa viertelstündigen Pause sich in den Abtheilungssälen versammeln zu wollen.

(Schluß der Sitzung $\frac{1}{4}$ 11 Uhr.)

# Erste Sitzung der ersten Abtheilung
## am 11. September 1888.

---

Auf den Vorschlag des Landesgerichtsraths Thomsen aus Stettin, welcher im Auftrag der ständigen Deputation ½ 11 Uhr eröffnet, wird Landgerichtspräsident Becker aus Oldenburg durch Acclamation zum Vorsitzenden gewählt. Derselbe nimmt die Wahl dankend an. Auf seinen Vorschlag werden, ebenfalls durch Acclamation, gewählt: zum stellvertretenden Vorsitzenden Reichsgerichtsrath Petersen aus Leipzig, zum Schriftführer Landrichter Harnisch aus Stettin. Nach einigen geschäftlichen Mittheilungen tritt die Abtheilung in die Berathung der ihr zugewiesenen Fragen ein.

**Vorsitzender:** Unsere Tagesordnung umfaßt, da für die Frage Nr. 10, wie der Herr Präsident bereits angekündigt hat, ein Gutachten nicht vorliegt, auch ein Referent sich bisher nicht gemeldet hat, diese Frage also ausfallen muß, nur die Fragen 1, 2 und 3: Kauf bricht Miethe, Servituten und Legate. Von diesen Fragen nimmt wohl die erste:

> Soll der Grundsatz: „Kauf bricht Miethe“ oder der entgegengesetzte Grundsatz des deutschen und preußischen Rechts im bürgerlichen Gesetzbuche aufgenommen werden? und mit welchen Modificationen in dem einen oder anderen Falle?

das allgemeinste Interesse in Anspruch. Da wir nicht wissen, wieviel Zeit wir haben, so empfiehlt es sich wohl, mit dieser Frage zu beginnen, und wenn die Abtheilung damit einverstanden ist (Zustimmung), so ersuche ich den Herrn Referenten, das Wort zu nehmen.

Referent Geh. Justizrath Prof. Dr. **Brunner** (Berlin): Von allen Bestimmungen, die der Entwurf des bürgerlichen Gesetzbuchs enthält, hat keine eine so starke volksthümliche Gegenströmung erzeugt als die Anerkennung des Grundsatzes: Kauf bricht Miethe. Mit seltener Uebereinstimmung haben sich Presse und Literatur in diesem Punkte gegen den Entwurf ausgesprochen, nicht nur Stimmen, die ihm die ungenügende Berücksichtigung des deutschen Rechtes schlechthin zum Vorwurf machen, sondern auch solche, die im Allgemeinen des Lobes über den Entwurf voll sind.

Auch die Kreise der Interessenten haben sich geregt, zwar nicht die Hausbesitzer und Häuserspeculanten, wohl aber die Vereine der Wohnungsmiether. Die Streitfrage ist in der öffentlichen Discussion so eingehend besprochen worden, daß es für den Referenten schwer ist, Neues zu sagen und ihm kaum etwas anderes übrig bleibt, als eine offene Thür einzustoßen.

Wie die meisten Rechtssprichwörter ist auch der Satz: Kauf bricht Miethe cum grano salis zu nehmen. Nicht der Kauf, sondern die rechtsgeschäftliche Uebereignung bricht Miethe und Pacht. Da aber der Kauf die häufigste causa der Uebereignung ist und der Käufer regelmäßig zum Eigenthümer wird, mag man immerhin Kauf statt Uebereignung sagen. Genau genommen trifft die Fassung Kauf bricht Miethe nur zu, wenn man das Recht des Miethers als ein sachenrechtliches auffaßt. Sie versagt dem römischen Rechte gegenüber, welches Miethe und Pacht als ein rein obligationenrechtliches Verhältniß betrachtet. In der That hat ein Vertheidiger des Entwurfs den Angriff gegen die Aufnahme des Satzes Kauf bricht Miethe durch die Bemerkung abzuwehren versucht, daß ja der Kauf die Miethe durchaus nicht breche, weil trotz der Austreibung des Miethers die durch den Miethvertrag zwischem ihm und dem Vermiether entstandene Obligatio fortbestehe. Will man eine derartige Ausflucht von vornherein abschneiden, so thut man besser, zu sagen: der Käufer jagt den Miether und Pächter, oder Kauf ist stärker als Miethe und Pacht.

Wir haben in unserm modernen Sprachgebrauch leider kein deutsches Wort, welches Miethe und Pacht zusammenfaßt. Aeltere deutsche Rechtsquellen verwenden für Miethe und Pacht zugleich die Ausdrücke: Beständniß oder Bestandvertrag. So sagt auch noch das österreichische bürgerliche Gesetzbuch. Man sagte: „ein Grundstück bestehen“ sowohl für miethen als für pachten. Da aber diese Ausdrücke jetzt nicht mehr üblich sind, so muß ich mich damit begnügen, von Miethe zu sprechen auch dort, wo außerdem die Pacht gemeint ist. Es wird daher im Folgenden, wenn ich von Miethe rede, zugleich die Pacht gemeint sein, soweit nicht etwas Besonderes bemerkt wird.

Der Entwurf behandelt die Miethe im 2. Buche, im Recht der Schuldverhältnisse. Eine Consequenz dieser systematischen Anordnung ist den Verfassern des Entwurfs die Anerkennung des Grundsatzes: Kauf bricht Miethe. Aber nur bei beweglichen Sachen wird er schlechthin durchgeführt, bei welchen er freilich nicht viel Schaden stiftet, weil der Vermiether die Sache gegen den Widerspruch des detinirenden Miethers dem Käufer nicht tradiren, also nicht übereignen kann. Bei Grundstücken, die in den Besitz des Miethers gelangt sind, wird die starre logische Consequenz durch eine Concession an den Miether gebrochen. Der Erwerber, beispielsweise der Käufer ist zwar berechtigt, den Miether zur Räumung des Grundstücks aufzufordern. Allein dieser braucht es nicht sofort, sondern erst nach Ablauf der gesetzlichen Kündigungsfrist zu räumen. Diese beträgt ein Kalendervierteljahr bei der Miethe, sechs Monate vor Ablauf des Pachtjahrs bei der Pacht, unbeschadet einer kürzeren vertragsmäßigen Kündigungsfrist. Es steht im Belieben des Erwerbers, ob und wann er das Verlangen der Räumung stelle. Wird der Miether zur Räumung aufgefordert, so hat er das Recht, für die Zukunft sofort vom Vertrage zurückzutreten. Er kann die Aufforderung zur Räumung zurückweisen, wenn der Erwerber sich nicht durch eine öffentliche Urkunde als solcher legitimirt, eine Vorschrift, welche hinsichtlich des Beweises der Zurückweisung eine Quelle häßlicher Processe werden kann.

Bis zum Ablauf der Räumungsfrist hat der Erwerber nicht etwa die Pflichten des Vermiethers, sondern er ist nur verpflichtet, den Gebrauch des Grundstücks durch den Miether und die Vornahme der dem Vermiether obliegenden Handlungen zu gestatten (z. B. Reparaturen). Verpflichtet sich der Erwerber gegen den Veräußerer zur Erfüllung des Miethvertrages, so erwirbt dadurch der Miether ein unmittelbares Recht gegen den Erwerber nach den Grundsätzen der Verträge über Leistungen an Dritte.

Die Miethe wird in dem gedachten Sinne gebrochen nicht nur durch Uebertragung des Eigenthums, sondern auch durch rechtsgeschäftliche Begründung und Uebertragung eines anderen Rechtes, welches den vertragsmäßigen Gebrauch des Grundstücks durch den Miether aufhebt oder beschränkt, z. B. eines Erbbau- oder Nießbrauchsrechtes.

Eine Eintragung der Miethe in das Grundbuch ist schlechtweg unzulässig.

Die Ablehnung dieser Vorschriften des Entwurfs ist für den Juristentag m. E. schon entschieden durch die drei trefflichen Gutachten, welche Ihnen vorliegen. Sie halten sämmtlich die Vorschriften des Entwurfs für ungenügend.

Von Meibom wünscht nur eine Ergänzung und zwar in zwei Beziehungen. Während der Entwurf es dem Belieben des Erwerbers überläßt, wann er das Verlangen der Räumung stellen wolle, will v. Meibom dem Miether das Recht geben, vom Erwerber binnen angemessener Frist die Erklärung zu fordern, ob er die Räumung verlange, zu fordern mit der Wirkung, daß das Schweigen des Erwerbers als Eintritt in die Verbindlichkeiten des Vermiethers gelte. Während der Entwurf die Eintragung des Miethrechtes in das Grundbuch ausschließt, will v. Meibom sie zulassen und damit dem Miether die Möglichkeit verschaffen, sein Recht mit absoluter Wirksamkeit auszustatten.

Eck und Fischer lehnen den Grundsatz Kauf bricht Miethe schlechtweg ab. Eck will den Erwerber verpflichten während des ganzes Restes der vertragsmäßigen Miethzeit, den Gebrauch des Miethers und die Vornahme der dem Vermiether obliegenden Handlungen zu gestatten. Fischer kommt zu dem Schlusse: Pacht und Miethe sind, ohne daß es Eintragung bedarf, als dingliche Rechte anzuerkennen. Jeder Rechtsnachfolger des Vermiethers ist demzufolge an das Miethrecht gebunden.

Für die Ablehnung des Satzes Kauf bricht Miethe spricht eine Reihe von schwerwiegenden Gründen. Die entgegengesetzte Regel Kauf bricht nicht Miethe ist deutsches Recht, ein Motiv, daß ich allerdings nur mit einer gewissen Schüchternheit betonen mag. Denn bei den Verfassern des Entwurfs würde sie vermuthlich mehr Entgegenkommen finden, wenn man das Gegentheil behaupten könnte. Das ist nun aber nicht möglich. Den quellenmäßigen Beweis, daß der Satz Kauf bricht nicht Miethe deutschrechtlichen Ursprungs sei, werden Sie mir erlassen. Es genügt in dieser Beziehung auf das Material zu verweisen, welches in Fischer's Gutachten und in der daselbst citirten Abhandlung von Brünneck angeführt ist.

Sehen wir von localen Sonderbildungen ab, die vielleicht aus fremdrechtlichem Einfluß oder aus einer ständischen persönlichen Abhängigkeit des Pächters vom Verpächter oder aus beiden Gründen zu erklären sind, so gipfelt die Entwicklung des deutschen Mieth- und Pachtrechtes in der Ausbildung des Satzes: Pacht und Miethe ist stärker als Kauf.

Er ist heute für mindestens zwei Drittel der deutschen Bevölkerung geltendes Recht. Er gilt nämlich im Geltungsgebiet des preußischen Landrechts, des französischen Civilrechts, des jütischen Low, ferner in einzelnen Gebieten des gemeinen Rechts, so in Hamburg, in Braunschweig bei schriftlich errichtetem Miethsvertrag, in Theilen von Nassau, im Geltungsgebiet des Mainzer Landrechts.

Das österreichische Gesetzbuch, das sächsische Gesetzbuch, die preußischen Grundbuchgesetze für Neuvorpommern, für Schleswig-Holstein, für den Bezirk des Appellationsgerichts zu Kassel lassen dem Miether und Pächter wenigstens die Möglichkeit offen, ihrem Rechte durch Eintragung im Grundbuche absolute Wirksamkeit zu verschaffen.

Lohnt es sich, darf man da mit Recht fragen, daß der weitaus größeren Mehrheit unseres Volkes an Stelle des nationalen Rechtssatzes der fremde römische Rechtssatz aufgezwungen werde?

Der römische Rechtssatz hängt, wie schon die Gutachten hervorheben, mit den socialen Verhältnissen des römischen Reiches zusammen. In Rom waren es hauptsächlich Proletarier, die zur Miethe wohnten, und es lag nicht im Geiste der römischen Rechtsbildung, die Interessen dieser Bevölkerungsklasse besonders wahrzunehmen. Die Miethe war vielmehr zu Ungunsten des Miethers höchst zerbrechlich gestaltet. Man versagte ihm die Besitzklagen. Der Vermiether konnte sogar im Falle eigenen Bedürfnisses den Miether zur Räumung des Grundstückes zwingen, ein Grundsatz, der das römische Miethrecht eigentlich erst verständlich macht. Daß eine dingliche Zeitpacht auch im spät römischen Rechte nicht zu finden ist, wird verständlich, wenn man erwägt, daß es neben der Zeitpacht eine dingliche Erbpacht und das Institut des Colonates kannte. Bei der Erbpacht ist nicht sowohl an die agri vectigales zu denken, die seit Diocletian verschwinden, sondern an die conductio perpetua und an die Emphyteuse. Andererseits besaß die römische Landwirthschaft in der zahlreichen Klasse der Colonen einen Stand höriger an die Scholle gebundener Pächter, ohne welche das Grundstück, auf das sie gesetzt waren, nicht veräußert werden konnte.

In vereinzelten friesisch-niedersächsischen Quellen finden wir verhältnißmäßig früh den Satz, daß der Kauf stärker sei als die Heuer. Da ist es denn nun höchst bezeichnend, daß eine friesische Wehrgeldordnung von 1504 den Heuerleuten oder Heuerlingen nur das halbe Wehrgeld des freien Hausmannes giebt. Sie stellt ihn damit auf dieselbe ständische Stufe, wie die Lex Frisionum den Liten, den Halbfreien. Auch hier erklärt also ein sociales Moment, die untergeordnete ständische Stellung des Heuermanns, das Auftreten jenes Rechtssatzes.

Unsere heutigen Verhältnisse liegen total anders als im römischen Reich. Zur Miethe wohnen nicht bloß Proletarier. Und soweit es der Fall, hat unsere Gesetzgebung die Aufgabe, sie nicht der Ausbeutung durch die wirthschaftlich Stärkeren Preis zu geben, sondern gegen diese zu schützen. Der Rechtssatz, daß der Vermiether im Fall des eigenen Bedürfnisses den Miether gegen den Miethcontract austreiben könne, ist uns unbekannt.

Noch mehr als die Miether fallen die Pächter ins Gewicht. Ich könnte mir eher denken, daß ein modernes Gesetzbuch dem Käufer gestattet, den Miether, als daß es ihm gestattet, den Pächter zu jagen, wie denn in der That nach dem liv-, est- und kurländischen Rechte der Kauf zwar die Miethe, aber nicht die Pacht bricht. Wir haben nicht die Erbpacht, wir haben nicht den römischen Colonat als Surrogate für die Unbeständigkeit der Zeitpacht. Unsere Pächter sind nicht Halbfreie wie die friesischen Heuerlinge. Lange Pachtperioden liegen, wie Sie noch hören werden, im Interesse sowohl des Pächters als des Verpächters. Machen wir durch den Satz: der Käufer jagt den Pächter die Pachtverträge unsicher, so wird unser Pächterstand um so mehr getroffen, als ihm ohnehin der Entwurf gegen die Beschlüsse des Juristentags das dingliche Aneignungsrecht an der verdienten Frucht versagt, welches ihm das deutsche Recht gewährt.

Bekanntlich steht die Aufhebung des Grundeigenthums im Programm der Socialdemokratie. Ihren Bestrebungen leistet man Vorschub, wenn man die Rechtsinstitute, die für die Nutzung und den Gebrauch fremden Eigenthums zur Verfügung stehen, zu Gunsten des Eigenthums möglichst zerbrechlich gestaltet.

Die socialpolitischen Gründe sind an sich durchschlagend gegen den Standpunkt des Entwurfs.

Indem ich die wirthschaftliche und praktische Seite der Frage meinem Herrn Collegen überlasse, der als praktischer Jurist viel mehr dazu berufen ist, sie zu erörtern als ich, wende ich mich zur juristischen Betrachtung unseres Problems. M. E. ist es irreführend, wenn man sie damit beginnt, daß man die Frage stellt, ob die Miethe ein persönliches oder ein dingliches Recht sei und aus der Antwort die Consequenz zieht: Kauf bricht Miethe oder Kauf bricht nicht Miethe. Vielmehr ist umgekehrt zuerst zu fragen: Entspricht der Satz Kauf bricht Miethe unseren Rechtsanschauungen und unseren wirthschaftlichen Bedürfnissen? Je nachdem die Antwort ausfällt, ist dann die Miethe als ein persönliches oder als dingliches oder als ein irgend anders geartetes Recht zu construiren. Begrifflich können ja Miethe und Pacht ebensowohl als ein dingliches wie als ein persönliches Recht gedacht werden. Daß die Römer nur dingliche Erbpacht und eine persönliche Zeitpacht kannten, geht nicht aus dem Begriff der Pacht hervor. Die Dauer an sich macht ja ein persönliches

Recht nicht zu einem dinglichen. Nach deutschem Rechte sind Pacht und Miethe dingliche Rechte.

Durch den Satz: Kauf bricht nicht Miethe ist nur gegeben, daß die Miethe ein absolutes Recht, durch den Satz Kauf bricht Miethe nur, daß sie ein relatives Recht sei. Es ist deshalb nicht unbedingt nothwendig, daß sie im ersten Falle dinglich, im zweiten persönlich sei. Die Römer faßten das Recht des Zeitpächters als ein persönliches Recht auf. Allein der Erwerber eines verpachteten Fiskalgutes mußte den Pächter darin sitzen lassen, als hätte jener sich durch Vertrag dazu verpflichtet. Nach österreichischem und sächsischem Recht ist das Recht des Bestandnehmers, des Pächters und Miethers ein persönliches Recht. Durch die Eintragung wird es zwar ein absolutes, aber kein dingliches Recht, da im übrigen die Rechtsstellung des Miethers dieselbe bleibt, Gegenstand und Inhalt des Rechtes keinerlei Veränderung erfahren.

In den deutschen Rechtsgebieten, wo der Grundsatz Kauf bricht Miethe am frühesten begegnet, wurden Pacht und Miethe, wie schon die Fassung des Sprichworts darthut, als ein Sachenrecht, nämlich als ein Leiherecht aufgefaßt, welches im Fall des Verkaufs ein Ende nahm. Nach alledem wird man sich hüten müssen, die Frage, ob der Kauf die Miethe bricht, ausschließlich als ein Problem der juristischen Construction zu behandeln.

Den Verfassern des Entwurfs war für Aufnahme des Satzes: Kauf bricht Miethe die römischrechtliche Doctrin maßgebend. Doch mußte ihnen noch die Grundbuchverfassung zu Hilfe kommen, damit der aufgenommene Grundsatz praktische Bedeutung erhalte. Die Römer haben einen Besitz des Miethers nicht anerkannt. Der Eigenthümer des Grundstücks konnte daher trotz des darinsitzenden Miethers das Grundstück dem Käufer tradiren und damit übereignen. Dies wäre schon nach gemeinem Recht nicht mehr möglich, wenn dem Miether die actio spolii gebührte, was Mehrere behaupten, u. a. O. Bähr, — weil dann der Vermiether nicht mehr über den Kopf des Miethers hinweg die Sache dem Käufer tradiren und damit übereignen könnte. Wie dem auch sei — der Punkt ist streitig — nach dem Entwurf ist die Inhabung des Miethers von unbeweglichen Sachen ebenso geschützt, wie die des Miethers von beweglichen Sachen. Der Satz, Kauf bricht Miethe, würde daher für die Grundstücksmiethe ebenso unschädlich sein, wie für die Miethe beweglicher Sachen, seine ganze Schärfe wäre abgestumpft, — wenn die Uebereignung von Grundstücken sich noch durch Tradition vollzöge. Allein der Entwurf verlangt für die Uebereignung von Grundstücken mit vollem Recht nicht die Uebergabe, sondern die Auflassung und Eintragung im Grundbuch, von welcher der Miether nicht einmal etwas zu erfahren braucht. So wird einerseits die deutschrechtliche Gestaltung der Miethe ignorirt, andererseits aber die deutschrechtliche Auflassung verwerthet, um dem römischrechtlichen Grundsatz: der Käufer jagt den Miether eine Anwendung zu sichern, welche ohne die Auflassung eine Inconsequenz wäre.

Die Motive machen für den Satz: Kauf bricht Miethe die publica fides des Grundbuchs geltend, sie führen aus, daß bei dem entgegengesetzten Grundsatze der Erwerber ein Miethrecht anzuerkennen habe, über welches das Grundbuch keine Auskunft giebt. Das Grundbuchrecht des Entwurfs fußt im Wesentlichen auf den Principien des preußischen Grundbuchrechts. Nach preußischem Recht gilt aber bekanntlich der Grundsatz: Kauf bricht nicht Miethe. Und es hat nicht verlautet, daß darunter der Realcredit und die publica fides des Grundbuchs gelitten hätten. Der Fall, daß jemand ein Grundstück unbesehen kauft, dürfte ja selten vorkommen. In aller Regel wird es der Käufer besehen und sich überzeugen, ob ein Miether darin sitzt oder nicht.

In den Consequenzen der publica fides des Grundbuchs geht der Entwurf offenbar zu weit. Unsere Abtheilung wird sich mit einer solchen Uebertreibung hinsichtlich der Grundgerechtigkeiten noch zu befassen haben. Uebrigens ist auch nach dem Entwurf die publica fides des Grundbuchs keine absolute. Das Grundstück haftet auch für rückständige Hypothekenzinsen. Wenn die publica fides es verträgt, daß der Erwerber eines Grundstücks eventuell für Zinsrückstände aufkommen muß, die aus dem Grundbruch nicht ersichtlich sind, daß einer Hypothek außer der eingetragenen Vorhypothek auch deren zweijährige Zinsrückstände vorangehen, so könnte man dem Erwerber eines Grundstücks wohl auch zumuthen, den vom Vorbesitzer abgeschlossenen Miethvertrag wenigstens für eine fixirte Zahl von Jahren anzuerkennen.

Wenn der Satz: Kauf bricht Miethe, wirklich der Rücksicht auf die publica fides seine Aufnahme in den Entwurf verdankt, so hätte man andererseits die E i n t r a g u n g d e r M i e t h- u n d P a c h t v e r t r ä g e gestatten müssen. Der Entwurf schließt sie aber schlechtweg aus. Daß der allgemeine Gebrauch der Eintragung zu unerträglicher Ueberfüllung der Grundbücher führen würde, ist zuzugeben, obschon die Kosten der Buchung und Löschung ihm entgegenwirken würden. Aber weit über das Ziel schießt der Entwurf hinaus, wenn er auch die Eintragung mit B e w i l l i g u n g des Eigenthümers ausschließt und zwar deshalb, weil dieser in der wirthschaftlich stärkeren Lage die Bewilligung regelmäßig nicht ertheilen wird. Das hätte man ruhig abwarten können. Auch ist der Eigenthümer nicht immer in der wirthschaftlich stärkeren Lage. Denken Sie an die

Miethverträge der Reichspost, die deren Eintragung in den Gebieten des gemeinen Rechts regelmäßig vorbehält. Nicht selten wird der Eigenthümer, obwohl der wirthschaftlich Stärkere, ein Interesse haben, einen ordentlichen Miether oder Pächter auf längere Zeit zu gewinnen.

Die Motive machen u. A. geltend, daß der Miether des Grundstücks trotz der Eintragung wegen Subhastation auf alle Fälle räumen müßte. Wahrlich ein schöner Trost für den Miether, der sich während der Freuden des Umzugs, den der Verkauf des Grundstücks veranlaßte, mit Wehmuth sagen darf: im Fall der Subhastation hätte ich vielleicht noch früher hinaus gemußt. Das erinnert an die Anecdote von den zwei Reisenden, deren einer von einem Löwen gefressen wird, während der andere ihn von einem Baum herunter tröstet: Sei froh, daß es ein Löwe ist und kein Tiger, denn der ist noch grausamer und beißt noch schärfer.

Die Motive rathen dem Miether, sich vom Vermiether eine Hypothek für die aus der Nichterfüllung des Vertrags entstehenden Ansprüche bestellen zu lassen, ein Argument, welches O. Bähr mit Recht ein klägliches nennt. Wenn der wirthschaftlich Stärkere die Eintragung des Miethvertrags nicht bewilligt, wird er wohl auch keine Lust haben, die Eintragung der Hypothek zu bewilligen. Der Miether will wohnen bleiben. Die Hypothek sichert ihm nicht die Wohnung, sondern nur den Anspruch auf Schadenersatz, den er auch ohne Hypothek hätte.

Ebensowenig ist es ernst zu nehmen, wenn die Motive geltend machen, daß ja die Bestellung einer Superficies in manchen Fällen ein Surrogat für die mangelnde dingliche Miethe bieten könne. Abgesehen davon, daß der Pächter diesen Ausweg nicht hat, dürfte der Eigenthümer als der wirthschaftlich Stärkere kaum geneigt sein, ein Erbbaurecht zu gewähren. Ich bin nicht boshaft. Wäre ich es, so würde ich dem Verfasser dieses Passus der Motive wünschen, daß er bei eintretendem Wohnungsmangel genöthigt sei, sich etwa bei den Berliner Grundbesitzern um eine Superficies zu bewerben. Er würde sicherlich unverrichteter Dinge heimkehren.

Lehnen wir die Vorschriften des Entwurfs ab, so gilt es positive Vorschläge zu machen. Ich habe mit meinem Herrn Collegen im Referat folgenden Antrag vereinbart.

Es empfiehlt sich in das bürgerliche Gesetzbuch für den Fall der freiwilligen Uebereignung einer Sache, die dem Miether oder Pächter bereits überlassen war, den Grundsatz „Kauf bricht nicht Miethe“ aufzunehmen.

Entscheidet man sich für den Grundsatz: Kauf bricht nicht Miethe, so kann man den Erwerber in zweifacher Weise behandeln: entweder so, wie § 509 des Entwurfs ihn stellt bis zum Ablauf der gesetzlichen

Räumungsfrist, — oder so, wie § 512 des Entwurfs ihn stellt, falls er sich zur Erfüllung des Miethvertrags verpflichtet hat.

Im ersteren Falle hat der Erwerber nur eine Beschränkung seines Eigenthums zu dulden, indem er den Miether wohnen läßt und dem Vermiether die Handlungen gestattet, die ihm gegen den Miether obliegen. Im zweiten Falle tritt er in die Pflichten des Vermiethers ein und hat demgemäß auch den Anspruch auf den Miethzins.

Wäre es möglich, die Miethe als ein einfaches dingliches Recht im Sinne der römischen iura in re aliena zu gestalten, so wäre es der bequemste Ausweg, zu sagen, daß das Gebrauchsrecht des Miethers trotz der Uebereignung fortbestehe. Allein so einfach liegt die Sache nicht. Ganz abgesehen von dem passiven Wohnenlassen ist der Vermiether zu einer Reihe positiver Handlungen verpflichtet. Er muß die Wohnung in bewohnbarem Zustand erhalten, also die nöthigen Ausbesserungen vornehmen. Zu den Reparaturen kommt noch manches hinzu. Der Vermiether liefert mit Hülfe der Wasserleitung dem Miether das Wasser, durch einen im Hause angebrachten Centralofen etwa auch die Heizung, er leistet ihm Flur- und Treppenbeleuchtung, Entwässerung und Canalisation. Bei diesen Leistungen ist es schwierig, sich zu denken, wie der Vermiether sie nach der Uebereignung des Grundstücks weiter vornehmen soll, namentlich wenn sein Miether nur einen Theil des Hauses bewohnt, der andere Theil vom Erwerber oder dessen Miethern bewohnt ist.

Bei der modernen Gestaltung unserer Miethverhältnisse wird kaum etwas anderes erübrigen, als die Miethe im Sinne einer Realobligation zu construiren. Die Begriffe des Pandektenrechts, dingliches oder Sachenrecht, persönliches oder Obligationenrecht reichen für unser heutiges Vermögensrecht nicht mehr aus. Die Sachen kommen für unser Rechtsleben nicht bloß als einzelne Stücke der vernunftlosen Natur, sondern auch als wirthschaftliche Potenzen in Betracht, und solche werden sie erst durch Handlungen des Eigenthümers. Wir haben denn auch eine große Gruppe von Sachenrechten, die zwar eine Sache zum Gegenstand, aber eine Handlung ihres Eigenthümers zum Inhalte haben. So die Reallasten, so nach der m. E. richtigen Auffassung Hypothek und Grundschuld, so in gewissen Fällen das dingliche Vorkaufsrecht des Entwurfs. Auch Miethe und Pacht sind ihnen zuzuzählen.

Was das Recht des Erwerbers auf den Miethzins anbelangt, so müßte nach meiner Meinung die Vorschrift in § 512 des Entwurfs Platz greifen. Darnach gilt, wenn der Erwerber die Pflichten des Vermiethers übernimmt, das Recht auf den Miethzins von der Uebereignung an für abgetreten. Der Miether hat dann eventuell die Einrede der

Vorauszahlung des Miethzinses. Mein Vorschlag läßt diese Norm auch dann eintreten, wenn der Erwerber sich zur Erfüllung des Miethvertrages nicht verpflichtet hat. Er schließt sich in dieser Beziehung an die Praxis und Theorie des preußischen Rechtes an.

Die Frage, wie es im Falle einer nothwendigen gerichtlichen Veräußerung zu halten sei, liegt außerhalb der Sphäre unseres Themas. Auch der Entwurf befaßt sich damit nicht, sondern behält sie einem besonderen Gesetze vor. Eine Ausnahme von dem Grundsatz: Kauf bricht nicht Miethe dürfte sich im Interesse des Realcredits empfehlen für Pacht- und Miethverträge, die auf besonders lange Dauer berechnet sind. Herr Geheimrath Eck schlägt vor, daß Miethverträge von mehr als 5 und Pachtverträge von mehr als 12jähriger Dauer für das Uebermaß gegen den Erwerber nur dann geltend gemacht werden können, wenn sie eingetragen sind. Ich halte es nicht für nothwendig, daß wir uns für eine feste Zahl von Jahren entscheiden. Das bürgerliche Gesetzbuch thäte m. E. am besten, in dieser Beziehung eine nur subsidiäre Bestimmung zu treffen und der Landesgesetzgebung die Festsetzung längerer oder kürzerer Termine offen zu halten, weil die Durchschnittsdauer der Mieth- und Pachtverträge in den verschiedenen Ländern Deutschlands eine verschiedene ist.

Correferent Reichsgerichtsrath Dr. **Petersen** (Leipzig): Ich befinde mich in der selten vorkommenden und zwar im Allgemeinen, aber nicht gerade in jeder Beziehung angenehmen Lage, mit den Ausführungen des ersten Herrn Berichterstatters in jeder Richtung vollständig übereinzustimmen. Da derselbe hervorgehoben hat, es bestehe bezüglich der jetzt zur Berathung stehenden Frage die Gefahr, daß der Berichterstatter versuche, nur offene Thüren einzustoßen, so kann ich mich kurz fassen, will aber bei der Wichtigkeit der Frage doch in einigen Punkten noch die Ausführungen des Herrn ersten Berichterstatters ergänzen, und, soweit es mir möglich ist, dessen Begründung verstärken. Die Commission ist, wie der Herr Geheimrath Brunner bereits ausgeführt hat, im Wesentlichen von der römisch-rechtlichen Auffassung ausgegangen, daß es sich bei der Miethe nur um ein rein obligatorisches Verhältniß handle. Sie hat allerdings die logischen Consequenzen dieses Satzes nicht vollständig gezogen, sondern nach einer Richtung eine wesentliche Ausnahme getroffen, die sich an sich mit dem römischen Satze nicht verträgt. Allein es ist von den verschiedensten Seiten zur Vertheidigung des Entwurfes immer wieder hervorgehoben worden, man müsse doch auch der logischen Consequenz und den Befugnissen, die aus dem Eigenthum folgten, ihr Recht lassen, man könne sich nicht wesentlich durch praktische wirthschaftliche Rücksichten bestimmen lassen. Ich halte es deshalb für geboten, daß wir uns vor der Prüfung der wirthschaftlichen Gründe, die nach meiner Auffassung durchschlagend sein müssen, doch noch fragen, ob denn diese römische Auffassung, nach welcher dem Miether nichts als ein Forderungsrecht gegen den Vermiether zusteht, noch den heutigen Anschauungen und den überall, auch im gemeinen Recht geltenden und vom Entwurfe selbst aufrecht erhaltenen Bestimmungen vollständig entspricht. Nach römischem Rechte hatte der Miether kein Recht auf die Sache selbst. Das Benutzungsrecht in Ansehung der Sache stand dem Vermiether zu und blieb demselben. Der Vermiether hatte, wie Sohm das am schärfsten ausdrückt, nur von dem Vermiether zu fordern, daß er ihn in der Benutzung der Sache nicht störe, daß er die Benutzung derselben dulde. Die Consequenz hiervon war, daß der Miether Dritten gegenüber gar kein Recht hatte, nicht einmal ein Recht auf Besitzschutz, und daß er sich immer wieder nur an den Vermiether halten mußte, mit dem Antrage, ihm zu seinem Rechte zu verhelfen. Die schärfste Consequenz des Satzes bestand aber darin, daß der Vermiether den Miether sogar austreiben konnte und daß dieser, wenigstens nach der herrschenden Meinung, sich nicht widersetzen durfte, sondern lediglich verlangen konnte, daß ihm sein Schaden ersetzt werde. Nun fragt es sich, ob denn irgendwo heute noch eine so beschränkte Auffassung bezüglich des Rechts des Miethers bestehe? Unter Laien gewiß nicht. Der Laie wird immer annehmen, wenn er auf eine bestimmte Zeit eine Wohnung, ein Landgut oder ein Grundstück gemiethet oder gepachtet habe, sei ihm das Benutzungsrecht für eine bestimmte Zeit übertragen. Der Miether hat auch heute Anspruch auf Besitzschutz und den will ihm der Entwurf lassen, indem er als Inhaber Dritten gegenüber Rechtsmittel anwenden kann. Ja noch weiter; nach der herrschenden Meinung hat der Vermiether nicht das Recht, in die Wohnung des Miethers gegen dessen Willen einzudringen, sondern macht sich ebenso wie ein Dritter der Hausfriedensstörung schuldig, wenn er gegen das Verbot des Miethers die Wohnung nicht verläßt. Das, m. H., sind ganz andere Verhältnisse als in Rom, die sich nicht mit dem Satze vertragen, daß dem Miether lediglich ein Forderungsrecht gegen den Vermiether zustehe. Dieser Satz ist aber um so wichtiger, weil die ganze römische Rechtsconstruction, die gewiß auf scharfer Logik beruht, auch mit dem Satze steht und fällt, daß dem Miether nur ein obligatorischer Anspruch zustehe. Hat der Vermiether das Benutzungsrecht auf eine Sache, wenn auch nur auf Zeit übertragen, dann ist die Forderung gerechtfertigt, daß er dieses selbige Benutzungsrecht nicht abermals mit dem Eigenthum auf einen anderen übertragen dürfe. Dann ist die Auffassung, welche im französischen Rechte und sonst wie zur Geltung kommt, der Satz „Kauf bricht Miethe“ stehe mit dem Satze in Widerspruch, daß niemand mehr Recht auf einen anderen übertragen könne, als ihm selbst zustehe, gerechtfertigt. An sich allerdings, wenn man dem römischen Rechte in seiner Schärfe diesen Satz entgegenstellt, ist das nicht zutreffend, denn der Vermiether hat eben nicht das Benutzungsrecht übertragen, sondern er hat nur eine Verpflichtung eingegangen, die ihn nicht hindert, auf einen Dritten das Eigenthum mit allen darin enthaltenen Befugnissen, einschließlich des Benutzungsrechts zu übertragen. Ich will indessen auf diesen juristischen Gesichtspunkt nicht noch weiter und tiefer eingehen, da, meines Erachtens, wie ich bereits vorhin bemerkt habe, das praktische Bedürfniß des Lebens, daß Bedürfniß des Verkehrs hier entscheidend sein muß.

Aus demselben Grunde will ich auch nicht weiter auf die Frage eingehen, ob der Satz: „Kauf bricht nicht Miethe“, wie der erste Herr Berichterstatter meines Erachtens in Uebereinstimmung mit zwei Gutachten ganz zutreffend ausgeführt hat, ein Satz des deutschen Rechts sei, was von einem der Gutachter bestritten wird. Denn möge das der Fall sein oder nicht — mir scheint es, wenn der Satz mit den modernen Verhältnissen, mit unseren bestehenden Verhältnissen nicht mehr in Einklang steht, sondern nur in ganz besonderen römischen Verhältnissen seinen Grund hatte, die heute nicht mehr in diesem Maße, in diesem Umfange bestehen, der Satz auch dann nicht aufrecht erhalten werden kann, wenn er etwa im deutschen Rechte nicht enthalten gewesen sein sollte.

Wichtig scheint es mir nun, ganz kurz noch auf die Entwickelung einzugehen, welche bezüglich des Satzes: „Kauf bricht Miethe“ in Deutschland und auch außerhalb Deutschlands stattgefunden hat, und besonders in's Auge zu fassen, auf welchen Gründen denn die vielfache Beseitigung oder Beschränkung des Satzes beruht. Es ist bereits hervorgehoben worden und in den Gutachten ausführlich dargelegt, daß auch im Gebiete des gemeinen Rechts vielfach der Grundsatz beseitigt oder doch wenigstens beschränkt worden ist. Die wichtigste Beseitigung des Grundsatzes ist offenbar die, welche in Preußen stattgefunden hat, und ich halte es für wichtig, zu betonen, daß hier wesentlich wirthschaftliche Verhältnisse die Beseitigung veranlaßten, nicht theoretische Bedenken irgend welcher Art oder Reminiscenzen aus dem deutschen Rechte. Schon in dem Hofrescript Friedrichs des Großen von 1765 wurde bekanntlich der Satz: „Kauf bricht Miethe“ zur Seite geschoben, und zwar wurde betont, daß große Mißstände aus demselben sich ergeben hätten für die Miether von Wohnungen, besonders auch in Berlin selbst. Als nun das preußische allgemeine Landrecht eingeführt wurde, hat man ohne etwaiges Schwanken, aber nach gründlicher Ueberlegung angenommen, daß der Satz: „Kauf bricht Miethe" mit den bestehenden Verhältnissen, mit der Billigkeit nicht vereinbar sei. Man hat besonders hervorgehoben, was die Commission meines Erachtens nicht genügend gewürdigt hat, daß der neue Erwerber einer vermietheten Sache nicht Anspruch darauf haben könne, den Miether auszutreiben, weil er regelmäßig Kenntniß von der Miethe und von den bezüglich der Miethe bestehenden Verhältnissen haben müsse. Dieser Satz läßt sich nur dann verstehen, wenn man festhält, was ich als bekannt voraussetzen kann, daß nach den Bestimmungen des preußischen allgemeinen Landrechts der Miether nur dann ein Recht darauf hat, in dem Besitze der Sache zu bleiben, nicht vertrieben zu werden von dem neuen Erwerber, wenn ihm die Sache bereits übergeben worden war. Aus diesem Grunde haben wir, da wir auf demselben Standpunkte stehen, auch in unserem Antrage den Beisatz gemacht: „Die dem Miether oder Pächter bereits vorher überlassen war". Der Erwerber würde allerdings geschädigt werden können, wenn er auch solche Miethsverträge respectiren müßte, die etwa im Geheimen von dem Verkäufer abgeschlossen und noch gar nicht vollzogen waren. Aber so weit will niemand gehen; auch unser Antrag will nicht, daß derartige Verträge berücksichtigt werden sollen, es handelt sich immer nur um solche Miethverträge, die bereits vollzogen waren. Das preußische Landrecht geht, wie ich meine, mit Recht davon aus, daß der Erwerber Kenntniß haben müsse, denn wer ein Haus kauft, wird vorher kommen und sich erkundigen, wer in dem Hause wohnt, welche Verhältnisse bezüglich der Miethe bestehen, und es kann ihm nicht schwer fallen, zu erfahren, wie die Verhältnisse liegen. Ganz ähnlich wie im preußischen Recht, das, wie bereits hervorgehoben ist, dem Miether ein dingliches Recht einräumt, sich übrigens auch auf bewegliche wie auf unbewegliche Sachen bezieht, steht die Sache im französischen Recht. Hier ist in einigen coutumes allerdings auch der deutschrechtliche Satz enthalten gewesen, daß Kauf nicht Miethe breche; aber das waren doch nur vereinzelte Fälle. Im Allgemeinen galt in Frankreich vor der Revolution der römische rechtliche Satz: „Kauf bricht Miethe", und trotzdem war einer der ersten Schritte, den die gesetzgebende Versammlung gethan hat, daß sie diesen Satz beschränkte und zwar wieder aus wirthschaftlichen Gründen. Schon durch Decret der Nationalversammlung vom 17. September 1791 wurde dem Satze: „Kauf bricht Miethe" den Pächtern gegenüber und, wie hervorgehoben wurde, im Interesse der Landwirthschaft die Spitze abgebrochen, indem gesagt wurde, bei einem Miethvertrage bis zu 6 Jahren dürfe der Miether überhaupt nicht ausgetrieben werden, und bei längerem nur unter bestimmten Voraussetzungen und gegen eine ganz bestimmte Entschädigung. Im Code civil wurde dann der Satz „Kauf bricht nicht Miethe" allgemein aufgestellt. Hierin zeigt sich, daß aus den wirthschaftlichen Verhältnissen des Lebens heraus sich das Bedürfniß ergab, den römisch-rechtlichen Satz, mit dem man nicht auskommen konnte, zu beseitigen oder doch zu beschränken. In Oesterreich ist, wie bereits von dem ersten Berichterstatter hervorgehoben worden ist, der Satz: „Kauf bricht Miethe" als Grundsatz im bürgerlichen Gesetzbuch aufrecht erhalten; allein auch hier hat man geglaubt, die Consequenzen des Satzes nicht ertragen zu können; es wurde hier ohne weiteres, als selbstverständlich gewissermaßen, dem neuen Erwerber die Verpflichtung auferlegt, die gesetzliche Kündigungsfrist einzuhalten. Diese Bestimmung ist mit dem Satze: „Kauf bricht Miethe" an sich gar nicht zu vereinbaren, denn wenn der Eigenthümer als solcher einem unberechtigten Dritten gegenübersteht, der auf seinem Grundstücke sitzt, und wenn der Vertrag, den dieser Dritte mit dem früheren Verkäufer abgeschlossen hat, gar nicht zu respectiren wäre, wenn dieser Vertrag dem neuen Erwerber nichts angeht, so ist nicht abzusehen, warum dieser letztere gehalten sein soll, die Kündigungsfrist einzuhalten, er, der in gar keinem Vertragsverhältnisse zu dem Miether steht. Es wurde aber im österreichischen Recht ferner, und zwar, wie es scheint, mit Rücksicht auf den Vorgang bei Erlaß des preußischen allgemeinen Landrechts ausdrücklich erklärt, dem Miether müsse das Recht zustehen, durch Eintragung des Miethvertrages in das Grundbuch sich zu sichern gegen Austreibung. Gewöhnlich wird in Oesterreich diese Anwendung der Eintragung als eine Verdinglichung des Miethrechts bezeichnet; ich theile aber die Auffassung, daß dies ein Mißverständniß ist, daß es sich nur um Eintragung eines Gebrauchsrechts gegenüber dem Erwerber handelt. Aehnlich wie im österreichischen Recht liegen die Verhältnisse in Sachsen, wo ebenfalls der römisch-rechtliche Grundsatz galt, wo man aber, als man das bürgerliche Gesetzbuch erließ, nicht glaubte auf dem Standpunkte des römischen Rechts stehen bleiben zu können. Auch hier wurde die Einhaltung der Kündigungsfrist von dem Erwerber verlangt, auch hier wurde die Eintragung im Grundbuch gestattet, aber unter besonderen Verhältnissen, die ich hier nur oberflächlich andeuten will. In Sachsen hat schon 1843, als das Gesetz über das Grundbuch erlassen wurde, ehe noch von einer Beseitigung des Satzes: „Kauf bricht Miethe" die Rede war, eine Bestimmung in das Gesetz Aufnahme gefunden, nach welcher der Miether berechtigt sei, wenn ihm der Vermiether versprochen hatte, im Falle der Veräußerung der vermietheten Sache dem Erwerber die Erfüllung des Miethvertrags zur Verpflichtung zu machen oder diese Erfüllung aufzulegen — nach welcher dann der Miether das Recht haben sollte, wenn er sein Miethrecht hatte eintragen lassen, sich der Austreibung zu widersetzen. Man nahm an, daß der Vermiether, der eine derartige persönliche Verpflichtung dem Miether gegenüber eingegangen war, nun in der Disposition über die Sache beschränkt sei und daß diese Dispositionsbeschränkung des Eigenthümers bezw. Vermiethers, wenn sie in das Grundbuch eingetragen sei, auch dem Erwerber gegenüber sich wirksam erweise. Ich will dahingestellt sein lassen, ob diese Auffassung gerechtfertigt war oder nicht; es geht aber auch hieraus hervor, daß überall der römisch-rechtliche Grundsatz mit seinen Consequenzen als unhaltbar und als undurchführbar sich erwies. Eine ähnliche Bestimmung ist dann in das bürgerliche Gesetzbuch für das Königreich Sachsen aufgenommen worden.

Nun, m. H., wie bereits erwähnt, besteht in etwa $^2/_3$ des deutschen Reiches der Grundsatz: „Kauf bricht nicht Miethe" zu Recht, und in einem weiteren großen Gebiete von Deutschland, in Sachsen, ferner in den schon von dem ersten Herrn Berichterstatter erwähnten gemeinrechtlichen Bezirken, wie in Oesterreich, besteht wenigstens eine sehr erhebliche Beschränkung des römisch-rechtlichen Grundsatzes und ist, abgesehen von der Kündigungsfrist, die auch der Entwurf annehmen will, die Eintragung des Miethrechts gestattet, welche der Entwurf abgelehnt hat. Es wird also die Stellung des Miethers ganz außerordentlich durch den Entwurf verschlechtert gegenüber dem jetzigen deutschen Rechtszustande.

Dann ist aber auch diese angeblich von der logischen Consequenz geforderte Auffassung, welche die Commission bestimmt zu haben scheint, im Auslande nirgends vollständig, meistens gar nicht zur Anerkennung gelangt. Ich habe bereits die Bestimmungen, welche in Frankreich gelten, erwähnt. Diesen Bestimmungen haben sich Holland, Belgien, Italien angeschlossen. Es ist also ein sehr ansehnliches Gebiet, wo von vornherein der Grundsatz: „Kauf bricht Miethe" vollständig ausgeschlossen ist.

Dieser Grundsatz gilt aber auch nicht in England, und gilt — ich folge besonders den Ausführungen des Gutachtens des Herrn Professor Dr. Fischer — nur in sehr beschränktem Maße in Skandinavien, ja selbst in dem romanischen Spanien. Auch hier hat man die Grundsätze wesentlich in derselben Weise angenommen, wie sie in Deutschland im Königreich Sachsen, und wie sie in Oesterreich zur Anwendung gekommen sind. Also überall die Auffassung, daß der Satz „Kauf bricht Miethe", daß eine rein obligatorische Berechtigung des Miethers nicht haltbar, mit den bestehenden Verhältnissen nicht zu vereinbaren sei.

Nun hat der Entwurf ja auch Rücksicht auf die wirthschaftlichen Verhältnisse genommen — und in den Motiven zum Entwurfe wurde ausgeführt, daß allerdings der römisch-rechtliche Grundsatz sich nicht ohne die allergrößten Unzuträglichkeiten durchführen lasse. Man hat aber geglaubt, mit der einfachen Bestimmung, daß die gesetzlich vorgeschriebene Kündigungsfrist eingehalten werden müsse, den bestehenden Bedürfnissen zu genügen, und das scheint mir noch eine weitere Zurückweisung außer derjenigen, welche bereits stattgefunden hat, zu erfordern.

Herr Geheimrath Dr. Brunner hat bereits hervorgehoben, daß es sich in Rom um ganz besondere sociale Verhältnisse handelte, die heute nicht bestehen; er hat bereits angedeutet, daß unsere wirthschaftlichen Verhältnisse ganz entschieden den Satz „Kauf bricht nicht Miethe“, eine stärkere Stellung, einen besseren Schutz des Miethers verlangen. Ich möchte nur hervorheben, daß die Kommission die wichtigsten Verhältnisse nicht genügend gewürdigt hat, nämlich diejenigen, welche bestehen bezüglich der Pacht an Landgütern, an größeren Gütern besonders, und die Verhältnisse, welche bestehen bezüglich der Miethe von Wohnungen, welche von Geschäftstreibenden oder Industriellen gemiethet sind. Das sind die zwei Hauptgesichtspunkte. Für die übrigen, wie ich zugebe, die Hauptzahl der Miethverträge, bei welchen gar kein besonderer Miethvertrag abgeschlossen oder einfach auf die ortsüblichen Kündigungsfristen Bezug genommen oder dieselbe um einige Monate oder Jahre erweitert wird, kann man meines Erachtens mit dem Entwurfe allerdings auskommen. Allein unmöglich kann man damit auskommen bezüglich der Pacht und bezüglich der Miethverträge, die ich bereits erwähnt habe, die ihrer Natur gemäß nothwendigerweise eine längere Miethsdauer verlangen.

Was die Pacht anbelangt, so ist schon in dem Gutachten hervorgehoben worden, daß eine lange Pacht nothwendig erfordert werde im Interesse der Landwirthschaft, und zwar im Interesse des Pächters nicht bloß, sondern auch des Verpächters. Einer der Herren Gutachter, Prof. Dr. Eck citirt einen Ausspruch von Thaer, welcher gesagt hat: „Das Gut ist die Gattin des Eigenthümers, die Maitresse des Pächters. Aber das Verhältniß, in welchem das Gut zum Pächter steht, wird immer legitimer und immer gerechtfertigter, je länger die Pachtdauer währte.“ Es ist auch hervorgehoben worden — und ich brauche das nur zu erwähnen — daß eine längere Pachtdauer nothwendig ist mit Rücksicht auf die großen Verwendungen, welche der Pächter machen muß, wenn er eine wirklich nutzbringende und solide Ausnutzung des Gutes erzielen will, und daß darin allein die Gewähr liegt gegen das Betreiben eines Raubbaues von Seiten des Pächters, durch den gerade der Verpächter am meisten geschädigt wird. Nur wenn der Pächter einigermaßen sicher ist, daß er auf längere Zeit das Gut behalten kann, nur dann kann er auch die Bewirthschaftung so betreiben, wie es seinen Interessen, denen des Verpächters und dem öffentlichen, allgemeinen Interesse entspricht.

Ganz ähnlich, m. H., liegt die Sache bezüglich der schon erwähnten Miethverträge. Es ist zur Zeit, besonders in den größeren Städten, auch den Inhabern von großen Ladengeschäften nicht mehr möglich, ein eigenes großes Haus, das Hunderttausende kosten kann, in einer wichtigen Geschäftslage zu kaufen, um darin ihr Geschäft zu betreiben, sondern sie sind darauf angewiesen, sich ein solches Local, unter Umständen für ganz erhebliche Summen, zu miethen. Die Einrichtung dieser Räume auf eigene Kosten zu bewirken, kurz, mit großem Aufwande sie so herzurichten, wie es für die Zwecke des Geschäfts erforderlich ist, das ist selbstverständlich nur möglich, wenn ein solcher Miethvertrag nur auf längere Zeit abgeschlossen wird; aber es bedarf auch nothwendig einer gewissen Sicherheit, einer annähernden Sicherheit wenigstens, für den Miether, daß er nicht ausgetrieben wird.

Hier gewährt selbstverständlich die Bestimmung keinen Schutz, daß daß der neue Erwerber die Kündigungsfrist einhalten müsse, denn was hilft dem Pächter oder Miether die Frist von 3 oder 6 Monaten, wo es sich um Pachtverhältnisse von 10, 20, 30 Jahren und für längere Zeit handelt? Hier erkennen auch die Motive an, daß da allerdings eine Gefährdung eintrete. Aber wie sucht man über dieses anerkannte Bedürfniß hinwegzukommen? Man sagt, es werde das nicht gerade sehr oft vorkommen; es werde ja der Vermiether in der Regel im eigenen Interesse, weil er zu Schadensersatz verpflichtet sei, dem Erwerber die Verpflichtung auferlegen, den Miethvertrag zu erfüllen.

Ich gebe zu, m. H., daß der Fall nicht gerade der regelmäßige sein wird, daß der Vermiether, namentlich wenn er ausdrücklich versprochen hat, den Miether durch den Vertrag mit dem neuen Erwerber zu schützen, sein Wort bricht und trotzdem einen Vorbehalt unterläßt. Aber ich kann mit den Herren Gutachtern nicht die Vertrauensseligkeit der Motive theilen, daß das nur in ganz seltenen Fällen vorkommen würde. Es liegt eine erhebliche Gefahr in den bestehenden Verhältnissen, besonders in unserer Zeit, in der die Bauspeculationen einen sehr großen Umfang erreicht haben und ein sehr erheblicher Gewinn durch den Verkauf gemacht werden kann, der Verkäufer auch vielleicht in einer Zwangslage sich befindet, indem er nothwendig Geld braucht, daß man hier, ungeachtet einer etwaigen Verpflichtung zum Schadensersatze, doch zum Verkaufe schreitet. Auch in der Beziehung möchte ich mich — um nicht zu lang zu werden — auf die Ausführungen in den verschiedenen Gutachten berufen, in denen eine Reihe von Fällen angeführt wird, in denen allerdings der Verkäufer Veranlassung haben kann, besonders auch aus Habsucht oder Eigennutz oder sogar in Collusion mit dem neuen Erwerber, sich über die vertragsmäßig ausdrücklich ausbedungene oder doch rechtlich bestehende Verpflichtung hinwegzusetzen, den Miether, mit dem er einen Vertrag auf längere Zeit abgeschlossen hat, zu schützen.

Und was ich nun hervorheben möchte, ist, daß die ganze Frage, wie die Bestimmungen in dem Gesetze zu gestalten sind, nur Bedeutung hat für die Fälle, in denen der Vermiether eben nicht den Miether schützt durch einen besonderen Vertrag.

Das scheint mir von der Commisssiion vollständig übersehen zu sein. Ja, m. H., für die Fälle, in denen der Vermiether einen Vertrag schließt mit dem neuen Erwerber, in dem er sagt, du bist verpflichtet, den Miethvertrag zu erfüllen und mit dem Miether für die ganze Miethzeit auszuhalten, für diese Fälle ist es ganz gegenstandslos, ob der Satz „Kauf bricht Miethe", oder ob der Satz „Kauf bricht nicht Miethe" im Entwurfe steht. Hier hat der Miether vollständigen Schutz, da der Vertrag, der zu seinen Gunsten geschlossen wurde, ihm zu gute kommt, auch dem Erwerber gegenüber. Also praktisch handelt es sich bei der ganzen Gesetzgebungsfrage nur um die Fälle, in denen der Vermiether aus irgend einem Grunde diesen Vertrag nicht schließt, diesen Schutz dem Miether versagt, und in der Beziehung sind, wie bereits hervorgehoben wurde, die Gründe, welche die Commission bestimmten, an dem römischen Satze festzuhalten, meiner Ansicht nach in keiner Weise stichhaltig. Soweit es sich um das Grundbuch handelt, habe ich bereits vorher erwähnt, daß der neue Erwerber in der Regel in der Lage ist, nicht bloß zu ermitteln, ob eine Miethe bestehe, sondern auch auf welche Dauer der Miethvertrag abgeschlossen ist. Wollte man aber in dieser Beziehung für den Fall, daß etwa eine Uebereinstimmung, eine betrügerische Verabredung zwischen Miether und Vermiether stattfinden würde, und der Erwerber durch Verschweigen eines auf sehr lange Zeit hinausgehenden Miethvertrages geschädigt werden könne, wollte man hier dem Erwerber einen besonderen Schutz verschaffen, so liegt das Hilfsmittel sehr nahe, man brauchte nur, wie es in französischem Rechte geschehen ist, eine Vorschrift zu treffen, daß Miethverträge, die über eine gewisse Zeit hinauslaufen, — in Frankreich ist der Zeitraum 18 Jahre, man kann ebenso gut einen Zeitraum von 3 oder 5 Jahren ansetzen, wenn man einen solchen Schutz für nothwendig hält, — daß diese Miethverträge eingetragen werden müssen, und daß, wenn dies nicht geschieht, der Vermiether nur gebunden ist für die

Zeit, die eben im Gesetze vorgesehen ist. Nun hat die Commission noch einen weiteren Einwurf gemacht, indem sie sagt, der ganze Grundsatz „Kauf bricht nicht Miethe" sei nicht consequent durchzuführen, denn er könne nicht für Zwangsveräußerungen gelten. Ich möchte erwähnen, daß das französische Recht auch für Zwangsveräußerungen den Grundsatz „Kauf bricht nicht Miethe" festhält; ich bin aber mit dem ersten Herrn Berichterstatter der Meinung, daß für Zwangsveräußerungen nicht ohne Weiteres, wie für freiwillige Veräußerungen, der Grundsatz durchgeführt werden kann, sondern daß hier im Interesse von Dritten, besonders von Hypothekengläubigern, allerdings eine Ausnahme eintreten muß. Aber da handelt es sich um einen ganz anderen Satz. Hier handelt es sich nicht um das Interesse des Vermiethers oder neuen Erwerbers, sondern um das Interesse von Dritten, die auch jetzt schon bei Concursveräußerungen gewahrt werden. Diese Frage möchte ich am liebsten aus der Discussion ganz ausgeschlossen haben, oder wenigstens aus der Abstimmung, weil nach meiner Auffassung hier besondere Grundsätze gelten und es auch ganz wohl sich als nothwendig erweisen kann, auch den eingetragenen Miether gewissen Gläubigern gegenüber in seinem durch die Eintragung erworbenen Rechte bezüglich der Zwangsveräußerung zu schützen. Um diese Frage, die in den Motiven erwähnt wurde, handelt es sich heute nicht, sondern nur um freiwillige Veräußerungen. Nun wurde in den Motiven noch hervorgehoben, es könnte ja der Miether sich schützen durch Bestellung einer Hypothek. Diesen bereits vorher, wie es auch von Bähr geschehen ist, als ein klägliches Argument bezeichneten Einwand halte auch ich für das schwächste aller Argumente, die sich für das System des Entwurfes vorbringen lassen. Die Motive führen selbst aus, man könne von der Eintragung in das Grundbuch absehen, weil der Vermiether als der wirthschaftlich stärkere Theil dieselbe doch nicht gerade oft bewilligen werde. Ja, m. H., wenn die Commission von dieser Auffassung ausging, ist es schlechterdings nicht begreiflich, wie sie nun den Miether auf Bestellung einer Hypothek verweisen kann; denn abgesehen davon, daß die Hypothek nicht denselben Schutz gewährt, wie die Eintragung in das Grundbuch, wird sich der Vermiether noch viel weniger auf eine derartige Belastung seines Hauses einlassen, als auf die Bestimmung, daß die Eintragung in das Grundbuch gestattet sei. Im Wesentlichen handelt es sich — und das ist auch noch zur Vertheidigung des Entwurfes hier hervorgehoben worden, einestheils um das Interesse des Miethers, mit dem aber auch das allgemeine öffentliche Interesse in Uebereinstimmung steht, und andererseits in gewissem Maße um das Interesse des Erwerbers und des Vermiethers. Daß der Erwerber nicht geschädigt wird, habe ich bereits ausgeführt, und ebenso, daß er in der Regel sich Kenntniß verschaffen kann. Nun hat man eigenthümlicher Weise von Seiten der Vertheidiger des Entwurfes auch noch hervorgehoben, der Vermiether müsse doch auch berücksichtigt werden, er könne doch nicht auf zu lange Zeit gebunden werden, wenn er auch vermiethet habe, müsse ihm doch das Recht bleiben, die vermiethete Sache zu veräußern, ja, man hat sogar in der Nationalzeitung oder in der Norddeutschen allgemeinen Zeitung in einem Artikel hervorgehoben, sonst sei ja der Eigenthümer gar nicht mehr Eigenthümer, er komme in die Lage, nur gewissermaßen der Verwalter seines vermietheten Eigentums zu sein. Hier ist aber übersehen, daß erstens der Vermiether selbst mit zu reden hat, wenn es sich um die Bestimmung der Zeit der Miethe handelt, und dann, daß er, wenn er sich nicht auf lange Zeit binden will, sagen kann, ich vermiethe das Haus oder das Grundstück nur auf kurze Zeit, aber noch außerdem, daß ihm ein weiteres Schutzmittel bleibt, selbst wenn er auf lange Zeit vermiethen will. Wenn der Vermiether nicht die Absicht hat, den Miether für die ganze Zeit der Miethe im Besitz der vermietheten Sache zu erhalten, so muß er als ehrlicher Mann dem Miether sagen, ich bedinge mir aber aus, daß, wenn ich in die Lage komme, mein Haus zu verkaufen, dann die Miethe aufhört. Ich vermiethe zwar auf 10 oder 20 Jahre, aber mit dem Vorbehalt, daß, wenn ich zu einer Veräußerung genöthigt oder veranlaßt werde, daß dann nur die gesetzliche Kündigungsfrist eingehalten wird. Dieses Schutzmittel hat der Vermiether. Er kann sich also nicht beschweren, daß er schutzlos sei, und man kann nicht zu seinem Gunsten geltend machen, er werde geschädigt, wenn er von diesem Schutzmittel keinen Gebrauch gemacht habe. Im Gegentheil, wenn der Vermiether auf lange Zeit vermiethet und so sich dem Miether gegenüber verpflichtet hat, die ganze Miethzeit einzuhalten, — und die Verpflichtung hierzu hat er, denn es ist von keiner Seite bestritten, daß er entschädigungspflichtig wird, wenn er verkauft — und ihn diese Erfüllung der Miethe nicht abhält, wenn der Vermiether so verfährt, so wird er einfach wortbrüchig, er verletzt die Verpflichtung, die ihm nach Vertrag oder nach allgemeinen Rechtsgrundsätzen obliegt. Man kann also ohne die allergrößte Ungerechtigkeit nicht eine Bestimmung treffen, durch die der Miether geschädigt wird und zwar lediglich deshalb, um den Vermiether vor den Folgen, vor den vermögensrechtlichen Folgen eines Wortbruches zu sichern. Ich glaube, daß Bähr in dieser Beziehung ganz recht hat, wenn er erklärt, hier sei von den Verfassern des Entwurfes und der Motive übersehen worden, daß eine große innere Ungerechtigkeit in der Aufrechthaltung des Satzes „Kauf bricht Miethe“.

liege. Es scheint mir also, daß sowohl die allgemeinen wirthschaftlichen Bedürfnisse, wie sie heutzutage bei uns bestehen, und unsere modernen Rechtsverhältnisse, als besonders auch ethische Gründe, Gründe der Moral und der Gerechtigkeit dafür sprechen, daß der Grundsatz „Kauf bricht Miethe“ nicht in das bürgerliche Gesetzbuch aufgenommen, sondern der entgegengesetze Grundsatz zur Anerkennung gebracht wird. (Bravo!)

**Vorsitzender:** Ich eröffne nunmehr die Berathung über den von beiden Herren Berichterstattern gemeinschaftlich gestellten Antrag, der so lautet: „Es empfiehlt sich in das bürgerliche Gesetzbuch für den Fall der freiwilligen Uebereignung einer Sache, die dem Miether oder Pächter bereits vorher überlassen war, den Grundsatz „Kauf bricht nicht Miethe“ aufzunehmen.“ Wenn andere Anträge gestellt werden, bitte ich sie schriftlich einzureichen. Ich bemerke, daß die hier und da abweichenden Ansichten und Anträge der 3 Herren Gutachter nicht zur Berücksichtigung kommen, wenn sie nicht von jemandem in der Versammlung aufgenommen und als Anträge formulirt gestellt und eingebracht werden.

Rechtsanwalt Dr. **Jacobi** (Berlin): Meine geehrten Herren! Ich wollte nur den Juristentag in Schutz nehmen gegen einen Vorwurf, der möglicherweise erhoben werden könnte, wenn der Beschluß im Sinne der Herren Antragsteller ausfällt. Es ist nämlich von beiden Herren Antragstellern, wenn ich mich recht erinnere, gesagt worden, es handele sich bei dem Beschlusse gewissermaßen darum, „offene Thüren einzurennen.“ — Wenn ich mir nun denke, daß der Beschluß im Sinne des Antrags gefaßt wird, so könnten die Commission oder die Anhänger des Entwurfs sagen: Ja, der Juristentag hat ja die Hauptsache übersehen, er hat gar nicht bemerkt, daß die Thür gar nicht offen, sondern verschlossen ist. Soll also im Sinne der Herren Antragsteller votirt werden, so handelt es sich eben darum, daß man sich bewußt sein muß, eine verschlossene und nicht eine offene Thür einzustoßen. Ich sage, die Thür ist verschlossen, aus zwei Gründen. Erstens wird sich nicht leugnen lassen, daß das Mieth- und Pachtverhältniß — und ich glaube, daß dieser Gesichtspunkt wesentlich zur Vereinfachung der ganzen Debatte führen wird, — daß das Mieth- und Pachtverhältniß nicht geeignet ist zur Eintragung in das Hypothekenbuch, als Regel wenigstens; ausnahmsweise mag die Eintragung zur Sicherung besonderer Rechte, namentlich gegenüber Hypothekengläubigern gestattet werden. Ich sage, als Regel ist das Mieth- und Pachtverhältniß nicht geeignet zur Eintragung in das Grundbuch; und zwar in die zweite Abtheilung nicht, weil es kündbar ist und die zweite Abtheilung des Grundbuchs für unkündbare Verhältnisse bestimmt ist. Zur Eintragung in die dritte Abtheilung ist es nicht geeignet, weil dort eingetragen werden einseitige, unbedingte Ansprüche, während das Mieth- und Pachtverhältniß seiner Natur nach bedingt ist durch eine periodische Gegenleistung, durch die Zahlung des Mieth- und Pachtzinses. — Daraus folgt, daß, wenn die Commission in ihrer Motivirung sagt: das Mieth- und Pachtverhältniß ist ohnehin nicht geeignet zur Eintragung in das Grundbuch, wir zugestehen müssen: die Commission hat in dieser Beziehung vollständig Recht. Die Commission würde Ihnen sagen: ihr habt ja vollständig übersehen, daß wir, — was auch die Motive hinterher zur Begründung sagen mögen, — gar keine freie Wahl gehabt haben, ob wir das Mieth- und Pachtrecht deutschrechtlich dinglich oder als obligatio faciendi römisch-rechtlich construiren wollten. Als es sich nämlich darum handelte, diese Materien auszuarbeiten, da waren die systematisch maßgebenden Beschlüsse bereits gefaßt. Einmal war beschlossen die Streichung des ganzen Sach- und Rechtsbesitzes mit Ausschluß des Eigenthumsbesitzes. Hatten wir also das Princip beschlossen, daß der Sachen- und Rechtsbesitz überhaupt gestrichen wird, so kann natürlich auch der Miether und Pächter kein dingliches Recht haben, denn Dinglichkeit und Besitz gehen in einander über, sind untrennbar.

Die Commission hatte ferner beschlossen: das Sachenrecht ist ein Theil des Systems, in dem die Privatautonomie überhaupt nicht mitzusprechen hat, sondern der Gesetzgeber sagt: ich statuire überhaupt nur bestimmte dingliche Rechte, und was wir in diesem Abschnitt nicht gestattet haben, das darf der Privatmann nicht wollen, der Miether, der Pächter, darf nicht sich den Mieths- resp. Pachtbesitz sichern wollen auf so und so lange Zeit, nach unserem Immobiliarsachenrechte sind die Grundstücke für diese Leute extra commercium, sie können keine Rechte daran haben, können sie nicht besitzen. — Ist das Mieth- und Pachtrecht nicht geeignet zur Eintragung und ist andererseits der Erwerb dinglicher Rechte an Immobilien durch Eintragung bedingt, — hatte die Commission ferner den Rechtsbesitz gestrichen, — wie wir gesehen haben, so hatte sie in der That gar keine freie Wahl mehr.

Für den Entwurf also, sage ich, war die Thüre zum dinglichen Mieth- und Pachtrechte verschlossen durch die angenommenen Grundsätze: in Folge der Streichung des Rechtsbesitzes und in Folge der Annahme, daß das Immobiliar-Sachenrecht durch das Grundbuch beherrscht sei, blieb für die Materie der Miethe und Pacht nichts anderes übrig als die obligatio faciendi des römischen Rechts.

Ich möchte daher, indem ich Sie bitte, den Antrag der Herren Referenten gleichwohl anzunehmen, diese Bitte thun mit dem vollen Bewußtsein, daß der Juristentag dadurch auch implicite erklärt: An diese principiellen Constructionen kehren wir uns nicht. Wir nehmen den Antrag der Herren Referenten an mit dem vollen Bewußtsein, daß der Grundsatz, der hinsichtlich des Grundbuchrechts angenommen ist, ebenfalls unhaltbar ist und daß wir den Grundsatz, der hinsichtlich des Rechtsbesitzes angenommen ist, daß für den Rechtsbesitz kein Bedürfniß vorhanden sei, gleichfalls nicht aufrecht erhalten wissen wollen.

Ich möchte schließlich den erschöpfenden, mehr als erschöpfenden Gründen der Herren Referenten, die für den Antrag direct sprachen, noch ein Moment hinzufügen. Nämlich es ist sowohl in fachmännischen Gutachten als in der Zeitungspresse wiederholt, es ist mir sogar von Collegen aus Süddeutschland, — mit denen ich bei einem Besuche in Württemberg gesprochen habe, — gesagt worden: „Wir haben uns jetzt daran gewöhnt"; die Erfahrung lehrt, es läßt sich in den Landestheilen mit römischem Miethrecht ebenso ruhig wohnen, als es in den Landestheilen mit dem preußischen Landrecht der Fall ist. — Ich muß dem entschieden widersprechen auf Grund eigener Erfahrung. Ich bin selbst, — verzeihen mir die Herren diese persönliche Bemerkung, — genöthigt worden, aus meinen sauren und kümmerlichen Ersparnissen als Anwalt meinen nächsten Angehörigen in Württemberg ein Haus zu kaufen, weil dieselben in Folge von Speculationsverkäufen in einem Vierteljahr zweimal umzuziehen genöthigt wurden, trotz fortlaufenden Miethvertrags. Collegen aus Süddeutschland haben mir auch bestätigt, daß alle idealen Interessen dabei vollständig zu Grunde gehen; daß in gemeinrechtlichen Landestheilen, — wo man sich angeblich an die gemeinrechtliche Gestaltung des Miethund Pachtvertrages gewöhnt hat, — in der That das Nomadenthum dadurch befördert worden ist. Das Gefühl der Seßhaftigkeit, — das Gefühl: ich kann als Privatmann mein mit Vorbedacht für mein Familieninteresse, für meine wirthschaftlichen Interessen, für meine Arbeits- und gewerblichen Interessen erwähltes Domicil und Arbeitsfeld mir auf die Dauer sichern, ich kann nicht beliebig daraus vertrieben werden; — dieses Gefühl der Seßhaftigkeit geht den Leuten verloren. Wenn sie sich angeblich daran gewöhnt haben, so ist das keineswegs ein Grund für den Entwurf, sondern es ist vielmehr ein Grund für die Annahme des gestellten Antrages. — Diese Gewöhnung ist eben als eine Beförderung des Nomadenthums nachtheilig; sie ist in ökonomischer und sittlicher Beziehung zu beklagen und wir wollen diese Gewöhnung, soweit sie vorhanden ist, beseitigen dadurch, daß wir das dingliche Miethrecht und Pachtrecht herstellen im Sinne der deutschrechtlichen Entwickelung.

Landrichter **Dove** (Frankfurt a. Main): M. H., auch ich stehe auf dem Standpunkte, den die Herren Referenten eingenommen haben, sehe mich aber doch durch die Worte, die wir eben gehört haben, veranlaßt, eine Lanze für das gemeine Recht einzulegen. Es scheint mir, als ob allerdings die Zustände, welche unter dem gemeinen Recht und unter der Herrschaft des Satzes „Kauf bricht Miethe“ bestehen, häufig allzu schwarz angesehen werden. Ich selbst bin praktisch thätig gewesen als Richter sowohl im Gebiete des preußischen Landrechts als in Frankfurt unter der Herrschaft des Satzes „Kauf bricht Miethe“, und ich will gleich hier die Gelegenheit benutzen, um die Auskunft, die dem einen der Herren Gutachter, Prof. Dr. Fischer, geworden ist, durchaus zu bestätigen, daß die Bestimmungen der Frankfurter Reformation stets von der Praxis dahin aufgefaßt worden sind, daß in ihnen nichts weiter als der gemeinrechtliche Satz „Kauf bricht Miethe“ zum Ausdruck gebracht werden wollte, und dieser Grundsatz wird ohne jede Einschränkung in Frankfurt gehandhabt. Nun sind mir in 4½jähriger Civilpraxis nur zwei Prozesse auf Entschädigung ausgetriebener Miether vorgekommen; der eine wurde durch Vergleich erledigt, der andere in einer Weise, die, wie ich glaube, den beiderseitigen Interessen gerecht wurde; es ist ein Rechtsmittel gegen das ergangene Urtheil nicht eingelegt worden. Die gemeinrechtliche Praxis ist doch nicht so blöde, wie in den Gutachten vielfach geschildert ist, in Festsetzung der Entschädigungssumme. Wenn man nicht gewöhnt ist an die alle Verhältnisse regelnden Sätze des preußischen Landrechts, so bildet sich in der Praxis auch leicht ein freierer Standpunkt, und die Gefahren sind in der That nicht so groß, als es geschildert wird. Ich habe alle Sympathien für das wandernde Pensionat, von welchem der Herr Vorredner gesprochen hat, aber es können da doch ganz eigenthümliche Verhältnisse vorliegen, — es ist vielleicht von den jungen Damen sehr viel Klavier gespielt worden, oder es liegen sonst Verhältnisse vor, die ein derartiges Nomadenthum bedingt haben. In Frankfurt wohnen auch nicht bloß Proletarier zur Miethe, sondern auch andere Leute, und Erscheinungen, wie sie in Berlin vielleicht vielfach sich zeigen mögen, sind natürlich nicht in dem Maße vorhanden, aber doch immerhin vorhanden — wir haben auch eine lebhafte Bauspeculation.

M. H., ich habe bereits im Eingange erwähnt, daß ich trotz dieser Gründe auch zu dem Satze komme, den der Herr Referent aufgestellt hat. Meines Erachtens liegt die Sache so: Miethe und Pacht vertragen an sich sowohl obligatorische wie dingliche Construction und demgemäß Geltung wie Nichtgeltung des Satzes: „Kauf bricht Miethe“. Wie bereits genügend hervorgehoben, hängen zwei Drittheile unserer Volksgenossen an dem entgegengesetzten Satze; praktische Nachtheile können sich bei der Entschädigungsfrage immerhin zeigen, namentlich bei der Landgüterpacht und diese überwiegen jedenfalls die praktischen und theoretischen Bedenken, die dem anderen Satze entgegenstehen. Allerdings aber kann ich mich einem Argumente des ersten Herrn Referenten nicht ganz anschließen, wenn er nämlich sagt bezüglich des Arguments gegen die Bestimmung „Kauf bricht nicht Miethe", das daraus hergeleitet wird, daß der gute Glaube des Grundbuchs dabei Schiffbruch leide; wenn er sagt: zweijährige Rückstände der Hypothekenzinsen sind auch aus dem Grundbuche nicht ersichtlich. Das ist richtig, aber da ist die Maximalgrenze immer gegeben, und es läßt sich immer ausrechnen, wieviel der Erwerber dabei riskirt. Indessen, wenn ich diese Ausführungen gemacht habe, so ist es eben nur geschehen aus demselben Gesichtspunkte, den der Herr Vorredner hervorgehoben hat: um die Thür nicht zu offen erscheinen zu lassen.

M. H., der Juristentag findet im Nordosten statt; wenn er näher am gemeinrechtlichen Gebiete abgehalten würde, glaube ich, würden Sie sich überzeugen, daß auch der entgegengesetzte Standpunkt viele Anhänger hat, und daß, wenn wir uns unterwerfen, — und ich bin dafür, daß wir es thun — wir damit ein kleines Opfer auch unserer Ueberzeugung bringen.

Justizrath **Wilke** (Berlin): Ich bedaure es mit dem Herrn Vorredner, daß gar keine Vertheidiger des entgegengesetzten Grundsatzes, von dem, der, wie ich annehme, hier ausgesprochen werden wird, aufgetreten sind. Ich glaube aber, das liegt doch ein wenig mit daran, daß in der That Gründe dafür nicht vorzubringen sind, sonst würden diese Gründe wohl in den Motiven zum Entwurfe des bürgerlichen Gesetzbuchs ihren Ausdruck gefunden haben, und sie würden auch in den uns vorliegenden Gutachten ihren Ausdruck gefunden haben. Nun muß ich in letzterer Beziehung zugeben, daß das eine Gutachten, welches sich dahin ausspricht, daß die Bestimmungen des Entwurfs acceptirt werden, versucht das zu motiviren. Die Gründe aber, welche in dem von Meibom'schen Gutachten vorgebracht sind, haben die Herren Referenten nicht einmal einer Entgegnung für werth gehalten, und ich kann ihnen in der Beziehung allerdings kaum Unrecht geben.

In dem Gutachten heißt es: Wenn man den Erwerber an den Miethvertrag bindet, wird die Veräußerung erschwert, es kann das in vielen Fällen den Erwerber vom Erwerb abschrecken. — Ist das ein Grund? Die Veräußerung von vermietheten Grundstücken ohne Uebernahme der Miethe soll und muß auch erschwert werden soviel als möglich. Den Speculanten will man schützen, der ein Haus kaufen und den Miether vertreiben will, den Speculanten, der kein Recht auf das Haus hat, der Miether aber, der in das Haus hineingezogen ist, der das Recht auf seiner Seite hat, soll ausgetrieben werden können. Meiner Meinung nach läßt sich vom Rechtsstandpunkte aus die Sache nicht anders vertreten, als sie im deutschen Rechte immer geordnet gewesen ist, und das ist für mich die Hauptsache, denn das Recht geht über den praktischen Vortheil, das Rechtsgefühl wird dadurch empört, wenn der Miether, der die Wohnung gemiethet hat, vom Speculanten ausgetrieben wird. (Bravo!)

Rechtsanwalt Dr. Alexander **Katz** (Berlin): M. H., wenn ich, obgleich noch jung an Jahren, mich hier zum Worte gemeldet habe, so habe ich es nur gethan, weil zweimal geäußert worden ist, daß sich Anhänger des Satzes: „Kauf bricht Miethe“ hier hören lassen und ihre Gründe vorbringen möchten. Der Grund, der mich zu einem Anhänger dieses Satzes macht, ist von der Commission in ihren Motiven auch angedeutet worden, allerdings nur in einer kurzen Bemerkung, indem nämlich gesagt ist, daß wirthschaftliche Gründe für den Satz „Kauf bricht Miethe“ sprechen. Diese wirthschaftlichen Gründe haben auch schon in der Literatur ihre Würdigung gefunden, allerdings auch dort wieder nur in einer kurzen Bemerkung bei Kuntze, welcher sagt, daß durch den Satz: „Kauf bricht nicht Miethe“ die Güterbewegung ganz entschieden behindert wird.

M. H., ich bin praktisch ausgebildet in einem Rechtsgebiete, in welchem größtentheils der Satz „Kauf bricht Miethe“ gilt, ich bin thätig seit mehreren Jahren in einem Rechtsgebiete, wo dieser Satz nicht gilt. Ich habe während meiner Ausbildung niemals Klagen über den Satz „Kauf bricht Miethe“ gehört; das war in Schleswig-Holstein, in einer preußischen Provinz, in welcher die Eintragung des Miethrechts unzulässig ist, während ja in anderen preußischen gemeinrechtlichen Rechtsgebieten die Eintragung des Miethrechts zulässig ist. Ich habe dagegen im Gebiete des preußischen Landrechts Klagen über den Satz „Kauf bricht nicht Miethe“ in großer Zahl gehört. Diese Klagen können natürlich nicht ausgehen aus den Kreisen der Miether, sondern nur aus den Kreisen derjenigen Personen, welche Grundstücke erwerben, und namentlich gehen sie aus aus den Kreisen derjenigen Personen, welche Grundstücke erwerben zu Umbauzwecken, also von Bauunternehmern.

Diese Bauunternehmer können sich ja vielleicht, wie mehrfach vorgetragen worden ist, vergewissern, wer alles in dem Hause wohnt, unter welchen Bedingungen die einzelnen Parteien darin wohnen. Es giebt aber in Berlin Häuser, in denen hundert Parteien und mehr wohnen. Ich selbst bin befaßt mit der Verwaltung eines Hauses, in dem 42 Parteien wohnen. Da ist es schon eine schwierige Sache, sich genau zu informiren.

Ich möchte außerdem vorweg hervorheben, daß der Rechtszustand, wie er bisher hier gefordert worden ist, nirgends in Deutschland besteht, denn sowohl am Rhein wie in Preußen wird durch den einfachen mündlichen Miethvertrag das dingliche Recht nur in der Weise begründet, wie der Entwurf es anerkennt. Dagegen wird für den Miethvertrag, der ein weitergehendes dingliches Recht gewährt, eine besondere Form gefordert. Der Entwurf geht aber aus von der Formfreiheit der Verträge. Combiniren wir nun Formfreiheit der Verträge mit dem Satze „Kauf bricht nicht Miethe", dann kommen wir zu einem ganz uncontrolirbaren dinglichen Recht. Denn der Erwerber des Grundstücks kann, wenn der mündliche Miethvertrag dingliches Recht begründet, niemals den Miethern ansehen, auf welche Zeit der Miethvertrag geschlossen ist und er kann sich immer nur an den Vermiether halten, wenn ihm dieser über die Dauer der Verträge unrichtige Angaben gemacht hat.

Ich will nun auf die wirthschaftlichen Gesichtspunkte einmal näher eingehen. Mir ist aus meiner Vaterstadt Breslau folgender Fall bekannt. Dort sollte ein außerordentlich großes Grundstück umgebaut werden. Das bedeutet eine Güterbewegung, die in ihrem letzten Resultate etwa über 400 000 Mark werth sein mochte. In diesem Grundstücke hatte ein Barbier einen kleinen Laden. An diesem kleinen Laden des Barbiers, der auf mehrere Jahre hinaus gemiethet hatte, ist der Umbau mehrere Jahre lang gescheitert. Schließlich ist das Haus abgerissen worden bis auf den Laden, es hat ein neues Project gemacht werden müssen, und über diesen Laden ist die Eingangspforte des Hauses gebaut worden. Das sind ganz unerträgliche Zustände. In Berlin haben sich die Zustände so gestaltet, daß die Miether die Erwerber von Grundstücken in der unerhörtesten Weise geprellt haben. Ich kenne einen Fall, in dem ein Miether eine Entschädigung für die Räumung des gemietheten Lokales, das er nur auf etwa 1 Jahr noch zu bewohnen hatte, von 60 000 Mk. erlangt hat, weil eben der Umbau stattfinden mußte, wenn nicht den Bauunternehmer noch unendlich viel größere Verluste treffen sollten. Ich bitte Sie, zu erwägen, was es bedeutet, wenn eine wirthschaftliche Bewegung, wie sie durch den Umbau von großen Häusern, wie wir sie in Berlin haben, verhindert wird. Vor 2 Jahren oder $1^1/_2$ Jahren ist in Berlin eine neue Bauordnung eingeführt und dabei bestimmt worden, daß die alten Häuser noch nach der alten Bauordnung umgebaut werden dürfen, wenn der Umbau bis zu einem bestimmten Zeitpunkte in Angriff genommen werde. Viele Hunderte von Häusern haben nicht umgebaut werden können, weil sich die Miether dem widersetzt haben, und das Amtsgericht in Berlin hat in einer außerordentlich großen Anzahl von Fällen einstweilige Verfügung gegen Vermiether erlassen müssen, welche sich an die Miethverträge nicht gekehrt haben, um nicht den enormen Schaden, den die neue Bauordnung ihnen sonst zugefügt hätte, zu erdulden. Man kann die Güterbewegung, die vor 2 Jahren in Berlin verhindert worden ist, auf mindestens 50—60 Millionen Mark in ihrem letzten Resultate schätzen. Das ist die Folge des Satzes „Kauf bricht nicht Miethe". Auf der anderen Seite kommt aber noch ein Gesichtspunkt in Betracht, und das ist der, der für große Städte von maßgebender Bedeutung ist, daß nämlich der allmähliche Umbau der großen Städte entschieden im sanitären Interesse liegt. Der Satz „Kauf bricht nicht Miethe" ist aber ein Satz, welcher den allmählichen Umbau großer Städte behindert, ich sage nicht, daß er ihn verhindert. Jede Behinderung solcher Interessen, wie der Güterbewegung oder des sanitären Interesses ist schädlich und muß eben beseitigt werden, und der Code civil würde sich wahrscheinlich nicht zur Aenderung des französischen Rechtes entschlossen haben, wenn nicht das preußische Landrecht vorher denselben Weg gegangen wäre. Auf diejenigen Gebiete aber, welche den Code civil einfach copirt haben, glaube ich, brauchen wir keine Rücksicht zu nehmen. Im Uebrigen möchte ich, um den Antrag des Reichsgerichtsraths v. Meibom doch hier wenigstens zur Abstimmung zu bringen, wenn ich auch selbst weiß, daß hier keine Aussicht ist, ihn durchzubringen, einen Antrag nachher stellen. Er geht dahin, „die Bestimmungen der §§ 509—511, 512, 1860 des Entwurfes eines bürgerlichen Gesetzbuches für das Deutsche Reich zu billigen, aber die Ergänzung derselben durch Anerkennung der Seite 23 bezeichneten Erklärungspflicht und durch Zulassung der Eintragung des Miethrechtes im Grundbuche zu empfehlen" und in dieser Beziehung möchte ich noch Folgendes hervorheben. Vorhin ist geäußert worden, daß das Miethrecht zur Eintragung in das Grundbuch sich überhaupt nicht eignen wird, weil es weder in die 2. noch in die 3. Abtheilung eingetragen werden könne. Wir sind ja beim Gesetzemachen, da braucht man nur noch eine 4. Abtheilung einzurichten, weil man das Miethrecht nicht in die 2. oder 3. Abtheilung eintragen kann. (Bravo.)

**Vorsitzender:** Der Antrag wird keiner schriftlichen Einreichung bedürfen, er liegt gedruckt vor, die Herren finden ihn auf Seite 34. Er möchte aber zu ergänzen sein durch Anerkennung des Rechts des Miethers, vom Erwerber eine Erklärung zu verlangen, ob er die Räumung der vermietheten oder verpachteten Sache verlange, und die

Zulassung der Eintragung des Miethrechtes in das Grundbuch zu empfehlen. Würde der Antragsteller mit dieser Fassung einverstanden sein? Sonst bitte ich um eine andere. Das Wort hat der Herr Dr. Klöppel.

Rechtsanwalt Dr. **Klöppel** (Leipzig): Es sind nur zwei Bemerkungen des letzten Herrn Vorredners, welche mich zu zwei kurzen Gegenbemerkungen veranlassen. Zunächst das, was der Herr, — ich habe den Namen nicht behalten können, — der $4\frac{1}{2}$ Jahr Richter in Frankfurt gewesen war, über die Zustände im gemeinrechtlichen Gebiete gesagt hat. Ich glaube, daß nicht ausschlaggebend ist für die Frage, wenn ihm dort als Richter in $4\frac{1}{2}$ Jahren nur zwei Processe darüber vorgekommen sind; denn die Sache ist die, daß, wo der Grundsatz besteht, jedermann weiß, er kann nichts machen und muß sich fügen, also hat man sich schon einmal darauf eingerichtet, wie einer der Herren Vorredner ganz richtig gesagt hat, auf diese Wanderschaft und so kommt es eben nicht zu Processen. Dann aber, m. H., ist es eine wunderbare Sache, wenn man denjenigen, der im ruhigen Genusse eines Rechtes ist, was er erworben hat, in die Nothlage bringt, einen Proceß anzufangen. Das thut doch niemand gern und es wird schon deshalb in sehr vielen Fällen nicht zum Proceß kommen. Daß aber in der Wirklichkeit Fälle vorkommen, wo die schwerste Störung stattfindet, ohne daß man an einen Entschädigungsanspruch denken kann, beweist folgender Fall, der mir in Jena im Anfange meiner Anwesenheit dort vorgekommen ist. Der Commandeur des dortigen Truppentheils wurde durch den Verkauf des Hauses, in welchem er Wohnung hatte, genöthigt, auszuziehen, und er hat in der ganzen Stadt keine seinen gesellschaftlichen Verhältnissen angemessene Wohnung finden können. Nun wird man das Ungemach, was einen solchen Mann in seiner gesellschaftlichen Stellung trifft, nicht durch eine Entschädigungsklage wieder gut machen können; in solchen Fällen wird nicht geklagt, aber nicht etwa deshalb, weil gesagt werden kann, es ist kein Grund zur Beschwerde vorhanden. Das Zweite, was mich zu einer Gegenbemerkung veranlaßt, ist die Aeußerung des letzten Redners bezüglich der wirthschaftlichen Calamität, die der Grundsatz „Kauf bricht nicht Miethe" in Preußen hervorgerufen haben soll. Es soll die Güterbewegung erschwert sein dadurch. Nun, es giebt eine gesunde Güterbewegung, und es giebt eine ungesunde Güterbewegung, und wenn die ungesunde Güterbewegung erschwert wird durch einen Satz, der an sich dem natürlichen und gesunden Rechtsgefühle entspricht, so liegt darin kein wirthschaftliches Unglück. Eine ungesunde Güterbewegung ist aber offenbar die Häuserspeculation, von der wiederholt die Rede gewesen ist. Die Häuser sind wirthschaftlich dazu da, bewohnt oder zu industriellen Zwecken benutzt zu werden. Die Häuser sind nicht dazu da, verkauft zu werden; es ist nur eine Consequenz des Privateigenthums, daß sie verkauft werden können. Im Allgemeinen hat die Güterbewegung in Immobilien wirthschaftlich eine außerordentlich geringe Bedeutung. Wenn ein Bauunternehmer das Bedürfniß hat, ein großes Haus aufzuführen, so ist es ja durchaus nicht nothwendig, daß er sich dazu ein älteres Haus kauft, um es auszubauen, sondern er kann sich einen andern Bauplatz wählen und es nach seinem Gutdünken bauen; aber wegen solcher Privatspeculation in einzelnen Fällen eine Güterbewegung zu fördern, durch welche das gute und wirthschaftlich höchst nothwendige Recht des Einwohners geschädigt werde — ich glaube, das wird in der großen Mehrheit dieser Versammlung keinen Beifall finden. (Bravo!)

Rechtsanwalt **Boyens** (Stettin): Gestatten Sie mir nur noch einige Bemerkungen. Es wurde darauf hingewiesen, daß die Erkennbarkeit der Miethrechte erschwert sei dadurch, daß das bürgerliche Gesetzbuch keine Formvorschrift für die Errichtung der Mieth- und Pachtverträge einführen will. Das ist ja allerdings ganz richtig. Das preußische Landrecht bestimmt bekanntlich, daß Miethverträge über 50 Thaler Werth schriftlich errichtet werden müssen, wenn sie über ein Jahr Gültigkeit haben sollen. Ich bin aber der Ansicht, daß die Frage, ob im Interesse des Grundbesitzers oder aus anderen Interessen eine Formvorschrift für Miethverträge einzuführen sein, hier gar nicht zur Discussion gehört, sondern daß vom Juristentage zunächst nur das allgemeine Princip zu entscheiden ist.

Ich möchte sodann ganz kurz auf zwei wirthschaftliche Punkte eingehen. Es ist in dieser Debatte und auch sonst in den Zeitungen die Sache so dargestellt werden, daß hier die Interessen des Grundbesitzes und die Interessen der Pächter und Miether einander gegenüberstehen, so daß es sich gewissermaßen handelt um einen Kampf der Grundbesitzer mit den Pächtern und Miethern. Es ist hervorgehoben worden, daß die Grundbesitzer dabei die wirthschaftlich stärkere Seite seien. Ich bin der Meinung, daß dieser Gesichtspunkt ein völlig falscher ist. Vielmehr ist auszugehen von dem wirthschaftlichen Grundsatze, daß der Werth einer Sache um so viel höher ist, je größer der Rechtsschutz. Wenn ich unter gesichertem Rechtsschutz ein Grundstück kaufen oder miethen kann, so ist es mir viel mehr werth, als unter unsicheren Rechtszuständen. Wenden Sie dies auf die vorliegende Frage an, so ergiebt sich, daß gerade dadurch, daß das Recht die Möglichkeit gewährt, in gesicherter Weise solche Miethverträge abzuschließen, die nicht durch die Gefahr der freiwilligen Veräußerung alterirt werden, der Werth des ganzen Grundstücks sich erhöht. Mit anderen Worten: der Grundbesitzer wird ganz andere Miethpreise oder Pachtzinsen erzielen können, wenn er unter diesen gesicherten Zuständen seine Räume vermiethen oder sein Grundstück verpachten kann; er wird sehr wohl den großen Vortheil davon auch in seinen wirthschaftlichen Rechnungen finden können. Wenn der eine der Herren Vorredner hervorgehoben hat, daß durch die Renitenz eines Miethers ganze wirthschaftliche Unternehmungen gehindert werden können, so schlägt das meiner Meinung nach nichts an. Der Fall kann auch so liegen, daß einem Bauunternehmer, der einen Bau ausführen will, nur eine kleine Ecke, die sich in fremdem Eigenthum befindet, fehlt. Ich erinnere an die Mühle Friedrichs des Großen. Gerade das Plätzchen, auf dem die Mühle stand, fehlte ihm, um seinen Bauplan auszuführen. Das ist im Wesentlichen derselbe Fall wie mit dem Friseurladen, der auf lange Zeit vermiethet war. Ich glaube also, daß ein solches Verhältniß bei Entscheidung der vorliegenden Frage gar nicht in Betracht kommen kann.

Es ist hierin davon die Rede gewesen, daß im Falle der Subhastation doch auch z. B. nach preußischem Recht der Grundsatz „Kauf bricht nicht Miethe“ nicht zur Geltung komme. Es hat der Herr Referent ja sehr launig mit der Verweisung auf eine Thierfabel geantwortet; ich möchte aber noch darauf hinweisen, daß die Stellung des Miethers und des Pächters im Falle der Subhastation eine total andere ist, als im Falle der freiwilligen Veräußerung. Im Fall der Subhastation hat er wenigstens die Möglichkeit, mitzubieten und zu kaufen. Nun bedenken Sie: ein Pächter hat ein Gut auf 18 Jahre gepachtet und nach 10, 11 Jahren oder kürzerer Zeit tritt Subhastation ein — der kann zum Schutze seiner Meliorationen, seiner Verwendungen wenigstens auf dem Wege der Versteigerung das Grundstück erstehen; wenn aber das Grundstück ihm über den Kopf weg verkauft wird und er gar nichts davon erfährt und eines schönen Tages der Erwerber auf das Gut kommt, dem es ohne Weiteres weichen muß, so ist der Fall ein total anderer. Er kann auf den Fall der Subhastation sich wirthschaftlich einrichten; wenn er pachtet auf lange Zeit, so kann er sich das wirthschaftlich überlegen, daß er eventuell in die Lage kommen würde, das Gut im Falle des wirthschaftlichen Verfalls des Besitzers zu kaufen, und er kann also seine wirthschaftlichen Kräfte danach schätzen. Will er noch sicherer gehen, so kann er außerdem sein Recht noch eintragen lassen, denn damit gewinnt er das Recht, daß später eingetragene Hypothekengläubiger ihm nicht mehr schaden können. Er kann also bei Abschluß der Miethe oder der Pacht selbst die Summe berechnen, die er gezwungen sein würde anzulegen für den Fall der zwangsweisen Versteigerung. Sie sehen also, daß auch jenes Argument hinfällig ist, und ich empfehle somit die Annahme des Antrags der Referenten.

Reichsgerichts-Senatspräsident Dr. **Drechsler** (Leipzig): M. H.! Ich habe in meinen langjährigen Erfahrungen — ich bin 44 Jahre theils Anwalt theils Richter gewesen — niemals geglaubt, daß diese Frage eine so brennende werden könnte, als sie heute in der Debatte dargestellt worden ist. Ich bin aus einem gemeinrechtlichen Gebiete und kann Sie versichern, daß in großen Städten, z. B. Hamburg, auch Rostock, Lübeck, niemals Beschwerden mir gegenüber laut geworden sind bei Anwendung des Grundsatzes: „Kauf bricht Miethe" in Fällen freiwilliger Veräußerungen. Ob das daran liegt, daß die Vermiether in diesen Ländern bessere Menschen sind und niemals Veräußerungen vorgenommen haben, ohne den Käufer zu verpflichten, die Miethcontracte auszuhalten, oder ob das einen anderen Grund haben mag, das weiß ich nicht. Die Darstellung in dem Gutachten von den Gefahren dieses Grundsatzes theile ich nicht. Es ist die Frage aber: was ist besser? und da will ich den Herren zugeben, daß es sich wohl rechtfertigen läßt, den Schutz des Miethers zu verstärken, wenn es nöthig ist, und wenn wirklich die Erfahrung gemacht ist, daß man in zwei Dritteln von Deutschland unter der Herrschaft des Grundsatzes „Kauf bricht nicht Miethe" besser lebt. Für mich hat aber die heutige Debatte nur wenig Interesse, wenn wir den Antrag annehmen, wie er gestellt ist. Wenn Sie den Satz „Kauf bricht nicht Miethe" auf die freiwillige Veräußerung beschränken wollen, wie ausdrücklich von dem Herrn Antragsteller gesagt ist, glaube ich kaum, daß er Widerspruch findet. Die brennende Frage aber ist in der That: wie soll es werden im Falle der Subhastation, im Falle des Konkurses? und da versichere ich Sie, daß ich aus meiner Erfahrung ganz andere Schutzmittel nothwendig gefunden habe anzuwenden als die Sätze, die hier ausgesprochen worden sind. Mir will es durchaus nicht in den Sinn, daß man die Miethe eines ganzen Hauses, die Pacht eines Landgutes gleich behandelt mit der Miethe von irgend einem Zimmer, von irgend welchen kleinen Localitäten.

Das sind ganz verschiedene Dinge. Die Frage ist von dieser Seite noch nie angeregt worden, aber eins unserer Particularrechte hat sie entschieden. Das Rostocker Stadtrecht, nachgebildet dem lübischen Rechte, sagt: Hat Einer ein ganzes Haus gemiethet, dann wird er geschützt, nicht aber, wer eine Etage oder ein paar Zimmer gemiethet hat, und darin liegt ein ganz gesunder Gedanke.

Es ist hier die Rede gewesen von 40, 50, 60 Miethcontracten, nach denen der Erwerber sich erkundigen soll. Aber ich will das nicht weiter verfolgen. Es ist nicht ganz erklärlich für mich gewesen, wie man die Pacht von Gütern, von Landgütern mit geschlossener Wirthschaft, die doch sonst hier und da anders behandelt werden, nicht anders behandelt und da reicht auch der Grundsatz „Kauf bricht nicht Miethe" nicht aus.

In den Gutachten selbst ist der große Landwirth Thaer erwähnt; der sagte aber: das Unglück für den Pächter ist der Concurs ebenso gut als die freiwillige Veräußerung. — Es wird ein großes Landgut — z. B. in meiner Heimath — regelmäßig auf 21 Jahre verpachtet. Derartige Pachtcontracte zu entwerfen ist Sache der Anwälte, die ihre Erfahrungen da machen können und auch gemacht haben. Regel ist, daß ein Gut, welches angetreten wird, von dem letzten Pächter in mäßigem Zustande übergeben wird. In den ersten sieben Jahren bei siebenschlägiger Wirthschaft muß der Pächter viel hineinstecken, in den zweiten sieben Jahren wirthschaftet er civiliter, in den letzten sieben Jahren aber zieht er Alles wieder heraus. Wenn während dieser ganzen Zeit ein Concurs ausbricht oder eine Subhastation, was ja gar nicht abzusehen ist bei den Conjuncturen, genügt ihm das nicht, daß er hinausgeworfen wird; deshalb wird zur Sicherung des Pächters nie ein Contract abgeschlossen von einem vorsichtigen Pächter, der nicht eine ganz bedeutende Entschädigungssumme zur 3. Rubrik ihm stipulirt für den Fall, daß er früher abziehen muß; das kann er sich ganz genau berechnen; das wird darnach berechnet, ob die Pacht aufhört nach 7 oder 14 Jahren, — darnach wird die Entschädigungssumme fixirt und sichergestellt. Das sind Dinge, die durch Vertrag stipulirt werden müssen, und es ist mir vollständig räthselhaft, wie man sagen kann, der Verpächter würde diese Sicherheit nicht gewähren. Der Verpächter wird eben sein Gut nicht so hoch verpachten können, wenn er es nicht thut, sondern muß sich mit einer geringeren Pacht zufrieden geben. Also hier genügt unser Grundsatz ganz und gar nicht, und es ist ein ganz guter Schutz des Miethers, wenn der Entwurf sagt: es kann eine solche Stipulation geschlossen werden.

Es ist ja nicht meine Meinung, daß wir etwa den Grundsatz ablehnen sollen; dazu ist auch keine Aussicht; ich glaube, für den freiwilligen Verkauf können wir ganz ruhig den Grundsatz annehmen. Die Sache selbst aber haben wir nicht entschieden, wenn wir nicht für die Subhastation und den Concurs Bestimmungen vorschlagen können, die praktisch sind; dann fördern wir meiner geringen Meinung nach die Sache nicht sehr.

Ich wollte nur dies erwähnen, weil ich meine, daß wir den Antrag annehmen können, aber weiter gehen sollten. Ob das möglich sein wird bei der diesjährigen Berathung, weiß ich nicht.

**Vorsitzender:** Es ist der Schluß der Diskussion beantragt, es hat sich aber auch niemand weiter zum Worte gemeldet. Ich schließe daher die Berathung und frage, ob die Herren Berichterstatter noch das Wort wünschen?

Correferent Reichsgerichtsrath **Petersen:** M. H., ich will Sie nicht lange mehr aufhalten, zumal der erste Herr Berichterstatter in der Lage sein wird, die einzelnen Punkte, die noch neu hervorgeboben worden sind, zu beleuchten. Ich möchte nur eine Bemerkung machen gegenüber demjenigen Redner, der allein für den Grundsatz des Entwurfs eingetreten ist. Herr Dr. Alexander Katz hat hervorgehoben, es sprächen für den Grundsatz des Entwurfs dringende wirthschaftliche Bedürfnisse, indem der Grundsatz „Kauf bricht nicht Miethe" die Güterbewegung hindern und schlimme Folgen haben könne für die freie Güterbewegung, die in gewissem Maße auch im allgemeinen Interesse wäre. Dabei ist meines Erachtens übersehen worden, daß das Hinderniß für diese Güterbewegung nicht oder wenigstens nicht vorzugsweise in dem Satze „Kauf bricht nicht Miethe", sondern darin besteht, daß einestheils der Vertrag, durch welchen sich der Vermiether verpflichtet, den Miether durch einen Vorbehalt gegenüber dem neuen Erwerber zu schützen, bindend ist, und daß dessen Verletzung zum Schadenersatze verpflichtet, andererseits darin, daß solcher Schadenersatz nach allgemeinen Rechtsgrundsätzen, wie sie zur Zeit gelten, auch dem Miether zuerkannt wird, selbst wenn er nicht durch einen besonderen Vertrag sich vorbehalten hatte, daß der Vermiether das Aufrechterhalten des Miethvertrags durch den Erwerber vorbehalte. Diese beiden Umstände stehen der Güterbewegung, die Herr Dr. Alexander Katz erleichtert haben will, im Wege; denn einestheils ist der Vermiether, der auf längere Zeit vermiethet hat, dem Miether gegenüber also eine Verpflichtung eingegangen ist, ihn in der Miethe zu schützen, als ehrlicher Mann durch das von ihm gegebene Wort verpflichtet, auch diesen Vertrag redlich zu erfüllen, indem er im Falle einer Veräußerung den Erwerber verpflichtet, in seine Rechte und Verbindlichkeiten einzutreten oder wenigstens den Miether im Besitze zu belassen.

Zweitens wirkt die Furcht vor Schadenersatz, wie von verschiedenen Seiten hervorgehoben worden ist, auch in der Richtung, daß der Vermiether nicht anders kann als diesen Vorbehalt zu machen. Man müßte also, wenn man die Erscheinung der Güterbewegung, die Herr Dr. Alex. Katz befürchtet, und die er für schädlich hält, beseitigen wollte, eigentlich alle Miethverträge auf längere Dauer oder wenigstens solche Verträge für unverbindlich erklären, durch welche sich der Vermiether dem Miether gegenüber verpflichtet, für den Fall des Verkaufs den neuen Erwerber die Verpflichtung aufzuerlegen, den Miethvertrag zu erfüllen. Denn solange ein solcher Vertrag bindend ist, solange seine Verletzung zu Schadenersatz verpflichtet, wird immerhin ein Hemmniß für die freie Güterbewegung, die empfohlen wird, bestehen. Wollte man diese Güterbewegung vollständig sichern, so müßte man eben sagen: alle entgegenstehenden Abreden sind unverbindlich; jedes Grundstück, ob es auf lange Zeit vermiethet ist oder nicht, muß immer mit der Wirkung verkauft werden können, daß der neue Erwerber ohne Rücksicht auf die bestehenden Verträge und ohne Rücksicht auf Verträge, die ihm eine Verpflichtung auferlegen wollen, berechtigt ist, den Miether auszutreiben.

Nun, m. H., ist weiter bereits angedeutet worden — und das möchte ich mit einigen Worten weiter ausführen — daß der Vermiether oder Erwerber ganz grundlos bereichert würde auf Kosten des Miethers. Wenn der Vermiether dem Miether gegenüber, der auf längere Zeit miethen will, erklärt: ich vermiethe dir nicht auf 10 oder 20 Jahre, ich vermiethe nur, wenn du dich der Gefahr unterwirfst, jederzeit ausgetrieben zu werden durch den neuen Erwerber, so wird er offenbar nicht denselben Miethzins erhalten, wie wenn er dem Miether die Garantie dafür leistet, daß er auch während der ganzen vertragsmäßig bedungenen Miethzeit im Besitze des Miethobjekts bleiben kann. Was wäre also die Folge, wenn man den Weg betreten würde, der vorgeschlagen wird? Daß der Vermiether einerseits den Vortheil zieht, indem er verspricht, den Miether auf längere Zeit im Besitze zu erhalten, und daß andrerseits dem Miether die Gegenleistung dafür versagt wird, indem er trotz dieses Versprechens doch ausgetrieben wird.

Hiernach scheint mir unter allen Umständen der Grundsatz der Gerechtigkeit für den Miether zu sprechen. Von anderer Seite ist hervorgehoben worden, daß auf dem Gebiete des gemeinen Rechtes sich nicht so große Gefahren gezeigt hätten, wie vielfach behauptet worden ist. Nun, m. H., ich glaube von dem Herrn Geheimrath Brunner, wie von mir, ist in der Beziehung eine Uebertreibung nicht geübt worden. Ich gebe zu, daß die Fälle, in denen der Vermiether ungeachtet seiner Verpflichtung, die er den Miether gegenüber hat, Veräußerungen ohne Erfüllung des Miethvertrages vornimmt, die Ausnahme bilden werden, aber derartige Ausnahmen können doch große Zahlen erreichen, selbst wenn, wie ein Herr aus Frankfurt sagte, sie nur in seltenen Fällen vorkommen, können sie doch in ganz Deutschland große Ziffern erreichen und es können besonders in großen Städten wie Berlin recht zahlreiche Fälle herauskommen.

Es ist gerade aus den Ausführungen des Herrn Alexander Katz zu entnehmen, daß es sehr vielfach als eine große Last empfunden wird, daß man den Miethvertrag respectiren muß, und es wird an Versuchen also auch nicht fehlen, solchen widerspenstigen Friseurs u. s. w. gegenüber, die sich auf ihren Vertrag stützen, auf einem anderen Wege zum Ziele zu gelangen, wenn wir nicht den Weg dazu versperren; aber einerlei, ob diese Fälle sehr zahlreich oder weniger zahlreich sein werden, wenn keine entscheidende Gründe für den entgegengesetzten Grundsatz sprechen, wenn das wirthschaftliche Bedürfniß und der Grundsatz der Gerechtigkeit dem Miether zur Seite steht, ist nach meiner Auffassung kein Grund vorhanden, von dem Grundsatze abzuweichen, ohne das Rechtsgefühl und den Grundsatz der Gerechtigkeit in mehr oder weniger Fällen zu verletzen. Es bleibt immer ein schlechtes Gesetz, was überhaupt solche Verletzungen zuläßt und ohne zwingende Gründe zuläßt. (Bravo!)

Geh. Justizrath Prof. Dr. **Brunner:** Ich habe, m. H., das eben Bemerkte nur durch einige wenige Worte zu ergänzen. Einer der Herren Vorredner, ich glaube, es war der erste, meinte, es sei nicht richtig, daß wir nur eine offene Thür einzustoßen hätten, denn die Thür sei in Wirklichkeit noch verschlossen. Wenn ich jenes Bild gebrauchte, geschah es, weil die öffentliche Meinung, soweit sie sich bisher geäußert hat, sich einstimmig gegen das Princip „Kauf bricht Miethe" ausgesprochen hat. Uebrigens kann ich ihm nicht zugeben, daß die Thür verschlossen sei, denn die Riegel, die er angeführt hat, kann ich als solche nicht anerkennen. Er sagte, es wäre die Miethe und die Pacht nicht geeignet zur Eintragung. Ja, m. H., das Kunststück der Eintragung, welches nach Herrn Dr. Jacobi absolut nicht zu leisten ist, hat das österreichische Recht seit dem Jahre 1811 geleistet. Dieses Kunststück leistet das sächsische Recht und leistet das preußische Grundbuchrecht in jenen Gebieten des gemeinen Rechtes, wo die Eintragung gestattet ist. Schwierigkeiten, das Miethrecht in das Grundbuch einzutragen, existiren nicht, wie der bestehende Rechtszustand in einem großen Theile von Deutschland und außerhalb Deutschlands zeigt. Es ist noch als zweiter Riegel genannt worden die Ausschließung des Rechtsbesitzes im Entwurfe, welche eine Aufnahme der Miethe unter die Sachenrechte unmöglich mache. Das ist auch nur ein Scheinargument. Die Herren, die den Entwurf kennen, wissen, daß das dritte Buch unter den Sachenrechten auch die Hypotheken ordnet, obwohl der Hypothekar-Gläubiger keinen Eigenthumsbesitz hat. Ein anderer der Herren Vorredner hat bedauert, daß der Grundsatz „Kauf bricht nicht Miethe" im preußischen Rechtsgebiete so außerordentlich schädliche Folgen hätte. Unter anderem wäre es möglich gewesen, in Berlin zahlreiche Häuser noch nach der alten Bauordnung umzubauen, wenn die Miether sogleich hätten herausgejagt werden können.

Ja, m. H., die alte Bauordnung ist ersetzt worden durch die neue Bauordnung, weil jene nach den jetzigen Anschauungen vielfach sanitätswidrig war. Hat man aus Gründen des öffentlichen Wohles, aus sanitären Gründen die alte Bauordnung durch eine neue ersetzt, so können es die Bewohner Berlins jenen tausend Miethern, oder wieviel es sind, nur danken, daß sie auf ihren Miethverträgen bestanden, sonst wären die Häuser noch nach der alten, schlechteren Bauordnung umgebaut worden. (Bravo!) Die sanitären Verhältnisse von Berlin, die nach dem Herrn Vorredner so außerordentlich in's Gewicht fallen, dürften also gerade für den Grundsatz „Kauf bricht nicht Miethe" sprechen. Es ist noch gesagt worden, es bestände nirgends ein Rechtszustand, wie wir ihn wollten, weil nach dem Entwurfe die Miethverträge mündlich geschlossen werden könnten. Da liegt ein Punkt vor, der vielleicht nicht ordentlich klargelegt worden ist; wir wollen nämlich gar nicht, daß der bloße Miethvertrag als solcher stärker sei als die Uebereignung, wir sagen nur, wenn der Miether schon in der Wohnung sitzt, so daß ihn der Käufer wahrnehmen kann, soll der Käufer den Miether nicht hinaustreiben können. Das ist ein vollständig controlirbares Verhältniß; der Käufer hat in der Regel Gelegenheit, sich durch Augenschein zu überzeugen, ob ein Miether in der Wohnung sitzt oder nicht und sich zu erkundigen, auf wie lange der Contract läuft. Den Antrag Meibom lehnen ich und der Herr Correferent ausdrücklich als ungenügend ab, weil wir den Grundsatz „Kauf bricht Miethe" principiell nicht anerkennen. Was den Punkt der Subhastation betrifft, der von unserem Herren Präsidenten angeregt worden ist, so haben wir, m. H., eine gebundene Marschroute. Die Frage, welche uns gestellt worden ist, lautet nur, soll in das bürgerliche Gesetzbuch der Grundsatz „Kauf bricht Miethe" aufgenommen werden? Die Frage der Subhastation schließt der Entwurf selbst aus. Sie soll in einem besonderen Gesetze über die Zwangsvollstreckung geregelt werden. Da konnten wir nun füglich nicht beantragen, daß in das bürgerliche Gesetzbuch auch die Frage der Subhastation aufgenommen werden solle. Ich gebe zu, daß diese Frage außerordentlich wichtig ist, allein sie liegt nicht in dem gestellten Thema, welches sich auf das bürgerliche Gesetzbuch beschränkt und nicht Rücksicht nimmt auf die Regelung der Zwangsvollstreckung. Uebrigens habe ich absolut nichts dagegen, und würde unbedenklich zustimmen, wenn wir heute noch beschließen würden, es solle die Frage wegen Behandlung des Grundsatzes „Kauf bricht Miethe" bei der Subhaftation auf die Tagesordnung eines anderen, etwa des nächsten Juristentages gesetzt werden. Wir können aber deshalb immerhin schon heute jenen Antrag annehmen, welchen ich und der Herr Correferent formulirt haben. Nun noch eins, m. H., gewiß kommt es für die Beständigkeit der Miethverhältnisse in erster Linie darauf an, ob lange oder kurze Miethverträge geschlossen werden. Darauf können wir aber nicht einwirken, wir können nicht vorschreiben: „Jeder Miethcontract soll mindestens zwei oder drei Jahre dauern". Nur das können wir thun, daß wir sagen, daß der Miethvertrag wenigstens durch Uebereignung des Grundstückes nicht gebrochen werden soll. Sonst wäre es ja z. B. möglich, daß jemand sein Grundstück auf seine Frau umschreiben läßt, und den Miether vertreibt, etwa einen Geschäftsmann, der vielleicht auf 20 Jahre gemiethet und durch seine Geschäftsthätigkeit der Räumlichkeit, die ihm vermiethet ist, einen gesteigerten Miethwerth verschafft hat. Sonst wäre es ferner auch möglich, daß ein Pächter, der durch Meliorationen das Grundstück verbessert und dessen Pachtwerth erhöht hat, durch eine Manipulation, wie ich sie eben andeutete, vor Ablauf der Pachtzeit an die Luft gesetzt wird. Gerechtigkeit, m. H., wäre das nicht, und darum bitte ich Sie, nehmen Sie unseren Antrag an. (Bravo!)

**Vorsitzender:** Die Abstimmung wird eine sehr einfache sein, es liegt ein Antrag der beiden Herren Referenten vor, und dann der davon abweichende Antrag des Dr. Katz, der den zweiten Punkt aufgenommen haben will. Wird dieser Antrag angenommen, ist meiner Ansicht nach der Antrag der beiden Herren Referenten erledigt; wird er abgelehnt, kommt der Antrag der Referenten zur Abstimmung. Ich ersuche nun diejenigen Herren sich zu erheben, welche den Meibom-Katz'schen Antrag annehmen wollen, welcher dahin lautet: „Die Abtheilung wolle die Bestimmungen der §§ 509—512, 1860 des Entwurfes eines bürgerlichen Gesetzbuches für das Deutsche Reich billigen, aber die Ergänzung derselben durch Anerkennung des Rechtes des Miethers, vom Erwerber eine Erklärung zu fordern, ob er die Rämung der ermietheten Sache verlange, und durch Zulassung der Eintragung der Miethe im Grundbuche empfehlen."

Die Herren, die diesen Antrag annehmen, bitte ich die Hand zu erheben. (Geschieht.)

Abgelehnt.

Wir kommen zum Antrag der beiden Herren Referenten, welcher dahin lautet:

> „Es empfiehlt sich, in das bürgerliche Gesetzbuch für den Fall der freiwilligen Uebereignung einer Sache, die dem Miether oder

Pächter bereits vorher überlassen war, den Grundsatz: „Kauf bricht nicht Miethe“ aufzunehmen.“

Die Herren, die dafür sind, bitte ich die Hand zu erheben. (Geschieht.)

Es wird wohl Einstimmigkeit sein und bei diesem Resultate möchte es sich im Zusammenhalte mit dem gezeigten großen Interesse, das diese Frage, glaube ich, erregt, empfehlen, das Resultat der Verhandlungen dem Plenum nicht bloß zur Kenntnißnahme, sondern zur Berathung mitzutheilen.

Es erfolgt kein Widerspruch, ich nehme also an, daß das die Absicht der Versammlung ist. (Widerspruch.)

Es wird dem Antrage widersprochen. Wünscht jemand das Wort?

Senatspräsident Dr. **Drechsler:** M. H.! Ich will nicht gerade den Antrag stellen, etwas Anderes zu beschließen, weil ich glaube, daß die Plenarberathung gewünscht wird. Ich erlaube mir aber darauf aufmerksam zu machen, daß die Plenarberathung eigentlich nur eine Wiederholung unserer heutigen Berathung sein würde, da beinahe die ganze Plenarversammlung heute hier anwesend ist.

**Vorsitzender:** Ich muß einen Antrag zur Abstimmung bringen. Will jemand den Antrag stellen, unseren Beschluß dem Plenum nur zur Kenntnißnahme mitzutheilen? (Wird bejaht.)

Der Antrag wird gestellt, dann bitte ich diejenigen, die abweichend von meinem Antrage wollen, daß der Antrag im Plenum nur zur Kenntnißnahme, nicht zur nochmaligen Berathung mitgetheilt wird, die Hand zu erheben. (Geschieht.)

Das ist die Minderheit.

(Zuruf: Gegenprobe!)

Die Gegenprobe wird gewünscht. (Dieselbe erfolgt.)

Es bleibt dabei: das Erste war die Minderheit, das Zweite die Mehrheit. (Widerspruch.)

Es bleibt nichts übrig, als daß Sie, da die Hände schwer zu zählen sind, jetzt Ihre Plätze einnehmen.

Es wird gewünscht, wir sollen die Abstimmung über die Frage, ob unsere Beschlußfassung dem Plenum bloß zur Kenntnißnahme oder zur Berathung mitgetheilt werden soll, auf morgen früh vertagen, ist dies Ihr Wille?

(Zuruf: Nein!)

Wenn Widerspruch erfolgt, schreite ich jetzt zur Abstimmung.

Die Mehrheit ist für Berathung und Beschlußfassung in der Plenarversammlung.

Ich schlage vor, nach einer kleinen Pause mit den ferneren Gegenständen fortzufahren. (Widerspruch.)

Dann wollen wir schließen. Die anderen Abtheilungen haben auch geschlossen. Nur frage ich noch eins: wann wollen wir morgen anfangen?

(Rufe: 8 Uhr!)

Also morgen früh 8 Uhr Fortsetzung.

(Schluß der Sitzung 1 Uhr 15 Minuten.)

## Zweite Sitzung der ersten Abtheilung
### am Dienstag, den 11. September 1888.

---

Beginn Vormittags 8 Uhr 45 Minuten.

Vorsitzender, Landgerichtspräsident **Becker** (Oldenburg): M. H.! Ich habe zunächst zu bemerken, daß mir eine Anzahl Exemplare der Druckschrift: „Die Haftpflicht der Straßenbahnen und anderer Fahrbahnen" von Dr. Karl Hilse zur Vertheilung übergeben worden ist. (Wird vertheilt.)

Dann bemerke ich, daß das Bureau unter Berücksichtigung der eingegangenen Wünsche die Liste der Vertrauensmänner, wie folgt, zusammengestellt hat. (Wird verlesen.)

Ich frage nun, ob Erinnerungen gegen die Liste sind? Wenn nicht, würde ich annehmen, daß sie durch Acclamation von uns angenommen wird.

Es erfolgt keine Erinnerung — ich nehme daher die Annahme an!

Ich schlage vor, überzugehen zu unserer Geschäftsordnung und zunächst zu beginnen mit der Frage:

> „Soll die Wirkung aller Legate, unter Aufhebung des legatum vindicationis, nur eine obligatorische sein?"

Ich bin selbst Referent an der Frage und bitte Herrn Dr. Petersen den Vorsitz zu übernehmen.

Reichsgerichtsrath Dr. **Petersen** (Leipzig) übernimmt den Vorsitz: Ich würde Herrn Landgerichtspräsident Becker zunächst das Wort ertheilen.

Referent Landgerichtspräsident **Becker** aus Oldenburg: Der mir von der ständigen Deputation des Juristentages zum Referat überwiesene Gegenstand befaßt die Frage:

Soll die Wirkung aller Legate, unter Aufhebung des legatum vindicationis, nur eine obligatorische sein?

Die obligatorische Wirkung aller Vermächtnisse soll nicht in Frage gestellt werden. Ob aber überall, wo daneben nach römischem, jetzt gemeinem deutschen Rechte eine über den Anspruch an den Beschwerten hinausgehende Wirkung eintreten kann und nach Annahme der heutigen Rechtswissenschaft eintritt, diese dingliche Wirkung — wie ich sie kurz bezeichne — aufgehoben werden soll, ist die Frage. Dieselbe befaßt demnach alle Vermächtnisse, deren Gegenstand an sich nach rechtlicher Möglichkeit eine solche dingliche Wirkung gestattet, also nicht bloß das von der Deputation nur beispielsweise angeführte altrömische legatum vindicationis, sondern insbesondere: das Vermächtniß des beim Tode des Erblassers diesem, dann zu seinem Nachlasse gehörigen Eigenthums oder dinglichen Rechts, das Vermächtniß eines dinglichen Rechts an solchem Eigenthum des Erblassers, das Vermächtniß einer Forderung des Erblassers, das Vermächtniß einer Befreiung von einer Schuld an den Erblasser, oder von einem jus in re, das dem Erblasser an einer Sache des Bedachten zustand. Dagegen nehme ich an, daß unsere Frage nicht befaßt: erstens das Vermächtniß des Eigenthums oder eines dinglichen Rechts an einer dem Erben gehörigen Sache, obgleich dies von Einigen für das römische und für das preußische Recht hierher gerechnet wird; denn legislatorisch ist dasselbe meines Wissens noch nie empfohlen und kann ich mir auch keinen ausreichenden Grund, kein praktisches Bedürfniß dafür denken, jemandem auf den Todesfall eine Befugniß zur Verfügung über fremdes Eigenthum einzuräumen, die er bei Lebzeiten nicht hat. Zweitens befaßt die Frage meines Erachtens nicht das sogenannte Universalvermächtniß, denn wie alle neueren deutschen Gesetze schränkt auch unser Entwurf eines bürgerlichen Gesetzbuchs für das Deutsche Reich den Begriff des Vermächtnisses auf das Singularvermächtniß ein und faßt Universalvermächtniß als Erbeinsetzung auf.

Der Eintritt der Dinglichkeit, m. H., hängt nicht mehr, wie im älteren römischen Rechte, davon ab, ob ein Fideicommiß oder Legat, und in welcher Form, mit welchen Worten das Legat angeordnet war — nur ist noch heute bestritten, ob, wenn aus der Anordnung des Erblassers sonst sich der bestimmte Wille ergiebt, daß nur eine Wirkung, dingliche oder obligatorisch, eintreten soll, es dabei sein Bewenden behalten muß.

Die dingliche Wirkung des römischen bezw. gemeinen deutschen Rechts trat nun aber in einen Widerspruch, in ein Ausnahmeverhältniß zu sonstigen allgemeinen Rechtsregeln, insbesondere den Regeln, daß zum Eigenthumsübergang Tradition gehört, mit dem Tode einer Person zwar ihr Vermögen als Ganzes auf eine oder mehrere andere Personen, Erben, übergehen muß, daß zu diesem Ganzen aber nicht bloß das Activvermögen, sondern auch die Schulden gehören, der Erblasser nicht berechtigt ist, Ansprüche seiner Gläubiger zu beschränken. Berücksichtigt man außerdem, daß beim Vermächtniß mit dinglicher Wirkung der Uebergang vom Erblasser auf den Vermächtnißnehmer oft viel weiter hinausgeschoben werden mußte, als der Uebergang der Erbschaft auf den Erben, in der Zwischenzeit aber unsichere und schwankende Rechtszustände entstanden, so ist es erklärlich, daß im römischen und gemeinen deutschen Rechte viele Streitfragen und praktische Unzuträglichkeiten entstanden, für die verschiedene sogenannte Sicherheitsmaßregeln: cautio und satisdatio, Einweisungen in den Besitz, Veräußerungsverbote, Retentionsrecht, gesetzliches Pfandrecht, interdictum quod legatorum, Separationsrecht der Gläubiger, keine volle Abhülfe zu bieten vermochten. Das Schlimmste war, daß über die Frage, wann der Uebergang vom Erblasser auf den Vermächtnißnehmer stattfinde, schon bei den Römern Streit entstand, der in der heutigen Wissenschaft noch nicht geschlichtet ist. Vom dies certus, dem bloßen Anfall, der Anwartschaft mit Transmittirbarkeit, sehe ich hier ab, ebenso von den allgemeinen Grundsätzen über den Erwerb des Vermächtnisses, soweit sie nicht in Betracht kommen für die uns besonders interessirende Frage: wann ist der unmittelbare Erwerb des Vermächtnißnehmers vollendet, — wann kann er insbesondere, wenn ein dingliches Recht vermacht ist, die dingliche Klage anstellen? Unbestritten ist dies nicht der Fall vor dem Erbschaftsantritt, wenn solcher nöthig ist, auch nicht vor dem Eintritt der Bedingung, bestritten früher, jetzt ziemlich unbestritten, auch nicht vor Eintritt des dies certus. Ob aber in Ermangelung dieser Hindernisse der Erwerb ipso jure, ohne Wissen und Willen des Vermächtnißnehmers stattfindet, so daß er im Falle der Ausschlagung wieder rückgängig gemacht werden muß, oder erst mit der Erklärung der Annahme, ist noch jetzt bestritten, wenn auch, wie unser Gutachten bemerkt, die herrschende Meinung sich für die erstere, von den Sabinianern gelehrte Ansicht entschieden hat. Dazu kommt nun die weitere Streitfrage: wem gehört der nicht schon mit des Erblassers Tode dem Vermächtnißnehmer erworbene, bis zum etwa erforderlichen Erbschaftsantritt zur hereditas gehörige Gegenstand des Vermächtnisses inzwischen? also bis zum Eintritt von dies und conditio, sowie nach Köppen's und Anderer Ansicht bis zur Erklärung der Annahme? „Niemand“, sagten die Proculianer, „dem beschwerten Erben“, die Sabinianer. Letzteres ist die jetzt herrschende Meinung, schließt aber weitere Schwierigkeit nicht aus. Welche Macht giebt das interimistische Eigenthum dem Erben? Man nimmt an, der Erbe könne in der Zwischenzeit über den Gegenstand verfügen, mit dauernder Gültigkeit, soweit die Verfügung dem Vermächtnißnehmer unschädlich ist, soll auch zur nothwendigen Tilgung von Erbschaftsschulden veräußern dürfen, sonst aber soll jede Veräußerung, jede Beschränkung des vermachten Rechts von Seiten des Erben ungültig werden, wenn der Erwerb durch den Vermächtnißnehmer eintritt.

Nun, m. H., daß ein solcher Rechtszustand, dessen Dauer sehr unbestimmt, und der sogar in Folge der Grundsätze über die Errichtung gültiger Vermächtnisse dritten Personen längere Zeit ganz unbekannt bleiben konnte, der Rechtssicherheit höchst nachtheilig und wirthschaftlich wenig empfehlenswerth ist, liegt auf der Hand. Er wäre schwerlich so lange ertragen, — „nicht zum Lobe der heutigen Jurisprudenz“, sagt Ihering in seinen Jahrbüchern, — wenn nicht die Betheiligten oft friedlicher wären, wie die Juristen, und die Fälle praktischer Erheblichkeit selten wären. Damit wäre aber auch der Beweis geliefert, daß die Beibehaltung der dinglichen Wirkung von Vermächtnissen überhaupt von keiner großen praktischen Bedeutung wäre.

In neueren Rechten, welche die dingliche Wirkung von Vermächtnissen beibehalten haben, sind zwar einige Streitpunkte und praktische Unzuträglichkeiten beseitigt, — so ist namentlich in allen neueren Rechten der Erwerb des Vermächtnisses unabhängig gemacht vom Erbschaftserwerbe des eingesetzten Erben, — aber die meisten sind geblieben.

Was zunächst das preußische Landrecht betrifft, so darf ich wohl auf die nähere Darstellung desselben in dem uns vorliegenden Gutachten des Herrn Assessor Friedensburg Bezug nehmen, und das Ergebniß, soweit es uns hier interessirt, kurz dahin zusammenfassen: Die Bestimmungen des Landrechts sind nicht sehr klar, und wird von den Auslegern derjenigen Auffassung der Vorzug gegeben, welche der römischen am nächsten kommt.

Die Hauptbestimmung im Th. I Tit. 12 § 288:

> „Das Eigenthum der in einem Testamente jemandem zum Legate ausgesetzten Sachen und Rechte geht in der Regel mit dem Todestage des Erblassers auf den legatarium über“

hat sogar zu dem Zweifel Veranlassung gegeben, ob die Regel des Eigenthumsüberganges im eigentlichen wörtlichen Sinne zu nehmen, oder darunter nicht bloß ein „Recht zu dem Legat“ (Preußische Obertribunal) oder selbst nur ein mit einer persönlichen Klage gegen die Erben geltend zu machendes Forderungsrecht zu verstehen sei. Doch ist letzteres vom Reichsgericht (1882) verneint.

Diejenigen, welche das Wort „Eigenthum" im eigentlichen Sinne nehmen, sind zwar einig, daß der ipso jure-Uebergang des Eigenthums mit des Erblassers Tode der Regel gemäß eintrete:

bei unbedingt und unbetagt vermachten Nachlaßobjecten, sofern sie individuell bestimmt sind und sich im Nachlaß befinden;

ob und inwieweit aber auch bei den nicht unter diese Kategorie fallenden Objecten, darüber besteht — wie im gemeinen Rechte — mannigfacher Streit.

Die Bestimmung, daß im Falle einer Ausschlagung des Vermächtnisses angenommen wird, dasselbe sei nie erworben, gilt auch nach preußischem Recht. Es wird ferner im preußischen wie im römischen Rechte anerkannt, daß der ipso jure Eigenthümer gewordene Legatar nicht eigenmächtig Besitz ergreifen dürfe, und sind hieraus bald mehr bald weniger tief eingreifende Folgerungen in Bezug auf die Verfügungsrechte des Erben und Vermächtnißnehmers gezogen.

Der code civil spricht unklar von einem droit à la chose léguée; das Baden'sche Landrecht sagt: „Eigenthum auf die vermachte Sache." Zachariae entscheidet sich für die Annahme eines Eigenthumsübergangs mit Vindicationsbefugniß, jedoch nur bei unbedingtem Vermächtnisse des Eigenthums und mit der Beschränkung, daß die Gewähr nicht kraft Gesetzes übergeht, der Legatar sie also vom Erben fordern muß, wenn er nicht schon „aus einem anderen Grunde in dem Besitze des Vermächtnisses ist". Damit wird das römische Recht nicht praktisch brauchbarer gemacht.

Nachdem inzwischen mit dem Grundbuchsystem ein besonderer Feind des unmittelbaren Eigenthumsüberganges vom Erblasser auf den Vermächtnißnehmer in's Leben getreten, wird dieser im österreichischen Gesetzbuch — dessen Vorbild der Hessen'sche Entwurf, das Züricher Gesetzbuch und ein Reichsgesetz-Entwurf für das Erbrecht von Mommsen gefolgt sind — beseitigt mit den Worten:

„Das Eigenthumsrecht auf die vermachte Sache kann nur nach den für die Erwerbung des Eigenthums festgestellten Vorschriften erlangt werden",

d. i. nur wie unter Lebenden, durch Uebergabe von Seiten des Erben oder Umschreibung in die öffentlichen Bücher.

Unger begleitet die Bestimmung mit den Worten:

„ist von sehr problematischem Werth, da hiernach der Legatar nicht hinreichend geschützt ist, wenn der Erbe die Sache mittlerweile veräußert".

Auch ist mir zweifelhaft, ob das Princip einer nur obligatorischen Wirkung im österreichischen Gesetzbuch streng durchgeführt ist, doch lasse ich dies hier einstweilen dahingestellt.

Das sächsische Gesetzbuch blieb beim Eigenthumsübergang ipso jure und ohne Vorwissen des Legatars mit dem Zeitpunkte der Erwerbung des Vermächtnisses, konnte auch die Bestimmungen des gemeinen Rechts nicht vermeiden, nach denen der Erwerb des bedingten Vermächtnisses erst mit dem Eintritt der Bedingung erfolgte, und im Falle der Ausschlagung angenommen wird, das Vermächtniß sei nie angefallen, es machte jedoch die bedeutende Einschränkung:

> „soweit nicht zu dem Uebergange des Eigenthums oder des Rechts Eintragung in das Grund- und Hypothekenbuch nöthig ist.“

Vollständig, ausnahmlos wird nun jede dingliche Wirkung von Vermächtnissen, jeder unmittelbare Uebergang vom Erblasser auf einen Vermächtnißnehmer verneint vom Entwurfe für das bürgerliche Gesetzbuch für das Deutsche Reich mit den Worten:

> „Durch das Vermächtniß wird für den Vermächtnißnehmer nur eine Forderung gegen den Beschwerten auf Leistung des Gegenstandes des Vermächtnisses begründet. (Vermächtnißanspruch.) Ein unmittelbarer Uebergang des den Gegenstand des Vermächtnisses bildenden Rechts auf den Vermächtnißnehmer findet auch dann nicht statt, wenn das Recht zum Nachlasse gehörte“.

Damit sind alle theoretischen Zweifel und praktischen Unzuträglichkeiten der bisherigen Rechte beseitigt. Um dies seinem ganzen Umfange nach klarzustellen, erlaube ich mir die Bedeutung des § 1865 im Zusammenhange mit anderen Bestimmungen des Entwurfs, welche auf die Entscheidung unserer Frage mehr oder weniger von Einfluß sind, kurz darzulegen.

Der Anfall des Vermächtnisses ist zugleich, wie derjenige der Erbschaft: Erwerb, welcher durch Ausschlagen rückgängig gemacht werden kann. Derselbe erfolgt mit dem Erbfall, dem Tode des Erblassers, bei bedingtem Vermächniß mit Eintritt der Bedingung, unabhängig vom Erbschaftserwerbe, also wirksam auch beim Wegfall des Erben. Dies certus schiebt zwar die Entstehung hinaus, aber nicht den Erwerb. Der Erwerb des Eigenthums und anderer dinglichen Rechte von Seiten des Vermächtnißnehmers richtet sich ausnahmslos nach den für den Erwerb der dinglichen Rechte im Allgemeinen geltenden Regeln. Der Vermächtnißnehmer erhält also stets nur einen Vermächtniß*anspruch*, und kann dies auch vom Erblasser nicht geändert werden. Sein Anspruch ist der eines *Nachlaßgläubigers*, und wird, wie ein solcher, nach den allgemeinen

Rechtgrundsätzen beurtheilt, insbesondere in Betreff der Gewährleistung, des Gattungsvermächtnisses, des Wahlvermächtnisses u. s. w.

Der Erbe wird, ohne eine Quart zu erhalten, persönlicher Schuldner aller Nachlaßgläubiger, zu denen auch der Pflichttheilsberechtigte gehört, hat aber das Inventarrecht, kraft dessen er, wenn der Nachlaß zur vollen Befriedigung aller Nachlaßgläubiger nicht ausreicht, diesen einstweilen wie ein mit der Verwaltung Beauftragter zu verwalten hat und, wenn nicht von ihm der Concurs über den Nachlaß beantragt wird, mit oder ohne vorheriges Aufgebot der Nachlaßgläubiger — diese verhältnißmäßig — nicht willkürlich — zu befriedigen hat, die Vermächtnißnehmer nach den Gläubigern des Erblassers und den Pflichttheilsberechtigten.

Der gemeinrechtlichen Sicherungsmittel des Erben bedarf es bei Aufhebung aller dinglichen Wirkung der Vermächtnisse nicht; auch von jeder besonderen Sicherung des Vermächtnißnehmers ist mit Rücksicht auf die dem Erben unentbehrliche Bewegungsfreiheit bei Liquidirung des Nachlasses abgesehen. Es bleiben die allgemeinen:

das Absonderungsrecht des Vermächtnißnehmers als Nachlaßgläubigers,

Arrest und einstweilige Verfügung nach den Bestimmungen der Civilproceßordnung,

bei bedingten Vermächtnissen der Anspruch auf Sicherheitsleistung, wie er jedem bedingten Berechtigten zusteht.

Auch bei der Erbeinsetzung sind dies und conditio zwar zulässig, aber dann treten — in Ermangelung anderer Bestimmungen des Erblassers — die gesetzlichen Erben als Vorerben — d. i. Nutznießer — ein. Die Regel: nemo pro parte testatus, pro parte intestatus decedere potest, gilt nicht.

Der Rechtssatz:

„Mit dem Tode einer Person (Erbfall) geht das Vermögen derselben als Ganzes (Erbschaft) auf einen oder mehrere andere Personen (Erben) über"

bleibt unangetastet.

„Der Uebergang des Vermögens als eines Ganzen (Erbfolge) kann vom Erblasser nicht ausgeschlossen werden."

Errichtet werden kann ein Vermächtniß in einer letztwilligen Verfügung mit und ohne Erbeinsetzung, aber, wie diese, nur in gerichtlicher oder notarieller Form — seltene Nothhülfe ausgenommen, — und dieselbe Form wird für den Vermächtnißvertrag gefordert.

Die letztwillige Verfügung soll vom Nachlaßgericht verkündet, der Inhalt allen Betheiligten mitgetheilt werden.

Wie in vielen anderen Fällen, — im Erbrecht z. B. auch für den Fall der Geltendmachung des Inventarrechts, — war beim Wegfall der dinglichen Wirkung der Vermächtnisse eine besondere Bestimmung zur Verhütung einer Vereinigung durch confusio erforderlich. Sie lautet:

„Ist eine dem Erblasser gegen den Erben zustehende Forderung Gegenstand des Vermächtnisses, so ist das Schuldverhältniß in Ansehung des Vermächtnisses nicht als durch Vereinigung erloschen anzusehen".

Dasselbe gilt selbstredend von den accessorischen Rechten.

In Betreff der Consolidation war eine ähnliche Bestimmung unnöthig, weil diese in den betreffenden Fällen überhaupt nicht eintreten soll.

Auch in Betreff der Compensationsbefugniß des Schuldners einer vermachten Forderung bedurfte es keiner Bestimmung. Der Schuldner kann dem Erben gegenüber nur mit einer ihn an dieser zustehenden Forderung compensiren, mit einer Forderung an den Vermächtnißnehmer erst nach der Uebertragung. Mit einer Forderung an den Nachlaß kann der Schuldner immer compensiren, vor der Uebertragung gegenüber dem Erben, nachher gegenüber dem Vermächtnißnehmer.

Wie einfach, klar und durchsichtig gestaltet sich das Recht nach diesen unter einander in Zusammenhang stehenden Bestimmungen des Entwurfs eines bürgerlichen Gesetzbuches für das Deutsche Reich gegenüber dem bunten controversenreichen gemeinen deutschen Recht und preußischen Landrecht!

Hier hinein mit Bestimmungen über die dingliche Wirkung von Vermächtnissen eine Lücke zu reißen, könnte ich nur durch ein dringendes Bedürfniß bewogen werden. Auch Herr Assessor Friedensburg nimmt an:

„es ist nicht zu verkennen, daß die neuen Bestimmungen so consequent sind, den Erwerb des mit einem Vermächtnisse Bedachten so gleichmäßig und einheitlich gestalten, als dies überhaupt möglich sein dürfte".

Der weiteren Mittheilung der Ansicht des Herrn Gutachters muß ich übrigens die Bemerkung voraussenden, daß derselbe sein vor Veröffentlichung der betreffenden Motive des Entwurfs vollendetes Gutachten uns nur als Prüfungs- und Vergleichungsmaterial dargeboten hat, ohne Anträge auf bestimmte Aenderungen des Entwurfs stellen zu wollen.

Seine Antwort auf die uns vorgelegte Frage lautet nun dahin:

„Es ist nicht empfehlenswerth, unter Aufhebung des legatum vindicationis allen Legaten nur eine rein obligatorische Wirkung beizulegen, doch ist der dingliche Effect des Vermächtnisses auf gewisse Nachlaßgegenstände zu beschränken, und nur als ein dingliches Recht auf die vermachte Sache auszugestalten."

Als solche Nachlaßgegenstände, an denen durch Vermächtniß ein eigenartiges, dem eigenartigen Wesen des Vermächtnisses entsprechendes dingliches Recht — werdendes Eigenthum — begründet werden soll, bezeichnet der Herr Gutachter nicht bloß individuell bestimmte körperliche Sachen, sondern auch eine Forderung und die Befreiung von einer Schuld. Dies dingliche Recht auf die vermachte Sache wird nicht mit bestimmten Worten, sondern nur nach einzelnen Wirkungen hin, im Anschluß an das preußische Landrecht, wie es jetzt meistentheils aufgefaßt wird, näher characterisirt.

Zu einer Ausgestaltung mit so festen Umrissen, daß sie eine Prüfung nach allen in Betracht kommenden Richtungen hin gestatteten, bin ich, ein praktisch nur auf dem Gebiete des gemeinen deutschen Rechts, und einzeln des französischen Rechts, thätig gewesener Jurist, der den verschiedenen in der neueren Rechtswissenschaft und Gesetzgebung gemachten Versuchen, ein Mittelding zwischen Schuldverhältniß und dem dinglichen Rechte der Römer zu construiren, immer skeptisch gegenüberstand, leider auch nicht im Stande.

Erwähnt wird im Gutachten insbesondere, daß Verfügungen des Erben dem Legatar nicht schaden sollen; derselbe möge nöthigenfalls den Gegenstand von dem dritten Erwerber zurückfordern. Der Vermächtnißnehmer soll nur durch Vermittelung des Erben dasjenige erhalten können, über welches der Erbe zu verfügen thatsächlich die Gewalt hat. Wieweit aber ohne Vermittelung des Erben vom Vermächtnißnehmer getroffene Verfügungen, insbesondere über thatsächlich in seiner Gewalt befindliche Gegenstände des Vermächtnisses gelten oder anfechtbar sein sollen, ist mir nicht klar geworden.

Das Reichsgerichts-Erkenntniß von 1882 hat angenommen, daß das preußische Landrecht dem Vermächtnißnehmer *wenigstens* — zu einer weiteren Prüfung lag keine Veranlassung vor — die Befugniß zur Verfolgung der vermachten Sache auch Dritten gegenüber mit der dinglichen Klage habe einräumen wollen, soweit *sein Interesse* reiche und die Rechte des Erben nicht beeinträchtigt werden. Setzen wir noch hinzu:

„soweit die Rechte — oder Interessen — der Nachlaßgläubiger oder dritter bona fide-Erwerber nicht beeinträchtigt werden",

so haben wir eine sehr schöne *Norm*. Die Schwierigkeit liegt in der Ausgestaltung. Dies wird erhellen, wenn ich jetzt an der Hand der Motive zum Entwurf und der im Gutachten entwickelten Anschauung auf die

Interessen näher eingehe, welche durch die Aufhebung der dinglichen Wirkung der hier in Betracht kommenden Vermächtnisse berührt werden.

Daß das allgemeine Interesse für Einfachheit und Durchsichtigkeit der Rechtsregeln, und für möglichst feste, nicht in der Schwebe bleibende, oder gar rückwärts zu vernichtende Rechtszustände für eine nur obligatorische Wirkung spricht, geht wohl schon aus dem Gesagten hervor. Mit dem letzteren fällt das Interesse derjenigen zusammen, an welche der Gegenstand des Vermächtnisses von seinem Erwerber veräußert wird. In ungerechtfertigten Schaden können diese nur bei Annahme einer dinglichen Wirkung der Vermächtnisse kommen, falls diese sie auch dann treffen soll, wenn sie bona fide oder gar in der Unmöglichkeit einer Kenntniß des Vermächtnisses von dem Erben erworben haben.

Von den übrigen Einzelinteressen kommen diejenigen des Vermächtnißnehmers, der erst Rechte erwerben soll, nicht in Frage; es bleiben der Erblasser, seine Gläubiger und der Vermächtnißträger (Erbrecht). Unter ihnen stehen die Gläubiger des Erblassers im Vordergrunde.

Dies betont auch unser Gutachten, denn es heißt da mit Recht:

„nur nach Abzug der Schulden ergiebt sich ja, ob etwas zum Vermachen an Dritte da war und da ist.“

Der ipso jure-Erwerb des dinglichen Rechts von Seiten des Vermächtnißnehmers giebt aber, auch wenn dieser sich nicht eigenmächtig in Besitz setzen darf, dem Erblasser die Möglichkeit, seine Gläubiger zu beeinträchtigen, indem er sie, wenn der vermachte Gegenstand zur Schuldentilgung herangezogen werden muß, auf einen Anspruch an den Vermächtnißnehmer beschränkt.

Diese Gefährdung der Gläubiger des Erblassers ist durch kein in den bisherigen Rechten gewährtes Sicherungsmittel zu beseitigen.

Man braucht nun zwar den Anspruch der unbefriedigten Gläubiger an den Vermächtnißnehmer nicht auf eine condictio indebiti desjenigen, was dieser vom Erben erhalten hat, zu beschränken; — römisches Recht und sächsisches Gesetzbuch § 2332 — man könnte ihnen gegen jeden Vermächtnißnehmer, der das Vermächtniß erhalten hat, einen auf dessen Gegenstand und das zu ihrer Befriedigung Nöthige beschränkten Anspruch geben, es würde auch ein solcher persönlicher Anspruch der Gefährdung durch die übrigen Gläubiger des Vermächtnißnehmers ausgesetzt sein.

Nur mittelst eines dinglichen Rechts des Erben können die persönlichen Gläubiger des Erblassers den vermachten Gegenstand selbst zu ihrer Befriedigung in Anspruch nehmen, und müßte man dann zum Schutze gegen eine Veräußerung des Vermächtnißnehmers an Dritte sogar noch mittelst eines absoluten Veräußerungsverbotes an den Vermächtnißnehmer ein Attentat gegen den bona fide-Erwerber zulassen.

Regulirung aller Nachlassenschaften ex officio — auf Antrag genügt nicht — durch das Nachlaßgericht, oder sonstige staatliche Behörden, mit der Aufgabe, für die Erfüllung der letztwilligen Verfügungen zu sorgen, könnte helfen; aber der Entwurf kennt sie nicht, auch dürfte sie kaum in diesem Umfange in Deutschland bestehen; in Preußen hat man darin „eine überflüssige und bedenkliche Bevormundung der Privaten" gefunden.

Das von den Gläubigern des Erblassers Gesagte gilt auch für die Erben, soweit sie — gemüthlich oder sittlich und rechtlich — an voller Bezahlung der Erbschaftsschulden interessirt sind, ferner soweit sie pflichttheilsberechtigt sind, und kommt außerdem noch in Betracht, daß sie bei Veräußerung eines Gegenstandes aus der Erbschaft, dessen Vermachung ihnen unbekannt war, bei Annahme des Eigenthumserwerbs Ansprüchen auf Entschädigung und Gewährleistung ausgesetzt sind.

Diesen allgemeinen und besonderen Nachtheilen der Dinglichkeit tritt nun für den Fall ihrer Aufhebung ganz allein das Interesse des Erblassers gegenüber.

Unleugbar kann der Erblasser ein Interesse daran haben, einen Vermächtnißnehmer so zu bedenken, daß der vermachte Gegenstand — Recht, Anspruch oder Befreiung — sofort mit seinem Tode auf den Vermächtnißnehmer übergeht, ohne die Möglichkeit einer nicht durch die Insolvenz des Nachlasses gerechtfertigten Beeinträchtigung von Seiten des Erben oder der persönlichen Gläubiger des Erben oder der Gläubiger des Erblassers durch Zwangsvollstreckung in den Gegenstand des Vermächtnisses. Eine solche Verwirklichung seines letzten Willens ist aber mit voller Sicherheit bei nur obligatorischer Wirkung der Vermächtnisse nicht gut zu erreichen.

Ein gesetzliches Veräußerungsverbot an den Erben darf gegen bona fide-Erwerber, denen sogar die Kenntniß des Vermächtnisses fehlen kann, keine Wirksamkeit haben und müßte außerdem noch besonderen gesetzlichen Beschränkungen unterliegen:

> einmal zu Gunsten der Gläubiger des Erblassers,
>
> ferner zu Gunsten der Erhaltung der vermachten Sache im Interesse des Vermächtnißnehmers selbst, wenn er demnächst den Gegenstand erhält, und des Erben, wenn der Vermächtnißnehmer das Vermächtniß nicht erwerben sollte. — (Ihering, Jahrb. X S. 477.)

Es würde also, wie die Motive zum Entwurf mit Recht bemerken, ein ziemlich verwickeltes Recht werden, und die Sicherheit des Verkehrs nicht fördern.

Dagegen weisen die Motive mit Recht auf ein anderes Sicherheitsmittel hin, welches der Entwurf dem Erblasser selbst an die Hand giebt: die Ernennung eines Testamentsvollstreckers. Solange das Testamentsvollstreckeramt besteht, kann nur er, nicht der Erbe, über die zum Nachlaß gehörigen Gegenstände wirksam verfügen.

Wenn auch keine absolute — da der ernannte Testamentsvollstrecker sterben, unrecht handeln u. s. w. kann, — giebt dies Mittel doch vielleicht eine größere Sicherheit, als die fragliche Ausgestaltung eines dinglichen Rechts auf die vermachte Sache, und kann die Sicherheit noch durch die Landesgesetze erhöht werden, da diese durch das Einführungsgesetz für befugt erachtet werden sollen, zu bestimmen, daß Notare zur Annahme des Amts eines Testamentsvollstreckers verpflichtet sind.

Neben der Achtung vor dem letzten Willen des Erblassers beruft das Gutachten sich noch auf die Regel, daß Erwerb der Erbschaft und Erwerb des Vermächtnisses gleichwerthig seien, man daher ohne zwingende Gründe für erhebliche Unterschiede beider nicht werde stimmen dürfen. — Allein abgesehen davon, daß eine solche Regel nur eine theoretische Construction sein würde, Abweichungen von derselben nicht mit das Leben beherrschenden Rechtssätzen in Widerspruch treten und dadurch Verwirrung hervorzurufen geeignet sind, ist die Regel selbst in solcher Allgemeinheit nicht richtig.

Sie gilt nicht für den necessarius und voluntarius heres des römischen Rechts in gleicher Weise;

der Erbschaftsanfall giebt eine größere Macht, wie die bloße Anwartschaft, Transmission bei Vermächtnissen;

die Wirkung des dies, das Recht auf Besitz und Innehabung sind verschieden;

vor Allem aber begründet die Verschiedenheit von Universal- und Singularsuccession einen solchen Unterschied, daß eine principielle Gleichstellung nicht gerechtfertigt erscheint. Brachte doch gerade dieser Unterschied uns den Haupteinwand gegen die heutige Anwendung des Papinian'schen Satzes: Legatum ita dominium rei legatarii facit, ut hereditas heredis res singulas.

Mommsen sagt zur Begründung der Bestimmung in seinem Entwurfe eines deutschen Reichsgesetzes über das Erbrecht:

„Ein unmittelbarer Erwerb des vermachten Rechts tritt nicht ein, weil er mit der Natur des Vermächtnisses in Widerspruch steht. Daß das Vermögen, welches, solange der Inhaber lebt, durch dessen Persönlichkeit als Einheit, als ein Ganzes zusammengehalten wird, nicht mit dem Tode des Inhabers auseinanderfällt, sondern als ein Ganzes erhalten wird, und als solches auf den Erben übergeht, ist eins der wichtigsten Grundprincipien des Erbrechts. Hiermit läßt sich aber kein unmittelbarer Erwerb des vermachten Rechts, sondern nur ein durch den Erben vermittelter Uebergang erbschaftlicher Rechte auf den Vermächtnißnehmer vereinigen."

Richtig; ein wirkliches Princip überwindet eine gemachte Regel.

Besondere Schwierigkeiten bietet heute der sofortige unmittelbare Uebergang vom Erblasser auf den Vermächtnißnehmer bei denjenigen Rechten, für deren Uebertragung regelmäßig die Eintragung in das Grundbuch erfordert wird. Zu Gunsten des Erben des eingetragenen Inhabers eines Rechts — ich will der Einfachheit wegen beim Eigenthum bleiben — mag man eine Ausnahme machen, wie dies auch der Entwurf eines bürgerlichen Gesetzbuches für das Deutsche Reich gethan hat; zu Gunsten des Vermächtnißnehmers ist dies ohne schwere Beeinträchtigung des Grundbuchsystems nicht möglich, und haben daher auch die neueren Rechte, welche die dingliche Wirkung der Vermächtnisse beibehalten haben, Eintragung in das Grundbuch vorgeschrieben.

Welches Recht soll aber der Vermächtnißnehmer vor der Eintragung haben? Herr Professor Dernburg läßt ihn zwar unmittelbar Eigenthümer werden, aber die Eintragung in das Grundbuch und damit die volle Verfügungsgewalt soll er nur mit Einwilligung oder Verurtheilung des Erben haben. Wenn aber der gutgläubige Besitzer, welcher den Gegenstand des Vermächtnisses vom Erben erworben hat und sein Eigenthum vor dem Vermächtnißnehmer eintragen ließ, gegen die Vindication des Vermächtnißnehmers geschützt sein soll, so kann dieser vorher kein Eigenthum erwerben, bis zur Eintragung nur einen persönlichen Anspruch haben. Dies wird auch im sächsischen bürgerlichen Gesetzbuche anerkannt. Ein Eigenthum ohne solche Wirksamkeit gegen Dritte ist kein wirkliches Eigenthum mehr. Bluntschli rechtfertigt sogar die nur obligatorische Wirkung aller Vermächtnisse im Züricher Gesetzbuch mit dem Hinweis auf das System der Grundbücher, welches wohl begreife, daß an die Stelle des verstorbenen Erblassers mit innerer Nothwendigkeit seine Erben treten, nicht aber, daß durch bloße Willenserklärung Grundeigenthum übertragen werden könne.

Ob dem Vermächtnißnehmer, wenn er die etwa erforderliche Einwilligung des Erben — erforderlich nach preußischem Recht, auch zufolge eines Beschlusses des Obergerichts zu Wolfenbüttel nach gemeinem Recht, nicht nach dem sächsischen bürgerlichen Gesetzbuch — nicht sofort erlangen kann, oder wenn das Vermächtniß bedingt ist, neben dem Schutzmittel der Eintragung eines Veräußerungsverbotes im Wege der einstweiligen Verfügung noch ein besonderer Schutz durch die Befugniß zur Eintragung einer Vormerkung in das Grundbuch ohne Zustimmung des Erben gegeben werden soll, — wie nach preußischem Recht; dagegen der Entwurf eines deutschen bürgerlichen Gesetzbuchs — scheint mir verhältnißmäßig gleichgültig. Die Zeit, wo er nur ein persönliches Recht haben kann, würde hierdurch nur verkürzt, nicht beseitigt. Letzteres weiß ich durch kein Mittel zu erreichen. Eine Verpflichtung des Erben, sein durch Erbschaft erworbenes Eigenthum eintragen zu lassen, — die unser Entwurf, wie gesagt, nicht kennt — würde nur in dem Falle Hülfe gewähren können, wenn Erbeinsetzung und Vermächtnißerrichtung in derselben Urkunde — Testament oder Erbvertrag — enthalten wären.

Einer Erörterung der Frage, ob dem nur obligatorisch berechtigten Vermächtnißnehmer die Befugniß zur Eintragung einer Vormerkung gegeben, und welche Wirkung eine solche Eintragung haben soll, glaube ich mich hier enthalten zu können, um so viel mehr, als dies auch bei dem viel wichtigeren Rechte des Miethers gestern dem vorbehaltenen Grundbuchsrecht überlassen ist. Unser Gegenstand hat meines Erachtens nicht praktische Wichtigkeit genug, um für ihn allein solche besondere, keineswegs einfache Rechtsvorschriften zu erlassen. Würde ein gesetzliches Veräußerungsverbot an den Erben, dessen ich vorhin erwähnte, aufgenommen, dürfte die Vormerkung im Grundbuche angemessen sein, um das Vermächtniß wenigstens dann, wenn es keine Mobilien oder bloße Ansprüche, sondern Rechte zum Gegenstande hat, welche zur Erwerbung der Eintragung bedürfen, zur Kenntniß Dritter zu bringen.

Eine besondere Schwierigkeit tritt ferner beim legatum alternativum, optionis, sowie einestheils zur Erbschaft gehörigen Sachen, quae numero, pondere, vel mensura consistunt, deshalb ein, weil die Annahme der Dinglichkeit mit einer Beschränkung der Verfügungsgewalt des Erben in Betreff aller zur Wahl stehenden Gegenstände verbunden sein müßte. Unser Gutachten verzichtet hier auf die dingliche Wirkung. Marezoll meint nur: wenn der Erbe die Wahl habe, so komme der Vermächtnißnehmer dadurch zu ihm in ein so unmittelbares Rechtsverhältniß, daß es fast nothwendig in eine obligatio übergehe. Jhering nimmt hier, wie beim Vindicationslegat einer einzelnen Sache bis zur Annahme ein durch die Rücksicht auf das Legat passiv gebundenes Eigenthum des Erben an.

Eine andere ist die Sachlage beim nomen legatum. Unser gemeines Recht nimmt auch hier den unmittelbaren Uebergang des nomen auf den Vermächtnißnehmer an; das römische Recht giebt neben dem Anspruche auf Cession eine utilis actio. Das preußische Recht ist bestritten. Im Gutachten ist dies näher ausgeführt. Ich führe insbesondere an, daß zweifelhaft ist, ob in Anwendung der Regel, daß der Vermächtnißnehmer sich den Besitz nicht eigenmächtig anmaßen darf, diesem die Geltendmachung einer vermachten Forderung untersagt ist, bis der Erbe seine Einwilligung erklärt hat oder zur Gestattung verurtheilt ist — oder ob nur zur formellen Legitimation des klagenden Vermächtnißnehmers eine Uebergabe der etwa beim Erben befindlichen Urkunden erforderlich sei; ob der Schuldner sich befreien kann durch Zahlung, Compensation, dem Erben gegenüber, dem Legatar gegenüber. Das österreichische bürgerliche Gesetzbuch giebt consequent nur einen Anspruch an den Erben auf Cession. Nach dem sächsischen bürgerlichen Gesetzbuch geht die Forderung auf den Vermächtnißnehmer über, ohne daß es einer Cession bedarf. Unser Entwurf giebt wiederum consequent nur einen Anspruch auf Cession und macht hiervon auch dann keine Ausnahme, wenn der Erbe selbst Schuldner der vermachten Forderung ist; nur war, wie ich schon erwähnte, für diesen Fall eine besondere Bestimmung zur Verhütung eines Erlöschens durch Vereinigung nöthig. Herr Assessor Friedensburg sagt in seinem Gutachten:

> „In Bezug auf das nomen legatum setzt die vorgeschlagene Construction den Bedachten zwar in den Stand, als selbständiger Gläubiger dessen Schuldner gegenüberzutreten, verhütet aber andererseits nicht nur die Eigenmacht des Legatars, sondern auch die vorzeitige Verwischuug der ursprünglichen rechtlichen Beziehungen zwischen den verschiedenen betheiligten Personen. Es können also die Creditoren des Erben ebenso wenig wie dieser selbst die den Gegenstand des Vermächtnisses bildende Forderung für sich in Anspruch nehmen und die Compensation vermag sich, wenn nicht nach dem erkennbaren Willen des Testators" — hier erlaube ich mir aber doch ein doppeltes Fragezeichen dahinter — „nach allgemeinen Regeln zu richten. Endlich ist der Erbe zwar nicht in der Lage, das nomen legatum dem Bedachten zu „cediren", doch muß er in jedem Falle, sei dasselbe verbrieft oder nicht, durch Hypothek gesichert oder chirographarisch, seine Einwilligung in die Einziehung durch den Legatar — unter Umständen in der für den Grundbuchverkehr vorgeschriebenen Form — erklären, weil ohne das nicht ersichtlich sein würde, daß

derselbe rechtmäßigerweise das Gläubigerrecht geltend machen darf."

Ich muß dem Gutachten darin beitreten, daß das legatum nominis in Betreff des unmittelbaren Ueberganges auf den Vermächtnißnehmer ebenso zu behandeln ist wie das Sachvermächtniß, nur dürften, wie beim Vermächtniß von Immobilien, für den Fall einer Annahme des unmittelbaren Ueberganges besondere Bestimmungen zu treffen sein, wenn die Forderung an Papier geknüpft ist oder ihr Uebergang der Eintragung in das Grund- und Hypothekenbuch bedarf. Die für und gegen den unmittelbaren Uebergang sprechenden Gründe sind im Uebrigen dieselben beim Vermächtniß einer Sache und demjenigen einer Forderung, einerseits Beschränkung der Verfügungsgewalt des Erblassers, andererseits Benachtheiligung einer Reihe von Rechten und Interessen. Wie nach dem Gutachten das eigenartige dingliche Recht des Vermächtnißnehmers in einem nomen legatum gestaltet sein soll, habe ich wörtlich mitgetheilt. Es gilt für mich das schon im Allgemeinen Bemerkte: die Ausgestaltung ist mir nicht deutlich genug. Soll bis zu dem „Ersichtlich werden, daß der Vermächtnißnehmer rechtlicherweise sein Gläubigerrecht geltend machen kann", ein Zwischenzustand eintreten, so scheint mir ein solcher die bei der Dinglichkeit eintretenden rechtlichen Schwierigkeiten und volkswirthschaftlichen Nachtheile nur vermehren zu können, die besonderen Nachtheile für die Gläubiger des Erblassers, den Erben und dritte Personen aber nicht erheblich zu vermindern.

In Betreff des Befreiungslegats gilt meines Erachtens im Wesentlichen dasselbe wie in Betreff des legatum nominis. Das jetzige Recht ist theils unklar, theils bestritten. Nach gemeinem Rechte ist bestritten, ob der Vermächtnißnehmer direct befreit wird, womit auch die bestellte Sicherheit für Erben und Erbschaftsgläubiger verloren gehen würde, oder ob es nur ein Klagrecht gegen den Erben und eine exceptio doli erhält, von der er gegen den Dritten, welcher vom Erben erworben hat, keinen und gegen den Erben selbst nur so weit Gebrauch machen kann, als dieser das Vermächtniß — ohne Abzug — erfüllen müßte, also an der Geltendmachung des Anspruchs für sich kein Interesse hat. In Betreff des preußischen Landrechts sagt Dernburg: „das Vermächtniß der Befreiung hebt die betreffende Schuld von Rechtswegen mit dem Tode des Erblassers auf; — dies gilt natürlich nur so weit, als der Nachlaß solvent ist." Im Gutachten ist dies bestritten und wird bemerkt: „man müßte die Nachlaßforderung erst wieder aufleben lassen, um dem Erben zu dem Seinigen zu verhelfen". Das österreichische bürgerliche Gesetzbuch sagt: „das Vermächtniß einer Forderung, die der Erblasser an den Legatar hat, verpflichtet den Erben, den Schuldschein zurückzugeben, oder dem Legatar die Befreiung von der Schuld auszufertigen." Unger nimmt unmittelbare Aufhebung an, meines Erachtens inconsequent.

Nach dieser Besprechung der Folgen einer Annahme der gemeinrechtlichen dinglichen oder nur obligatorischen Wirkung der Vermächtnisse im Einzelnen komme ich zum Schlußergebniß, die Anschauung der Römer, den Willen des Erblassers als oberstes Gesetz anzusehen: uti legassit . . . ita jus esto, mochte den unmittelbaren Eigenthumserwerb des Vermächtnisnehmers allen Schwierigkeiten gegenüber aufrecht erhalten. Unsere Rechtsanschauung ist eine andere; sie läßt des Erblassers Willen nicht in Willkür ausarten, sondern nur so weit berechtigt erscheinen, als er mit den von dem allgemeinen Interesse geforderten Rechtssätzen nicht in Widerspruch tritt. Das thut aber, wie ich gezeigt zu haben glaube, die dingliche Wirkung der Vermächtnisse nicht bloß, sondern sie verletzt auch die Interessen der Gläubiger des Erblassers, seiner Erben, ihres Pflichttheilsanspruchs, — welcher nicht bloß auf dem Gefühl einer natürlichen Billigkeit, sondern auf dem Grund einer sittlichen und rechtlichen Pflicht der Fürsorge für die nächsten Angehörigen beruht — und das Interesse dritter bona fide-Erwerber. Das für die dingliche Wirkung meines Erachtens lediglich in Betracht kommende Interesse des Erblassers, über ein einzelnes Vermögensstück zu Gunsten eines Anderen als des von ihm bestimmten Erben mit Sicherheit verfügen zu können, kann ich so hoch nicht schätzen, um solcher Verletzung allgemeiner und besonderer Interessen gegenüber Berücksichtigung in der neuen deutschen Gesetzgebung fordern zu können. Fürchtet der Erblasser wegen der Persönlichkeit des Erben oder wegen dessen Schulden die Nichterfüllung seines Willens, so wird es nicht bloß in seinem, sondern im Interesse aller Betheiligten sein, wenn er einen oder mehrere Testamentsvollstrecker ernennt und so bis auf seltene Ausnahmsfälle die Erfüllung seines letzten Willens, soweit dieser berechtigt ist, sichert.

Im Gutachten wird noch gefragt, warum der Entwurf dem Vermächtnißnehmer nicht das Recht des Nacherben gegeben habe. Nach den Bestimmungen des Entwurfs ist der Vorerbe dem Nacherben gegenüber als Nießbraucher anzusehen. Dies Rechtsverhältniß mit seinen gegenseitigen Rechten und Pflichten paßt aber nicht für die regelmäßig sofort fälligen Vermächtnisse. Ganz wie die Herren Referenten gestern in Betreff der Miethe ausgeführt haben, könnte es nur bei betagten und bedingten Vermächtnissen Anwendung finden, wenn es überhaupt thunlich wäre, das für die Universalsuccession des Nacherben, welcher auch den

Nachlaßgläubigern verpflichtet wird, bestimmte Recht auf die Singularsuccession des Vermächtnißnehmers anzuwenden.

Auch zu einer anderen „Ausgestaltung eines dinglichen Rechts auf die vermachte Sache", wie solche das Gutachten vorschlägt, kann ich mich nicht verstehen. Solche hat im preußischen Landrecht wegen der Verdunkelung der Grenzen zwischen den Gebieten des Sachenrechts und der Schuldverhältnisse und der hierdurch veranlaßten Streitfragen kein Glück gemacht und ist von der neueren Rechtswissenschaft, von dem preußischen Gesetze von 1872 über das Grundeigenthum auch in Betreff der unbeweglichen Sachen verworfen. Für ein verhältnißmäßig so unbedeutendes, praktisch unerhebliches Interesse, wie dasjenige des Eigenthümers, sein Eigenthum von Todes wegen unmittelbar einem Singularsuccessor zu überlassen, kann ich nicht den Vorschlag machen, ein neues Rechtsverhältniß zu schaffen, besonders dann nicht, wenn dieses erst von Wissenschaft und Praxis klargestellt werden soll. Die gestern für den Fall vorheriger Ueberlassung der Sache an den Miether um deswillen, weil der Erwerber die Innehaltung sehen oder erfahren konnte, gemachte Ausnahme paßt hier nicht. Hat der Erbe ihm das vermachte dingliche Recht übertragen, so ist er unzweifelhaft dinglich Berechtigter. Sollen anderweite Ausnahmen von dem Grundsatze, daß Obligationsverhältnisse nur zwischen Gläubiger und Schuldner wirken, zugelassen werden, etwa in Verbindung mit einer Eintragung des Mietherrechts im Grundbuche, so mag man prüfen, ob solche Ausnahmen auch auf das vom Vermächtnißnehmer erworbene Recht passen. Ich will hier keine Ausnahme vorschlagen. Jedenfalls müssen sie, oder etwaige Ausgestaltungen eines selbständigen dinglichen Rechts auf die vermachte Sache im Sinne des Gutachtens oder im Sinne eines durch die Rücksicht auf das Vermächtniß gebundenen Eigenthums des Erben, wie Ihering solches zu construiren versuchte, oder gar Vorschläge für eine Beibehaltung dinglicher Wirkung, in fester Formulirung vorgelegt werden, so daß man erkennen kann, wie weit sie theoretische Bedenken und praktische Unzuträglichkeiten zu beseitigen geeignet sind, ehe ich mich dem einen oder anderen anschließen kann. Bis dahin stimme ich für Bejahung der Frage und stelle den Antrag:

> Die Abtheilung wolle sich mit der Bestimmung im Entwurfe eines bürgerlichen Gesetzbuchs für das Deutsche Reich:
>
> > „Durch das Vermächtniß wird für den Vermächtnißnehmer nur eine Forderung gegen die Beschwerten auf Leistung des Gegenstandes des Vermächtnisses begründet"
>
> einverstanden erklären.

Correferent Geh. Justizrath Professor Dr. **Dernburg** (Berlin): M. H.! Es ist mir nach dem gründlichen und erschöpfenden Vortrage des Herrn Antragstellers natürlich schwer, meine Ansicht zu begründen, auf alle die Punkte, die er vorgetragen hat, hier einzugehen; das würde die Zeit, die uns gesteckt ist, weitaus überschreiten. Er hat vor allen Dingen auf die römische Legislation Bezug genommen, auf die zahlreichen Streitfragen, die im gemeinen Recht herrschend sind. Ich weiß es ja, es sind eine Menge Streitfragen, Unklarheiten und auch subjective Ansichtsverschiedenheiten der Schriftsteller, wie das im gemeinen Recht so häufig vorkommt, und ich kann mir wohl erklären, daß ein im Gebiete des gemeinen Rechts Wirkender das Kind mit dem Bade ausschüttet und, da so viele Streitfragen im gemeinen Recht sich finden in Bezug auf die dingliche Wirkung des Legats, mit dieser dinglichen Wirkung bricht, geradeso, wie es seinerzeit Mommsen gethan hat. Wenn Mommsen aber vor allen Dingen auf die Idee der Universalsuccession sich stützt und sagte: der Erbe ist unbeschränkter Herr des Gesammtvermögens, es ist principwidrig, daß dem Erben etwas entzogen wird von dem ganzen Vermögen, es kann einer mit Forderungen belastet werden, so frage ich: wo ist die Idee der Universalsuccession her? Die Römer haben sie uns gebracht, das ist das Merkwürdige der Jetztzeit, daß die römischen Ideen übertrieben werden, insbesondere im Entwurf des bürgerlichen Gesetzbuchs so vielfach übertrieben werden, so auch hier. Die Römer selber hatten das Gefühl, daß auch der Vermächtnißnehmer einen Schutz haben muß. Was ist denn eine persönliche Forderung gegenüber demjenigen, dem man nicht selbst creditirt hat? Der Vermächtnißnehmer bedurfte eines Schutzes, und so hat man im Widerspruch mit der Idee der Universalsuccession die dingliche Wirkung der Legate durchgeführt; aber freilich, im Wust der Compilation des justinianischen Rechts hat sich eine Menge von Streitfragen breit gemacht und sie bedrücken die gemeinrechtliche Praxis, wie wir von dem verehrten Herrn Vorredner gehört haben. Dieser Wust ist aber doch zum größten Theile in Preußen aufgeräumt. Im preußischen Landrecht, wissen wir, wird das Legat unmittelbar mit dem Todesfall erworben und die Streitfragen, die auch hier erhoben sind, sind, wie der Herr Vorredner hervorgehoben hat, durch das Reichsgericht zurückgeführt auf ein ziemlich enges Gebiet. Was das österreichische Recht anlangt, die Hauptautorität der neueren Gesetzgebung gegen das sogenannte Vindicationslegat, so war je nach dem österreichischen Recht die Verlassenschaftsabhandlung die Grundlage. Es wurde ja das ganze Vermögen mit Beschlag belegt durch den Staat, und das ist zum Theil bis jetzt der Fall. Es hat der Herr Vorredner selber zugestanden, daß, wenn das der Fall ist, es ganz gleichgültig ist, ob ein dinglicher oder ein persönlicher Anspruch besteht; das Gericht bezahlt den Fiscus, die Vermächtnißnehmer, die Pflichttheilsberechtigten, und was übrig bleibt, giebt es dem Erben. Dieses System kann aber der Herr Vorredner nicht für sich anführen; es ist etwas ganz anderes und zeigt uns, daß wir Einzelnes aus fremden Gesetzgebungen nicht nach Belieben herausgreifen können, sondern daß da nothwendig ist, daß wir das Ganze in's Auge fassen.

M. H., das Eigenthum, sagt man, des Legatars ist principwidrig gegenüber der Universalsuccession. Ja, das kann mich nicht stören. Wenn es der Idee der Universalsuccession nicht vollständig entspricht, so entspricht es doch der Idee, wie sie die Römer uns überliefert haben, und damit ist der Verkehr bis jetzt ausgekommen, er wird auch ferner damit auskommen. Es scheint noch etwas anderes principwidrig, was den constructiven Juristen immer Schwierigkeiten machte: der Legatar ist Eigenthümer und hat noch keinen Besitz; der Legatar ist Eigenthümer des Grundstücks und hat noch nicht die Legitimation, in das Grundbuch eingetragen zu werden, er bedarf dazu erst der Zustimmung des Erben. Das scheint ja unvereinbar und deswegen ist die bisherige Regelung, weil wir immer mit Recht auf klare bestimmte Formen dringen, so wenig bei den Juristen populär. Aber, m. H., was ist denn dieses Eigenthum? Fassen wir es doch richtig auf! Es ist nichts anderes als eine Sicherheit des Legatars, wie wir ja das Eigenthum auch sonst in dieser Funktion finden als eine Sicherung. Beim Möbelleihvertrage und gar vielen anderen Verhältnissen ist das Eigenthum Sicherung, es ist auch hier nichts anderes als Sicherung. Der verehrte Herr Vorredner sagt, er wolle sich darüber nicht schlüssig machen, ob wegen des Legats eine Vormerkung eingetragen werden könne. Ja, m. H., wenn er eine Vormerkung eintragen läßt, so erkennt er ein dingliches Recht an, denn die Vormerkung kann sich nicht auf einen rein persönlichen Anspruch stützen; das ist eine Bethätigung der Dinglichkeit, die im Grundbuche zur Geltung kommt. Nun frage ich: was ist denn die natürlichste Sicherung des Legatars, daß er in der angeführten Weise Eigenthum hat an der ihm legirten Sache? Diese Sicherung ergiebt sich ganz von selbst, sie liegt in dem Willen des Erblassers. Er will eine Sache zuwenden, nicht eine Forderung. Diese Sicherung ist auch wenig complicirt. Im preußischen Recht geht die Sache ganz gut, weil wir den Wust der Streitfragen des römischen Rechts nicht haben. Sie ist eine einfache, natürliche, im Willen des Erblassers begründete. Sie entspricht endlich der Volksmeinung. Es entspricht nicht der Volksmeinung, daß der Legatar ein bloßes Forderungsrecht hat, noch weniger als in Rom in Deutschland, da im Volke die scharfe Trennung der Universalsuccession und der Singularsuccession nicht durchgedrungen ist. Denken Sie sich den Fall, der Erblasser hat irgend einem Verwandten gewisse Möbel zugewendet durch Vermächtniß und im Uebrigen einen anderen Verwandten zum Erben eingesetzt, der das Geschäft fortführen soll. Was bleibt dem Ersteren künftig übrig, wenn der Erbe die vermachten Möbel ohne Weiteres veräußert: eine Klage auf Ersatz. Wenn der Erbe das weiß, daß die Mobilien vermacht sind, — und die Erbschaft ist solvent — so begeht er nach der jetzigen Gesetzgebung eine Unterschlagung; davor hütet er sich. Nach der Gesetzgebung des Entwurfs kann der Erbe das ungestraft thun; der Vermächtnißnehmer hat eine persönliche Forderung, die mag er einklagen. Wir kennen das ja, die Klageanstellung ist jetzt etwas so Leichtes, die Proceßkosten sind ja so niedrig! Ja, sagt man, der Erblasser kann einen Testamentsexecutor ernennen. Für wen sind denn die Testamentsexecutoren? Sie sind doch nur für die Reichen! Geringere Leute — von absolut Armen spreche ich nicht — kleinere Leute, können sie Testamentsexecutoren ernennen, weil sie ihre Habseligkeiten, ihre Mobilien einer Nichte u. s. w. zuwenden wollen? Hier wie so oft führt das rein formelle Recht — und es ist ein formelles, es geht nur aus constructiven Erwägungen hervor — das der Entwurf hat, zu einer Begünstigung der reicheren Klassen, die ärmeren gehen leer aus. Das sind aber Dinge, die ich nicht will. Ich behaupte einmal: es ist dies die natürliche Sicherung; und ferner: es liegt im deutschen Rechtsbewußtsein, daß die Vermächtnisse diesen Schutz haben. Wie Herr Assessor Friedensburg sich ausdrückt, Vermächtnisse sind gleichwerthig der Erbzuwendung, nicht absolut — wer wollte das behaupten? Das hat auch Herr Friedensburg nicht gedacht — aber sie sind gleichwerthig in dem Punkte, daß das Volk sie auch gesichert sehen will, daß sie so gut wie die Erben den Willen des Erblassers für sich haben.

Nun sagt der Herr Vorredner: es werden Rechte Dritter verletzt. Ja, wenn das der Fall wäre, wenn die Rechte der Gläubiger oder sonst Berechtigter verletzt würden, dann wäre es unbegreiflich, wie man seit Jahrtausenden einen solchen Rechtssatz hätte dulden können, und wie das preußische Landrecht, der code civil ihn hätte übernehmen können. Aber davon kann doch nach den neueren Legislationen nicht die Rede sein. Denn was die Gläubiger angeht, so ist es Grundsatz, daß die Gläubiger unter allen Umständen den Legataren vorgehen. Das hat schon das römische Recht wenigstens insofern ausgesprochen, daß es sagt: ein Legat ist insoweit überhaupt nur gültig, als die Erbschaft solvent ist; ein Legat, das über den Reinertrag der Erbschaft hinausgeht, — das ist einer der alleranerkanntesten Grundsätze im römischen Recht — ist von vornherein nichtig. Wenn es von vornherein nichtig ist, so kann daraus auch kein Eigenthum entspringen. Dann geht aber das neuere Recht noch viel weiter und sagt allgemein: die Gläubiger gehen den Legataren vor. Also die Gläubiger sind nicht bedroht und werden auch in Zukunft nicht bedroht sein. Für den bona fide-Erwerb haben wir im Entwurfe die besten Cautelen; der bona fide-Dritte ist vollständig geschützt, und mala fide-Dritte will ich nicht schützen. Wenn der Erbe die Mobilien, die dem Legatar zugewendet sind, seiner Frau oder seiner Geliebten schenkt und diese weiß, daß sie vermacht sind, so will ich nicht, daß die Frau oder die Geliebte die Mobilien behält und der Legatar leer ausgeht. Nicht bloß den Willen des Erblassers haben wir zu ehren, sondern wir haben auch die Vermächtnißnehmer zu schützen. Sie haben ein Recht an der Sache, der Erblasser will sie ihnen geben; das werden Sie niemals aus dem Volksbewußtsein herausbringen, daß der Legatar, dem Mobilien, Kleider vom Erblasser zugewendet sind, ein Recht auf diese Mobilien, diese Kleider hat und nicht blos eine persönliche Forderung auf einen Werth. Dieses Recht wurzelt im Volksbewußtsein, und das Recht, das im Volksbewußtsein lebt, zu schützen, ist unsere Aufgabe, und nicht durch einfache juristische Constructionen den Schwierigkeiten aus dem Wege zu gehen. Welchen ethischen Eindruck würde es machen, wenn es nach und nach in das Volksbewußtsein übergeht: der Erbe ist gar nicht verpflichtet, die vermachte Sache herauszugeben, er kann sie verkaufen, er verfällt dadurch in keine Strafe, er kann höchstens verklagt werden auf den Preis! Glauben Sie, daß das das Rechtsbewußtsein im deutschen Volke stärkt? Haben wir nicht alle Ursache, durch eine Legislation das ethische Volksbewußtsein zu kräftigen? Nach meiner Meinung schwächt der Vorschlag des Entwurfs das Volksbewußtsein, nach meiner Meinung führen uns diese und alle rein constructiven Bestimmungen auf eine schiefe Ebene.

Ich resümire mich dahin: es ist das Eigenthumsrecht des Legatars an der ihm vermachten Sache anzuerkennen. — Ich gehe auf die Spitzfindigkeiten des legatum nominis und der Alternativlegate nicht ein, darüber kann man streiten, wie ich Ihnen gern zugestehen will. Aber das gewöhnliche legatum, das Legat eines bestimmten Objects ist in der Meinung des Erblassers ein Legat des Eigenthums; es entspricht der allgemeinen Volksauffassung, der deutschen Volksauffassung vor allen Dingen, daß dieses Legat des Eigenthums auch effectuirt werde, und es würde das ethische Bewußtsein schwächen, wenn wir diese natürliche Sicherung streichen. Meine Meinung ist, daß wir in Uebereinstimmung mit dem preußischen Landrecht, dessen Redactoren dem praktischen Leben sehr nahe standen und die dem Volksbewußtsein durchweg einen entsprechenden Ausdruck gaben, gerade weil sie nicht so constructiv waren — daß wir entsprechend dem preußischen Landrecht festhalten an dem bisherigen Satze und daß wir sagen: es ist dem Entwurfe nicht beizutreten! (Bravo!)

**Stellvertretender Vorsitzender:** Nachdem sich die beiden Herren Referenten geäußert haben, eröffne ich die Debatte über die gestellten Anträge. Es wird nicht nöthig sein, sie noch einmal zu verlesen; der Herr Referent hat seinen Antrag mitgetheilt, der einfach dahin geht, sich den Bestimmungen des Entwurfs anzuschließen; Herr Geh. Justizrath Dr. Dernburg hat den Antrag gestellt, die Abtheilung wolle sich im Gegensatze zu dem Entwurfe aussprechen.

Das Wort hat zunächst Herr Justizrath Wilke.

Justizrath **Wilke** (Berlin): Es mag sein, daß, wenn es sich darum handelte, jetzt einen Verein zu gründen oder einen Staat zu gründen mit ganz neuen Gesetzen, es dann vielleicht gut wäre, bei dem Legat einer bestimmten Sache dem Legatar nur ein Forderungsrecht zu geben aus Zweckmäßigkeitsrücksichten, weil es für die Judicatur jedenfalls das Bequemste und Einfachste wäre. Das läßt sich meines Erachtens zugeben. Nun sind wir aber nicht in dieser Lage, sondern das Deutsche Reich besteht doch schon eine ganze Zeit lang, wir befinden uns im Besitz von tausendjährigem Recht und dieses Recht ist im Gebiete des Deutschen Reichs nahezu einig über einen bestimmten Grundsatz. Sowohl das römische Recht als das preußische Recht, als das französische Recht haben doch den Grundsatz, daß der Legatar Eigenthümer der vermachten Sache wird. Wenn nun die Frage herantritt: soll das geändert werden, soll auf einmal ein Princip, welches in Fleisch und Blut übergegangen ist, durch tausendjährige Gewöhnung, geändert werden? so fragt man sich: was sind denn für zwingende Gründe dafür vorhanden? haben sich denn Mißstände herausgestellt? Und da hat der erste Herr Referent seinen Vortrag damit begonnen, daß praktisch die Sache eigentlich ziemlich gleichgültig wäre, daß die Praxis eigentlich keine Aenderung hervorrufe. Dann frage ich: warum denn um Gotteswillen der Streit? warum läßt man es nicht bei dem, was besteht? Da komme ich auf einen Vorwurf, den man, wie ich glaube, der Commission für den Entwurf des bürgerlichen Gesetzbuchs überhaupt machen kann. Sie soll kein Gesetzgeber sein in der Weise, daß sie uns hier vorschreibt, was Gesetz ist; das ist überhaupt nicht Aufgabe des Gesetzgebers. Meines Erachtens hat der Gesetzgeber gar kein Recht, ein Gesetz zu machen, sondern der Gesetzgeber hat die Aufgabe, zu hören und zu merken, was Gesetz ist, was das Volksbewußtsein ist, und er muß dies in einer verständigen und klaren Weise zum

Ausdruck bringen; er muß sich aber nicht anmaßen, dem Volke und dem Deutschen Reiche vorzuschreiben: ich will, daß das jetzt Gesetz sein soll; es ist zwar nicht Gesetz, aber es soll von jetzt an Gesetz sein. Das ist meines Erachtens ein Hauptfehler, an dem auch der Entwurf etwas krankt. Nun kann man ja sagen: wie kommen wir damit aus, wenn wir uns hier einigen sollen? Verschiedene Rechtsgebiete sollen sich hier einigen; da muß einer oder der andere nachgeben. Das gebe ich zu; diese Frage ist aber nicht in lite. In dem vorliegenden Falle sind einmal ausnahmsweise in großen Gebieten des Deutschen Reiches die Gesetze dieselben; diese zu ändern, hat man in der That keinen Anlaß. Wenn sich verschiedene Rechtsgebiete vereinigen, muß einer oder der Andere nachgeben, da läßt sich eine Vergewaltigung, die immer darin liegt, wenn ein oder das andere Recht aufgegeben werden soll, aus politischen Gründen rechtfertigen, weil man sagen kann: daß vielleicht der Eine oder Andere in seinem Rechte gekränkt wird, das ist weniger wichtig, als daß wir ein gemeinsames Recht haben. Aber ein gemeinsames Recht aufzugeben und dafür ein neues Recht durch Gesetz einzuführen, das ist meiner Meinung nach nie gerechtfertigt, und daß die Commission — meiner Meinung nach ist der Ausdruck gerechtfertigt — sich erlaubt zu verlangen, es soll etwas Recht sein, was nicht Recht ist, steht auf derselben Stufe mit dem Satze: das Gewohnheitsrecht soll nicht gelten. Das Gewohnheitsrecht hat mehr zu sagen, als der Gesetzgeber zu sagen hat; wie kann der Gesetzgeber sagen: das Gewohnheitsrecht soll nicht gelten? Weiter komme ich dazu: was entspricht dem Rechtsbewußtsein am meisten? Dem Rechtsbewußtsein entspricht in der vorliegenden Frage, daß der Legatar total erbt. Jeder Nichtjurist, der gefragt wird, sagt: ich habe das Haus geerbt, und wenn jemand nichts hinterlassen hat, so sagt der gesetzliche Erbe: ich habe nichts geerbt, weil ich nichts bekommen habe. Im Begriffe des Nichtjuristen ist der Unterschied zwischen Erbe und Legat nicht geläufig, jedenfalls würde das Rechtsbewußtsein verletzt sein, wenn der Legatar nicht für sein Legat gegen den Erben geschützt würde, soweit man ihn überhaupt schützen kann. Streitfragen sind ja viele vorhanden, sie sind indessen mehr theoretisch gemacht als in der Praxis hervorgetreten, und wenn sich die Commission darauf beschränkt hätte, für diese Streitfragen einen zweckmäßigen Ausweg zu finden, dann würde das allgemein mit Freude begrüßt worden sein. Ich stimme also entschieden dafür, daß wir den Antrag des Herrn Dr. Dernburg annehmen.

Rechtsanwalt Dr. **Alexander Katz** (Berlin): M. H.! Ich melde mich auch in diesem Falle nur zum Worte, weil sich ein Anderer nicht zum Worte meldet, wiederum um mich auf den Standpunkt des Entwurfs zu stellen. Der Herr Geheimrath Dr. Dernburg hat ausgeführt, daß ein Legat insoweit nichtig ist, als die Erbschaft insolvent ist. Ueber die Solvenz der Erbschaft läßt sich meist augenblicklich ein Urtheil gar nicht fällen, namentlich dann nicht, wenn die Erbschaft sehr groß und sehr umfangreich ist, namentlich dann nicht, wenn die obligatorischen Verhältnisse des Erblassers unklar sind. In einem solchen Falle wird selbstverständlich der Legatar von vornherein zugreifen. Ob er, wenn sich nachher herausstellt, daß die Erbschaft nicht solvent ist, noch in der Lage ist, den legirten Gegenstand zurückzugewähren, das ist eine Frage, die in vielen Fällen verneint werden wird. Es wird sich also ergeben, daß das nichtige Legat bereits ausgeführt ist zu einer Zeit, in der die Nichtigkeit noch nicht feststand, und zwar ausgeführt ist zum Nachtheil der Erben. Außerdem stehen die Bestimmungen des Entwurfs über das Legat wie alle anderen Bestimmungen mit anderen Vorschriften des Entwurfs in innigem Zusammenhange, und ich glaube, daß diese Vorschriften im Zusammenhange stehen mit denen über das Pflichttheil. Der Pflichttheilsberechtigte ist nach dem Entwurfe nicht Erbe, sondern er kann sogar durch Ausschlagung der Erbschaft Pflichttheilsberechtigter werden. Er hat ebenfalls nur einen obligatorischen Anspruch und zwar einen Geldanspruch gegen den Erben. Wenn wir den Pflichttheilsberechtigten einen obligatorischen Anspruch gegen den Erben geben und nicht unmittelbar ein Erbrecht, dann kann noch viel weniger der Legatar Anspruch auf unmittelbare Succession haben, dann muß um so mehr der Legatar beschränkt werden auf einen Anspruch gegen den Erben, auf eine Obligation.

Amtsrichter **Bunsen** (Rostock): M. H., ich will mir nur ein Wort erlauben gegen einen Punkt, den der Herr Vorredner angeführt hat, und gegen den letzten Punkt, der hier zur Sprache gebracht worden ist. M. H., es gehört ja nicht unmittelbar zur Sache. Ich kann nicht anerkennen, was gesagt worden ist über die Aufgaben der Commission bezüglich der Gesetzgebung; ich bin ganz entgegengesetzter Ansicht, ich halte es sehr wohl für die Aufgabe des Staats, die Privatrechtsnormen zu bestimmen und das Recht in die Wege zu leiten, welche es gehen soll. Anlangend den zweiten Punkt, so sind die Stellung des Pflichttheilsberechtigten und die Stellung des Vermächtnißnehmers doch wesentlich verschieden, so daß man nicht sagen kann: der Pflichttheilsberechtigte hat als solcher nur einen obligatorischen Anspruch. Der Pflichttheilsberechtigte kann Erbe sein, er kann Vermächtnißnehmer sein. Die Frage hängt mit der anderen gar nicht zusammen, welche Stellung er zu der ihm vermachten Sache bekommt, oder in welcher Stellung er als Erbe steht. Der Pflichttheilsberechtigte soll nur einen bestimmten Werthstheil der Erbschaft haben, und wie er den bekommt, ob als dinglich oder forderungsberechtigt, das ist ganz gleich. Meine Ansicht zur Sache selbst ist: Ich bin mit dem Herrn Referenten dahin einverstanden, daß es von Interesse wäre, Klarheit der Rechtsverhältnisse zu schaffen. Ich glaube aber auch, daß diese durch den dinglichen Rechtserwerb des Vermächtnißnehmers geschaffen werden könnte. Wenn man im praktischen Leben steht, wie ich, wenn man eine Reihe von Testamenten fast täglich zu machen hat und mit dem Publikum verkehrt, so erfährt man, was es will. So ist denn ganz gewiß, daß man demjenigen, der über sein Vermögen verfügen will, schwer gerecht werden würde, und es würde für ihn schwer verständlich sein, wenn er sagte: „ich will, daß diese Sache, diese Forderung mit meinem Tode an den und den übergeht", wenn man ihm darauf entgegnen wollte: „ja das geht nicht, der Gesetzgeber will das nicht". Das entspricht allerdings dem Rechtsbewußtsein im Volke, daß es geht, und es muß gehen. Es geht auch in Wahrheit, denn, wenn man den Empfänger der vermachten Sache für den Fall, daß die Erbschaft nicht solvent ist, verpflichtet, für seinen Werthgegenstand, den er bekommen hat, entsprechend zur Masse zu zahlen, dann ist die Sache in Ordnung. Nun ist allerdings gesagt worden: wenn nun der Vermächtnißnehmer die Sache verbracht hat! Ja, dasselbe kann auch der Erbe thun, und ist die Sache bona fide veräußert, so ist sie nicht mehr zu haben, und gegen Betrug kann keine Gesetzgebung schützen. Die Sicherung der Gläubiger würde ich auch voranstellen, und das würde sich machen lassen. Es ist eben hier darauf verwiesen worden, daß man einen Testamentsvollstrecker ernennen könnte; das ist richtig, aber nicht nötig. Wenn man nur jedem Gläubiger die Befugniß gäbe, sobald Gefahr da ist, gerichtliches Einschreiten zu veranlassen oder eine Sicherstellung des Nachlasses herbeizuführen, so kann man eine vollständige Sicherstellung der Gläubiger erreichen. Was aber das Uebrige anbetrifft, so muß man sagen: es kommt doch wesentlich darauf an, daß die Theilung des Nachlasses so ausgeführt werde, wie der Erblasser es gewollt hat, oder, wie es in den zwölf Tafeln heißt: uti legassit, ita ius esto! Also, m. H., das muß man festhalten: wenn der Erblasser will, daß die Sache in der und der Weise auf den und den übergehen soll, so sehe ich nicht ein, warum dies nicht ermöglicht werden soll. Mit den Schwierigkeiten und Streitfragen, glaube ich, wird die Praxis, werden die Gerichte auch in diesem Falle fertig werden. Ich bitte Sie deshalb, aus den vorgetragenen Gründen den Antrag des Herrn Correferenten anzunehmen.

Landrichter **Lebenheim** (Schneidemühl): M. H., nach den dankenswerthen Mittheilungen, die der Herr Vorredner eben aus seiner Praxis gegeben hat, glaube ich, daß man vollständig dem Resultate beitreten kann, welches Herr Geheimrath Dr. Dernburg vertreten hat; ich glaube, man wird dahin gelangen müssen zu sagen, daß, was dem einen Rechtssatz recht, auch dem andern billig ist. Was wir gestern für die Aufrechterhaltung des preußisch-rechtlichen Grundsatzes gehört haben, das, glaube ich, wird noch in höherem Grade heute gelten. Denn es ist von allen Herrn Rednern anerkannt worden, daß in allen Rechtsgebieten, für welche überhaupt der Entwurf des bürgerlichen Gesetzbuchs Gesetzeskraft erlangen soll, dasjenige gilt, was der Herr Correferent hier vorschlägt, und ich glaube, es liegt hier ebenso wie gestern gar kein ausreichender Grund vor, um nun an dem geltenden Rechte zu ändern und so erheblich zu ändern, wie das seitens des Herrn Referenten bezw. seitens des Entwurfs vorgeschlagen wird. Ich wollte mir nur erlauben, auf einen Punkt aufmerksam zu machen. Der Herr Referent hat in Uebereinstimmung mit der Begründung des Entwurfs darauf hingewiesen, daß zur Sicherheit des Vermächtnißnehmers, falls demselben nur eine persönliche Forderung an den Erben zusteht, das Institut des Testamentsvollstreckers dienen könnte. Geheimrath Dr. Dernburg hat bereits meiner Ansicht nach zutreffend darauf hingewiesen, daß dieses Institut im Wesentlichen nur für die vermögenden Klassen vorhanden ist. Ich glaube auch aus der Praxis bestätigen zu können, daß das Institut bei dem ärmeren Theile der Bevölkerung, in welcher ich seit mehr als zehn Jahren thätig bin, nicht Anwendung findet oder nur so selten und bei so großen Vermögensmassen, daß man seine Anwendung als eine Ausnahme bezeichnen kann. Jedenfalls dient dasselbe nicht zur Vereinfachung der Rechtsverhältnisse. Wenn man dem Testamentsvollstrecker die Pflichten auferlegt, die der Erbe nicht erfüllen will — denn etwas anderes kommt dabei nicht heraus — so werden im Gegentheil die Processe vielleicht dadurch vermehrt, daß man den Testamentsvollstrecker dem einzelnen Forderungsberechtigten, dem einzelnen Vermächtnißnehmer gegenüberstellt und dadurch den Testamentsvollstrecker in die unangenehme Lage bringt, diesen Personen gegenüber die Verwaltung des Nachlasses, die er vielleicht vollständig richtig und sachgemäß geführt hatte, im Wege des Processes vertreten zu müssen. Dann glaube ich auch nicht, daß sich der Stand der Notare gern bereit finden lassen wird, dieses Amt der Testamentsvollstrecker zu übernehmen und es erscheint nicht billig, daß man, um Testamentsvollstrecker zu haben, die Notare zur Uebernahme dieses Amtes zwingen will. Ich glaube, in dieser Beziehung werden sich dem Vorschlage des Entwurfs erhebliche Schwierigkeiten entgegenstellen. Ich meine daher, daß wir für den Antrag Dernburg stimmen müssen.

**Stellvertretender Vorsitzender:** Es scheint sich niemand mehr zum Worte melden zu wollen; ich schließe daher die Debatte. Das Schlußwort hat zunächst der Herr Correferent Dr. Dernburg. (Derselbe verzichtet.)

Der Herr Referent!

Referent Landgerichtspräsident **Becker:** Ich muß bei meinem Antrage verbleiben, auch bei dem Wunsche, ein klares Recht, das bisher zugestandenermaßen nicht existiert, vorzulegen, wodurch die bisherigen Unzuträglichkeiten in der Praxis beseitigt sind. Der Wunsch ist nicht erfüllt worden. Ich kann das bloße Verneinen nicht gelten lassen. Ich habe auch auf die Hervorhebung der besonderen Schwierigkeiten eines anderen Gesetzvorschlages theils gar keine, theils eine sehr ausweichende Antwort bekommen. Allerdings ist entgegengetreten meinem Hauptbedenken: daß bei dinglicher Wirkung der Legate der Gläubiger benachtheiligt werde, für dessen Interesse ich das Zugeständniß habe, daß es dem Interesse des Erblassers vorgehen müsse. Dem ist gegenübergestellt worden, das Legat gelte ja überhaupt nur so weit, als Vermögen da sei. Das ververkenne ich nicht. Wenn aber hinzugesetzt wurde: das dingliche Recht gilt nur so weit, dann fehlt die Antwort auf die Hauptfrage. Wenn der Legatar, vielleicht bei des Erblassers Tode schon im Besitze der Sache, kraft seines dinglichen Rechts die Sache veräußert hat an einen Dritten, — der vielleicht weiter veräußerte — und jetzt findet es sich, die Gläubiger werden nicht befriedigt, wie sollen sie an diesen Dritten herankommen? Geht das nach dem bisherigen Rechte? Mir ist davon nichts bekannt: es hat auch meines Wissens noch nie ein Jurist behauptet, daß die Gläubiger von dem gutgläubigen dritten Besitzer vindiciren oder condiciren können. Das ist, was ich vor allem berücksichtigt sehen möchte. Dasselbe gilt dann auch vom Erben. Hier würden also besondere Bestimmungen nöthig sein. Mit großer Ostentation hat sich der Herr Correferent berufen auf das Volksbewußtsein. Ja, m. H., das ist ein eigenes Ding, der Beweis m. E. nicht zu führen. Sie haben schon gehört, daß Bluntschli und Mommsen für das Entgegengesetzte das Volksbewußtsein in Anspruch nehmen. Das könnte das Volk begreifen, daß der ganze Nachlaß auf den Erben direct übergeht, aber nicht, daß der Erblasser berechtigt sei, aus dem Vermögen einzelne Stücke herauszureißen und durch bloße Willenserklärung auf einzelne Nichterben übergehen zu lassen, mit oder ohne Eintragung in das Grundbuch. Wenn dann der arme Mann angeführt und gesagt worden ist, das Institut der Testamentsvollstrecker wäre nur für reiche Leute, so ist das für mich eine Nebenfrage; ich habe nur das Mittel an die Hand gegeben, wie der

Erblasser sein wenig erhebliches Interesse wahrnehmen kann. Das gebe ich zu, daß arme Leute wenig Gebrauch davon machen werden; arme Leute setzen aber auch nicht viel Legate aus, und der arme Mann hat so wenig Anspruch wie der reiche, auf Kosten der Gläubiger ein Geschenk zu erhalten. Er muß sich mit einem Anspruch an den Erben begnügen, der ihm herausgeben muß und in der Regel freiwillig herausgiebt. Wenn darauf Rücksicht genommen wird, daß es bisher so gut gegangen sei, so habe ich den Hauptgrund angegeben und ich erinnere an das Wort von Ihering, es gereiche der deutschen Rechtswissenschaft nicht zum Lobe, daß es bisher so geblieben sei. Das darf nicht Anwendung finden auf unser neues Gesetzbuch. Die Frage: warum ändern, was bisher bestanden und nicht viel Schwierigkeiten hervorgerufen hat? würde vielleicht berechtigt sein, wenn es sich um diese einzige Aenderung handelte. Jetzt aber ist die Frage: soll das bisherige Recht mit seinen Unzuträglichkeiten in das neue Recht hinübergenommen werden mit seinen consequenten, klaren und übersichtlichen Sätzen, wo man von dem Einen auf das Andere schließen muß, und auf das Einzelne wieder aus der Gesammtheit, dem Ganzen, Schlüsse gezogen werden müssen? Bei einer neuen Codification müssen alle Bestimmungen harmonisch in einander greifen.

Ich will zum Schlusse noch sagen: wenn der letzte Redner darauf hingewiesen hat, wir blieben nicht in Consequenz mit unserem gestrigen Beschlusse bei Annahme des Entwurfes, so bin ich der entgegengesetzten Ansicht. Der Satz „Kauf bricht Miethe" im Entwurfe ist gestern nur so weit abgeändert als der Miether im Besitze ist; das eigentliche dingliche Recht des Miethers ist von beiden Referenten verneint worden. Ich muß daher behaupten, daß wir nur consequent im Sinne des gestrigen Beschlusses sagen, nicht wie die beiden Gutachter Dr. Eck und Dr. Fischer: der Miether hat ein dingliches Recht, sondern: der Legatar hat kein dingliches Recht, er kann solches nur erlangen durch Besitzübertragung von Seiten des Erben.

**Stellvertretender Vorsitzender:** Wir schreiten zur Abstimmung. Ich werde den Antrag des Herrn Referenten noch einmal verlesen; er lautet:

> Die Abtheilung wolle sich mit der Bestimmung im Entwurfe eines bürgerlichen Gesetzbuchs für das Deutsche Reich:
>
> „Durch das Vermächtniß wird für den Vermächtnißnehmer nur eine Forderung gegen die Beschwerten auf Leistung des Gegenstandes des Vermächtnisses begründet"
>
> einverstanden erklären,

während der entgegengesetzte Antrag des Herrn Correferenten dahin geht:

Die Abtheilung wolle sich mit der Bestimmung im Entwurfe eines bürgerlichen Gesetzbuchs für das Deutsche Reich:

„Durch das Vermächtniß wird für den Vermächtnißnehmer nur eine Forderung gegen die Beschwerten auf Leistung des Gegenstandes des Vermächtnisses begründet"

nicht einverstanden erklären.

Es handelt sich also nicht um eine Abweichung oder Modification des Antrags des Herrn Referenten, sondern um einfache Verneinung, und ich glaube daher, daß es nur einer Abstimmung bedürfen wird. Ich werde, wenn kein Widerspruch erfolgt, den Antrag des Herrn Referenten zur Abstimmung bringen und annehmen, daß, wenn dieser Antrag zur Annahme gelangt, damit der Antrag des Herrn Correferenten abgelehnt ist, daß aber, wenn der Antrag des Herrn Referenten abgelehnt wird, damit der Antrag des Herrn Correferenten ohne Weiteres als angenommen gilt.

Ich bitte also diejenigen, welche mit dem Antrage des Referenten Herrn Landgerichtspräsidenten Becker einverstanden sind, die Hand zu erheben. (Geschieht.)

Das wird die Minderheit sein, ich bitte um die Gegenprobe. (Wird vollzogen.)

Das Bureau ist der Meinung, daß die Mehrheit für Verneinung ist; es ist also der Antrag des Herrn Referenten abgelehnt und der Antrag des Herrn Correferenten angenommen. (Viertelstündige Pause.)

**Vorsitzender:** Ich eröffne wiederum die Sitzung. Es ist noch übrig geblieben die Beschlußfassung darüber, ob unser Beschluß dem Plenum zur Kenntnißnahme oder zur Beschlußfassung vorgelegt werden soll. Ich meine: zur Kenntnißnahme.

(Zustimmung des Geh. Justizrath Professor Dr. Dernburg.)

Das Referat wird wohl Herr Dr. Dernburg übernehmen, da dessen Ansicht durchgedrungen ist. Wenn niemand widerspricht, nehme ich an, daß das Beschluß der Versammlung ist.

Wir kommen zum letzten Gegenstande, zur Servitutenfrage. Gutachter sind nicht vorhanden, Referent ist Herr Geh. Justizrath Dr. Dernburg.

Referent Geh. Justizrath Prof. Dr. **Dernburg** (Berlin): M. H., die Frage, die gestellt ist:

Sollen Servituten an Grundstücken nur durch Eintragung im Grundbuche erworben werden können? und welche Ausnahmen sind zugelassen?

bedarf einigermaßen der Präcisirung. Um Servituten im Allgemeinen würde es sich wohl nicht handeln, sondern um Grundgerechtigkeiten. Ferner aber handelt es sich wohl für uns nicht darum, in abstracto, ob irgendwie und in irgend welcher Weise das Eintragungsprincip im Grundbuche zur Geltung zu bringen ist, sondern die Frage ist die — und ich glaube der Uebereinstimmung der Herren sicher zu sein — ob das Eintragungsprincip, wie es im Entwurfe des bürgerlichen Gesetzbuchs zur Geltung gebracht ist, sich empfiehlt. Von diesem Gesichtspunkte aus habe ich denn auch die Antwort gegeben, die zu meinem Bedauern verneinend ausfallen muß.

M. H., es ist nothwendig, daß ich im Allgemeinen die Bestimmungen des Entwurfs des bürgerlichen Gesetzbuchs in Bezug auf die vorliegende Frage Ihnen vorführe.

Nach dem Entwurfe können Belastungen von Grundstücken, abgesehen von legalen Belastungen, sogenannten gesetzlichen Grundgerechtigkeiten — wenn ich so sagen darf — nur begründet werden auf Grund einer Bewilligung des eingetragenen Berechtigten bezw. auf Grund des hierauf gegründeten Antrages, und es ist die Ersitzung schlechthin ausgeschlossen.

Gegenüber den Bedenken, welche aus der Anfüllung der Grundbücher hergenommen werden, ist eine Concession gemacht. Es sagt § 969:

> Bei der Eintragung einer Grunddienstbarkeit in das Grundbuch kann zur näheren Bezeichnung des Inhalts des Rechts auf die Eintragungsbewilligung Bezug genommen werden.

Die Meinung ist also die, daß die Eintragungsbewilligung die Servitut ausführlich beschreibt, und daß nichtsdestoweniger nur eine Charakterisirung oder der Hinweis auf diese Eintragsbewilligung im Grundbuche und demgemäß auch im Hypotheken- und Grundschuldbrief sich hiernach findet.

Es steht weiter in Verbindung hiermit — ich brauche den bezüglichen Paragraphen nicht zu verlesen — daß jede Confusion durch Vereinigung des Eigenthums an der herrschenden und der dienenden Sache beseitigt ist. Es ist aber von ganz besonderer Wichtigkeit, daß ebenso wie die Begründung formalisirt ist, in nicht minderem Maße die Aufhebung formalisirt ist. Es sagt — und ich muß den Paragraphen verlesen — § 977:

> Zur Aufhebung der Grunddienstbarkeit durch Rechtsgeschäft ist die gegenüber dem Grundbuch abzugebende Erklärung des Berechtigten, daß er die Grunddienstbarkeit aufgebe, und die Löschung der letzteren im Grundbuch erforderlich.

Das ist Absatz 1. — Abs. 2 aber fährt fort:

Ist das herrschende Grundstück mit dem Rechte eines Dritten belastet, so finden die Vorschriften des § 960,2 entsprechende Anwendung.

Diese Vorschriften des § 960,2, auf die ich Ihre Aufmerksamkeit besonders lenke, sind:

Steht das Vorkaufsrecht dem jeweiligen Eigenthümer eines Grundstücks zu und ist dieses Grundstück mit dem Rechte eines Dritten belastet, so kann die Löschung nur mit Einwilligung dieses Dritten erfolgen, es sei denn, daß das Recht des Dritten durch die Aufhebung des Vorkaufsrechts nicht berührt wird. Die Einwilligung muß gegenüber dem Grundbuchamt oder dem Vorkaufsberechtigten erklärt werden. Sie ist unwiderruflich.

M. H., dies sind im Wesentlichen die Bestimmungen des Entwurfs. Es versteht sich jedoch von selber und ist vorausgesetzt, daß sich diese Bestimmungen nicht bloß beziehen sollen auf künftig zu erwerbende Servituten, sondern — und nur dann hat die Sache Halt und das ist die Meinung — daß auch alle bereits bestehenden Servituten im Grundbuche eingetragen werden müssen und daß alle auch bereits bestehenden Servituten, wenn sie hernach eingetragen sind, denselben Aufhebungsgründen unterliegen. Es wird also, ähnlich wie das seiner Zeit bei den Reallasten der Fall war, eine Präclusivfrist angenommen werden, innerhalb deren sämmtliche Servituten im Deutschen Reiche zur Eintragung gelangen müssen, widrigenfalls sie erlöschen.

M. H., das sind die wesentlichen Bestimmungen des Gesetzes.

Fragen wir nun, ob ähnliche Bestimmungen bereits in Deutschland existiren, so ist diese Frage zu verneinen. In Preußen ist ja bekanntlich einmal der Versuch gemacht worden bei Erlaß des allgemeinen Landrechts, die Eintragung der Servituten, der Grundgerechtigkeiten, anzuordnen. Es ist jedoch darauf hinzuweisen, daß dieser Versuch eine ganz andere Tragweite hatte, als der jetzige Entwurf bezweckt. Denn bei diesem Versuche war nicht die Meinung, daß schlechthin die erlöschende Verjährung der Servituten beseitigt sein sollte, es war überhaupt die ganze Sache nach der Weise des allgemeinen Landrechts nicht in der Art formalisirt, wie das nach dem Entwurfe vorgeschlagen wird. Der Versuch des Landrechts ist bekanntlich gescheitert; die Eintragung der Servituten fand so viele Schwierigkeiten, daß man sich sehr bald dazu verstehen mußte, die bezüglichen Paragraphen aufzuheben. Als man im Jahre 1872 dazu überging, ein formaleres Grundrecht zu schaffen, ist nichtsdestoweniger dieser Versuch nicht neu gemacht worden, obgleich man die Sache erwogen hat,

— nicht einmal der Versuch gemacht worden, die Eintragung der Servituten zu erzwingen.

Was die übrigen deutschen Lande anlangt, so ist nicht die Rede von Eintragung der Grundgerechtigkeiten in die Grundbücher in der Weise des Entwurfs. Es weist allerdings der Entwurf darauf hin, daß in Elsaß-Lothringen auch die Grundgerechtigkeiten eingetragen werden müssen. Allein, m. H., Sie wissen ja, daß dieses Transscriptionssystem eine ganz andere Bedeutung hat, als unsere preußische Eintragung oder unser künftiges Reichsrecht, daß alle die Vorschriften, wonach die Ersitzung von Servituten ausgeschlossen ist, wonach die erlöschende Verjährung ausgeschlossen ist, wonach jede Veränderung der Servituten erst der Eintragung im Grundbuche bedarf, um rechtskräftig zu werden, daß alle diese Bestimmungen ja selbstverständlich bei dieser französischen Transscription nicht bestehen. Ich halte es daher nicht für nothwenig, auf diese doch sehr weit hergeholten Analogien der Motive irgendwie einzugehen. Wir haben die Sache als eine Neuerung zu prüfen, wir haben die Vorzüge, wir haben die Mängel, wir haben die großen und entscheidenden Bedenken in's Auge zu fassen.

Es ist nun gar keine Frage, m. H., daß der Vorschlag auch Vorzüge hat. Wer weiß es nicht, daß zuweilen, wenn Grundstücke verkauft werden, hernach Evictionsprocesse wegen nicht angegebener Servituten sich finden, daß diese Evictionsprocesse höchst lästig sind. Sie aus der Welt zu schaffen, ist wohl des Schweißes der Edlen werth. Wer weiß es nicht, daß unter Umständen der Hypothekar auch benachtheiligt sein kann, sei es, weil eine Servitut besteht, sei es, weil eine Servitut später aufgegeben wird, ohne daß er seine Zustimmung giebt. — Ich verkenne also nicht, daß bei dem jetzigen Zustande unter Umständen Mängel eintreten können, es handelt sich aber nach meiner Ansicht hierbei um Dinge, die nicht aus der Welt geschafft werden können, solange man überhaupt nicht die Grundgerechtigkeiten aufhebt. Natürlich, wenn man die Grundgerechtigkeiten ganz aufheben und das Eigenthum in einer absoluten Weise herstellen würde, würden ja alle Processe über Grundgerechtigkeiten abgeschafft; das wäre noch viel einfacher, als der Entwurf sich verhält.

M. H., ich gehe von der Anschauung aus, daß nützliche Grundgerechtigkeiten das volkswirthschaftliche Capital des Landes steigern; die Wasserkraft z. B., die einem Grundstücke zugeführt wird, kann die Fruchtbarkeit des Grundstückes erst ermöglichen, oder doch steigern. Und ebenso gehe ich von dem Grundsatze aus, daß überflüssige, die Verkehrsverhältnisse hemmende Servituten möglichst beseitigt werden müssen, und daß es Aufgabe der Gesetzgebung ist, sie auszuschließen. Natürlich kann die Gesetzgebung hier nicht absolut verfahren; sie kann aber die Begründung nützlicher Gerechtigkeiten erleichtern und die Beseitigung schädlicher — und wer wird wohl darüber besser urtheilen können als die Betheiligten selber? — ermöglichen, sei es, daß sie den Vertrag nicht allzu sehr erschwert, welcher die Erlöschung bedingt, sei es, daß sie auch — worauf das gemeine Recht mit Recht Gewicht legt, — Servituten, die eine lange Zeit hindurch nicht mehr ausgeübt wurden, für erledigt erklärt. Denn nichts kann sicherer zeigen, daß eine Servitut überflüssig ist, als wenn sie lange Zeit, vielleicht Decennien hindurch zu keiner praktischen Geltung gekommen ist.

Von diesem Standpunkte aus erscheinen mir aber die Bestimmungen des Entwurfs vielfach bedenklich. Ich will vor allen Dingen auf die Uebergangszeit ein Auge werfen; ich will mir die Frage vorlegen: ist es practicabel, alle Servituten, auch die apparentes, welche bekanntlich das preußische Landrecht ausnahm, eintragen zu lassen?

M. H., ich fürchte, das ist schwer thunlich; ich betrachte es — das ist aber natürlich subjectiv — als eine Chimäre. Denken Sie sich eine alte Stadt; da ist ein Erker, dort eine Tropfgerechtigkeit, ein Ausfluß der Cloake, ein Balken in dem Nachbarhause. Das Alles ist in einander gebaut, das besteht seit Decennien, seit Jahrhunderten. Jede solche Urbanalservitut, jede Ueberschreitung der Grenze des Eigenthums soll eingetragen werden. M. H., ich glaube, das würde die ganze Bevölkerung aufregen. Man ist ja in Deutschland an derartige Dinge gewohnt, aber es muß doch einen entschiedenen Vortheil haben. Aber wenn die Bevölkerung sich nun sagt: das verstehst du nicht; seit so langer Zeit haben wir den Ausguß, den Erker gehabt, und man soll nun unter Präclusivfrist gehalten sein, das anzumelden; und wenn es nicht angemeldet wird, — ja, ich weiß nicht, wie es da werden soll, ob die Servitut beseitigt wird oder ob nach dem Geiste des Gesetzes bloß Auflegung einer Rente gefordert wird, das weiß ich nicht; es wird von der Bevölkerung gefordert, den bestehenden Besitzstand, der klar ist, der apparirt, in das Grundbuch eintragen zu lassen.

Ich glaube, gerade bei den Urbanservituten — ich sehe ab von den Aussichtsgerechtigkeiten, deren Eintrag man vielleicht fordern könnte, — wird, namentlich in alten Städten, die Eintragung kaum durchführbar, jedenfalls nicht durchführbar sein ohne die erheblichsten Rechtsverletzungen und Störungen der Bevölkerung.

Aber auch bei den ländlichen Servituten wird die Sache auf sehr große Schwierigkeiten stoßen. Die Wegegerechtigkeiten, die Wassergerechtigkeiten, die seit Langem bestehen, werden geübt, aber wenn das formulirt werden soll, wenn darüber eine Urkunde aufgenommen werden soll, welche Streitigkeiten, welche Verletzung der Nachbarn! Ich fürchte, es wird hieraus ein sehr ungemüthlicher Zustand, zunächst einmal in der Uebergangszeit, im Deutschen Reiche entstehen, und fast fürchte ich, daß, wenn man den Versuch macht, derselbe schließlich doch nicht gelingt, daß man, nachdem man angefangen, schließlich stocken wird, wie dies zu Ende der 90er Jahre bereits der Fall war.

Doch ich sehe hiervon ab; es gelinge dem Staate mit Aufgebot aller Mittel und Drohungen, die er in der Hand hat, die Grundgerechtigkeiten in die öffentlichen Bücher eintragen zu lassen, — so frage ich mich vor allen Dingen: ist das den Zwecken des Grundbuchs förderlich? Nun, m. H., wir haben ja uns bemüht, die Eintragungen zu vereinfachen, in der zweiten Rubrik die Eintragungen möglichst zu beseitigen. Es soll der Grundschuld- und Hypothekenbrief — und darauf ist sehr viel Gewicht zu legen — ein leicht circulationsfähiges Papier werden. Je mehr Sie in die Grnndbücher hineinschreiben, desto undurchsichtiger werden sie, desto leichter ist die Gefahr der Irrung; je mehr Sie in die Grundbücher hineinschreiben, desto mehr müssen Sie auch in die Grundschuld- und Hypothekenbriefe bringen, desto weniger werden diese Urkunden circulationsfähig. Weit entfernt also dem Realcredit zu dienen, sind diese zu weit getriebenen Consequenzen dem Realcredit nach meiner Meinung schädlich. Im einzelnen Falle kann die Eintragung nützlich sein, im Ganzen und Großen handelt es sich um Dinge, die den Gläubigern und selbst den neuen Erwerbern des Eigenthums ziemlich gleichgültig sind, ob da etwa ein Balken in seinem Hause liegt; er kann sich ja erkundigen, wenn er das Haus erwirbt. Und dem Hypothekar wird das ja vollständig gleichgültig sein. Ich betrachte also, wenn ich mich nur auf den Stundpunkt des rein formalen Rechts stelle, und den Hauptzweck, für welchen die Eintragungspflicht geschaffen ist, nämlich zur Erleichterung des Realcredits, die Neuerung keineswegs als eine besonders vortheilhafte.

Indessen, m. H., darüber ließe sich ja streiten. Ich habe von vornherein zugestanden, es wären ja auch gewisse Vortheile damit verbunden. Vielleicht würden sich diese Vortheile und diese Nachtheile aufwiegen.

Allein, m. H., von viel größerer Bedeutung ist die Gestaltung des materiellen Rechts, welche wir so erlangen, die Formalisirung des Erwerbs und, wie ich schon angedeutet habe, die Formalisirung der Aufhebung.

Die Formalisirung des Erwerbs. Es ist eine bekannte Sache, im code civil besonders hervorgehoben, daß in sehr vielen Fällen und zwar praktisch-wichtigen Fällen eine indirecte Bestellung von Grunddienstbarkeiten stattfindet, namentlich wenn der Besitzer mehrerer Grundstücke das eine veräußert, das z. B. ein Erker des Nachbargrundstücks überragt oder das eine Wasserleitung auf dem Nachbargrundstück hat. Bisher bestand keine Servitut, das ist ja klar, bisher wurde das andere Grundstück benutzt jure dominii; nun wird das andere getrennt. Jetzt entsteht stillschweigend ohne Weiteres eine Servitut. Dadurch, daß ich mein Haus mit einem Erker, mit dem Balken, welcher auf mein anderes Grundstück überragt, veräußere, bestelle ich stillschweigend eine Gerechtigkeit; dadurch, daß ich eine Brauerei veräußere, welche bisher eine Wasserleitung hatte, bestelle ich stillschweigend eine Wassergerechtigkeit. Das Reichsgericht hat mit vollem Rechte erst neuerlich erkannt, daß diese in der Natur der Sache liegende Willenserklärung, selbst wenn eine Subhastation einer Brauerei stattfindet, ohne daß die Wasserleitung vorbehalten worden ist, angenommen werden muß, daß also die Wasserleitung selbstverständlich als eine Pertinenz der Brauerei zu betrachten sei, so wird die Sache noch lange das deutsche Volk auffassen. Wenn dann hinterher sich gemäß dem Entwurfe zeigt, es ist nur die Brauerei verkauft, aber ohne das Wasser, das Wasserrecht hätte besonders bewilligt werden müssen, wenn hinterher sich zeigen sollte, es ist das Haus verkauft, aber für den Erker mußte eine besondere Grundgerechtigkeit bewilligt werden, ich glaube, daß das doch etwas sehr befremdend aufgefaßt wird und daß das Volk sich nicht in einen solchen Rechtssatz, in eine solche Weise der Behandlung wird hineinfinden können.

M. H., das ist bedenklich; aber noch viel bedenklicher ist es, daß jede Art der Servitutenersitzung ausgeschlossen ist. Die Ersitzung ist ja nichts Bequemes: der Beweis ist lästig, er ist weitläufig, und wir würden an und für sich die Ersitzung gern entbehren. Als wenn wir in unserem Rechte alles Lästige, Weitläufige fortschaffen könnten! Das können wir aber nicht. Denken Sie sich den Fall: es ist eine Servitut begründet, sie ist eingetragen, die Eintragungsbewilligung hat eine besondere Form, das liegt in den Grundacten. Darum hat sich seit Decennien niemand gekümmert. Nun wird aber das Bedürfniß ein anderes, mit Bewilligung des Eigenthümers der dienenden Sache bekommt nach und nach die Servitut einen anderen Charakter, sie läßt sich gar nicht mehr auf die Eintragungsbewilligung zurückführen. Das Bedürfniß hat sich geändert, die Leute waren einverstanden, das Verhältniß hat sich so fortgesetzt 10, 20, 30 Jahre. Nun wird das dienende Grundstück verkauft; es hat vielleicht jemand das aufgespürt, und nun sagt der Eigenthümer der dienenden Sache: ja, diese Servitut hast du nicht; vor 30 Jahren wurde eine ganz andere eingetragen, die ist seither umgewandelt. — Die Zeit ist nichts für unseren Entwurf in dieser Beziehung, wie überhaupt die Zeit in demselben nicht zu ihrem gebührenden Rechte kommt. Was noch so lange bestand, gilt nichts, es ist lediglich entscheidend die Eintragungsbewilligung, die in den Acten ist. — Da ist eine Aussichtsgerechtigkeit. Mit Bewilligung des Eigenthümers, auf der dienenden Sache ihm entgegen, wird etwas gebaut, aber es wird diese Veränderung nicht eingetragen, man hält das für unbedeutend oder man kann die Gläubiger nicht alle herbeiziehen. Es ist gebaut, es steht lange Zeit. Es muß gleichwohl niedergerissen werden, wenn ein neuer Erwerber der herrschenden Sache kommt, der sich aus dem Grundbuche instruirt hat.

Das sind Folgen der Ausschließung der Ersitzung. Die Ersitzung geht ja in der Regel nicht so vor sich, daß ohne Weiteres jemand kommt und die Servitut ausübt. In der Weise, wie ich es geschildert habe, vollziehen sich im Leben Ersitzungen. Daß das nun für alle Zeiten ohne alle Bedeutung sein soll gegenüber einer Eintragung, die im Grundbuche steht, ist höchst bedenklich bei Verhältnissen zwischen Nachbarn.

Ich komme nun aber — und das ist noch ein Hauptbedenken — auf die Aufhebung der Servituten. Die Servitut ist nützlich, wenn sie eben das dienende Grundstück nicht besonders belastet und dem herrschenden einen unverhältnißmäßigen Vortheil bringt. Aber eine Servitut kann auch überflüssig werden, sie kann ein sehr großes Hemmniß der Verkehrsbewegung sein. Nichtgebrauch soll sie gleichwohl nicht beseitigen, derselbe berührt sie nicht, denn sie ist eingetragen. Wo ein Weg war, ist ein Haus gebaut worden. Ja, muß gleichwohl das Haus niedergerissen werden, wenn das ein neuer Erwerber verlangt? — Es werden die sonderbarsten Combinationen sich ergeben. Ein Bauspeculant will ein Grundstück zum Bauplatz erwerben — es braucht auch nicht gerade ein Bauspeculant, es kann auch ein Privatier sein — eine Wasserleitung geht durch das Grundstück, oder es besteht eine Wegservitut darüber, — er will es erwerben, der Eigenthümer der herrschenden Sache ist auch bereit, gegen eine mäßige Vergütung den ihm nicht nothwendigen Weg abzutreten. Die Betheiligten einigen sich, aber die Servitut ist damit nicht aus der Welt geschafft, sie muß erst gelöscht werden. Die Leute gehen nun zum Grundbuchamt, aber nun kommt dieser ja ganz consequente § 960, 2, welcher lautet: Steht das Vorkaufsrecht dem jeweiligen Eigenthümer eines Grundstückes zu und ist dieses Grundstück mit dem Rechte eines Dritten belastet, so kann die Löschung nur mit Einwilligung dieses Dritten erfolgen, es sei denn, daß das Recht des Dritten durch die Aufhebung des Vorkaufsrechtes nicht berührt wird. Die Einwilligung muß gegenüber dem Grundbuchamte oder dem Vorkaufsberechtigten erklärt werden; sie ist unwiderruflich.

Der Ausdruck „berührt" ist mir bisher in der Rechtssprache nicht bekannt gewesen. Bisher sprach man von Schädigung, aber das will man nicht, das würde eine Modification der Consequenz bilden, also — „nicht berührt". Jeder Realberechtigte also muß seine Zustimmung geben, damit die Grundgerechtigkeit ganz oder theilweise gelöscht wird, damit der Nachbar, dem gegenüber die Aussichtsgerechtigkeit besteht, bauen kann. M. H., ist denn die Einwilligung der Realberechtigten leicht beizubringen? Kann man sie immer finden? geben sie ihre Zustimmung umsonst? ist sie nicht oft mit Opfern zu erkaufen, während sie eigentlich kein Interesse hatten? Es giebt ja in unseren alten Grundbüchern Realberechtigte, die man gar nicht mehr findet. Die Löschung ist dann gar nicht auszuführen. Es wird thatsächlich gebaut werden, es wird das Entgegengesetzte eintreten, mit Zustimmung des Eigenthümers der dienenden Sache; aber gelöscht ist die Grundgerechtigkeit nicht. Aber hinterher kommt ein dritter Erwerber, der sagt: halt, hier steht die Servitut im Grundbuche, gelöscht ist nichts, mein Recht kommt zur Geltung, und wenn 10, 20, 30 und 100 Jahre vergangen sind. — Die Zeit gilt nichts, die Eintragungsbewilligung ist das allein Maßgebende.

Giebt denn auch die Eintragsbewilligung eine ganz sichere Grundlage? Vor 30 Jahren ist eine Eintragsbewilligung gemacht, die Grundgerechtigkeit ist geschrieben, aber unter der Voraussetzung der Verhältnisse, wie sie damals bestanden, beschrieben mit dem technischen Ausdrucke, wie sie damals in Uebung waren. In 30 Jahren versteht man sie schon kaum mehr, weil die Sache sich geändert, der Sprachgebrauch sich geändert hat. Das soll nun für alle Zeiten maßgebend sein?

M. H., ich erinnere Sie an die Fideikommisse, die vor 100 oder 50 Jahren errichtet wurden. Es ist Ihnen bekannt, wie jedes Wort solcher Fideikommisse, sowie die Betheiligten in Streit kommen, Gegenstand der erbittertsten Streitigkeiten und der verschiedensten Auslegung wird. Es ist das ja ganz natürlich: das, was man damals als selbstverständlich angesehen hat, weiß man später nicht mehr, die Verhältnisse haben sich vollständig verschoben, die Auslegung der Eintragungsbewilligung, welche sich auf thatsächliche Beziehungen stützt, die möglicherweise ganz verschwunden sind, wird ebenso der Gegenstand erbitterter Streitigkeiten werden.

M. H., wir haben nicht so viel Zeit, daß der Gegenstand hier erschöpft werden könnte. Ich glaubte Ihnen aber die hauptsächlichen formellen und materiellen Bedenken vorführen zu müssen.

Wie kam aber die Commission vorzugsweise dazu, eine derartige Bestimmung zu machen? M. H., weil der Grundsatz einmal festgestellt war, daß die dinglichen Rechte an Grundstücken nur durch Eintragung begründet und nur durch Löschung aufgehoben werden. Ein wunderschöner Grundsatz, der sich zunächst empfiehlt und dem man ja mit einer gewissen Sympathie folgen kann. Allein ehe man einen solchen Grundsatz aufstellt, ehe man den Riegel vorschiebt, wie gestern der Herr College Jakobi gemeint hat, sollte man doch fragen: läßt sich denn bei allen den Verhältnissen, die in Betracht kommen, dieser Riegel praktischer Weise anbringen? Ist denn das Recht da, um der Principien willen oder sind die Principien da, um einen entsprechenden Rechtsorganismus herzustellen? ist denn das Leben da um des Rechtes willen oder ist nicht das Recht vielmehr da um des Lebens willen? (Sehr gut!) Würde nicht durch ein System, wie wir es hier vorgeschlagen finden, die deutsche Production leiden? M. H., die deutsche Production hat mit großen Schwierigkeiten zu kämpfen und nimmt trotzdem einen außerordentlichen Aufschwung. Aber wir haben auch die Pflicht, sie in diesem Aufschwunge zu unterstützen und nicht durch Gesetze, die aus principiellen Erwägungen hervorgehen, sie darin zu hemmen. Ich habe Ihnen nachzuweisen versucht, daß die deutsche Production durch den Entwurf gehemmt würde, indem die Begründung nützlicher, nothwendiger Servituten oft erschwert würde, und daß sie noch viel mehr gehemmt würde, wenn die Aufhebung bezw. jede Modification — denn jede Modification ist eine theilweise Aufhebung — nach den Vorschriften des Entwurfes erschwert würde, unter Umständen unmöglich gemacht würde, wodurch die Grundstücke bis zu einem gewissen Grade außer Verkehr gesetzt würden. Das ist, wie gesagt, nicht die Aufgabe der Gesetzgebung, und deswegen mein Antrag:

> „Die Durchführung des Grundsatzes, wonach Grundgerechtigkeiten im Grundbuch nur durch Eintragung im Grundbuch erworben werden können, wie sie im Entwurfe des bürgerlichen Gesetzbuchs geschieht, ist aus wirthschaftlichen Gründen nicht zu empfehlen."

Ich empfehle Ihnen meinen Antrag zur Annahme. (Bravo!)

**Vorsitzender:** Ich muß nachholen, daß die gewählten Vertrauensmänner gebeten werden, sich morgen früh $10\frac{1}{2}$ Uhr zur Wahl der ständigen Deputation hier einfinden zu wollen im Zimmer der II. Abtheilung. Der Herr Präsident des Juristentages hat auch die übrigen Abtheilungsvorsitzenden angewiesen, es bekannt zu machen, daß der Termin, bis zu welchem die Abtheilungen nöthigenfalls sitzen können, verkürzt werden muß, weil es nothwendig ist, daß der Vorschlag für die ständige Deputation vor der II. Plenarsitzung bestimmt wird, damit die Plenarversammlung die Wahl definitiv erledigen kann.

Rechtsanwalt Dr. **Klöppel** (Leipzig): Die vorliegende Frage ist nicht, wie sonst üblich, durch Gutachten vorbereitet worden, und abgesehen davon haben wir auch nur einen Herrn Referenten seine Gründe entwickeln hören, während sonst für Fragen von ähnlicher Wichtigkeit noch ein Correferent bestellt wird. Wenn ich unter diesen Umständen dazu komme, Ihnen die Ablehnung des Antrags zu empfehlen, so will ich sofort betonen, daß es durchaus nicht in meinem Sinne liegt, dadurch etwa den Entwurf in allen seinen Bestimmungen billigen zu wollen. Zur Ablehnung veranlaßt mich vor allem die Fassung des Antrags, und gerade die Hervorhebung der wirthschaftlichen Gründe. Ich vermag nicht anzuerkennen, daß wirthschaftliche Gründe im Allgemeinen dafür sprechen, die Errichtung von Servituten zu erleichtern oder zu erschweren. Servituten können ja wirthschaftlich bedeutsam sein, aber das wird sich doch mehr oder weniger auf den Vortheil für den Einzelnen, für das herrschende Grundstück zurückführen. Wenn der Herr Referent hervorgehoben hat, daß die Zufuhr von Wasser auf ein Grundstück, also eine Wasserleitung einen großen Werth für dieses Grundstück haben mag, — zweifellos — so wird sie aber für den Besitzer der Quelle, d. h. den Eigenthümer des Grundstücks, wo die Quelle entspringt, unter Umständen sehr nachtheilig sein können, indem er in der für ihn vortheilhaftesten Verwerthung des Wassers behindert ist. Also der wirthschaftliche Vortheil auf der einen Seite kann durch einen wirthschaftlichen Nachtheil auf der anderen Seite aufgehoben sein. Es giebt ganz selten Fälle, in welchen man mit Sicherheit sagen kann, der Nachtheil der Servitut für das dienende Grundstück ist nicht so groß, wie der Vortheil, den sie dem herrschenden gewährt; und nur dann würde ja die Servitut auch allgemein von wirthschaftlichem Nutzen sein. Aber selbst ein solcher Zustand ist doch immer nur zu verstehen rebus sic stantibus: unter gewissen gegebenen Verhältnissen ist der Nachtheil für das dienende Grundstück nicht groß. Aber diese Verhältnisse können sich ändern. Eine Servitut, die bei herrschender extensiver Bewirthschaftung von Grund und Boden sehr wenig Nachtheil hatte, kann außerordentlich nachtheilig werden, wenn der Eigenthümer zu einer intensiven Bewirthschaftungsweise übergeht. Wenn er gewohnt war, gewisse Grundstücke lediglich als Weide zu benutzen, konnte eine Wegegerechtigkeit darüber für ihn von geringem Belange sein; wenn er aber dazu kommt, dieses Grundstück in Folge intensiver Bewirthschaftung auch für den Getreidebau auszunutzen, kann diese einmal bestehende Wegegerechtigkeit ihm sehr nachtheilig werden, und nicht etwa nur für ihn, sondern allgemein wirthschaftlich nachtheilig werden. Wenn er nicht etwa dazu übergehen will, einen förmlichen Weg anzulegen und zu unterhalten, was ja doch den Verzicht auf den Ertrag des Areals in sich schließt, setzt er sich der Gefahr aus, durch den unterhaltenen Weg die benachbarten Felder mißbräuchlich für die Servitut in Anspruch genommen zu sehen. Dergleichen ist nicht zu verhindern; es entsteht in solchen Fällen ein wirthschaftlicher Nachtheil, an den man ursprünglich bei der ersten Gestattung der Wegbenutzung nicht gedacht hat. Also, ob eine Servitut wirklich allgemein von wirthschaftlichem Werth ist, oder nicht etwa nur für den Einen besonderen Werth hat zum Nachtheil des Anderen, läßt sich im Allgemeinen nicht bestimmen.

Nun aber meine ich, und das entspricht ja auch den Ausführungen des Herrn Referenten: wenn die Servitut für das herrschende Grundstück von großem Werthe ist, so ist das Recht als Zubehör des herrschenden Grundstücks ein wesentlicher Bestandtheil auch des Grundstückswerthes, es ist von wesentlichem Einflusse auf die Werthbestimmung, und dann ist es für jeden, der überhaupt an dem Grundstücke Rechte erwerben will, von ebenso großer Bedeutung, sich über diesen Theil des Werthobjekts zu vergewissern, wie über das Object selbst. Also alle praktischen, nicht allein die rein formalistisch principiellen Gründe, die dahin führen, das Grundbuchsystem anzunehmen, scheinen mir bei werthvollen Servituten dahin zu führen, die Eintragung in gleicher Weise wünschenswerth zu machen.

Das Umgekehrte gilt vom dienenden Grundstück. Wenn die Servitut für das dienende Grundstück eine beträchtliche Belastung ist, so vermindert sie dessen Werth, und derjenige, der an dem dienenden Grundstücke irgend welche dinglichen Rechte erwerben will, hat ebenso das Interesse, sich darüber durch die publica fides des Grundbuchs zweifellos vergewissern zu können, wie er überhaupt sich über das Grundstück und dessen rechtliche Lage sich soll vergewissern können, — und dies ebenso nicht aus lediglich theoretischen oder formalistischen Gründen, sondern eben aus denselben praktischen Gesichtspunkten, welche das Grundbuchsystem stützen.

Daß also die Eintragung der Servituten in das Grundbuch wünschenswerth ist, kann, glaube ich, im Allgemeinen wohl nicht bestritten werden. Daß nun die Vorschrift, welche Grundgerechtigkeiten von der Eintragung in das Grundbuch abhängig macht in ihrer Existenz, für die neu zu errichtenden Servituten irgend welche Bedenken hätte, das vermag ich nicht einzusehen, das ist auch von dem Herrn Referenten eigentlich, soviel ich verstanden habe, kaum ausgeführt worden. Denn das ist doch klar: wenn wir den Fall denken, daß eine Servitut zu Gunsten eines Grundstücks dem anderen aufgelegt werden soll, so setzen wir voraus, daß es mit dem Willen des Eigenthümers des dienenden Grundstücks geschieht, daß er diese Servituten an seinem Grundstücke bewilligen, also sich diesen Abzug an dem Werthe des Grundstücks gefallen lassen will. Nun, wenn das sein Wille ist, wird selbstverständlich kein Bedenken obwalten, daß die Eintragung geschieht. Gesteht er überhaupt die Servitut zu, so wird er ja auch kein Bedenken haben, den Eintrag zuzugestehen. Dagegen scheint mir gerade die Vorschrift der Eintragung zur Abschneidung dessen, was man erwerbende Verjährung nennt, darum von größter Bedeutung zu sein, wenn, wie das hundertfältig geschieht, die erste Gestattung nur eine prekäre ist, um dem Nachbar einen Gefallen zu thun, ohne die Meinung, ihm ein Recht einzuräumen, und im Laufe der Jahre, ohne daß der Eigenthümer es merkt, aus der gutgläubigen Einräumung, aus der Gefälligkeit ein Recht des anderen Theils erwächst. Ich weiß nicht, ob es ein wirthschaftlicher Schaden sein soll, wenn solche Fälle ausgeschlossen werden, daß die Gefälligkeit ausgenutzt wird, um über Nacht ein Recht zu erschleichen.

Uebrigens aber muß ich bemerken, daß die Frage ebensowohl der Ersitzung der Servituten durch Verjährung wie auch die Erlöschung durch Verjährung an sich durchaus nicht nothwendig zusammenhängt mit der Verwerfung der Grundsätze des Entwurfs. Wir könnten uns die Sache — da ich ja nicht darauf ausgehe, hier etwas Bestimmtes vorzuschlagen, sondern nur meine Bedenken gegen den vorliegenden Antrag zum Ausdruck bringen will, so wird mir wohl gestattet sein, diesen Gesichtspunkt eben nur anzudeuten, — man könnte ja die Sache auch so fassen: es ist doch ein Unterschied zwischen dem Rechte gegen den Eigenthümer unmittelbar und dem gegen Dritte. Nun könnten wir ja zulassen, daß dem Eigenthümer gegenüber eine Servitut auch durch Ersitzung erworben wird, aber gegen Dritte wirksam wird sie nur von der Eintragung ab. Derjenige, der glaubt, eine Servitut ersessen zu haben, ist dadurch in die Lage gebracht, die Eintragung zu verlangen. Bestreitet der Eigenthümer das, so hat jener nach der Civilprozeßordnung die Feststellungsklage, um feststellen zu lassen, daß ihm durch Verjährung eine Servitut zusteht, und dann kann er auf Grund des zu seinen Gunsten ergangenen Urtheils sie eintragen lassen. Ich glaube, damit wäre beides vereinigt: Wir könnten Servituten durch Ersitzung entstehen lassen wie bisher, und würden doch den Dritten schützen, daß er nicht ohne Kenntniß bleibt von den dem Grundstücke anhaftenden Servituten. Genau ebenso könnte die Erlöschung behandelt werden. Wir könnten also sagen: wenn eine Servitut die Verjährungszeit hindurch nicht gebraucht worden ist, so kann der Eigenthümer des dienenden Grundstücks verlangen, daß die eingetragene Servitut gelöscht wird; widerspricht dem der Eigenthümer des herrschenden Grundstücks, dann hat derjenige Theil, welcher die Löschung verlangt, die Feststellungsklage, um sofort das Verhältniß klarstellen zu lassen. Das Erforderniß der Eintragung ist nur ein Zwang, das Recht klarzustellen sobald es möglich ist, damit nicht unbestimmte Verhältnisse auf unbestimmte Zeit fortdauern.

Endlich, was die Zustimmung des Realberechtigten, des Hypothekengläubigers u. s. w. zur Löschung anlangt, so ist dies ja eine Frage, die mit der Hauptsache nichts zu thun hat, die möglicherweise auch anders geordnet werden kann, und die bloße Consequenzmacherei würde ja den verständigen Gesetzgeber nie dahin führen, eine Bestimmung aufzunehmen, die an sich unzweckmäßig wäre.

Also für neu entstehende Servituten hat die Bestimmung an sich kein Bedenken, welche die Eintragung in das Grundbuch verlangt, vorbehaltlich solcher Modificationen, die ja, wie ich angedeutet habe, nach einzelnen Richtungen hin wohl möglich und thunlich sind. Das Hauptbedenken besteht ja bezüglich der Servituten, die jetzt schon gelten und denen nun plötzlich das Erforderniß der Eintragung aufgeladen wird. Ich weiß nun nicht wie das härter sein soll, als so manche andere Eintragung, die auch den Leuten aufgenöthigt worden ist, in die sie sich schlecht finden konnten und schließlich doch haben finden müssen. Wenn die Fristen, wie die Motive es vorbehalten, ausreichend bestimmt werden, wenn die Uebergangszeit, um aus dem alten Rechte in das neue überzuleiten, weit genug abgesteckt wird, so läßt sich jede Härte des Uebergangs vermeiden.

Nun komme ich noch auf den andern Gesichtspunkt, den der Herr Referent entwickelt hat, die Fälle, in welchen eine Servitut, wie man sagt, durch destinatio patrisfamilias entsteht: Die Brauerei wird verkauft, die bisher das Wasser von einem anderen Grundstücke desselben Eigenthümers ableitete; die Brauerei wird verkauft ohne das Grundstück, aus welchem die Quelle entspringt. Ja, an sich wäre es ja durchaus thunlich und vorsichtig, genau zu sagen: die Brauerei wird verkauft mit diesem Rechte, und derjenige, der sie zu verkaufen hat, ist vollständig in der Lage, klarzustellen, daß hier ein Recht ist. Es läßt sich aber auch ganz wohl der Grundsatz der destinatio patris familias aufrecht halten, aber gleichwohl dem neuen Erwerber zumuthen, den nun eingetretenen rechtlichen Zustand sofort im Grundbuche fixiren zu lassen. Ich wüßte nicht, was dem entgegenstehen oder Bedenkliches darin liegen sollte, wenn derjenige, der die Brauerei gekauft hat mit der Wasserleitung, veranlaßt wird, diese Servitut nun eintragen zu lassen, um sie sich zu sichern.

Ich möchte nicht weitläufig werden, da meine Ausführungen eben nicht auf positive Vorschläge hinausgehen, zu denen wir ja die Voraussetzungen nicht in der Hand haben, sondern ich wollte nur zeigen, daß ein Grund den Antrag des Herrn Referenten anzunehmen, durchaus nicht vorliegt, daß die nähere Ausführung der Sache immerhin noch nach vielen Beziehungen anders geschehen kann, als wie sie in dem Entwurfe bestimmt ist. Uebrigens würde es meinen Intentionen auch durchaus entsprechen, wenn die Frage überhaupt von der Beschlußfassung des diesjährigen Juristentages abgesetzt und die ständige Deputation ersucht würde, den Gegenstand noch weiter durch Gutachten erörtern zu lassen, damit eine so wichtige Angelegenheit in die Lage gebracht wird, daß der Juristentag nach reiflicher Ueberlegung seine Beschlüsse darüber fassen kann. Das würde meiner Auffassung ebenso entsprechen, als die einfache Ablehnung des Antrags, die ich ja nur als eine Ablehnung in der Allgemeinheit ansehe, ohne damit für den Entwurf im Ganzen oder Einzelnen eintreten zu wollen.

**Vorsitzender:** Ich erlaube mir, m. H., da ich solche bloß verneinende Beschlüsse, daß etwas, was der Entwurf aufstellt, nicht gebilligt werden könne, für den Juristentag wenig werthvoll halte, wenn derselbe nicht wagt, mit positiven Gegenvorschlägen hervorzutreten, den eben von dem Hrn. Vorredner angedeuteten Antrag zu stellen:

> Die Abtheilung wolle beschließen, die vorliegende Frage heute nicht zu beantworten, sondern den Wunsch aussprechen, daß dieselbe nochmals auf die Tagesordnung des nächsten Juristentages gesetzt und bezüglich derselben Gutachten eingeholt werden.

Geh. Justizrath Prof. Dr. **Brunner** (Berlin): Ich glaube, daß die beiden Herren Redner übereinstimmen in Bezug auf den Antrag, wie er vom Herrn Collegen Dernburg formulirt worden ist; denn auch Herr Dr. Klöppel giebt zu, daß die Durchführung des Grundsatzes, daß Gerechtigkeiten an Grundstücken nur durch Eintragung im Grundbuche erworben werden können, wie der Entwurf des bürgerlichen Gesetzbuches bestimmt, nicht zu empfehlen sei. Er sagt ja selbst, daß es möglich sein soll, Servituten ohne Eintragung zu erwerben, bezüglich deren man die Eintragung verlangen könne. Er will ja die Ersitzung von Servituten als solchen nicht ausschließen, sondern er will, daß man eine nach unseren jetzigen Rechtsgrundsätzen ersessene Servitut soll ins Grundbuch eintragen lassen können. Es ließe sich streiten, ob das Recht schon eine Servitut sei, ehe es eingetragen ist, ob das nicht bloß ein Titel zur Eintragung sei, aber im praktischen Resultate kommen ja beide Herren, was die Negation des Entwurfes betrifft, auf dasselbe hinaus. Eine Frage von untergeordneter Bedeutung ist es, ob etwa die Worte „aus wirthschaftlichen Gründen" gestrichen werden sollen, ob man sich nicht begnügen könnte zu sagen, es ist nicht zu empfehlen, daß und so weiter. Es sind ja außer den wirthschaftlichen Gründen noch andere Gründe vorhanden. Was die Sache selbst betrifft, muß ich gestehen, daß nach dem Eindrucke, den mir die Debatte gemacht hat, der Standpunkt Dernburgs dem praktischen Bedürfniß, den Verhältnissen des realen Lebens viel mehr entspricht, als die Ausführungen des Herrn Dr. Klöppel. Es ist auf den Fall hingewiesen worden, daß eine Brauerei verkauft wird von einem Eigenthümer, der auf dem Restgrundstücke, das er nicht verkauft, noch eine Wasserleitung besitzt. Herr Geheimrath Dernburg hat das hervorgehoben als Fall einer stillschweigenden Ersitzung einer Servitut. Herr Dr. Klöppel sagte dagegen, ja, was schadet das denn, wenn man nun den Brauer veranlaßt, seine Servitut eintragen zu lassen? Ja, m. H., das wäre recht schön, wenn nur in jedem Falle, in welchem eine stillschweigend vorausgesetzte Servitut auf dem Spiele steht, die Polizei oder ein Deus ex machina dem Interessenten sagte: „Lasse dich eintragen, sonst verlierst du dein Recht". Das ist aber leider im Leben nicht der Fall. Der Brauer hat von einem ganz vertrauenswürdigen Käufer gekauft und glaubt, er habe die Brauerei mit der Wasserleitung erworben. Im wirklichen Leben denken die Leute nicht immer daran, was sie eintragen lassen müssen, und so hat auch der Brauer es unterlassen, die Eintragung der Servitut zu erwirken, und erst hinterher kommen die höchst fatalen Consequenzen.

Herr Geheimerath Dernburg hat bei seinem Antrag wohl die Frage offen halten wollen, wie es mit der Verjährung eingetragener Servituten zu halten sei. Wenn wir seinen Antrag annehmen, so ist damit meines Erachtens noch nicht gesagt, daß in Bezug auf eingetragene Servituten das dienende Grundstück für alle Ewigkeit, ohne Rücksicht auf Verjährung dienen soll. Es bleibt vielmehr die Frage vorbehalten, ob nicht etwa eine Aufhebung der eingetragenen Servitut durch Verjährung möglich sein solle. Im Allgemeinen empfehle ich Ihnen den Antrag, wie er hier vorliegt, etwa mit Streichung der Worte „aus wirthschaftlichen Gründen", weil außer den sehr wichtigen wirthschaftlichen Gründen noch andere gewichtige Gründe vorliegen. Ich stelle keinen besonderen Antrag, stelle aber dem Herrn Referenten anheim, ob er etwa diese Worte streichen will.

Justizrath **Wilke** (Berlin): M. H., ich bin Advocat. Sie werden es natürlich finden, wenn ein Anwalt bei vorliegendem Gesetzentwurfe auch daran denkt, was wird das für einen Einfluß haben auf seine Berufsthätigkeit, und da habe ich mir gesagt, ein proceßsüchtiger Advocat hätte keine günstigere Bestimmung finden können, als diese Vorschriften des Entwurfes. Zunächst sagt man sich, jeder vernünftige Gläubiger, der Kredit geben will, sieht sich den Hypothekenbrief an; sieht er nun, es ruht auf diesem Grundstücke in Rubrik 2 eine Servitut, über welche das Nähere zu ersehen ist in der Eintragsbewilligung der Grundacten, da sagt er, wie komme ich dazu, das zu wissen, was soll ich machen? Es wird sich jeder vernünftige Gläubiger an einen Advocaten wenden und ihn bitten, sehen Sie doch einmal das Grundbuch ein für mich. Dadurch wird die Sache für den Gläubiger oder den Schuldner vertheuert. Für den Advocaten ist das eine Fundgrube für eine ersprießliche und nützliche Thätigkeit. Das wäre an sich nichts Schlimmes, wenn auch vielleicht für den, welcher sieht. Die weitere Frage ist schlimmer. Es entstehen unzählige Processe aus der Sache und schon gleich für uns alle Lebende. Sobald das Gesetzbuch Gesetzeskraft erlangt, sind die unzähligen Servituten, die thatsächlich bestehen, die schlecht gerechnet vielleicht auf hunderttausend im deutschen Reiche zu veranschlagen sind, zur Eintragung zu bringen. Die meisten Besitzer der dienenden Grundstücke lassen jetzt die Geschichte ruhig gehen, wenn sie nicht behelligt werden; wenn aber von ihnen verlangt wird, nun komm einmal auf das Grundbuchamt und erkenne an, so ist die Sache nicht so klipp und klar, und man sagt sich, beweisen kann man es nicht, dadurch werden die Besitzer dienender Grundstücke geradzu provocirt, zu bestreiten das Bestehen der Grundgerechtigkeit, und wir haben zahlreiche Processe gleich bei Einführung des Gesetzbuches, zunächst Processe, die sich darum drehen, ob eine Servitut überhaupt besteht oder nicht, und im Verlaufe beim Bestehen des Gesetzes werden sich die Processe immer mehren. Herr Prof. Dernburg hat bereits die Fälle hervorgehoben, wo sich thatsächlich die Verhältnisse vollständig ändern gegen das formale Recht, es ist aber bekanntlich in der Praxis jeder Widerspruch zwischen Thatsache und formalem Rechte die Hauptquelle aller Processe. Nun habe ich gefunden: was den Advocaten in solcher Beziehung nützt, schadet im Allgemeinen dem Volke, und deshalb bin ich der Meinung, daß ein Gesetz, was die Quelle von Processen ist, nicht angenommen werden kann, das heißt, daß eine Bestimmung des vorliegenden Gesetzes, welche Processe in Unzahl hervorrufen muß, nicht angenommen werden kann, und das ist das negative Resultat, zu welchem der Referent gekommen ist. Soweit ist die Sache spruchreif und es ist kein Grund, warum man dieses Votum zurückhalten soll. Ich bitte Sie deshalb, dem Antrage beizutreten. (Bravo!)

Rechtsanwalt Dr. **Heinsen** (Hamburg): M. H., ich stamme aus Hamburg und in Hamburg hat man das Gesetz, abgesehen von Fenstergerechtigkeiten, daß man eintragen kann, daß man es aber auch unterlassen kann, und die Servituten gelten sowohl, wenn sie eingetragen sind, wie wenn sie nicht eingetragen sind. Mag nun diese Eintragung allerdings zu vielen Processen führen, so ist dies für die lebende Generation der Advocaten ja sehr gut, aber für die künftige Generation ist es sehr schlecht, denn dann würde es gar keine Processe, oder sehr wenige mehr geben. In Hamburg hat man keine Eintragung ursprünglich gekannt, man hat aber nachgeben müssen und zunächst die Fenstergerechtigkeit eingetragen. Dadurch kamen, und zwar ohne daß viele Processe geführt wurden, schon eine Menge Sachen aus der Welt. Bei den übrigen Servituten blieb die Eintragung facultativ, aber gerade bei diesen, wenn sie nicht eingetragen sind, giebt es eine Menge von Processen.

Abgesehen davon, daß ich oft gar nicht erfahren kann, ob eine Servitut existirt, z. B. wenn der Eigenthümer verstorben ist, ist es ja denn auch ganz sicher der Fall, daß der Eintrag dazu dient, einmal um genau den Umfang einer Servitut zu bestimmen. Ich kann aber nicht genau wissen den Umfang der Servitut, beispielsweise einer servitus actus: wieviel Stücke es sind, die hingetrieben werden dürfen. Ferner, um das Zeitdatum zu bestimmen, was sehr wichtig ist, im Verhältniß zu den Hypotheken, denn ich gehe davon aus, daß die Servituten in derselben Reihenfolge gelten, wie auch die Hypotheken gelten, und deshalb ist es wichtig zu wissen, zu welcher Zeit eine Servitut beginnt. Alle diese Punkte sind nöthig zu wissen, gerade um Streitigkeiten zu vermeiden. Die Eintragung ist in Preußen auf Schwierigkeiten gestoßen, ist gesagt worden, aber es ist selbst von dem Redner kein Werth darauf gelegt worden und die Schwierigkeiten werden sich überwinden lassen. Jedenfalls würde das in einem längeren Zeitraume zu erreichen sein. Es sollen dann die Servituten nicht eingetragen werden, weil dies nicht durchführbar sei; Tropfenfallgerechtigkeiten und dergl. seien zu viel. Diese Servituten wird man ja sehen können; also diese kann man ja eintragen lassen, ohne daß es irgendwie einen Streit giebt. Ferner sind die Brauereien schon mehrfach erwähnt worden. Der einzelne Brauer wird die Wassergerechtigkeit sich ganz gewiß eintragen lassen; wer ein Brauereigebäude errichtet, weiß es sehr wohl, daß es für ihn von Wichtigkeit ist, ob er nachher ein Wasser benutzen kann, oder ob er das nicht kann, wird sich daher schon schützen. Es ist dann auf die Ersitzung hingewiesen worden, man hat gesagt, ein Bauwerk müsse wieder niedergerissen werden, wenn man nicht Ersitzung zulasse. Ja, wir können ja auch stillschweigendes Einverständniß haben und der Eigenthümer kann auch stillschweigend consentiren in einem Bau. (Widerspruch.)

Ist er in der Zeit, vor vollendeter Ersitzung, vielleicht weniger schlimm daran? Aber wenn der Bau auch niedergerissen würde, dann wäre das nicht so schlimm, denn es konnte ja derjenige, der gebaut hat, sich vorher vergewissern, er konnte sich danach einrichten, ob er bauen wollte oder ob er es nicht riskiren wollte. Nun ist noch gesagt worden bezüglich der Aufhebung: wenn nun der Reallastberechtigte sich gar nicht findet! Ich weiß gar nicht, was das sagen soll; finden wird er sich immer, und nöthigenfalls kann man ja eine Proclama erlassen, man hat die Mittel immer an der Hand, um eine Zustimmung zu erwirken.

Die Auslegung, die Eintragsbewilligung wird einen erbitterten Streit verursachen, ist angeführt worden. Das glaube ich nicht, sondern im Gegentheil: je länger es dauert und je weniger die Servitut bestimmt sein wird, um so mehr Streit wird entstehen: wenn man es klar schwarz auf weiß vor sich hat, wird viel weniger Streit kommen, als wenn man es nicht weiß und der praktischen Ausübung überlassen bleibt, in welchem Umfange eine Servitut besteht. Ich möchte daher den Antrag stellen:

„Servituten an Grundstücken sollen nur durch Eintragung im Grundbuch erworben werden können."

Es ist das einfach die Bejahung des ersten Absatzes der Frage.

Rechtsanwalt Dr. **Klöppel** (Leipzig): M. H., ich möchte nur meine Auffassung richtigstellen gegenüber dem Herrn Geheimrath Brunner. Ich habe durchaus nicht sagen wollen, daß ich im Wesentlichen mit dem Herrn Referenten übereinstimme, sondern ich habe gesagt: wir sind meiner Auffassung nach nicht genügend vorbereitet, um diese Frage heute positiv zu entscheiden, und da ich mit dem verehrten Herrn Vorsitzenden durchaus darin übereinstimme, daß der Juristentag nichts besonders Gutes thut, wenn er einfach sagt, der Grundsatz des Entwurfs empfehle sich nicht, ohne irgendwie anzudeuten, was sich empfehlen soll, so komme ich in dieser Consequenz zur Zeit zur Ablehnung des Antrags. Herr Geheimrath Brunner hat dasjenige, was ich als Möglichkeit der Construction hingestellt habe, um zu zeigen, wie die Sache noch einer sehr reiflichen Erwägung fähig ist, mir als meine eigenen Vorschläge imputirt. Es ist dies aber nicht meine Absicht gewesen, ich habe nur gesagt: ich bin heute nicht genügend vorbereitet, ich will also selbstverständlich keine bestimmten Vorschläge machen, ich will nur andeuten, wie man möglicherweise den Grundsatz des Entwurfs festhalten, und doch in ganz bestimmten Punkten von dem Entwurfe abweichen könnte. Ein anderes, was mich zu einer Entgegnung hätte veranlassen können, die Bemerkung des Herrn Justizrath **Wilke** ist eigentlich schon durch den Herrn Vorredner widerlegt worden. Wenn für die gegenwärtige Generation der Anwälte vielleicht mehr Processe entstehen sollten durch die Bestimmung, so werden später dafür die Processe wegfallen. Aber Sie mögen das Bürgerliche Gesetzbuch einrichten wie Sie wollen, für etwa 20 Jahre wird es die Veranlassung zu unendlichen Processen sein, bis sich eine bestimmte Auslegung festgestellt hat. Also ich glaube, daß diese Rücksicht nicht durchschlagend sein kann, wenn der Zweck des Entwurfs dahin geht, für die Zukunft die Quelle unzähliger Processe zu verstopfen.

Gerichtsassessor **Fuchs** (Berlin): Ich habe nur wenige Worte zu sagen. Der Umstand, meine ich, daß diese Frage durch Gutachten nicht vorbereitet ist, ein Correferent sich nicht gefunden hat, ist kein Grund, sie dilatorisch zu behandeln, wenn die Gründe, die der Herr Referent vorgetragen hat, überzeugend sind. Ich meine, sie sind überzeugend. Wenn ein Gesetzbuch bestimmt, daß gewisse Rechte nur durch Eintragung erworben werden können, also einen formalen Act schafft für die Erwerbung von Rechten, so müssen zwingende Gründe dafür vorhanden sein. Es fragt sich nun, welches Princip für die Eintragung maßgebend sein soll, und ich meine: das Princip der Erkennbarkeit. Wenn also die Frage so gestellt würde: empfiehlt es sich, daß gewisse Servituten nur durch Eintragung im Grundbuche erworben werden können, so würde ich antworten: gewiß, für diejenigen Servituten, die nicht ohne Weiteres erkennbar sind, nicht aber für diejenigen, die bereits erkennbar sind, denn weshalb soll man solche Servituten noch eintragen lassen? Der Satz also, daß Grundgerechtigkeiten nur durch Eintragung erworben werden sollen, ist nicht zu empfehlen für Servituten, die an sich ebenso und noch leichter erkennbar sind, als wenn sie im Grundbuch eingetragen sind. Ein Erker, der hinausragt, jede Wasserleitung, die über ein Grundstück hinweggeht, sie sind sofort erkennbar, man braucht sie nicht erst im Grundbuchamt zu erfragen und aus den Grundacten zu lesen. Das ist ein formalistisches Recht. Bezüglich der Eintragung ist bisher das preußische Landrecht ziemlich weit gegangen, das wird niemand bestreiten; jetzt wird ein neues Gesetz geschaffen und dieses Gesetz will über das preußische Landrecht noch hinausgehen. Das preußische Landrecht hat für eine große Anzahl von Fällen das Princip der Eintragung vorgeschrieben und hat sie nicht verlangt für die Grundgerechtigkeiten, und hat es abgeschafft, nachdem es sie einmal verlangt hatte. Ich frage: warum? Weil in der That die Grundgerechtigkeiten auf einem ganz anderen Boden stehen, wie jedes andere dingliche Recht; die Grundgerechtigkeit wird nämlich nicht bloß ein juris vinculum, wie die Obligation, wie die Grundschuld, sie wird unter gewissen Umständen zu einer Eigenschaft, zu einer Pertinenz der Sache. Jenes Brauereigrundstück, dem die Wasserleitung entzogen wird, hört auf ein Brauereigrundstück zu sein, denn diese macht die Substanz des Grundstücks aus, die zu seiner Brauchbarkeit gehört, und sobald ein Brauereigrundstück kein Wasser hat, ist es kein Brauereigrundstück. Man kam also dahin, für gewisse Pertinenzen eines Grundstücks die Eintragung zu bestimmen, und da wir die Eintragung für Mobiliarpertinenzen nicht haben, da wir die Bottiche der Brauerei, die eingenagelt und eingenietet sind, nicht haben, wozu wollen wir dann Grundgerechtigkeiten eintragen? Der Satz des Hrn. Geheimrath Dernburg ist also gewiß richtig für erkennbare Servituten, er ist aber auch gewiß richtig für nicht erkennbare Servituten.

Ich bin also für den Antrag des Hrn. Referenten.

Reichsgerichtsrath **Petersen** (Leipzig): Ich möchte für den Antrag des Herrn Vorsitzenden mit einigen Bemerkungen eintreten.

Ich gebe zu, daß der Herr Referent schwere und gewichtige Bedenken gegen den Entwurf vorgebracht hat, Bedenken, welche theils wirthschaftlicher Natur sind, theils auch auf die Schwierigkeit bezüglich der ausnahmslosen Eintragung sich beziehen, besonders auch bezüglich der jetzt bestehenden Servituten gelten. Allein andererseits, m. H., scheint es mir, daß es sich hier nicht, wie in anderen Fragen, die wir schon behandelt haben, um eine bloße logische Consequenzmacherei bei dem Entwurfe handelt, sondern auch recht gewichtige Interessen, besonders solche der Erwerber von Grundstücken für die Eintragung und gegen gewisse jetzt bestehende Erwerbsarten, namentlich auch gegen die Verjährung oder Ersitzung sprechen. Es sind eine ganze Menge von Servituten, wie dem Herrn Referenten ohne Weiteres zuzugeben ist, für den Erwerber und erst recht für den Hypothekengläubiger von geringem Werthe, allein es giebt auch eine ganze Menge von Servituten, deren Existenz ganz entscheidend sein kann für den Erwerber, die ihn, wenn er von ihrer Existenz Kenntniß hat, bestimmen können, vom Erwerb abzusehen. Nehmen Sie nur die Wegegerechtigkeiten z. B., die den Erwerber verhindern können, eine Einschließung vorzunehmen, die er zu Gründung seines Etablissements absolut nothwendig hat, oder auch Wassergerechtigkeiten, die ihm den Bezug einer Quelle entziehen, die er ganz nothwendig hat zur Gründung eines Etablissements oder irgend einer Anlage. Also ich meine, hier kann es sich nur darum handeln, ob Interessen, die auf der einen oder anderen Seite stehen, größeres Gewicht haben.

Dazu kommt, daß die anderen Erwerbsarten, wie die Ersitzung, ganz außerordentliche Bedenken gegen sich haben wegen der Unsicherheit. Es ist in den meisten Gesetzgebungen der Erwerb von Servituten durch Ersitzung beschränkt auf gewisse Servituten; nicht alle können durch Ersitzung erworben werden. Es ist auch, was ich nur hervorheben möchte dem Herrn Vorredner gegenüber, gar nicht so einfach, sondern oft recht schwer, den Unterschied zwischen erkennbaren und nicht erkennbaren Servituten festzustellen. Gerade darüber werden eine Menge Processe geführt; in sehr vielen Processen, die sich um die Ersitzung drehen, wird erst darüber gesprochen, — wenigstens im Gebiete des rheinischen Rechts, wo ich zu Hause bin — ob die betreffende Wassergerechtigkeit z. B. zu den erkennbaren gehöre. Dazu genügt nicht nur, daß Wasser fließt, sondern auch, daß man ersehen kann, daß der Wasserbezug von einer bestimmten Person vorgenommen wird. Wenn der Umstand entscheidend wäre, den Herr Justizrath Wilke ausgeführt hat mit den Processen, so will ich glauben, daß er unbedingt für den Entwurf spricht, nicht gegen denselben; denn wenn auch augenblicklich, vorübergehend vielleicht auch manche Processe durch das System des Entwurfs veranlaßt werden, so würde doch im Großen und Ganzen eine Menge der allerhäßlichsten und verderblichsten Processe, die es überhaupt giebt, besonders für die ärmere Landbevölkerung, eine Menge von den allerruinirendsten Processen, wobei die Leute zuweilen ihr ganzes Vermögen verlieren, nur aus Rechthaberei, wegen einer außerordentlich unbedeutenden Servitut, eine Menge Nachbarrechtsstreitigkeiten verstopft, wenn man die Eintragung ohne Gefahr vorschreiben könnte.

Wesentlich ist nach meiner Auffassung für die Beurtheilung der vorliegenden Frage, wie man zu der Frage der Erwerbung der Servituten durch Ersitzung und durch destinatio patris familias steht; denn wenn dieser Erwerb beseitigt wird, wenn die Servitut nur durch Rechtsgeschäft begründet werden kann, fehlt jeder Grund, von der Eintragung abzusehen; dann würde gewiß auch der Herr Referent seine Bedenken fallen lassen. Es sind also eine ganze Menge von wichtigen und schwierigen Fragen, die trotz des gründlichen Vortrags des Herrn Referenten nicht eingehend erörtert werden können und auf die niemand, der heute an der Versammlung theilnimmt, sich vorbereiten konnte, weil ein Gutachten fehlte. Deswegen scheint es mir ganz zweckmäßig, daß wir heute eine Antwort, wie sie beantragt ist, weder nach der einen noch nach der anderen Seite hin geben. Ich möchte mich nicht ohne Weiteres entschließen, jetzt schon zu sagen, daß unter allen Umständen alle Servituten nur durch Eintrag erworben werden können, noch auch ohne Weiteres im Allgemeinen die Grundsätze des Entwurfs mißbilligen, ohne irgend etwas anderes an ihre Stelle setzen zu können, und zu sagen, was auf dem Gebiete geschehen sollte.

Die Frage, welche die ständige Deputation an die Abtheilung gerichtet hat, lautet:

> Sollen Servituten an Grundstücken nur durch Eintragung im Grundbuche erworben werden können und welche Ausnahmen sind zuzulassen?

Welche Ausnahmen? Man hat es als selbstverständlich behandelt, daß nicht alle Servituten über denselben Kamm geschoren werden, sondern daß für gewisse Servituten Ausnahmen eintreten können und sollen. Darüber ist aber noch kein Wort gesprochen worden, ob man nicht sagen kann: für gewisse Fälle wird eine Ausnahme gemacht, für andere aber ist die Eintragung vorgeschrieben, z. B. für solche, die durch Rechtsgeschäft begründet worden sind oder für die erkennbaren, die ohne Weiteres eingetragen werden können, oder auch für andere. Kurz, mir scheint die Sache nicht in dem Sinne spruchreif zu sein, wie ich es wünsche von einer Frage, die gegenüber dem Entwurfe entschieden werden soll, und ich glaube, daß nicht viel gewonnen ist, wenn man allgemein sagt: so, wie es der Entwurf will, halten wir es nicht für gut; was wir wünschen, können wir heute auch noch nicht sagen. Ich meine vielmehr, wenn wir nichts Positives sonst sagen wollen, thun wir besser, die Entscheidung heute ganz aufzuschieben.

Referent Geh. Justizrath Prof. Dr. **Dernburg** (Schlußwort): M. H., was die Ausnahmen betrifft, so könnten sie doch nicht viel anderes betreffen, als die servitutes apparentes. Nun hat aber der Herr Vorredner selber hervorgehoben, daß die Unterscheidung zwischen den apparentes und den anderen Grundgerechtigkeiten zu unendlichen Streitigkeiten führt, das liegt auch auf der Hand. Eine andere Ausnahme hat das allgemeine Landrecht seinerzeit getroffen, nämlich diejenigen, die den Werth des dienenden Grundstücks schmälern. M. H., das ist ja vollständig unbestimmt. Man wird auf Ausnahmen gar nicht eingehen können, man wird entweder oder sagen müssen, und das liegt allerdings meinem Antrage zu Grunde, die Grundgerechtigkeiten sind überhaupt nicht einzutragen.

Herr Dr. Klöppel sagte: Die Servituten können schädlich sein, sie können nützlich sein. Gewiß, das ist ganz klar, und das habe ich auch gesagt; sie können sehr schädlich sein für das allgemeine Wohl, sie können aber auch sehr nützlich sein. Im großen Ganzen wird man aber annehmen dürfen: in der Regel werden sich die Parteien einigen, und sie werden ein Servitut begründen, wo sie für das herrschende Grundstück einen großen Vortheil und für das dienende keinen erheblichen Nachtheil hat.

Wenn man dann die Servitutbestellung erleichtert hat, so wird man volkswirthschaftlich nützen. Umgekehrt, wo die Parteien sich einigen über die Aufhebung, da wird meistens das Entgegengesetzte der Fall sein. Da wird die Gerechtigkeit weniger werth für das herrschende Grundstück sein, als für das dienende schädlich. Das ist der tiefere Grund, weswegen es nicht nur für den Einzelnen, sondern für die ganze Volkswirthschaft der Nation wichtig ist, weder die Bestellung allzusehr zu erschweren, noch die Aufhebung allzusehr zu hemmen, und deswegen, glaube ich, ist die Sache eine wirthschaftlich höchst bedeutsame Frage. Indessen, m. H., ich stimme vollständig mit dem verehrten Collegen Brunner überein, die Worte „aus wirthschaftlichen Gründen" können auch fallen. Ich streiche sie. Was im Uebrigen die Ausführungen des Herrn Dr. Klöppel angeht, so habe ich sie auch so verstanden, daß er nicht vollständig mit dem Entwurfe einverstanden ist. Er hat eine Masse von Bedenken hervorgehoben, er wollte nur das Eintragungsprincip nicht vollständig fallen lassen. Aber, m. H., ich habe mich negativ verhalten, und ich glaube, wir werden in Bezug auf diesen Punkt des Entwurfes nicht anders können. M. H., die Herren Redacteure des Entwurfes haben ein Jahrzehnt dazu gebraucht, um ihre Gedanken zu formuliren, wir aber haben nicht so viel Stunden als sie Jahre zu Gebote hatten, um über diese Dinge zu berathen. Es ist nicht möglich, daß eine derartige Versammlung, wie sie hier zusammenkommt, bestimmte Vorschläge macht, wohl aber kann die Ueberzeugung des Juristenstandes hier ihren Ausdruck finden, daß die Lösung des Entwurfes eine unzureichende ist. Es wird ja damit noch nicht ausgeschlossen, daß die ständige Deputation eine positive Beantwortung für den nächsten Juristentag verlangt, ich bezweifle nur, ob es möglich ist, in einer so intricaten Materie einen detaillirten Vorschlag hier zu machen, ebensowenig, wie es möglich war, daß man in Bezug auf die dingliche Kraft der Legate hier eine detaillirte Lösung fände, die alle Streitfragen hätte aus der Welt schaffen können. Bestimmte Formulirungen muß die Commission vorschlagen, aber für die Commission ist es wichtig, um so mehr, als sie sich so lange Zeit vom Juristenstande gleichsam abgesondert hat, welche Stellung der Juristentag negativ einnimmt. Er giebt ein bedeutsames Votum, auf das es nach meiner Meinung zu einem nicht geringen Theile ankommt. M. H., es wird gesagt, Processe werden überhaupt zahlreich entstehen, wenn der neue Entwurf eingeführt wird. Das bezweifle ich nicht, es werden Processe entstehen, massenhaft, aber wir sollten uns doch hüten, diese Processe noch zu vermehren. M. H., wir stehen doch einer ganz ernsten Situation im Deutschen Reiche gegenüber und können über die Proceßvermehrung nicht achselzuckend weggehen, wir haben doch eine vielfach unzufriedene Bevölkerung, und die Unzufriedenheit wird noch dadurch vermehrt, wo wir von Neuem Lasten auf ihre Schultern legen. Hier handelt es sich um Nachbarverhältnisse. Wenn wir die Nachbarn gegen einander verhetzen, so ist das eine sehr bedenkliche Sache. Ich bin auch der festen Meinung, und College Wilke hat das bereits ausgeführt, die Processe werden nach Durchführung des Eintragungsprincips nicht aussterben, es werden die gehässigsten Processe über die Eintragungsbewilligungen, die vielfach mit den thatsächlichen Umständen nicht übereinstimmen, auch in Zukunft sich ergeben, und so können auch unsere Kinder, sofern sie Advocaten werden, allerdings noch von der Wohlthat dieses Entwurfes zehren. Aber, m. H., wir sind doch nicht bloß dazu da, um die Proceßwuth zu fördern, sondern um einen angemessenen Rechtszustand des Reiches möglichst herbeizuführen. M. H., wenn Sie meinen Antrag annehmen mit Streichung der Worte „aus wirthschaftlichen Gründen", so präjudiciren Sie nicht einer angemessenen Regelung. Obgleich ich für meinen Theil vollständig der Meinung eines der Herren Vorredner bin, daß überhaupt die Eintragung der Grundgerechtigkeiten sich nicht als ein praktisches Bedürfniß herausgestellt hat, daß die Formalisirung der Servituten etwas Bedenkliches ist, nichtsdestoweniger läßt mein Antrag offen, daß man auf einen Mittelweg kommt, der vielleicht die Zustimmung eines künftigen Juristentages findet. Heute handelt es sich in dieser so wichtigen Frage darum, ja oder nein zu sagen. Es präjudicirt das nicht, sofern wir überzeugt sind, daß unter allen Umständen die Vorschläge des Entwurfes zu weit gehen. Ich habe mich vorsichtig ausgedrückt, ich sage, die Durchführung des Grundsatzes, wie er im Entwurfe des bürgerlichen Gesetzbuches steht, ist nicht zu empfehlen. Ob der Grundsatz sich in einer praktischen Weise durchführen läßt, ich meinerseits bezweifle es, das können Sie den künftigen Juristentagen überlassen.

**Vorsitzender:** Dem Antrage des Herrn Referenten, in seinem Antrage die Worte „aus wirthschaftlichen Gründen" zu streichen, wird wohl niemand widersprechen oder dieselben wieder aufnehmen. Dann ist die Abstimmung eine sehr einfache. Zunächst wird abgestimmt, ob über die Frage überhaupt heute beschlossen werden soll, und, wenn die Frage bejaht wird, kommt der Antrag des Herrn Dr. Heinsen zuerst zur Abstimmung, dann der Antrag des Referenten. Ich bitte nun die Herren, die dafür sind, daß die Abtheilung beschließt, die vorliegende Frage heute nicht zu beantworten, sondern den Wunsch auszusprechen, daß dieselbe noch auf die Tagesordnung eines künftigen Juristentages, nachdem Gutachten eingeholt sind, gestellt werde, die Hand zu erheben. (Geschieht.) Ich bitte um die Gegenprobe. Ich muß einen anderen Abstimmungsmodus einführen. Ich bitte die Herren, die dafür sind, die Frage heute nicht zu beantworten, auf die rechte Seite, die dagegen sind, auf die linke Seite zu treten. (Geschieht.)

M. H., wir haben jetzt zweimal gezählt: es sind 22 für und 22 gegen den Antrag. Zur Annahme gehört die Mehrheit; der Antrag ist also abgelehnt.

Ich komme nun weiter zur Abstimmung über den Antrag des Herrn Dr. Heinsen, der dahin geht:

„Servituten von Grundstücken können nur durch Eintragung im Grundbuche erworben werden."

Die Herren, die diesen Antrag annehmen wollen, bitte ich, die Hand zu erheben. (Geschieht.) Das ist die Minderheit.

Jetzt kommt der Antrag des Herrn Referenten. Er lautet:

„Die Durchführung des Grundsatzes, wonach Grundgerechtigkeiten im Grundbuch nur durch Eintragung im Grundbuch erworben werden können, wie sie im Entwurfe des bürgerlichen Gesetzbuchs geschieht, ist aus wirthschaftlichen Gründen nicht zu empfehlen."

Die Herren, die diesen Antrag annehmen wollen, bitte ich, die Hand zu erheben. (Abstimmung und Gegenprobe.) Wie die vorhergehende Abstimmung betr. die Legate, mit 22 Stimmen gegen einige weniger. Der Antrag ist angenommen.

Der Beschluß wird dem Plenum nur zur Kenntnißnahme mitgetheilt werden (Zustimmung) und Herr Professor Dr. Dernburg wird ersucht, auch hierüber das Referat im Plenum zu übernehmen. Wenn kein Widerspruch erfolgt. so nehme ich beide Vorschläge als angenommen an. Ich schließe die heutige Sitzung.

(Schluß der Sitzung 1 Uhr Nachmittags.)

# Erste Sitzung der zweiten Abtheilung
## am 11. September 1888.

---

(Beginn: Vormittags $10^1/_2$ Uhr.)

Reichsgerichtssenats-Präsident Dr. **Drechsler** (Leipzig): M. H., Wir können mit der Berathung beginnen. Im Auftrage der ständigen Deputation mache ich Ihnen den Vorschlag, zum Vorsitzenden in dieser Abtheilung den Geheimen Justizrath v. Wilmowski zu wählen. Wenn kein Widerspruch erfolgt, bitte ich Herrn v. Wilmowski, den Vorsitz zu übernehmen.

Vorsitzender Geheimer Justizrath **v. Wilmowski** (Berlin): Ich hoffe mit Ihrer gütigen Unterstützung die Fragen erledigen zu können und bitte den Herrn Geheimen Justizrath Wendlandt als mein Stellvertreter an meiner Seite Platz zu nehmen, und als Schriftführer den Herrn Amtsrichter Mende von hier und den Herrn Rechtsanwalt Dr. Simon aus Berlin. Das Bureau ist somit constituirt und es handelt sich darum, in welcher Folge wir die verschiedenen Fragen erledigen wollen. Wir haben zur Berathung die Fragen unserer vorläufigen Tagesordnung zu Nummer 5, 7, 8 und 9. Für die Frage Nr. 5 ist der Herr Reichsgerichtssenats-Präsident Dr. Drechsler Referent. Herr Prof. Enneccerus hat sein Ausbleiben entschuldigt. Für die anderen Fragen sind Referenten ebenfalls bestimmt worden. Wenn nichts entgegen steht, so möchte ich vorschlagen, daß wir die Fragen in derselben Ordnung verhandeln, wie sie in der vorläufigen Tagesordnung bestimmt sind. Also zuerst die Frage 5: Soll an Stelle der väterlichen Gewalt eine der Mutter subsidiär zustehende elterliche Gewalt im bürgerlichen Gesetzbuche aufgenommen werden? und mit welchen Modalitäten? Ich stelle anheim, ob zugestimmt wird, daß diese Frage als erste genommen wird. Da kein Widerspruch erfolgt, darf ich wohl annehmen, daß das genehmigt ist, und bitte ich den Herrn Präsidenten Dr. Drechsler, das Referat vorzutragen.

Referent Reichsgerichtssenats-Präsident Dr. **Drechsler** (Leipzig): M. H., da die Betheiligung eine geringe ist, so werde ich die Herren nicht zu lange mit meinem Referate aufhalten. Ich möchte auch dem Herrn Präsidenten anheimgeben, ob es nicht zweckmäßig ist, daß wir vielleicht uns heute mit dieser Frage allein beschäftigen und die Hauptarbeit der zweiten Abtheilung auf morgen verschieben. Es ist anzunehmen, daß morgen die Betheiligung eine größere sein wird, wenn die Fragen, die heute der ersten Abtheilung vorliegen, erledigt sein werden. Ich werde also referiren über die Gesetzgebungsfrage: Soll an Stelle der väterlichen Gewalt eine der Mutter subsidiär zustehende elterliche Gewalt im bürgerlichen Gesetzbuche aufgenommen werden? und mit welchen Modalitäten? Die Frage ist begutachtet worden von dem Herrn Prof. Dr. Pfaff in Wien und vom Herrn Prof. Dr. Kohler in Berlin. Die Gutachter haben ihr Gutachten verfaßt zur Zeit, als zwar der Entwurf des bürgerlichen Gesetzbuches schon gedruckt vorlag, aber die Motive noch nicht bekannt waren. Herr Professor Pfaff geht auf die einzelnen Fälle ein und bemerkt, daß, da die Motive noch nicht bekannt wären, man sich gewissermaßen selbst die Motive suchen müsse. Herr Prof. Kohler hat sich weniger eingehend ausgesprochen, aber beide Herren kommen, wenn auch aus theilweise verschiedenen Gesichtspunkten, zu dem Resultate, daß im Allgemeinen die Bestimmungen des Entwurfes, wie sie vorliegen, zu billigen seien. Daß die väterliche Gewalt nicht aufgenommen ist, darüber, glaube ich, braucht nicht viel geredet zu werden. Es handelt sich bei unserer Frage auch nicht owohl um die väterliche Gewalt des Vaters, sondern um die elterliche Gewalt der Mutter. Der Entwurf hat die elterliche Gewalt dem Vater und nach dem Tode der Mutter für die Dauer der Minderjährigkeit der Kinder zugetheilt. Unter elterlicher Gewalt versteht er für den Inhaber zweierlei: Die Pflicht und das Recht für die Person und das Vermögen der Kinder zu sorgen, und dann das Nutznießungsrecht an dem Vermögen des Kindes. Das letztere soll sein der Ususfructus paternus, der also auch der Mutter zufallen soll. Der Herr Prof. Pfaff weist nun ausführlich nach, daß seit mehr als einem halben Jahrhundert sämmtliche Stimmen sich für die Ersetzung der väterlichen Gewalt durch eine elterliche Gewalt ausgesprochen haben. Es soll damit gesagt sein, daß nicht mehr von der väterlichen Gewalt des Vaters im römischen Sinne, ondern zu gleicher Zeit von einer elterlichen Gewalt der Mutter die

Gesetzgebung ausgehen müsse. Pfaff giebt eine Darstellung des römischen Rechtes über die patria potestas, manus, dann des deutschen Rechtes über mundium, des preußischen, österreichischen und schweizerischen Rechtes. Das Resultat dieser Darstellung, was ich im Einzelnen heute nicht wieder reproduciren will, ist, daß das Herrschaftsrecht des Vaters zu einem Schutzrecht geworden ist. Also dasselbe Resultat, was schon diese Gesetzgebungen erstreben, was nun einen Abschluß gefunden hat im Entwurfe des bürgerlichen Gesetzbuches als ein Schutzrecht und eine Schutzpflicht zugleich mit dem Rechte der Nutznießung. Pfaff erklärt sich nun weiter, daß die Anerkennung der elterlichen Gewalt durch die Gesetzgebung auszusprechen sei, da die Mutter der ihr dadurch zugewiesenen Aufgabe gewachsen sei. Er weist dies nach schon dadurch, daß selbst im römischen Rechte die Mutter unter Umständen zur Vormundschaft zugelassen ist und daß allgemein jetzt in den neueren Gesetzen die Vormundschaft der Mutter für zulässig erachtet worden ist. Er weist nach, daß man annehmen müsse, daß das Weib geistig nicht unter dem Manne stehe und daß namentlich bei Erziehung der Kinder schon das Gesetz vorwiegend alles in die Hände der Mutter lege, und daß auch in der That in ganzen Klassen der Bevölkerung der Einfluß der Mutter auf die Erziehung der Kinder ein weitergehender ist, als der Einfluß des Vaters. Auch die Fähigkeit der Mutter zur Vermögensverwaltung ist nicht in Zweifel zu ziehen nach seiner Ansicht, denn bei der jetzigen socialen Stellung des Weibes ist die Geschäftserfahrung bei demselben nichts Seltenes und nicht zu vermissen. Weiter sagt er: die elterliche Gewalt sei besser als eine bloße Vormundschaft, sie führt eine Erhöhung der Autorität der Mutter herbei. Es soll damit gesagt sein, daß die elterliche Gewalt ein eigenes Recht ist, und, obgleich Prof. Pfaff dies nicht näher begründet, darf man wohl daraus das Recht der Nutznießung durante minore aetate herleiten. Nun tadelt er aber, und ich glaube, nicht ohne Grund, redactionell, daß der Ausdruck des Gesetzes ist: die elterliche Gewalt, die dem Vater und nach dessen Tode der Mutter zufällt. Es müßte wohl richtiger heißen, daß Vater und Mutter die elterliche Gewalt gleichzeitig haben, wenn auch bei Lebzeiten des Vaters dessen Einfluß vorwiegend ist, daß also mit dem Wegfall des Vaters ohne Weiteres das Recht der Mutter eintritt, der Wegfall aber nicht bloß durch den Tod eintreten kann, sondern auch durch Verhinderung des Vaters, z. B. bei Abwesenheit, dauernder Krankheit und dergl., und so sagt der Gesetzentwurf selbst auch, obgleich er im § 1501 sagt, die elterliche Gewalt steht dem Vater zu und nach dessen Tode der Mutter: „während des Bestehens der Ehe hat neben dem Vater auch die Mutter die Pflicht und das Recht für die Person und das Vermögen des Kindes zu sorgen". Im Falle einer Verschiedenheit der Meinungen zwischen Vater und Mutter entscheidet der Vater, also die eine Seite der elterlichen Gewalt, die Pflicht und das Recht, für die Person und das Vermögen des Kindes zu sorgen, fällt auch, wenn der Vater lebt, der Mutter zu, während allerdings der vermögensrechtliche Inhalt der elterlichen Gewalt, das Recht der Nutznießung dem Vater verbleibt. Hier also müßte noch eine Ausgleichung in der Redaction eintreten, wie Pfaff vorschlägt, da die Formulirung nicht mit dem Satze stimmt, daß die Mutter bei Abwesenheit und Behinderung des Vaters das Recht der Selbstverwaltung über das Vermögen hat, da sonst ein Vormund bestellt werden müßte, wenn der Vater unfähig zur Ausübung der elterlichen Gewalt ist und die elterliche Gewalt der Mutter schon bei Lebzeiten des Vaters zur Geltung kommt. Pfaff billigt auch im Uebrigen die Bestimmungen des Entwurfes und namentlich auch, daß durch die elterliche Gewalt, was wesentlich von Bedeutung ist, die Mutter auch das Nutzungsrecht an dem Vermögen der Kinder bekommt. Er sagt: die Begründung liegt in der Einheit der Familie, in der Gleichstellung der Eltern. Die Eltern sollen den Nießbrauch haben als Vertreter der Kinder, zur freiesten Verwendung der Erträge zu deren Besten. Mit dem Aufhören der elterlichen Gewalt durch Eintritt der Volljährigkeit versteht sich auch das Aufhören der elterlichen Gewalt der Mutter. Kohler giebt dem Vater nicht bloß den gewöhnlichen Nießbrauch, sondern einen Dispositionsnießbrauch, wie er sich ausdrückt, und, wenn die väterliche Gewalt ruht, soll der vertretende Inhaber derselben diesen Dispositionsnießbrauch haben. Gewisse Vermögen sollen als freies Vermögen dem Nießbrauch entzogen werden. Während Pfaff hierüber sich nicht speciell ausspricht, geht Kohler darauf näher ein und scheint im Wesentlichen die Bestimmungen des Entwurfes zu billigen, welche dahin gehen, daß allerdings in Bezug auf diejenigen Vermögenstheile, die das freie Vermögen der Kinder bilden, der Träger der elterlichen Gewalt nur als Vormund angesehen werden soll, mit der Beschränkung eines Vormundes in Bezug auf Disposition und Controle. Der Entwurf hat eine Controverse beseitigt, er hat bestimmt, daß, solange die Kinder in der elterlichen Gemeinschaft bleiben und Dienste leisten, wenn nichts Besonderes ausgemacht ist, der Erwerb aus diesen Diensten nicht als freies Vermögen anzusehen ist. Kohler will, daß nach Wegfall des Vaters die elterliche Gewalt der Mutter zufalle, wie der Entwurf.

Ich muß aber hier eine Stelle wörtlich mittheilen, damit Sie die Eigenthümlichkeit der Kohler'schen Auffassung, die sich im Auszug gar nicht geben läßt, kennen lernen. Er sagt so:

Die Frage, ob bei Wegfall des Vaters die väterliche Gewalt an die Mutter fallen soll, ist stricte zu bejahen. Die Anschauung, welche nur eine väterliche, nicht eine mütterliche Gewalt kennt, beruht auf dem agnatischen Familiensystem indo-germanischer und semitischer Völker, welches System Jahrhunderte lang seine guten Früchte getragen hat, aber in unseren Zeiten keine rechte Existenzberechtigung mehr hat. Denn die Zeiten des Kampfes von Familie gegen Familie, in welchen der Zusammenschluß der Agnaten und das Zurückweichen der Frauen und des Frauenstandes höchst bezweifelt ist, sind dahin. Wie man daher beispielsweise in fortgeschrittenen Systemen des islamitischen Rechts der Mutter eine elterliche Gewalt eingeräumt hat, so ist es sicher auch in unseren Zeiten gerechtfertigt, um so mehr, als eine Einwirkung der Mutter und der mütterlichen Zucht in unseren Culturverhältnissen bedeutend zur Veredelung und sittlichen Verfeinerung beitragen muß. Die Mutter bei Seite setzen heißt auf ein Hauptelement und ein Hauptferment der sittlichen Cultur verzichten.

Ich kann natürlich nicht den Racekampf der Agnaten gegen Agnaten und den Fortschritt der islamitischen Systeme controliren, das ist mir nicht möglich, aber im Uebrigen sehen Sie, daß der Grundgedanke derselbe ist, daß, weil allmählich die Einwirkung der Mutter und der mütterlichen Zucht in unseren Culturverhältnissen vorwiegend geworden ist, nun auch der Mutter das Recht einzuräumen ist, welches diesem vorwiegenden Einflusse entspricht.

Die Vermögensverwaltung der Mutter soll nach Kohler ebenso wie die Vermögensverwaltung des Vaters ein Dispositionsnießbrauch sein. Kohler versteht darunter einen Nießbrauch, der eine Verfügung aus eigenem Rechte enthält, also nicht eine Vormundschaft, als wenn Vater und Mutter ihren Nießbrauch gewissermaßen in Vertretung des Kindes ausübten und bloß die Früchte für sich bezögen; denn es ist durchaus nicht nöthig, einen Gegenvormund zu bestellen, sondern, wenn eine Controle eintritt, so soll diese nicht Aufpasser im Namen des Kindes sein, sondern Gehilfe der Mutter in Ausübung ihrer usufructuarischen Rechte.

Daß natürlich im Falle einer zweiten Ehe der Nießbrauch aufhören muß, nimmt auch Kohler an. Er billigt auch den Entwurf in Bezug auf § 1538, der Beschränkungen des Nießbrauchs der Mutter einführt.

Im Uebrigen gehen nun die Gutachten nicht ein auf den Theil unserer Frage: mit welchen Modalitäten die elterliche Gewalt der Mutter eingeräumt werden solle. Hier genügt eine Verweisung auf die Modalitäten in § 1538. Es ist zunächst der Fall erwähnt, daß nach der

Ansicht des Vaters die Mutter nicht geeignet sein könnte, den Nießbrauch auszuüben — es bezieht sich das insbesondere auf Nießbrauch und Vermögensverwaltung, — dann soll dem Vater zustehen, die Bestellung eines Beistandes anzuordnen und zwar im Testament.

Es soll ferner der Mutter freistehen, selbst die Bestellung eines Beistandes zu beantragen und das Vormundschaftsgericht soll ex officio wegen des Umfangs und besonderer Schwierigkeiten der Vermögensverwaltung einen Beistand setzen können. Diese Modalitäten sind im Entwurfe näher bestimmt.

Was nun meine Ansicht betrifft, so will ich sie kurz dahin zusammenfassen, daß die ganze Rechtsentwickelung dasjenige schon vorbereitet hat, was jetzt der Entwurf zum Gesetz zu erheben wünscht, und ich glaube kaum, daß ein Jurist in Deutschland noch eine Lanze einlegen wird für die Erhaltung der ausschließlich väterlichen Gewalt, für die Emancipation aus der väterlichen Gewalt und das praemium emancipationis. Was die Rechte der Mutter in Bezug auf das Vermögen des Kindes betrifft, so ist anzuerkennen, daß, wenn die Frau jetzt in Bezug auf ihre ganze Stellung mehr hervorgetreten ist, ihr auch, wenn der Vater nicht mehr da ist, die elterliche Gewalt ganz eingeräumt werden muß, wie ihr schon während der Ehe für die Person des Kindes die Pflicht der Fürsorge zusteht.

Ich möchte also, indem ich mir vorbehalte, wenn Bedenken geltend gemacht werden, auf Einzelnes einzugehen, folgenden Antrag stellen:

> Die Bestimmungen des Entwurfs eines bürgerlichen Gesetzbuchs für das Deutsche Reich über die elterliche Gewalt der Mutter, insbesondere auch die, im § 1538 des Entwurfs vorgesehenen Anordnungen über die Bestellung eines Beistands der Mutter sind zu billigen.

Das ist dasjenige, worauf ich mich vorläufig beschränken möchte.

Ich will Ihnen nur noch die von mir erwähnten Bestimmungen des Entwurfs verlesen. Dieselben lauten:

> „Das Vormundschaftsgericht hat der Mutter, welcher die elterliche Gewalt zusteht, einen Beistand zu bestellen:
>
> 1. wenn der Vater die Bestellung angeordnet hat,
>
> — demnächst ist bestimmt, daß das nur im Testament geschehen kann, ebenso wie die Anordnung der Vormundschaft —
>
> 2. wenn die Mutter die Bestellung beantragt,
>
> 3. wenn das Vormundschaftsgericht wegen des Umfangs oder

besonderer Schwierigkeiten der Verwaltung die Bestellung im Interesse des Kindes für nöthig erachtete."

Das sind die Beschränkungen, die beim Vater in Bezug auf den letzten Punkt auch eintreten können. Ausschließlich auf die Mutter beziehen sich also nur die Beschränkungen: 1. wenn der Vater es angeordnet hat und 2. wenn die Mutter selbst es beantragt.

**Vorsitzender:** Ich eröffne die Debatte über den verlesenen Antrag. Da niemand weiter das Wort ergreift, so scheint das darauf hinzudeuten, daß der Antrag eine allgemeine Billigung findet, und wir können die Debatte schließen und zur Abstimmung über den Antrag schreiten.

Ich bitte diejenigen Herren sich zu erheben, welche dem Antrage widersprechen wollen. — Ich sehe nicht, daß jemand Lust hat, ihm zu widersprechen, und wir müssen also constatiren, daß der Antrag, wie er vorgeschlagen ist, allgemeine Annahme gefunden hat.

Es tritt nun an uns die Frage heran, ob wir die 3 übrigen Fragen, welche uns vorliegen, heute verhandeln wollen. Da wahrscheinlich allgemein der Wunsch vorhanden ist, entweder an der Verhandlung der I. Abtheilung über die Frage „Kauf bricht Miethe" oder auch an den Verhandlungen der combinirten III. und IV. Abtheilung, wo ebenfalls mehrere interessante Fragen zur Erörterung stehen, theilzunehmen, so möchte ich vorschlagen, daß wir die 3 anderen Fragen der morgenden Sitzung überlassen.

Ich bitte diejenigen, die dem Vorschlage widersprechen wollen, sich zu erheben.

Es erhebt sich niemand, mein Vorschlag ist demnach angenommen.

Nun ersuche ich die Herren, sich noch einen Augenblick zu gedulden, da ich noch eine Mittheilung zu machen habe.

Nach dem Statut muß nämlich die Abtheilung 10 Vertrauensmänner ernennen, die am Schluß des Juristentags in Verbindung mit dem Präsidenten der Plenarversammlung und dessen Stellvertretern in der Plenarversammlnng die Vorschläge zur Wahl der ständigen Deputation zu machen haben. Ich möchte heute nicht Vorschläge entgegennehmen, wollte aber darauf aufmerksam machen und möchte dann in der morgenden Sitzung gleich zu Anfang möglichst die Liste derjenigen 10 Vertrauensmänner vorschlagen können, die von unserer Abtheilung bestimmt werden sollen. Nicht in die Liste aufzunehmen ist der Herr Präsident Drechsler als Präsident der Plenarversammlung; ebenso auch nicht die als stellvertretende Vorsitzende für die Plenarversammlung bestimmten Herren, also Herr Oberlandesgerichtspräsident Dr. Thümmel, Herr Senatspräsident

Wetz und ebenso auch nicht Herr Geh. Justizrath Dr. Dernburg und Herr Geheimer Rath Professor Dr. Brunner. Die im Uebrigen zu wählenden 10 Mitglieder darf ich mir dann wohl morgen früh in der Versammlung unserer Abtheilung nennen lassen.

Wir würden dann, wenn Sie nichts dagegen haben, morgen Vormittag 9 Uhr wieder hier zusammenkommen.

**Ein Mitglied der Versammlung:** Zur Geschäftsordnung möchte ich mir die Frage erlauben, ob nicht ein Einschreiben in die Liste der betreffenden Abtheilung stattfindet und wo?

**Vorsitzender:** Das Einschreiben ist nicht obligatorisch, wir haben es früher gethan, aber seit einer Reihe von Jahren hat niemand mehr eingeschrieben, sondern es hat sich jeder in die Abtheilung begeben, die ihm convenirte, und hat auch gewechselt. Es würden die jedesmal anwesenden Mitglieder in jeder Abtheilung stimmen können, ohne daß sie eingeschrieben sind. Es ist das seit einer Reihe von Jahren Usus gewesen.

(Schluß der Sitzung 11 Uhr 15 Minuten.)

---

# Zweite Sitzung der zweiten Abtheilung
## am 12. September 1888.

---

(Beginn: Vormittags 9 Uhr.)

Vorsitzender Geheimer Justizrath **v. Wilmowski** (Berlin): M. H., ich eröffne die Sitzung. Ich möchte zunächst nachtragen, daß es wohl selbstverständlich ist, daß wir den gestern zu Nr. 5 der vorläufigen Tagesordnung von uns gefaßten Beschluß nur zur Kenntnißnahme dem Plenum mittheilen und daß der Herr Präsident Drechsler die Güte haben wird, in dieser Frage als Referent zu fungiren. Ich darf wohl annehmen, daß dies allgemein genehmigt wird. Sodann bleibt uns vorbehalten, 10 Vertrauensmänner der Abtheilung zu bestimmen, die für die Wahl der Mitglieder der ständigen Deputation am morgenden Tage zusammentreten sollen. In Vorschlag gebracht sind: Geheimer Justizrath von Wilmowski, Geheimer Justizrath Wendlandt, Rechtsanwalt Dr. Simon, Amtsrichter Mende, Gerichtsassessor Lewin, Justizrath Werner, Rechtsanwalt Boyens, Amtsrichter Koch, Justizrath Petiskus. Ich stelle anheim, ob eine Aenderung in dieser Beziehung gewünscht wird, und da kein Widerspruch sich dagegen erhebt, darf ich wohl annehmen, daß die Liste genehmigt ist. Ich bitte zugleich um die Ermächtigung, falls nach Mittheilung der Listen der anderen Abtheilungen sich finden sollte, was sehr oft, ja fast regelmäßig vorkommt, daß der Eine oder Andere schon in einer anderen Abtheilung ernannt ist, in diesem Falle eine Aenderung in der Liste vornehmen zu dürfen. Da kein Widerspruch erfolgt, darf ich wohl annehmen, daß auch dies genehmigt ist. Die 2. Frage, die uns beschäftigen soll, ist die Frage 7 unserer vorläufigen Tagesordnung. „Soll das eine offene Handelsgesellschaft verurtheilende Urtheil ohne Weiteres, beziehungsweise unter welchen Modalitäten, namentlich betreffs der persönlichen Einreden, in das Privatvermögen der Theilnehmer vollstreckbar sein?" Das Referat haben übernommen die Herren Justizrath Werner und Rechtsanwalt Boyens zu Stettin und nach einer Vereinbarung der beiden Herren Referenten wird Herr Rechtsanwalt Boyens zunächst referiren und sodann Herr Justizrath Werner als Correferent fungiren.

Referent Rechtsanwalt **Boyens** (Stettin): Ueber die hier in Rede stehende Frage liegt ein Gutachten des Herrn Professor Dr. Wach aus Leipzig vor, welcher sich mit derselben auch schon bei Gelegenheit der proceßrechtlichen Construction der offenen Handelsgesellschaft in seinem „Handbuch des Civilproceßrechts" beschäftigt hat.

Professor Dr. Wach geht davon aus, daß ein von den Gesellschaftern verschiedenes Rechtssubject in der offenen Handesgesellschaft nicht vorhanden sei, daß in Wahrheit die Gesellschafter selbst unter der Firma der offenen Gesellschaft und vertreten durch die firmirenden Gesellschafter verklagt und als Streitgenossen anzusehen seien, daß daher schon nach dem jetzt bestehenden Recht an sich ein die offene Handelsgesellschaft verurtheilendes Urtheil auch gegen die einzelnen Gesellschafter und in deren Privatvermögen vollstreckbar sei. Freilich stelle der gegen die Gesellschaftsfirma geführte Proceß nicht fest, wer Gesellschafter sei, und ferner gebe es auch Einreden, welche nicht der Gesellschaft als solcher, wohl aber dem einzelnen Gesellschafter individuell zustehen (z. B. aus einer Stundung, die ihm persönlich gewährt ist oder Compensation mit persönlichen Gegenforderungen).

Er ist aber der Ansicht, daß dem ersten Mangel dadurch abzuhelfen sei, daß zuvörderst gemäß §§ 665 ff. der Civilproceßordnung die Vollstreckungsklausel gegen die Person der einzelnen Gesellschafter bei dem erkennenden Gericht nach Eintritt der Vollstreckbarkeit (auch der nur vorläufigen) nachzusuchen sei, was bei der Publicität des Gesellschaftsregisters ja sehr leicht unter Vorlegung eines Auszugs aus dem letzteren möglich wäre.

Auf diesem Wege will er ohne Weiteres die Vollstreckung gegen die einzelnen Gesellschafter gestatten, also nicht bloß gegen diejenigen, welche schon bei Beginn des Processes Gesellschafter waren, sondern auch gegen die später im Laufe des Processes neu Hinzugetretenen. Ob die Vollstreckung auch gegen diejenigen Gesellschafter, welche im Laufe des Processes ausgeschieden sind, zulässig sein soll, ist nicht gesagt. Es ist aber wohl anzunehmen, daß der Herr Gutachter dieselben der Vollstreckung mit unterwerfen wollte, da sie durch ihren Austritt die gegen sie eingetretene Rechtshängigkeit nicht zu beseitigen vermögen. Ob endlich die Vollstreckung auch gegen die erst nach Rechtskraft des Urtheils eingetretenen Gesellschafter nach Ansicht des Herrn Gutachters zulässig sein soll, ist nicht ganz klar. Ich glaube aber nicht fehl zu gehen, wenn ich annehme, daß der Herr Gutachter auch gegen diese Socien als Rechtsnachfolger die Vollstreckung zulassen will.

In Betreff der den einzelnen Gesellschaftern zustehenden Individualeinreden nimmt Herr Professor Dr. Wach an:

> daß dieselben in dem Proceß gegen die Firma nicht vorgeschützt werden könnten,
>
> daß dagegen dem einzelnen Gesellschafter die Geltendmachung derselben im Wege einer besonderen Klage auf Aufhebung des Urtheils auf Grund des § 686 Civilproceßordnung beziehentlich nach Analogie desselben zu überlassen sei.

Herr Professor Wach ist, wie bemerkt, der Ansicht, daß alles dies schon jetzt Rechtens sei, da aber die herrschende Meinung eine andere sei, empfiehlt er gegenüber der letzteren, die Einfügung einer besonderen, seinen Vorschlägen entsprechenden Vorschrift in die Civilproceßordnung.

Herr Professor Wach hält den von ihm vorgeschlagenen Zustand für wünschenswerth und dem Bedürfniß entsprechend, denn in den seltensten Fällen habe der einzelne Gesellschafter Individualeinreden.

Seien diese nicht vorhanden, so hafte jeder Gesellschafter solidarisch mit seinem Privatvermögen. Führe die Vollstreckung in das Gesellschaftsvermögen nicht zum Ziel oder sei dieselbe aussichtslos, so bürde man dem Sieger großen Zeitverlust und möglicherweise eine unübersehbare Folge von Nachtheilen auf, wenn man ihn zu Sonderklagen gegen die einzelnen Gesellschafter zwinge. Dazu sei fraglich, ob nach § 22 Civilproceßordnung der gemeinschaftliche Gerichtsstand gegen alle Socien in dem Forum der Gesellschaft begründet sei, wenn dieselben nämlich an anderen Orten wohnen. Wenn man dagegen einwende, daß dem Gläubiger ja freistehe, von vornherein bei Anstellung der Klage gegen die Gesellschaftsfirma gleichzeitig die Klage gegen die einzelnen Gesellschafter zu richten, so bleibe auch hier einmal der Zweifel, ob der gemeinsame Gerichtsstand begründet sei, dann bereite diese Cumulation auch manche Schwierigkeiten. Namentlich sei dann ein Fall der nothwendigen Streitgenossenschaft nach § 59 Civilproceßordnung, soweit es sich um Feststellung der Gesellschaftsschuld handle, anzunehmen und daher könne der Widerspruch des nicht firmirenden Gesellschafters trotz Contumaz des Firmirenden die Verurtheilung auch der Gesellschaft aufhalten. Für den Fall des Wechsels in den

Personen der Gesellschafter während des Processes biete dieser Ausweg sich aber überhaupt nicht. Der neu eingetretene Gesellschafter müsse jedenfalls besonders belangt werden. Dazu komme die große Vermehrung der Zustellungen und Ladungen und Abschriften.

Wenn wir nun zur Prüfung dieser Vorschläge übergehen, so wird es zunächst erforderlich sein, zu fragen: was ist denn zur Zeit bestehendes Recht. Daran würde sich dann die weitere Frage knüpfen, ob ein Bedürfniß einer Aenderung desselben besteht.

Von den höchsten deutschen Gerichtshöfen haben sich sowohl das frühere Reichsoberhandelsgericht wie das Reichsgericht wiederholt eingehend mit vorliegenden Fragen beschäftigt:

> Die Auffassung des Reichsoberhandelsgerichts ergiebt sich aus den Entscheidungen Band VI S. 416, XX S. 180, XXI S. 344, XXIV S. 156, die des Reichsgerichts aus den Entscheidungen des ersten Senats Band III S. 57, V S. 71, IX S. 143, XIII S. 96, XVII S. 368, XVIII S. 43, des zweiten Senats Entsch. Band III S. 338, XVI S. 17 und des dritten Senats Entsch. Band XIV S. 20.

Wenn auch dem Ausdruck nach eine theilweise Verschiedenheit der Auffassung der beiden Gerichtshöfe und zum Theil auch der einzelnen Senate des Reichsgerichts vorhanden zu sein scheint, so gehen dieselben doch im Großen und Ganzen von denselben Gesichtspunkten aus und gelangen zu folgenden wesentlich gleichen Ergebnissen:

Die offene Handelsgesellschaft sei ein in Abweichung von der gemeinrechtlichen Societätslehre durch Handelsgewohnheitsrecht entwickeltes Institut. Dieselbe sei freilich nicht als eine juristische Person, in der die Individualität der einzelnen Gesellschafter verschwinde, anzusehen, aber es werde das Gesellschaftsvermögen als „eine von dem übrigen Vermögen der Gesellschafter abgesonderte und rechtlich anders zu beurtheilende Vermögensmasse behandelt“ und dadurch ein „Rechtssubject mit selbstständigem Vermögen“ geschaffen. Die Gesellschafter in ihrer Gesammtheit seien das Rechtssubject dieses Vermögens. Die so „in der offenen Handelsgesellschaft verbundenen Rechtssubjecte“, welche auch eine „Collectivperson“ genannt werden, können in Bezug auf ihren in dieser Verbindung stehenden Rechts- und Pflichtenkreis unter der Gesellschaftsfirma vor Gericht klagen und verklagt werden“. Das Gesetz lege dieser Gesellschaft als solcher Parteifähigkeit bei, die firmirenden Gesellschafter sowie die Liquidatoren seien als gesetzliche Vertreter im Sinne der Proceßordnung anzusehen und hätten somit z. B. auch allein Eide Namens der Gesellschaft zu leisten.

Es handle sich aber bei Klagen gegen die Firma nur um Ansprüche gegen den Gesellschaftsfonds. Daher würde durch diese Klagen Rechtshängigkeit gegen die einzelnen Socien nur insoweit begründet. Daher könne aus dem gegen die Firma ergehenden Urtheil keine Execution in das Privatvermögen der Gesellschafter gestattet werden. Soweit das Privatvermögen des einzelnen Gesellschafters und die Haftung mit demselben in Betracht komme, sei der Gesellschafter weder durch die gegen die Firma gerichtete Klage belangt, noch durch die Vertreter der Gesellschaft vertreten. Aber materiell präjudizire ihm das gegen die Gesellschaft ergangene Erkenntniß auch nach dieser Richtung, indem es für ihn unangreifbar das Vorhandensein einer Gesellschaftsschuld feststelle und er für diese nach gesetzlicher Vorschrift auch mit seinem Privatvermögen hafte. Der Gläubiger könne also in einer Sonderklage gegen den Gesellschafter sich auf dies Urtheil stützen, aber diese Klage ist keine Judicatklage im eigentlichen Sinne (obwohl das Reichsgericht dieselbe beiläufig so nennet), da der Gesellschafter ungehindert seine individuellen Einreden vorschützen kann, namentlich auch die Verjährung, wenn die Klage erst nach Ablauf von 5 Jahren seit Auflösung der Gesellschaft erhoben wird. — Von anderen Gerichtshöfen will ich nur noch den höchsten bayerischen Gerichtshof erwähnen, welcher die offene Handelsgesellschaft sogar vollständig als juristische Person auffaßt.

Die skizzirte Praxis des Reichsoberhandelsgerichts und Reichsgerichts steht in vollkommenem Einklang mit dem bei Berathung des Handelsgesetzbuchs in Nürnberg eingenommenen Standpunkt. Allerdings entschied man sich dafür, daß den offenen Handelsgesellschaften die Eigenschaft einer juristischen Person nicht formell beizulegen sei, hauptsächlich aber deshalb, weil man glaubte, daß die persönliche und solidarische Haftpflicht der Socien damit nicht vereinbar sei. Es wurde unter Hinweis auf die französische und italienische Jurisprudenz, welche die offene Handelsgesellschaft als être moral, personne fictive und ähnlich bezeichnet, die Ansicht ausgesprochen, daß die offenen Handelsgesellschaften im Handelsleben als juristische Personen, aber mit der Zugabe der persönlichen und solidarischen Haftpflicht ihrer Mitglieder angesehen würden, daß es aber genüge, diejenigen einzelnen Rechtssätze aufzuzählen, welche für das Wesen einer Handelsgesellchaft unentbehrlich seien.

Zu diesen Sätzen gehöre auch der, daß die Handelsgesellschaft unter ihrer Firma klagen und verklagt werden könne. Gegen diesen Satz wurde hervorgehoben, daß — nachdem die juristische Person abgelehnt sei — bei einem Proceß der Firma doch nur diejenigen Socien, welche zur Zeit der Litiscontestation Socien gewesen seien oder sich später proceßordnungsgemäß betheiligt hätten, als Partei angesehen werden könnten, es aber bedenklich sei, einen solchen Proceß zu gestatten, da aus den Acten doch die Personen bestimmt erhellen müßten, für und gegen welche der Proceß geführt werde und — wenn dies nicht der Fall — leicht ein zweiter Proceß darüber entstehen könne, für wen und gegen wen der erste Proceß geführt worden sei. Hiergegen wurde aber eingewendet: „es stehe gar nichts im Wege, die Proceßführung unter der Firma insoweit zuzugestehen, als es sich um Ansprüche gegen den Gesellschaftsfonds handle, dies führe ja nicht dazu, daß sich ein vermögender Gesellschafter durch den Austritt aus der Societät den Ansprüchen aus der angestellten Klage überhaupt entziehen könne, denn dessen materielle Haftung für die gegen die Gesellschaft bestehenden Forderungen bleibe nach wie vor bestehen.

Auf Grund dieser Erwägung gelangte der die Proceßfähigkeit der Gesellschaftsfirma aussprechende Satz zur Annahme, während ein früher gestellter Antrag, wonach ein Erkenntniß, welches auf Klage einer der firmirenden Gesellschafter oder auf Klage gegen einen derselben ergangen sei, für und gegen die übrigen Gesellschafter rechtskräftig und vollstreckbar sein solle, überhaupt nicht zur Abstimmung gebracht wurde. Vergegenwärtigt man sich diesen Gang der Entstehung des Art. 111 und 117 des Handelsgesetzbuchs und die daran sich knüpfende Praxis, so kann man dem Herrn Gutachter darin nicht beipflichten, daß schon nach bestehendem Recht den Urtheilen, welche gegen eine Handelsgesellschaft ergangen sind, formelle Rechtskraft auch bezüglich des Privatvermögens der Gesellschafter beizulegen ist.

Seine Ansicht wird freilich aus wesentlich gleichen Gründen von einigen anderen Schriftstellern, von Römer (Abhandlungen aus dem römischen Recht und dem Handels- und Wechselrecht) und Siebenhaar (Orientirung zur Civilproceßordnung) und v. Halm, der jedoch nicht direct Exemtion, sondern nur eine actio judicati zulassen will, getheilt. Sie gehen alle von der rein römischen Auffassung einer Societät aus und deduciren daraus, daß unter der Firma alle Socien verklagt und ohne Beschränkung verurtheilt werden.

Die weitaus überwiegende Anzahl der Schriftsteller steht aber auf dem entgegengesetzten Standpunkt, namentlich alle übrigen Commentatoren der Proceßordnung und auch der neueste Schriftsteller über diese Materie Eccius (Goldschmidt's Zeitschrift, Bd. 32 S. 1 ff.).

Ergiebt sich somit, daß nach dem bestehenden Recht die Vollstreckbarkeit des Gesellschaftsurtheils in das Privatvermögen der Socien nicht anzunehmen ist, so bin ich ferner der Ansicht, daß ein Bedürfniß, den bestehenden Zustand zu ändern, nicht besteht und daß sich in dieser Beziehung in der Juristen- und Handelswelt Deutschlands keineswegs eine Rechtsüberzeugung herausgebildet hat, geschweige denn eine so allgemeine, die ein bejahendes Votum des Juristentages zu begründen geeignet wäre.

Soweit mir bekannt, sind aus der Praxis Klagen über das Bestehende überhaupt kaum laut geworden und die auftretenden Ansichten einzelner Schriftsteller beweisen für eine Entwickelung einer Rechtsströmung nichts, da diese Ansichten nicht aus dem Leben geschöpft und auf romanisirender Tendenz beruhen, die der gesunden Entwickelung des nicht auf römischer Grundlage erwachsenen Instituts lediglich hinderlich sein können.

Die relative Selbständigkeit des Gesellschaftsfonds und die Beschränkung der formellen Proceßvertretung auf den Gesellschaftsfonds ist gerade eine charakteristische Eigenschaft der offenen Handelsgesellschaft. Legt man die Axt an diese Wurzel, so untergräbt man das ganze Institut.

Die Aussonderung des Gesellschaftsfonds als eine zunächst zur Deckung der Gesellschaftsschulden parate Masse geschieht nicht bloß im Interesse der Gläubiger, vielmehr auch zum Schutz der einzelnen Socien selbst, um die Schäden, welche aus der solidarischen Haftpflicht entstehen können, zu mildern.

Die Socien empfinden ihre persönliche und solidarische Haftpflicht nicht so drückend, wenn sie wissen, daß jener Fonds als Deckungsmittel vorhanden ist, welcher — wenn auch nicht nothwendig — so doch der Regel des Verkehrs gemäß zuerst von Gesellschaftsgläubigern in Angriff genommen wird. Diesem Gedanken wurde von kaufmännischer Seite bereits bei Berathung des Handelsgesetzbuchs Ausdruck gegeben (Prot. S. 1138). Demgemäß ordnet auch Art. 122 Handelsgesetzbuch für den Fall des Concurses der Gesellschaft an, daß die Gesellschaftsgläubiger nur wegen ihres Ausfalls in diesem Concurse Befriedigung aus dem Privatvermögen der Gesellschafter suchen dürfen. Die Vorschrift der früheren preußischen Concursordnung, daß der Concurs über die Gesellschaft auch den Concurs über das Privatvermögen der einzelnen Gesellschafter nach sich ziehe, hat in die Reichs-Concursordnung keine Aufnahme gefunden. Wie im Fall der *Insolvenz* Gesellschaftsvermögen und Privatvermögen aus einander gehalten werden, so muß auch der *Proceß* gegen die Gesellschaft als solche, die *Firma*, welcher auf Befriedigung aus dem *Gesellschaftsvermögen* allein abzielt, von dem Proceß gegen den einzelnen Gesellschafter, welcher Befriedigung aus seinem *Privatvermögen* allein bezweckt, streng unterschieden werden.

Der Kaufmann bemißt den Credit, welchen er einer Gesellschaft gewährt, in erster Linie nach ihrem Gesellschaftsvermögen und sucht eventuell regelmäßig zunächst durch Klage gegen die Firma Befriedigung aus diesem zu erlangen. Mehr bezweckt er mit einer solchen Klage nicht. Will er ausnahmsweise die einzelnen Gesellschafter selbst mit angreifen, so verklagt er dieselben persönlich mit der Gesellschaft zusammen oder allein. Auf der anderen Seite sind sich die Gesellschafter bei einem gegen die Firma geführten Proceß dessen nicht bewußt, daß dieser Proceß auf directe Befriedigung aus ihrem Privatvermögen abziele. Am meisten springt die Unbilligkeit der von dem Herrn Gutachter vorgeschlagenen Procedur bei dem Vorhandensein nicht firmirender Socien in die Augen. Es würde der Rechtsanschauung des Handelsstandes durchaus zuwider sein, wenn man dem firmirenden Socius das Recht einräumen wollte, auch in Processen, welche Befriedigung aus dem Privatvermögen bezwecken, den nicht firmirenden Socius zu vertreten. Ein häufiger Fall des Vorhandenseins nicht firmirender Socien ist der der Fortsetzung einer Societät mit den Erben eines verstorbenen Socius. Der Ueberlebende pflegt in diesem Fall allein zu firmiren, die Erben werden als nicht firmirende eingetragen. Man denke sich nun folgenden Fall. Die Firma wird wechselmäßig aus einem von dem firmirenden Socius ausgestellten Wechsel verklagt, der firmirende Socius läßt Versäumnißurtheil ergehen, der Gläubiger läßt sich auch gegen die nicht firmirenden, vielleicht in ganz Deutschland verstreuten Socien Vollstreckungsklausel geben und dieselben werden bei gleichzeitiger Zustellung der Clausel an den verschiedensten Orten ohne Weiteres ausgepfändet, obwohl sie von der Existenz des Wechsels keine Ahnung haben und keine Gelegenheit gehabt haben, sich zu vertheidigen oder Geldmittel anzuschaffen. Ja selbst, wenn sie von dem Proceß etwas erführen, wäre ihnen das Recht versagt, sich in der Rolle der Nebeninterveniententen zu vertheidigen, da sie ja nach Auffassung des Herrn Gutachters Partei und von dem firmirenden Socius vertreten sind. Ich glaube nicht, daß ein solches Verfahren auf allgemeinen Beifall rechnen könnte, sicher aber würden die Betroffenen das Gefühl haben, daß ihnen schweres Unrecht zugefügt würde. Es ist sicher für sie ein großer Nachtheil, daß die Procedur gegen ihre Person mit der Vollstreckung beginnt, und auch materiell können dadurch für sie die erheblichsten Einreden werthlos werden, die ihnen zustehen würden, wenn das gegen die Firma ergangene Urtheil nur als materieller Verpflichtungsgrund gegen sie in Betracht käme.

Man denke nicht bloß an persönliche Individualeinreden, sondern auch an den Fall einer Collusion des firmirenden Gesellschafters mit dem Gläubiger, Scheingeschäfte, Wechsel ohne Valuta.

Es wird schwer halten, noch in besonderem Proceß aus diesen Einwendungen die Aufhebung der Urtheile zu erlangen, jedenfalls wird es aber häufig nicht möglich sein, der Vollstreckung vorzubeugen, wozu vorherige Glaubhaftmachung oder hohe Cautionen nöthig sind. Insbesondere würde aber die 5 jährige Verjährung aus Art. 146 H. G. B. in Wegfall kommen, sobald nur gegen die Firma vor der Auflösung ein Urtheil ergangen wäre.

So würden die ehemaligen Gesellschafter auch nach Ablauf jener 5 Jahre noch unter dem Damoclesschwert von Executionen aus Urtheilen stehen, die ihnen unbekannt sind.

Endlich stehen dem Vorschlage die erheblichsten processualischen Bedenken entgegen.

Es ist den bisherigen Proceßgrundsätzen zuwider, die Person der Verklagten erst nach beendetem Proceß festzustellen. Die Feststellung der Rechtsnachfolger der bisherigen Proceßpartei kann hier als Analogie durchaus nicht herbeigezogen werden.

Ebenso sehr widerstreitet es den Proceßgrundsätzen, daß man Einwendungen, welche schon zur Zeit des Processes selbst vorhanden waren, noch nachträglich im Wege einer besonderen Klage gegen das Urtheil zuläßt.

Nach rechtlichen Grundsätzen ergiebt sich folgende Alternative: Sind die Socien im Proceß der Firma selbst unbeschränkt Partei, so müssen sie auch ihre Einreden dem Gericht vorbringen, sind sie nicht Partei, so kann das Urtheil gegen sie nicht vollstreckt werden. Somit erweist sich der Standpunkt des Gutachters als inconsequent. Consequenter als er verlangt Römer demnach in der That, daß die Socien durch den firmirenden Socius als ihren Vertreter ihre persönlichen Einreden im Firmenproceß vorbringen müssen.

Der Fall des Rechtsnachfolgers ist ein anderer, weil dieser von seinem Rechtsvorgänger überhaupt nicht vertreten wird. Verlangt man aber auch die persönliche Einrede in dem Gesellschaftsproceß, so würde dieser völlig in einen Proceß gegen die einzelnen Socien zersetzt. Die Verantwortlichkeit des firmirenden Socius werde in ganz unangemessener Weise gesteigert, die nicht firmirenden Gesellschafter würden mundtodt gemacht und gleichsam unter Curatel gestellt, der Schade, der ihnen aus einer mangelhaften und pflichtwidrigen Uebertretung erwachsen könnte, würde unendlich gesteigert. Aus diesem Grunde scheut Wach aber vor der letzten Consequenz seiner eigenen Ansicht zurück. Verdient so der bestehende Zustand den Vorzug, so soll auf der anderen Seite gewiß nicht geleugnet werden, daß Fälle vorkommen können, in denen eine besonders schneidige Procedur und sofortige Vollstreckung in das Privatvermögen erwünscht wäre.

Ueberdies besitzt der Gläubiger das Mittel, durch gleichzeitige Klage gegen Societät und Socien selbst Vorsorge zu treffen. Sollten die Bedenken des Herrn Gutachters in Betreff des gemeinschaftlichen Gerichtsstandes aus § 22 Civilproceßordnung begründet sein, was ich nicht glaube, so ließe sich dem allenfalls durch Gesetz abhelfen. Nur der Uebelstand bleibt übrig, daß der Gläubiger gegen neu während des Processes eintretende Socien neu klagen muß; aber es weist der Herr Gutachter schon selbst darauf hin, daß durch Verbindung dieses Processes mit dem Hauptproceß Abhülfe geschaffen werden kann.

Die Behauptung des Herrn Gutachters, daß durch gleichzeitigen Proceß gegen die Gesellschaft und die einzelnen Socien Gefahren entstehen könnten, theile ich nicht. Will der firmirende Socius den Klageanspruch anerkennen, so hat er dies, soweit die Haftung des Gesellschaftsfonds in Frage kommt, in der Hand, trotz des in die Rolle des Nebeninterveniénten zurücktretenden anderen Socius. Ueberläßt er diesem dagegen als Nebenintervenienten bei zweifelhaften Fällen die Vertheidigung, so können dadurch rechtliche Interessen in völlig entsprechender Weise geschützt werden.

Besondere Beachtung verdient meines Ermessens nur der Fall der Auflösung der Societät während des Processes oder nach dem Processe. Ist es begründet, daß ein solcher als Proceß gegen die Firma bedeutungslos wird, so wird, wenn der Proceß noch schwebt, nach § 219 Civilproceßordnung eine Unterbrechung des Verfahrens eintreten und die Aufnahme des Verfahrens gegen die letzten Inhaber unter Erweiterung des Anspruchs auf Verurtheilung ihrer Person erfolgen können. Tritt die Auflösung nach beendetem Proceß ein, so wird auch schon nach bestehendem Recht, auf Grund des § 665 Civilproceßordnung und Art. 144 Handelsgesetzbuch Vollstreckungsclausel gegen die letzten Inhaber zu erlangen sein, soweit noch nicht aufgetheiltes Gesellschaftsvermögen vorhanden ist, unter welcher Voraussetzung auch nach Art. 198 der Concursordnung der Gesellschaftsconcurs noch zulässig ist. Die Auftheilung selbst ließe sich sofort nach Bekanntmachung der Auflösung durch einstweilige Verfügungen verhindern. Außerdem besteht aus dem gegen eine Gesellschaftsfirma ergangenen Urtheil der Urkundenproceß gegen die Person der Gesellschafter.

Indem ich aus diesen Gründen der Abtheilung empfehle, die vorgelegte Frage zu verneinen, erlaube ich mir der Ueberzeugung Ausdruck zu geben, daß die Entwickelung unserer Handelsgesellschaften nur dann eine gesunde und gedeihliche sein kann und wird, wenn dieselbe sich mehr und mehr von den rein römischen Grundsätzen entfernt.

Die römische Societäts-Schablone ist eine Gefahr für unser ganzes Gesellschaftsleben und der natürliche Fortschritt auch bei der offenen Handelsgesellschaft dürfte in einer Richtung zu suchen sein, welche der von dem Herrn Gutachter empfohlenen zuwider dahin geht, daß dieselbe als ein von den einzelnen Gesellschaftern völlig verschiedenes selbständiges Rechtssubject anerkannt wird.

Der Antrag, über den ich mich mit dem Herrn Correferenten geeinigt habe, lautet dahin: Eine gesetzliche Vorschrift dahin, daß ein die offene Handelsgesellschaft verurtheilendes Erkenntniß ohne Weiteres in das Privatvermögen der Theilnehmer vollstreckbar sei, ist nicht zu empfehlen. (Bravo!)

**Vorsitzender:** Ich ertheile dem Herrn Correferenten das Wort, bitte aber zugleich, den Antrag zu Protocoll zu geben.

Correferent Justizrath **Werner** (Stettin): Ich habe nichts hinzuzufügen.

**Vorsitzender:** Der Herr Correferent verzichtet auf das Wort. Ich eröffne die Debatte über den Antrag, daß eine gesetzliche Vorschrift dahin, daß ein die offene Handelsgesellschaft verurtheilendes Erkenntniß ohne Weiteres in das Privatvermögen der Theilnehmer vollstreckbar sei, nicht zu empfehlen ist. Wünscht jemand das Wort?

Justizrath **M. Levy** (Berlin): Ich stehe auf dem Standpunkte des Herrn Referenten. Ich kann zunächst ein praktisches Bedürfniß für die Aenderung der Gesetzgebung bei dem angeregten Punkte nicht anerkennen. Der Herr Gutachter selbst giebt den Weg an, auf welchem praktisch das Ziel zu erreichen ist, auf dem er nun im Wege der Gesetzgebung vorgehen will, daß nämlich, was ja auch in der Praxis üblich ist, neben der Firma die einzelnen Gesellschafter belangt werden. Er hat nur gegen diesen modus procedendi einige Bedenken aufgestellt, die er für erheblich hält, die ich aber für unbegründet erachte. Das erste dieser Bedenken betrifft den Gerichtsstand. Er ist der Meinung, daß es zweifelhaft sei, ob der Gerichtsstand der Handelsniederlassung auch zur Anwendung komme, der Gerichtsstand des Artikels 22 der Civilproceßordnung, wenn einzelne Gesellschafter aus der Gesellschaftsschuld in Anspruch genommen werden, und er meint dann, wenn man diese Frage verneine, dann käme man zu dem Resultate, daß eine solche Klageverbindung unmöglich sei. In dieser Beziehung glaube ich aber, irrt sich der Herr Gutachter. Er hat meines

Erachtens die Bestimmung des § 36 Nr. 3 der Civilproceßordnung übersehen. Nach § 36 Nr. 3 erfolgt die Bestimmung des zuständigen Gerichts durch das im Instanzenzuge zunächst höhere Gericht, wenn mehrere Personen, welche bei verschiedenen Gerichten ihren allgemeinen Gerichtsstand haben, als Streitgenossen im allgemeinen Gerichtsstande verklagt werden sollen und für den Rechtsstreit ein gemeinschaftlicher besonderer Gerichtsstand nicht begründet ist. Dieser Fall liegt vor, wenn eine Handelsgesellschaft, welche ihren allgemeinen Gerichtsstand nach § 19 der Civilproceßordnung bei dem Gericht am Sitze der Handelsgesellschaft hat, zugleich mit einem Gesellschafter belangt werden soll, welcher einen allgemeinen Gerichtsstand an einem anderen Orte hat, und der besondere Gerichtsstand des § 22 nicht begründet ist. Es wird auch in der Praxis nach meinen Erfahrungen in solchen Fällen der gemeinschaftliche Gerichtsstand durch das höhere Gericht unbedenklich bestimmt. Dies ist also ein Ausweg, der sich ganz von selbst durch die Civilproceßordnung ergiebt. Das zweite Bedenken des Gutachters geht nach der Richtung hin, daß er Schwierigkeiten voraussieht auf Grund seiner Ansicht, daß bei einer Klagverbindung gegen die Handelsgesellschaft und gegen die einzelnen Gesellschafter eine materielle Streitgenossenschaft im Sinne des § 59 der Civilproceßordnung entstehe. Ich glaube, daß auch in diesem Punkte der Herr Gutachter nicht im Rechte ist. Allerdings kann die Frage, ob eine Gesellschaftsschuld vorliegt, nur einheitlich entschieden werden gegenüber der Handelsgesellschaft sowohl, als gegenüber den einzelnen Gesellschaftern; aber das ist nicht in Frage, wenn beide verklagt werden, sondern es ist in Frage, ob neben der Gesellschaftsschuld auch noch eine persönliche Verpflichtung der Gesellschafter besteht. Das ist ein zweites Rechtsverhältniß, das festgestellt werden soll, und welches ganz verschieden ist von dem Rechtsverhältniß des Klägers zu der Handelsgesellschaft. Man kann sich denken, daß das nicht zu entscheiden ist nach dem deutschen Handelsgesetzbuche, sondern nach solchen ausländischen Gesetzen, nach welchen die Handelsgesellschafter nicht solidarisch haften, sondern nur pro rata, oder daß es sich um Gesellschafter handelt, die während des Processes eingetreten sind, und nach ausländischem Rechte nicht so verantwortlich gemacht werden, wie nach deutschem Rechte, Also der ganze Punkt, von dem Wach ausgeht, ist meines Erachtens nicht richtig gewählt. Es bleiben nun noch zwei weitere Bedenken; das eine ist dies, wenn im Laufe des Processes ein Wechsel in den Personen, bezw. wenn ein neuer Gesellschafter in die Gesellschaft eintritt, daß dann der Kläger nicht in der Lage sei, diesen neuen Socius mit in demselben Processe zu belangen.

Aber ich meine, daß für diesen Fall kein dringendes Bedürfniß vorliegt, die Gesetzgebung zu ändern, nur um dem Gläubiger, der ohne sein Zuthun, ohne sein Verdienst plötzlich durch den Eintritt eines neuen Gesellschafters einen neuen Schuldner erhält, auch noch die Executionsinstanz gegen diesen ohne besondere Klage zu sichern. Was endlich die Vermehrung der Zustellungen anbetrifft, — das letzte Bedenken von Wach gegen die Klageverbindung — so ist das meines Erachtens zu unwesentlich, um dafür die Klinke der Gesetzgebung in Bewegung zu setzen.

Im Uebrigen stimme ich auch darin dem Referenten bei, daß eine Aenderung der Gesetzgebung, wie sie von Wach beantragt wird, nicht in unsere Rechtsordnung paßt. Es ist meines Erachtens eine völlige Umkehrung der Elemente des Proceßrechtes, daß, wie der Referent sich auch ganz richtig ausdrückte, die Sache mit der Executionsinstanz gegen die Gesellschafter anfangen soll, daß die Passiv-Legitimation, also die Frage, wer eigentlich die Gesellschafter sind, und alle individuellen Einreden der Gesellschafter erst in der Executionsinstanz zur Sprache kommen können. Besonders hart ist dies für einen Gesellschafter, der erst im Laufe des Processes eingetreten und dem also nicht einmal die Klage zugestellt ist. Ein solcher würde nach dem Vorschlage von Wach geradezu ungehört verurtheilt. Meines Erachtens hat sich der Herr Gutachter ferner das nicht vollständig klar gemacht, daß der Vorschlag, den er dem Juristentage unterbreitet, gar nicht dahin geht, ein reines Proceßgesetz zu schaffen. Da könnte man vielleicht eher zustimmen. Es ist aber kein reines Proceßgesetz, das er vorschlägt, er verlangt, es solle bestimmt werden, daß das vollstreckbare Urtheil gegen die Gesellschaft auch vollstreckbar sei gegen die einzelnen Gesellschafter. Aber darin steckt ein materieller Satz, das ist keine bloße Procedurvorschrift; darin steckt der Satz, daß wirklich die Gesellschafter solidarisch verantwortlich sind und wer garantirt, daß dieser materielle Satz auch materielles Recht bleiben werde nach der in Deutschland sich vollziehenden Rechtsentwickelung, die mehr darauf hindrängt, die solidarische Haft der einzelnen Gesellschafter zu beseitigen und die proratarische dafür einzuführen; und es würde jedenfalls der ganze Satz für die ausländischen Gesellschaften zu streichen sein. Es handelt sich also nicht allein um Proceßrecht, und darum meine ich, kann um so weniger eine Veranlassung sein, eine Veränderung der Proceßgesetzgebung zu befürworten, zumal nach den bisherigen Erfahrungen irgend welche Schwierigkeiten nicht entstanden sind bei der Art und Weise, wie gegenwärtig in der Praxis verfahren wird. Zum Schluß ist zu erwähnen, daß in der Regel im Verkehr der Gläubiger sich zunächst an das Gesellschaftsvermögen halten will, vorerst also nicht den Gedanken faßt, in das Privatvermögen der einzelnen Gesellschafter einzugreifen, weil er weiß, daß, wenn erst das Geldspind abgepfändet wird, es auch mit dem Privatvermögen der einzelnen Gesellschafter nicht mehr weit her ist. Freilich kommen auch Fälle anderer Art vor, diese sind aber auf dem bisherigen Wege völlig leicht zu behandeln, und ich meine, man darf die Gesetzgebung nicht behelligen, wenn es nicht unbedingt nothwendig ist. Darum empfehle ich Ihnen die Annahme des Antrages des Referenten.

Correferent Justizrath **Werner** (Stettin): Ich möchte nur eine kleine Abweichung von der Ansicht der beiden Herren Vorredner insofern zu erkennen geben, als ich meine, daß es der Beantragung eines gemeinsamen Gerichtsstandes nicht erst bedarf, wenn gleichzeitig gegen die Handelsgesellschaft und gegen die einzelnen Gesellschafter geklagt werden soll. Ich meine auf Grund des § 22 der Civilproceßordnung, daß am Sitze der Handelsgesellschaft, da, wo man die Handelsgeschäfte betreibt, ohne Weiteres geklagt werden kann. Also dieses Bedenken theile ich nicht.

**Vorsitzender:** Wünscht noch sonst jemand das Wort?

Referent Rechtsanwalt **Boyens** (Stettin): Ich möchte gegenüber dem Herrn Justizrath Werner bemerken, daß auch ich annehme, daß nach § 22 der Civilproceßordnung der gemeinschaftliche Gerichtsstand begründet sein würde. Eventuell würde der von Herrn Justizrath Levy empfohlene Weg der Bestellung eines gemeinschaftlichen Gerichtsstandes bleiben.

**Vorsitzender:** Herr Präsident Dr. Drechsler hat das Wort.

Präsident Dr. **Drechsler** (Leipzig): Ich wollte bloß meinen Collegen Reichsgerichtsrath von Hahn gegen eine Bemerkung schützen, die der Herr Referent hier gemacht hat, indem er bemerkte, daß derselbe von einer actio judicati rede. Dieser Ausdruck rührt her aus dem Commentar des Herrn von Hahn zur Zeit als die Civilproceßordnung noch nicht existirte. Es ist nur eine Art gemeinrechtlicher Benennung, und da schien ihm dieser Ausdruck, weil ein Urtheil vorliegt, passend. Er ist der Verfasser der neuesten Urtheile und hat sie ganz klar präcisirt. Er ist noch nicht im Stande gewesen, den Ausdruck in seinem Commentar zu ändern. Er würde sich seinerseits wundern, wenn er als abweichend angeführt würde.

**Vorsitzender:** Wünscht noch jemand das Wort? Es scheint nicht der Fall, ich schließe die Debatte. Zur Abstimmung kommt nur der allein vorliegende Antrag beider Referenten, der ja vorgelesen worden ist.

Diejenigen Herren, die gegen den Antrag sind, bitte ich die Hand zu erheben. (Geschieht.) Der Antrag ist einstimmig angenommen.

Es würde nun die zweite Frage zur Berathung kommen, Nr. 8 unserer Tagesordnung: Ist die Vorschrift des Artikels 797 des Handelsgesetzbuches dahin zu ergänzen, daß es zulässig ist, die Taxe bei Seeversicherungen auch deshalb anzufechten, weil die Taxe unter dem Werthe bestimmt ist? Der Herr Präsident Dr. Drechsler wird die Güte haben als Referent zu fungiren.

Referent Reichsgerichts-Senats-Präsident Dr. **Drechsler** (Leipzig): Die Frage lautet: „Ist die Vorschrift des Artikels 797 des Handelsgesetzbuches dahin zu ergänzen, daß es zulässig ist, die Taxe bei Seeversicherungen auch deshalb anzufechten, weil die Taxe unter dem Werthe bestimmt ist?" Es liegen über diese Frage zwei Gutachten vor, das eine erstattet vom Herrn Oberlandesgerichtspräsidenten Dr. Sieveking zu Hamburg und das andere von unserm Collegen Rechtsanwalt Dr. Reatz in Gießen. Der Herr Präsident Sieveking spricht sich dahin aus, es sei nicht nothwendig und rathsam, die Vorschrift des Artikels 797 des Handelsgesetzbuches, welche bloß zuläßt eine Anfechtung der Taxe, welche übersetzt ist, zu ändern, während der zweite Gutachter, Dr. Reatz folgenden Antrag stellt. Es solle dem Artikel 797 ein Zusatz beigefügt werden: außerdem ist der Versicherer befugt, eine Erhöhung der Taxe auf den wahren Werth des versicherten Gegenstandes zu fordern, wenn er beweist, daß derselbe unterschätzt sei, es wäre denn, daß vereinbart worden, der Versicherer solle trotz untersetzter Taxe dem gesammten den versicherten Gegenstand treffenden Schaden bis zum Belaufe der Taxe bezw. nach Verhältniß der Versicherungssumme zur Taxe ersetzen. Ich kann, indem ich auf den Inhalt der beiden Gutachten nur im Allgemeinen eingehe, wohl die nähere Begründung des letzten Antrags dem Gutachter selbst überlassen, da er anwesend ist. Ich will vorweg nur Folgendes bemerken. Bei Beratung des Handelsgesetzbuches war nur der Fall der Uebersetzung der Taxe in's Auge gefaßt. Als die Hamburger Assecuradeure meinen verstorbenen Collegen Voigt beauftragten, auf Grund des Handelsgesetzbuches neue Seeversicherungsbedingungen zu entwerfen, beantragte er einen Zusatz in die Bedingungen aufzunehmen, dahin, daß der Versicherer befugt sei, eine Erhöhung der Taxe zu fordern, wenn er beweise, daß dieselbe wesentlich hinter dem wahren Versicherungswerthe zurückbliebe. Voigt geht davon aus, daß der Satz des Handelsgesetzbuches, der im Artikel 796 Ausdruck gefunden hat, durchweg zur Geltung kommt, der Satz nämlich, wenn die Versicherungssumme den Versicherungswerth nicht erreicht, so haftet der Versicherer im Falle eines theilweisen Schadens für den Betrag desselben nur nach Verhältniß der Versicherungssumme zum Versicherungswerth. Das ist der Grundgedanke, der ihn bestimmte, und ich komme demnächst noch darauf zurück, — auch in dem Falle, wenn eine Vereinbarung der Parteien über den Versicherungswerth stattgefunden hat. Die Hamburger Assecuradeure lehnten den Vorschlag ab, weil sie ihn für unpraktisch hielten, ja sie waren sogar geneigt, den Satz, daß man im Falle der Uebersetzung der Taxe eine Herabsetzung begehren könne, fallen zu lassen, weil der Fall sehr selten vorkomme, oder noch nie vorgekommen sei, daß ein Beweis von Seiten des Versicherers auch nur versucht oder durchgeführt worden sei, daß die Taxe zu einer Herabsetzung gebracht wordeu sei. Die Stettiner Assecuradeure, die damals an den Verhandlungen theilnahmen, erklärten sich für den Voigt'schen Antrag, — und es ist ja eigentlich nicht ohne Interesse, daß gerade hier in Stettin diese Frage zur Verhandlung kommt, — aber Voigt drang nicht durch; er hat demnächst, nachdem in die Versicherungsbedingungen sein Vorschlag nicht Aufnahme gefunden hatte, es versucht, im Commentar zum Seeversicherungsrecht, den er noch in seinem letzten Lebensjahre schrieb, seinen Antrag auf's Neue zu wiederholen und zu begründen. Die Bedeutung dieses Antrages ist ja klar, eine Wirkung hat er insbesondere bei Versicherung des Casco, bei Versicherung des Interesses, z. B. des imaginären Gewinnes, bei Versicherung der Ladung weniger. Nun ist die Frage die, wie stellt sich unser Handelsgesetzbuch zu dieser Frage? Ich kann mich wohl auf die Ansicht des Reichsgerichts beziehen, die ja in einem Erkenntnisse entwickelt ist, welches unser College Dr. Heinsen herbeigeführt hat. Der einzige Fall ist es, der mir in 18 Jahren vorgekommen ist, so lange ich mit Seeversicherungsprocessen zu thun gehabt habe. So ist die Frage einmal vom Reichsgericht entschieden worden. Die Assecuradeure haben nie rechte Lust gehabt, sich darauf einzulassen. Da hat nun das Reichsgericht wie Reatz berichtet hat, begründet, und ausführlich begründet, daß nach dem jetzt geltenden Rechte die Anfechtung der Taxe nur statthaft sei bei wesentlicher Uebersetzung derselben. Ich glaube nicht, daß ich es bei dieser Sachlage nöthig habe, über das geltende Recht noch etwas zu sagen. Es würde hier nicht der Ort sein, in eine Controverse einzutreten, ob das Urtheil richtig ist oder nicht. Der Herr Präsident Sieveking erklärt sich nun auch de lege ferenda für das Handelsgesetzbuch. Ich glaube, so wie der Antrag des Herrn Dr. Reatz lautet, kommt die Sache auf einen Wortstreit hinaus. Ich gebe dem Herrn Reatz vollständig zu, daß, wenn die Versicherungssumme den Versicherungswerth nicht erreicht, für den nicht versicherten Theil der Versicherte gewissermaßen sein eigener Versicherer ist. Er versichert nur nach Verhältniß der Versicherungssumme zum Versicherungswerthe. Es kann von praktischem Interesse sein, und namentlich bei der Art und Weise, wie die Seeassecuranzen abgeschlossen werden, von großer Bedeutung sein, diesen Satz zu ändern, nicht bloß im Interesse des Versicherers, sondern auch im Interesse des Versicherten, und die Frage ist bloß die, hat das Handelsgesetzbuch, indem es unmittelbar an den Artikel 796 diesen Artikel 797 anschloß, da eine Ausnahme von dem Satze, daß, wenn die Versicherungssumme den Werth nicht erreicht, der Versicherer nur nach Verhältniß des Versicherungswerths haften würde, nicht zu gleicher Zeit der Taxe eine Bedeutung beilegen wollen, die weit hinausgeht über eine ähnliche Vereinbarung. Der zweite Gutachter faßt nun die Sache so auf, daß der Artikel nichts weiter enthält, als eine Vereinbarung über die Taxe im gewöhnlichen Sinne, er sagt, wollen die Parteien mehr, als dies, dann müssen sie noch extra sich vereinbaren, nebenher sagen, die Taxe soll noch eine weitere Bedeutung haben, es soll der Versicherer befugt sein, trotz der untersetzten Taxe den gesammten Schaden bis zum Belauf der Taxe zu ersetzen. Nach der Meinung des Herrn Sieveking und nach meiner Meinung ist gerade im Seeversicherungswesen die Bedeutung der Vereinbarung einer Taxe die, daß hiernach der Schaden reguliert werden soll, und es könnte bloß darauf ankommen, ob das Handelsgesetzbuch dies in genügender Weise ausgedrückt hätte. Die Versicherer haben es offenbar so verstanden. Als die Bedingungen neu regulirt werden sollten, da haben sie stets die Bedeutung der Taxe so aufgefaßt. Die Taxe hat die Bedeutung einer Vereinbarung über die definitive Feststellung des Interesses des Versicherten, gleichviel, ob das Interesse des Versicherten den Gegenstand der Versicherung seinem Werthe nach erschöpft. Die Herren müssen sich bloß daran erinnern, daß ja nicht Schiff und Ladung selbst, wie man sich gewöhnlich ausdrückt, Gegenstand der Versicherung ist, sondern das Interesse, welches jemand hat daran, daß Schiff und Ladung die Gefahren der Seefahrt besteht. Der volle Werth des Gegenstandes ist der Versicherungswerth, also die Grenze des Interesses. Aber daraus folgt nur, daß, wenn der Werth höher angegeben ist, der ganze Versicherungsvertrag unter Umständen wegen Betrugs oder Irrthums angefochten werden könnte, nicht daß eine Herabsetzung der Taxe würde gefordert werden können, wenn die gewöhnlichen Grundsätze angewendet werden. Nun bestimmt aber das Gesetz, daß, wenn weder Betrug noch Irrthum in diesem Sinne vorliegt, dann ohne Weiteres angenommen werden soll, es ist nur die Meinung gewesen bei dem höher angegebenen Versicherungswerth, bei einer Angabe des Versicherungswerhs über den wirklich vorliegenden Werth hinaus, das beruhe auf einem Versehen, und es soll die Versicherung insoweit nur als eine Ueberversicherung ungültig sein. Der Versicherte aber hat in diesem Falle den Beweis zu führen, wenn seine einseitige Angabe beanstandet wird, wie hoch sich der Werth des versicherten Gegenstandes beläuft. Nun ist eine Abwickelung dieser Art, so häufig sie bei anderen Versicherungen, z. B. bei der Feuerversicherung vorkommt, für die Seeversicherung durchaus selten. Es handelt sich bei der Seeversicherung, wenn die Taxe angegeben wird, wesentlich darum, durch Vereinbarung den Versicherungswerth festzustellen, und das ist die definitive Feststellung des Interesses, so daß die sofortige Abwickelung des Schadens erfolgen kann. Der Versicherte kann ja, wenn er irgend welche Bedenken haben sollte über die Werthangabe, die offerirte Taxe ablehnen. Er kann, wenn ihm der höhere Werth bekannt ist, doch gewiß nicht sagen, ich habe nicht die Bedeutung dieser Vereinbarung erkannt, denn kannte er den höheren Werth, dann ging er gerade auf die Intention ein, die bei dieser Vereinbarung vorlag, die definitive Feststellung des Interesses des Versicherten nach der Taxe zu reguliren. Kannte er den Werth nicht, dann geht er ein Risico ein, er wird aber, und das haben die Versicherer auch selbst anerkannt, in solchen Fällen, wenn er irgend welches Bedenken hat, danach die Prämie einrichten. Also trotz der niedrigen Taxe wird er eine höhere Prämie begehren, als er sonst begehren würde, wenn der wahre Versicherungswerth allein in Frage käme. Die Vereinbarung würde ihren Zweck nicht erfüllen, wenn man ohne Weiteres dem Versicherer den Beweis freilassen wollte, daß die Taxe zu niedrig sei. Es bleibt ihm allerdings überlassen, wegen Irrthums oder Betruges einen solchen Vertrag anzufechten, aber das führt, wie ich schon vorhin bemerkte, in diesem Falle niemals zu einer Erhöhung der Taxe, sondern nur zur Aufhebung der Versicherung. Uebersteigt der versicherte Werth den vollen Werth des Gegenstandes, so tritt im Fall der Vereinbarung der Taxe, und das bemerke ich namentlich gegen das Hauptargument des Collegen Reatz, nicht die Bestimmung des Artikels 790 in Wirksamkeit, daß die Versicherung keine rechtliche Gültigkeit habe, soweit die Versicherung den Versicherungswerth nicht übersteigt. Es soll die Vereinbarung Gültigkeit behalten, wenn nicht der Versicherer beweist, daß die Taxe, auf welche er sich eingelassen hat, wesentlich übersetzt ist. Es ist bei diesem Argument übersehen das Wort *wesentlich*. Es ist durchaus nicht zugelassen, zu sagen, ich beweise, daß bei der vereinbarten Taxe der Werth überschritten ist, es soll eine wesentliche Ueberschreitung sein, und es ist dies darum geschehen, damit der Zweck der Taxirung des Interesses erreicht wird, es soll der Versicherer nicht ohne Weiteres Schwierigkeiten machen dürfen, er soll nicht ohne Weiteres die Auszahlung des Schadens zurückhalten können, wenn er etwa den Beweis führen könnte, daß eben ein höherer Werth vereinbart sei, als der wirkliche Werth. Es war dies darum bestimmt, weil die Taxe ihren Zweck der definitiven Feststellung des Interesses des Versicherten nicht erfüllen würde, wenn man den Versicherer freilassen würde, bei jeder noch so kleinen Ueberschreitung des Werthes des versicherten Gegenstandes eine Herabsetzung der Taxe zu begehren. Eine wesentliche Stütze dieser Auffassung der Assecuradeure vom Artikel 797 findet sich in dem Artikel selbst. Ich meine die Bestimmung im Absatz 4. Es ist ganz gewöhnlich, daß bei der Versicherung der Fracht die Taxe angegeben wird, da es ja immer ziemlich klar vorliegt, wieviel Fracht bezahlt wird. Die Fracht hat ja einen ganz bestimmten Procentsatz. Da sagt nun der Artikel 797 Absatz 4, diese Taxe, das ist nicht die Vereinbarung des Interesses des Versicherten, diese Taxe ist aus gutem Grunde anders zu behandeln, denn bei dem Hineinschreiben der Summe der Fracht hat der Contrahent erfahrungsmäßig nicht die Absicht, dadurch das Versicherungsinteresse maßgebend festzustellen. Hier tritt das Gewöhnliche ein, daß gar nicht eine wesentliche Ueberseßung nothwendig ist, sondern daß ohne Weiteres die Versicherung, soweit sie über die wirkliche Fracht hinausgeht, ungültg ist. Ich meine, daß hieraus nothwendig hervorgeht, daß die Meinung der Contrahenten bei Versicherung des Casco, die hauptsächlich in Betracht kommt (denn die Versicherung der Ladung hat kein Interesse, das hat Sieveking nachgewiesen), daß die Meinung der Contrahenten kurz ausgedrückt die ist, die der Herr Dr. Reatz selbst als zulässig verteidigt; daß die Parteien dies vereinbart haben. Deshalb hat man, meine ich, nach der bestehenden Gesetzgebung davon abgesehen, der Vereinbarung der Taxe der Fracht die Bedeutung beizulegen, daß das Interesse des Versicherten festgestellt werden soll, und daß eine Anfechtung desselben nur so weit möglich sein soll, als eine wesentliche Ueberseßung stattfindet. Da kann sich ja der Versicherer nicht schützen, während, wenn er die Vermuthung oder den Verdacht hatte, daß die Taxe zu niedrig sei, erfahrungsmäßig er sich immer schützen kann durch Erhöhung der Prämie. Ich wollte noch hinzufügen, daß die bestehenden Versicherungsbedingungen Europas sich fast einstimmig dahin aussprechen, daß das Recht eine Veränderung der Taxe zu verlangen nur angenommen wird, wenn die Taxe zu hoch ist. Bei den Staaten Europas — die ausländischen konnte ich bei der Kürze der Zeit nicht einsehen — ist nur eine einzige Ausnahme zu constatiren, in Dänemark und Norwegen, wahrscheinlich dieselbe Quelle. Dänemark und Norwegen geben dem Versicherer das Recht, eine Veränderung der Taxe zu verlangen, wenn er nachweist, daß die Taxe zu hoch oder zu niedrig sei, während alle übrigen Staaten sich im Sinne des Handelsgesetzbuchs aussprechen. Es soll der Versicherte beweisen dürfen, daß die Taxe wesentlich übersetzt sei. Im Gutachten des Herrn Sieveking ist noch eine Modification des Absatzes 4 über die Taxe der Fracht erwähnt. Es lautet nämlich Absatz 4 jetzt so: Bei der Versicherung von Fracht ist die Taxe in Bezug auf einen von dem Versicherer zu ersetzenden Schaden nur dann maßgebend, wenn dies besonders bedungen ist. Er wünscht, daß die Vorschrift so lauten möge: „bei Versicherung von Fracht ist die Taxe nur dann maßgebend, wenn dies besonders bedungen ist", so daß die Worte „in Bezug auf einen vom Versicherer zu ersetzenden Schaden" wegfallen. Er erklärt aber, daß dies eine große Bedeutung nicht habe. Das bezieht sich darauf, daß die Taxe auch nicht entscheiden soll bei Regulirung des Schadens in Bezug auf die Beträge im Falle der Havarie und in Bezug auf die Kosten für die Feststellung des Schadens. Eine Bedeutung hat diese Frage wohl kaum. Ich glaube nicht, daß es nöthig ist, auf diese Specialitäten näher einzugehen, da Sieveking selbst anführt, daß Versicherte und Versicherer schon in der Praxis das Gesetz so anwenden, wie er vorschläget. Mein Antrag geht also dahin, die gestellte Frage zu verneinen und die Bestimmung des Handelsgesetzbuchs Artikel 797 als genügend klar beizubehalten.

**Vorsitzender:** Der Antrag ist nicht schriftlich formulirt, ich darf aber wohl annehmen, daß der Antrag dahin geht: Es empfiehlt sich nicht, die Vorschrift des § 797 dahin zu ergänzen, daß es zulässig ist, die Taxe bei Seeversicherungen auch deshalb anzufechten, weil die Taxe unter dem Werthe bestimmt ist. (Zustimmung des Präsidenten Dr. Drechsler.) Ich eröffne die Debatte und stelle anheim, ob jemand das Wort wünscht. Herr Dr. Reatz.

Rechtsanwalt Dr. **Reatz** (Gießen): M. H., von dem Herrn Berichterstatter haben Sie gehört, in welcher Weise die Anträge der beiden Gutachter sich widersprechen. Er hat mir die Begründung des von mir gestellten Antrages überlassen, und ich muß daher bitten, meinen wenigen Worten Gehör zu schenken. Meinen Antrag ausführlich zu begründen, geht nach Lage der Sache nicht. Wer sich für diese Frage besonders interessirt, wolle das gedruckte Gutachten nachlesen. Die gegentheilige Ansicht von der Unzulässigkeit der Anfechtung einer wesentlich untersetzten Taxe und von der Unzulässigkeit einer Erhöhung der wesentlich untersetzten Taxe auf den wirklichen Werth des versicherten Gegenstandes wird begründet mit zwei Momenten: einmal mit dem Artikel 797 des Handelsgesetzbuches, der es den Parteien freistellt, den Versicherungswerth durch

Vereinbarung auf eine bestimmte Summe, auf die Taxe, festzustellen, in der Weise, daß die so festgestellte Summe als Versicherungswerth unter den Parteien maßgebend sei, und sodann damit, daß mit der Zeichnung einer Versicherungssumme der Versicherer den eintretenden Schaden zu ersetzen verspricht bis zum Belaufe der Taxe, bezw. eines gewissen Quotenverhältnisses, im Verhältniß der Versicherungssumme zur Taxe selbst, daß somit in solchen Fällen ein Vertrag vorliegt, der wie jeder andere auch gehalten werden muß, da er dem Wesen der Seeversicherung nicht widerspricht, und eine besondere Form oder besondere Erfordernisse für ihn nicht vorgeschrieben sind. Er ist, so sagt man, ein vollständig gültiger Vertrag, der etwa angefochten werden kann, wie erwähnt worden ist, wenn ein Irrthum des Versicherers oder ein Betrug des Versicherten vorliegt, aber angefochten kann er nicht werden wegen zu niedriger Taxe. Hat sich der Versicherer getäuscht, und ist ein Schiff im Werth von 100 000 Mk. nur auf 50 000 Mk. taxirt, so ist es die Schuld des Versicherers, er hätte sich ja erkundigen können, er hatte eine Menge Hülfsmittel, den Stand der Sache zu erforschen, er hat den Schaden aus eigener Tasche zu tragen gerade so, wie wenn ein Verkäufer seine Waare weit unter dem wirklichen Werth verkauft, oder der Käufer einen viel zu hohen Wert bezahlt hat. Das ist die Ansicht der Gegner. Das scheint ganz glatt, es kann die Taxe lediglich wegen Niedrigkeit nicht angefochten werden. Zuzugeben ist von vornherein die Gültigkeit einer Vereinbarung, wonach der Versicherer trotz untersetzter Taxe den gesammten, den versicherten Gegenstand treffenden Schaden bis zum Belauf der Taxe bezw. nach Verhältniß der Versicherungssumme zur Taxe ersetzen solle. Darüber kann kein Streit sein.

Da vom Herrn Referenten angedeutet worden ist, daß schließlich der ganze Streit auf einen Wortstreit hinauslaufe, so muß ich von vornherein bemerken: die Gültigkeit der erwähnten Vereinbarung fechte ich nicht an. Diese Frage steht aber nicht in unmittelbarem Zusammenhange mit unserer wesentlichen Frage, die sich lediglich damit beschäftigt, ob die Versicherungscontrahenten berechtigt sind, eine wesentlich untersetzte Taxe als den Versicherungswerth auszugeben. Die Unrichtigkeit dieser gegnerischen Theorie ergiebt sich m. E. aus folgenden Betrachtungen.

Es scheint in der That im Versicherungsverkehr ein praktisches Bedürfniß dafür zu bestehen, daß die Versicherungscontrahenten der Wahrheit die Ehre geben und sagen: das Schiff hat den und den wirklichen Werth, und daß kein Theil einen zu hohen oder zu niedrigen Werth angiebt. Entweder täuscht sich der Versicherungsnehmer selbst oder er täuscht den Versicherer oder beide täuschen sich, und das ist ein Resultat, das möglichst zu vermeiden sein dürfte. Sodann aber scheint mir doch dem Umstande, daß sich alle unsere praktischen Schriftsteller für die Bejahung dieser Frage ausgesprochen haben, auch ein hoher Werth beigelegt werden zu müssen. Es ist nicht bloß von Benecke und Tecklenborg, sondern insbesondere auch von unserem vielgeschätzten Herrn Voigt mit größter Bestimmtheit für die Zulässigkeit der Anfechtung einer wesentlich zu niedrigen Taxe plaidirt worden. Diese Herren haben Gründe dafür angegeben, die mir, einem Landmenschen, nicht so geläufig sind; ich kann sie nicht controliren und muß daher auf die Ausführungen des Herrn Voigt verweisen. Es haben, wie auch vom Herrn Referenten erwähnt worden ist, die Stettiner Versicherer dem Voigt'schen Vorschlage pure zugestimmt, es ist sogar der Voigt'sche Vorschlag in dem ersten und zweiten Entwurfe der Allgemeinen Versicherungsbedingungen aufgenommen worden. Die entgegenstehenden Herren haben wesentlich aus äußeren Gründen den Voigt'schen Vorschlag abzulehnen versucht, wie das vorhin vom Herrn Referenten mitgetheilt worden ist. Sie sagen: wenn eine wesentliche Uebersetzung der Taxe im Leben selten vorkommt, so kommt eine wesentliche Untersetzung im Leben erst recht nicht vor, darum sollen wir uns nicht die Mühe nehmen, auf diese Frage viel Zeit zu verwenden.

Es ist aber auch in unserem positiven Rechte m. E. die Frage im diesseitigen Sinne bereits entschieden. Unser Handelsgesetzbuch hat, wenn auch die Frage nicht direkt entschieden, doch so viele Anhaltspunkte gegeben, daß wir vermöge unserer Auslegungskunst zu dem Resultate kommen müssen, zu dem ich gelangt bin. In der Commission selbst ist diese Frage nicht einmal erörtert, geschweige denn entschieden worden und es kann daher das Handelsgesetzbuch, so wie es vorliegt, jedenfalls nicht gegen die Ansicht der Zulässigkeit der Anfechtung einer wesentlich untersetzten Taxe angeführt werden. Ja, ich glaube, daß zwischen den Zeilen der Commissionsberathung und der verschiedenen Anträge, die sich gekreuzt haben, mit Fug und Recht gelesen werden kann, daß die Commissionsmitglieder diese Frage, wenn sie ihnen speciell vorgelegt worden wäre, in diesseitigem Sinne beantwortet haben würden.

Auf Einzelnes kann ich nicht eingehen. Ich muß auch hier mir gestatten, auf die Ausführungen, die ich in dieser Beziehung in meinem Gutachten gemacht habe, zu verweisen.

Auch der österreichische Entwurf theilte diese Ansicht und zwar in ganz einfacher Weise. Er sagte: wenn eine Taxe vereinbart worden ist, so ist diese zunächst maßgebend und der Versicherte ist daran gebunden; aber der Versicherer ist nicht daran gebunden, wenn er beweist, daß die Taxe unrichtig ist, er ist sogar berechtigt, sie anzufechten, wenn er auch unmittelbar vorher vertragsmäßig auf dieses Anfechtungsrecht verzichtet haben sollte. Also es haben auch Gesetzgebungsversuche in dieser Frage gearbeitet und auch in diesem Sinne zu entscheiden versucht. Aber für mich ist entscheidend der Artikel 790 des Handelsgesetzbuchs. Derselbe lautet in seinem hier entscheidenden Theil:

> „Der volle (d. h. der wahre, richtige, wirkliche) Werth des versicherten Gegenstandes ist der Versicherungswerth."

Dieser volle Werth, dieser Versicherungswerth ist nach meiner Auffassung geradezu eine natürliche Eigenschaft des versicherten Gegenstandes, nicht eine natürlich physische, sondern natürliche commercielle Eigenschaft. Darin werden Sie mir gewiß beistimmen, daß, wenn auch ein Schiff zu verschiedenen Zeiten, an verschiedenen Orten und unter verschiedenen Umständen einen verschiedenen Werth haben kann, es doch logisch undenkbar ist, daß dasselbe Schiff zu derselben Zeit, an demselben Orte und unter denselben Verhältnissen für einen Rheder verschiedene Werthe haben könne, einmal etwa einen Werth von 100 000, zugleich aber einen solchen von 150 000 oder 50 000, das ist logisch undenkbar, und wenn es logisch undenkbar ist, so ist es auch juristisch unmöglich, und es ist der Vertrag, wonach ein Schiff, das einen wirklichen Werth von 100 000 hat, auf 50 000 taxirt wird, einfach eine juristische Unmöglichkeit. Dem steht nun scheinbar entgegen die Vorschrift des Art. 797, die ich vorhin schon mitgetheilt habe und die dahin geht:

> „Wird durch Vereinbarung der Parteien der Versicherungswerth auf eine bestimmte Summe (Taxe) festgestellt, so ist die Taxe unter den Parteien für den Versicherungswerth maßgebend."

Da ist, so wird man sagen, mit dürren Worten ausgesprochen, daß es den Parteien gestattet ist, eine beliebige Summe als Versicherungswerth anzugeben. Der Artikel beschränkt ihre handelsrechtliche Freiheit nicht, sie können ein Schiff, das 100 000 Mk. werth ist, auf 10 Pf. oder eine andere Summe taxiren, das Gesetz legt den Parteien keine Schranken in den Weg. Aber, m. H., das ist nicht die Bedeutung dieses Art. 797. Diese völlige Versicherungsfreiheit, diese Taxfreiheit liegt nicht einmal in den Worten, geschweige denn im Geiste dieses Artikels. Denn wollten wir annehmen, es wäre durch diesen Artikel den Parteien bezüglich der Feststellung des Versicherungswerthes unbedingte Freiheit eingeräumt, so würde sich dieser Artikel in den grellsten Widerspruch mit dem vorhin erwähnten Art. 790 setzen, in welchem gesagt ist: der volle Werth des versicherten Gegenstandes ist der Versicherungswerth. Hier haben wir nicht bloß eine wissenschaftliche Wahrheit, sondern geradezu ein Dogma unseres positiven Rechts, und das basirt, wie ich vorhin schon auszuführen die Ehre hatte, auf den gesundesten Rechtsanschauungen und es ist nicht gut denkbar, daß die Commissionsmitglieder in Art. 790 ein Dogma aufgestellt haben, was sie ein paar Zeilen darauf über den Haufen zu werfen gesonnen waren. Solchen Widerspruchs waren diese Leute nicht fähig, und jedenfalls sind wir nicht berechtigt, sie eines solchen Widerspruchs zu zeihen.

Die Bedeutung des Art. 797 ist meiner Ansicht nach eine ganz andere, und ich muß in dieser Beziehung dem verehrten Herrn Referenten entschieden entgegentreten. Es ist unangefochten: der nächste Zweck der Vereinbarung einer Taxe ist, die Beweislast zu reguliren. Wird eine Taxe vereinbart, so wird bis auf Weiteres angenommen, daß dieselbe die richtige sei. Behauptet daher der Versicherer, sie ist wesentlich übersetzt oder sie ist wesentlich untersetzt, so kann er den Beweis führen und ist berechtigt, sie anzufechten. Der zweite Zweck der Vereinbarung einer Taxe, und das ist der Kernpunkt der ganzen Untersuchung — ist der, die bei der Ermittelung des wahren Werthes des versicherten Gegenstandes naturgemäß entstehenden und sonst nicht leicht zu begleichenden Differenzen zu beseitigen. Bei der Taxation eines jeden Gegenstandes, mag er auf Land oder Wasser sein, ergeben sich, insofern er überhaupt einen erheblichen Werth hat, bezüglich der Werthschätzung immer bedeutende Schwierigkeiten. Wir wissen von zahllosen Fällen der gewöhnlichen Landpraxis her, daß, wenn es sich um die Feststellung eines Werths handelt und 3 Sachverständige da sind, in der Regel diese 3 Sachverständigen zu verschiedenen Taxsummen gelangen, und wenn es die sorgfältigsten, erfahrenslen, kenntnißreichsten Leute sind, und — trotzdem daß sie alle Umstände, die maßgebend sein können, sorgfältig geprüft und abgewogen und nichts Wesentliches weggelassen oder hinzugefügt haben. Da haben wir in unserem gewöhnlichen processualischen Leben das einfache Auskunftsmittel, daß der Richter die Durchschnittssumme sucht. Wenn nun, wie in unserem Falle, ein Schiff oder irgend ein anderer versicherter Gegenstand solchen Schwierigkeiten in der Taxation unterworfen ist, so thun doch sicherlich die Contrahenten am klügsten, wenn sie von vornherein eine bestimmte Summe als Versicherungswerth festsetzen. Es giebt bei der Taxation eines jeden Gegenstandes einen gewissen Spielraum, einen höchsten Werth und einen niedrigsten Werth und diejenige Taxe, die in diesem Gebiete liegt, erscheint als Repräsentantin des wahren, wirklichen Werthes. Durch Art. 797 ist es den Parteien überlassen, von vornherein eine bestimmte Summe anzunehmen, die als Taxe unter ihnen betrachtet werden soll, aber nur dann hat sie die Eigenschaft einer eigentlichen

Taxe, wenn sie den wahren, vollen Werth des versicherten Gegenstandes enthält.

Ich komme zum Schluß. Es ist nur ein kurzes Wort, was ich zu sagen habe. Die Auffassung des Herrn Referenten, daß der Art. 797 auch direkt der unsrigen Ansicht im Wege stehe, ist nicht richtig. Betrachten Sie nur einmal den Wortlaut des Art. 797. Er sagt: „Wird durch Vereinbarung der Parteien der Versicherungswerth auf eine bestimmte Summe festgesetzt.“ Er sagt nicht: wird durch Vereinbarung der Parteien der Werth des versicherten Gegenstandes festgestellt. Wenn man dann fragt: was ist der Versicherungswerth, so verweisen wir auf die unmittelbar vorhergegangene Definition des Art. 790: der volle Werth ist der Versicherungswerth. Das ist nicht ein Spiel mit Worten, sondern die Absicht der Commission für die Berathung des Handelsgesetzbuchs. Denn es wurde bei den Verhandlungen vielfach das Wort „Versicherungswerth“ gebraucht und auch in die Entwürfe aufgenommen; und da entstand die Frage, was denn eigentlich unter dem Ausdruck: Versicherungswerth, der so vielfach gebraucht worden, zu verstehen sei. Hierauf hat sich die Commission, freilich nur per majora, geeinigt: unter Versicherungswerth ist überall da, wo dieses Wort gebraucht ist, der volle Werth des versicherten Gegenstandes zu verstehen.

Also, m. H., scheint sowohl materiell, wie auch dem Wortlaute des Gesetzes nach, mein Antrag begründet zu sein. Ich halte es zwar nicht für nöthig, daß eine künftige Gesetzgebung hier irgend eine Aenderung vornehmen solle, da indessen das Reichsgericht die entgegengesetzte Ansicht angenommen hat und das Handelsgesetzbuch sogar zur Vermeidung von Mißverständnissen dem selbstverständlichen Satze von der Herabsetzung der wesentlich übersetzten Taxe Aufnahme gewährt hat, so halte ich es doch für zweckmäßig, daß zur Vermeidung von Mißverständnissen dem Art. 797 der von mir beantragte Zusatz gegeben werde. Daß vielleicht am Wortlaut manches geändert werden kann, will ich nicht in Abrede stellen. Wenn in dieser Beziehung anderweit Vorschläge gemacht werden, so werde ich sie mit Dank annehmen.

**Vorsitzender:** Der Antrag ist nicht besonders schriftlich formulirt, ich darf aber wohl annehmen, daß Herr College Reatz bei demjenigen Antrage bleibt, der in seinem Gutachten S. 56 der Verhandlungen des Juristentags angegeben ist. Ich werde mir erlauben, ihn noch vorzulesen. Er lautet:

> Es empfiehlt sich, bei der Revision des Handelsgesetzbuchs dem Art. 797 den Zusatz beizufügen:

Außerdem ist der Versicherer befugt, eine Erhöhung der Taxe auf den wahren Werth des versicherten Gegenstandes zu fordern, wenn er beweist, daß dieselbe wesentlich untersetzt ist, es wäre denn, daß vereinbart worden, der Versicherer solle trotz untersetzter Taxe den gesammten, den versicherten Gegenstand treffenden Schaden bis zum Belauf der Taxe bezw. nach Verhältniß der Versicherungssumme zur Taxe ersetzen.

Es ist wohl die Meinung, daß über diesen Antrag abgestimmt werden soll.

Wünscht jemand das Wort?

Rechtsanwalt **Boyens** (Stettin): Ich bin mit Herrn Dr. Reatz der Meinung, daß es sich, wenn dem Juristentage die Frage vorgelegt wird, ob das Handelsgesetzbuch nach der angegebenen Richtung zu ergänzen ist, zunächst um die Frage handelt, wie bei einem solchen Versicherungsvertrag der Wille der beiden Contrahenten auszulegen ist, aber ich komme bei dieser Auslegung zu dem entgegengesetzten Resultat. Man vergegenwärtige sich einen praktischen Fall: Es ist ein Schiff auf 100 000 Mark taxirt und es werden bei einer Versicherungsgesellschaft 10 000 Mk. versichert. Nun ergiebt sich hinterher: daß das Schiff 200 000 Mk. werth sein soll. Nun fragt es sich, wie ist der Vertrag auszulegen? Wollte die Versicherungsgesellschaft unbedingt 10 000 Mk. versichern oder wollte sie eine entsprechende Quote des wahren Werths versichern. Im letzteren Falle würde, wenn der Werth des Schiffes 200 000 Mk. ist, sich die Sache dahin stellen, daß nur $^1/_{20}$ versichert wäre, also bei einem Schaden von 100 000 Mk. nicht 10 000 Mk., sondern nur 5000 Mk. ersetzt würden. Nun bin ich der Ansicht, daß man bei einem solchen Versicherungsvertrag davon ausgehen muß, daß es der Wille beider Contrahenten gewesen ist, nicht eine bloß im Verhältniß der Versicherungssumme zum wahren Werth zu berechnende Quote zu versichern, sondern in der That eine bestimmte Summe. Für diese Summe wird die Prämie bezahlt und diese Summe ist derjenige Betrag des Interesses, den der Versicherte decken wollte. Man würde bei einer entgegengesetzten Auslegung in der Praxis meiner Meinung nach zu den schlimmsten Resultaten kommen. Was heißt denn der Werth eines Schiffes? Der Werth eines Schiffes ist ein so ungemein wechselnder Begriff. Das Schiff, das heute hier versichert wird, ist heute vielleicht in New-York und morgen begiebt es sich auf eine Reise nach Ostindien. Es wechselt der Werth des Schiffes von Augenblick zu Augenblick und es wird schwer festzustellen sein, wie denn der Werth des Schiffes in dem Augenblicke gewesen ist, als die Versicherung genommen wurde. Dazu ist die Auffassung, wie der Werth des Schiffes zu bestimmen sei, eine ungemein ungewisse. Es ist ja bekannt, daß in den letzten Jahren der Werth der Seeschiffe ganz unendlich gesunken ist. Die Rheder haben häufig in ihren Büchern ganz imaginäre Werthe der Schiffe. Es sind hier Fälle vorgekommen, daß Schiffe, die für sehr werthvoll gehalten wurden, verkauft wurden und nicht einmal die Heuer deckten. Ich bin also der Meinung, daß ein so fester Werth, der hier zur Bestimmung des versicherten Betrages gebraucht werden könnte, gar nicht existirt und daß es deshalb vollständig der Wille der beiden Contrahenten ist, daß der Werth, der in der Police festgestellt wird, auch der Versicherungswerth sein sollte und es vollständig genügt, wie das Handelsgesetzbuch das auch sagt, daß im umgekehrten Falle, wenn eine wesentliche Ueberversicherung vorliegt, eine entsprechende Herabsetzung von dem Versicherer verlangt werden kann.

Rechtsanwalt Dr. **Heinsen** (Hamburg): M. H.! Wir haben hier de lege ferenda zu beschließen, und da ist es denn, glaube ich, doch richtig, zu sagen, daß der Versicherte die Taxe anfechten kann in der Beziehung, daß er die Erhöhung verlangen kann. Denn wenn gesagt ist, es ist die Taxe vereinbart, so ist das nicht richtig. Die Taxe ist nicht vereinbart, sondern die Taxe ist diejenige, die der Versicherte dem Versicherer sagt und die dieser auf guten Glauben annimmt. Wenn sie immer vereinbart wäre, dann würde es nicht vorkommen, daß man z. B. erst 50 000 versichert. Nach der Theorie, die jenseits aufgestellt wird, ist jede Versicherung immer für die erste gezeichnete Summe, und zwar selbstverständlich genommen. Dann ist gesagt, es kann der Versicherer eine höhere Prämie fordern. Das kann er nicht, wenn er gar nicht weiß, wieviel der Werth ist, ob es 200 000 oder 250 000 Mk. sind. Das Schiff ist vielleicht schon mehrere Jahre fort, es ist nicht neu classificirt. Das kann er darum nicht und er fordert also im Verhältniß zu der Summe, die angenommen wird. Es ist dann die Befrachtung erwähnt, da, sagt das Gesetz, ist es ganz anders, weil man die Taxe genau kennt, weil man die Summe genau kennt, auf die die Taxe reducirt werden muß. Aber das ist ein Beweis dafür, daß man in anderen Fällen, wo man es nicht genau weiß, sie auch reduciren soll.

Endlich ist in zwei Gesetzen, die der Herr Präsident Drechsler angeführt hat, auf die Erhöhung der Taxe eingegangen. Das sind gerade die neuesten, und zwar von einander unabhängigen, es sind: die norwegische Gesetzgebung, und das ist von Wichtigkeit, weil sie sonst dem Hamburger Plan folgend gerade den Plan geändert hat in Bezug darauf, daß sie das Recht, auch die Erhöhung der Taxe zu fordern, anerkannt hat, und die dänische, die sich auch nicht an den Plan gehalten hat, sondern auf Grund des älteren Octroi diese neueren Ideen zur Geltung gebracht hat. Daß diese neueren Gesetze diese Fälle der Erhöhung der Taxe getroffen haben, beweist doch das Bestreben, das vorhanden ist, für den Versicherer zu sorgen, und die Versicherer würden damals, als es sich um die Feststellung der Seeversicherungsbedingungen handelte, auch nicht nachgegeben haben, wenn sie es nicht gethan hätten, um nur endlich den Plan zu Stande zu bringen.

Justizrath **M. Levy** (Berlin): Ich bitte um Verzeihung, wenn ich als Landratte in dieser Angelegenheit das Wort ergreife. Ich möchte nur ein volkswirthschaftliches Bedenken gegen den Herrn Collegen Reatz geltend machen.

Ich meine, die Versicherungsgesellschaften bilden ein nothwendiges Glied in unserem Verkehr, und es erscheint mir darum geboten, die Existenz der Versicherungsgesellschaften so viel als möglich sicher zu stellen, damit sie eben das Versicherungswesen aufrecht erhalten können. Nun kommt es mir vor, als wenn bei dem Grundsatze, der durch den Antrag des Herrn Collegen Reatz sanctionirt werden soll, doch eine gewisse Gefahr für die Existenz der Versicherungsgesellschaften entstehe. Ich kann mir nicht recht denken, wie die Versicherungsgesellschaft, die darauf gefaßt sein muß, daß die ursprüngliche Taxe erhöht wird, ihr Geschäft einrichten soll, wie sie ihr gesammtes Risico taxiren und in welcher Weise sie bei anderen Gesellschaften Rückversicherung nehmen soll. Ich möchte gerade in dieser Beziehung um Aufklärung bitten. Das wäre ein gewichtiges Bedenken, soweit ich die Sache gegenwärtig übersehen kann.

**Vorsitzender:** Wird noch das Wort gewünscht? — Es ist nicht der Fall, dann gebe ich dem Herrn Referenten das Wort zum Schluß.

Referent Senatspräsident Dr. **Drechsler** (Leipzig): Ich habe nur Weniges hinzuzufügen.

Die Frage de lege lata scheint auch Herr Dr. Heinsen jetzt nicht beanstanden zu wollen, sondern es handelt sich bloß de lege ferenda, ob es zweckmäßig ist, eine Aenderung eintreten zu lassen. Ich bin nun überhaupt — und dazu führen mich auch die Bemerkungen des letzten Herrn Redners — der Ansicht, daß, wenn Sie ein solches Recht in dem neuen Gesetze wirklich den Versicherungsgesellschaften einräumen sollten, diese durch Vertrag sofort wieder davon abgehen würden. Es ist ganz unmöglich, daß die Gesellschaften in dieser Weise operiren. Es ist die Bedeutung der Taxe dann mit einem Male herabgedrückt zu einer einseitigen Angabe.

Es ist ja von Herrn Dr. Heinsen erwähnt, es wäre eigentlich keine Vereinbarung, sondern der Versicherer ginge immer auf die Ansätze des Versicherten ein. Ja, m. H., das ist ja wohl in den meisten Fällen richtig oder vielmehr durchaus richtig, daß in bona fide diese Angaben gemacht seien, aber gerade bei der Versicherung des Schiffes, die ja meistens genommen wird, wenn das Schiff nicht im Hafen ist, sondern wenn es unterwegs ist, ist es vollständig unmöglich, zuzulassen, was hier verlangt wird. Wird da eine Angabe gemacht, so kann sie nur im Falle des Betrugs oder Irrthums angefochten werden. Davon ist nicht die Rede. Der Versicherte selbst giebt an, wieviel Interesse er noch an der glücklichen Ankunft des Schiffes hat und erklärt damit: der Werth mag sein, welcher er will, mein Interesse ist dieses, und es ist unrichtig zu sagen: der Versicherungswerth ist der volle Werth des Gegenstandes. Das soll nur ausdrücken, was in der Landversicherung ausgedrückt wird: es soll die Versicherung nicht zum Gewinne führen. Der Versicherungswerth wird regelmäßig festgestellt durch Vereinbarung. Die taxirte Police kommt besonders bei Schiffen vor, bei Waaren weniger, und wenn Sie nun dieser Taxe die Bedeutung nehmen, die sie im Verkehre hat, so wird sie, da das Geschäft sonst nicht fortzuführen ist, durch Vereinbarung wiederhergestellt werden. Ob die neuesten Versuche in Norwegen und Dänemark zu praktischen Resultaten führen, weiß ich nicht. Ich möchte Sie davor warnen, an der Anschauung der Hamburger Hauptassecuradeure irgend einen Zweifel aufkommen zu lassen. Wollen die Hamburger Assecuradeure der Taxe etwas Weiteres hinzufügen, z. B. daß bloß eine einseitige Angabe zur Frage stehe, so wird es in der Police schon bemerkt: die Taxe soll gelten, es soll der Versicherungswerth durchaus entscheiden und es soll damit ausgedrückt sein, wie Herr Dr. Heinsen das schon erwähnte: die Versicherung ist genommen für die ersten 50 000. Weiß der Versicherte und muß er sich sagen, daß der wirkliche Werth mit der Taxe nicht übereinstimmt und geht er dann auf die Versicherung ein, so kann der Versicherer, wie es die Erfahrung bestätigt, regelmäßig eine Erhöhung der Prämie eintreten lassen. Es ist nicht richtig, daß er das nicht kann, er hat es thatsächlich immer gethan, wo er irgend Bedenken hat. Weiß er selbst, daß die angegebene Summe niedriger ist, dann ist ganz entschieden die Meinung der Parteien gewesen: die ersten 50 000 auf 100 000 zu versichern. Ich muß wiederholt hervorheben, daß ich das Wort „wesentlich“ im Gesetze für wichtig halte. Wir haben wenigstens im Reichsgericht immer daran festgehalten, daß es auf 10, 15 pCt. nicht ankommt, sondern daß das schwankende Begriffe sind. Gerade was Herr College Reatz angeführt hat, das ist die wirkliche, richtige

Taxe, Sie können die Taxe etwas höher oder niedriger stellen. Ist die Differenz aber so groß, daß man von einer wirklichen Uebersetzung sprechen kann, dann wird eine Herabsetzung nach dem Ermessen des Richters möglich sein.

Ich möchte Ihnen also meinen Antrag wiederholt empfehlen.

**Vorsitzender:** Da der Herr Referent das Schlußwort schon gesprochen hat, so darf ich annehmen, daß die Debatte zu schließen ist; ich schließe sie hiermit. Wir kommen zur Abstimmung.

Es stehen sich entgegen der Antrag des Referenten, dahin gehend:

> Es empfiehlt sich nicht, die Vorschrift des Art. 797 Handelsgesetzbuch dahin zu ergänzen, daß es zulässig sei, die Taxe bei Seeversicherungen auch deshalb anzufechten, weil die Taxe unter dem Werthe bestimmt sei;

und der Antrag Reatz:

> Es empfiehlt sich bei der Revision des Handelsgesetzbuchs dem Art. 797 den Zusatz beizufügen,

der schon vorhin verlesen ist.

Ich würde vorschlagen, daß wir in der Art abstimmen, daß zunächst über den Antrag des Referenten abgestimmt wird, weil er rein negativ ist. Wird derselbe angenommen, dann fällt natürlich von selbst der Antrag Reatz. Wird er nicht angenommen, dann könnte in Frage kommen, ob der von Herrn Dr. Reatz vorgeschlagene Zusatz so bleiben soll, es könnte bedenklich sein, ob der ganze Zusatz oder vielleicht ein Theil anzunehmen sei. Die Frage erledigt sich aber in dem Falle, wenn der Antrag des Referenten angenommen wird, und ich würde eventuell später zu der Fragestellung kommen, ob über den Antrag Dr. Reatz in seinem vollen Umfange abgestimmt werden soll oder vielleicht theilweise. Ich glaube aber, es erledigt sich, wenn ich zuerst den Antrag des Referenten zur Abstimmung bringe.

Ich bitte diejenigen Herren, welche für den Antrag des Herrn Referenten, daß sich eine solche Aenderung nicht empfiehlt, sind, die Hand zu erheben. (Geschieht.)

Ich möchte annehmen, daß das die Mehrheit ist, wir wollen aber die Gegenprobe machen.

Ich bitte diejenigen Herren die Hand zu erheben, die gegen den Antrag sind. (Geschieht.)

Das ist entschieden die Minderheit. Damit ist der Antrag des Herrn Referenten angenommen und der Antrag Reatz erledigt sich.

Ich darf wohl annehmen, daß wir unseren Beschluß bloß zur Kenntnißnahme dem Plenum mittheilen und daß Herr Präsident Drechsler ein kurzes Referat auch über diese Frage erstatten wird. — Ich nehme das als Ihren Willen an.

Betreffs der früheren Frage möchte ich noch nachholen, daß wir wohl auch einstimmig darin sind, unseren Beschluß über die Vollstreckbarkeit der Urtheile in eine offene Handelsgesellschaft nur zur Kenntnißnahme mitzutheilen und daß der Herr Referent Rechtsanwalt Boyens auch die Güte haben wird, das Referat zur Kenntnißnahme des Plenums zu bringen.

Nun bleibt uns nur noch eine Frage übrig, und ich möchte keine Pause eintreten lassen, weil ich vermuthe, daß wir mit der Frage nicht viel Zeit verbrauchen, sondern recht bald fertig werden, zumal wenn wir uns nach der Gewohnheit des Juristentages darauf beschränken, allgemeine Grundsätze auszusprechen und nicht zu sehr in's Einzelne zu gehen.

Senatspräsident Dr. **Drechsler** (Leipzig): Könnte der Herr Vorsitzende nicht Veranlassung nehmen, in den anderen Abtheilungen bekannt zu geben, daß die Herren, die zu Vertrauensmännern erwählt sind, sich morgen hier versammeln sollen?

**Vorsitzender:** Ich wollte noch zum Vortrag bringen, daß die Herren, die als Vertrauensmänner vorgeschlagen sind, morgen Vormittag $^1/_2$11 Uhr sich hier einfinden sollen, und zur Kenntniß bringen, daß eine kleine Aenderung in Betreff des Vorschlags der 10 Vertrauensmänner beantragt ist. Vorgeschlagen sind jetzt:

v. Wilmowski-Berlin, Wendlandt-Stettin, Simon-Berlin, Mende-Stettin, Levy-Berlin, Werner-Stettin, Boyens-Stettin, Amtsrichter Bunsen-Rostock, Dr. Reatz-Gießen und Petiscus-Oels in Schlesien.

Ich möchte bitten, diejenigen Herren, welche nicht hier sind, von ihrer Wahl in Kenntniß zu setzen, und wiederhole dann die Bitte, daß sie morgen um $^1/_2$11 Uhr hier im Sitzungszimmer der II. Abtheilung erscheinen.

Die Liste ist genehmigt.

Wir kommen zur letzten Frage:

Welche Bestimmungen empfehlen sich zur Aufnahme in das allgemeine bürgerliche Gesetzbuch, bezüglich der Gewährleistung für Viehmängel?

Das Referat hat Herr Rechtsanwalt Simon, ich bitte ihn, seinen Vortrag zu beginnen.

Referent Rechtsanwalt Dr. **Simon** (Berlin): M. H., die gestellte Frage lautet, wie der hochverehrte Herr Präsident sie soeben verlesen hat: welche Bestimmungen empfehlen sich zur Aufnahme in das bürgerliche Gesetzbuch bezüglich der Viehmängel? Bei Beantwortung dieser Frage ist zunächst eine Vorfrage zu erledigen, nämlich wie denn im bürgerlichen Gesetzbuche die Frage über die Haftung für Mängel im Allgemeinen geordnet wird. In dieser Beziehung wird man aber, wie ich glaube, als sicher annehmen können, daß die gesetzliche Regelung wesentlich im Anschluß an die Bestimmungen des römischen Rechts erfolgen wird, welche sich in ihren Grundzügen auch in deutschen Particularrechten wiederfinden. Von dieser Voraussetzung geht auch Ihr Gutachter, Herr v. Völderndorff aus, welcher allerdings seinerzeit den Entwurf des bürgerlichen Gesetzbuches noch nicht kannte. Nach dem Entwurf soll die Haftung für heimliche Mängel im Wesentlichen im Anschluß an das gemeine Recht geordnet werden, mit dem einen äußerlichen Unterschiede, daß die Haftung nicht auf diejenigen Mängel bezogen wird, welche zur Zeit des Vertragsschlusses vorhanden waren, — so das römische Recht — sondern auf diejenigen, welche im Zeitpunkte des Ueberganges der Gefahr vorhanden sind. Die Gefahr aber geht nach dem Entwurfe regelmäßig erst mit der Uebergabe an den Erwerber beziehungsweise an die mit dem Transport betraute Person über. Dieser Unterschied ist aber nur ein äußerlicher. Nach dem römischen Recht ging die Gefahr mit Abschluß des Kaufvertrags auf den Käufer über, und es war in Folge dessen auch nach römischem Recht der Zeitpunkt des Ueberganges die Gefahr auch für die Haftung für heimliche Mängel maßgeblich. Wir werden deshalb davon ausgehen können, daß die allgemeinen Grundsätze über die Gewährleistung, wie sie der Entwurf des bürgerlichen Gesetzbuches im Anschluß an das römische Recht aufgestellt hat, in das Gesetzbuch aufgenommen werden.

Während für jene allgemeinen Grundsätze der Gewährleistung annähernd Einigkeit herrscht, ist dies in Bezug auf die speciell hier zur Berathung stehenden Frage nicht der Fall. Ihren Ausgangspunkt finden diese Verschiedenheiten in den grundsätzlichen Unterschieden der römisch- und deutschrechtlichen Anschauung.

Nach dem älteren römischen Rechte haftete der Verkäufer nur für dicta und promissa und für dolus. Das Bedürfniß des römischen Marktverkehrs veranlaßte die Aedilen eine weitergehende Haftung des Verkäufers für Mängel von Vieh und Sclaven in den ihrer Entscheidung unterliegenden Fällen aufzustellen und die bekannten Grundsätze der actio redhibitoria und quanti minoris zu verkünden. Für diese Ansprüche wurden kurze Verjährungsfristen eingeführt. Die innere Folgerichtigkeit und Zweckmäßigkeit dieser Bestimmungen verschaffte ihnen Geltung über ihren ursprünglichen Umfang hinaus, und so finden wir sie von der klassischen Jurisprudenz auf alle Arten des Kaufes ausgedehnt.

Das deutsche Recht hatte, als das römische Recht recipirt wurde, von ähnlichem Anfange ausgehend, eine ganz andere Entwickelung genommen. Auch das ältere deutsche Recht kannte nur eine Haftung für dolus und dicta promissa. Das Bedürfniß des Verkehrs beim Viehhandel veranlaßte aber die Einführung eines weiteren Schutzes zu Gunsten des Käufers. Dieser Schutz wurde aber in anderer Weise normirt als im römischen Recht.

Wir können zur Zeit der Reception etwa folgenden Rechtszustand in Deutschland wahrnehmen: Bei Pferden und Rindvieh (in einigen Rechten auch bei anderen Hausthieren) haftete der Verkäufer unter Umständen für verborgene Mängel. Indessen, im Gegensatz zum römischen Recht, nicht für alle nach Ansicht des Gerichts erhebliche oder verborgene Mängel, sondern nur für bestimmte, gesetzlich bezeichnete Mängel, die sogenannten Hauptmängel. Und auch für diese haftete der Verkäufer nur, wenn sie innerhalb bestimmter Fristen, der Gewährfristen, zum Vorschein kamen. Die Gewährfrist betrug ursprünglich meist 3 Tage und wurde dann später auf 3—4 Wochen verlängert. Der Käufer hatte innerhalb der Gewährfristen das Recht der Wandelung; dagegen blieb dem deutschen Rechte die Minderungsklage fremd.

Als nun das römische Recht recipirt wurde, erhielten sich vielfach diese Bestimmungen particularrechtlich, aber sie hatten nunmehr eine ganz andere Bedeutung im Rechtssystem. Vor der Reception waren sie Ausnahmebedingungen zu Gunsten des Käufers, welcher sonst nach deutschem Rechte nur wegen dolus und dicta et promissa in Anspruch genommen werden konnte. Seit der Reception enthielten sie eine Ausnahmebestimmung zu Gunsten des Verkäufers, welcher nach den Grundsätzen des römischen Rechts sonst für alle heimlichen Mängel innerhalb der Verjährungsfristen und nicht nur mit der Wandlungsklage, sondern auch mit der Minderungsklage in Anspruch genommen werden konnte.

Die Particulargesetzgebung hat sich dann vielfach mit der Materie beschäftigt, und wir können gegenwärtig in Deutschland drei verschiedene Systeme unterscheiden: Erstens das System des römischen Rechtes. Das römische Rechtsprincip galt in Mecklenburg, Oldenburg, Braunschweig, im größten Theile von Hannover, in Schleswig-Holstein und mit Einschränkung bezüglich der Verjährungsfristen auch in der Rheinprovinz. Zweitens das deutschrechtliche Princip, also die Beschränkung auf einige Hauptmängel und auf Gewährfristen, sowie Ausschluß der Minderungsklage. Dasselbe gilt besonders in den süddeutschen Staaten, in Elsaß-Lothringen, im Großherzogthum Hessen und auch mit mannigfachen Modificationen und in beschränktem Umfange im Königreiche Sachsen. Ein gemischtes Princip, das dritte also, verfolgt das preußische allgemeine Landrecht. Es steht auf dem Boden des römischen Rechts, weicht aber insofern ab, als es in einigen Fällen zu Gunsten des Käufers eine Präsumtionsfrist aufstellt, nämlich einmal bezüglich der sogenannten Nachkrankheiten, d. h. der Krankheiten, die sich innerhalb 24 Stunden nach der Uebergabe zeigen, und ferner in Bezug auf einige besonders im Gesetze aufgeführte Mängel. Ebenso auch das österreichische Recht.

Von den ausländischen Rechten erwähne ich nur das französische und englische Recht. In Frankreich galten bis zur napoleonischen Gesetzgebung meist Observanzen, die an das deutschrechtliche Princip sich anlehnten. Der Code Napoleon unterstellte die Haftung für Viehmängel den allgemein rechtlichen Grundsätzen, hielt aber die Observanzen in Bezug auf die Verjährungsfristen aufrecht. 1838 erging dann ein besonderes Viehmängelgesetz, welches auf dem deutschrechtlichen Princip beruhte und dieses ist im Jahre 1884 wesentlich verändert worden. Aus letzterem Gesetz ist zu erwähnen, daß die Haftung für alle Mängel ausgeschlossen ist, wenn der Kaufpreis unter 100 Francs beträgt. In England gelten keine besonderen Bestimmungen über Viehmängel Dort hat sich vielmehr bis in die neueste Zeit der Rechtsgrundsatz „Caveat emtor“ erhalten, auf Grund dessen der Verkäufer bei Mängeln der Sache nur für dicta und promissa und für dolus haftet. Neuerdings ist aber die englische Rechtssprechung unsicher geworden und man nimmt vielfach an, daß der Verkäufer die Gewähr dafür übernehmen muß, daß die Waare merchantable, und daß sie für den beabsichtigten Zweck geeignet ist. In Nordamerika hält man übrigens an dem Princip „caveat emtor“ überwiegend fest.

Was die Ansichten über die Gestaltung des künftigen Rechtes anbetrifft, so sind die Meinungen ziemlich so verschieden, wie die gegenwärtigen Gesetzgebungen. Es mag nur darauf hingewiesen werden, daß sich das preußische Landesöconomiecollegium 1870 für das deutschrechtliche, der Wiener internationale Thierärztecongreß 1865 und der deutsche Landwirthschaftsrath 1875 für das gemischte und der deutsche Veterinärrath 1875 und die Kgl. preußische wissenschaftliche Deputation für das Veterinärwesen 1876 für das römische Princip ausgesprochen haben. Die Ansichten der deutschen Regierungen gehen ausweislich der Motive auch vollständig auseinander. M. H., Ihr Gutachter, Herr v. Völderndorff erklärt sich für das deutschrechtliche Princip und auf demselben Standpunkte steht auch der Entwurf des bürgerlichen Gesetzbuches. Dieser schließt bei Pferden, Eseln, Maulthieren, Mauleseln, Rindvieh, Schafen und Schweinen die Haftung für andere Mängel als für Hauptmängel aus. Er verlangt ferner, daß diese Hauptmängel binnen einer bestimmten Gewährfrist zum Vorschein kommen, wenn ein Mängelanspruch zulässig sein soll und schließt die Minderungsklage aus. Es sind dann noch weitere Vorschriften getroffen, um die praktische Durchführung jener Grundsätze zu erleichtern und die Processe zu vereinfachen.

M. H., die Vorschläge, welche Ihnen in dem gedruckten Antrage*) zugegangen sind, beruhen auf dem entgegengesetzten Princip. Ich bin der Meinung, daß das sogenannte deutschrechtliche Princip mindestens, soweit es sich um die Haftung für bestimmte Mängel und auf deren Hervortreten innerhalb bestimmter Fristen beschränkt, wenigstens für die Gegenwart nicht mehr haltbar ist.

Ein einziger Punkt ist es, bezüglich dessen in unserer Materie Ein-

---

*) Derselbe lautete: Der Juristentag wolle beschließen:

I. Der Juristentag erachtet nicht für angemessen, die Gewährleistung für Mängel bei einzelnen Hausthieren auf bestimmte gesetzlich oder durch Verordnung festzustellende Hauptmängel zu beschränken und die Gewährleistungspflicht an die Voraussetzung zu knüpfen, daß diese Hauptmängel innerhalb bestimmter gesetzlich oder durch Verordnung festzustellender Fristen zum Vorschein kommen.

II. Vielmehr erachtet der Juristentag für wünschenswerth, daß die allgemeinen Grundsätze des Entwurfs eines bürgerlichen Gesetzbuchs für das deutsche Reich über die Gewährleistung bei Mängeln im Wesentlichen auch auf die Veräußerung von lebenden Thieren Anwendung finden — indessen mit folgenden Abweichungen:

1. Macht der Erwerber das Minderungsrecht geltend, so ist der Veräußerer befugt, die Wandlung zu verlangen und das Thier gegen Rückgabe des Gegenwerths und Ersatz der Kosten zurückzunehmen, so lange der Erwerber das Thier zurückgewähren kann.
2. Jede Partei ist befugt, sobald der Erwerber die Mangelhaftigkeit gerügt hat, bei dem Gericht zur Sicherung des Beweises eine Beweisaufnahme durch Vernehmung von Sachverständigen, welche das Gericht auswählt, zu beantragen.
3. Jede Partei ist befugt, bei dem Proceßgerichte die öffentliche Versteigerung des Thieres und die Hinterlegung des Erlöses zu beantragen, sobald nach Ansicht des Gerichts die Besichtigung des Thieres nicht mehr erforderlich erscheint.
4. Die Ansprüche des Erwerbers erlöschen, wenn er nicht binnen 24 Stunden, nachdem er von dem Mangel Kenntniß erhalten hat, dem Veräußerer von demselben Anzeige macht.
5. Die Gewährleistungsklagen verjähren — mit Ausnahme der Betrugsklage — binnen drei Monaten vom Tage des Uebergangs der Gefahr.

stimmigkeit herrscht. Man ist nämlich darüber einig, daß die Rechtslogik für das römische Princip spricht. — So heißt es schon in den Motiven zum Hohenzollernschen Währschaftsgesetz, daß das Princip des römischen Rechts theoretisch den Vorzug verdient. Namentlich der Redactor des Obligationsrechts des Entwurfes, Herr Dr. v. Kübel, welcher 1881 im würtembergischen Archive über den Gegenstand unserer heutigen Berathung seine Ansichten niedergelegt hat, erkennt dies ausdrücklich an, und seine Worte sind in die Motive des bürgerlichen Gesetzbuches fast wörtlich aufgenommen. Wenn trotzdem für den Handel mit gewissen Hausthieren Ausnahmebestimmungen aufgeführt werden, so wird dies namentlich in den Motiven und von Herrn v. Kübel damit gerechtfertigt, daß man es hier mit lebenden Organismen zu thun habe, wodurch die Beantwortung der Frage, ob ein erheblicher oder verborgener Fehler zur entscheidenden Zeit vorhanden gewesen, sehr erschwert wird. Daraus wird nun zweierlei gefolgert: Erstens, daß der Erwerber bezüglich des Ausgangs des Processes von dem zweifelhaften Gutachten Sachverständiger abhängt und zweitens, daß sich der Veräußerer in einer großen Ungewißheit über seine Inanspruchnahme befinde. Gegen diese Nachtheile sei die Ausnahmebestimmung gerichtet, durch welche man zwei Erfolge zu erzielen vermeint: einmal die Rechtssicherung für den Verkäufer, welcher nun bestimmt weiß, daß er bei bestimmten Fehlern, wenn sie innerhalb der Frist sich zeigen, den Proceß gewinnt und zweitens Rechtssicherheit für den Verkäufer, welcher bezüglich der Frage, ob der Fehler erheblich sei, und wann derselbe entstanden, von dem Gutachten der Sachverständigen emancipirt wird.

Nun wird niemand leugnen können, daß das Urtheil für den Sachverständigen ein schwieriges ist, und daß bis zur Abgabe des Gutachtens beide Parteien sich in Ungewißheit befinden. Diese Ungewißheit ist aber sicher nicht größer, als in anderen Fällen, z. B. im Expropriationsprocesse, bei dem die Entscheidung im Wesentlichen vom Gutachten der Sachverständigen abhängig ist. Bei Widerspruch der Gutachten untereinander wird hier, wie sonst überall, ein Superarbitrium erfordert werden können, hier sogar mit größerer Sicherheit als sonst vielfach, da in den meisten deutschen Staaten Behörden zur Abgabe derartiger Obergutachten bestellt sind. Nach der Versicherung hervorragender Thierärzte hat im einzelnen Falle die Feststellung des Zeitpunktes, in welchem die Krankheit entstanden sein muß, nicht so große Schwierigkeiten, schwieriger ist nur, ebenso wie in der menschlichen Heilkunde, oft die Feststellung des Leidens, die Diagnose am lebenden Körper. Diese muß der Thierarzt unter allen Umständen vornehmen und, wenn dies einmal geschehen ist, ist die Feststellung des Zeitpunktes der Entstehung der Krankheit verhältnißmäßig nicht schwer.

Aber vor allen Dingen, m. H., das Heilmittel, das versucht wird, die allgemeine Feststellung der Hauptmängel und der Gewährfristen ist **ein verfehltes**.

Was die **Gewährmängel** anbetrifft, so ist allgemein anerkannt, daß unter die Gewährmängel nur **solche aufgenommen** werden dürfen, welche erheblich sind, d. h. solche, die unter allen Umständen erheblich sind. Nun giebt es aber viele Krankheiten, welche unter gewissen Umständen erheblich sind, in andern Fällen aber, insbesondere im ersten Entwickelungsstadium unerheblich sind. Man müßte aber alle diese Krankheiten, welche nicht unter allen Umständen erheblich sind, von den Hauptmängeln ausschließen. Ich erwähne als Beispiel, daß selbst Tuberculose beim Rindvieh im ersten Stadium der Krankheit unerheblich sein kann und daß deshalb thatsächlich verlangt worden ist, dieselbe von den Gewähr mängeln auszuschließen. Dasselbe gilt von der Perlsucht. Daß hierin eine Unbilligkeit für den Erwerber liegt, welchem vielleicht das Vieh mit Mängeln aufgebürdet wird, die es völlig entwerthen, ist selbstverständlich. Das Publikum würde hierin eine ihm unverständliche Rechtsverweigerung erblicken. Zur Charakteristik der Folgen von Gewährmängeln erwähne ich nur, daß bezüglich der Schweine die beiden gegenwärtig am häufigsten vorkommenden Mängel fast nirgends, wo gesetzliche Hauptmängel festgestellt, als solche anerkannt sind. Die Tuberculose ist nur im Königreich Sachsen, die Trichinose nur in Sachsen-Coburg als Hauptmängel anerkannt, während z. B. in Preußen, wo keine gesetzlichen Hauptmängel fixirt sind, stets wegen dieser beiden Krankheiten Redhibition gestattet wird, und es würde zum mindestens als eine Unbilligkeit empfunden werden, wenn diese Uebung durch das bürgerliche Gesetzbuch aufhören würde. Ich erwähne eine Mittheilung des Rechtsanwalt Scherer, wonach ein Schlächter in Mainz zur Bezahlung eines an Milzbrand leidenden ungenießbaren Rindes angehalten worden ist, weil Milzbrand nicht zu den hessischen Hauptmängeln gehört.

Auch die Frage, ob ein Fehler als verborgener anzusehen ist, läßt sich nur von Fall zu Fall beurtheilen. Die Spatlahmheit der Pferde ist in keinem Gesetze als Hauptmangel angeführt, weil sie auch für den Laien in vielen Fällen ohne Schwierigkeit erkennbar ist. Thatsächlich kann sie aber unter Umständen auch ein dem Laien versteckter Fehler sein, und es läßt sich nur in concreto feststellen, ob diese Voraussetzung zutrifft. Bei uns in Preußen findet denn auch gar nicht selten Redhibition wegen Spatlahmheit statt.

Was ferner die Gewährfristen anbelangt, so ist es eine Illusion, welche sich die Motive machen, daß sich die erhebliche Verschiedenheit derselben, welche Sie aus dem von Ihrem Gutachter seinem Gutachten beigefügten Tableau ersehen können, auf die allmählichen Fortschritte der Thierarzneiwissenschaft zurückführen lasse. Lassen Sie mich zum Beweise einige Beispiele anführen. In dem badischen Gesetz vom April 1859 ist die Währschaftsfrist für Epilepsie bei Pferden und Rindvieh auf 28 Tage, in dem bayerischen Gesetz von demselben Jahre auf 40 Tage festgesetzt. Ebenso ist die Gewährfrist für Finnen bei Schweinen nach dem badischen Gesetz 28 Tage, nach dem bayerischen Gesetze von demselben Jahre 8 Tage. Es können daher die Differenzen nicht wesentlich auf die Fortschritte der Wissenschaft zurückgeführt werden.

In der That geben denn auch die Gutachten der Thierärzte Auskunft, woher jene Differenzen, welche Gesetze desselben Jahres zeigen, stammen. Die Thierarzneiwissenschaft erklärt nämlich, daß sich zwar regelmäßig an dem einzelnen Thiere feststellen lasse, seit wann es von einem bestimmten Leiden behaftet sei, daß aber die Aufstellung einer allgemeinen Regel, wonach je nach dem Zeitpunkt der Ermittelung einer Krankheit ihre Entstehungszeit vermuthet werden könne, mit Ausnahme einiger Infectionskrankheiten einfach unmöglich sei, und daß daher die Feststellung von Gewähr- und Präsumtionsfristen mit verschiedenen Ausnahmen wissenschaftlich nicht zu rechtfertigen und rein willkürlich sei. Es kommt hinzu, daß manche Krankheiten, z. B. Dämpfigkeit, eine Gruppe von Störungen umfassen, welche die verschiedenartigsten Ursachen haben und deren Entwickelungszeit daher nicht allgemein bestimmt werden kann.

M. H.! Man sollte glauben, daß der Gesetzgeber sich mit einer derartigen Erklärung der competenten Vertreter der competenten Wissenschaft begnügen könnte, und daß die Idee, ein Stück der Thierarzneiwissenschaft gesetzlich zu fixiren, fallen gelassen werden muß, wenn die Vertreter der Thierarzneiwissenschaft erklären, daß derartige allgemeine Regeln nicht existiren.

Indessen hat man diesen Einwand nicht berücksichtigt. Herr v. Kübel verkennt das Bedenken dieses Einwandes nicht, fertigt es aber damit ab, daß man ein absolut vollkommenes Gesetz nicht geben könne und sich damit begnügen müsse, das relativ Beste zu geben. Ja, m. H., dies ist ja richtig. Aber kann man daraus den Schluß ziehen, daß nun die Juristen Gewährmängel und Gewährfristen, welche der Thierarzneiwissenschaft in keiner Weise entsprechen, feststellen müssen — nur um die Processe zu vereinfachen? Im Gegentheil — man wird daraus folgern müssen, da es nach competentem Ausspruch unmöglich ist, Gewährfristen und Gewährmängel allgemein festzusetzen — was im Interesse der Rechtseinfachheit wünschenswerth wäre, so muß man eben davon abstehen und sich mit dem relativ Besten begnügen, nämlich die Entscheidung der Thatfrage der durch das Gutachten Sachverständiger getragenen Beurtheilung des Gerichts im Einzelfall überlassen.

Der Entwurf war übrigens vorsichtig genug, die Normirung der Hauptmängel und Gewährfristen einer Kaiserlichen Verordnung vorzubehalten; aber die Schwierigkeiten welche einer sachlichen Regelung entgegenstanden, sind dadurch selbstverständlich nicht gehoben und erscheinen nicht überwindlich. Lassen Sie mich hierfür noch Eins anführen.

Mit Feststellung von Hauptmängeln und Gewähr- oder Präsentationsfristen haben sich abgemüht der Thierärztliche Congreß 1865, das preuß. Landesökonomie-Colleg 1870, der deutsche Landwirthschaftsrath 1876, der sächsische Landesculturrath 1877. Von 28 in den einzelnen Gesetzen vorkommenden Hauptmängeln ist Einigkeit über ihre Erheblichkeit nur bei 6 erzielt worden. Bezüglich aller übrigen 22 Hauptmängel sind also Zweifel vorhanden. Unter jenen 6 Hauptmängeln befindet sich die Lungenseuche des Rindviehs; als Gewährfrist, resp. Präsumtionsfrist, schlägt jedes Votum eine andere Zeit vor — 20, 30, 42, 56 Tage. Wie soll der Gesetzgeber oder die Regierung hiernach Gewährfristen und Gewährmängel bestimmen? Ich meine: besser ein Irrthum im Einzelfall, als Willkür im Gesetz.

Man stützt sich für das deutschrechtliche Princip darauf, daß die Thierärzte so besonders wenig qualificirte Sachverständige seien — aber ich glaube, mit Unrecht.

Beachten Sie, m. H., daß die Aedilen ihre Bestimmungen über heimliche Mängel ursprünglich gerade auch für den Marktverkehr in Vieh getroffen haben. Es müssen ihnen also damals schon Sachverständige zur Seite gestanden haben, welche in der Lage waren, ein rückschauendes Urtheil über die Entstehungszeit der Viehkrankheiten abzugeben. In der That ist die Thierarzneikunde eine sehr alte Wissenschaft und kein geringerer als Aristoteles ist einer ihrer Hauptschriftsteller im Alterthum. Aber auch diese Wissenschaft hatte ihr Mittelalter, in welchem sie von ihrer Höhe herabstieg. Es war nur natürlich, wenn das Mittelalter, als es eine Haftung für Viehmängel einführte, nicht, wie die römischen Aedilen auf den Einzelfall zurückgriff, sondern sich in roher Art mit der Festsetzung von bestimmten Gewährmängeln und Gewährfristen bei bestimmten Hausthieren begnügte. Erst seit der Mitte des vorigen Jahrhunderts, seitdem in Lyon die erste Thierarzneischule eingerichtet wurde, können wir einen Aufschwung der Thierheilkunde constatiren und ein entschiedener Aufschwung hat sich in den letzten drei Jahrzehnten vollzogen. Es läßt sich kein klarerer äußerlicher Beweis dafür anführen, als daß in jüngster

Zeit die Thierarzneischule in Berlin in eine thierärztliche Hochschule verwandelt wurde, und daß hierdurch die thierärztliche Wissenschaft als eine solche staatlich anerkannt ist, welche den auf den übrigen Hochschulen gelehrten Wissenschaften, insbesondere der menschlichen Heilkunde, gleichsteht.

Auch dies, nämlich der bedeutende Aufschwung der Thierarzneikunde, wird nun zwar von den Gegnern anerkannt, aber seit dreißig Jahren dagegen der Einwand erhoben, daß noch so viele alte Thierärzte existirten, welche nicht auf der Höhe der Wissenschaft ständen. Nun, diese alten Thierärzte müssen ja nach und nach aussterben. (Heiterkeit.)

Es werden seit dem Jahre 1869 in ganz Deutschland an die Thierärzte bei ihrem Examen die gleichen wissenschaftlichen Anforderungen gestellt und, wie ich glaube, finden Sie jetzt auch in allen deutschen Staaten, in allen Bezirken amtlich angestellte Thierärzte, welche in jeder Beziehung den wissenschaftlichen Anforderungen entsprechen.

M. H.! Ich bin bei meinen Ausführungen davon ausgegangen, daß das gemeinrechtliche Princip von Allen als das theoretisch beste erachtet wird und daß man nur aus praktischen Gründen hiervon abweichen will.

Der deutsche Landwirthschaftsrath, welcher sich aus den Vertretern sämmtlicher deutschen landwirthschaftlichen Vereine zusammensetzt, verwarf im Jahre 1875 das deutschrechtliche Princip mit überwiegender Mehrheit, wobei nur der Vertreter Bremens einen anderen Standpunkt einnahm; hier erklärten sich namentlich die Vertreter der gemeinrechtlichen Rechtsgebiete mit ihrer Lage zufrieden, während der bayerische Vertreter, Freiherr von Crailsheim, entschieden gegen das deutsche Rechtsprincip sich aussprach. Der deutsche Veterinärrath erklärte sich 1875 für das gemeinrechtliche Princip mit 20 gegen 10 Stimmen, wobei die Minderheit nicht etwa für das deutschrechtliche Princip, sondern für das gemischte war. Endlich erwähne ich die Verhandlungen der preußischen Deputation für das Veterinärwesen 1876. Diese Behörde war aus Männern der Wissenschaft, wie Virchow, Skzreczka, Gerlach — und aus Männern der Praxis, zu denen der jetzige Oberpräsident Graf Zedlitz-Trützschler, Herr von Nathusius, Graf Zieten-Schwerin gehörten, zusammengesetzt. Sie erklärten sich einstimmig gegen das deutschrechtliche Princip und mit allen gegen eine Stimme gegen jede Aufstellung von Präsumtionsfristen.

M. H.! Ich glaube, Sie werden mit mir der Meinung sein, daß, wenn ein Ausnahmegesetz lediglich auf Zweckmäßigkeitsgrundsätzen basirt werden soll und wenn die Interessenten in ihrer überwiegenden Mehrheit sich gegen diese Grundsätze aussprechen, dies allein schon für den Juristentag hinreichende Veranlassung sein müßte, eine so erhebliche Abweichung vom allgemeinen Rechte, wie sie die Feststellung von Gewährfristen und Hauptmängeln involvirt, abzulehnen.

Was das sogenannte gemischte System anbetrifft, so begünstigt es durch seine Präsumtion in einseitiger Weise den Verkäufer. Vom Standpunkte der Thierheilkunde gilt von den Präsumtionsfristen, namentlich auch bei den Nachkrankheiten, dasselbe, was von den Gewährfristen gilt: sie sind wissenschaftlich nicht zu rechtfertigen, ja, nicht einmal festzustellen.

M. H.! Wenn ich auch der Meinung bin, daß die Bestimmungen des Entwurfes über Gewährfristen ungerechtfertigt sind, so erkenne ich doch an, daß der Verkehr bei lebenden Organismen Besonderheiten zeigt, welche Specialbestimmungen über die Mängelgewähr wünschenswerth erscheinen lassen. Sie finden meine bezüglichen Vorschläge im zweiten Theile meines Antrages zusammengestellt.

Ziffer 1 betrifft die Minderungsklage. Sowohl Ihr Gutachter als auch der Entwurf treten dafür ein, die Minderungsklage bei Viehmängeln ganz auszuschließen. Ihr Gutachter macht geltend: die Minderungsklage sei unrichtig, unbillig und unpraktisch. Unrichtig, weil von demjenigen, der die Sache für 100 gekauft habe, noch nicht feststehe, daß er die Sache bei Kenntniß des Mangels zu einem minderen Preis erkauft hätte. Letzteres ist richtig, aber es handelt sich bei der actio quanti minoris nicht um Willensauslegung, sondern um sachgemäße Regelung eines der Parteiabsicht nicht entsprechenden Rechtszustandes. Die Minderungsklage soll ferner unpraktisch sein, weil die Möglichkeit, die Sache zu behalten und einen Preisabzug eintreten zu lassen, dem Käufer vielfach Veranlassung zu Chicanen giebt. Und sie soll endlich unbillig sein, weil dem Verkäufer dasselbe Recht wie dem Käufer zustehen müsse, nämlich von dem Vertrage zurückzutreten. M. H.! Den beiden letzteren Einwänden kann eine gewisse Berechtigung nicht versagt werden. Aber es hieße das Kind mit dem Bade ausschütten, wenn man deshalb überhaupt die Minderungsklage für unzulässig erklären wollte. Schutz gegen chicanöse Minderung erhält man auch, wenn man dem Verkäufer die Befugniß giebt, sobald der Käufer mindern will, die Wandlung des Geschäfts zu verlangen. In vielen Fällen wird ja eine Wandlung gar nicht möglich sein, wenn nämlich der Käufer über das Thier anderweitig verfügt hat und es deshalb nicht zurückgeben kann. Für diesen Fall behilft sich der Entwurf in höchst künstlicher Weise, indem er dem Käufer gestattet, statt der Sache den Werth derselben zurückzugeben. In solchen Fällen erscheint gerade die Minderungsklage und ihr Princip angebracht. Und wenn wir dem Verkäufer das Recht geben, die Minderung durch das Erbieten der Wandelung abzuwenden, so fällt auch diese Befugniß naturgemäß fort, wenn der Erwerber schon über die Sache vorher verfügt hatte. Mein Vorschlag zu 1 lautet demgemäß:

> Macht der Erwerber das Minderungsrecht geltend, so ist der Veräußerer befugt, die Wandlung zu verlangen und das Thier gegen Rückgabe des Gegenwerths und Ersatz der Kosten zurückzunehmen, so lange der Erwerber das Thier zurückgewähren kann.

Dieser Vorschlag schließt sich an das kurhessische Währschaftsgesetz und das neue französische Währschaftsgesetz von 1884 an.

Meine Vorschläge zu 2 und 3 schließen sich dem Entwurfe an. Beide Parteien haben, sobald sich Mängel zeigen, ein wesentliches Interesse daran, daß dieselben von unparteiischer Seite festgestellt werden. Durch eine solche Feststellung wird in vielen Fällen der Proceß vermieden. Daher wird in dem Vorschlag zu 2 jedem Theile das Recht eingeräumt, eine sofortige Sicherung des Beweises zu beantragen. In dem Vorschlag zu 3 wird ferner für jede Partei das Recht beansprucht, den Verkauf des Thieres zu beantragen, sobald nach Ansicht des Proceßgerichts die Besichtigung des Thieres nicht mehr erforderlich ist. Bekanntlich ist es einer der Hauptübelstände des gegenwärtigen Verfahrens, daß durch die Unterhaltungskosten des Thieres während des Processes der Schaden für die unterliegende Partei, bezw. bei Zahlungsunfähigkeit des Gegners der Proceßschaden unverhältnißmäßig vergrößert wird. In einem noch jetzt in Berlin schwebenden Processe betragen z. B. die Unterhaltungskosten bereits das Doppelte des Werthes des Thieres. Durch meinen Vorschlag sollen diese Kosten nach Möglichkeit verringert werden.

Der Entwurf verpflichtet den Erwerber, die Mängel innerhalb 24 Stunden nach Ablauf der Gewährfrist dem Gegner anzuzeigen und läßt die Klage innerhalb 14 Tagen nach Ablauf der Gewährfrist verjähren. Wird von Ihnen meinem Vorschlage gemäß die Aufnahme von Gewährfristen abgelehnt, so fehlt für diese Bestimmungen des Entwurfes die Basis. Meine Vorschläge zu 4 und 5 beabsichtigen, die entstehende Lücke auszufüllen. M. H.! Darüber sind wohl Alle einig, daß die Verjährungsfristen so kurz wie möglich festzusetzen sind. Es ist nun in dem Gesetz für die Rheinprovinz diese Frist auf 42 Tage von der Ablieferung normirt, und ähnliche Vorschläge sind auch von verschiedenen Körperschaften, z. B. dem deutschen Landwirthschaftsrathe, gemacht worden. Diese Frist erscheint aber zu kurz. Denn es ist allgemeiner Grundsatz, daß eine Verjährung gegen denjenigen nicht laufen kann, welcher von seinem Rechte keine Kenntniß hat. Nun kommt es aber gar nicht selten vor, z. B. bei Schweinen, wenn dieselben nach dem Kaufe 6 bis 8 Wochen gemästet und dann geschlachtet werden, daß sich erst dann die Krankheit zeigt, trotzdem die

Thiere im lebenden Zustande gesund erschienen. In diesem Falle läßt sich aus der Beschaffenheit des Uebels, z. B. aus der Größe der Finnen oder der Verbreitung der Tuberkeln, noch feststellen, ob die Krankheit zur Zeit der Uebergabe bestanden hat. Ich mache ferner darauf aufmerksam, daß u. A. im Königreich Sachsen die Gewährfrist für Mondblindheit bei Pferden und Perlsucht bei Rindvieh 50 Tage beträgt. Es muß die Verjährungsfrist auf einen Zeitraum normirt werden, welcher unter allen Umständen ausreicht, daß ein zur Zeit des Gefahrübergangs vorhandener Fehler geltend gemacht werden kann; denn es wäre unbillig, dem Käufer die Bemängelung abzuschneiden, wenn er den Mangel noch gar nicht erkennen konnte. Deshalb schlage ich Ihnen zu 5 eine Verjährungsfrist von drei Monaten vor.

Dagegen ist anzuerkennen, daß diese Frist für viele Fälle eine sehr lange ist und daß es eine Pflicht des Käufers ist, sobald er den Mangel entdeckt hat, dem Verkäufer binnen kürzester Frist von demselben Kenntniß zu geben, damit er die der Sachlage entsprechenden Maßregeln treffen, insbesondere die Beweisaufnahme beantragen kann. Aus diesem Gesichtspunkte schlage ich Ihnen ad 4 vor, den Erwerber zu verpflichten, binnen 24 Stunden, nachdem er von dem Mangel Kenntniß erhalten, denselben dem Gegner bei Vermeidung des Verlusts seiner Ansprüche anzuzeigen. Dagegen würde es zu weit gehen, dem Erwerber eine Untersuchungspflicht nach Analogie des Art. 347 H.G.B. aufzulegen. Denn, wie die Motive zutreffend bemerken, ist es gerade die Eigenthümlichkeit der Mängel der Hausthiere, daß sie sich bei sofortiger Untersuchung nicht sofort erkennen lassen und daß der Mangel dem Erwerber verborgen bleibt.

M. H.! In Materien, wie der unsrigen, ist es für den Juristen besonders mißlich, ein Urtheil abzugeben, da die Erfahrung technischer, wissenschaftlicher und gewerblicher Berufe für die Gesetzgebung nutzbar gemacht werden muß. Erwägen wir aber, daß gerade aus den Kreisen der Praktiker und Interessenten überwiegend der Wunsch ausgesprochen ist, von der Normirung von Hauptmängeln und Gewährfristen abzusehen, so werden wir mit gutem Gewissen davon absehen können. Wir müssen dies aber nach meiner Ansicht thun, nachdem uns die Sachverständigen erklärt haben, daß jede Bestimmung von Hauptmängeln und Gewährfristen fast überall willkürlich wäre; denn nichts ist in Gesetzen so sehr zu vermeiden, als an Stelle organischer der Beurtheilung des Einzelfalls freien Spielraum gewährender Rechtssätze willkürliche Ausnahmebestimmungen zu setzen.

**Vorsitzender:** Ich eröffne die Debatte über die Vorschläge und stelle anheim, ob Jemand das Wort ergreifen will.

Justizrath **M. Levy** (Berlin): Ich möchte anheimstellen, ob es sich nicht empfehlen würde, die Debatte oder Beschlußfassung auf Ziffer I des Antrags zu beschränken.

Was die Anträge zu II betrifft, es mögen dieselben gerechtfertigt sein oder nicht, sa gehen sie m. E. doch zu sehr ins Detail, um der Beschlußfassung des Juristentages in dieser Beziehung irgend ein Gewicht beimessen zu können. Ich glaube, Gewicht haben nur solche Beschlüsse, welche sich mit Principien befassen.

**Vorsitzender:** Ich möchte den Vorschlag dahin erweitern, daß nicht über die einzelnen unter Ziffer I 1—5 vermerkten Bestimmungen abgestimmt würde, daß vielleicht der Herr Referent selbst sich damit begnügt, wenn zu Ziffer II gesagt wird:

> Der Juristentag erachtet für wünschenswerth, daß im Wesentlichen die allgemeinen Grundsätze des Entwurfes eines bürgerlichen Gesetzbuches Anwendung finden.

Ich möchte Letzteres vorschlagen, weil es eine positive Billigung der allgemeinen Grundsätze des Entwurfes enthält und weil durch die Worte „im Wesentlichen" dem entgegentreten würde, daß nicht sämmtliche speciellen Grundsätze ausnahmslos zugleich mitgebilligt werden sollen.

Referent Rechtsanwalt Dr. **Simon** (Berlin): Ich erlaube mir darauf aufmerksam zu machen, daß sich die Worte „im Wesentlichen" in meinem Antrage bereits vorfinden.

**Vorsitzender:** Es würde sonach über die einzelnen Nummern zu II nicht abzustimmen sein.

Referent **Simon:** Es würde dann einfach bis zu dem Gedankenstrich in Nr. II abzustimmen sein.

**Vorsitzender:** Ich frage, ob noch jemand das Wort begehrt? — Es ist nicht der Fall.

Ich glaube, ich darf im Ganzen annehmen, daß in der That die gemachten Vorschläge Billigung finden. Wir wollen aber, um jedem Mißverständniß entgegenzutreten, getrennt abstimmen. Es wäre möglich, daß jemand das negative Resultat wünschenswerth fände, nicht das positive.

Es ist also zunächst abzustimmen über den Antrag:

Der Juristentag wolle beschließen:

> I. Der Juristentag erachtet nicht für angemessen, die Gewährleistung für Mängel bei einzelnen Hausthieren auf bestimmte gesetzlich oder durch Verordnung festzustellende Hauptmängel zu

beschränken und die Gewährleistungspflicht an die Voraussetzung zu knüpfen, daß diese Hauptmängel innerhalb bestimmter gesetzlich oder durch Verordnung festzustellender Fristen zum Vorschein kommen.

Diejenigen Herren, welche gegen diesen Vorschlag sind, bitte ich die Hand zu erheben.

Es hat niemand die Hand erhoben; der Vorschlag ist also einstimmig angenommen.

Sodann bringe ich zur Abstimmung den Antrag zu II bis zum Gedankenstrich:

II. Vielmehr erachtet der Juristentag für wünschenswerth, daß die allgemeinen Grundsätze des Entwurfes eines bürgerlichen Gesetzbuches für das Deutsche Reich über die Gewährleistung bei Mängeln im Wesentlichen auch auf die Veräußerung von lebenden Thieren Anwendung finden.

Wer von den Herren gegen diesen Vorschlag ist, den bitte ich die Hand zu erheben. — Auch dieser Vorschlag ist allgemein angenommen.

Ich darf wohl annehmen, daß wir auch diese Anträge dem Plenum nur zur Kenntnißnahme mittheilen und den Herrn Referenten Dr. Simon ersuchen, im Plenum einen kurzen Vortrag darüber zu halten. (Zustimmung.)

Ich bemerke zum Schluß noch, daß sich ergeben hat, daß Herr Justizrath Petiscus von zwei Abtheilungen gewählt ist. Ich bitte daher um irgend einen anderen Vorschlag, um die Liste der 30 Vertrauensmänner vollständig zu machen. — Herr Amtsgerichtsrath Gerstaecker-Stettin wird vorschlagen. Wenn kein Widerspruch erfolgt, so nehme ich an, daß die Herren mit dem Vorschlage einverstanden sind und bitte auch Herrn Gerstaecker morgen Vormittag ½11 Uhr mit den anderen Vertrauensmännern hier sich einzufinden.

Ich schließe die Sitzung.

(Schluß der Sitzung 12 Uhr.)

# Erste Sitzung der dritten Abtheilung
## am 11. September 1888.

(Beginn: Mittags.)

Justizrath **Makower** (Berlin): Darf ich bitten Platz zu nehmen! Im Auftrage der ständigen Deputation eröffne ich die Sitzung und schlage in deren Auftrage vor zum Vorsitzenden der Abtheilung Herrn Staatsrath Dr. von Köstlin und zum Vicepräsidenten Herrn Hof- und Gerichtsadvocat Dr. Jaques.

Wenn kein Widerspruch erfolgt, würde ich annehmen, daß Sie mit diesen Vorschlägen einverstanden sind. — Es wird keiner erhoben, also ist die Wahl beschlossen.

Senatspräsident Staatsrath **von Köstlin** (Stuttgart) übernimmt den Vorsitz.

Ich eröffne die Sitzung und bitte Herrn Vicepräsidenten Dr. Jaques Platz zu nehmen.

Sodann erlaube ich mir, zu Schriftführern vorzuschlagen Herrn Professor Dr. Rubo-Berlin und Herrn Landrichter Weigert-Stettin.

(Beide Herren nehmen ihre Plätze ein.)

Wie bereits in der Plenarsitzung von dem Herrn Vorsitzenden erwähnt wurde, sind unserer 3. Abtheilung die Fragen unter 4, 6, 11, 12 und 13 zugewiesen. Es wird sich fragen, in welcher Reihenfolge wir diese Gegenstände zu berathen haben. Es ist mir der Wunsch ausgesprochen worden, daß begonnen werden möchte mit Ziffer 11, mit der Wahlprüfung. Es liegen dafür Gutachten vor des Herrn Professor Dr. Max Seydel-München und des Herrn Professor Dr. Jelinek-Wien. Referenten sind Herr Hof- und Gerichtsadvokat Dr. Jaques-Wien und Herr Amtsrichter Franke-Berlin.

Wenn es genehm ist, so würden wir mit diesem Gegenstand beginnen und bitte ich den Herrn Referenten Dr. Jaques das Wort zu ergreifen.

Referent Hof- und Gerichtsadvocat Dr. **Jaques** (Wien): Meine geehrten Herren! Die ständige Deputation hat zu Punkt 11 die Frage aufgestellt:

> „empfiehlt es sich, die Prüfung der Wahlen für gesetzgebende Körperschaften als eine richterliche Thätigkeit anzuerkennen und deshalb der Rechtsprechung eines unabhängigen Wahlprüfungsgerichtshofes zu unterstellen?“

Es liegen zwei Gutachten vor, wie bereits erwähnt von Herrn Prof. Dr. Max Seydel zu München und Herrn Prof. Dr. Jelinek zu Wien, welche beide sich bejahend aussprechen. Das Gutachten von Professor Seydel, Staatsrechtslehrer zu München, enthält eine werthvolle Erörterung sowohl der historischen, als staatsrechtlichen und politischen Gesichtspunkte, während das Jelinek'sche Gutachten insbesondere reich ist an sehr beachtenswerthen geschichtlichen Daten.

Ich glaube, es wird zweckmäßig sein, auf den detaillirten Inhalt der Gutachten nicht einzugehen, sondern unabhängig davon die Gesichtspunkte darzulegen, von denen wir uns leiten lassen dürften.

Erwähnen will ich noch, daß beide Arbeiten anknüpfen an eine frühere Arbeit Jelinek's, welche das Verdienst hat, die Frage der Prüfung angefochtener Wahlen durch einen Gerichtshof zum ersten Male auf deutschem Boden angeregt zu haben, und weiter an die Abhandlung, in der ich selbst wenig Monate nach der Jelinek'schen eine systematische Darstellung des Gegenstandes versucht hatte.

Wenn man die Frage aus streng wissenschaftlichen Gesichtspunkten zu lösen versuchen will — und das ist ja die Aufgabe, die uns hier obliegt — so sind folgende Momente in's Auge zu fassen. Die erste Frage ist: „welchen rechtshistorischen Entwickelungsgang hat die Frage der Prüfung der Wahlen durch die gesetzgebenden Körper genommen?“

Die zweite Frage: „ist die Thätigkeit der Wahlprüfung ihrem Wesen nach als rein richterliche Function anzusehen, oder kann dabei etwa von einer administrativen Thätigkeit die Rede sein?“

Die dritte Frage hätte zu lauten: „kann, wenn man die zweite bejaht, behauptet werden, die Parlamente selbst seien geeignet, diese Function zu üben, oder ist eine Gerichtsbehörde dazu als besser geeignet anzusehen?

Und wenn man zu letzterem Resultat gelangen sollte, so müßte man wirklich noch fragen nach der Competenz, nach dem gegenständlichen Umfang und der Organisation eines solchen Gerichtes.

In Betreff der Rechtsgeschichte will ich gleich erwähnen, daß ich meine, man könne sich damit begnügen, den Gang der Dinge in England und Frankreich zu verfolgen, weil man bestimmt aussprechen darf, daß alle anderen Staaten entweder dem einen oder dem anderen dieser beiden Vorbilder gefolgt sind.

England vor allem bietet das Schauspiel eines Entwickelungsganges, welcher um so interessanter ist, als alle möglichen Formen der Wahlprüfung, durch die Executive, durch das Parlament und durch einen Gerichtshof, im Laufe der Jahrhunderte zur Geltung gekommen sind. Frankreich aber ist deshalb besonders zu berücksichtigen, weil es als der erste Staat, welcher auf dem Continent repräsentative Einrichtungen zur Geltung gebracht, auch unsere Frage zuerst eingehender Behandlung unterziehen mußte.

In England beginnt man damit, daß die Prüfung der Wahlen dem König und dem Lord-Kanzler zusteht. Das reicht bis in die Zeit der Königin Elisabeth, wo zum ersten Male das Haus der Gemeinen bestrebt ist, die Wahlprüfungsfrage als ein Parlamentsprivilegium in Anspruch zu nehmen. Nur auf ein paar concrete Fälle will ich hier hindeuten, weil sie für den weiteren Entwickelungsgang von Bedeutung sind.

Im Jahre 1586 war seitens des Königs und des Lordkanzlers eine Wahl annullirt worden und das Parlament setzte hierauf eine Commission ein, um die Frage zu prüfen, ob die Wahl nicht dennoch zu Recht bestände. Nun ließ die Königin das Haus der Gemeinen darauf aufmerksam machen, daß das ein Gegenstand sei, der in ihre Competenz nicht hineingehöre, worauf das Haus der Gemeinen antwortete, daß es zwar die Chancery, den Staatsrath als hochachtbare Körperschaft anerkenne, aber nicht als competent ansehe, um über die Wahlfrage, welche den Privilegien des Parlaments angehöre, abzuurtheilen.

Nicht lange darauf ist ein ganz ähnlicher Fall in Bezug auf eine Wahl in der Grafschaft Buckingham vorgekommen und da hat das Parlament wieder ausgesprochen, daß es jede Einmischung in das Wahlprüfungsrecht ablehnt und sich als den allein competenten Richter ansieht. Da ist es zu einem ernsten Conflikte gekommen. Das Unterhaus sprach die Gültigkeit der Wahl aus. Der König wünschte nun eine Conferenz zwischen dem Ober- und dem Unterhause, worauf das letztere nicht einging, sondern dem Könige die Sache vortragen ließ. Dieser äußerte nunmehr den Wunsch, später gab er den Befehl, daß sich das Haus der

Gemeinen mit dem Lordkanzler und dem Kanzleigerichtshofe zu gemeinsamer Berathung in Verbindung setzen solle. Dies geschah im Beisein des Königs, und der Schluß war das Zustandekommen eines Compromisses; es wurde, nachdem der König selbst erklärt hatte, daß er die Competenz des Parlaments, obzwar nicht als eine ausschließliche, anerkenne, die bestrittene Wahl aufgehoben und zu einer Neuwahl geschritten.

Und nun noch ein weiterer Fall, in welchem es zu einem geradezu berühmt gewordenen Conflicte zwischen dem Unterhause und dem der Lords, letzterem als Oberappellationsgericht, gekommen ist. Einem Wähler von Aylesbury war die Ausübung seiner Wahlrechte verweigert worden. Der Gerichtshof, bei welchem er den Wahlcommissar verklagte, verwarf die Klage; das Haus der Lords gab ihr statt. Dem gegenüber beschlossen die Gemeinen, Alles, was die Wahl ihrer Mitglieder anginge, sei ausschließlich Sache ihrer Competenz. Nun erklärten die Lords, das Recht der Wähler gehöre dem gemeinen Rechte des Landes an, über welches die Gerichte zu sprechen hätten; darüber könne nicht durch ein Votum des Parlaments entschieden werden; hierin einen Privilegiumsbruch behaupten, hieße ein arbiträres Votum über das Gesetz Englands stellen. Denn was da in Frage stehe, das sei das Recht der Wähler und nicht das Recht des Gewählten; die Prüfung der Wahl durch das Parlament aber habe als seinen Gegenstand lediglich das Recht des Gewählten; dieses letztere sei, wie es heißt, ein Recht pro hac vice, für diesen bestimmten Fall, jenes sei das allgemeine staatsbürgerliche Recht; allein innerhalb dieser Grenze sei die Competenz des Abgeordnetenhauses zuläßig. Das Parlament hat darauf erwidert, daß sich die Prüfung des Rechts des Gewählten von der Prüfung des Rechts des Wählers nicht trennen lasse und daß also eine anderweitige Judicatur über das Recht des Wählers bei dem untrennbaren Zusammenhange der Fragen in das Parlamentsrecht eingreife. Dieser Widerstreit, für den es keine rechte Lösung zu geben schien, ist gelöst worden dadurch, daß die Königin Anna das Parlament prorogirte, wodurch die Frage in suspenso geblieben ist. Das Unterhaus hatte übrigens während des Verlaufes der Verhandlungen fünf Wähler, welche aus gleichem Grunde vor Gericht geklagt hatten, wegen Mißachtung seiner Privilegien einsperren lassen. Von den englischen Schriftstellern wird hervorgehoben, daß von da ab das Recht des Parlaments die Wahlprüfungen vorzunehmen nicht mehr bestritten worden ist. Es ist nun hinzuzufügen, daß dieses Festhalten an der Prüfung der Wahlen durch das Parlament durch sehr lange Zeit nicht im Entferntesten die Wirkung hat haben können, Reinheit der Parlamentswahlen aufrecht zu erhalten. Es ist Ihnen aus der englischen Parlamentsgeschichte bekannt, daß durch mehr als ein Jahrhundert die englischen Parlamentswahlen auf ganz abnorme Weise zu Stande gekommen sind. Es ist nicht nöthig, zu verweilen bei den eingehenden Schilderungen, z. B. May's, von den Wahlorten, in denen keine Wähler vorhanden waren, sondern einzelne die Wahlen beherrschten, sehr viel die Rede gewesen. Die Abgrenzung der Wahlbezirke war eine vollkommen willkürliche, das königliche Patronat oder der Einfluß der territorialen Großgrundbesitzer entschieden über die Wahlen. Man darf sagen, daß gegen Ende des 18. Jahrhunderts von den sämmtlichen Parlamentsmitgliedern in England ungefähr 150 — als wirklich von den Wählern entsendet angesehen werden konnten, während weit über 400 durch „nomination" — durch Ernennung in das Parlament kamen. Es wird geradezu gesagt, daß angesehenste und respectabelste Männer in die Lage kamen, einen Wahlsitz kaufen zu müssen, um dadurch ein unabhängiges Mandat zu erlangen, sonst hätte es gar keine solche gegeben.

Nun hat man eine Reihe von Reformen vorgenommen, welche namentlich auf Beseitigung der Beeinflussung der Wahlen und correcte Abgrenzung der Bezirke abzielten. Es ist zugleich die bessernde Hand an die Wahlprüfung im Parlament selbst gelegt worden, denn es ist klar, daß Wahlen, welche so entstanden waren, bei der Prüfung auch in ähnlicher Weise unter dem Einfluß der herrschenden Parteien behandelt wurden. Es ist endlich im Jahre 1770 die viel citirte Grenville-Acte zu Stande gekommen, deren Wesenheit darin besteht, daß der Ausschuß für Privilegien und Wahlen, welcher im englischen Parlament bestand und ein offener geworden war, weil die Geheimen Räthe und Gentlemen of the long Robe dazu Zutritt hatten, nunmehr durch das Loos zu Stande kommen sollte. 13 von 49 Ausgelooſten sollten ihn bilden; den betheiligten Parteien war das Recht eingeräumt, je ein Mitglied hinzuzufügen. An diesen Bestimmungen wurden dann wieder weitere Modificationen getroffen, deren letzte dahin gingen, daß 33 Mitglieder ausgelooſt worden sind und daß den Betheiligten das Recht zustand, je 11 zu streichen, so daß noch 11 zur Prüfung der Wahlen übrig blieben, das sollte ein unabhängiges Tribunal darstellen und man hat geglaubt, damit sichere Garantien für eine correcte Wahlprüfung erlangt zu haben. Ja, als die Grenville-Acte perpetuirt werden sollte, nachdem sie zuerst für ein Jahr gegolten hatte, da schrieb Lord Chatham, das bezeichne die Morgenröthe besserer Zeiten; fiele diese Bill, so würde die Legislatur in unheilbare Verachtung verfallen und zum Abscheu der Nation werden.

Wie geringe Bürgschaft aber damit geboten war, das liegt schon deshalb auf der Hand, weil das Ergebniß des Looses davon abhängig sein mußte, wer sich zur Zeit im Unterhause anwesend befand. Die durch ihre Majorität herrschenden Parteien drängten sich dazu und das Resultat konnte naturgemäß nichts anderes sein als eine Wiederspiegelung der Majoritätsparteien. Dazu kam, daß die, welche berechtigt waren auszuscheiden, weil sie an der Wahl selbst interessirt waren, die tüchtigsten Gegner beseitigten, so daß die Qualität des in solcher Weise zu Stande gekommenen Wahlprüfungsausschusses nicht weniger als eine besonders gute sein konnte und gewesen ist.

Eine Anzahl weiterer Reformversuche folgt. Im Jahre 1839 z. B. ein solcher unter Robert Peel, welcher an Stelle des Looses Ernennung durch den Sprecher zu setzen versuchte. Endlich aber, nachdem alle gemachten Erfahrungen und alle aufgestellten Cautelen sich als nicht ausreichend ergeben hatten, um die Unparteilichkeit der Wahlprüfung zu sichern, entschloß man sich in dem Lande, welches immer die Omnipotenz des Parlaments als staatsrechtliches Dogma anerkannt hatte, angefochtene Wahlen einem Wahlprüfungsgericht, resp. 3 Gerichtshöfen zu übertragen und zwar nach einer Modification von 1879: der Queensbench-Abtheilung des höchsten Gerichtshofes für England, dem der Common Pleas für Irland, endlich der Court of Session für Schottland. Zwei Richter haben zu erkennen. Die Function dieser Gerichtshöfe ist in der Weise begrenzt, daß sie nur angefochtene Wahlen zum Gegenstande hat und zwar solche, welche innerhalb 21 Tagen bestritten worden sind. Die Befugniß, nichtangefochtene Wahlen auf ihre Gesetzmäßigkeit hin zu prüfen, ist dem Parlamente nicht genommen. Es steht also fest, daß, wenn Wahlen nicht bestritten wurden, oder wenn die 21 Tage abgelaufen sind, das Parlament competent bleibt. Es ist auch in der jüngsten englischen Parlamentsgeschichte eine Reihe markanter Fälle, die insbesondere mit den irischen Angelegenheiten zu thun haben, vorgekommen, bei denen sich die Unterscheidung praktisch gezeigt hat. So ist die Wahl des bekannten, um nicht zu sagen berüchtigten O'Donnovan-Rossa, ist einmal, da die Zeit zur Anfechtnng schon vorüber war, von Seiten des Parlaments geprüft und cassirt worden. Die Wahl von John Mitchel war einmal unprotestirt geblieben und dann von dem Parlament annullirt worden. Dann erfolgte sie zum zweiten Mal und wurde angefochten, somit an das Wahlprüfungsgericht geleitet. Das also ist das Ergebniß der langen Erfahrungen in England; daß, nachdem die anderen Formen erprobt waren, in dem Wahlprüfungsgerichtshof das Richtige erkannt wurde.

Hier mag auch gleich noch erwähnt werden, daß von den heutigen constitutionellen Staaten — über analoge Einrichtungen, die in Finnland und Bulgarien bestehen, können wir wohl hinweggehen — nur Schweden und Norwegen eine ähnliche Einrichtung haben, in dem der höchste Gerichtshof dort die Wahlen zu prüfen hat. Bei den näheren Modalitäten brauchen wir nicht zu verweilen. Außerdem hat man in Italien sich eine Zeit lang mit ähnlichen Absichten getragen, sich aber schließlich damit begnügt, die Competenz des Parlaments aufrecht zu erhalten, indem man sie mit einer Reihe von äußerlichen Cautelen umgab, die natürlich dem Parlament und seinem Ausschusse den Charakter eines Gerichtshofes doch nicht geben können. In Ungarn ist als Princip die Ueberweisung der Wahlprüfung an den obersten Gerichtshof ausgesprochen, es ist aber aus politischen Gründen zu einem Gesetze noch nicht gekommen. Allerdings wird der Wahlprüfungscommission des Reichstags in aller Form eingeschärft, daß sie sich als Gerichtscollegium zu betrachten habe; was ihr selbstverständlich den Parteicharakter nicht benehmen kann.

Damit gelange ich zu Frankreich, wo, wie ich in Kürze erwähnen will, die Sache damit beginnt, daß im Jahre 1789 beim Zusammentritt der états généraux das Recht der Wahlprüfung zunächst vom König in Anspruch genommen wird, sowohl für nicht bestrittene Wahlen als für bestrittene. Wenn die drei Stände, welche zusammen darüber berathen sollen, sich nicht vereinigen können, so daß innerhalb eines Standes noch ein Dritttheil der Stimmen der Majorität der anderen gegenübersteht, so soll die Wahlprüfung dem Könige überlassen bleiben. Der dritte Stand nimmt aber sofort, sogar noch ehe das bezügliche königliche Dekret erflossen ist, die Wahlprüfung für sich in Anspruch und erklärt, daß unter keinen Umständen und in keinem Falle dem Könige, sondern daß das Recht dem Parlamente unbedingt zusteht. Dasselbe sagt die Verfassung von 1791 und hat sich auch weiter behauptet. Zur Zeit des Consulats und Kaiserreichs entfallen, ist diese Einrichtung sowohl unter Louis Philipp als auch noch nach 1875 durch die neuen Gesetze befestigt worden. Von Interesse ist es, daß die französischen Schriftsteller und die französische Legislative immer wieder darauf zurückkamen, daß das Parlament hierbei als ein jury souverain et absolut anzusehen sei. Man cumulirte da zwei Begriffe, die in der französischen Auffassung der jury überhaupt so oft vermengt werden, daß dieselbe ein Gericht sei, aber, von allen Gesetzen vollkommen frei, eine arbiträre Gewalt ausüben soll, was gewiß der deutschen Auffassung des Schwurgerichts niemals entsprechen kann. Aber in Frankreich wird erklärt — und das hat bei der Wahl des bekannten Communarden Blanqui noch vor ungefähr zehn Jahre zu einer denkwürdigen Debatte geführt — die französische Kammer steht bei der Prüfung der Wahlen über dem Gesetze. Wenn z. B. das Gesetz sagt, ein Minderjähriger könne nicht gewählt werden, so kann das Parlament die Wahl eines Minderjährigen agnosciren. Und wenn das Gesetz Wahlunfähigkeiten (inéligibilités) feststellt, so sind diese absolut nicht bindend für den Ausspruch des Parlaments. Ist also Jemand beispielsweise wegen Verbrechens unfähig, so kann das Haus dennoch auf Grund seiner Autorität seine Wahl aufrechthalten. Es wurde geradezu gesagt, daß das im Zusammenhang sei mit dem allgemeinen Stimmrecht. Denn wenn in einem früheren Falle etwa aus Gründen, die das dermalige Parlament nicht als ausreichend ansieht, eine Wahl annullirt worden wäre, soll das Recht bestehen, dieselbe jetzt zu agnosciren; dadurch, daß das Parlament nach bestem Wissen und Gewissen erklärt, der Betreffende sei als richtig gewählt anzuerkennen, wird ein Attentat auf die Principien des allgemeinen Stimmrechtes beseitigt. Selbst im Uebrigen sehr besonnene Beurtheiler, wie Poudrat und Pierre, in ihrem die gesammte Action der Kammern umfassenden Werk sagen, man müsse hier eine Souveränität anerkennen „illimité et sans réserves“. In den meisten anderen Staaten, insbesondere auch in Deutschland und in Oesterreich, besteht, wie erwähnt, das Princip der Autonomie des Parlaments in Betreff der Wahlen, wenn auch freilich nicht in jener mißbräuchlichen Form, wie eben erwähnt. England und Frankreich stellen somit der Hauptsache nach die zwei Typen dar, welche bezüglich unserer Frage heutzutage überhaupt als praktisch geltend zu bezeichnen sind.

Ich komme damit zu der zweiten und leicht lösbaren Frage, ob man zu sagen berechtigt ist, die Wahlprüfung sei eine richterliche Funktion. Wohl die allgemeine Ueberzeugung geht dahin, diese Frage zu bejahen. Um was handelt es sich eigentlich bei der Prüfung der Wahlen? Es soll dafür gesorgt werden, daß die bestehenden Verfassungsgesetze und die durch dieselben eingeräumten öffentlichen Rechte unverletzt bleiben. Es soll also Niemandem ein Wahlrecht zuerkannt werden, der es nicht besitzt, Niemandem ein Wahlrecht aberkannt werden, dem es ex lege zukommt; es soll ferner der unbeirrte und freie Ausdruck des Willens der Wähler zu seiner Geltung kommen, ohne daß irgend eine Pression, komme sie, von welcher Seite immer ausgeübt, ohne daß durch Gewalt, durch Arglist und Betrug oder durch Bestechung, jener Wille gefälscht werde. Also Anwendung positiven Rechtes auf den gegebenen Thatbestand, Hintanhaltung jeder Verletzung dieses positiven Rechtes. Das aber ist eine richterliche Function, mit anderen Worten die richterliche Function. Alles, was außerhalb des Rahmens der stricten Anwendung der öffentlich rechtlichen Normen über Wahlen gelegen ist, alles das soll bei dem Acte der Wahlprüfung beseitigt sein.

Hieran knüpft sich nun aber gleich die weitere Frage, ob denn, wenn man die Wahlprüfung als richterliche Function anerkannt hat, damit auch schon die Consequenz gegeben ist, das nicht Parlamente, sondern Gerichtshöfe dieselbe vornehmen sollen. Wenn man z. B. in Frankreich die Wahlen ganz unabhängig vom bestehenden Gesetz sein lassen möchte, dann macht man aus der Wahlprüfung geradezu eine Art legislativer Function; man macht dann Gesetz von Fall zu Fall. Ueberläßt man hinwieder die Wahlprüfung der Executive, so wird sie zu einer Art administrativer Function. Letzteres war in der That nur möglich, so lange man sich überhaupt noch nicht zu der Ueberzeugung erhoben hatte, die ja heute eine allgemeine geworden ist, daß auch der Gestion, der Verwaltung dort, wo es sich um Verletzung positiven Rechtes handeln kann, eine Judicatur, die Verwaltungsgerichtsbarkeit, gegenübergestellt werden muß. Die richterliche Function steht also fest. Gehört sie nun schon deshalb nicht dem Parlament, sondern dem Gerichte an? Ich möchte hier gar nicht mehr erinnern an die in mancher Beziehung ja nicht mehr durchführbare alte Montesquieu'sche Lehre von der Theilung der Gewalten. Aber das Eine wird man vielleicht von vorn herein zuzugeben nicht abgeneigt sein, daß Parlamente sich zu richterlichen Functionen ihrer Zusammensetzung und dem Zwecke ihrer Thätigkeit nach nicht wohl eignen. Die große Aufgabe der Parlamente ist, zu erwägen, was im Gesammtinteresse das Zweckmäßige ist; was in gegebenen Fällen Rechtens ist, ist außer ihrer Sphäre. Dies tritt vielleicht am deutlichsten darin zu Tage, daß Parlamente kaum an einer Stelle in ihren Beschlüssen schwankender sind, als dort, wo es sich um die Einwirkung neuer Gesetze auf bestehende Rechte, auf iura quaesita handelt. Es ist dagegen wohl unzutreffend, wenn der zweite unserer sehr geehrten Herren Gutachter auch die Ertheilung der Decharge über Staatsrechnungen oder die Disciplinargewalt über die eigenen Mitglieder, zu welcher die Parlamente sich ja gewiß eignen, als richterliche Functionen ansieht. Denn die Dechargeertheilung in Betreff des Staatsbudgets gehört doch wohl in das Gebiet der Verwaltung und die Ausübung der Disciplinargewalt über die Mitglieder ist eine polizeiliche und gewiß nicht eine richterliche Function. Ganz andere Momente aber kommen bei der vorliegenden Frage in Betracht. Es ist eine Pflicht der Parlamentsmitglieder, ihre politischen Parteiüberzeugungen so viel wie irgend möglich zur Geltung zu bringen, und es ist außer Frage, daß dort, wo diese Parteiüberzeugungen bei der Wahlprüfung unterdrückt werden müssen, Collisionsfälle eintreten. In allen Civil- und Strafproceßordnungen sind zahlreiche Perhorrescensgründe für die Richter festgestellt, Fälle, wo irgend ein anderes als das Interesse, das Recht zur unbedingten Geltung zu bringen, einen Richter beirren könnte, sei dies nun ein verwandtschaftliches, ein vermögensrechtliches, kurz nur immer für eins, welches eine Gefahr der Parteilichkeit mit sich bringen könnte. In solchen Collissionsfällen befinden sich die Parlamentsmitglieder bei der Prüfung der Wahlen sehr häufig und unausbleiblich. Freilich, wenn man nur an sehr drastische Fälle von Wahlbestechungen und dergleichen denkt, dann wird das Rechtsgefühl stärker sein als alle Parteistandpunkte, wenigstens auf deutschem Boden. Aber es giebt ganze Reihen von Fällen subtiler Art, wo es sich um Auslegung, um Würdigung etwa der Bedeutung irgend einer indirecten moralischen Pression und dergleichen handelt. Gerade dort, wo die wichtigste Abwägung allein zu gerechten Lösungen führen kann, wird oft auch der redlichste Parteimann in eine schwierige Lage gerathen können, vielleicht seiner selbst nicht immer sicher sein. Ob da ein Ausschuß, der die jeweilige Mehrheit des Parlaments zum Ausdruck bringt, als der unbefangene, unparteiische Richter gelten kann, ob da nicht bedenkliche Entscheidungen leicht eintreten können, das ist eine sehr ernste Frage.

Ich möchte mich in Bezug auf die Erfahrungen, die in Deutschland in dieser Richtung gemacht sind, um so weniger aussprechen, als mein verehrter Herr Correferent das vielleicht als einen wesentlichen Theil seiner Ausführungen ansehen wird; auch glaube ich sagen zu können, daß man erheblichen Mißständen in Deutschland bisher wohl kaum begegnet ist. Weniger glücklich bin ich in Bezug auf Oesterreich. Und so schwer es mir wird, das an dieser Stelle, außerhalb meines engeren Vaterlandes zu äußern, so muß ich doch wenigstens einen oder zwei solcher Fälle anführen, weil sie ein Schlaglicht zu werfen geeignet sind auf den ganzen Stand der Frage. In Oesterreich ergab sich insbesondere ein Fall, der an sich und überdies auch wegen der Analogie mit ehemaligen englischen Vorkommnissen denkwürdig ist. Es war eine Wahl in der Curie des oberösterreichischen Großgrundbesitzes erfolgt, bei welcher die deutschliberale Partei den Sieg davontrug. Bei der Prüfung ward das Bedenken vorgeworfen, ob in dem Wahlkörper auch solche, welche überwiegend Hausbesitzer sind und bei welchen der Grundbesitz eine untergeordnete Rolle spielt, für wahlberechtigt gelten können, da ja hier besonderes die landwirthschaftlichen Interessen ihre Vertretung finden sollen. Die Wahl wurde von diesem Gesichtspunkte aus annullirt und eine zweite Wahl vorgenommen. Um das Resultat der Wahl nunmehr anders zu gestalten, ließ eine Anzahl wahlberechtigter Großgrundbesitzer Stücke von ihrem Besitz abtrennen und unmittelbar vor der Wahl zu eigenen Gutskörpern gestalten. Das mußte so eilig geschehen, daß es in der Landtafel nicht einmal durchgeführt werden konnte, in welcher vielmehr die alten Eigenthümer verblieben. Dessen ungeachtet wählten die so geschaffenen neuen Wähler in der Curie mit und dadurch wurde die Wahl im Sinne der herrschenden Majorität vollzogen. Nun erfolgten Proteste; es wurde wegen Verletzung der politischen Rechte der Wähler das Reichsgericht angerufen, während die Majorität des Abgeordnetenhauses die Wahl agnoscirte. Das Urtheil des Reichsgerichts erfolgte dahin, es habe eine Rechtsverletzung stattgefunden, was also der Cassirung der Wahl gleichkam. Damit war ein Conflict gegeben, ganz ähnlich wie wir ihm in England begegneten zwischen Reichsgericht und Parlament. Denn das Reichsgericht vindicirte sich, ganz wie das englische Oberhaus, die Competenz über die Rechte der Wähler zu entscheiden, während der Reichsrath nur über die Rechte der Gewählten zu erkennen haben solle; dieses letztere Verdict könne nicht dem reichsgerichtlichen präjudiciren. Das praktische Ergebniß war, daß die so stigmatisirten Wahlen aufrechtblieben, der richterliche Spruch niemals vollzogen worden ist. Als einen weiteren Fall will ich anführen, daß namentlich in Dalmatien außerordentlich eclatante Pressionen bei den Wahlen vorgekommen sind, und daß demgegenüber im österreichischen Parlament das Bestreben besteht, die Wahlprüfung bis ins Unabsehbare hinauszuschieben. Es liegt heute so, daß während einer mehr als dreijährigen Parlamentssession eine Anzahl von Wahlen noch nicht geprüft ist. In einem einzelnen Falle, da es endlich zur Prüfung kommen mußte, hat der Gewählte unmittelbar vor der Verhandlung im Parlament sein Mandat zurückgelegt. Es besteht geradezu die Möglichkeit, daß einzelne Beschlüsse des Parlaments im Laufe der Zeit durch eine Majorität solcher Abgeordneter zu Stande gekommen seien, deren Wahl seinerzeit vielleicht annullirt werden müßte.

Man erhebt nun eine Reihe von Einwendungen gegen jeden Versuch, die Autonomie oder auch die Souveränität des Parlaments in dieser Richtung zu beschränken. Ich für meinen Theil meine, die moralische Autorität, wenn man will, die Souveränität könne ihren Sitz nur in einem correct constituirten, in einem solchen Parlament haben, bei welchem die Wahlprüfung auf eine vollkommen gesetzmäßige Weise vollzogen worden ist. Man sagt weiter, das Recht in Wahlsachen sei erst in der Entwickelung begriffen, in Folge dessen ein Gerichtshof nicht geeignet, dieses Recht erst zu schaffen. Dieser Einwand ist thatsächlich nicht begründet. Die Hauptgrundsätze des Rechtes, welches bei der Wahlprüfung zur Anwendung kommt, stehen vollkommen fest, die Anwendung im Einzelnen ist ebenso richterliche Function, wie die Anwendung der allgemeinen Rechtsgrundsätze seitens der Gerichtshöfe auf den einzelnen Fall.

Man sagt weiter, es kommen politische Erwägungen immer mit in Betracht bei den Wahlprüfungen. Gerade darin liegt meines Erachtens die große Gefahr. Es soll eben diejenige Organisation angestrebt werden, welche die Geltendmachung anderer als dem Rechte angehörender Erwähnungen ausschließt. Die Unmöglichkeit, dies auf dem parlamentarischen Wege zu erreichen, hat ja eben das englische Unterhaus veranlaßt, zu Gunsten der Gerichtshöfe zu abdiciren. Ich glaube also auch, die moralische Autorität von Vertretungskörpern ihre Stellung ins öffentliche Leben könne durch nichts mehr gehoben werden, als dadurch, daß sie jede Gefahr des Mißbrauchs von Rechten, geschweige denn den wirklichen Mißbrauch von Rechten selbst auf das Gewissenhafteste hintanzuhalten suchen.

Die Momente, die ich mir gestattet habe hervorzuheben, dürften vielleicht den Antrag rechtfertigen, den ich mir nun erlaube, im Wesentlichen anschließend an die Formulirung der Frage, wie sie vor uns liegt, dahin zu stellen, der Juristentag möge den Beschluß fassen:

> Die Prüfung angefochtener Wahlen für gesetzgebende Körperschaften ist als eine richterliche Thätigkeit anzuerkennen. Die sicherste Bürgschaft für deren entsprechenden Vollzug wäre in der Rechtsprechung eines Wahlprüfungsgerichtshofes gelegen.

Aus den Ihnen dargelegten Gesichtspunkten ist in dem ersten Satze von angefochtenen Wahlen gesprochen. Bei gesetzwidrigen, aber nicht angefochtenen Wahlen liegt kein maßgebender Grund vor, die Entscheidung des Parlaments auszuschließen, zumal es sich da um Fälle handelt, die sehr drastischer Natur sind. Den Gerichtshof als einen „unabhängigen" ausdrücklich zu bezeichnen, schien nicht nothwendig, weil wir dies in Deutschland und Oesterreich als selbstredend ansehen dürfen. Dieser unser gemeinschaftlicher Antrag ist etwas weniger bestimmt gefaßt als die Fragestellung ist. Dem Juristentag kann ja aber nur darum zu thun sein, auszusprechen, was er nach seiner wissenschaftlichen Ueberzeugung als das Richtige ansieht. Insoweit Opportunitäts- und politische Fragen in Betracht kommen, welche die Einrichtung etwa erst als eine Aufgabe der Zukunft erscheinen lassen mögen, liegt das außerhalb des Rahmens der Action des Juristentages. In diesem Sinne erlaube ich mir die Annahme der Anträge zu empfehlen.

Correferent Amtsrichter **Francke** (Berlin): M. H.! Der Herr Vorredner, welcher unsere Frage zuerst im deutsch-österreichischen Rechtsgebiet angeregt hat, hat in ausführlicher Weise die Geschichte dargelegt, welche die Entwickelung der Wahlprüfungen in den verschiedenen Ländern genommen hat. Ich will auf diesen Punkt nicht zurückkommen, sondern möchte mich an die specielle Frage hier halten.

Der Herr Referent hatte bereits ausgeführt, daß wohl nur die Prüfung angefochtener Wahlen als eine richterliche Thätigkeit anzuerkennen sei. Im parlamentarischen Leben unterscheidet man zwischen der Thätigkeit der Abtheilungen und derjenigen der Wahlprüfungscommission. Die Feststellung des Wahlresultats, wie sie der Wahlcommissar vornimmt, ist bekanntlich nur eine vorläufige, keine endgültige. Die endgültige Feststellung des Wahlresultats und die Erklärung der Gültigkeit der Wahl geschieht bekanntlich erst durch das Parlament. Deshalb ist es nach Neuwahlen im Parlament die erste Thätigkeit, daß die gesammten Wahlacten aus dem ganzen Lande an die einzelnen Abtheilungen vertheilt werden.

Der Entscheid der Abtheilungen lautet entweder dahin: die Wahl ist gültig, es sind auch keine Fehler vorgekommen, oder: die Wahl ist gültig, es sind aber Fehler geschehen, die zwar die Gültigkeit der Wahl nicht aufheben, die aber werth sind, der Regierung zur Abhülfe mitgetheilt zu werden; oder: es sind Fehler geschehen, welche die Gültigkeit der Wahl zweifelhaft erscheinen lassen. Wenn der Abtheilung ein Protest vorliegt, muß auch untersucht werden: ficht dieser Protest die Gültigkeit der Wahl an oder bezieht er sich auf einzelne nicht entscheidende Fehler. Nur die sog. contestirten Wahlen gehen dann an die Wahlprüfungscommmission zur Prüfung der nunmehr bestrittenen Gültigkeit. Sie werden mir zugeben, daß die ganze Thätigkeit der Abtheilungen, wo nur Bestrittenes von Unbestrittenem gesondert wird und eine Superrevision sämmtlicher Wahlen stattfindet, nicht als richterliche Thätigkeit angesehen werden kann.

Nun würde ich persönlich Werth darauf legen, diese Controle unserer gesammten Wahlen, die in dieser Weise die Abtheilungen ausübten, zu behalten. Auch in England ist, wie bereits ausgeführt wurde, diese Controle dem Parlament geblieben, wenn auch die Engländer selbst keinen sehr großen Werth darauf legen, weil das Parlament dort eine solche Macht hat, daß es sich dieser Controle begeben kann, die in anderen Ländern nothwendig ist.

Die Prüfung angefochtener Wahlen ist dagegen eine richterliche Thätigkeit. Selbst Mirabeau, der 1789 die Wahlprüfungsfrage anregte, hat ausdrücklich anerkannt: das Verfahren zur Entscheidung streitiger Wahlen ist eigentlich ein Proceß und die Entscheidung, die gefällt wird, ist ein Urtheil. Er wollte diese Processe aber an die Gerichte nicht gehen lassen aus einem ganz besonderen Grunde. Es existirten damals bekanntlich noch die 3 Stände in Frankreich, die ganz getrennt beriethen, als sie 1789 einberufen wurden. Nun hatte Mirabeau die Absicht, gerade die Wahlprüfungen zum Hebel zu machen, um diese 3 Stände zu einer einheitlichen Nationalversammlung zusammen zu schweißen. Deshalb stellte er den Satz auf: es kann kein Stand für sich allein seine Wahlen prüfen, sondern jeder andere Stand ist auch dabei interessirt, daß ein Stand für sich allein eine Wahl, die ungültig ist, für gültig erklärt. Deshalb müssen die 3 Körperschaften, Adel, Geistliche und der dritte Stand, gemeinsam die Wahlen prüfen. Es gab nun einen langen parlamentarischen Kampf, schließlich setzte er aber seinen Willen durch, fast die ganze Geistlichkeit und ein großer Theil des Adels ging zum dritten Stande über. Nun wurden die Wahlen, wie er wollte, geprüft, und nun proclamirte sich an der Stelle der früheren Stände die Nationalversammlung als Vertretung des ganzen französischen Volkes.

Es hatte Mirabeau damals aber dagegen zu kämpfen, die Wahlen den Richtern zu überweisen. Mit einigen großartigen Sätzen ging er über diese Schwierigkeit hinweg, indem er sagte: wir sind die Inhaber der ganzen nationalen Gewalt, dazu gehört auch das Recht, das Mandat unserer Collegen zu prüfen, wir dürfen von dieser uns übertragenen Gewalt nichts delegiren, wir können an außenstehende Personen davon nichts abgeben, jede solche Delegation ist unzulässig." M. H.! Sie sehen, daß das etwas phrasenhaft ist.

Die beliebig absetzbaren Richter waren freilich damals nicht sonderlich. Bedenken Sie, was sie in jener französischen Schreckenszeit verübt haben. Ich will von Frankreich noch anführen, daß sich auch dort in neuester Zeit der Gedanke Bahn bricht, die Wahlprüfungsthätigkeit als eine richterliche anzuerkennen und sie auch den Gerichten nach englischem Beispiel zu übertragen. Es sind, wie der Herr Referent angeführt hat, in der französischen Kammer freilich öfter Aeußerungen gefallen, die Kammer sei bei der Entscheidung der Wahlprüfungen durchaus nicht an die Gesetze gebunden, sondern vollständig souverän, es hat sich aber in Frankreich dagegen auch eine starke Opposition geltend gemacht. Wissenschaftlich wird ein solcher Satz auch dort als Phrase betrachtet. In neuerer Zeit hat sich auch in Frankreich eine Bewegung dahin geltend gemacht, die streitigen Wahlprüfungen den Richtern zu übertragen. Die Academie für politische und Moral-Wissenschaften hat einen Preis ausgeschrieben über die sog. Theilung der Gewalten, die im französischen Rechte eine viel größere Rolle spielt, als bei uns, und das preisgekrönte Werk, welches von der Academie sehr gerühmt wird, stellt den Grundsatz auf: in Frankreich ist es eine der nothwendigsten Maßregeln, um den Mißbräuchen bei den Wahlprüfungen entgegenzutreten, daß dort die Wahlprüfung an ein Richtercollegium übergeht, ebenso wie in England.

Nun, m. H., ist aber damit, daß wir anerkennen: es ist die Wahlprüfung eine richterliche Thätigkeit, noch nicht gesagt, daß sie an die Gerichte gehen müsse. Auch die Gutachten, die uns vorliegen, sagen: dieser Schluß ist nicht ohne Weiteres gerechtfertigt. Sie wissen, daß, wenn auch an und für sich das Parlament zur Gesetzgebung mitberufen ist, trotzdem die Administrativbehörden gewisse Arten von Gesetzen allein geben, z. B. die Polizeiverordnungen, welche, obwohl mit Ausschluß der Parlamente von Administrativbehörden gegeben, ebenso rechtskräftig sind, wie Gesetze im engeren Sinne. Hier also begiebt sich jener legislative Factor des Gesetzgebungsrechts zu Gunsten der Verwaltung. Es ist also — das ist in neuerer Zeit auch anerkannt — durchaus undurchführbar, die Theilung der Gewalten so principiell zu behandeln, daß jedem der 3 Faktoren genau das zugewiesen wird, was ihm eigentlich nach dem Wortlaute als legislatorische, richterliche, administrative Thätigkeit zufallen würde. Deshalb geben auch die Herren Gutachter zu, daß hier deshalb, weil eine richterliche Thätigkeit vorliegt, nicht ohne Weiteres eine Ueberweisung an ein Gericht nothwendig ist. Wenn also in unserer Fragestellung gesagt ist, „die Wahlprüfung sei deshalb der Rechtsprechung eines Gerichtshofes zu überweisen", weil sie eine richterliche Thätigkeit ist, so würde mir persönlich dieser Schluß nicht gerechtfertigt erscheinen.

Die Frage, ob die Parlamente ihre richterliche Thätigkeit in Wahlsachen behalten sollen, ist eine wesentlich practische und nach Zweckmäßigkeitsgründen zu entscheidende, und da muß man sich die Frage vorlegen: ist es zweckmäßig, dafür eine andere Körperschaft, ein Gericht einzusetzen, anstatt der Parlamente?

Dabei muß ich auf einzelne Uebelstände eingehen, die sich practisch bei Wahlprüfungen geltend gemacht haben. Ich bin selbst lange Jahre Mitglied der Wahlprüfungscommissionen im Deutschen Reichstage und im preußischen Abgeordnetenhause gewesen. Ein Hauptmangel, der viel erörtert wird, ist bekanntlich die Verzögerung der Prüfungen. Es erregt immer von Neuem peinliches Erstaunen, wenn am Ende der dreijährigen Periode, am letzten Tage noch Wahlprüfungen vorkommen und event. diese Wahlen noch cassirt werden, und demnächst der Herr Präsident noch erklärt: außerdem sind noch einzelne Wahlprüfungen rückständig, die noch nicht einmal in der Commission zum Vortrag gebracht worden sind in diesen 3 Jahren. Dann sagt man sich: es hat doch die Wahlprüfung eigentlich keinen Sinn, wenn vielleicht gerade die am schwierigsten liegenden Wahlprüfungen nicht zur Entscheidung kommen.

Nun gestatten Sie mir aber Ihnen kurz mitzutheilen, woran dies liegt, dann werden Sie einsehen, daß dieser Mangel parlamentarisch ganz außerordentlich schwer zu beseitigen ist. Denken Sie: der Reichstag träte am 15. November zusammen, die ganze Zeit die von den Wahlen bis zu diesem Zusammentritt verflossen, ist für die Wahlprüfungen verloren. Jetzt dauert es einige Tage, bis die Constituirung erfolgt, dann treten die Abtheilungen zusammen, prüfen die Wahlen — dann wird erst die Wahlprüfungscommission gebildet; diese muß sich erst constituiren und so geht die Zeit oft hin bis zum 15. Dezember, ohne daß eine Wahlprüfung practisch in Angriff genommen worden ist. Darauf treten 3 Wochen Ferien ein, bis zum 9. Januar. Eigentlich kann nur gearbeitet werden in dem Vierteljahr bis Ostern, — um Ostern sind wieder 3 Wochen Ferien, — bald nach Ostern oder doch gegen Pfingsten wird das Parlament geschlossen.

Auch darf die Commission nicht arbeiten während der Plenarsitzungen, sie muß sich die Stunden dazu nehmen, Morgens oder Abends, wo die Zeit aber immerhin etwas beschränkt ist! Weiter: viele Mitglieder der Wahlprüfungscommission sind gleichzeitig Mitglieder auch anderer Commissionen, sie wollen auch den Fractionssitzungen beiwohnen, und es ist sehr schwer die Sitzungen der Prüfungscommission so anzuberaumen, daß es Allen paßt und die beschlußfähige Anzahl Personen zusammen ist.

Nun sind in der Wahlprüfungscommission auch die größten Gegensätze vertreten — nehmen wir an: Liebknecht und Vollmar auf der einen und v. Köller und v. Puttkamer auf der anderen Seite. — Sie werden einsehen, daß es außerordentlich schwierig ist, daß solche heterogene Elemente sich über die einzelnen Fragen verständigen. Außerdem sind viele Herren sehr beredt, so daß die Discussion sehr lange dauert. Ueberdies sind Wahlsachen meist sogenannte Punktensachen; es werden darin oft 10, 20, 30 Beschwerdepunkte aufgeführt, die alle einzeln durchberathen werden sollen und so bringt man in der einzelnen Sitzung nicht viel vor sich.

Ist die Wahlprüfung nun endlich im Bericht fertig, so dauert es wieder geraume Zeit, ehe das Plenum den Bericht auf die Tagesordnung setzt. Dann geht die Sache, wenn Beweisbeschluß gefaßt ist — und zum Beweise gestellt werden müssen die meisten Punkte — folgendermaßen weiter! Der Präsident giebt sie an den Fürsten Reichskanzler, der Fürst-Reichskanzler giebt die Sache weiter an die oberste Landesbehörde, diese an die mittlere Landesbehörde, diese endlich an den Richter, der die Verhöre anstellen soll. Dann geht die Sache auf demselben langen Wege zurück,

— ein anderer Weg ist nicht zulässig, weil das Parlament mit den Behörden direct nicht correspondiren darf. Es liegt danach auf der Hand, daß eine Sache, die zum Beweise gestellt ist, nicht in derselben Session an das Parlament zurückkommt. Nun kommt die kurze Zeit nach Ostern heran! Da kann nicht mehr viel in Wahlsachen gearbeitet werden, weil dann die großen gesetzgeberischen Arbeiten drängen, die zum Abschluß kommen müssen. Sodann tritt Vertagung ein. Bis November kann wieder nicht gearbeitet werden — also 7 Monate lang kann dieser Gerichtshof — wenn Sie ihn so nennen wollen — gar nicht functioniren. Beim Wiederzusammentreten tritt ferner folgendes Unglück ein: Wenn die Parlamente sich zur neuen Session versammeln, so sind nach den parlamentarischen Gesetzen alle Berichte und Anträge aus der vorigen Session, auch in Wahlsachen, als erledigt zu betrachten — es werden neue Commissionen gebildet, neue Referenten gewählt, die Referenten müssen sich erst wieder einarbeiten und so geht es ins zweite Jahr hinein. Es finden neue Berathungen und neue Beweisbeschlüsse über die alten Sachen statt. Daraus ist also zu ersehen, daß diese Mängel mit der parlamentarischen Berathungsart zusammenhängen und nicht gut zu beseitigen sind. In den 7 Monaten, wo das Parlament nicht tagt, kann die Commission auch nicht arbeiten! Erstlich fehlt das Plenum für die Entscheidungen, und andererseits können die Mitglieder der Wahlprüfungscommission, die doch theilweise von auswärts sind, auch gar nicht zusammengehalten werden während dieser ganzen Zeit. Daraus erklären sich diese Verzögerungen bis ins dritte Jahr, so daß manche Sachen gar nicht zur Erledigung kommen.

Es giebt noch eine Reihe anderer Mängel. Es lassen sich schwer feste Principien bilden. Jedes Richtercollegium muß doch bis zu einem gewissen Grade feste Regeln haben, nach denen es urtheilt. Das ist hier außerordentlich erschwert und zwar aus folgendem Grunde: heute ist eine Majorität da, diese setzt ihre Beschlüsse durch und jetzt ist ein Präjudiz vorhanden. Nach 3 Jahren wird die Minorität, die früher überstimmt ist, ihrerseits Majorität. Die sagt nun: was geht mich das Präjudiz an und wirft es um, — nach 3 Jahren wechselt die Mehrheit wieder und so fort. Dadurch ist es so außerordentlich erschwert, feste Grundsätze in Wahlprüfungssachen aufzustellen, weil immer nur Beschlüsse der *jeweiligen* Majorität vorliegen. Dann ist es auch mit den Gründen sehr eigen bestellt. Denken Sie sich Sachen von 20 Punkten; kein einziger Punkt hätte, wenn über jeden einzelnen Punkt oder die Gründe dafür abgestimmt würde, die Majorität. Nun bejahen 50 Mitglieder den einen und je weitere 50 den 2., den 3., den 4. Punkt. Dann kommt eine

Majorität heraus, die aus ganz verschiedenen Gründen die Wahl cassirt, welche bei richtigen Abstimmungsgrundsätzen nie cassirt werden könnte.

Auch das Verfahren ist eigenthümlich! Es werden nämlich die Proteste aufgefaßt als Denunciationen; in Folge dessen wird der, dessen Wahl angegriffen wird, nicht gehört; es ist Zufall, wenn er überhaupt erfährt, daß ein Protest vorliegt. Gelegentlich sind die Mitglieder der Wahlprüfungscommission für nicht berechtigt erachtet, ihm den Protest mitzutheilen. Das hat man jetzt aufhören lassen; aber es ist doch immer ein eigenthümlicher Proceß, von dem der Angefochtene officiell nichts weiß, sondern nur untersucht wird auf diejenigen Behauptungen hin, die in der Denunciation aufgestellt sind. Solche Untersuchung führt gelegentlich zu wenig objectiven Resultaten.

Von Zeit zu Zeit geht ein Gegenprotest ein — aber da ist wieder die Controverse, wie weit Gegenproteste und darin enthaltene nova zu berücksichtigen sind.

Nun komme ich aber auf einen Punkt, den der Herr Vorredner auch gestreift hat, nämlich: sind die Entscheidungen der Parlamente parteiisch? Ja, m. H., das läßt sich nicht bestreiten, daß in anderen Ländern Parteilichkeiten vorgekommen sind von einer sehr groben Art. Ein Sprecher des englischen Unterhauses hat einmal geäußert: „Die Entscheidungen der Wahlprüfungen erfolgen bei uns nicht nach Lage der Sache, sondern sie erfolgen nach der politischen Freundschaft oder Feindschaft zu dem betreffenden Abgeordneten, dessen Wahl angegriffen ist, und die Leiter der einzelnen Parteien verhöhnen diejenigen Leute, welche juristische Scrupel über diese Art zu urtheilen vorbringen." Er fährt fort: „Wenn in anderen Gerichtshöfen derartige Dinge vorkämen, so würden wir binnen Monatsfrist Abhülfe schaffen, aber wir erlauben uns, über derartige Dinge uns hinweg zu setzen und der einzelne Schuldige verbirgt sich unter den 3—400 Mitschuldigen, die er hat." Sie können hieraus beurtheilen, wie die Engländer selbst über ihre früheren Wahlprüfungen gedacht haben, wenn ein Sprecher des Unterhauses Derartiges erklärt hat. Die Zustände waren dort so corrupt, daß die Sitze förmlich an der Börse versteigert wurden, bis in den Anfang dieses Jahrhunderts. Ist es doch vorgekommen, daß ein Engländer zu seinen Wählern sagte: „Ich habe Euch gekauft, goddam, ich werde Euch wieder verkaufen."

Was Frankreich betrifft, so hat man auch dort gelegentlich sich in Wahlprüfungen ganz eigenthümliche Dinge zu Schulden kommen lassen. Ich will Sie nur daran erinnern, daß in der Zeit Napoleons III. doch eine große Majorität alle Anfechtungen von Wahlen, welche die kleine

Minorität wegen officieller Wahlbeeinflussung machte, einfach niederstimmte. Aber das Aergste, was in Frankreich vorgekommen ist, ist Folgendes. Das Directorium, welches vor Napoleon die Leitung hatte, mußte einmal Ersatzwahlen veranstalten, und diese Ersatzwahlen fielen ungünstig für dasselbe aus. Nun wurde der schöne Satz aufgestellt: die Gültigkeit der Wahlen ist nicht bloß zu beurtheilen nach dem Wahlmechanismus, sondern auch nach dem Geiste, der aus ihnen spricht, und da der Geist, der sich in diesen Wahlen ausspricht, ein entschieden verderblicher ist für das Land, so sind diese 150 Wahlen an einem und demselben Tage kassirt. Daraus können Sie also sehen, daß in der parlamentarischen Justiz auch sogenannte Justizmorde vorgekommen sind, so daß der Ausdruck „parlamentarische Guillotine" gegenüber der blutigen Guillotine unter Umständen nicht ganz unberechtigt sein mag.

Wenn ich auf Deutschland zurückgehe, m. H., so muß ich sagen, daß vielleicht in keinem Lande der Erde — in Amerika sind ja auch große Uebelstände, in Italien wird bitter geklagt, die Klagen aus Oesterreich haben Sie gehört — die Sache so wenig mangelhaft ist, wie hier. Es sind — und das hat der Herr Referent schon bestätigt — ganz grobe Verstöße darin, daß Dinge, die absolut unhaltbar sind, nun trotzdem von einer Majorität aufrecht erhalten wurden, nicht vorgekommen. Aber, wie der Herr Referent bereits gesagt hat, es kann wohl sein, daß unter Umständen der Fractionsgeist bei zweifelhaften Fragen ein zu entscheidendes Wort in die Wagschale gelegt hat. Ich erlaube mir ein kurzes Beispiel zu erzählen, wie der Fractionsgeist wirkt, wenn auch selbstverständlich nicht aus der parlamentarischen Sphäre. Bei der Wahlmännerwahl passirte gelegentlich Folgendes, wie mir Männer, welche Wahlen geleitet haben als Wahlcommissare, selbst gesagt haben. Wenn die Wahlcommissare den Wahlmann, dessen Wahl streitig ist, oder dessen Wahlort angeben, dann riskiren sie, daß dessen sämmtliche politischen Freunde für die Gültigkeit und dessen sämmtliche politischen Gegner für Ungültigkeit stimmen. Deshalb verschweigen dieselben den Namen des Wahlmannes und auch den Ort, und erst dadurch kommen einigermaßen objective Urtheile heraus. Sie sehen daraus, daß, wenn Leute zu politischen Zwecken versammelt sind, ihre richterliche Objectivität in solchen Sachen eine eigenthümliche ist. Daß unsere Parlamente absolut frei von Mängeln in dieser Beziehung gewesen wären, das können wir nicht behaupten, wenn wir uns auch das Zeugniß geben können, daß wir diejenigen gewesen sind, welche bei weitem am wenigsten sich in dieser Hinsicht vorzuwerfen haben.

Sie sehen aber daraus, m. H., daß die Mängel, welche ich Ihnen geschildert habe, im Wesentlichen mit dem Parlamentarismus eng verknüpft sind, sie sind nicht leicht auszurotten. Die Engländer haben in dieser Hinsicht die merkwürdigsten Formen angewendet, den Parteien ein Recusationsrecht der Richter gegeben, die Wahlprüfungsrichter vom Sprecher ernennen lassen, sie haben ferner die Commission allein entscheiden lassen, dann wieder das Haus entscheiden lassen, sie haben alles Mögliche versucht, und Alles ist nicht gelungen. Die Art der Wahlprüfung war und blieb in England ein öffentlicher Scandal, und das Parlament wurde durch die öffentliche Meinung gezwungen, nicht bloß mit schönen Redensarten vorzugehen, sondern durch die That Ernst zu machen, und hat sich 1868 bekanntlich entschlossen, die Entscheidung zuerst einem und dann zweien Richtern zu übertragen. Ich habe die Urtheile, die von diesen Richtern ergangen sind, durchgelesen und muß gestehen, es sind wirklich ganz objective Urtheile von großem juristischen Werth. Eine Reihe dieser Urtheile über Wahlprüfungen ist gerade mit dem außerordentlich praktischen Sinne gefällt, der die Engländer in der Rechtsprechung auszeichnet. Die Engländer haben freilich eine Reihe von sehr strengen Wahlgesetzen dazu gegeben. Das Geheimniß der Wahl ist dort in einer Weise gewahrt, wie wir es nicht kennen. Es ist ferner eine Reihe ganz drakonischer Strafen vorgesehen, welche diejenigen treffen, die sich Wahlbeeinflussungen zu Schulden kommen lassen. Dadurch ist es erreicht, daß nun die Engländer selbst sagen, die letzten Wahlen von 1886 sind die ersten reinen Wahlen, die in England vorgekommen sind. Die Richter haben allerdings sehr scharf geurtheilt. Während bei uns z. B. im Reichstage in der letzten Periode eine Wahl kassirt worden ist, haben sie in einer früheren Periode 24 Wahlen unter 68 protestirten kassirt und dabei sind noch eine ganze Reihe Proteste nachträglich zurückgezogen worden. Diese Maßregeln haben dazu geführt, daß die Engländer jetzt aus dem corrupten Zustand, in dem sie anderthalb Jahrhundert gewesen sind, herausgekommen sind. Ich glaube auch, alle die Experimente, die wahrscheinlich unsere Parlamente noch machen werden, um diesen Mängeln abzuhelfen, werden erfolglos bleiben. Es wird, wie in England sich herausgestellt hat, nichts anderes übrig bleiben, als die Wahlprüfungen einem Gerichtshofe zu übergeben.

Die Haupt- und schwierigste Frage wird sein, wo findet man einen solchen Gerichtshof. Darüber werden große Controversen entstehen. Die englischen Richter haben sich zunächst geweigert, diese Function zu übernehmen, und es hat große Mühe gekostet, bis sie sich zu dieser Function herbeiließen. Wenn wir als Juristen auch anerkennen, daß jeder Gerichtshof unabhängig ist, so wird es doch schwierig sein, dem Parlament die Ueberzeugung beizubringen, daß der gewählte Gerichtshof auch für Zeiten längerer Conflictsperioden (solche haben wir jetzt nicht, aber wir können hineinkommen) die genügende Sicherheit bietet.

Ich will auf diesen Punkt hier nicht näher eingehen, und kann mich zum Schluß nur dahin resümiren: wenn man wirklich das Interesse hat, daß die Wahlen rein vollzogen werden — und dieses Interesse müssen die Parlamente, die auf den Wahlen beruhen, vor allen haben, — dann glaube ich, ist das einzige Mittel, was zum Schluß übrig bleiben wird, diese Wahlprüfung einem Richtercollegium, das nur aus drei Personen und drei Ersatzmännern zu bestehen braucht, zu überweisen. Dies wird auch dem Parlament von großem Nutzen sein, wie andere Selbstbeschränkungen seiner Rechte die es sich auferlegt hat, z. B. bezüglich der Initiative in Finanzsachen. Es hat die Verwaltung außerordentlich dadurch gewonnen, daß nicht mehr die frühere Entscheidung, z. B. der Landräthe und Regierungen ohne Motive gegeben werden, sondern daß jetzt in der Verwaltungsgerichtsbarkeit motivirte Entscheidungen in richterlicher Form erfolgen, und ich glaube, das Parlament wird ebenso dadurch gewinnen, daß die Entscheidungen über die Wahlprüfungen in richterlicher Form gegeben werden, wenn auch dem Parlament das Recht reservirt werden muß, Mißstände seinerseits der Regierung zur Kenntniß zu bringen.

Ich kann Sie danach nur ersuchen, den Antrag, den der Herr Referent in Uebereinstimmung mit mir gestellt hat, anzunehmen. (Bravo!)

**Vorsitzender:** Es liegt also der Antrag des Herrn Referenten vor, mit dem der Herr Correferent sich einverstanden erklärt hat:

Die Abtheilung wolle beschließen:

> Die Prüfung angefochtener Wahlen für gesetzgebende Körperschaften ist als eine richterliche Thätigkeit anzuerkennen. Die sicherste Bürgschaft für deren entsprechenden Vollzug wäre in der Rechtsprechung eines Wahlprüfungsgerichtshofes gelegen.

Ich bitte, sich zum Worte zu melden.

Oberlandesgerichtsrath **Joesten** (Posen): Soviel ich verstanden habe, soll nur eine Hauptfrage gestellt werden. Ich möchte mir die Bitte gestatten, daß dieselbe in zwei Theile zerlegt wird, denn die Bejahung des ersten Theiles hat nicht nothwendig die Bejahung des zweiten Theiles zur Folge.

Einer weiteren Begründung meines Antrages wird es nicht bedürfen.

**Vorsitzender:** Ich werde diesen Wunsch bei der Fragestellung berücksichtigen.

Rechtsanwalt Dr. **Beckh** (Nürnberg): Meine geehrten Herren! Es thut mir leid, daß ich in diesem Falle nicht auf der Seite meines verehrten Freundes Jaques stehen kann. Meine Anschauung geht nicht dahin, daß wir die Frage, so wie sie gestellt ist, insonderheit im zweiten Theile — das will ich hervorheben — bejahen sollen, und wenn die Frage im zweiten Theile nicht bejaht ist, dann ist die Bejahung im ersten Theile eigentlich etwas Ueberflüssiges.

Es ist von dem letzten Herrn Redner, dem zweiten Referenten, der Ausdruck gebraucht worden — und den will ich insbesondere hier an die Spitze stellen —: es ist die Frage, ob ein Bedürfniß für die Anregung dieser Frage in Deutschland gegeben ist, und der Herr Referent selbst hat gemeint — es ging das wohl aus seiner Rede hervor —, daß ein solches Bedürfniß eigentlich bei uns nicht gegeben sei. Und, m. H., dieser Anschauung bin ich auch und bin ich gewesen von dem Momente an, wo diese Frage auf die Tagesordnung des Juristentages gesetzt worden ist. Es ist eine bedenkliche Sache, m. H., wenn der Juristentag in eine solche politisch-rechtliche Frage eingreift und ich glaube, wir erwerben uns dadurch nicht besonders viel Freunde im öffentlichen Leben, wir erwerben uns insbesondere nicht solche Freunde und machen sie uns zu Freunden, behalten sie uns zu Freunden, die sonst an den Bestrebungen des Juristentages eifrig Antheil genommen haben. Uebrigens liegt für mich die Frage nicht so wie sie aus dem Referate meines verehrten Freundes Jaques hervorgegangen ist, indem man sagt: es ist die Lage bei den Parlamenten so, daß die herrschende Majorität entscheidet. Ja, m. H., wenn wir in England wären, wo in der That eine Parlamentsherrschaft existirt, dann läge die Sache anders. Da ist es in der That eine herrschende Parlamentsmajorität, die darüber entscheidet bezüglich der Cognition und Ratihabition der Wahlen. Aber bei uns, m. H., und auch in Oesterreich, ist doch die Sache anders gelagert und man kann nicht sagen, es ist die Parlamentsmajorität, welche einen eigentlichen Druck ausübt und welche entscheidet, sondern es ist die Regierungsgewalt, und das ist für mich ja gerade das Maßgebende, daß ich sage: wir müssen uns sehr bedenken, ob wir uns aussprechen — und das liegt doch immerhin in dem Satze, dessen Bejahung beantragt ist — ob wir uns, sage ich, dahin aussprechen, daß das Parlament eine Minderung seiner Befugniß zu Gunsten der Regierung erleiden soll. Denn, m. H., das habe ich noch nicht gehört und das liegt auch nicht in den Sätzen, die wir gehört haben, daß ein Parlamentsgericht, das vom Parlament ernannt wird, eingesetzt werden soll, sondern es soll die Frage der Wahlprüfungen, doch immer einem von der Regierung ernannten Gerichtshof unterbreitet werden. Das ist wenigstens die Meinung, wie ich sie aus den heutigen Referaten und aus den Gutachten entnommen habe. Nun, m. H., auch in dieser Beziehung will ich Bezug nehmen auf die letzten Worte des zweiten Herrn Referenten, wo er darauf hinweist, daß in langen politischen Conflictsperioden die Sache einen bedeutenden Haken haben möchte. Wir haben ja schon Aehnliches gehabt und, m. H., es ist schon eingewirkt worden. Und wenn wir auf frühere, weiter hinter uns liegenden Jahrzehnte zurückgehen, dann werden auch die Herren Richter, die hier anwesend sind, unsere deutschen Richter, anerkennen müssen, daß die Unabhängigkeit der Gerichte nicht immer so vorhanden war, wie sie, Gott lob, heutigen Tages wenigstens großentheils vorhanden ist. Ich erinnere nur an die Zeit der sogenannten Blutsenate. Da lag die Sache doch gewiß nicht so, daß wir wünschen könnten und wünschen dürften, daß einer solchen Corporation von Richtern die Entscheidung über die Wahl zu unseren Parlamenten, zu unseren Landtagen unterbreitet werde. Denn, m. H., daß da eine Einwirkung nicht auf die Thätigkeit des Gerichts im einzelnen Falle, aber auf die Zusammensetzung der Gerichtshöfe stattgefunden hat und daß das immer wieder der Fall sein kann, das unterliegt ja doch auch meines Erachtens keinem Zweifel. Wenn Sie mir aber zugeben müssen, daß das Parlament, daß der Landtag nicht in der Lage ist, aus sich heraus Persönlichkeiten auszuwählen — und das wird ihnen wahrscheinlich von der Regierung weder bei uns noch in Oesterreich zugestanden werden —, daß ein parlamentarischer Gerichtshof, der vom Parlamente selbst ernannt ist, darüber entscheidet, dann, m. H., ist doch ganz gewiß — ich will hier nicht von „der Theilung der Gewalten" sprechen — aber es ist eine Verrückung der Machtfrage zu Ungunsten des Parlaments.

Wir haben bisher, analog der großen Mehrzahl der anderen Staaten, in Deutschland die Befugniß der Parlamente gehabt, über die Prüfung ihrer Wahlen vollkommmen frei und selbständig zu entscheiden. Es ist auch zugestanden worden, daß das in Deutschland noch wenig Unzukömmlichkeiten hervorgebracht hat. Es hat zuweilen Unzuträglichkeiten hervorgebracht, das will ich nicht leugnen. Ich bin auch eine Reihe von Jahren Mitglied des bayerischen Landtags gewesen und kann nicht leugnen, daß dort Dinge vorgekommen sind, die keineswegs nach meinem Geschmacke waren und die keineswegs nach dem Geschmacke eines aufrichtigen, rechtlichen Mannes sind. Aber, m. H., zu große Unzuträglichkeiten hat es nicht gebracht, und gerade dadurch, daß die Verhandlungen so vollkommen öffentlich geführt werden vor dem ganzen Volke, vor der ganzen Nation, auch im deutschen Reichstage, das trägt dazu bei, diese Verhandlungen möglichst correct zu gestalten und Entscheidungen, die dem Rechte ins Gesicht schlagen, doch meistens, will ich sagen, mit wenigen Ausnahmefällen, hintanzuhalten.

Solange also — und das ist hier anerkannt worden — nicht Fälle vorgeführt werden, welche bekunden, uud zwar mehr als ein Fall, eine Anzahl von Fällen, welche bekunden, daß eine gewisse Corruption in unseren Parlamenten Platz gefunden hat, solange man nicht sagen muß: hier muß Einhalt geboten werden gegen eine Corruption der öffentlichen Moral, solange, m. H., wollen wir doch nicht an einem solchen Rechte der Parlamente rütteln und solange soll es nicht Aufgabe des Juristentages sein, zu sagen: es besteht ein Bedürfniß, in einer solchen Frage sich auszusprechen. Solange überhaupt nicht in einer überzeugenden Weise dargethan ist, daß ein Bedürfniß sich im Volke regt, darf meines Erachtens der Juristentag nicht kommen und Maßregeln vorschreiben, welche ein solches Bedürfniß voraussetzen.

Ich gestehe Ihnen gern zu, daß unser verehrter Freund Jaques in seinen deutsch-österreichischen Ländern in einer anderen Lage sich befindet, daß dort Fälle vorgekommen sind — ich verweise hier auf den Fall, der s. Z. ungeheures Aufsehen gemacht und den er selbst uns heute vorgetragen hat — wo man sagen muß: olet! Aber wenn das dort vorgekommen ist, so komme ich zurück auf das, was vorhin von mir gesagt wurde: durch die herrschende Parlamentsmajorität konnte das nicht herbeigeführt werden, wenn nicht die Regierung dort einen Druck ausgeübt hätte. Ohne Zustimmung der Regierung wäre es nicht möglich gewesen solche Dinge aufzuführen, wie sie in der That dort vorgekommen sind. Das war dasjenige und das war der Vorwurf, der hauptsächlich damals vorgebracht worden ist, daß zu Gunsten der herrschenden Richtung, der Regierungsrichtung, dieses Vorkommniß stattgefunden hat. Und darum, m. H., kann man es bedauern, daß dort solche Dinge stattgefunden haben — aber das darf doch nicht für uns ein Anlaß sein, jetzt mit einer gesetzgeberischen Action zu kommen, während wir uns nur an ein solches einzelnes Vorkommniß in Oesterreich halten können und vielleicht Bezug nehmen auf die Verhältnisse in England wie die Herren Referenten. Allein, m. H., wie gesagt: in England ist die Lage ganz anders! In England ist thatsächlich eine Parlamentsherrschaft, und die ist bei uns nicht!

Freilich wurde uns dem entgegen vorgetragen, daß eben doch in Wahlprüfungssachen eine Majoritätsherrschaft auch in unseren Parlamenten immerhin vorhanden sei, wenn sie auch nicht so weit reiche, als diejenigen in England, und das führt nach der Analogie von Frankreich auch zu solchen Angelegenheiten und Uebergriffen wie dort. M. H., das ist nicht zu befürchten, und Sie haben gehört, daß selbst in Frankreich gegenüber den dortigen Excessen schon eine Remedur von selbst gekommen ist, daß man sagte: soweit darf es nicht gehen, so darf man sich nicht über die Gesetze hinwegsetzen, in den Schranken des Gesetzes muß man bleiben.

Nun frage ich, m. H.: Sind denn unsere Parlamente in der That so ganz ungeeignet eine richterliche Function in der Weise auszuüben, daß sie die Wahl prüfen vom Standpunkt des Gesetzes aus? Die „richterliche Function" gebe ich zu; aber ich sage: es sind auch unsere Parlamente in der Lage, eine solche Function auszuüben! M. H., unsere Parlamente begreifen doch in sich eine Anzahl hervorragender Geister, hervorragender Rechtsgelehrter, welche wohl im Stande sind, Alles zu würdigen und vorzubringen, was in der Sache nothwendig ist. Es ließe sich, m. H., in der Art und Weise, wie dies in Italien eingeführt worden ist, ein derartiges Verfahren construiren, ein richterliches, welches namentlich auch über das hinweghilft, was bei uns mit Recht zu großen Rügen Veranlassung gegeben hat, nämlich über die Verschleppung unserer Wahlprüfungen. Dort ist ein förmliches Prozeßverfahren eingeführt, welches entschieden viel rascher arbeitet, als unser weitläufiges Verfahren wie es der zweite Herr Referent geschildert hat. Darüber klagt man, — nicht über die Art und Weise der Entscheidung, sondern über die Art und Weise der Procedur! Und diese muß beseitigt werden; dahin wollen wir streben, darüber können wir uns überall äußern!

Nun, m. H., das kann ja auch geschehen: So gut sich das Parlament seine eigene Geschäftsordnung bildet und danach urtheilt, — es ist ja auch die Beurtheilung und Entscheidung des Parlaments auf Grund seiner Geschäftsordnung eine richterliche Function, die Entscheidungen über Uebergriffe und Gesetzwidrigkeiten u. dgl. nach der Geschäftsordnung sind auch richterliche Sprüche — ebenso gut kann das Parlament auch betreffs des Verfahrens in Wahlprüfungssachen und der Judicatur darin Remedur schaffen.

Die richterliche Function ist übrigens meines Erachtens nicht blos gegeben in den Fällen streitiger Natur, nicht blos dann, wenn Klagen gegeben sind, Denunciationen vorliegen wegen der Vorgänge bei einer Wahl — nein, m. H., das ist lediglich ein Unterschied im Verfahren! Die richterliche Function ist dieselbe, wenn eine Wahl im inquisitorischen Verfahren geprüft wird, wie wenn dies im Anklageverfahren geschieht, in einem förmlichen Proceß. Richter ist immer das Parlament.

Aber, m. H., wie würde sich das ausnehmen: In den Fällen, wo kein Antrag, kein Wahlprotest, keine Anklage vorliegt, da soll das Parlament von sich heraus die richterliche Funktion ausüben — in den minderen Fällen also; in den schwereren Fällen aber, bei Wahlprotesten u. s. w., nicht? M. H., das ist ein Unding! Das liegt mir vollkommen klar; denn gerade in diesen schwereren Fällen muß die öffentliche Autorität eintreten, die das Parlament hat und genießen muß. Und es wird sich, m. H., — darüber bin ich mir auch klar — auch wenn wir heute einen solchen Beschluß faßten, wie er von dem Herrn Referenten beantragt ist, keines unserer Parlamente herbeilassen, von dieser seiner vorhandenen Machtbefugniß abzugehen.

Und ist es denn dazu angethan, daß wir, lediglich aus Gründen, die nicht gerade in Deutschland geschöpft sind, seitens des Juristentages einen solchen Antrag gutheißen? Ich glaube nicht! M. H.! Es ist in der That eine Opportunitätsfrage, und wenn vorhin gesagt worden ist, daß die „heutigen Verhältnisse" — das war der Ausdruck, der gebraucht worden ist seitens meines verehrten Freundes Jaques — uns unabhängige Gerichte gebracht haben, so liegt in diesem Worte schon die Verurtheilung des uns angemutheten Satzes! Denn wenn wir künftig wieder andere Verhältnisse bekommen, dann würden wir demgemäß auch wieder zu einer anderen Entscheidung gelangen als heute. M. H.! In England sind doch die Verhältnisse ganz andere — die können wir nicht anziehen! wir dürfen also meines Erachtens nur nach unseren Verhältnissen urtheilen.

Ich würde noch auf verschiedene einzelne Punkte zurückkommen können; aber ich glaube, die Besprechung der Sache hat sich bereits so lange hinausgezogen, es werden auch noch andere Herren sich dazu äußern wollen, daß ich mich kurz fassen und nur noch sagen will: wenn Sie die Ansicht haben, daß wir heute schon berufen sind über eine derartige hochpolitische Frage ein Verdict zu sprechen, m. H. — das ist Ihre Sache zu entscheiden! — aber ich, m. H., bin aus praktischen Gründen und aus eigener Erfahrung entschieden der Ansicht, daß es besser ist, wenn wir von Beantwortung dieser Frage absehen! (Bravo!) Ich würde mich für den ersten Theil entscheiden können; aber das hätte keinen Werth und darum bitte ich von der ganzen Frage abzusehen und zu sagen: wir sind nicht in der Lage darüber zu entscheiden! (Bravo!)

Justizrath **Petiscus** (Oels i. Schl.): Die dankenswerthen Ausführungen des Herrn Vorredners überheben mich, auf die Sache selbst einzugehen: es erübrigt sich aber für mich doch die anderweite Motivirung meiner Abstimmung gegen den Antrag, weil ich aus formalen Gründen meine, wir sind nicht in der Lage diesen Antrag pro oder contra zu entscheiden. Ich halte den Juristentag nicht für competent und weiß nicht, wie der Herr Referent und der Herr Antragsteller sich in dieser Hinsicht über das Statut des Juristentages hinwegarbeiten konnten. Wir haben im Juristentag nur das Civilrecht im Gegensatz zum Staatsrecht zu behandeln und ich sehe nicht ein, wie aus § 6 Nr. 4 des Statuts die Abtheilung für Gerichtsverfassung und Civilproceß sich für die vorliegende Frage etwa deshalb für kompetent erachten könnte, weil es sich nach der Anlage um Einrichtung eines Gerichtshofes handelt. Wenn man den eben gehörten Vorträgen mit Aufmerksamkeit gefolgt ist, so muß man sich in ein Parlament oder mindestens in einen politischen Verein versetzt glauben. Die Frage, um die es sich handelt, ist eine eminent politische Frage und fällt völlig aus dem Rahmen unserer Organisation. Schaffen wir kein Präjudiz. Wir könnten mit dem Präjudiz den Niedergang des Juristentages bewirken. (Sehr richtig!)

Wenn wir weiter mit demselben Rechte, wie diese Frage, irgend welche andere politische Frage auf dem Juristentage behandeln und entscheiden wollten! Ich stelle aus diesen Gründen den Antrag, über die Vorlage zur Tagesordnung überzugehen, und zwar mit der Motivirung, die ich mir erlaubt habe vorzutragen.

**Vorsitzender:** Darf ich bitten, den Antrag schriftlich zu überreichen?

Wünscht noch jemand das Wort zu erhalten? — Es meldet sich niemand mehr zum Wort, ich schließe die Debatte. Der Herr Berichterstatter hat das Schlußwort.

Referent Hof- und Gerichtsadvocat Dr. **Jaques** (Wien) (Schlußwort): M. H.! Ich bin aus einem speciellen Grunde in eine etwas schwierige Lage versetzt. Es ist bei den Aeußerungen meines früheren Herrn Vorredners wiederholt darauf hingewiesen worden, daß es sich bei unserer Frage nach seiner Anschauung um österreichische Verhältnisse handle, und nicht um deutsche. Dadurch könnte wohl der Eindruck hervorgerufen werden, als sollte meine Stellungnahme in der Frage den Zweck haben, den Juristentag gewissermaßen zu verleiten, daß er einen Beschluß fasse, der lediglich österreichische Verhältnisse angeht und nicht deutsche. Das ist eine Sachlage, die mich einigermaßen befangen macht in Bezug auf weitere meritorische Behandlung des Gegenstandes. Der letzte Herr Vorredner hat auf die Kompetenzfrage hingewiesen. Ich möchte da doch erwidern, wir haben wiederholt auf dem Juristentage staatsrechtliche Fragen behandelt, insbesondere dann, wenn sie sich wie im vorliegenden Falle, unter die Categorie der „Gerichtsverfassung" subsumiren ließen, welche ja in unsere Competenz statutenmäßig gehört und öffentliches Recht zum Gegenstande hat. Sie werden auch wohl anzunehmen nicht abgeneigt sein, daß, wenn die ständige Deputation als solche, deren oberste Aufgabe es gewiß ist, die Competenz des Juristentages zu wahren, von sich aus diese Frage aufgestellt hat, Sie ein Competenzbedenken zu hegen keinen Grund haben. Ich muß aber eins zugeben. Es lassen in der Frage zwei Elemente sich trennen, die eine öffentlich-rechtliche, die staatsrechtliche Seite und die andere, die ein politisches und Opportunitätsmoment an sich trägt. Im Laufe der Beschäftigung mit meinem Referat ist mir dies Bedenken selbst gekommen und ich bin darüber nachdenklich gewesen, ob nicht der Juristentag, wenn er einen meritorischen Beschluß faßt, auch über politische Momente mit absprechen muß. Es ist nun unbedingt richtig, daß der Juristentag politische Fragen nicht zu erörtern hat, und ich bin der erste, der zugesteht, daß es für seine Autorität nachtheilig wäre, wenn er von dem Gebiete der strengen Rechtswissenschaft abgehend sich auf das politische Gebiet begeben würde. Die verehrten Herren werden mir das Zeugniß geben, daß ich gleich im Eingang meines Referats gesagt habe: daß wir die vorgelegte Frage einer streng wissenschaftlichen Lösung zu unterziehen suchen wollen." Ich bin in diesem Sinne der Meinung gewesen, man könne mit voller Ruhe das aussprechen, worüber so wenig Meinungsverschiedenheit besteht, daß einer der Herren Vorredner es sogar als überflüssig erachtet hat, sich überhaupt darüber zu äußern, nämlich der Juristentag erkennt an, daß es sich bei der Wahlprüfung um eine rein richterliche Function handelt. Daß diese Frage nicht politischer Natur, daß sie eine streng wissenschaftliche ist, darüber kann ja wohl kein Zweifel sein.

Eine andere Frage ist die: ist es, nicht bloß vom strengwissenschaftlichen Standpunkt und im Allgemeinen wünschenswerth, daß ein Wahlprüfungsgerichtshof bestehe, sondern ist es unter den heute gegebenen Umständen zweckmäßig und sind in Deutschland solche Bedürfnisse hervorgetreten, die es dem Juristentag geboten erscheinen lassen, sich über die Nothwendigkeit der Einsetzung eines solchen Gerichtshofes zu äußern? Die Formulirung unseres zweiten Antrages sticht freilich auch hier von allen politischen Momenten gänzlich ab. Ich möchte jedoch, wenn in dieser Beziehung Bedenken bestehen, nicht entgegentreten, weil die Beschränkung des Juristentages auf das Gebiet der rein und ausschließlich juristischen Fragen in der That unerläßlich ist. Ich habe hierbei übrigens noch ein Moment im Auge. Wenn die Anträge, die wir gestellt haben, wie es nun den Anschein hat, selbst in dem allergünstigsten Falle nur mit einer sehr schwachen Majorität angenommen würden, so würde auch das vom Standpunkte des Juristentages nicht angemessen sein. Denn wir haben von Alters her immer daran gehalten, daß der Juristentag nur dort einen meritorischen Beschluß fasse, wo er eine communis opinio zu constatiren in der Lage ist. Worauf ich jedoch großen Werth lege, das ist, daß in der Beschlußfassung in präcisester Weise ausgesprochen werde: die Abtheilung des Juristentages erklärt die Frage der Wahlprüfung weil mit politischen Momenten in nach ihrer Meinung untrennbarem Zusammenhange stehend als außer der Competenz des Juristentages gelegen. Ich glaube, daß auch mein geehrter Herr Correferent darauf Gewicht legen wird. Es läßt sich ja durchaus nicht ignoriren, daß selbst von gegnerischer Seite eine ganze Reihe von Momenten anerkannt werden, die principiell für die Errichtung eines Wahlprüfungsgerichtshofes sprechen. Es ist zugestanden, daß auch in Deutschland Mißstände vorliegen; es ist zugestanden, daß Verschleppung in bedenklicher Weise eintritt; es ist zugestanden, daß sehr häufig Parteimomente ausschlaggebend mitwirken. Ich theile, beiläufig bemerkt, nicht die Meinung, die in Bezug auf die mögliche Abhängigkeit eines Wahlprüfungsgerichtshofes geäußert worden ist. Denn ich glaube, wenn man einem obersten Gerichtshof in Deutschland oder Oesterreich die Wahlprüfung überträgt, so kann von solchen Bedenken nicht die Rede sein. Aber wir können von all' dem absehen, wenn die verehrte Abtheilung bei dem Beschlusse zur Tagesordnung überzugehen, ausdrücklich erklärt, sie erachte es aus den angegebenen Gründen außer der Kompetenz des Juristentages gelegen, sich über die Frage der Wahlprüfung zu äußern.

Rechtsanwalt Dr. **Beckh** (Nürnberg): Zu einer persönlichen Bemerkung! Wenn Herr Jaques gemeint hat, daß ich ihn gewissermaßen als Verleiter hingestellt hätte, so wollte ich nur bemerken, daß mir das fern gelegen hat. Ich sprach bloß davon, daß es für ihn besonders nahe lag, dieser Frage näher zu treten.

**Vorsitzender:** Ehe wir zur Abstimmung schreiten, muß ich bemerken, daß bei früheren Juristentagen auch schon staatsrechtliche Fragen zur Verhandlung gekommen sind. Die ständige Deputation hätte sich nicht erlaubt, diese Frage zur Berathung zu stellen und Gutachten darüber einzuholen, wenn sie den Juristentag für incompetent gehalten hätte. Ich erinnere, daß in früheren Juristentagen wiederholt die Frage der Prüfung der Verfassungsmäßigkeit oder Ordnungsmäßigkeit von Gesetzen und Verordnungen durch Richter — das ist doch gewiß eine hochpolitische Frage — unbeanstandet zur Berathung gekommen ist.

Wenn wir jetzt zur Abstimmung schreiten, so wird wohl zuerst der Antrag Petiscus zur Abstimmung zu bringen sein, welcher lautet:

> Ueber den Antrag zu Punkt 11 der Vorlage wegen Unzuständigkeit des Juristentags zur Tagesordnung überzugehen.

Würde dieser Antrag abgelehnt, so würden wir dann über den vereinigten Antrag der Herren Berichterstatter abstimmen und zwar nach dem Antrage des Herrn Jösten in zwei Absätzen getrennt.

Ich frage nun: will die Abtheilung den Antrag des Herrn Petiscus, welcher dahin geht:

> Ueber den Antrag zu Punkt 11 der Vorlage wegen Unzuständigkeit des Juristentages zur Tagesordnung überzugehen

annehmen? Wer diesen Antrag annehmen will, den bitte ich, sich zu erheben. (Geschieht.)

Ich muß um die Gegenprobe bitten. Ich ersuche diejenigen, welche gegen den Antrag sind, sich zu erheben. (Geschieht.)

Das Erste war die Majorität und die Anzahl, welche sich bei der Gegenprobe erhob, die Minorität; es ist also der Antrag Petiscus angenommen und dadurch der Gegenstand erledigt.

Es fragt sich nun, wie die Sache vor die Generalversammlung übermorgen gebracht werden soll. Ich frage, ob die Versammlung damit einverstanden ist, daß dieselbe zur Kenntniß der Generalversammlung gebracht wird? — Es erhebt sich kein Widerspruch dagegen.

Herr Dr. Jaques wird als Berichterstatter functioniren.

Wir könnten nun noch zu einem weiteren Gegenstande der Tagesordnung übergehen, nämlich zur Frage 4, welche lautet:

> Ob und eventuell unter welchen Voraussetzungen es sich empfiehlt, eine Bestimmung darüber, daß eine Person wegen Trunksucht entmündigt werden kann, in das bürgerliche Gesetzbuch aufzunehmen?

Herr Oberlandesgerichts-Präsident von Stößer ist abgehalten und deshalb hat Herr Justizrath Makower die Güte gehabt, das Referat zu übernehmen. Gutachten sind erstattet von den Herren Dr. Lammers zu Bremen und Rechtsanwalt Dr. Fuld zu Mainz.

Referent Justizrath **Makower** (Berlin): M. H., der Ausschuß des deutschen Juristentages hat die Frage gestellt:

> Ob und unter welchen Voraussetzungen es sich empfiehlt, eine Bestimmung darüber, daß eine Person wegen Trunksucht entmündigt werden kann, in das bürgerliche Gesetzbuch aufzunehmen.

Hierüber sind die in Ihren Händen befindlichen Gutachten der Herren Lammers-Bremen und Ludwig Fuld-Mainz ertheilt, welche die Hauptfrage, ob die Entmündigung wegen Trunksucht zulässig sein soll, bejahen; sie betonen, daß es sich hier nicht um Fälle handelt, in denen eine Entmündigung wegen Verschwendung oder Geisteskrankheit zulässig ist, mögen diese krankhaften Erscheinungen auch durch Trunksucht veranlaßt sein, sondern um dasjenige Stadium, welches vorher liegt, in welchem als eine Folge des Trunkes die Verlotterung der Vermögens und die zeitweilige Umnachtung des Verstandes oder die allmähliche Abnahme der Geisteskräfte beginnt.

Bei unseren Verhandlungen haben wir es nicht, wie andere Vereine, mit den allgemeinen Maßregeln gegen die Trunksucht und deren schädlichen Folgen zu thun, wohin z. B. die Vertheuerung der berauschenden Getränke durch Steuern, die Verhinderung der Beimischung gesundheitsschädlicher Substanzen, die Einschränkung der Zahl der Schenken, die polizeiliche Controle derselben, die Polizeistunde, die Auswahl der zu concessionirenden Verkäufer von Getränken gehört. Auch haben wir es nicht mit den strafrechtlichen Bestimmungen zu thun, welche dem öffentlichen Erscheinen trunkener Personen Einhalt thun und dadurch den Anlaß zu Verbrechen und Unfug vermindern soll. Wir haben endlich nicht zu prüfen, ob und wie dem übermäßigen Hange zu berauschenden Getränken entgegenzuwirken ist, solange derselbe keinem Anderen nachtheilig wird als demjenigen, welcher sich dieser Leidenschaft ergiebt.

Es ist nothwendig alle diese Fragen auszuschließen, um die Aufgabe, die uns heute zur Lösung gestellt ist, rein herauszuschälen. Dieselbe geht positiv nur dahin, ob und unter welchen Voraussetzungen es zulässig sein soll, Gewohnheitstrinker zu entmündigen.

Die Hauptfrage würde ich mit den Herren Gutachtern bejahen. Versteht man unter Gewohnheitstrinkern solche Personen, welche in Folge ihrer Trunksucht sich oder Andere gefährden, so liegen die Voraussetzungen vor, unter denen ihre Geschäftsfähigkeit vom Staate beschränkt oder entzogen werden darf und unter welchen ihnen Beschränkungen der persönlichen Freiheit auferlegt werden dürfen. Die Gesellschaft hat das Recht, sich gegen Personen zu schützen, welche durch willkürliche Handlungen sich in Zustände verminderter Zurechnung versetzen und hat auch in gewissen Grenzen solche Personen gegen sich selbst zu schützen. Mit vollkommenem Recht hebt Herr Fuld hervor, es komme nicht bloß auf einen Schutz der vermögensrechtlichen Interessen, sondern auch, und sogar weit mehr noch, auf den Schutz der familienrechtlichen Interessen an. Nicht bloß der Vergeudung des Vermögens und des Erwerbes und der durch den Trunk herbeigeführten Verminderung der Erwerbsfähigkeit sei vorzubeugen, damit nicht der Trinker und seine Familie allmählich der Armenpflege verfallen, sondern auch dem unleidlichen Zustande sei abzuhelfen, daß Frauen und Kinder in gesetzlicher Abhängigkeit von einem Manne gehalten werden, der durch gewohnheitsmäßigen Rausch sich außer

Stand setzt, den nach Sitte und Gesetz ihm obliegenden Pflichten zu genügen. Das Gesetz verleiht die ehemännliche Voigtei und die väterliche Gewalt unter der Voraussetzung der vernünftigen Pflichterfüllung.

Schwierig ist allerdings die Feststellung des Zeitpunktes, wann die Folgen der Trunksucht so weit vorgeschritten sind, daß sie ein Einschreiten der staatlichen Gewalt rechtfertigen, aber diese Schwierigkeit nöthigt nur zur Vorsicht, nicht zur Enthaltung jedes Eingriffes. Das bürgerliche Gesetzbuch hätte meines Erachtens nur die Zulässigkeit der Entmündigung von Trunkenbolden auszusprechen, sobald sie in Folge des Trunkes sich oder Andere gefährden und hätte auch die Wirkungen einer solchen Entmündigung anzugeben. Das Verfahren dagegen müßte im Einführungsgesetze oder einem besonderen Reichsgesetze geregelt werden.

Die knappe Fassung, welche das Gesetz erfordert, macht eine nähere Erläuterung in den Motiven in allen solchen Fällen nothwendig, wo die Grenze der durch das Gesetz geregelten Materie eine verschwimmende ist und ein bestimmter, äußerlich zweifelloser Thatbestand nicht gegeben werden kann. Dieses Hülfsmittel zur Herbeiführung einer Rechtsanwendung, wie sie der Gesetzgeber wünscht, kann in solchen Fällen nicht entbehrt werden. Der Entwurf des bürgerlichen Gesetzbuches sagt § 28: „Eine Person, welche des Vernunftgebrauchs beraubt ist, kann wegen Geisteskrankheit entmündigt werden. § 29. Eine Person, welche durch verschwenderische Lebensweise oder verschwenderische Geschäftsführung die Besorgniß rechtfertigt, daß sie sich oder ihre Familie dem Nothstande preisgiebt, kann wegen Verschwendung entmündigt werden.“ Auch diese Gesetze bieten für die Anwendung große Schwierigkeiten und finden in den Motiven eine umfassendere Erläuterung, welche zur Directive des Richters dient. Wann ist anzunehmen, daß jemand des Vernunftgebrauchs beraubt ist, da doch feststeht, daß selbst bei Rasenden und Wahnsinnigen nicht nothwendig jedes vernünftige Denken ausgeschlossen ist? Wann ist verschwenderische Lebensweise bei einem Vermögenslosen anzunehmen? Dergleichen Fragen sind ebenso schwierig als die Entscheidung, wann ein Gewohnheitstrinker anfängt, sich oder Anderen gefährlich zu werden. Ich möchte aber glauben, daß in der Regel hier viel leichter äußere beweisbare Thatsachen zu finden sein werden, welche die Entscheidung erleichtern, als in den Fällen behaupteter Geisteskrankheit oder Verschwendung. Namentlich in kleineren Orten und auf dem platten Lande weiß die Bevölkerung, häufig auch der Richter, wer in Folge dauernder Trunksucht sich oder Anderen gefährlich wird. Gerade mit Rücksicht hierauf besorge ich nicht, daß die vorgeschlagene gesetzliche Bestimmung zu einer mißbräuchlichen Gefährdung der persönlichen Freiheit führen könnte.

Um aber bei der Einführung dieses neuen Instituts alle denkbare Vorsicht anzuwenden, könnte man vorschreiben, daß die Entmündigung zunächst auf eine bestimmte Zeit, ein oder zwei Jahre, auszusprechen ist, dann aber, wenn erforderlich, auf gleiche oder längere Zeit causa cognita verlängert werden kann.

Welche Wirkung die Entmündigung haben soll, bedarf der näheren Bestimmung. Da sie den Schutz der Angehörigen in erster Reihe bezweckt, so wird sie für ihre Dauer die Entziehung der ehemännlichen und der väterlichen Rechte und die Stellung des Entmündigten unter Vormundschaft zur Folge haben müssen. Ob dem wegen Trunksucht Entmündigten das Recht der Eheschließung, der Ehescheidung und die Testirfreiheit vorzubehalten, bedarf noch besonderer Erwägung. Man könnte vielleicht das Recht, eine Ehe zu schließen und ihre Auflösung zu beantragen, ihm entziehen, die Befugniß, zu testiren, aber belassen, weil anderweite Bestimmungen dafür Vorkehrung treffen, daß die Testamente nicht in einem unzurechnungsfähigen Zustande rechtsgültig errichtet werden können.

Die Bevormundung müßte aber dem Vormunde das Recht verleihen, den Gewohnheitstrinker in eine Heilanstalt gegen die Trunksucht zu bringen und ihn dort eine mäßige Zeit auch gegen seinen Willen festzuhalten. Ich kann das Bedenken nicht verschweigen, daß durch die Einführung der Entmündigung von Trunkenbolden den Bürgern, welche zu Vormündern berufen werden, eine neue und höchst unangenehme Last aufgebürdet wird. Etwas Anderes ist es, Vormund von Minorennen oder von Großjährigen zu sein, welche geisteskrank oder Verschwender sind, etwas Anderes, Vormund eines Trunkenbolds zu sein. Dergleichen Personen sind eben nicht so beschaffen, wie Geisteskranke, welche in der Regel in einer Heilanstalt untergebracht werden müssen, und auch nicht wie Verschwender, welche trotz ihres Leichtsinns manchmal ganz liebenswürdige Menschen sind. Ein Mündel-Trunkenbold kann dem Vormunde zur großen Beschwerde gereichen. Aber einerseits soll die Zulässigkeit der Internirung gerade dann ein Hülfsmittel gewähren, wenn der Mangel an Selbstbeherrschung, die Lärmsucht und die Rauflust bedrohlich werden, und andererseits soll die Vormundschaft in der Regel denjenigen Personen übertragen werden, welche ohne die Entmündigung nach den Umständen noch mehr von dem Trunkenbold zu leiden hätten, den Eltern und Frauen oder Geschwistern desselben. Zur Zeit giebt es in Deutschland nur wenig Trinkerasyle, aber wenn erst die Möglichkeit feststände, Trunkenbolde auch über die ihnen selbst genehme Zeit hinaus in solchen Anstalten bis zur muthmaßlichen Heilung festzuhalten, so würde eine größere Zahl solcher Anstalten von selbst entstehen, oder es würden solche Asyle von den Gemeinden, welche ein Interesse daran haben, der Verarmung ihrer Mitglieder vorzubeugen, errichtet werden.

Was nun das Verfahren bei dieser Art der Entmündigung und ihrer Wiederaufhebung betrifft, so will Herr Fuld dasselbe im Wesentlichen den Bestimmungen der Civilproceßordnung über die Entmündigung angeschlossen wissen, jedoch mit einigen Abänderungen hinsichtlich der Antragsbefugniß, der Anhörung von Psychiatern als Sachverständigen, der Bestätigung der Beschlüsse des Amtsgerichts durch das Landgericht und der Ausdehnung der Befugniß, Rechtsmittel einzulegen, auf Verwaltungsbehörden.

In diesen Vorschlägen möchte ich demselben nicht beitreten. Jenes durch die Civilproceßordnung geregelte Verfahren scheint mir zu steif und ungelenk für eine Untersuchung, welche mit einem Processe doch nur eine entfernte Aehnlichkeit hat. Es handelt sich um einen Act, bei welchem der rechtsgebildete Richter viel weniger um seiner Rechtskenntnisse willen, als wegen seiner Gewohnheit, bestehende Rechte zu achten und sie nicht ohne überwiegende Gründe zu entziehen, zugezogen wird. Hätten wir Schöffen oder Geschworene in Civilsachen, so wäre hier ein geeigneter Ort für ihre Zuziehung. Am besten erschien mir ein zwangloses Verfahren vor dem Vormundschaftsrichter, beruhend auf dem Officialprincip, namentlich hinsichtlich der Untersuchung, frei von Anwaltszwang und der Nothwendigkeit mündlicher Verhandlung, und nur so weit an bestimmte Vorschriften gebunden, daß der Kreis der Antragsberechtigten auf die Verwandten, die Staatsanwaltschaft und die Gemeindebehörde beschränkt würde, dem Angegriffenen vor der Entmündigung Gelegenheit zu seiner Erklärung gegeben werden müßte, der Beschluß über die Entmündigung und über die Festhaltung in einem Trinkerasyl auf bestimmte Zeit mit Motiven zu erlassen und zuzustellen und dagegen Beschwerde binnen bestimmter Frist zuzulassen wäre. Die Anträge auf Wiederaufhebung oder auf Verlängerung der Entmündigung wären in eben solcher ungezwungenen Weise zu erledigen. Die Anhörung von Aerzten wird in vielen Fällen zweckmäßig sein, ausnahmsweise auch die von Irrenärzten; es können jedoch auch Fälle vorliegen, in denen der Thatbestand auch ohnedies klar ist oder der Gewohnheitstrinker selbst seine Bevormundung oder Unterbringung in einem Asyle unter dem Zugeständnisse wünscht, daß er zn schwach an Willen sei, um seinem Hange zu widerstehen.

Da der Juristentag nicht berufen nnd nicht geeignet ist, formulirte Gesetzvorschläge zu beschließen, so gebe ich anheim, zwar über das Princip, nicht aber über die Ausführung im Einzelnen zu beschließen, die letztere aber mit zum Gegenstande der Debatte zu machen.

Meinen Antrag richte ich dahin:

der deutsche Juristentag wolle beschließen:

Es empfiehlt sich eine Bestimmung etwa folgenden Inhalts in das bürgerliche Gesetzbuch aufzunehmen:

Eine Person, welche in Folge der Trunksucht sich oder Andere gefährdet, kann entmündigt werden. Hört dieser Zustand auf, so ist die Entmündigung wiederaufzuheben.

**Vorsitzender:** Wer darüber zu sprechen wünscht, den bitte ich, sich zum Worte zu melden. Es wird das Wort nicht verlangt, somit können wir sofort zur Abstimmung schreiten.

Der Antrag des Herr Referenten geht dahin:

„Es empfiehlt sich, eine Bestimmung etwa folgenden Inhalts in das bürgerliche Gesetzbuch aufzunehmen: Eine Person, welche in Folge der Trunksucht sich oder Andere gefährdet, kann entmündigt werden. Hört dieser Zustand auf, so ist die Entmündigung wieder aufzuheben."

Wer mit diesem Antrag einverstanden ist, den bitte ich, sich zu erheben. Der Antrag ist mit ganz überwiegender Majorität angenommen; er wird wohl im Plenum zur Kenntnißnahme mitzutheilen sein und wird der Herr Referent ersucht, die Mittheilung zu übernehmen.

Ich glaube Anstand nehmen zu sollen, noch heute den nächsten Gegenstand zur Berathung zu stellen; wir werden morgen früh 9 Uhr in der Berathung fortfahren.

Kammergerichtsrath Dr. **Olshausen** (Berlin): Ich möchte bitten, mit Rücksicht auf das gleichzeitige Tagen der Abtheilungen und das Interesse, welches der Eine an dem einen Gegenstand und der Andere an dem anderen nimmt, doch möglichst heute schon zu bestimmen, in welcher Reihenfolge die noch übrigen Gegenstände unserer Abtheilung behandelt werden sollen.

**Vorsitzender:** Ich möchte glauben, daß wir morgen mit der Frage 6 beginnen würden, der Corporationsbildung, und dann würden die zwei noch übrig bleibenden Fragen kommen nach der Reihenfolge ihrer Nummern.

Also morgen früh 9 Uhr.

(Schluß der Sitzung 1 Uhr.)

# Zweite Sitzung der dritten Abtheilung am 13. September 1888.

---

(Beginn: Vormittags 9 Uhr.)

Vorsitzender Senatspräsident **v. Köstlin** (Stuttgart): M. H., ich erkläre die Sitzung der vereinigten III. und IV. Abtheilung für eröffnet.

Das Telegramm, welches gestern die Plenarversammlung an Herrn Geheimrath Pape in Berlin abzuschicken beschlossen hat, hat diesen hochverehrten Mann leider nicht mehr am Leben betroffen. Es ist die erschütternde Kunde gekommen, daß er gestern gestorben ist. Ich glaube, es geziemt sich, bei der ersten Gelegenheit heute hier in dieser Abtheilung des großen Verlustes, welchen die gesammte deutsche Rechtswissenschaft und Reichsgesetzgebung durch das Hinscheiden dieses Mannes erlitten hat, zu gedenken; wir unsererseits werden dem Verstorbenen ein treues ehrenvolles Andenken bewahren.

Wir wenden uns zu unseren Geschäften und ich erlaube mir Ihnen znnächst einen Vorschlag für die 10 Vertrauensmänner dieser Abtheilung für die Vereinigung der Vertrauensmänner, welchen der Vorschlag der ständigen Deputation obliegt, zur Genehmigung zu unterbreiten.

Der Vorsitzende der Abtheilung wird gewöhnlich nach constantem Gebrauch darunter begriffen und außerdem gestatte ich mir folgende 9 Mitglieder dieser Abtheilung in Vorschlag zu bringen:

Herrn Geh. Justizrath Prof. Dr. Gierke-Berlin, Herrn Amtsrichter Francke-Alfeld, Herrn Oberlandesgerichtsrath Jösten-Posen, Herrn Justizrath Makower-Berlin, Herrn Justizrath Petiscus-Oels, Herrn Rechtsanwalt Dr. Beckh-Nürnberg, Herrn Kammergerichtsrath Dr. Olshausen-Berlin, Herrn Professor Dr. **Rubo**-Berlin und Herrn Hof- und Gerichtsadvocat Dr. **Jaques**-Wien.

Darf ich dazu Ihre Zustimmung annehmen?

(Zuruf: Herr Amtsrichter **Francke** hat leider gestern den Juristentag wieder verlassen und kommt nicht wieder!)

Dann erlaube ich mir an seiner Stelle Herrn Landrichter Dr. **Kronecker**-Berlin vorzuschlagen.

Darf ich annehmen, daß Sie diesen Vorschlag annehmen? (Es erfolgt allseitige Zustimmung.)

Sodann habe ich mitzutheilen, daß von Herrn Dr. **Carl Hilse** eine Anzahl Exemplare seiner Schrift: „Die Haftpflicht der Straßenbahnen und sonstiger Fahrbetriebe" uns übergeben worden ist. Soweit die Exemplare reichen, stehen sie zu Diensten.

Wir treten in die Tagesordnung ein und zwar in die Berathung der Frage 6, welche lautet:

> „An welche rechtliche Voraussetzungen kann die freie Corporationsbildung geknüpft werden?"

Es liegen die beiden Gutachten des Herrn Geheimen Justizrath Professor Dr. **Gierke**-Berlin und des Herrn Professor Dr. **Rosin**-Freiburg vor und ersuche ich den Herrn Geheimen Justizrath Professor Dr. **Gierke**, das Referat zu erstatten.

Referent Geheimer Justizrath Professor Dr. **Gierke** (Berlin): M. H., es sind 2 Gutachten erstattet über die uns jetzt beschäftigende Frage: das eine von Herrn Professor Dr. **Rosin**, das andere von mir selbst. Sie werden es daher begreiflich finden, daß ich im Wesentlichen mich beschränken werde auf die Wiedergabe der Gedanken, die diesen Gutachten zu Grunde liegen.

Beide Gutachten stimmen zumeist darin überein, daß es ein bedauerlicher Mißgriff des Entwurfs unseres bürgerlichen Gesetzbuches ist, wenn er die uns hier gestellte Frage ungelöst läßt. Der § 42 dieses Entwurfes lautet:

> „Die juristische Persönlichkeit eines Personenvereins und der Verlust dieser Persönlichkeit bestimmen sich in Ermangelung besonderer reichsgesetzlicher Vorschriften nach den Landesgesetzen des Ortes, an welchem der Personenverein seinen Sitz hat."

Es soll also die in der That brennende Frage, unter welchen Umständen ein Verein im Rechtsleben als Ganzes aufzutreten vermag, künftig, soweit nicht besondere Reichsgesetze bestehen, dem **Particularrecht** überlassen bleiben, — eine Frage, bei der sicherlich nicht Stammeseigenthümlichkeiten oder Besonderheiten der historischen Entwickelung eine solche

Rechtsverschiedenheit irgend rechtfertigen können. Beide Gutachten finden einen Zusammenhang zwischen dieser Unterlassungssünde des Entwurfes und der ganzen Art und Weise, in der die Lehre von der juristischen Person im Entwurf behandelt ist. Es ist vielleicht einem Theil der Herren bekannt, daß ich selbst mich gegen den Entwurf im Ganzen in scharfer Weise erklärt habe — mit schwerem Herzen, aber von meinem Gewissen gedrängt. Ich habe dem Entwurf im Ganzen den Vorwurf gemacht, daß er mehr römisch als deutsch, ein in Paragraphen gegossenes Pandectencompendium, daß er unvolksthümlich in seiner Sprache und in seinem Gehalt, und daß er vor Allem antisocial sei, individualistisch durch und durch. Bei aller Anerkennung für die außerordentliche Sorgfalt, mit der vielfach das Detail ausgearbeitet ist, muß ich daher es doch für undenkbar erklären, daß der Entwurf in der gegenwärtigen Gestalt unser künftiges gemeines Recht werde. Aber m. H., ich möchte auf diese Beurtheilung des Entwurfes im Ganzen hier nicht zurückkommen, am wenigsten in dem gegenwärtigen Augenblick, in dem wir schon betrauert haben die erschütternde Kunde von dem Tode des hochverehrten und verdienstvollen Mannes, dem dieser Entwurf so viel verdankt. Ich habe das auch nicht nöthig; denn wie man auch über den Entwurf im Ganzen urtheilen mag — unter allen Umständen wird kaum eine getheilte Meinung darüber bestehen können, daß der Abschnitt über die juristische Person nicht zu den wohlgelungenen Theilen des Ganzen gehört. Und wenn daher — wie zu hoffen ist — dennoch dieser Entwurf nach einer gründlichen Umarbeitung unser künftiges bürgerliches Gesetzbuch oder doch dessen Grundlage wird, so wird vor allen Dingen dieser Abschnitt einer vollständigen Revision bedürfen, und gerade deshalb wird es auch unsere Aufgabe sein, zu einer solchen Revision dieses Abschnittes Material zu bieten.

Der Abschnitt über die juristische Person zeigt vor Allem das, was ich den individualistischen Geist des Entwurfs nenne; denn der Gedanke einer wirklich lebendigen Genossenschaft, der germanische Gedanke eines Gemeinwesens ist dem Entwurfe fremd; die juristische Person erscheint ihm nur in der Form jener bekannten schattenhaften gespenstigen persona ficta der Romanisten, und zwar schroff aufgefaßt als ein künstliches Individuum, welches hinzugedacht wird zu den natürlichen Individuen und nun gleich einem solchen — nur willenlos, leblos, bevormundet — agirt. Und gerade diese Zugrundelegung des Systems der persona ficta war es, die den Entwurf hinderte, eine Bestimmung über den Erwerb und Verlust der juristischen Persönlichkeit zu treffen. Hätte er eine solche getroffen, so wäre er — wie die Motive dies unzweideutig ergeben — zu dem sogenannten Concessionssystem gedrängt worden, zu dem System: abhängig zu machen den Erwerb der juristischen Persönlichkeit principiell und der Regel nach von einem speciellen Gnadenact des Staates! Nur ein Privileg des Staates kann die Singularität eines solchen künstlichen Individuums schaffen. Ein solches Privileg mag auch durch Gesetz generell gegeben werden — die Regel bleibt doch die besondere Prüfung der Corporationswürdigkeit durch den Staat, ob etwas vorliegt, was diese Ausnahmestellung verdient. Nun war aber dies — wie wir nachher noch sehen werden — geradezu unmöglich. Das Concessionssystem steht im Grunde nur noch als eine Ruine des Polizeistaates da. Es hat sich überlebt, und in mehreren deutschen Staaten hat man mit ihm völlig gebrochen, namentlich in Bayern und Sachsen. Hier konnte man nicht durch neues gemeines Recht die Entwickelung zurückschrauben wollen. Daher nun hält sich der Entwurf lieber in Schweigen. Konnte er das ihm allein sympathische System nicht durchführen, war dagegen mit seinem Grundgedanken ein anderes System unvereinbar, so wälzte er die Last der Entscheidung auf die Particularrechte ab.

Sind wir nun in den Gutachten darüber einig, daß das bürgerliche Gesetzbuch selbst die Frage der Corporationsbildung zu entscheiden hat, so stimmen wir weiter auch darin überein, daß eine solche Entscheidung eine Reform des gegenwärtigen deutschen Rechtszustandes bringen muß. Denn das brauche ich den Herren wohl nicht ausführlich darzulegen, daß der augenblickliche Rechtszustand auf diesem Gebiete ein völlig unhaltbarer ist. Es herrscht die außerordentlichste Unsicherheit, ob ein Verein es erzielen wird, vor dem Gericht als Kläger zugelassen zu werden, ob umgekehrt der Dritte, der mit einem Verein in Beziehungen getreten ist, vor den Gerichten ein Subject finden kann, an das er sich zu halten hat. Diese Zustände sind bekannt, ich unterlasse daher deren nähere Schilderung. Wenn aber eine Reform des gegenwärtigen Rechtszustandes dringend erforderlich ist, so stimmen beide Gutachten wieder darin überein, welcher Grundgedanke allein dieser Reform zu Grunde liegen kann, auf welches Princip sie zu bauen ist. Es ist das Princip der Körperschaftsfreiheit, der freien Corporationsbildung, wie es in der Fragestellung genannt ist, welches allein wirklich geeignet ist, die Grundlage unserer künftigen Körperschaftsgesetzgebung zu bilden! Unter „Körperschaftsfreiheit" verstehen wir den Rechtssatz, daß unabhängig von einer speciellen Einwirkung der Staatsgewalt eine Association sich bilden kann, die als selbständiges Wesen ihren Gliedern wie Dritten gegenübertritt; von „Concessionssystem" sprechen wir dem gegenüber, wenn nicht aus dieser Vereinigung selbst, sondern erst aus einer Zuthat eines staatlichen Willensactes die Persönlichkeit eines solchen Ganzen stammt. Hierbei — bei dem Verlangen nach Anerkennung der Körperschaftsfreiheit — ist vor Allem Eines von vornherein zu beachten, worauf namentlich das Gutachten von Rosin scharf aufmerksam macht: von Körperschaftsfreiheit kann nur die Rede sein im Rahmen der Vereinsfreiheit! Die Vereinsfreiheit ist eine publicistische, die Körperschaftsfreiheit eine privatrechtliche Frage, und beide Fragen sind auf's Schärfste zu trennen. Ein Verein kann offenbar nicht zu Recht bestehen, wenn nicht zunächst das öffentliche Recht ihn anerkennt. Insoweit also Beschränkungen der Vereinsfreiheit in Deutschland bestehen, oder durch Landesgesetz oder Reichsgesetz vorübergehend geschaffen werden (wie z. B. durch das Socialistengesetz), insoweit ist selbstverständlich auch die Körperschaftsfreiheit eingeschnürt. Erst wenn ein Verein zu Recht besteht kraft öffentlichen Rechtes — erst dann entsteht die Frage: soll dieser sein Rechtsbestand auch im Privatrecht anerkannt, oder soll er hier negirt, ignorirt werden? Damit ist nun von selbst gesagt, daß mit einer gemeinrechtlichen Entscheidung unserer Frage den Particularrechten auf den Gebieten des öffentlichen Rechtes nicht präjudicirt wird, daß alle Polizeigesetze über die Vereine, daß besonders die Verbote gewisser Vereine völlig unberührt bleiben und zugleich ihre privatrechtliche Bedeutung im einzelnen Lande behalten. Die Frage ist nur: soll ein Verein, welcher kraft öffentlichen Rechtes besteht und vom öffentlichen Rechte her als besonderes Wesen anerkannt wird, soll dieser auch ein Recht darauf haben, wenn er die nöthigen Voraussetzungen erfüllt, im Privatrecht und namentlich im Vermögensrecht als Subject aufzutreten?

Die Gründe, welche die beiden Gutachter bestimmen, sich für die unbedingte Verwirklichung des Princips der Körperschaftsfreiheit in diesem Sinne zu erklären, lassen sich zurückführen auf die Gesichtspunkte der geschichtlichen Entwickelung, der Zweckmäßigkeit und der Gerechtigkeit.

Vor Allem scheint es, wenn man die deutsche Rechtsgeschichte überschaut, als sei gewissermaßen unabwendbar der Abschluß unserer Entwickelung eben die Körperschaftsfreiheit. Es handelt sich um ein uraltes germanisches Recht; denn immer hat im ursprünglichen deutschen Rechte der Satz gegolten, daß eine Genossenschaft, sofern sie nur überhaupt zu Recht bestand, auch ihrem Wesen gemäß als ein selbständiges Gemeinwesen über den Gliedern behandelt wurde. Das alte deutsche Princip wurde zurückgedrängt nach der Reception in der staatsabsolutistischen Zeit, indem gleichzeitig mit der Vereinsfreiheit die Körperschaftsfreiheit unterging und Vereinsbildung und Anerkennung als juristische Person nun zunächst an denselben, in jedem Falle unabweislichen Staatsact gebunden wurden. Erst in neuerer Zeit erkannte man die Verschiedenheit dieser beiden Dinge, sonderte die Frage der polizeilichen Genehmigung eines Vereins und die Frage der Anerkennung der Körperschaftsrechte und deducirte aus dem römischen Recht die absolute Nothwendigkeit einer speciellen Verleihung der Corporationsrechte durch den Staat. Aber, nachdem zuerst die Vereinsfreiheit des alten germanischen Rechts wieder auferstand, hat mehr und mehr auch das Princip der Körperschaftsfreiheit sich von Neuem Bahn gebrochen. Schon das preußische Landrecht steht diesem Princip doch nicht so ganz fern, wie man gewöhnlich annimmt! Es hat bekanntlich, wenn auch mit starken Verclausulirungen, die Vereinsbildung im Princip freigegeben; erst spätere Gesetze gingen davon wieder ab. Es hat dagegen allerdings die privatrechtliche Geltung des Vereins als Corporation mit ausdrücklichen Worten an die staatliche Verleihung geknüpft. Aber es hat wenigstens in dem Mittelgebilde der „erlaubten Privatgesellschaften" ungenehmigte Körperschaften zugelassen, welche nach innen die Rechte und Pflichten der Corporationen haben sollen und deshalb auch unter den socialen Verbänden im zweiten Theil, nicht unter den Rechtsverhältnissen der Individuen im ersten Theil behandelt werden. Nach außen freilich gewährt es den „erlaubten Privatgesellschaften" die Corporationsrechte nicht. Doch läßt es sich leicht zeigen, wie die neue preußische Praxis mit elementarer Gewalt dahin gedrängt wird auch nach außen hin diese „halbe" juristische Persönlichkeit zum Durchbruch kommen zu lassen und die erlaubten Privatgesellschaften auch als Kläger und Beklagte, als Träger von Verbindlichkeiten und Rechten anzuerkennen.

Das österreichische Gesetzbuch, m. H., hat dann, wie jetzt dasselbe allgemein ausgelegt wird, ganz unbedingt die Körperschaftsfreiheit durchgeführt — freilich zunächst in engen Schranken, weil es keine Vereinsfreiheit in Oesterreich gab. Aber seitdem dort die Vereinsfreiheit durchgedrungen ist, besteht nun mit ihr die Körperschaftsfreiheit ohne jegliche Schranken.

Dann haben wir in Deutschland die Körperschaftsfreiheit erstehen sehen in einer Fülle von Specialgesetzen für einzelne Gattungen von Corporationen. Unter den Reichsgesetzen brauche ich nur diejenigen zu erwähnen, welche die Actiengesellschaften, die Erwerbs- und Wirthschaftsgenossenschaften, die freien Hülfscassen — aber auch öffentlich rechtliche Verbände, wie die Innungen, die Berufsgenossenschaften für Unfallversicherung auf dem Wege der freien Vereinigung entstehen lassen, — unter einer Mitwirkung des Staates, die keineswegs mehr eine Handhabung der Privilegiengewalt darstellt, sondern die nur entweder die öffentliche Constatirung des Gewordenen bedeutet oder (wie bei den Innungen u. s. w.) den Charakter einer Verwaltungsrechtsprechung in der Hauptsache angenommen hat. Unter den Landesgesetzen erwähne ich nur die Berggesetze, welche die Gewerkschaftsbildung freigegeben haben, die Gesetze über die freien Wassergenossenschaften, die Agrargenossenschaften, die Knappschaften u. s. w. und vor allen Dingen die Gesetze zweier Staaten, die zum Princip der Körperschaftsfreiheit überhaupt übergegangen sind: Im Königreich Sachsen kann jeder Verein, der die formellen Erfordernisse, die das Gesetz vorschreibt, erfüllt, sich als Genossenschaft eintragen lassen und hat dann die Persönlichkeit. Im Königreich Bayern kann jeder Verein, der nicht wirthschaftliche Zwecke verfolgt, als anerkannter Verein vom Gericht seine Statuten beglaubigen lassen und hat dann auch das Recht der Persönlichkeit.

Darüber hinaus ist in der deutschen Schweiz das Princip der Körperschaftsfreiheit seit lange verwirklicht, während in der welschen Schweiz das französische Princip der absoluten Einschnürung der Körperschaftsbildung bis vor Kurzem herrschte, jetzt aber das schweizerische Obligationenrecht das Princip der Körperschaftsfreiheit auf die ganze Schweiz ausgedehnt hat. Und selbst mit diesem Ueberblick über den Sieg des verfochtenen Princips in der Gesetzgebung sind wir noch nicht fertig! Denn blicken wir nun auf die Praxis des gemeinen Rechts, so sehen wir, daß weit darüber hinaus ein dem Leben sich anschließender Gerichtsgebrauch Vereine als Körperschaften anerkennt, die von der Theorie als bloße Societäten aufgefaßt werden. Wir sehen, daß unter irgend welchen Namen, als „unvollkommene Körperschaften" oder als „modificirte Societäten", sie als Parteien im Proceß zugelassen werden; daß aus einem vom Vorstande in ihrem Namen abgeschlossenen Darlehnsvertrage eine Klage auf Bezahlung aus dem Vereinsvermögen gewährt wird; kurz, daß practisch ihnen die Gerichte die Persönlichkeit zu versagen nicht mehr vermögen.

Und bei diesem geschichtlichen Entwickelungsgange — was kann da anders unsere Aufgabe sein, als vorwärts zu schreiten auf diesem Wege! Handelt es sich doch hier um denjenigen Gedanken des deutschen Rechts, ohne welchen niemals die germanische Association ihre gewaltige weltgeschichtliche Aufgabe zu erfüllen vermocht hätte — handelt es sich doch um das deutsche Genossenschaftsprincip, welches auch in unseren Tagen und für die Zukunft ein unentbehrlicher Hebel unserer Entwickelung sein wird, solange sie eine deutsche, solange sie eine germanische bleibt!

So sehr wir der Ansicht sind, daß der Staat mit seiner Kraft da einzugreifen hat in die wirthschaftlichen und socialen Verhältnisse, wo die Macht der freien Vereinigung nicht ausreicht, so freudig wir also auch z. B. in der neueren Socialgesetzgebung dieses von oben her gestaltende Princip begrüßen, so unentbehrlich erscheint uns doch, wenn unser Volksleben gesund bleiben soll, als Correlat dieser von oben kommenden Thätigkeit der von unten aufbauende Genossenschaftsgeist — ein Geist, der stets von Neuem aus der Volksseele die organisirenden Kräfte hervorzulocken und den alternden Organismus unserer Gesellschaft von Neuem mit frischen Säften zu erfüllen weiß.

Und nun: wenn die geschichtlichen Gründe schon uns gewissermaßen drängen in diese Bahn, so ist auch das practische Bedürfniß, ist auch die Zweckmäßigkeit zweifellos auf Seite unseres Vorschlages. Denn m. H. das Recht ist doch dazu da, sich dem Leben anzuschmiegen, das, was im Leben besteht, so zu behandeln, wie dies seiner Natur angemessen ist! Wenn daher ein Verein besteht und geduldet wird und frei und öffentlich agirt, der seinem Wesen nach eine Körperschaft ist, erfüllt da das Recht seine Aufgabe, wird es da seinen Zwecken gerecht, wenn es diesen Verein nicht als eine Körperschaft behandelt, die er doch ist, sondern als eine Societät, die er nicht ist? Lesen Sie die Motive zum Entwurf! Sie sagen ausdrücklich, daß alle die Vereine, um die es sich hier hauptsächlich handelt, ihrem Wesen nach Corporationen sind und nicht unter das Societätsrecht passen. Und die Motive zu dem Titel über den „Gesellschaftsvertrag" heben noch einmal hervor, daß die Bestimmungen über denselben schlechthin ungeeignet seien zur Anwendung auf Vereine. Und dennoch diese Conclusion! Dennoch sollen die Vereine nicht behandelt werden als das, was sie sind, sondern es soll irgend ein Recht auf sie angewendet werden, welches für sie gänzlich ungeeignet ist! Und nicht bloß im Interesse der Vereine selbst ist die Anerkennung derselben als das, was sie sind, nothwendig, sondern vor Allem auch im Interesse des mit den Vereinen verkehrenden Publicums, der Dritten, welche, vertrauend auf das im Leben Bestehende, einem solchen Vereine Credit gaben und nun, wenn der Verein als rechtlich nicht existent behandelt wird, den Schuldner nicht wiederfinden, dem sie creditirt haben. Es sind ja Fälle vorgekommen, wo einer angesehenen Casinogesellschaft eines Ortes im Jahre 1840 etwa ein Darlehn gegeben wurde — nach 30 Jahren wird geklagt und nun ist kein Schuldner da; denn von denen, die vor 30 Jahren die Schuld contrahirten, ist natürlich keiner mehr aufzufinden, selbst wenn man sie haftbar machen wollte!

Endlich aber, m. H., wie immer, so coincidirt auch hier mit der Zweckmäßigkeit die Gerechtigkeit! Es ist auch ein Postulat der Gerechtigkeit, daß wir die Körperschaftsfreiheit durchführen. Vereine haben freilich heute nicht denselben geheiligten Anspruch auf Anerkennung ihrer Persönlichkeit, wie ihn das heutige Recht den Individuen verleiht. Einst hatte auch das Individuum diesen Anspruch nicht, wie die Geschichte des bürgerlichen Todes, der Sclaverei zeigt, und vielleicht wird eine zukünftige Rechtsordnung auch jedem legitimen Verbande einen ebenso unantastbaren Anspruch auf Anerkennung seiner Persönlichkeit gewähren. Aber so viel steht schon jetzt fest, daß für uns die Persönlichkeit der Verbände genau so gut in der Rechtsidee selbst angelegt ist, wie die Persönlichkeit des Einzelnen, daß daher in der That von wirklichen Rechtsansprüchen legitimer Verbände auf Anerkennung der Persönlichkeit geredet werden kann. Und dieselbe Gerechtigkeit verlangt auch, daß der Dritte, der im Vertrauen auf die Anschauungen des Verkehrs und das allgemeine Rechtsbewußtsein sich mit einem Vereine einläßt, nun auch sich an ihn halten kann und nicht zurückgewiesen wird mit dem Grunde: es war ein Nichts, ein Phantom, mit dem du dich eingelassen!

Und was sind denn nun die Gründe, die so gewichtigen Argumenten gegenüber angeführt werden, um die Körperschaftsfreiheit abzulehnen? Es sind fast nur politische Erwägungen, m. H., die in den Motiven gegen die Körperschaftsfreiheit angeführt werden. Da heißt es: Vereine seien freilich von höchster Wichtigkeit für die Entwickelung der Gesellschaft, sie könnten wohlthätig wirken, aber sie könnten auch ebenso gut schädlich wirken; ein harmloser Verein sogar könne entarten und könne die nachtheiligsten Ziele verfolgen und nicht immer genüge da die Repression, es sei oft zu spät, den Schaden wieder gut zu machen, den ein gemeingefährlicher Verein gestiftet; deshalb sei es geboten, vorbeugende Maßregeln zu treffen.

Nun, m. H.! Diese Argumente würden, wenn sie richtig wären, nicht die Körperschaftsfreiheit bloß stürzen, sondern vor allen Dingen die ganze Vereinsfreiheit! Und in der That lesen sich die Motive zum Entwurf so, als sollte unser Vereinsrecht zurückgeschraubt werden auf das Vereinsrecht des Polizeistaates. Diese Frage beschäftigt uns nicht! Warten wir es ab, ob es möglich sein wird, unser Princip der Vereinsfreiheit wieder zu beseitigen! So lange wir aber die Vereinsfreiheit haben — und wir werden sie behalten! — so lange kann in ihrem Rahmen unmöglich es die Aufgabe des Privatrechts sein, etwaige Schäden der Vereinsgesetzgebung auszubessern! Das Privatrecht ist doch nicht dazu da, der Polizei Handlangerdienste zu leisten und da, wo sie selber nicht einschreiten kann, oder will, durch kleinliche Chicanen einem solchen Vereine das Leben zu erschweren und auf Umwegen zu erreichen, was direct nicht zu erreichen war! Und noch dazu: der Zweck, den man erreichen will, wird regelmäßig verfehlt; denn wenn die Motive sagen, ja, es gebe doch einem solchen Verein eine ganz andere Kraft, wenn er auch Vermögen erwerben könne, so ist das richtig; aber noch niemals sind agitatorische Vereine daran gehindert worden, Vermögen für ihre Zwecke zu sammeln, dadurch, daß man ihnen die juristische Persönlichkeit versagte; das wird dann eben unter anderem Namen gesammelt, und vorgeschobene Personen genügen vollständig, um als Rechtsträger zu fungiren. Getroffen werden gerade nur die harmlosen Vereine, die nützlichen, die Wohlthätigkeitsvereine, die man nicht treffen will! Man kann vielmehr umgekehrt sagen: die politischen Gefahren der Vereinsfreiheit werden gemindert durch die Anerkennung der dazu geeigneten Vereine als Körperschaften, indem nothwendig mit der Anerkennung als Vermögenssubject eine größere Publicität des Daseins verbunden ist. Gefährliche Vereine suchen in der Regel nicht das Licht der Oeffentlichkeit und vor Allem werden sie am ersten davor zurückscheuen, sich in irgend ein Register eintragen zu lassen. Auch hat der Staat es in der Hand, seine Gesetzgebung so einzurichten, daß in gewissem Sinne sein Einfluß auf das Vereinsleben gesteigert wird zum Entgelt für die Wohlthaten, die den Vereinen durch den Erwerb der Vermögensfähigkeit geboten werden. Außerdem werden dann noch gegen die allgemeine Anerkennung der Vereine als juristische Personen juristisch-technische Bedenken geltend gemacht, die theils auf Bedenken der Verkehrssicherheit hinauskommen, theils — und insbesondere — darin gipfeln, daß man sagt: durch zu große Erleichterung des Erwerbs der Körperschaftsrechte würden unsolide Vereine begünstigt; es könnten sich ein paar Personen zusammenthun, einen Verein bilden, sie würden dann Credit erlangen und nun das Vertrauen der Mitglieder und dritter Personen täuschen. Ganz ist diese Gefahr nicht zu beseitigen; sie besteht aber auch heute! Und wenn wir uns im Leben umschauen, so finden wir nicht, daß das Publicum durch den Mangel der juristischen Persönlichkeit von der Creditgewährung zurückgehalten wird. Ihnen allen, m. H., sind die studentischen Corporationen bekannt, nirgend anerkannt als juristische Personen, und doch: welchen Credit genießen sie bei dem Publicum der Universitätsstadt! Worauf beruht das? Nicht auf einer rechtlichen Ordnung, sondern eben auf dem Vertrauen in dieses unbekannte Etwas, in den Verbindungsgeist, der in jeder Corporation sich fortpflanzt, — kurz: auf social-ethischen Factoren! Und so ist es überall. Glauben Sie, daß heute einer Section des deutsch-österreichischen Alpenvereins ein Darlehn abgeschlagen würde wegen Mangels der juristischen Persönlichkeit? Schwerlich! denn jeder weiß, daß das eine Organisation ist, welche fester steht, als mancher mit juristischer Persönlichkeit begabter Verein! Es steht dahinter eine sociale Macht und eine Fülle von sittlicher Kraft, die nicht einfach als nicht vorhanden gesetzt werden kann.

Also, m. H., alle diese Bedenken gegen das Princip der Körperschaftsfreiheit scheinen mir doch in bloße Nebelgebilde sich aufzulösen, und es scheint, als wenn in der That eine unbefangene Prüfung der Sachlage jedenfalls dazu führen muß, daß wir an die Spitze jeden Beschlusses den Satz stellen: Das künftige Gesetzbuch hat die Frage der Corporationsbildung zu regeln und hat dabei auszugehen von dem Princip der freien Körperschaftsbildung!

Die Fragstellung selbst, die uns beschäftigt, scheint sogar die freie Corporationsbildung vorauszusetzen, und kaum hätte ich nöthig gehabt, so ausführlich dieses Princip zu verfechten, wenn nicht eben die Motive sich durchweg gegen dasselbe erklärten.

Wenn nun das Princip der Körperschaftsfreiheit zu Grunde gelegt wird, so kann dasselbe freilich auf zwei verschiedene Weisen verwirklicht werden — und hier ist ein Punkt, in dem die Gutachten differiren, weniger noch in dem praktischen Erfolge als in der theoretischen Construction.

Mein Gutachten geht davon aus, daß an sich an den bloßen Thatbestand einer körperschaftlichen Existenz die Anerkennung derselben durch das Recht geknüpft werden solle; — Rosin's Gutachten dagegen will jede Anerkennung als juristische Person abhängig machen von einer öffentlichen Constatirung des Erwerbes der Persönlichkeit durch Eintragung in ein Register.

Man pflegt die Systeme zu unterscheiden als das System der thatsächlichen Körperschaftsbildung und das System der Normativbestimmungen. Gegen meinen Standpunkt führt man hauptsächlich an, daß dann eine außerordentliche Unsicherheit über die Frage entstehen muß, ob im einzelnen Falle eine Körperschaft besteht oder nicht. Unsicher freilich kann dies einmal sein, wie alles in der Welt. Zweifel sind niemals zu beseitigen. Es ist ja nicht einmal stets sicher, ob eine individuelle Person dagewesen ist oder nicht. So kann es natürlich zweifelhaft sein, ob eine juristische Person da ist oder nicht. Aber so wenig wir aus dem Zweifel über das Vorhandensein eines Individuums einen Grund herleiten, die Persönlichkeit erst an die Eintragung in das Standesregister zu knüpfen, sondern wir lassen sie mit der Geburt entstehen, so wenig scheint mir dies hier erforderlich. Und vor Allem, m. H., glaube ich gegen diese angebliche Unsicherheit den Rechtszustand in Oesterreich und der deutschen Schweiz anführen zu können. Ich habe mich noch jetzt vor Kurzem auf einer Reise in Oesterreich nach den dortigen Rechtszuständen erkundigt und überall gehört, daß nicht die geringsten Beschwernisse daraus entstehen, daß nach dem bürgerlichen Gesetzbuche jeder Verein mit corporativer Verfassung als ein Ganzes auch anerkannt wird. Man geht in Oesterreich sogar so weit, daß man unsere nicht als juristische Personen anerkannten Vereine dort als juristische Personen behandelt. So werden z. B. sogar die Hütten, welche deutschen Sectionen des österreichischen Alpenvereins gehören, auf deren Namen in die österreichischen Grundbücher ohne jeden Anstand eingetragen. Nicht anders ist es in der deutschen Schweiz. In Zürich, wo seit lange dieses Princip durchgeführt ist, hält sich die Praxis wesentlich daran, ob ein ausreichendes schriftliches Statut vorliegt, ein Statut also, das einen Vorstand einsetzt und die nöthigen formalen Garantien bietet. In diesem Falle wird die juristische Persönlichkeit dem Verein nicht versagt.

Allerdings jedoch glaube ich, daß das von mir vertretene Princip nur durchführbar sein würde mit zwei Einschränkungen. Die eine versteht sich von selbst. Es ist die, daß alle Körperschaften besonderer Gattung, um die besonderen Rechte dieser Körperschaftsgattung zu erlangen, die dafür vorgeschriebenen Bedingungen erfüllen müssen. Ganz scheiden wir daher die Körperschaften des öffentlichen Rechtes aus, die ihre eigene Norm haben, und ebenso die besonders geregelten Privatrechtskörperschaften, wie die Actiengesellschaften, die durch Eintragung entstehen, und die Erwerbs- und Wirthschaftsgenossenschaften, die nicht durch Eintragung entstehen, aber durch Eintragung die Rechte „eingetragener Genossenschaften" erlangen u. s. w. Somit bleibt selbstverständlich der Registerzwang bestehen, soweit er bei einer speciellen Körperschaft als erforderlich gilt und schon besteht, wie bei der Actiengesellschaft, oder fernerhin bei einer bestimmten Art von Körperschaften eingeführt werden sollte. Zweitens habe ich den speciellen Vorschlag gemacht, daß die Fähigkeit, als Rechtssubject in das Grundbuch eingetragen zu werden, von der öffentlichen Constatirung der Persönlichkeit abhängig gemacht werde. Das kann man allerdings verlangen, daß ein Verein, der die vom Staate gebotenen öffentlichen Bücher benutzen will, um darin als Rechtssubject aufzutreten, auch für seine gehörige öffentliche Legitimation sorgt und deshalb seine Eintragung in ein Register erwirkt. Soweit man aber mit diesem Princip nicht übereinstimmt, sondern einen Registerzwang für erforderlich hält, müßte unter allen Umständen — und damit stimmt auch Rosin überein — der Registerzwang durch den Grundsatz ergänzt werden, daß, wo im Namen eines nicht eingetragenen Vereins gehandelt wird, persönliche und solidarische Haft eintritt. Es bedürfte also einer Verallgemeinerung der Bestimmung, die jetzt das Handelsgesetzbuch bei Actiengesellschaften trifft. Denn nur dann ist der Dritte vor Täuschung seitens der Vereine gesichert, da es immer Vereine geben wird, welche die Eintragung versäumen, so daß der Dritte, der mit einem solchen Vereine sich eingelassen hat, schutzlos dasteht, wenn nicht mindestens diese persönliche und solidarische Haft jedes für das nicht anerkannte Wesen Handelnden ihn sichert. Aber gerade dieser Satz scheint mir in der Anwendung auf alle Vereine zu rigoros zu sein. Giebt es doch zahlreiche Vereine für ideale Zwecke, die zunächst gar kein Vermögen brauchen und lange ohne solches bestehen, daher auch die Eintragung nicht suchen. Nun treten sie in irgend ein Rechtsgeschäft ein, es wird ausdrücklich im Namen des Vereins und unter Hinweis auf dessen Fonds contrahirt: soll da der Einzelne, der zufällig den Vertrag schloß, persönlich haftbar gemacht werden? Also in diesem Punkte differiren die beiden Gutachten und wir werden gleich sehen, wie das dann auch auf die Einrichtung der vorgeschlagenen Register einwirkt.

Ueberein stimmen die Gutachten dagegen wieder darin, daß sie die Einrichtung eines allgemeinen Vereinsregisters bei den Gerichten verlangen, in welches solche Vereine eingetragen werden können, die nicht unter ein specielles Gesetz fallen, die also nicht in das Actiengesellschafts- oder Genossenschaftsregister u. s. w. gehören. Nach meinem Gutachten soll von der Eintragung in dieses Register nicht der Erwerb der juristischen Persönlichkeit abhängen, sondern nur deren volle Entfaltung, vor allen Dingen die Fähigkeit, als Rechtssubject im Grundbuche eingetragen zu werden. Nach Rosin's Gutachten soll der Erwerb der Körperschaftsrechte davon abhängen. Mit anderen Worten: ich will hier das System verallgemeinern, welches wir bei Erwerbs- und Wirthschaftsgenossenschaften haben und nach dem jetzt vorgeschlagenen Reformentwurf auch behalten sollen (System der facultativen Eintragung); Rosin will allgemein das System, welches wir heute bei den Actiengesellschaften besitzen, durchführen (System des Registerzwanges).

Was die Einrichtung dieses Vereinsregisters angeht, so wird es sich hier selbstverständlich nur um die Nachbildung bewährter Muster handeln und ich brauche auf die Details nicht einzugehen. Es versteht sich von selbst, daß Normativbestimmungen vorgeschrieben werden müssen, von denen die Eintragung abhängt. Diese aber dürfen wesentlich nur formaler Natur sein, vor Allem sich richten auf ein gehörig festgestelltes Statut, Bestellung eines Vorstandes, Anmeldung desselben, Einreichung eines Mitgliederverzeichnisses u. s. w. und eine gewisse Publicität etwa noch des corporativen Haushaltes.

Eine weitere Differenz besteht dann aber zwischen den beiden Gutachten darin, daß Rosin dieses Vereinsregister nur zur Eintragung von Vereinen mit nicht wirthschaftlichen oder, wie man jetzt zu sagen pflegt, „idealen“ Zwecken für erforderlich hält, während ich der Ansicht bin, daß man auch wirthschaftlichen Vereinen insoweit die Eintragung in das Register gestatten soll, als sie nicht auf kaufmännischen oder gewerblichen Geschäftsbetrieb gerichtet sind. Für die auf kaufmännischen oder wirthschaftlichen Geschäftsbetrieb gerichteten Vereinigungen bestehen besondere Gesetze und es würde diese Gesetze illusorisch machen, wenn man nun solchen Vereinen unbedingt gestatten wollte, sich auf leichtere Weise die Persönlichkeit in Form eines einfachen eingetragenen Vereins zu verschaffen. Dagegen bleiben wirthschaftliche Vereine übrig, die keinen eigentlichen kaufmännischen oder gewerblichen Geschäftsbetrieb haben — ich erinnere an Agrargenossenschaften, an die sonstigen Grundbesitzergenossenschaften, an Sparkassen- und Sterbekassenvereine u. s. w. — die sich wohl zur Eintragung in das Register eignen würden. Während Rosin also ein einfaches Vereinsregister will, will ich ein Register mit zwei Abtheilungen: die erste für Vereine mit idealen Zwecken, die zweckmäßig genannt würden: „eingetragene Vereine“ — Rosin will sie „corporative Vereine“ nennen — und eine zweite Abtheilung für „wirthschaftliche Vereine“, die man als solche bezeichnen könnte, um sie von den speciell als „Genossenschaften“ eingetragenen Wirthschaftsverbänden zu unterscheiden, oder vielleicht noch passender „Genossenschaften des bürgerlichen Rechts“ nennen würde, um jede Vorstellung eines handelsrechtlichen Charakters auszuschließen.

In meinem Gutachten habe ich dann aber eine weitere Einschränkung hinzugefügt. Ich habe es als zulässig erklärt, daß den Landesgesetzen vorbehalten bleibe, die Eintragung politischer Vereine abhängig zu machen von einer vorherigen staatlichen Genehmigung. Diese Vorschrift findet sich in dem Gesetz für das Königreich Sachsen, und da nun einmal diese Bedenken bestehen, politischen Vereinen unbedingt den Erwerb der Persönlichkeit zu gestatten, so würde ich diese Concession für angemessen halten. Freilich nicht als reichsrechtlichen Zwang! Aber wenn ein Staat das für seine Bedürfnisse angemessen hält, so mag er diese vorherige Genehmigung für die Eintragung fordern. Dasselbe wäre zu fordern für die religiösen Vereine, und außerdem wäre der Zusatz zu machen, daß hinsichtlich der Religionsgesellschaften und geistlichen Genossenschaften überhaupt das Landesrecht unberührt bleibt. Zu diesen Vorschlägen bin ich hauptsächlich gekommen, weil gerade an den Bedenken der unbedingten Zulassung politischer und religiöser Vereine zu Erlangung der Körperschaftsrechte eine vor $1\frac{1}{2}$ Jahrzehnten dem deutschen Reichstag gemachte Vorlage über die privatrechtliche Stellung der Vereine gescheitert ist.

Es bedürfte dann ferner noch besonderer Bestimmungen über die Beendigung solcher Körperschaftsexistenzen, und hier habe ich vorgeschlagen, daß nach dem Muster des Genossenschaftsgesetzes die Aufhebung durch

Richterspruch zugelassen wird, wenn ein solcher Verein unerlaubte Zwecke verfolgt, sich rechtswidriger Handlungen oder Unterlassungen schuldig macht — so lautet es im Genossenschaftsgesetz — oder die bestimmte Sphäre überschreitet, für die er eingetragen ist, also z. B. kaufmännischen Geschäftsbetrieb eröffnet, wenn er bloß als ein Verein des bürgerlichen Rechts eingetragen ist. Dazu kommt, daß wir weiter eines Ausbaues unserer Specialgesetzgebung über Körperschaften bedürfen, insbesondere zunächst einer Durchführung der Reform des Rechts der Erwerbs- und Wirthschaftsgenossenschaften in wesentlicher Uebereinstimmung mit dem jetzt vorgelegten Entwurfe u. s. f. Aber das beschäftigt uns hier nicht. Ich will nur darauf hinweisen, daß selbstverständlich der allgemeine Rahmen, den das bürgerliche Gesetzbuch aufzustellen hat, dem stets fortschreitenden Ausbau dieser wichtigen Spezialgesetzgebung nicht nur kein Hemmniß entgegensetzt, sondern umgekehrt ihm die Thore öffnet und die Wege weist.

Ich komme nun zu den Ergebnissen, welche sich nach dieser Argumentation herausstellen. Für uns handelt es sich vor Allem darum: was hat das bürgerliche Gesetzbuch in dieser Frage zu bestimmen? Das bürgerliche Gesetzbuch, das hier wohl nach der Meinung Aller nothwendig einer Umarbeitung des gegenwärtigen Entwurfs bedarf. Die sonst unseren Gegenstand berührenden Fragen brauchen wir hier nicht zu beantworten. Auch hinsichtlich der in das Gesetzbuch aufzunehmenden Bestimmungen aber scheint es mir angemessen, daß ein Beschluß, den die geehrte Abtheilung etwa zu fassen hätte, auf die eigentlichen Detailfragen nicht eingeht, sondern daß wir nur das Principale formuliren. Die Detailfragen sind ja doch nachher erst durch Specialausarbeitungen zu lösen; es werden da Meinungsverschiedenheiten bestehen, aber sie treten so zurück vor dem großen Grundsatz der Körperschaftsfreiheit, daß vor Allem die energische Betonung dieses Princips hier geboten scheint. Im Einverständniß mit dem Herrn Justizrath Lesse, der mit als Antragsteller auftritt, habe ich daher folgenden Antrag vorzulegen:

Die Abtheilung wolle beschließen:

1. Das bürgerliche Gesetzbuch hat, unter Vorbehalt der besonderen Reichs- und Landesgesetze über einzelne Körperschaftsgattungen, allgemeine Bestimmungen über Erwerb und Verlust der Körperschaftsrechte zu treffen.

   Es hat dabei das Princip der freien Körperschaftsbildung zu Grunde zu legen.

2. Privatrechtliche Körperschaften, welche nicht unter ein Specialgesetz fallen — Vereine für ideale Zwecke und wirthschaftliche Vereine, wenn sie nicht auf einen kaufmännischen oder gewerb-

lichen Geschäftsbetrieb gerichtet sind, — erlangen die öffentliche Anerkennung ihrer Persönlichkeit, wenn sie auf Grund gesetzlicher Normativbestimmungen in ein, von den Gerichten geführtes Vereinsregister eingetragen sind.

Nun würde ich anheimstellen, drittens einen Zusatz zu machen, der sich hauptsächlich gegen die Bedenken richtet, die sonst unser Beschluß vielleicht hervorrufen würde:

3. Hinsichtlich der politischen und religiösen Vereine können landesgesetzliche Ausnahmsbestimmungen vorbehalten werden. Betreffs der Religionsgesellschaften und geistlichen Genossenschaften bleiben die Landesgesetze unberührt.

Ich schließe hiermit, m. H., und hoffe, daß die Discussion noch über einzelne Punkte vielleicht größere Klarheit schaffen wird. (Bravo!)

**Vorsitzender:** Ich eröffne die Discussion und bitte, sich zum Wort zu melden und den Namen anzugeben.

Justizrath **Lesse** (Berlin): M. H.! Ich schließe mich dem verehrten Herrn Referenten vollständig in dem Bedauern an, daß die Bestimmungen des Entwurfs des bürgerlichen Gesetzbuches über die juristischen Personen, man kann in der That sagen, etwas dürftig ausgefallen sind. Der Entwurf hat ein gemeinsames Körperschaftsrecht nicht geschaffen, er bespricht in den Motiven eingehend das sogenannte Concessionssystem und das System der Normativbestimmungen, er macht sogar treffend auf die Schattenseiten des Concessionssystems aufmerksam, aber, wie bereits der Herr Referent ausgeführt hat, er kann sich nicht entschließen, das Princip der freien Körperschaftsbildung an die Spitze zu stellen, und er kommt zu dem bedauerlichen Ausweg, daß er sagt, daß alles Weitere den Landesgesetzen vorbehalten werden soll. Ich glaube nun, daß der deutsche Juristentag sich diesem Vorgehen nicht anschließen wird und kann, sondern daß er sich dazu entschließen wird, gewisse Sätze aufzustellen, die es aussprechen, daß der Entwurf ein gemeinsames Körperschaftsrecht zu schaffen die Verpflichtung hat, daß er die freie Körperschaftsbildung an die Spitze zu stellen habe und daß er sich demjenigen anzuschließen hat, was jetzt seit Jahrzehnten sowohl in den juristischen Berufskreisen als auch in den Parlamenten erstrebt und vorgeschlagen worden ist. Als ich die Motive las, wurde ich recht lebhaft an die vielfachen Verhandlungen erinnert, die nun schon vor länger als 1½ Jahrzehnten im deutschen Reichstage stattgefunden haben über die wiederholten Anträge des verstorbenen Abgeordneten Schultze-Delitzsch, betreffend die Rechte der privatrechtlichen Vereine und ihre Stellung, und alle die Bedenken, die namentlich in der letzten

Reichstagscommission vor etwa 16 Jahren eingehend erörtert worden sind. Diese Bedenken, die ja auch heute noch in den Motiven sich wiederfinden, waren hauptsächlich folgende.

Zuerst machte man damals den dilatorischen Einwand, daß zunächst die gesetzlichen Bestimmungen, betreffend das öffentliche Recht über die Vereine, erledigt werden müßten; eher könne man an die privatrechtliche Regelung nicht gehen. Dann drückte man ein gewisses Mißtrauen — man kann es nicht anders sagen — gegen die Gerichte aus, indem man nicht die Gerichte allein über alle diese Fragen entscheiden lassen wollte, sondern man wollte diejenigen Behörden mitwirken lassen, denen die Aufsicht über die Vereine obliegt, sowohl bei der Frage der Eintragung, als auch bei der Frage, ob ein politischer, ob ein religiöser Verein vorliegt, ferner auch bei der Frage, ob ein Verein aufzulösen sei, weil er die Zwecke nicht einhalte, unter denen er sich constituirt habe und unter denen er in das Register eingetragen worden sei. Der letzte Punkt ist — das muß man anerkennen — im öffentlichen Interesse ein sehr wichtiger und unser verstorbener Abgeordnete Schultze-Delitzsch hatte diesem Gesichtspunkte auch Rechnung getragen und hatte darüber ganz specielle Bestimmungen in seinem Gesetzentwurfe vorgeschlagen, nach welchen Regeln und in welchen Fällen die Vereine aufzulösen seien, welche Behörde darüber zu bestimmen habe — er hatte die Gerichte dazu bestimmt —, wenn die Vereine nicht die Zwecke verfolgen, die sie an die Spitze gestellt haben bei ihrer Gründung. Ich hatte damals die Ehre, der Reichstagscommission anzugehören, und hatte, damit nur etwas zu Stande komme, den Antrag gestellt, daß die politischen und religiösen Vereine und auch die sogenannten Streikvereine — es war ja damals eine lebhafte Bewegung auf diesem Gebiete — auszuschließen seien von der Wirkung des Gesetzes. Dieser Antrag wurde auch fast mit Einstimmigkeit angenommen. Indessen auch das genügte nicht, um die damaligen Bedenken zu beseitigen. Es kam das Gesetz nicht zu Stande, obwohl die Kommission, wie gesagt, ausdrücklich die politischen und religiösen Vereine ausgeschlossen hatte.

Wie der Herr-Referent mit beredten Worten ausgesprochen hat, stehen die Motive des Entwurfs ganz auf dem Standpunkte, der damals von den Bundesregierungen bei Berathung des Entwurfs von Schultze-Delitzsch festgehalten wurde. Ja, ich möchte sagen, was in den Motiven steht, ist noch etwas schärfer, als was von Seiten der Regierung damals ausgesprochen wurde. Es wird gesagt, die publicistische Gesetzgebung Sachsens und Bayerns möge für privatrechtliche Vereine ein solches Gesetz gestatten, wie es Bayern und Sachsen zum Segen der Vereine hat, aber ob ein solches Gesetz auf das ganze Deutsche Reich zu übertragen sei, das sei höchst zweifelhaft und nicht nachgewiesen. Ich glaube, der verehrte Herr Referent hat in seinem trefflichen Gutachten schon mit Recht gesagt, daß diese Frage mit diesen zwei Worten nicht abzumachen sei, sondern daß die Motive, wenn sie einen solchen Satz aufstellten, den Nachweis hätten bringen sollen, daß wirklich die Uebertragung der dortigen Grundsätze auf das Deutsche Reich nicht zuträglich sei. Ferner haben die Motive auf die Gefährlichkeit einzelner Vereine aufmerksam gemacht, die ja nicht in Abrede gestellt wird — sie ist ja möglich —, und sie haben namentlich gesagt, daß der Name des Vereins und der an die Spitze gestellte Zweck des Vereins nicht genügend sei, um gegen die Gefahr des Mißbrauchs zu schützen. Nun, ich meine, der Herr Referent hat in dieser Beziehung bereits das Gesetzbuch auseinandergesetzt, und ich glaube nur noch hervorheben zu sollen, daß gerade, wenn das Gesetz zweckmäßige Bestimmungen über die Auflösung eines Vereins giebt, für den Fall, daß er gemißbraucht wird, damit alle Bedenken beseitigt sind, ein solches Gesetz zu schaffen mit den allgemeinen Grundsätzen, wie sie der Herr Referent vorgeschlagen hat.

Ich glaube, die Anträge des Herrn Referenten, wie er sie verlesen hat, Ihnen empfehlen zu können. Derselbe hat die Güte gehabt, einige Specialitäten, die ich vorschlug, sich anzueignen. Die Anträge sprechen also erstens aus: Das Gesetzbuch hat ein gemeinsames Körperschaftsrecht zu schaffen; das Gesetzbuch hat vorbehaltlich aller besonderen Reichs- und Landesgesetze über einzelne erwähnte Körperschaftsgattungen den Grundsatz der Körperschaftsfreiheit an die Spitze zu stellen. Dann haben wir ausgesprochen — worüber eigentlich alle einig sind, auch beide Herren Referenten, abgesehen von gewissen speciellen materiellen Fragen, auf die einzugehen, glaube ich, zu weit führen würde —, daß die öffentliche Anerkennung der Persönlichkeit der Vereine auf Grund gesetzlicher Normativbestimmungen, und zwar nach Eintragung in ein von Gerichten geführtes Vereinsregister erfolgen soll. Es wird also in diesem Satze das System der Normativbestimmungen, was wir ja auch auf anderem Gebiete mit Glück und mit Erfolg eingeführt haben, hier als das Richtige anerkannt und gesagt, daß die Vereine, welche öffentliche Anerkennung haben wollen, sich in das Register eintragen lassen müssen. Wie viel solcher Register zu schaffen sind, ist für heute auch eine zu specielle Frage. Ich glaube, daß der hochgeehrte Herr Referent sehr treffend unterschied zwischen Vereinen mit idealem Zweck und wirthschaftlichen Vereinen; ich glaube, es genügt nicht, wenn nach dem Gutachten des Herrn Professor Rosin nur an Vereine mit idealem Zweck gedacht wird, sondern es müssen auch diejenigen wirthschaftlichen Vereine aufgenommen werden, für welche noch nicht durch die Genossenschaftsgesetzgebung gesorgt ist. Das wäre der zweite Satz, und wenn wir unter dem dritten Satze der politischen und religiösen Vereine der Religionsgesellschaften und geistlichen Genossenschaften gedacht haben, so haben wir das gethan, um den staatlichen Bedenken Rechnung zu tragen, die wiederholt aufgestellt worden sind und von denen wir allerdings glauben können, daß sie auch später aufgestellt werden, so daß gar kein politisches Bedenken mehr obwalten wird, im Uebrigen unsere Anträge anzunehmen. Ich erlaube mir Ihnen diese Anträge zu empfehlen. (Bravo!)

Rechtsanwalt Dr. **Beckh** (Nürnberg) (zur Geschäftsordnung): Ich möchte bitten, die Anträge 1, 2, 3 nach den Nummern zu zerlegen und danach die Abstimmung stattfinden zu lassen. Das Motiv dieser Bitte ist einfach das, daß bei mir und, wie ich glaube, bei noch vielen der Herren Collegen die Ueberzeugung besteht, daß es nicht nothwendig ist, einen Beschluß des Juristentages zu Ziffer 3 herbeizuführen, während für Ziffer 1 und 2 sich die große Majorität des Juristentages entscheiden wird.

**Vorsitzender:** Ich wollte den nämlichen Vorschlag machen. Das Wort wird nicht mehr verlangt, ich schließe die Debatte und glaube der Zustimmung der Versammlung gewiß zu sein, wenn ich getrennt abstimmen lasse. Ich bringe zunächst Punkt 1 zur Abstimmung, welcher lautet:

> Das bürgerliche Gesetzbuch hat, unter Vorbehalt der besonderen Reichs- und Landesgesetze über einzelne Körperschaftsgattungen, allgemeine Bestimmungen über Erwerb und Verlust der Körperschaftsrechte zu treffen.
>
> Es hat dabei das Princip der freien Körperschaftsbildung zu Grunde zu legen.

Wer mit diesem Punkt 1 einverstanden ist, den bitte ich sich zu erheben. (Geschieht.) Ich bitte um die Gegenprobe. (Geschieht.) Der Antrag ist einstimmig angenommen. (Bravo!)

Es kommt Punkt 2:

> Privatrechtliche Körperschaften, welche nicht unter ein Specialgesetz fallen — Vereine für ideale Zwecke und wirthschaftliche Vereine, wenn sie nicht auf einen kaufmännischen oder gewerblichen Geschäftsbetrieb gerichtet sind, — erlangen die öffentliche Anerkennung ihrer Persönlichkeit, wenn sie auf Grund gesetzlicher Normativbestimmungen in ein, von den Gerichten geführtes Vereinsregister eingetragen sind.

Ich bitte diejenigen, welche diesen Punkt 2 annehmen wollen, sich zu erheben. (Geschieht.) Ich bitte auch hier um die Gegenprobe. (Geschieht.)

Mit allen gegen eine Stimme angenommen.

Nun kommt Punkt 3:

> Hinsichtlich der politischen und religiösen Vereine können landesgesetzliche Ausnahmsbestimmungen vorbehalten werden. Betreffs der Religionsgesellschaften und geistlichen Genossenschaften bleiben die Landesgesetze unberührt.

Wer für diesen Punkt 3 ist, den bitte ich, sich zu erheben. (Geschieht.) Wir müssen die Gegenprobe machen. (Geschieht.) Das letztere ist die Majorität, Punkt 3 ist abgelehnt.

Nun fragt es sich, ob die Abtheilung diesen Gegenstand im Plenum zur Berathung und Beschlußfassung stellen will oder ob er bloß zur Kenntnißnahme mitgetheilt werden soll.

Referent Geh. Justizrath Prof. Dr. **Gierke** (Berlin): Nach dem Vorgange des gestrigen Beschlusses über den Grundsatz: „Kauf bricht Miethe" würde ich vorschlagen, unseren Gegenstand der Plenar-Versammlung zur Beschlußfassung vorzulegen.

**Vorsitzender:** Wer dafür ist, diesen Gegenstand der Plenar-Versammlung zur Berathung und Beschlußfassung vorzulegen, den bitte ich, sich zu erheben. (Geschieht.)

Es ist dies Beschluß der Abtheilung, und ich darf wohl Herrn Geheimrath Gierke ersuchen, den Vortrag für die Generalversammlung zu übernehmen.

Somit wäre dieser Gegenstand erledigt.

Ich erlaube mir, bevor wir eine Pause machen, das Verzeichniß der vorhin gewählten Vertrauensmänner nochmals zu verlesen und mitzutheilen, daß der Zusammentritt der Vertrauensmänner morgen Vormittag präcise ½11 Uhr, im Zimmer der Abtheilung II, stattfinden wird.

Wenn es der Abtheilung genehm ist, werden wir jetzt ¼ Stunde Pause machen. (Pause.)

**Vorsitzender:** Wir kommen zur Berathung der Frage 12 der Tagesordnung:

> Ist es rathsam, das Strafgesetzbuch dahin zu ergänzen, daß der Verrath von Geschäfts- und Fabrikgeheimnissen als Vergehen strafbar ist?

Ein Gutachten liegt vor von Herrn Oberbürgermeister Dr. André in Chemnitz. Derselbe ist leider, wie er telegraphisch gemeldet hat, durch

Krankheit verhindert, hier zu erscheinen. Referent ist Herr Kammergerichtsrath Dr. Olshausen in Berlin. Ich ersuche ihn, den Bericht zu erstatten.

Referent Kammergerichtsrath Dr. **Olshausen** (Berlin): Meine Herren! Die Frage, ob die Verletzung des Geschäfts- und Fabrikgeheimnisses strafbar sei, ist seit Erlaß des Strafgesetzbuchs zuerst im Jahre 1883 durch Ortloff zur wissenschaftlichen Erörterung gestellt. Die Frage ist demnächst aus den Kreisen der Interessenten heraus erörtert worden in Folge des Vorganges des Vereins für chemische Industrie, der einige Jahre später sich an den Herrn Fürsten Reichskanzler wendete und einen Nothschrei ergehen ließ. Die Folge war, daß die Gewerbe- und Handelskammern aufgefordert wurden, sich über die Sachlage zu äußern. Der Herr Gutachter, Oberbürgermeister Dr. André zu Chemnitz, anerkennt, daß allerdings wohl Uebelstände vorgekommen seien, die das Gefühl der Genugthuung lebhaft erregten, aber er bestreitet, daß diese Fälle häufig hervorgetreten seien, und weist darauf hin, daß, wenn es anders wäre, wohl sich nicht die Erscheinung gezeigt hätte, daß eine Reihe von Kammern vollständig die Antwort schuldig geblieben wären. Während sich in den gutachtlichen Aeußerungen der Kammern der Gegensatz herausstellt zwischen den Fabrikbesitzern auf der einen Seite und den in Fabriken angestellten und beschäftigten Personen auf der anderen Seite, stellt der Herr Gutachter namentlich den Gegensatz von Privatinteressen und öffentlichen Interessen auf. Er betont zuvörderst, daß das öffentliche Interesse nicht auf den Schutz des Geheimnisses geht. Es sei ja der Gedanke, welcher der Patentgesetzgebung zu Grunde liege, eben der, für die Oeffentlichkeit möglichst fruchtbar zu machen, was der Einzelne erfunden hat, also gerade der Geheimhaltung entgegenzutreten. Von vornherein stellt er den Satz auf, daß das, was Patentschutz genieße, selbstverständlich nicht Gegenstand eines darüber hinaus zu schützenden Interesses sein könne; er geht aber weiter und sagt, daß alles, was überhaupt fähig sei, Patentschutz zu genießen, seines Erachtens auch nicht verdiene geschützt zu werden. Auf die Einwendungen, daß es Zwischenstadien gebe, wo ein Patentschutz noch nicht erlangt werden könne, daß in diesen Zwischenstadien ein Verrath eintreten könne, der den betreffenden Privaten empfindlich schädige, erwidert er, es sei bedauerlich, aber dem sei nicht abzuhelfen, und auf den Einwand, daß gerade die chemische Industrie durch das Patentgesetz überhaupt nur ungenügend geschützt sei nach der gleich im Eingange des Gesetzes getroffenen Bestimmung, erwidert er, daß dies nur eine Abänderung der Patentgesetzgebung bedingen würde. Der Herr Gutachter bemerkt, daß allerdings eine Richtung dahin gehe, duß das Fabrik- und Geschäftsgeheimniß geschützt werden solle, ganz unabhängig von dem Begriff der Patentfähigkeit, er sagt aber, das würde die Normirung des besonderen Begriffs bedingen, was denn hier unter „Geheimniß" zu verstehen sei, und er wirft die Frage auf: wie soll überhaupt eine Erfindung, die erst im Werden begriffen ist, als ein zu schützendes Rechtsobject behandelt werden? Er sagt ferner, daß wenn man aber auch so weit gehen wollte, so würde sich der große Uebelstand herausstellen, daß der Richter, um sich ein Urtheil darüber zu bilden, ob ein zu schützendes Geheimniß vorliege oder nicht, nothwendig sich auf Sachverständige stützen müßte, daß die Sachverständigen wieder nicht anders könnten, als behufs Lösung der Frage, wie er sagt, den Begriff des Gehörigen und Ungehörigen hineintragen, und so meint er, daß der Sachverständige es sein werde, der eigentlich aus sich heraus das Gesetz gebe; das sei ein Zustand, der nicht erträglich sein, der keine genügende Grundlage bieten würde, um darauf eine Strafgesetzgebung aufzubauen. Er bringt noch zu seinen Ausführungen unterstützend einige andere Punkte hinzu. Zuvörderst sagt er, man überschätze den Einfluß einer Strafgesetzgebung auf diesem Gebiete; es würden die Fabrikanten schon mit Rücksicht auf das Princip der Oeffentlichkeit der Gerichtsverhandlungen sehr häufig Abstand nehmen, einen Strafantrag zu stellen, weil sie gerade durch die Oeffentlichkeit der Verhandlungen das, was sie schützen wollten, in die weitesten Kreise getragen sehen. Er sagt auch, man würde sich hinsichtlich des Erfolges täuschen, weil Verurtheilungen voraussichtlich höchst selten eintreten würden. Er hebt ferner hervor, daß eine Straffanction, welche den Schutz des Fabrik- und Geschäftsgeheimnisses bezwecke, gerade auch umgekehrt benutzt werden könne zu Pressionen gegen Beamte, Angestellte und Arbeiter einer Fabrik, daß eine solche strafrechtliche Bestimmung geradezu zu Erpressungen führen könne, und er knüpft hieran den Gedanken, daß es äußerst schwer sein werde, eine Scheidegrenze zu ziehen zwischen dem, was eventuell zu schützen sei, und zwischen dem selbst Erlernten, auf das jeder einen naturgemäßen Anspruch habe. Der Herr Gutachter hebt ferner hervor, daß es die Fabrikanten und Geschäftsinhaber in der Hand hätten, sich durch privatrechtliche Abmachungen zu schützen, sie könnten in ihre Verträge mit den Angestellten ihrer Fabrik und ihres Geschäftes sofortige Entlassung aufnehmen, sobald ein Verrath dargethan ist. Er sagt, ein Mittel zur Durchführung der Vorschrift liege in der Handhabung der dem Arbeitgeber zustehenden Möglichkeit, sein privatrechtliches Verhältniß zu den Angestellten in einer dem gedachten Interesse zweckdienlichen Weise zu ordnen. Einen Vergleich der Privatangestellten mit den öffentlichen Beamten, die kraft ihrer Amtsausübung in der Lage und verpflichtet seien, von Geschäfts- und Fabrikgeheimnissen Kenntniß zu nehmen, erachtet er nicht für zutreffend. Der Staat, sagt er, welcher den Einzelnen zwingt, diese Amtsbefugnisse anzuerkennen, habe den Einzelnen gegen deren Mißbrauch zu schützen; dort aber handle es sich um ein rein privatrechtliches Verhältniß. Schließlich wendet sich der Herr Gutachter gegen den Standpunkt, den der Verein für chemische Industrie mit der Ausführung eingenommen hat, daß der Weg der Civilklage auf Entschädigung unter allen Umständen ein so unsicherer, umständlicher und kostspieliger sei, daß die meisten davon zurückschreckten. Dieser Standpunkt sei nicht zu theilen; die Verfolgung privatrechtlicher Interessen sei Sache des Einzelnen; sei es gerechtfertigt, jemand vor den Strafrichter zu stellen, weil man sicherer mit Hülfe des Staatsanwalts eine Verurtheilung erziele, als im Proceßwege vor dem Civilrichter?

M. H.! Was die Entscheidung dieses letzten Punktes betrifft, so stimme ich mit dem Herrn Gutachter durchaus überein, im Uebrigen aber komme ich zu einem entgegengesetzten Standpunkte. Ich knüpfe auch an diesen civilrechtlichen Punkt an und mache auf eine Aeußerung aufmerksam, welche das Aeltesten-Collegium der Berliner Kaufmannschaft in seinem Gutachten niedergelegt hat, indem dasselbe die Frage aufwirft, ob, seitdem die Civilproceßordnung in § 260 den Satz festgestellt habe, daß über die Frage, ob ein Schaden vorliege und wie hoch sich der Schaden oder ein zu ersetzendes Interesse belaufe, das Gericht nach seinem freien Ermessen und nach seiner freien Ueberzeugung zu entscheiden habe, der Civilrechtsweg der Schadenklage nicht noch wirksamer den Interessen der Petenten zu Hülfe komme, als dies im strafrechtlichen Wege möglich sein würde. M. H.! Ich bin der Ansicht, daß diese Aeußerung des Aeltesten-Collegiums der Berliner Kaufmannschaft ignorirt, daß es hierbei nicht bloß auf die processuale Frage, sondern daß es auch auf die gesetzlichen materiellen Unterlagen des zu verfolgenden Anspruches ankommt. Nun glaube ich, ist es ziemlich allgemein anerkannt, daß die materielle Gesetzgebung in großen Gebieten Deutschlands nicht eine genügende Verfolgung der Schadenansprüche ermöglicht. Das anerkennen auch die Motive des Entwurfs, indem zu § 705 des Entwurfs ausgeführt wird, es sei eine alte Klage, daß das geltende materielle Recht, vom französischen abgesehen, zum Schutze der Geschädigten unzureichend sei; dieser Klage sei nicht jede Berechtigung abzusprechen. Der Entwurf hat deshalb im § 705 eine Bestimmung getroffen, für die wir meines Erachtens dankbar sein und von der wir hoffen müssen, daß diese Bestimmung demnächst geltendes Recht werden würde. In § 704 spricht der Entwurf sich folgendermaßen aus:

„Hat jemand durch eine aus Vorsatz oder Fahrlässigkeit begangene widerrechtliche Handlung einem Anderen einen Schaden zugefügt, dessen Entstehung er vorausgesehen hat oder voraussehen mußte, so ist er dem Anderen zum Ersatze des durch die Handlungen verursachten Schadens verpflichtet, ohne Unterschied, ob der Umfang des Schadens vorauszusehen war oder nicht."

Dann im Absatz 2:

„Hat jemand aus Vorsatz oder Fahrlässigkeit durch eine widerrechtliche Handlung das Recht eines Anderen verletzt, so ist er den durch die Rechtsverletzung dem Anderen verursachten Schaden diesem zu ersetzen verpflichtet, auch wenn die Entstehung eines Schadens nicht vorauszusehen war."

Nun aber heißt es, hieran anlehnend, in § 705:

„Als widerrechtlich gilt auch die kraft der allgemeinen Freiheit an sich erlaubte Handlung', wenn sie einem Anderen zum Schaden gereicht und ihre Vornahme gegen die guten Sitten verstößt."

Die Motivirung zu dieser Gesetzesbestimmung stellt den Begriff der sogenannten „illoyalen Concurrenz" in den Vordergrund, die ja auch in der französischen Rechtsprechung eine so große Rolle spielt. Es wird gesagt, daß diese sogenannte illoyale Concurrenz gerade durch die Bestimmung des § 705 getroffen werden solle. Jemand macht von der an sich durch Gesetz ihm zustehenden Befugniß Gebrauch, aber in concretem Falle verstößt seine Handlung gegen die guten Sitten und deshalb wird aus der Handlung, wenn einem Anderen dadurch Schaden erwächst, demselben ein Schadenanspruch gewährt. M. H.! Mag man nun der Ansicht sein, daß auch das heutige geltende Recht im Ganzen schon ausreicht, namentlich in Verbindung mit der processualischen Bestimmung, um eine Schadenklage mit Erfolg durchzuführen, oder mag man hoffen, daß der Entwurf wenigstens in diesem Vorschlage demnächst geltendes Recht werden möge, so bin ich doch der Ansicht, daß es Fälle giebt, in denen das alles nicht ausreicht.

M. H.! Um ein praktisches Beispiel, statt vieler zu nennen, denken Sie an die chemische Farbenindustrie. Es kommt bei derselben auf die kleinste Nuance der Farbe an. Ein chemischer Proceß, durch den eine bestimmte Farbe, meinetwegen ein Blau, hergestellt werden soll, ist im Gange, und es wird die Nuance der Farbe bestimmt durch die Unterbrechung dieses Processes in einem bestimmten Zeitpunkte, d. h. wird der Proceß 1/2 Minute früher unterbrochen, dann ist die Nuance der Farbe eine andere, als wenn die Unterbrechung 1/2 Minute später erfolgt. Wenn nun ein Arbeiter — und das kann ja ein gewöhnlicher Arbeiter sein, der diese Thatsache kennt, die in der Fabrik, sei es auf Grund rationeller Ueberlegung ermittelt, sei es durch den Zufall, constatirt ist — dieses Geheimniß der Fabrik einem anderen Concurrenzunternehmen verräth, so ist dies eine Handlung, vor der wir alle einig sein werden, daß sie eine gemeine ist. Würde nun auf Grund der Bestimmungen des Entwurfs eine Schadenklage erhoben, so würde es doch ganz außerordentlich schwer sein, nachzuweisen, daß wirklich durch diesen Verrath dem klagenden Fabrikanten ein Schaden erwachsen ist, und die Bezifferung, wie hoch sich der Schaden beläuft, wird trotz des freien Ermessens des Richters sehr schwer oder kaum durchführbar sein. Ich bin der Meinung, daß, wenn in solchen Fällen demnächst doch ein Schadenanspruch zuerkannt wird, mag man ihn auf 1000 oder 10 000 Mark beziffern oder noch höher, dies in der Sachlage nichts Anderes ist, als die Auferlegung einer Geldstrafe.

M. H.! Der Herr Gutachter hat darauf hingewiesen, daß die Fälle, in denen das Gefühl für Genugthuung spreche, wohl so sehr zahlreich nicht sein könnten, sonst wären manche Kammern nicht die Antwort ganz schuldig geblieben. Vielleicht haben manche Kammern Grund gehabt, aus eigenem Interesse zu schweigen. Sie, m. H., werden Kenntniß genommen haben von den immerhin doch nicht der Zahl nach ganz unbedeutenden Fällen, die in den Anlagen des Gutachtens niedergelegt sind. Nun möchte ich Ihnen noch ein paar Fälle vorführen, die ich in der Lage bin, als thatsächlich richtig zu verbürgen. Es kommt leider in Deutschland vor, daß Fabriken, die zu den größten ihrer Art gehören, die einen Weltumsatz haben, mit Angestellten einer Concurrenzfabrik derartig in Verbindung stehen, daß bei jedem Zweifel, der sich innerhalb der eigenen Fabrikation ergiebt, sofort an den Angestellten der anderen Fabrik geschrieben wird, wie ist die Sache bei Euch? und am nächsten Tage oder an demselben ist die Antwort da: bei uns wird die Sache so gemacht. M. H.! Der Fall ist vorgekommen, daß Arbeiter einer Fabrik, die der Fabrikherr für seine alleinige Ausnutzung engagirt zu haben glaubte, Nächte und Nächte wochenlang hindurch in einer Concurrenzfabrik gearbeitet haben und, was sie in der einen Fabrik nach den Anweisungen ihrer dortigen Werkmeister und Fabrikherren am Tage ausgeführt hatten, das machen sie in der folgenden Nacht in der Concurrenzfabrik ohne Wissen ihrer Herren.

M. H.! Das sind Zustände, die, glaube ich, doch als empörend bezeichnet werden müssen, und da meine ich, daß der Erlaß einer das civilrechtliche Interesse deckenden Gesetzesbestimmung nicht hinreicht, hier verlangt unser empörtes Gefühl in der That eine Genugthuung durch Sanctionirung eines Strafgesetzes, welches diesen Mißbräuchen entgegentritt. Wenn gesagt wird, das öffentliche Interesse führe aber doch auf Aufhebung der Geheimnisse hin, die Fortschritte der Industrie hängen davon ab, daß möglichst wenig Geheimniß sei, so sage ich, es geht doch unmöglich das öffentliche Interesse so weit, daß es diesen allgemeinen Nutzen fördern wollte auf Grund so unsittlicher Zustände, wie ich mir sie eben zu schildern erlaubt habe.

Ich meine also, es muß in der That eine Abänderung in dieser Beziehung getroffen werden. Nun frage ich, treten wir denn damit auf einen neuen, bisher unbetretenen Boden? Nein, m. H., durchaus nicht! Sehen wir uns in der bestehenden Gesetzgebung um, so finden wir außerhalb Deutschlands zahlreiche Gesetzgebungen, die einen Schutz des Fabrik-, beziehungsweise des Geschäftsgeheimnisses, sei es beider oder des einen oder anderen, gewähren. An der Spitze steht Frankreich, welches das Fabrikgeheimniß, nicht das Geschäftsgeheimniß, schützt, ebenso die belgische Gesetzgebung, die italienische, ja auch die russische. Selbst die englische Gesetzgebung, von der der Herr Gutachter sagt, daß sie gar keinen strafrechtlichen Schutz gewähre, giebt, soweit ich das beurtheilen kann, in den practisch wichtigsten Fällen allerdings einen strafrechtlichen Schutz, und zwar geht das hervor aus der Auskunft, die sich der Herr Gutachter selbst aus England, wohin er sich gewendet hatte, von einem Sachverständigen geholt hat. Ich kann daraus nur herauslesen: wenn ein Dritter mit dem Angestellten bezüglich des Verraths von seines Arbeitgebers Geheimnissen, die nicht preiszugeben er die ausdrückliche oder nur selbstverständliche Verpflichtung hatte, in der Absicht, den Arbeitgeber der Vortheile seines Geheimnisses zu berauben, übereinkommt, so würden diese beiden sich der verbrecherischen Handlung des Complots — conspiracy — schuldig machen, obwohl es sehr schwer sein würde, das zu entscheiden. Ein Complot, wird fortgefahren, ist definirt als die Verabredung zweier oder mehrerer Personen, einen Dritten irgendwie unrechtmäßiger Weise zu schädigen oder zu benachtheiligen. Also hier ist in der That in dem praktisch wichtigen Falle, daß der Verrath in Folge vorangegangenen Complots zu Stande gekommen ist, theoretisch wenigstens ein strafrechtlicher Schutz in England vorhanden. Von der ausländischen Gesetzgebung will ich noch das niederländische Strafgesetzbuch erwähnen, welches ebenfalls einen strafrechtlichen Schutz gewährt.

Sehen wir auf die früheren Gesetzgebungen Deutschlands, so finden wir einen Schutz im ausgedehntem Maße. Von den früheren deutschen Particulargesetzgebungen sind vor Allem zu nennen die thüringische, die königlich sächsische, die badische, die württembergische, die bayrische. Sie gehen verschieden weit in dem, was sie gewähren. Die einen schützen nur Fabrikgeheimnisse, andere, wie die württembergische, die bayrische, schützen auch Handelsgeheimnisse. Auch das frühere hannöverische Strafgesetz schützt das Fabrikgeheimniß.

M. H.! Wenn man einerseits solche Vorgänge, wie die vorhin geschilderten, sieht, andererseits erwägt, wie die historisch gegebene Lage zur Zeit der Redaction des Strafgesetzbuches war, so fragt man sich verwundert, wo ist die Anknüpfung geblieben? man begreift es nicht, daß dieselbe verloren gegangen ist. Denn die Erklärung, die ich irgendwo, ich weiß nicht, von wem, gelesen habe, daß die ganze Sache vergessen sei, halte ich für zu naiv; das halte ich für unmöglich. Das würde einen solchen Vorwurf gegen die Redactoren des Strafgesetzbuches enthalten, daß er meines Erachtens vollständig ausgeschlossen bleiben muß. Es ist wunderbar, daß die Motive an keiner Stelle eine Auskunft darüber geben, ich hoffe aber, daß wir heute noch in dieser Beziehung eine Aufklärung erhalten werden; ich würde das für wünschenswerth halten. Daß eine absichtliche Unterlassung der Aufstellung einer strafrechtlichen Bestimmung vorliegt, das nehme ich als sicher an. M. H., wenn wir diesen Zustand sehen, wie er in Deutschland früher gewesen ist, wo ganz bedeutende Strafgesetzbücher den jetzt verlangten Schutz bereits gewährten, wenn wir auf die außerdeutschen Gesetzgebungen sehen, wie sie jetzt noch in Geltung sind, dann, scheint mir, sinkt der Einwand in nichts zurück, die der Herr Gutachter erhebt, es lasse sich eine genügende Formulirung für dieses neue Delict nicht finden. M. H., eine Formulirung ist dagewesen, sie ist Jahrzehnte in Uebung gewesen, und ich glaube, ein solches Armuthszeugniß brauchen wir uns heute nicht auszustellen, daß wir nicht in der Lage sein würden, eine genügende Formulirung zu finden. Ich mache darauf aufmerksam, daß auch unsere heutige deutsche Gesetzgebung schon eine Strafbestimmung enthält, nämlich in der Unfallversicherungsgesetzgebung, indem das Unfallversicherungsgesetz vom 6. Juli 1884 in § 107 und 108 schon die Verletzung der Betriebsgeheimnisse unter Strafe gestellt hat. Im § 107 lautet es:

> „Die Mitglieder, der Vorstand der Genossenschaften, deren Beauftragte (§§ 82 und 83) und die nach § 83 ernannten Sachverständigen werden, wenn sie unbefugt Betriebsgeheimnisse offenbaren, welche kraft ihres Amtes oder Auftrages zu ihrer Kenntniß

> gelangt sind, mit Geldstrafe .... oder mit Gefängniß .... bestraft",

und in § 108 werden noch einige schwerere Fälle besonders bedroht. Hier ist also eine Strafbestimmung; sie hat allerdings nicht in dem Regierungsentwurf gestanden und, soviel ich habe ermitteln können, hat sie zur Zeit praktische Anwendung noch nicht gefunden; wenigstens in den bis jetzt veröffentlichten statistischen Mittheilungen, die allerdings nur für die Jahre 1885 und 1886 in Betracht kommen, ist eine Bestrafung noch nicht verzeichnet; im Jahre 1885 war die Möglichkeit einer Anwendbarkeit der neuen Strafbestimmung nur sehr klein, sie erstreckte sich auf das letzte Vierteljahr. Immerhin ist die deutsche Gesetzgebung doch mit einer solchen Bestimmung vorgegangen.

Dann finden wir auch in der Gewerbeordnung eine hier einschlagende Bestimmung, indem es in § 139b folgendermaßen heißt:

> „Die Fabrikinspectoren sind, vorbehaltlich der Anzeige an Gesetzwidrigkeiten, zur Geheimhaltung der amtlich zu ihrer Kenntniß gelangenden Geschäfts- und Betriebsverhältnisse der ihrer Revision unterliegenden Fabriken zu verpflichten."

Also wir haben hier den Fall, daß kraft gesetzlicher Bestimmungen diesen Beamten die Verpflichtung auferlegt ist, das Geschäfts- und Fabrikgeheimniß zu wahren. Allerdings entbehrt diese Bestimmung noch des Schutzes durch eine Strafsanction. Denn ich glaube nicht, daß die Strafbestimmung in § 149 Nr. 7 der Gewerbeordnung, welche eine Geldstrafe bis 30 Mark eventuell 8 Tage Haft androht, dies trifft. Es heißt dort:

> „Wer es unterläßt, den durch §§ 138 und 139b für ihn begründeten Verpflichtungen nachzukommen" u. s. w.;

Das bezieht sich auf die Verpflichtungen der Fabrikbesitzer, unmöglich auf die Verpflichtungen, die den Fabrikinspectoren auferlegt werden.

M. H., der Vorschlag, den ich Ihnen unterbreiten werde, geht dahin, das Fabrik- und Geschäftsgeheimniß nur in so weit zu schützen, als, ich möchte sagen, vollkommene Einigkeit darüber bestehen wird, daß der Verrath eine gemeine Handlung ist, die eine criminalrechtliche Strafe verdient. Wenn ich mich auf den Standpunkt stelle, damit nur das treffen zu wollen, was wir alle als etwas Strafwürdiges empfinden, so löst sich damit die Schwierigkeit, wo die Grenze zu ziehen sei zwischen diesem strafwürdigen Verrath und der billigenswerthen, wünschenswerthen und in keiner Weese zu unterbindenden Verwerthung des Erlernten. M. H., ich möchte in dieser Beziehung dem Muster der französischen Gesetzgebung folgen, welche nur denjenigen Verrath bestraft, der begangen oder wenigstens eingeleitet wird von den Angestellten und Arbeitern einer Fabrik während der Anstellung. Was nachher liegt, ist straffrei. Das ist meines Erachtens eine ganz scharfe Grenze und ich würde sagen, die Grenze ist so scharf, daß ich sie unbedingt festhalten möchte, obgleich sie allerdings dazu nöthigt, Fälle, in denen einer oder der andere wohl meinen möchte, daß auch da eine Strafe am Plätze wäre, dennoch straffrei zu lassen. Ich meine Fälle folgender Art, wenn beispielsweise ein Angestellter im Geschäft, während er dort ist, aber ohne bereits irgend wie eine Verbindung mit Dritten, mit Concurrenten seines Geschäftsherrn zu planen, sich doch in den Besitz von Material setzt, welches er allerdings später zum Schaden seines Arbeitsherrn verwerthen kann. Nehmen wir an, daß der Commis die Kundenliste seines Herrn abschreibt, daß der Chemiker ganz genau in der Fabrik sich sämmtliche Analysen notirt, wie sie dort vorkommen. Ich glaube, es würden, wenn wir jenen Gedanken als richtig festhalten, daß die Verwerthung des Erlernten nicht abgeschnitten werden darf, hier kleinliche Bestimmungen nicht am Platze sein, das zu coupiren. Denn wenn man beispielsweise auch solche Fälle unter Strafe stellen wollte, was würde das Resultat sein? Eine Anstellung im Geschäft dauert doch nicht von heute zu morgen, abgesehen von Tagarbeitern, es würde sich der Commis aus dem Gedächtniß heute 10 Kunden aufschreiben und morgen wieder, und so hätte er in kurzer Zeit das Verzeichniß; und ebenso würde sich der Chemiker die Analysen zu Hause notiren können und würde am nächsten Tage in der Lage sein, das mit den schriftlichen Notizen zu vergleichen, wie sie im Schranke seines Geschäftsherrn liegen. Das läßt sich nicht coupiren. Mit jenem Princip ist aber eine feste Grenze gegeben.

Während die französische Gesetzgebung nur das Fabrikgeheimniß schützt, möchte ich in Uebereinstimmung mit Ortloff und auch mit einem österreichischen Anwalt, der einen sehr interessanten Vortrag im Laufe des vorigen Jahres gehalten hat, Dr. Brunnstein, Advocaten in Wien, glauben, daß kein Grund vorhanden ist, die Verletzung des Geschäftsgeheimnisses straflos zu lassen. Wenn wir die Grenze annehmen, von der ich ausgehe, so sehe ich nicht ein, warum der kaufmännische Geschäftsherr weniger geschützt sein soll als der Fabrikant; für ihn ist sein Verzeichniß, daß die und die Personen Abnehmer sind, sein Geheimniß; warum soll man es preisgeben und es straffrei lassen, wenn ein Commis einem Concurrenten dieses Verzeichniß mittheilt?

M. H., nur die Frage könnte sich noch aufwerfen, ist ein solcher Schutz auch genügend, wird der Fabrikherr nicht doch immer noch preisgegeben, wenn man ohne Weiteres alles straffrei läßt, was ein früherer Angestellter der Fabrik in Zukunft auf Grund der gewonnenen Kenntniß unternimmt? Die belgische Gesetzgebung ist in der That weiter gegangen und bestraft die Verletzung des Fabrikgeheimnisses auch noch, nachdem der betreffende frühere Angestellte aus dem Dienstverhältniß ausgeschieden ist. M. H., hier glaube ich aber mit dem Herrn Gutachter annehmen zu müssen, daß in der That für die Fabrik- und Geschäftsherren die Möglichkeit gegeben ist, sich durch Verträge zu sichern, allerdings nicht mit den gewöhnlichen Tagearbeitern; denn was helfen da civilrechtliche Verträge, nach denen sie zu einer Conventionalstrafe herangezogen werden können: es ist nichts da; also das wäre ein Schlag in's Wasser; ebenso, als wenn man solche Arbeiter zwangsweise im Geschäft festhalten wollte. Ich habe mir sagen lassen, das wäre namentlich in der chemischen Industrie unmöglich. Denn solch ein Arbeiter kann durch eine Böswilligkeit, die aber als solche sich nicht nachweisen läßt, sondern als Ungeschicklichkeit erscheint, in einer Minute einen Schaden von vielen, vielen Tausenden anrichten. Das läßt sich nicht durchführen, wohl aber bezüglich derjenigen Beamten eines Geschäfts oder einer Fabrik, die auf längere Zeit engagirt sind, und ich denke mir das Verhältniß so, daß da durch speciellere Regelung seitens der Civilgesetzgebung der Satz ausgesprochen werden müßte — es hat sich der Entwurf des bürgerlichen Gesetzbuches einer dahin einschlagenden Norm gänzlich enthalten; es sind in diesem nur allgemeine Grundsätze über die Ungültigkeit unsittlicher Rechtsgeschäfte und unsittlicher Verträge aufgestellt —, daß es erlaubt wäre, den Angestellten einer Fabrik oder eines Geschäfts, der mindestens, ich will sagen, auf sechswöchentliche Kündigung engagirt ist, für eine Zeit lang auszuschließen, sei es nur von dem Eintritt in ein gleiches Geschäft, sei es, wenigstens innerhalb gewisser räumlicher Grenzen, an der Verwerthung seiner Arbeitskraft überhaupt in der bisherigen Richtung. Allerdings meine ich, daß solche Verträge nur dann Anspruch auf Anerkenntniß, auf Gültigkeit haben dürften, wenn dem betreffenden Ausscheidenden auch ein Aequivalent dafür gegeben wird. Man könnte festsetzen, daß für ein vollständiges Untersagen des Eintritts in eine ähnliche Fabrik das Aequivalent die Hälfte der bisherigen festen Gage betragen müßte; wenn es sich nur um ein örtliches Ausschließen, z. B. aus dem Regierungsbezirke u. s. w., handelt, könnte man das Aequivalent niedriger bemessen oder vielleicht ganz davon absehen. Jedenfalls könnte man nicht so weit gehen, daß man diese Beschränkung der Handels- und Erwerbsfreiheit auf eine zu weite Frist zuließe; es würde meines Ermessens ein Maximum von 3 Jahren ausreichend sein. M. H., in ähnlicher Weise sichern sich die Fabrikanten heutzutage sehr viel. So werden beispielsweise in einer chemischen Fabrik die Engagements verschiedenartig abgeschlossen; es werden Chemiker engagirt, die auf ein ganz specielles Gebiet beschränkt werden; diesen werden in ihrem besonderen Laboratorium chemische Analysen aufgetragen und diese führen sie aus. Das sind immerhin wissenschaftlich, academisch gebildete Beamte, die aber doch von dem Fabrikbetrieb im Ganzen keine Kenntniß erhalten; sie werden angestellt mit Gehalten von 800—1000 Thalern. Denen gegenüber treten nun aber diejenigen Angestellten, die von dem ganzen Geschäftsbetrieb im vollen Umfange Kenntniß erhalten. Da ist die Gefahr der Schädigung im Falle der Auflösung eines solchen Contractverhältnisses sehr viel größer. Man schließt nun in der Weise den Vertrag, daß man in der That bestimmt, auf 1 oder 2 Jahre nach dem Austritt darfst du dich an einem ähnlichen Unternehmen mit deiner geistigen Kraft nicht betheiligen oder man schließt einfach den Vertrag auf eine Reihe von Jahren, sagen wir 4 Jahre, mit halbjähriger Kündigung ab, und sobald die Kündigung eintritt, wird ein solcher Angestellter der Fabrik nicht mehr beschäftigt. Der Fabrikherr zahlt ihm vielleicht für den Rest der Zeit, die er noch engagirt ist, 10, 20, 30 000 Mk., ohne seine Kräfte irgend wie noch zu benutzen. Also in der Weise sichern sich die Fabrikherren heutzutage und ich glaube, daß sie dazu auch in der Zukunft in der Lage sein würden, daß es sich aber empfiehlt, in unserer Civilgesetzgebung oder in einer Specialgesetzgebung die Normen aufzustellen, bei deren Innehaltung beide Theile auch sicher sein können, daß ein solcher Vertrag vor den Gerichten Anerkennung finden würde, was heutzutage immer zweifelhaft ist.

M. H., Fürchten Sie nun nicht, daß ich den Vorschlag machen werde, diese Details hier auszusprechen; das würde nach den bekannten Grundsätzen, die von dem Juristentag befolgt werden, keine Billigung erfahren und ist auch sachlich nicht empfehlenswerth. Ich werde vorschlagen, die Antwort auf die gestellte Frage in zwei Theilen zu geben, daß erstens ausgesprochen wird, positiv: „Die Ergänzung des Strafgesetzbuches dahin, daß der Verrath von Geschäfts- und Fabrikgeheimnissen als Vergehen strafbar sei, ist rathsam." Es wird hierdurch also lediglich die gestellte Frage bejahend beantwortet. M. H., ich glaube, darüber wird kein Zweifel sein, daß, wenn Strafsanction gegeben wird, weder eine polizeiliche Strafe oder eine Strafe, die sich innerhalb der Grenzen der Uebertretungsstrafen hält, ausreicht, noch daß eine Verbrechenstrafe nothwendig sei. Daß es sich nur um eine Vergehenstrafe handeln kann, und daß das Gesetzbuch Raum gewährt, um eine solche Bestimmung, sei es im Zusammenhange oder getrennt für die Beamtenverhältnisse einzuschalten, bedarf, glaube ich, einer näheren Ausführung nicht.

Ich habe noch ein paar Worte nachzuholen über die Stellung derjenigen Personen, welche auf Grund von Bestimmungen und namentlich als Beamte die Möglichkeit haben, in Geschäfts- und Fabrikgeheimnisse einzudringen. M. H., daß ein Verrath von solchen Personen unbedingt strafbar sein muß, braucht nicht näher dargelegt zu werden.

Wir sind heutzutage innerhalb der Gewerbegesetzgebung, wie sie durch die Gewerbeordnung geregelt ist, ohne Strafbestimmung ausgekommen; dennoch macht sich das Bedürfniß geltend gegen Fabrikinspectoren — zwar nicht solange sie im Dienste sind, aber doch wenn sie ihre amtliche Stellung aufgegeben haben. Es sind in den Anlagen zum Gutachten Fälle erwähnt, daß in der That Fabrikinspectoren nach Aufgabe ihres Amts die im Amt erworbenen Kenntnisse benutzt und die Fabriken geschädigt haben durch die kraft ihres Amtes erworbenen Kenntnisse. Es sind die Fälle leider nicht ganz vereinzelt, daß die Fabrikinspectoren sich geradezu als Consulenten niederlassen und ihre Kenntnisse so verwerthen. Die specielle Regelung der Frage wird allerdings wieder schwierig sein; denn wir haben es nicht bloß mit fest angestellten Fabrikinspectoren zu thun, sondern es hat die Entwickelung dahin geführt, daß die Fabrikinspectoren sozusagen Assistenten halten, die sie unterstützen. Daß man einem solchen Assistenten nicht zeitlebens verbieten darf, das, was er als junger Mensch in mäßig besoldeter Stellung erlernt hat, zu verwerthen, scheint klar. Auch wird sich fragen, in welcher Weise ein Mittelweg einzuschlagen ist.

Aber ich meine, daß die festangestellten Fabrikinspectoren, die bei ihrer Entlassung Pensionsansprüche haben, darauf verzichten müssen, das, was sie amtlich gelernt haben, später für ihren Privatvortheil zu verwerthen. Das müssen sie vor der Anstellung sich sagen, darüber müssen sie sich klar werden. In der Unfallversicherungsgesetzgebung ist ja ein Schutz gegeben durch die Bestimmung, die ich vorhin schon mitzutheilen mir erlaubte — aber es wird darüber geklagt, daß auch diese Gesetzesvorschrift nicht ganz ausreichend sei.

Ich stelle nun als zweiten Satz auf und bitte die verehrte Versammlung, demselben ihre Zustimmung zu geben dahin:

„Es empfiehlt sich, den strafrechtlichen Schutz zu beschränken auf den Verrath

a) seitens der Angestellten eines Geschäfts oder einer Fabrik und zwar, sobald der Verrath während der Anstellung begangen oder eingeleitet wird."

Der Satz trifft also nicht diejenigen Personen, die nur auf Grund eines einzelnen, vom Fabrikanten erhaltenen Auftrages die Möglichkeit haben, ein Geheimniß zu erhaschen: wenn der Fabrikant sich an einen

Techniker wendet, der ihm beispielsweise eine Zeichnung macht. Ja, das sind Verhältnisse, wo es ja auch nicht ehrenwerth ist, wenn dieser Techniker die Zeichnung einem Anderen mittheilt; immerhin ist der Vertrauensbruch doch nicht ein so großer, und es werden die meisten Leute, z. B. wenn es sich handelt um Anfertigung von Maschinen, civilrechtlich haftbar gemacht werden können; da ist die Aussicht gegeben, durch Conventionalstrafen sich zu schützen; und andererseits ist die Kenntniß, die ein solcher erwirkt, doch auch immerhin nur eine beschränkte.

Weiter

b) seitens derjenigen Personen, die auf Grund gesetzlicher Bestimmungen, insbesondere in amtlicher Eigenschaft von Geschäfts- oder Fabrikgeheimnissen Kenntniß erhalten."

Ich habe mich nicht darauf beschränken können, etwa zu sagen: „von Personen, die in amtlicher Eigenschaft die Kenntniß erhalten", weil dann nicht getroffen wurden die Mitglieder der Genossenschaften, Vorstände, Beauftragte, und — wie von weiteren Kreisen namentlich gewünscht wird — die Vertrauensmänner und Beamten der Berufsgenossenschaften, gegen die jetzt eine Strafbestimmung nicht gegeben ist. Deshalb habe ich gerade die obige Ausdrucksweise gewählt.

Ich bitte die Herren, daß sie diesen Anträgen ihre Zustimmung nicht versagen mögen.

**Vorsitzender:** Zum Wort haben sich gemeldet Herr Professor Dr. Rubo und Herr Rechtsanwalt Dr. Korn.

Professor Dr. **Rubo** (Berlin): M. H. Herr Kammergerichtsrath Dr. Olshausen hat die Güte gehabt, mich in Bezug darauf zur Aeußerung zu provociren, warum der Verrath von Fabrikgeheimnissen nicht im deutschen Reichsstrafgesetzbuche erwähnt worden ist: denn ich darf wohl annehmen, daß er mich gemeint hat, von dem er die Unterlassungsgründe hören wollte, da es mir vergönnt gewesen ist, an der Ausarbeitung des deutschen Reichsstrafgesetzbuches vom ersten Augenblick an bis zum letzten Augenblicke Theil zu nehmen.

Was zuvörderst den Umstand betrifft, daß die Motive zum Reichsstrafgesetzbuche an Einschlägigem nichts erwähnen, so darf ich darauf hinweisen, daß das preußische Strafgesetzbuch von 1851 dem Reichsstrafgesetzbuche zu Grunde gelegt ist und daß bereits die Motive zum ersten Entwurf des letzteren ausdrücklich bemerken, es werde das zum preußischen Strafgesetzbuch Motivirte nicht einer nochmaligen Motivirung unterwerfen.

Der Verrath von Geheimnissen ist schon im ersten Entwurf des

Reichsstrafgesetzbuches mehrfach Gegenstand von Strafandrohungen gewesen: bei Aufstellung des ersten Entwurfs bestand aber auch die Ansicht, daß der Verrath von Fabrikgeheimnissen nicht strafbar sei; eine Ansicht, welche ich auch gegenwärtig noch für die zutreffende halte und rücksichtlich deren es von Bedeutung ist, daß ein Antrag, den Verrath von Fabrikgeheimnissen für strafbar zu erklären, weder seitens der Commission zur Revidirung des Strafgesetzbuchs-Entwurfs, noch seitens des Bundesraths, noch seitens der Commission des Reichstages, noch im Plenum des Reichstages gestellt oder angeregt worden ist.

M. H. Das Verlangen, den Verrath von Fabrikgeheimnissen für strafbar zu erklären, beruht nicht auf Grundsätzen des Strafrechts. Es beruht vielmehr darauf, daß — wie die meisten selbst erklären — der Verräther zumeist nicht des Vermögens ist, um den etwaigen, durch den Verrath entstandenen vermögensrechtlichen Schaden zu decken und daß für solche Fälle der geschädigte und geschädigt bleibende Fabrikinhaber wenigstens seinem Rachegefühl dadurch Geltung verschaffen will, daß der zahlungsunfähige Verräther peinliche Strafe von Staatswegen erhält. Ein öffentliches Interesse liegt zur Strafverhängung nicht hierbei vor: und ich warne Sie, das Strafrecht als ein Ersatzmittel für Nichtdeckung privatrechtlicher Schäden aufzufassen. Seien Sie überzeugt, würden bei Verrath von Fabrikgeheimnissen die Fabrikinhaber genügenden Schadenersatz erhalten haben: — nie mehr wäre das Verlangen nach strafrechtlicher Ahndung des Verraths von Fabrikgeheimnissen hervorgetreten. Offenkundig bezeugen dies alle Petitionen, die den Verrath von Fabrikgeheimnissen mit Strafe bedroht wissen wollen.

M. H. Ich erwähnte bereits, daß das Reichsstrafgesetzbuch mehrfach den Verrath von Geheimnissen gewürdigt habe und die einschlägigen Fälle sind folgende, zunächst ist erster § 92, der denjenigen mit Strafe bedroht, der vorsätzlich Staatsgeheimnisse zum Nachtheil des deutschen Reiches veröffentlicht: wollen Sie den Paragraphen etwa dahin fassen?

> „wer vorsätzlich Staatsgeheimnisse zum Nachtheile des deutschen Reiches oder Fabrikgeheimnisse zum Nachtheile des Fabrikherrn veröffentlicht .... wird bestraft."

Ich glaube es nicht.

Sodann ist es der § 353a, der gegen solche Beamte des auswärtigen Amtes Strafe androht, welche die Amtsverschwiegenheit verletzen: — soll der § 353a fortan etwa dahin lauten?

> „ein Beamter im Dienste des auswärtigen Amtes des deutschen Reichs, welcher die Amtsverschwiegenheit verletzt oder ein

Fabrikarbeiter, welcher Fabrikgeheimnisse verräth .... wird bestraft".

Auch dies glaube ich nicht.

Der § 300 schließlich droht Strafe gegen Rechtsanwälte, Advocaten, Notare, Vertheidiger in Strafsachen, Aerzte, Wundärzte, Hebammen und Apotheker, sowie gegen die Gehülfen dieser Personen für den Fall an, daß sie unbefugt Privatgeheimnisse offenbaren, die ihnen kraft ihres Amtes, Standes oder Gewerbes anvertraut sind. Diese Strafbestimmung befand sich in einem, nach Maßgabe der Subjecte sogar ausgedehnterem Umfange im preußischen Strafgesetzbuche lediglich in dem von „Beleidigungen" handelnden Abschnitte; bereits der erste Entwurf zum Reichsstrafgesetzbuche würdigte aber, daß einerseits die Beschränkung auf bloß sog. patentirte Beamte angezeigt sei, daß aber gerade dann andererseits der vorgesehene Verrath vornehmlich einen öffentlichen Charakter annehme; und in Verfolg dessen wird die Strafbestimmung dem Abschnitte über Beleidigungen entzogen. Gerade die Beschränkung auf bloß patentirte Beamte ist angezeigt: eine Ausdehnung auf Fabrikarbeiter als solche ist nicht gerechtfertigt. Hüten Sie sich, je sittliches Unrecht und peinlich strafbares Unrecht als gleichbedeutend aufzufassen. Möge dem Fabrikherrn das Recht gegeben werden, den verrätherischen Arbeiter sofort, ohne Kündigung zu entlassen: — ein Grund zur Verhängung öffentlicher Strafe liegt aber nicht vor.

Ich bitte darum, die gestellte Frage zu verneinen.

Gegen den Antrag des Herrn Dr. Olshausen habe ich insbesondere einzuwenden, daß derselbe trotz der umfangreichen Formulirung doch einer jeden Bestimmtheit entbehrt. Denn, m. H., was gilt überhaupt als „Verrath von Fabrikgeheimnissen"? Lesen Sie das André'sche Gutachten: und Sie werden ohne Weiteres erkennen, daß schon rücksichtlich der Beantwortung dieser ersten Frage Uebereinstimmung der Ansichten nicht besteht. Ich hätte gewünscht, und ich durfte es bei der Gelehrsamkeit des hochverehrten Herrn Collegen erwarten, daß er bei Stellung eines Antrages eine bestimmte Ansicht zum Ausdrucke gebracht hätte, Principienfragen, in solcher unbestimmten Allgemeinheit aufgestellt, wie sie der Olshausen'sche Antrag enthält, haben für die Gesetzgebung keinen Werth.

Lehnen Sie, so bitte ich, den Olshausen'schen Antrag ab; eventuell beschließen Sie, daß die gestellte Frage noch nicht zur Beschlußfassung reif sei.

Rechtsanwalt Dr. **Korn** (Berlin): M. H. Ich bitte Sie gleichfalls, den Antrag des Herrn Referenten abzulehnen! Ich stelle mich voll und ganz auf den Standpunkt, den der Herr Gutachter Oberbürgermeister Dr. André in seinem Gutachten ausführlich entwickelt hat.

Wenn es sich darum handelt, eine neue Strafe einzuführen, so fragt es sich, ob ein rechtliches oder praktisches Bedürfniß diese neue Strafandrohung erfordert. Zu Begründung des rechtlichen Bedürfnisses hat der Herr Referent heute angeführt, es empöre unser Gefühl, wenn das Geschäftsgeheimniß heimtückischer Weise verrathen würde! Nun, ich meine, es empört unser Gefühl auch jeder privatrechtliche Contractsbruch! Wenn es sich darum handelt, eine öffentliche Strafe einzuführen, so muß der Nachweis geführt werden, daß das Gemeinwohl Schaden leidet durch den Vertrauensmißbrauch. Diesen Nachweis vermisse ich. Ist die Erfindung patentfähig, so steht ja das Patentgesetz zur Verfügung; wird davon kein Gebrauch gemacht, so mag der Betreffende durch privatrechtliche Maßregeln sein Interesse sichern. Ist der Nachweis des Schadens schwierig, so liegt der Weg der Conventionalstrafe vor, um diesen Nachweis zu ersparen und die Substanciirung des Schadens zu erleichtern. Eine hohe Conventionalstrafe gerade ist es, die mir als das passende Mittel erscheint, um das Interesse des Fabrikanten und Geschäftsinhabers in völlig ausreichendem Maße zu wahren!

Ein praktisches Bedürfniß für eine Strafandrohung kann ich nicht anerkennen; denn die Erfahrung hat gelehrt, daß sowohl die deutsche wie die englische Industrie sich bislang ohne strafrechtlichen Schutz des Fabrikgeheimnisses beholfen hat und daß dadurch eine Verminderung der Entwickelung der Industrie nicht eingetreten ist. Auch soll ja nach Ansicht des Herrn Referenten selbst ein Verrath nur bestraft werden, wenn er während der Entlassung geschieht, aber straflos sein, wenn er nach der Entlassung geschieht. Es würde also durch strafrechtliche Bedrohung nichts weiter bewirkt werden, als daß ein Aufschub des Verraths eintritt bis nach der Entlassung. Ein vollständiger Schutz der Industrie gegen den Verrath eines Geheimnisses wird nicht bewirkt. Ich möchte auch auf eine historische Thatsache hinweisen, die gerade recht illustrirt, wie wenig das Gemeinwohl einen Schutz solcher Geheimnisse erfordert. Das ist die Erfindung des Porzellans. Das Porzellan wurde unter Geheimniß lange fabricirt und ist dem allgemeinen Gebrauch nur zugänglich geworden dadurch, daß das Fabrikationsgeheimniß schließlich verrathen wurde.

Endlich fragt es sich, ob die Industrie unter strafrechtlichem Schutz besser fahren würde, und auch dies ist meines Erachtens zu verneinen! Die Conventionalstrafe wird, wenn Vermögen da ist, genau so gefürchtet wie der Strafrichter!

Ferner kommt in Betracht, daß im Strafprocesse die Oeffentlichkeit eine erheblich größere ist, als im Civilprocesse, und es kann dem Fabrikanten nicht dadurch gedient sein, daß sein Fabrikgeheimniß in allen Zeitungen besprochen wird.

Die Klagen über den Verrath des Fabrikgeheimnisses sind — wie auch Herr Oberbürgermeister Dr. André betont hat — hauptsächlich aus den Kreisen der chemischen Industrie hervorgegangen, während der Handelsstand sich wesentlich passiv verhalten hat. Nun finde ich aber in der Eingabe des Vereins zur Wahrung der Interessen der chemischen Industrie Deutschlands an den Herrn Fürsten Reichskanzler vom Jahre 1874, welche dem Gutachten des Herrn Dr. André beigegeben ist, einen offenbaren Mangel an juristischer Begründung und ich möchte sagen, an juristischer Reife der Begründung. Es soll nach dieser Eingabe nicht nur etwa der absichtliche Verrath von Geschäftsgeheimnissen bestraft werden, sondern sogar schon der fahrlässige, und zwar unter der gleichen Strafandrohung, als ob es eine ganz gewöhnliche Uebertretung wäre, bei welcher es auf Fahrlässigkeit oder Absicht nicht ankommt. Ferner soll unterschieden werden, ob der Verrath nur aus Noth geschehen ist, oder aus Bosheit und Eigennutz, und es soll danach nicht etwa nur die Strafzumessung eine verschiedene sein, sondern es sollen mit Rücksicht hierauf ganz verschiedene Strafandrohungen getroffen werden. Das beweist ein so geringes Verständniß für die Erfordernisse und für die fundamentalsten Grundsätze des Strafrechts und Strafprocesses, daß schon daraus hervorgeht, wie wenig vorbedacht und vorberathen diese Eingabe ist.

Ich bitte aus allen diesen Gründen, jeden Vorschlag auf strafrechtlichen Schutz für das Fabrikgeheimniß abzulehnen!

Rechtsanwalt Dr. **Edwin Katz** (Berlin): M. H. Ich ersuche Sie, dem Antrag des Herrn Dr. Olshausen in modificirter Form zuzustimmen, und werde mir erlauben, den demgemäß von mir zu stellenden Antrag nachher zu formuliren.

Ich kann zunächst mein Erstaunen darüber nicht zurückhalten, daß wir von Herrn Prof. Dr. Rubo die Begründung dafür, daß das Reichs-Strafgesetzbuch den Verrath des Fabrikgeheimnisses nicht in sich aufgenommen hat, damit haben erläutern hören, daß er sagte: zunächst hat niemand davon gesprochen, weder die Commission, noch das Plenum, noch der Bundesrath, und dann hat es im preußischen Strafgesetzbuch nicht gestanden! Das wäre also gerade der Grund, von dem Herr Dr. Olshausen sagte, es sei nicht möglich, ihn einer mit einer so wichtigen Arbeit betrauten Commission zu suppeditiren. Ich hatte geglaubt von Herrn Prof. Dr. Rubo zu hören, und ich glaube auch, daß dies der Grund ist, weshalb die Gesetzgeber des Reichsstrafgesetzbuches diese Frage nicht in den Kreis ihrer Erörterungen gezogen haben, daß damals,

als das Reichsstrafgesetzbuch berathen worden ist, bereits die Gesetzgebung über das geistige Eigenthum im regsten Flusse war und daß man gerade in dieser Gesetzgebung über das geistige Eigenthum auch die Bestrafung des Verraths des Fabrikgeheimnisses enthalten wissen wollte; meines Erachtens mit Unrecht und in Verkennung der Natur dieses Delicts.

M. H. Ich trete Herrn Dr. Olshausen, insoweit er die Bestrafung des Geschäfts- und Fabrikgeheimnisses fordert, bei, und zwar aus folgenden Gründen:

Stellt man die Forderung, daß eine Handlung bestraft werden soll, so muß man zunächst fragen: sind dafür öffentliche Interessen vorhanden und ist das öffentliche Interesse so dringlich, daß der Strafrichter mit einschneidenden Strafen, mit Entziehung der Freiheit denjenigen, der eine solche Handlung begeht, züchtigen soll?

Nun m. H., in dieser Beziehung sind wir zuvörderst angewiesen auf die Antwort der Interessenten, auf die Antwort, die wir aus den Kreisen heraus hören, welche gefährdet werden durch den Verrath von Fabrikgeheimnissen, und wir haben aus der Sammlung von Gutachten, die Herr Oberbürgermeister Dr. André seinem Gutachten beigefügt hat, mit einziger Ausnahme der Münchener Handelskammer — das Aeltesten-Collegium der Berliner Kaufmannschaft ist etwas reservirt in seiner Schlußäußerung — überall die dringliche und laute Forderung der Bestrafung des Verraths des Fabrikgeheimnisses gehört. Es ist allerdings wahr, was der Herr Vorredner betont hat, daß die Patentgesetzgebung verlangt, daß neue Erfindungen dem Wohle der Allgemeinheit zu Liebe in die Oeffentlichkeit gezogen werden sollen, und man darf naturgemäß durch derartige Strafbestimmungen die Intention der Patentgesetzgebung nicht paralysiren und dem Bestreben derselben keine Schranken ziehen; aber wir ziehen ja auch die Schranken nicht, wenn wir dem Herrn Dr. Olshausen folgen und wenn wir bloß den criminalrechtlichen Begriff in die ganze Frage hineinwerfen, der das trifft, was Herr Olshausen wohl meint, ohne daß er es ausgesprochen hat, nämlich den criminalrechtlichen Begriff der Untreue! Aus dem Begriff der Untreue allein ist das Vergehen zu bestrafen.

M. H. Herr Dr. Olshausen hat einen Fall kurz erwähnt, der vielleicht der Anlaß zu der ganzen Frage geworden ist. Es ist der Streit sehr bekannt, den eine große Anilin-Actiengesellschaft geführt hat gegen eine Reihe von Schweizer Firmen wegen des Imports solcher chemischer Producte nach Deutschland, die mittelst eines in Deutschland patentirten Verfahrens hergestellt worden sind. In der Schweiz existirt bis jetzt kein

Patentrecht, ebensowenig in Holland. Nun läßt das Patentgesetz bei Erfindungen auf dem Gebiete der Chemie nur die Patentirung einer Verfahrungsweise zu, nicht die Patentirung des Products; in Folge dessen wurde in der Schweiz, in dem patentfreien Lande, die in Deutschland patentirte Verfahrungsweise nachgeahmt und so das Product trotz des in Deutschland bestehenden Patentschutzes straflos in Deutschland eingeführt. Dadurch entstanden außerordentliche Schädigungen, und deshalb wendete sich die chemische Industrie und besonders der Verein für chemische Industrie an den Reichskanzler. Dieser erließ den bekannten Erlaß vom Jahre 1884, worin er sagte, daß unter dem Schutze einer Erfindung nicht bloß das Verfahren, sondern auch das Product mitbegriffen sei. Dieser Auffassung hat sich auch das Reichsgericht, wie ich höre, jetzt angeschlossen, so daß nun der Import von aus der Schweiz nach Deutschland eingeführten chemischen Waaren, welche nach einem in Deutschland patentirten Verfahren erzeugt worden sind, für eine Patentverletzung erklärt wird. Bei Gelegenheit der hier erwähnten Beschwerde kam auch aus demselben Interessentenkreise die Beschwerde über die Straflosigkeit des Verraths von Fabrikgeheimnissen an den Reichskanzler; auch hier beschwerten sich die Chemiker über die widerrechtliche Benutzung ihrer Verfahrungsweisen, deren Geheimniß ihnen vor der Patentirung straflos entwendet werde. Ich meine nun, m. H., wir brauchen in die Absicht des Patentgesetzes nicht einzugreifen; wir wollen nicht mit der Bestrafung des Verraths des Fabrikgeheimnisses denjenigen Mann treffen, der in der Fabrikation eine bestimmte Entstehungsweise, die noch nicht patentrechtlich geschützt ist, sieht und nun mit seinem Geiste ausarbeitet und daraus etwas Anderes macht. Das Recht hat jeder von uns vom Anderen zu lernen — wie Herr Dr. Olshausen richtig bemerkt hat — und das Erlernte zu verwerthen; und wenn jemand die Erfindung eines Anderen in der Weise verwerthet, daß er von seinem eigenen Geist hinzugiebt, und sie umarbeitet und ausgestaltet, so muß das straffrei sein, so ist es Pflicht des Anderen, sich das gefallen zu lassen, ich wüßte auch nicht, wie hiergegen praktisch strafrechtlich eingeschritten werden könnte.

Wann aber soll die Bestrafung eintreten? Ich deutete vorhin den Begriff der Untreue an und ich meine, daß dieses Thatbestandsmerkmal vorhanden sein muß, um die Strafbarkeit vom Standpunkt des Gesetzgebers zu begründen. Welches ist nun der geeignete legislatorische modus operandi? Das Patentrecht selbst eignet sich meines Erachtens aus den oben angedeuteten Gründen nicht dafür, diese Strafbestimmung in sich aufzunehmen, weil es gerade jede neue Erfindung an die Oeffentlichkeit heranziehen und ihr freigeben will. Wir können demnach den Verrath aus den Gründen des gemeinen Strafrechts bestrafen, und zwar deshalb, weil jemand wider das Treuverhältniß, zu dem er durch seine private oder öffentliche Anstellung verpflichtet ist, verstößt, indem er entgegen seiner Verpflichtung und der ihm dadurch auferlegten Verschwiegenheit zum Nachtheil des Geschäftsherrn, seines Auftraggebers das ihm anvertraute Geheimniß verletzt. Das ist Untreue, und diese Untreue muß bestraft werden! Es hat sich das Gutachten der Vereine der chemischen Industrie aus Mannheim oder das der Handelskammer von Mannheim dafür ausgesprochen, den Verrath der Fabrikgeheimnisse zu rubriciren unter den strafbaren Eigennutz; — dafür halte ich ihn nicht! Strafbarer Eigennutz ist doch nur die rechtswidrige Ausnutzung einer fremden Sache, oder eines Rechtes wie ein Eigenthümer, ohne dazu berechtigt zu sein. Das trifft aber den Verrath des Fabrikgeheimnisses nicht. Der Verrath des Fabrikgeheimnisses ist eben nur der Bruch des Contractsverhältnisses und ich glaube, daß wir ohne weitere Schwierigkeiten, ohne die umfangreiche Formulirung des Herrn Dr. Olshausen an den Untreueparagraphen des Strafgesetzbuches uns anlehnen können. Zweifellos richtig ist, was Herr Prof. Dr. Rubo sagt, daß der Begriff „Verrath" ein sehr schwankender ist. Die Feststellung des Thatbestandes ist schwierig; aber es ist zu erwarten, daß bei der in einer demnächstigen Revision sehr zu erwartenden Verallgemeinerung des § 266 R. Str. G. B. auch dieser Thatbestand seinen geeigneten Ausdruck finden wird. Der § 266, der Untreueparagraph des Str. G. B., ist in seiner heutigen Fassung ein sehr unglücklicher! Er enthält Specialbestimmungen der verquicktesten Art, mit denen eine ganze Reihe thatsächlicher Strafverhältnisse gar nicht getroffen werden kann, und bedarf dringend der Umarbeitung, der Verallgemeinerung. Es würde sich meines Erachtens, tritt man an eine Revision des Str.-Ges.-B. heran, bei der Revision des § 266 die Bestrafung des Verraths des Fabrikgeheimnisses sehr gut anknüpfen lassen, und deshalb gestatte ich mir vorzuschlagen, daß Sie die gestellte Frage mit der Modification beantworten: „es ist rathsam, das Strafgesetzbuch dahin zu ergänzen, daß der Verrath von Geschäfts- und Fabrikgeheimnissen unter dem Gesichtspunkte der Untreue als Vergehen bestraft wird."

In welcher Weise nachher der Untreueparagraph formulirt werden soll, wollen wir derjenigen gesetzgebenden Commission überlassen, die das Gesetz zu berathen hat; es würde das heute zu weit führen. Mit dieser Modification gestatte ich mir den Antrag zu empfehlen.

Rechtsanwalt **Hammer:** Nein, m. H., es ist keineswegs so wie Herr Professor Dr. Rubo sagte, daß der geschädigte Industrielle nach Rache ruft gegen den armen und vermögenslosen Schädiger, gegen den

Arbeiter, von dem er nichts bekommen kann; sondern das Hauptinteresse der industriellen Kreise, welches sich an diese Frage knüpft, ist das: es darf dann nicht bloß einen strafbaren Verrath geben, sondern die Hauptsache ist die, daß die Anstiftung zum Verrath strafbar gemacht wird, und das kann erst dann erfolgen, wenn der Verrath selbst bestraft wird. Nicht der arme Arbeiter, der meist nicht weiß, was er thut, ist es, den man treffen will, sondern den Herrn, der, wenn er 30—40 000 Mark nicht zu scheuen hat, um einen Menschen zum Verrath zu bewegen, will man treffen, den will man selbst dahin schaffen, wohin er gehört, dorthin, wo ihm sein Geld nichts nützt, sondern wo ihm gelehrt wird, daß er den Mann zur Felonie, zu einer strafbaren Handlung verleitet hat.

Ich bin ganz der Meinung des Herrn Rechtsanwalt Katz, daß unter dem Gesichtspunkt der Untreue in der That eine Bestrafung des Verraths von Fabrik- und Geschäftsgeheimnissen zulässig ist, ja von der deutschen Moralität gefordert wird, der deutschen Moralität, die eben doch den Treubruch nicht bloß als Civilsache behandeln will.

M. hochgeehrten H.! Nichtsdestoweniger, obwohl ich mich gegen die Anschauung meines verehrten Freundes und Landsmannes Dr. André erklären muß darin, daß er sagt: Verrath von Geschäfts- und Fabrikgeheimnissen soll nicht bestraft werden, bin ich aber auch doch nicht in der Lage, heute weiter auf die Specialitäten einzugehen, die schon der Vorschlag des Herrn Dr. Olshausen erwähnt. Die Frage ist mit einer Unmasse questiones facti verknüpft. Ganz gewiß wäre ich derselben Ansicht, die Herr Dr. Olshausen ausgesprochen hat, daß nur während des Bestehens des Arbeitsvertrages eine Bestrafung zulässig sein könnte; denn es kann unmöglich unter öffentliche Strafe gestellt werden, wenn jemand das, was er gelernt hat, dann für sich oder Andere verwerthet. Ich sehe einen großen Unterschied auch schließlich, wenn einmal der Vertrag gelöst ist, nicht darin, ob ich das für mich verwerthe oder für Andere, ob ich also selbst ein Unternehmen eröffne, womit ich meinem früheren Arbeitgeber Concurrenz mache, oder ob ich dies einem Anderen ermögliche.

Ich bin zwar ein altes Mitglied des Juristentages, habe aber heute zum ersten Male den Vorzug, persönlich den Verhandlungen beizuwohnen. Deshalb möchte ich lieber es einem Anderen überlassen, den Ausweg, der meinen Gedanken vorschwebt, in die gehörige Formulirung zu bringen: ich halte die Frage nicht für spruchreif und weiß nicht, ob die Geschäftsordnung des Juristentages eine ausdrückliche Declaration: „die Frage soll wegen Mangels an Spruchreife abgesetzt werden", zuläßt.

Jedenfalls möchte ich zum Schlusse davor warnen, die Frage kurzer Hand zu behandeln; denn auf diesen Gegenstand richten sich die Interessen weiter Kreise. Wir dürfen hier nach meiner Ansicht nicht Hoffnungen erregen, die wir nicht erfüllen können und nicht etwa im Sinne der Petitionen, die einer der Herren Vorredner vorführte, die Leute glauben machen, daß der Juristentag oder die Gesetzgebung je im Stande sein könnte, jemand auf den sublimen Standpunkt zu bringen, wo niemand ihn erreichen könne. Aber andererseits möchte ich auch nicht, daß der Juristentag durch eine jetzt schon eingenommene ablehnende Haltung allen den sittlichen Bedenken entgegentreten würde, die eine lange Behandlung dieses Gegenstandes nach meiner Ansicht mit sich bringen würde.

**Vorsitzender:** Will der Herr Redner einen Antrag stellen, oder dies einem Anderen überlassen?

Rechtsanwalt **Hammer:** Ich werde den Antrag stellen: „den Gegenstand von der Tagesordnung abzusetzen und einem künftigen Juristentage vorzubehalten."

**Vorsitzender:** Ich bitte den Antrag schriftlich einzureichen. Zum Worte haben sich noch gemeldet die Herren Rechtsanwalt Lindenberg und Staatsanwalt Dr. Bindseil.

Herr Rechtsanwalt Lindenberg.

Rechtsanwalt **Lindenberg** (Berlin): M. H.! Ich glaube, der Herr Referent und mein College, Herr Dr. Katz, sind im Großen und Ganzen vollständig einig; denn, soweit ich den Herrn Referenten verstanden habe, wollte er nur diejenige Handlungsweise unter das Strafgesetzbuch gebracht wissen, durch welche zur Kenntniß gelangte Geheimnisse in straffälliger Absicht Anderen mitgetheilt werden, indem er sagte, daß eine Handlungsweise, die einen gemeinen Verrath darstelle, gebrandmarkt und unter Strafe gestellt werden müsse. Ich für meine Person gehe aber weiter wie der Herr Referent; ich stimme seiner Ansicht nur im ersten Punkte bei, indem auch ich bitten würde, die Frage zu bejahen, ob es sich empfiehlt, das Vergehen des Verraths an Geschäfts- und Fabrikgeheimnissen in das Strafgesetzbuch aufzunehmen, — nicht aber in Bezug auf diejenigen Einschränkungen, welche er in Punkt 2 der Resolution vorgeschlagen hat. Was diese Beschränkungen anlangt, so halte ich es zunächst nicht für rathsam, den Schutz darauf zu beschränken, daß nur ein Verrath, der während der Anstellung ausgeübt wird, strafbar sein soll; vielmehr, meine ich, es muß auch ein Verrath, der nach dem Austritt geplant und ausgeführt wird, bestraft werden, namentlich wenn der Fall so liegt, daß von Seiten eines Concurrenten des Geschäftsherrn erst die Anfrage an den betreffenden Angestellten gerichtet wird, ob er bei ihm eintreten wolle, ohne daß der Angestellte vermuthet, man wolle seine Thätigkeit in unbefugter Weise ausnutzen und er sich in dem darauf erfolgten Engagement verleiten läßt, solche Vorkommnisse, die ihm bei seinem früheren Brotherrn als Geheimnisse bezeichnet sind, und dessen werthvolles Geheimgut sind, zu verrathen. Auch eine solche Handlung muß strafbar sein. — Noch mehr dürfte eine Beschränkung zu widerrathen sein dahin, daß nur die Angestellten bestraft werden können. Schon der Herr Vorredner hat gesagt, daß es der Industrie nicht so sehr darauf ankommen könne, den Arbeiter zu treffen, und zwar, um dies gleich hier zu erwähnen, nicht aus den eigennützigen Motiven, die Herr Professor Dr. Rubo den Arbeitgebern imputirt, sondern daß es darauf ankomme, sich gegen Concurrenzmanöver zu schützen und denjenigen das Handwerk zu legen, welche zum Verrath von Geheimnissen Andere anstiften. Die chemische Industrie hat sehr reiche Erfahrungen in dieser Beziehung gemacht und ist besonders in eigenthümlicher Lage gewesen, weil — wie Herr Dr. Katz schon hervorgehoben hat, — der Patentschutz für sie nicht ausreicht; denn dieser ist der chemischen Industrie dahin gewährt, daß nur eine Nachahmung des patentirten Verfahrens strafbar ist.

Nun läßt sich aber bei den Producten der chemischen Industrie sehr selten feststellen, wenigstens sehr selten zweifellos feststellen, ob zur Herstellung des Products das Patentverfahren angewendet worden ist, so daß der Patentbesitzer es den Producten, die anderswo producirt sind, und welche genau dieselbe, gerade durch das betreffende Verfahren erzielte Nuance enthalten, so daß die größte Wahrscheinlichkeit besteht, daß sie auf dieselbe Weise hergestellt sind, dennoch nicht nachweisen kann, daß sie mittels seines patentgeschützten Verfahrens erzeugt sind.

Die chemische Industrie hat auch solche Erfahrungen gemacht nicht nur in Bezug auf Verrath innerhalb des Fabrikationsbetriebes, sondern auch in Bezug auf Verrath innerhalb des kaufmännischen Betriebs. Ihre Angestellten haben sich nicht auf den Verrath an Erfindungen beschränkt, sondern die Geschäftsgeheimnisse schlechthin verrathen, für welche ja das Patentgesetz so wenig wie sonst ein Gesetz Schutz gewährt. Die Fabrikanten haben sich nun durch Vertragsbestimmungen verschiedensten Inhalts zu sichern gesucht, diese Versuche sind aber nicht besonders erfolgreich gewesen; denn in manchen Fällen ist die ausbedungene Conventionalstrafe nicht beizutreiben gewesen, in anderen Fällen hat sie insofern nicht geschützt, als derjenige, dem der Verrath zu gute gekommen, sie für den verrätherischen Angestellten erlegt hat. Denn wenn der Concurrent eine werthvolle Erfindung sich auf diese Weise aneignen kann, so wird es ihm auf eine größere Summe zur Erlangung nicht ankommen und er wird die Conventionalstrafe für den nicht zahlungsfähigen Arbeiter zahlen. Die

Unternehmer haben sich durch ehrenwörtliche Zusagen und andere Clauseln zu sichern gesucht, es sind aber viele dieser Clauseln von den Gerichtshöfen nicht für verbindlich anerkannt worden. Also ganz besonders die chemische Industrie hat sich in diesem Nothstande befunden und daß dieser Nothstand in Wirklichkeit existirt, meine ich, ist von den Handelskammern allseitig anerkannt worden, und hat auch das Rescript des Herrn von Böttcher ausdrücklich zugegeben.

Das Bedürfniß ist vorhanden. Es fragt sich nur, in welcher Weise soll der Schutz gewährt werden? Nun, sicher neben dem Schutz durch das Strafgesetzbuch auch durch Ausbildung des Civilrechts. Ich will nicht auf Alles eingehen, was der Herr Referent in dieser Beziehung gesagt hat. Ich meine, mit der einfachen civilprocessualischen Bestimmung des § 260 der C.-P.-O. kommen wir nicht aus. Frankreich ist darin besser gestellt gewesen, das hat die Delictklage der concurrence déloyale. Unser Civilrecht ist noch nicht so weit. Indessen handelt es sich vorliegend nicht darum, ob man das Eine oder das Andere wählen soll und was vorzuziehen, sondern es steht lediglich zur Erwägung, ob eine strafrechtliche Bestimmung getroffen werden soll.

Ganz eclatante Fälle des Verraths gewerblicher Geheimnisse erweisen unwiderleglich die Nothwendigkeit strafrechtlichen Schutzes. Es ist vorgekommen, daß, während der Principal einer Fabrik verreist war, zwei Angestellte sämmtliche Listen, sämmtliche Muster, sämmtliche Modelle und Zeichnungen copirt und aus allen Geschäftsbüchern sich Auszüge gemacht haben, daß sie dann aus dem Geschäfte ausgeschieden sind, andere Personen zum Ausscheiden veranlaßt, eine Concurrenzfabrik etablirt haben und nun, wo sie die Absatz- und Bezugsquellen 2c. von der Fabrik wußten, das erste Geschäft einfach zu nichte gemacht haben. Ich meine, solche Handlungen sind gemein und müssen unter das Strafgesetzbuch gestellt werden. Das Strafrecht der fremdländischen Gesetzgebung hat solche Bestimmungen. Frankreich hat sie in ausgedehntem Maße, es hat sie Belgien, es hat sie Rußland, auch die deutschen Staaten haben sie früher gehabt, mit Ausnahme von Preußen: es haben in Thüringen sehr eingehende Bestimmungen existirt, in Sachsen, in Württemberg, namentlich Bayern ist ausreichender Schutz gewährt. Es ist ein Wunder, daß trotz des Vorgangs dieser Gesetzgebungen bei der Redaction des deutschen Strafgesetzbuchs derlei Bestimmungen nicht Aufnahme gefunden haben. Ich erkläre mir, daß dies daher gekommen ist, weil für das Reichsstrafgesetzbuch das preußische Strafgesetzbuch vorbildlich gewesen ist und dieses leider eine derartige Strafbestimmung nicht enthalten hat. Letzteres erkläre ich mir aber wiederum damit, daß der Schutz des geistigen Eigenthums zur Zeit der Geltung des preußischen Strafgesetzbuchs noch ziemlich im Argen lag, daß der Begriff des geistigen Eigenthums erst später zur Kenntniß, Geltung und Ausbildung gekommen ist und daß bei uns erst nach den siebziger Jahren dieser Schutz des geistigen Eigenthums in regen Fluß gerathen ist. Man hat doch endlich erkennen müssen, daß auch dasjenige, was der menschliche Geist ersinnt, dem er aber nicht sofort eine körperlich greifbare Gestalt in äußeren Gütern geben kann, Anspruch auf Rechtsschutz hat, insofern es dem Menschen dazu dient, ihn zu ernähren, die Quelle seiner Thätigkeit, sein Arbeitsfeld zu sein, kurz, ihm seine wirthschaftliche Existenz zu ermöglichen. Früher war eine widerrechtliche Aneignung solcher nicht verkörperter Güter nicht gesetzlich stigmatisirt, sondern nur dann war die Möglichkeit der Strafverfolgung gegeben, sobald z. B. ein Stückchen Papier, das die Zeichnung oder die Idee enthielt, entfremdet wurde. Ich meine, wenn solche Fälle vorkommen, daß Geschäfte durch den Verrath ihres Angestellten ganz an den Ruin gebracht werden, dann ist das doch mindestens ebenso ein Antrieb dazu, einen strafrechtlichen Schutz zu gewähren, als wenn irgendeinem ein Paar Strümpfe oder sonst eine Kleinigkeit gestohlen wird. Der dolus liegt für den Richter in diesem Falle ebenso greifbar vor, und ein Bedürfniß, das verletzte Recht zu rächen, liegt ebenfalls vor. Der Zweck der Strafe ist aber nicht bloß, zu rächen, sondern auch von der Verübung von Verbrechen abzuhalten, und darin würde ich die Hauptwirksamkeit dieser Gesetzgebung erblicken. Die reichen Fabrikherren, welche lüstern nach der Erfindung ihres Concurrenten sind und mit Aufwendung weniger Mühen und Kosten sich das aneignen möchten, was jenem unendlich viel Arbeit, Zeit und Geldaufwand gekostet hat, lassen sich nicht abhalten, die Angestellten des Concurrenten zu sich hinüberzuleiten, wenn das einzige Risico nur ihr Geldbeutel trägt, wohl aber würden sie, da sie häufig den gebildeten und angesehenen Kreisen angehören, sich sehr wohl hüten, eine derartige gemeine Concurrenz auszuüben, wenn sie dem ausgesetzt sind, daß sie für eine solche Handlungsweise in's Gefängniß wandern müssen.

Und nun komme ich dahin, daß ganz besonders diejenigen mitgetroffen werden müssen, welche den Arbeiter dazu verleiten. Ich meine, daß, wenn man die Satzung annimmt, daß der Verrath an Geschäftsgeheimnissen als Vergehen zu strafen ist, man auch so weit gehen muß, diejenigen, die zum Verrath verleiten, als Anstifter mit zu bestrafen. Zwar würde sich dies aus dem allgemeinen Strafparagraphen, welcher von der Anstiftung handelt, herleiten lassen. Allein es giebt doch hierher gehörige Fälle, wo der Begriff der Anstiftung nicht ausreicht. Z. B. in einem Falle würde man wohl finden, wo der Arbeiter sich sagt: ich habe jetzt so und so viel aus diesem Geschäfte erkundet, dessen Geheimhaltung mir zur Pflicht gemacht ist, das sich aber schön verwerthen läßt, wenn ich zu einem anderen Geschäfte übertrete, und wo nun der Arbeiter sich zu einem anderen Brotherrn hinbegiebt, diesem alle dortigen Erfahrungen mittheilt, dieser sie auch ungenirt sich aneignet. Ich glaube, ein derartiges Verhalten würde nicht unter den Begriff der Anstiftung zu bringen sein. Wir würden, wenn wir diejenigen, die auf solche Manier Vortheile erlangen und annehmen, für ebenso strafbar erklären, uns nur auf denselben Gesichtspunkt stellen, der in der Gewerbeordnung im § 125 zum Ausdruck gekommen ist.

Ich meine also, daß es nicht weit genug gegriffen ist, wenn man nur die Angestellten bestrafen will, und auch nicht, wenn man sie nur bestraft in der Zeit, wo sie in der Fabrik sind. Selbstredend ist, daß als Geheimniß nur solche Dinge gelten können, welche eine Eigenthümlichkeit des betreffenden Betriebes bilden und sonst allgemein nicht vorkommen oder erkannt werden können. Die Definition von Geschäfts-, Gewerbe- und Fabrikgeheimnissen würde keine leichte sein, aber doch wohl gefunden werden können.

Schließlich meine ich, es würde sich zunächst nur empfehlen, die Frage selbst zu bejahen, alles Uebrige aber heute nicht zu entscheiden, so daß Punkt 2 der Resolution nicht zur Abstimmung gebracht würde.

Staatsanwalt Dr. **Bindseil** (Cottbus): Ich bin für Bejahung der Frage, aber auch der zweiten Frage. Ich meine, daß, wie schon der Wortlaut der Frage „ist es rathsam . . .“ andeutet, es sich nur um eine Meinungsäußerung darüber handelt, ob es wünschenswerth ist, eine Veränderung vorzunehmen; im Uebrigen aber ist der materielle Inhalt dieser Frage nur die logische Consequenz dessen, was wir schon seit 10—20 Jahren in unserer Gesetzgebung haben; denn es ist weiter nichts als die Ausfüllung der Lücke, die durch die Patent- und Schutzgesetzgebung im Schutze des Urheberrechtes gelassen ist. Wenn Sie den bestrafen wollen, der einmal etwas nachahmt, was gesetzlich geschützt ist, so daß er sofort zur Strafe gezogen werden kann, so sehe ich nicht ein, weshalb Sie vor dem Schritte zurückschrecken wollen, auch denjenigen mit Strafe zu treffen, der eine solche Verletzung des Rechtes möglich gemacht, der Fabrikgeheimnisse ausgeplaudert hat und, da er selbst nicht im Stande war, etwas nachzumachen, dem Anderen, dem Capitalisten, die Möglichkeit zu dieser Ausbeutung gab. — Das wird dahin führen müssen, die Rathsamkeit dieser Gesetzgebung auch hier im strafrechtlichen Sinne zu bejahen. Alle Gesetze, die erwähnt sind, enthalten strafrechtliche Bestimmungen, und es kann in der That nicht das Moment in Betracht kommen, was von anderer Seite angeführt ist, daß jeder Nachweis, in welcher Weise hier eine Verletzung eingetreten resp. was ein Fabrikgeheimniß sei, schwer zu erbringen sein wird. Ich brauche ja nicht die Versammlung darauf aufmerksam zu machen, daß wir in unserem Strafgesetzbuch, wie in unserer ganzen Gesetzgebung so viel Quecksilberpunkte und so viel Paragraphen haben, wo es lediglich der Interpretation überlassen ist, hineinzulegen, was der Gesetzgeber sich im einzelnen Falle gedacht hat.

Wenn Herr Professor Rubo fragte: was ist der Verrath? — so frage ich dagegen: „was ist Untreue?" — was ist die Gefährdung und Schädigung, die z. B. in den Strafbestimmungen über Landesverrath erwähnt ist?

Wir haben vor wenig Wochen im Reichsgericht Verhandlungen gehört bezw. gelesen, wo erst durch die Commission des Generalstabs festgestellt ist: das ist etwas, was das Reich schädigt! Der Mann, der die Schädigung vorgenommen hat, ist sich über die Tragweite dessen, was er gethan hat, wohl selbst nicht recht klar gewesen, und doch erfolgte seine Verurtheilung!

Und auch hier liegt ein Punkt vor, der quecksilbern ist, wie man sich ausdrücken könnte, und der erst im einzelnen Falle durch die praktische Auslegung sich als strafbar erweist.

Wenn Herr Professor Rubo weiter sagte, daß die Sache zur Carricatur würde, und eine Gegenüberstellung brachte des Verraths an Fabrikgeheimnissen und des Verraths von Gesandten 2c., so liegt das Treffende, das, was ihm den Beifall für diese Worte brachte, eben nur in der carrikirenden Zusammenstellung. (Sehr richtig!) Wenn Herr Prof. Rubo die Freundlichkeit gehabt hätte, nicht Gesandte und Hebammen und Arbeitnehmer, die Fabrikgeheimnisse ausplaudern, zusammenzustellen, so würde er den Erfolg nicht erzielt haben.

Ich bitte, die Zusammenstellung zu machen mit § 266; das ist der richtige Punkt, wohin es gehört; denn es ist Untreue, die wir treffen wollen! Der Arbeiter, der zu einem Arbeitgeber auf bestimmte oder unbestimmte Zeit in ein Contractsverhältniß tritt, dahin, daß ihm der Arbeitgeber Einsicht in seine Geheimnisse gestattet, damit er sie in seinem, des Arbeitgebers, Interesse ausnütze, tritt mit diesem in eine volle Vertrauensstellung und es ist ein Vertrauensmißbrauch, wenn er mit dem, was er in dieser Stellung erlernt, hingeht und es seinem Fabrikherrn nachmacht oder Anderen es nachzumachen ermöglicht! Also Untreue würde der richtige Ausdruck sein, unter welchen die Strafbestimmungen gegen den Verrath des Fabrikgeheimnisses zu subsumiren wäre!

Ich möchte aber noch ein juristisches Bedenken geltend machen! Es ist nämlich das Bedenken: wie will ich eine Strafbestimmung machen, die nur den Arbeiter strafbar macht, der Fabrikgeheimnisse seines Arbeitsherrn ausplaudert, solange er in dessen Brot steht? Wo ist da die Grenze! Heute tritt er ein in die Fabrik, nach 3 Monaten hat er das volle Vertrauen des Arbeitgebers erworben — dann tritt er, nachdem er das Geheimniß erlangt hat, wieder aus und verwerthet nur das erlernte Geheimniß; in diesem Falle würde er, nach dem Vorschlage, der gemacht worden ist, straflos sein. Das ist nicht möglich; denn dann hätte er es ja vollständig in der Hand, strafbar zu sein oder nicht, er brauchte bloß den Dienst zu verlassen. — Das Richtige würde wohl darin liegen, daß nach dem Verlassen des Dienstes noch eine bestimmte Frist zu stellen ist, binnen welcher der Arbeiter an die Geheimhaltung des Geheimnisses gebunden sein soll, und dies mit wenig Worten in's Gesetz hinein zu fassen, ist meines Erachtens durchaus nicht schwierig!

Ich bitte, mir Ihre Geduld für wenige Worte noch zu bethätigen. Es handelt sich um noch ein anderes juristisches Bedenken: wir können unmöglich eine Strafbestimmung aufnehmen und als rathsam empfehlen, welche ohne Weiteres einen Arbeiter bestraft, der ein Fabrikgeheimniß seines Arbeitgebers irgendwie verwerthet oder ausgeplaudert hat; es fehlt gerade das Moment, das dieses Verhalten strafbar macht, nämlich: daß er es entweder thut, um den Arbeitgeber zu schädigen, oder um sich einen Vermögensvortheil zu verschaffen. Und ich meine: das ist der Kernpunkt, wo die Strafbarkeit allein einsetzen kann. Denn wenn der Arbeiter in der Fabrik etwas lernt, was ein Fabrikgeheimniß ist, und er verarbeitet das in sich wieder, so daß er etwas Neues daraus construirt, wo soll da die Strafbarkeit liegen? Ich weiß aus meiner eigenen Praxis einen Fall, wo ein schlichter Arbeiter in einer Fabrik, in welcher mit Hülfe eines gewissen patentirten Mechanismus eine ganz besondere Sorte Hufnägel gefertigt wurde, diesen Mechanismus, der es ermöglichte, den Nägeln eine bestimmte Form zu geben, derart beobachtetete, daß er nach den Wahrnehmungen, die er bei Bedienung der Maschine gemacht hatte, im Stande war, eine Maschine zu ersinnen und selbst herzustellen, welche den patentirten und geheim gehaltenen Mechanismus der alten Maschine in einer erheblich verbesserten Form zur Geltung brachte. Jetzt baute er mit einem Capitalisten eine Concurrenzfabrik und fabricirte dieselben Nägel. Der frühere Arbeitsherr behauptete, daß nur mit seiner patentirten Maschine diese Nägel herzustellen seien. Es kam zur Untersuchung,

Experten wurden gehört und diese sagten: „es ist zwar das System der patentirten Maschine und dennoch eine andere Maschine; denn gerade in der Anwendung des Mechanismus weicht sie von der anderen ab.

M. H., da haben Sie einen Fall, der zweifelsohne straflos ist. Kein Mensch wird ihn bestrafen können.

Ich meine daher, daß bei dem Erlaß einer Strafbestimmung im Sinne des Antrages wohl zu unterscheiden ist zwischen der Verwendung eines Fabrikgeheimnisses zu selbstsüchtigen oder einen Anderen schädigenden Zwecken und der Anwendung eines bez. Geheimnisses zum Zwecke der Fortbildung. Ersteres ist allein strafbar. Letzeres dagegen nicht. Vielleicht wird der Herr Referent selbst einen bez. Zusatz seines Antrages formuliren und möchte ich dann den gesammten Antrag der Versammlung zur Annahme empfehlen.

Rechtsanwalt Dr. **Beckh** (Nürnberg): M. H.! Nachdem die geehrten Herren Vorredner in so ausführlicher und meiner Ansicht nach richtiger Weise sich principiell zu Gunsten des Antrags ausgesprochen haben, habe ich nur ein paar Bemerkungen zu machen. Die eine Bemerkung richtet sich gegen die Ausführungen des Herrn Professor Rubo und eines anderen geehrten Herrn Vorredners der gegnerischen Ansicht, die sich dahin äußerten, als ob das Gemeinwohl in keiner Weise eine solche Strafbestimmung erfordere, wie sie uns hier in Vorschlag gebracht wird. Wenn wir diese Anschauung gegenüber unserem bestehenden Strafgesetzbuch und die verschiedenen einzelnen Strafgesetze, die noch nebenher laufen, zur Geltung bringen wollten, dann würde sich wohl eine Strafbestimmung betreffs einer einfachen Unterschlagung, eines einfachen Betruges u. s. w. auch nicht rechtfertigen, denn das sind Handlungen, durch welche das Gemeinwesen im Ganzen gewiß weniger geschädigt wird, als wenn durch Geheimnißbruch die Existenz einer Fabrik in Frage gestellt wird, welche Hunderte von Personen beschäftigt. Und doch bestimmt das Strafgesetzbuch eine Strafe für jene, weil man annahm, das Gemeinwohl werde durch solche Handlungen ebenso, wie Recht und Moral geschädigt. Jene Motivirung ist also meines Erachtens absolut nicht zutreffend. Ich meine ferner auch nicht, daß die Zusammenstellung und Gegenüberstellung, welche Herr Professor Rubo gemacht hat, einen besonderen Beifall gefunden hat, und daß das Lachen dabei ein Zeichen der Zustimmung gewesen ist. Der Herr Professor Rubo liebt die Antithesen, und diese Antithesen haben das Lachen erregt.

Nun komme ich zu dem Antrag Katz und den Specialisirungen des Herrn Referenten, die auch schon, wie ich glaube, mit Recht angefochten worden sind. Wir müßten sonst noch auf verschiedene Punkte kommen, besonders auf einen, der nur flüchtig berührt wurde, der aber sehr zu beachten ist: Ist es nämlich in so manchen Fällen im Interesse des Arbeitgebers oder Fabrikherrn gelegen, daß die Sache zur Sprache gebracht und öffentlich verhandelt wird. Da fragt es sich also: soll nicht eine derartige Strafbestimmung unter die Antragsvergehen gehören. Das ist eine Frage, die wir vor allen Dingen in den Vordergrund stellen müssen. Ich bin der Ueberzeugung, daß der Gesetzgeber auf Grund der Gutachten der Mehrzahl der Handels- und Fabrikinstitute sich dahin entscheiden würde, daß nur auf Antrag ein solches Reat verfolgbar sein solle. Aber sobald wir in die Specialisirung hineinkommen, spielen wir die Gesetzgeber, und das wollen wir nicht; wir wollen unsere Anschauung nur in allgemeinen Grundzügen aussprechen, und daher bin ich der Ansicht, wir sollten von allen weiteren Specialisirungen absehen und einfach den Antrag Katz annehmen. Dieser trifft im Allgemeinen unsere Meinung, und ich bitte Sie deshalb, dem Antrag des Herrn Collegen Katz zuzustimmen.

Professor Dr. **Rubo** (Berlin): Herr Dr. Katz hat geglaubt, seine Verwunderung über die Gründe aussprechen zu sollen, die meiner Mittheilung zufolge dafür maßgebend waren, daß die Motive zum ersten Entwurfe des Reichsstrafgesetzbuches in gewisser Knappheit verfaßt worden sind. Ich bin nunmehr denjenigen Herren, unter und mit denen ich bei Aufstellung des ersten Entwurfes gearbeitet habe, es schuldig, dem Herrn Dr. Katz folgendes zu erklären.

Der Redactor des Reichsstrafgesetzbuches, der jetzige Herr Justizminister Dr. Friedberg, betrachtete die Herstellung eines allgemeinen Deutschen Strafgesetzbuches auch für eine eminent politische Aufgabe, da das große Gesetzgebungswerk dazu beitragen müsse, die neu erstandene politische Einheit zu befestigen. Schnelle Förderung und schnelle Beendigung der Entwurfsarbeiten waren darum wahrhaft geboten; und es ist ja bekannt, wie Dr. Friedberg mit geradezu bewundernswerther Schnelligkeit den ersten Entwurf nebst Anlage fertig gestellt hat. Wo aber derartige Beschleunigung nothwendig war, da war es angezeigt, insbesondere den Umfang der Motive derart zu gestalten, daß nicht in Folge ihrer Ausarbeitung das Hauptwerk verzögert werde. So wurde es denn zur Richtschnur genommen, im Allgemeinen Begründungen nur rücksichtlich dessen zu geben, was der Entwurf als strafbar erklärte; Begründungen, warum gewisse Handlungen nicht für strafbar zu erachten seien, finden sich denn auch fast nur da, wo der Entwurf glaubt, eine im preußischen Strafgesetzbuche für strafbar erklärte Handlung fernerhin straffrei zu lassen.

Diese Methode genügt der Aufgabe, welche der Schöpfer eines Strafgesetzbuches an und für sich hat: ihm liegt es wesentlich nur ob, zu rechtfertigen, daß er für gewisse Fälle die Staatsangehörigen mit öffentlicher Strafe belegt wissen wolle.

**Vorsitzender:** Hiermit ist die Reihe der Rednerliste erschöpft. Ich schließe die Debatte. Ich möchte aber zunächst noch an Herrn Staatsanwalt Dr. Bindseil die Frage richten, ob er dieses Amendement bezüglich des Vermögensvortheils oder der Schädigungen zu seinem Antrage erheben will, oder ob er es dem Herrn Referenten überläßt, diese Anregung zu geben.

Staatsanwalt Dr. **Bindseil** (Cottbus): Ich überlasse es dem Herrn Referenten.

Referent Kammergerichtsrath Dr. **Olshausen** (Berlin): M. H.! Ich glaube, nach dem Gange der Debatte kann ich das Schlußwort sehr kurz halten. Ich erachte die Einwendungen der beiden principiellen Herren Gegner gegen meine Vorschläge nicht für durchgreifend. Die Art und Weise, wie Herr Professor Rubo zumuthete, daß das Strafgesetzbuch die Bestimmung fassen würde, ist schon hinreichend charakterisirt worden. Der Hinweis auf die Patentgesetzgebung ist meines Erachtens nicht durchgreifend, weil es Zwischenstadien giebt, in denen die Patentgesetzgebung nicht schützen kann, und weil, wenn man auch das Patentgesetz im Interesse der chemischen Industrie etwas verändern könnte, es sich dennoch immerhin im wesentlichen um den Schutz des Verfahrens bei der Chemie handeln wird.

Es bedarf wohl weiter keiner Ausführung, daß mir die Annahme des ersten Satzes meines Antrages die Hauptsache ist. Ich habe deshalb von vornherein die Zerlegung des Antrags unter zwei Ziffern vorgenommen, damit es möglich ist, diesen principiellen Satz auszusprechen und den zweiten Satz abzulehnen. Ich fasse den Antrag des Herrn Dr. Edwin Katz dahin auf, daß es sich eigentlich nur um ein Amendement zum ersten Antrag handelt, indem auch er den Ausdruck „Verrath" des Fabrikgeheimnisses braucht, diesen Verrath aber als „Untreue" bestrafen will. Also kommt zu dem von mir aufgestellten Satze noch der Zusatz: „aber als Untreue strafbar." Es wird sich die Abstimmung dadurch vereinfachen. M. H.! Ich befinde mich in der That in wesentlicher Uebereinstimmung mit Herrn Dr. Katz. Ich habe durch Detailbestimmungen, die ich in knappen Grenzen gehalten habe, die schwersten Fälle der Untreue charakterisirt. Ich lege also weniger Gewicht darauf, ob Nr. 2 meines Antrags angenommen, oder dem Amendement Katz der Vorzug gegeben wird.

Wenn die Fassung des Satzes bemängelt wird, so möchte ich sagen, wir wollen nur ein Princip aufstellen, und wie die Frage von der ständigen Deputation des Juristentages gestellt ist, ob es sich empfiehlt, den „Verrath" des Fabrikgeheimnisses zu bestrafen, so habe ich auch nur die Antwort gefaßt. Ob man sagt „unbefugte Offenbarung" oder eine andere Fassung wählt, ist mir gleichgültig, doch habe ich mich gefreut, daß der Ausdruck „Verrath" des Fabrikgeheimnisses auch im Antrag Katz vorkommt. Ich bin mit Herrn Dr. Beckh vollständig einverstanden, daß die Frage, ob das Vergehen ein Antragsvergehen sei, zu bejahen ist. Ob man bei dem Verfahren den Anschluß des Beschädigten als Nebenklägers gestatten soll, mag dahingestellt bleiben. Ich bitte um Annahme des Satzes 1, und falls es den Vorzug verdient, empfehle ich das Amendement Katz zur Annahme.

Ich möchte endlich noch den Ausführungen des Herrn Dr. Bindseil, der sonst meinen Standpunkt in sehr dankenswerther Weise unterstützt hat, entgegenhalten, daß es zu weit in's Detail geht, sich hier darüber auszusprechen, ob vorsätzliche, ob unter gewissen Bedingungen auch fahrlässige Preisgabe zu bestrafen sei, ob nur, wenn die Absicht, zu schädigen oder sich selbst Gewinn zu verschaffen, vorliegt, die Strafe einzutreten habe, oder auch ohne solche Absicht. Das würde ich der späteren Detailarbeit einer gesetzgebenden Commission überlassen. Ich sehe mich also deshalb von meinem Standpunkte aus nicht in der Lage, das gewünschte Amendement zu stellen.

**Vorsitzender:** Von Seiten des Herrn Staatsanwalt Bindseil ist kein Antrag gestellt.

Staatsanwalt Dr. **Bindseil** (Cottbus): Ich habe keinen Antrag gestellt, weil ich mich nur dem anschließen kann, was der Herr Kammergerichtsrath sagte, daß wir jetzt nur das Princip feststellen, die Einzelheiten aber späterer Feststellung überlassen wollen.

**Vorsitzender:** Es ist zunächst abzustimmen über den Antrag Hammer, die Beschlußfassung über den Gegenstand zu unterlassen und den Gegenstand auf die Tagesordnung eines künftigen Juristentages zu setzen. Wenn dieser Antrag nicht angenommen wird, so würden wir abzustimmen haben über den ersten Antrag, Ziffer 1, des Referenten:

> Die Ergänzung des Strafgesetzbuchs dahin, daß der Verrath an Geschäfts- und Fabrikgeheimnissen als Vergehen strafbar sei, ist rathsam.

Ist dieser Antrag angenommen, so würde dann noch das Amendement: „unter dem Gesichtspunkte der Untreue" zur Abstimmung gelangen.

Ich glaube nicht, daß ich letzteres vorher zur Abstimmung bringen kann, ehe über den Hauptsatz entschieden ist.

Justizrath **Lesse** (Berlin): Ich möchte beantragen, das Amendement zuerst, vor dem Hauptantrage zur Abstimmung zu bringen.

**Vorsitzender:** Die Entscheidung wird aber nach meinem Vorschlage klarer sein. Das Amendement ist ja nur ein Zusatz, nicht eine Aenderung.

Ich lasse zuerst abstimmen über den Antrag des Herrn Rechtsanwalt Hammer:

> Die Beschlußfassung über den Gegenstand zu unterlassen und den Gegenstand auf die Tagesordnung eines künftigen Juristentages zu setzen.

Zunächst bitte ich die Herren, die stehen, gefälligst Platz zu nehmen. Wer für den Antrag auf Tagesordnung ist, wie ich ihn soeben verlesen habe, den bitte ich, sich zu erheben. (Geschieht.)

Der Antrag ist mit überwiegender Majorität abgelehnt.

Wir kommen nun zu Ziffer I des Antrages des Herrn Referenten:

> Es ist rathsam, das Strafgesetzbuch dahin zu ergänzen, daß der Verrath an Geschäfts- und Fabrikgeheimnissen als Vergehen strafbar sei.

Wer für diesen Antrag ist, den bitte ich, sich zu erheben. (Geschieht.) Das ist die überwiegend große Mehrheit.

Wir stimmen weiter ab über das Amendement Katz:

> Dem Beschlusse, wie er soeben gefaßt worden ist, beizufügen die Worte: „unter dem Gesichtspunkte der Untreue."

Wer dafür ist, den bitte ich sich zu erheben. (Geschieht.) Dasselbe ist gleichfalls angenommen.

Nun kommt Ziffer II des Antrags des Herrn Referenten.

Referent Dr. **Olshausen** (Berlin): Ich ziehe den Antrag bei der jetzigen Sachlage zurück.

**Vorsitzender:** Wird die Ziffer II vielleicht von anderer Seite aufgenommen, nachdem der Herr Referent den Antrag zurückgezogen hat? Ich darf den Wortlaut verlesen:

> Es empfiehlt sich, den strafrechtlichen Schutz zu beschränken auf den Verrath
>
> a) seitens der Angestellten eines Geschäfts oder einer Fabrik und zwar, sobald der Verrath während der Anstellung begangen oder eingeleitet wird;
>
> b) seitens derjenigen Personen, die auf Grund gesetz-

licher Bestimmungen, insbesondere in amtlicher Eigenschaft von Geschäfts- oder Fabrikgeheimnissen Kenntniß erhalten.

Der Herr Referent hat erklärt, daß er diesen seinen Antrag zurückziehe, er ist von anderer Seite nicht aufgenommen und somit ist der Gegenstand erledigt.

Es fragt sich nun, ob diese Angelegenheit im Plenum zur Kenntniß gebracht werden soll. Welches ist die Ansicht des Herrn Referenten?

Referent Dr. **Olshausen:** Ich denke, es wird genügen, wenn sie zur Kenntniß gebracht wird, mit Rücksicht darauf, daß andere Gegenstände zur Berathung gestellt werden sollen.

**Vorsitzender:** Dann haben Sie wohl die Güte, sie zur Kenntniß zu bringen.

Ich glaube, es ist rathsam, bei der vorgeschrittenen Tageszeit unsere Sitzung abzubrechen. Ich möchte nur fragen, wann wir morgen den letzten Gegenstand unserer Tagesordnung erledigen. Es sind zwei Referenten. Wie denken Sie darüber Herr Landrichter Kronecker?

Landrichter Dr. **Kronecker** (Berlin): Die Zeit von 9 bis ½11 Uhr würde m. E. ausreichen.

**Vorsitzender:** Ich bitte also die Herren, sich morgen präcise 9 Uhr zur Berathung über den letzten Gegenstand in diesem Local hier einzufinden.

Ich schließe die Sitzung.

(Schluß der Sitzung 12 Uhr 45 Minuten.)

# Dritte und vierte Abtheilung dritte Sitzung
## am 13. September 1888.

(Beginn: Vormittags 9 Uhr.)

Der Vorsitzende, Oberstaatsanwalt und Staatsrath von Koestlin-Stuttgart eröffnet die Sitzung um 9 Uhr 10 Minuten.

**Vorsitzender:** Da wir mit der Zeit beschränkt sind, so schlage ich vor, jetzt unsere Sitzung zu beginnen.

Zunächst erlaube ich mir mitzutheilen, daß die Tagesordnung für die II. Plenarversammlung aufliegt. Ich bitte die Mitglieder, sie in Empfang zu nehmen.

Wir kommen zur Berathung der letzten Frage Nr. 13, welche lautet:

> Erscheint es angemessen, die principale Privatklage auf die Körperverletzungen des § 223a des Strafgesetzbuches, sowie auf Sachbeschädigung und Hausfriedensbruch auszudehnen?

Es liegt dazu vor ein Gutachten des Herrn Reichsanwalt Stenglein in Leipzig, der leider noch in Berchtesgaden verweilt.

Referenten sind Herr Landrichter Dr. Kronecker (Berlin) und Herr Staatsanwalt Dr. Bindseil (Cottbus). Ich ersuche zunächst Herrn Dr. Kronecker, uns sein Referat zu erstatten.

Referent Landrichter Dr. **Kronecker** (Berlin): Die Frage nach Gestaltung und Ausdehnung des Instituts der Privatklage ist schon auf früheren Juristentagen, dem 1., 2. und 12., behandelt worden; jedoch wurde hierbei vorzugsweise die subsidiäre Privatklage berücksichtigt, die principale nur gelegentlich gestreift, — die früheren Particulargesetzgebungen ließen die principale Privatklage theilweise in weiterem Umfange zu, als die Reichsstrafproceßordnung, z. B. die sächsische außer bei Beleidigungen und leichten Körperverletzungen, unter Anderen auch bei Hausfriedensstörungen ohne Verübung von Gewalt an Personen oder Sachen, — die thüringische bei allen Uebertretungen, welche nur auf Antrag untersucht und bestraft werden. — Der Entwurf der Strafproceßordnung beschränkte die principale Privatklage auf die nur auf Antrag zu verfolgenden Beleidigungen und leichten Körperverletzungen. In der Reichsjustizcommission stellten die Abgeordneten von Schwarze und Struckmann den Antrag, die principale Privatklage auf die in den §§ 289, 292, 293, 299 und 300 unter Strafe gestellten Vergehen, sowie auf die Sachbeschädigungen des § 303 und die Uebertretungen des § 370 Nr. 4—6 auszudehnen. Sie begründeten dies damit, daß in den erwähnten Fällen ebenso wie bei Beleidigungen und Körperverletzungen das öffentliche Interesse zurücktrete und daß andernfalls die Staatsanwaltschaft in allzu geringfügigen Fällen einschreiten müsse. Hiergegen machte der Abgeordnete von Forcade de Biaix geltend, Beleidigungen und Körperverletzungen seien höchst persönlicher Natur; das Gesetz wolle für diese Vergehen die Privatklage einführen, damit hier die Strafverfolgung erschwert und durch diese Erschwerung mancher sonst in der Hitze gestellte Strafantrag zurückgehalten werde. Dies sei bei den in dem Antrage bezeichneten Delicten nicht der Fall. In demselben Sinne führte der Abgeordnete Bähr aus, daß, wenn der Staat nicht die Strafverfolgung übernehme, er auch durch seine Organe nicht zur Ermittelung des Thäters beitragen werde; in Folge dessen werde namentlich bei Sachbeschädigungen der regelmäßig unbekannte Thäter sonst nie zur Verantwortung gezogen werden können. Dem widersprach der Abgeordnete v. Puttkammer mit dem Bemerken, daß die Polizei dem verletzten Privatkläger ebenso gut ihre Dienste zur Verfügung zu stellen habe, wie dem Staatsanwalt. — Der Antrag v. Schwarze-Struckmann wurde, nachdem sich noch mehrere Redner und auch die Regierungsvertreter dagegen ausgesprochen hatten, von der Commission abgelehnt und die Regierungsvorlage hier wie im Plenum angenommen. Seit dem Inkrafttreten der Strafproceßordnung ist nun vielfach die Bemerkung laut geworden, daß bei dem jetzigen Verfahren in vielen Fällen von Amtswegen eingeschritten wird, wo das öffentliche Interesse dies nicht fordert. Es ist in dieser Beziehung namentlich auf die sogenannten gefährlichen Körperverletzungen und auf die in den §§ 123, 303 Strafgesetzbuch unter Strafe gestellten Vergehen hingewiesen worden. Dieser Strömung hat die ständige Deputation des deutschen Juristentages Rechnung getragen, indem sie die Frage stellte:

„Erscheint es angemessen, die principale Privatklage auf die Körperverletzungen des § 223a, sowie auf Hausfriedensbruch und Sachbeschädigung auszudehnen?"

Das hierüber erstattete Gutachten des Herrn Reichsanwalts Stenglein will die Frage so, wie sie gestellt ist, weder verneinen noch bejahen, die Frage beziehe sich offenbar nur auf die in § 303 unter Strafe gestellten Fälle der Sachbeschädigung und nur auf den einfachen Hausfriedensbruch des § 123 Abs. 1; dann sei aber die Zusammenstellung dieser Antragsdelicte mit den ohne Antrag verfolgbaren gefährlichen Körperverletzungen auffallend. Die Novelle habe mit der Aufstellung des § 223a hauptsächlich die Rohheitsdelicte treffen wollen. Dies spreche gegen das Antragserforderniß, da der Verletzte erfahrungsmäßig den Antrag häufig aus Furcht vor dem durch Rohheit sich hervorthuenden Angreifer unterlasse; mit Rücksicht auf dies Moment sei in Uebereinstimmung mit der auf Einschränkung der Antragsdelicte gerichteten Gesammttendenz der Novelle das Antragserforderniß bei gefährlichen Körperverletzungen beseitigt worden. Die Zulassung der Privatklage bei diesen Vergehen würde dem bisherigen System widersprechen, nach welchem Privatklagen nur bei Antragsvergehen statthaft sind; sie würde aber auch deshalb unangemessen sein, weil man durch die Beseitigung des Antragserfordernisses das Vorhandensein des öffentlichen Interesses anerkannt habe und deshalb dem Staatsanwalt nicht mehr die Entscheidung überlassen könne, ob ein solches öffentliches Interesse vorliege. In Bezug auf § 223a sei daher die gestellte Frage zu verneinen.

Um bezüglich der auf Antrag verfolgbaren Fälle der Sachbeschädigung und des Hausfriedensbruchs die geforderte Entscheidung treffen zu können, müsse man die Antragsdelicte in ihrer Gesammtheit betrachten und hierbei zunächst diejenigen aussondern, bei denen die Aufstellung des Antragserfordernisses auf dem persönlichen Verhältniß zwischen Antragsteller und Verletzten beruht. Hier würde die Privatklage ungeeignet sein, weil das Antragsrecht in diesen Fällen nicht sowohl dazu bestimmt sei, dem Verletzten die Herbeiführung, als vielmehr die Verhinderung der Strafverfolgung zu ermöglichen. Die nicht zu dieser Kategorie gehörigen Antragsdelicte seien in 2 Gruppen zu sondern. Bei der einen, den Sittlichkeitsvergehen, sei das Antragserforderniß aus Rücksicht auf den Verletzten gegeben; von einer Privatklage könne hier nicht die Rede sein, weil der Staat die Strafverfolgung in diesen Sachen nicht aus Händen geben dürfe. Anders verhalte sich dies bei den übrigen Antragsvergehen. Hierher gehören außer der Beleidigung und der Körperverletzung noch der Hausfriedensbruch, die Sachbeschädigung und eine Anzahl der Sachbeschädigung nahestehende Vergehen und Uebertretungen, sowie die Delicte gegen die das Urheberrecht betreffenden Reichsgesetze. Da alle diese Strafthaten gegen persönliche Rechte gerichtet seien, über welche dem Berechtigten freie Verfügung zustände, so trete das Interesse des Staates an der Strafverfolgung hier gegen das des Verletzten völlig zurück und die Einführung der principalen Privatklage sei unbedenklich. Diese Reform sei jedoch nicht dringlich und bis zu der unbedingt nothwendigen allgemeinen Reform der Strafproceßordnung zu verschieben, bei welcher das Verfahren auch in Privatklagesachen mannigfachen Aenderungen unterworfen werden müsse. Herr Reichsanwalt Stenglein stellt daher folgenden Antrag:

„Der deutsche Juristentag hält es für angemessen, daß bei Gelegenheit einer umfassenden Revision der Reichsstrafproceßordnung die Ausdehnung des Privatklageverfahrens in seiner jetzigen Form, wenn auch nur systematischerer Durchführung der Einzelbestimmungen in's Auge gefaßt wird, und zwar auf folgende Delicte:

1. Hausfriedensbruch, Beleidigung vorsätzliche und fahrlässige Körperverletzung und Sachbeschädigung, insofern diese Delicte nur auf Antrag verfolgbar sind;
2. ferner die Delicte der §§ 288, 289, 299, 300, 301, 302, $370^5$ und $^6$ Strafgesetzbuch; endlich
3. die nach den Reichsgesetzen vom 12. Juni 1870, 30. November 1874, 9., 10. und 11. Januar 1876 und 25. Mai 1877 strafbaren Handlungen."

So weit das Gutachten.

Was zunächst die Körperverletzungen des § 223a betrifft, so dürfte bezüglich dieser der Auffassung des Gutachtens nicht beizutreten, vielmehr eine Entscheidung in bejahendem Sinne zu treffen sein. Um dies zu begründen, muß zunächst kurz auf die eigenthümlichen Phasen hingewiesen werden, welche die Frage des Strafantrages und der Privatklage bei Körperverletzungen in neuester Zeit durchgemacht hat.

Der Entwurf der Reichsstrafproceßordnung enthält bereits, wie oben hervorgehoben, die Bestimmung, daß bei Körperverletzungen, soweit die Verfolgung nur auf Antrag eintritt, die principale Privatklage zulässig ist. Da zur Zeit der Einbringung des Entwurfs § 223a noch nicht existirte, so mußte jene Bestimmung — von Fahrlässigkeitsvergehen abgesehen — auf sämmtliche vorsätzliche Körperverletzungen, ausgenommen die in §§ 224 bis 227 bezeichneten schweren, bezogen werden. Die Motive zur Strafproceßordnung führten hierzu folgendes aus:

„Beleidigungen und Körperverletzungen sind alltägliche Vorkommnisse; sie berühren das allgemeine Wohl der bürgerlichen Gesellschaft meistens wenig, und selbst für die Betheiligten haben sie in der Regel eine viel zu geringe Bedeutung, als daß ein rechtliches oder sittliches Bedürfniß vorläge, stets eine Bestrafung herbeizuführen. Darum bildet erfahrungsmäßig die Verfolgung und Bestrafung jener Gesetzesverletzungen nicht die Regel, sondern die Ausnahme."

Inzwischen war man aber allgemein zu der Ansicht gelangt, daß die auf die Körperverletzung bezüglichen Bestimmungen des Strafgesetzbuches der nöthigen Energie gegen die überhandnehnemde Rohheit entbehrten; speciell bezüglich des Antragserfordernisses wurde hervorgehoben, daß viele Verletzte aus Furcht vor weiteren Mißhandlungen die Antragstellung unterließen. Mit Rücksicht hierauf wollte der Entwurf der Novelle, welcher etwa ein Jahr nach dem der Strafproceßordnung vorgelegt wurde, das Antragserforderniß für alle vorsätzlichen Körperverletzungen beseitigen und außerdem diejenigen Körperverletzungen unter erhöhte Strafe stellen, welche mittelst einer Schuß-, Hieb- oder Stichwaffe, insbesondere eines Messers, oder mittelst eines heimtürkischen Ueberfalles, oder mittelst einer das Leben des Verletzten gefährdenden Handlung begangen sind. Nach dem Wortlaut des Entwurfs hätte es scheinen können, als wenn mit der Beseitigung des Antragserfordernisses auch die Privatklage bei Körperverletzungen im Entwurf der Strafproceßordnung hätte wegfallen müssen. Dem widersprechen jedoch die Motive zum Entwurf der Novelle, indem sie ausdrücklich erklären:

„Es erübrigt noch, in der Strafproceßordnung Bestimmung dahin zu treffen, daß die Verfolgung der leichten Körperverletzungen keine obligatorische, sondern von der Staatsanwaltschaft nur dann zu bewirken sei, wenn sie dies im öffentlichen Interesse für erforderlich erachtet."

Unter „leichten Körperverletzungen" waren nach dem Entwurf der Novelle auch die qualificirten mit verstanden, wie die Motive deutlich ergeben. Hiernach wollte sowohl der Entwurf der Strafproceßordnung, als auch der der Novelle bei allen nicht schweren vorsätzlichen Körperverletzungen, also auch bei denen des späteren § 223a, die Privatklage zulassen; der Entwurf der Novelle wollte sie zulassen, trotzdem er das Antragserforderniß beseitigte. Die Reichstagscommission, welche über den Entwurf der Novelle berieth, hat dem Gedanken, das Antragserforderniß bei allen Körperverletzungen zu beseitigen, nicht zugestimmt. Sie kam auf den eigenthümlichen Ausweg, hier ein facultatives

Antragsdelict zu constituiren: die Verfolgung der nicht qualificirten leichten Körperverletzungen sollte nur auf Antrag eintreten, „falls nicht nach dem Ermessen der strafverfolgenden Behörde eine Verfolgung im öffentlichen Interesse liegt". Diese Art der Lösung war eine offenbar sachwidrige, da es unangemessen ist, den Verletzten darüber in Ungewißheit zu lassen, ob überhaupt ein Antragsvergehen vorliegt. Aber es lag der erwähnten Fassung der richtige Gedanke zu Grunde, daß sich auch unter den nicht qualificirten vorsätzlichen Körperverletzungen Rohheitsvergehen finden, bei denen eine Verfolgung von Amtswegen angezeigt erscheint. Der Reichstag folgte den Beschlüssen seiner Commission nur zum Theil; er hielt das Antragserforderniß für die nicht qualificirten Körperverletzungen ohne Beschränkung aufrecht und beseitigte es nur für die qualificirten, welche in einer gegen die Regierungsvorlage wesentlich veränderten Fassung in einem besonderen Paragraphen gebracht und dadurch aus der Reihe der leichten Körperverletzungen völlig ausgeschieden wurden. So entstand der jetzige § 223 a.

Dieser Hergang hatte für die in der Entstehung begriffene Strafproceßordnung eine bedeutsame Folge bezüglich des § 414, welcher die Privatklage für die nur auf Antrag zu verfolgenden Körperverletzungen einführte. Dieser sollte sich nach der Absicht des Entwurfs auf alle nicht zu den schweren gehörigen vorsätzlichen Körperverletzungen erstrecken; nunmehr konnte er nur noch auf die nicht qualificirten Fälle des jetzigen § 223 bezogen werden. Dieser Rechtszustand läßt sich als ein angemessener nicht bezeichnen.

Bei der Berathung des § 223 a im Reichstag ging man von dem Gedanken aus, daß die dort bezeichneten Körperverletzungen durchweg Rohheitsvergehen seien. Dieses ist aber, wie die Praxis ergiebt, nicht nur nicht durchweg, sondern nicht einmal in der Mehrzahl der Fälle zutreffend. Viel häufiger als die wirklich brutalen, unprovocirten Angriffe mit Messer oder Todtschläger, an welche der Entwurf hauptsächlich gedacht hat, kommt es vor, daß jemand, bei Gelegenheit eines Streites oder gereizt durch eine ihm oder einem Angehörigen oder Freunde zugefügte Kränkung zu einer in der Nähe liegenden Waffe greift oder mit einem gefährlichen Werkzeug, das er gerade in der Hand hat, auf den Gegner eindringt oder ihn ohne ein solches Werkzeug für die erlittene Kränkung züchtigt und darin von einem zufällig anwesenden Bekannten unterstützt wird. In all diesen Fällen erscheint, wenn nicht die Mißhandlung eine ganz besonders erhebliche ist, ein Vorgehen von Amtswegen als sachwidrig; ein solches führt auch zu processualischen Ungeheuerlichkeiten. Hat z. B. A dem B einen Faustschlag in's Gesicht versetzt und B erwidert diesen Schlag mittelst eines starken Stockes, welcher sich als gefährliches Werkzeug darstellt, so kann leicht folgende Proceßlage eintreten. B erstattet Strafanzeige gegen A, wird aber Mangels öffentlichen Interesses auf den Privatklageweg verwiesen und stellt auch Privatklage an, die vor dem Schöffengericht und in zweiter Instanz vor einem Dreirichtercollegium verhandelt wird. Demnächst denuncirt A gegen B; A kann, trotzdem derselbe Mangel öffentlichen Interesses vorliegt, nicht auf den Privatklageweg verwiesen werden, weil § 223a Platz greift. Diese Sache muß daher auf erhobene öffentliche Klage nach erfolgter Ueberweisung vor einem anderen Schöffengericht und in der zweiten Instanz vor einem mit fünf Richtern besetzten Collegium verhandelt werden. Solche Fälle sind in der Praxis nicht selten. Das Natürliche würde doch hier eine Verhandlung auf Privatklage und Widerklage vor demselben Schöffengericht und derselben Berufungskammer sein.

Meines Erachtens muß der bisherige Grundsatz, die Privatklage nur bei Antragsvergehen zuzulassen, aufgegeben werden. Speciell bei den Körperverletzungen des § 223a ist mit Recht das Antragserforderniß beseitigt worden, weil zu diesen Delicten viele Rohheitsvergehen zählen, welche sich nicht durch bestimmte gesetzlich festzustellende Merkmale von den anderen unterscheiden und welche im Interesse der Rechtsordnung von Amtswegen verfolgt werden müssen. Solche Rohheitsvergehen giebt es aber auch unter den nicht qualificirten vorsätzlichen Körperverletzungen, und deshalb hätte auch für diese das Antragserforderniß beseitigt werden müssen. Andrerseits giebt es eben unter beiden Gruppen der Körperverletzung viele nicht aus Rohheit entspringende Vergehen, bei denen eine Verfolgung von Amtswegen nicht angemessen erscheint.

Wie bereits hervorgehoben, haben sich in demselben Sinne, nämlich für Einführung einer allerdings subsidiären Privatklage unter Wegfall des Antragserfordernisses, auch die Motive zur Novelle ausgesprochen. Derselben Ansicht ist ferner Loewe, welcher sich in seinem Strafproceßordnungs-Kommentar zu § 414, Abs. 1, dahin äußert:

> „Diese Einschränkung (nämlich die Beschränkung der Privatklage auf die nicht unter § 223a fallenden Körperverletzungen) läßt sich keineswegs als eine angemessene bezeichnen. Zuvörderst liegt kein haltbarer Grund vor, die Verfolgungspflicht der Staatsanwaltschaft überall da Platz greifen zu lassen, wo das Verfolgungsrecht des Staates von dem Antrage des Verletzten unabhängig ist; auch unter den in § 223a vorgesehenen Fällen werden nicht wenige von der Art sein, daß das öffentliche Interesse die Verfolgung nicht erheischt, wie z. B. der Fall, wenn

der von Mehreren Gemißhandelte oder mittelst der Waffe ꝛc. Verletzte der Angreifer gewesen ist. Noch mehr aber spricht gegen die Angemessenheit der gedachten Einschränkung der Umstand, daß vermöge der großen Unbestimmtheit der in § 223a hervorgehobenen Thatbestandsmerkmale die Grenze zwischen dem Thatbestande des § 223a und dem des § 223 eine sehr flüssige ist, daß daher oftmals aus der Klage selbst die Anwendbarkeit des § 223a nicht zu ersehen sein wird, demzufolge aber die in § 429 der Strafproceß-Ordnung vorgeschriebene Einstellung des Privatklageverfahrens in solchen Fällen wird erfolgen müssen, in denen dieselbe lediglich eine nutzlose Weiterung ist."

Der hier verfochtenen Ansicht hat sich auch die dritte Abtheilung des 12. Juristentages bei Berathung der Frage, inwieweit die Antragsvergehen einzuschränken seien, angeschlossen. So führt das Gutachten von Thomsen aus:

„Das öffentliche Recht zur Verfolgung muß freilich stets gewahrt bleiben; aber die sonst absolute Pflicht des Staatsanwalts zur Verfolgung insofern modificirt werden, als er nur dann die öffentliche Anklage zu erheben hat, wenn dies durch Gründe des öffentlichen Wohls geboten erscheint. Sonst überläßt er die Strafverfolgung dem Berechtigten, welchem ja die Privatklage zusteht."

Ebenso sagt John, welcher sich ebenso wie Thomsen für die Beseitigung des Antragserfordernisses bei allen vorsätzlichen Körperletzungen ausspricht, in einer Schlußthese seines Gutachtens:

„Bei Vergehen, deren gesetzlicher Thatbestand auch solche Fälle mit umfaßt, durch deren Begehung lediglich das Interesse des Verletzten, nicht aber das der öffentlichen Rechtsordnung mit verletzt wird, z. B. leichten Körperverletzungen, ist die Staatsanwaltschaft anzuweisen, die Verfolgung ihrerseits nur dann eintreten zu lassen, wenn sie das öffentliche Interesse für verletzt erachtet, andernfalls aber den die Bestrafung Beantragenden auf die Privatklage zu verweisen."

Dies war auch die Auffassung der Abtheilung, wie der Referent für das Plenum, Herr von Koestlin, andeutete.

Ich würde daher beantragen, im Anschluß an diese Auffassung des 12. Juristentages und aus den hier entwickelten Gründen die gestellte Frage zunächst betreffs der Körperverletzungen des § 223a des Strafgesetzbuches zu bejahen.

Bezüglich des Hausfriedenbruchs und der Sachbeschädigung trete ich dem Gutachten bei. Die genannten Vergehen enthalten Verletzungen von Rechtsgütern, welche der Verfügung ihres Inhabers unterworfen und von geringerem Werth sind, als die Integrität des menschlichen Körpers, deren Verletzungen ebenfalls im Wege der Privatklage verfolgt werden können.

In Betreff der Sachbeschädigung erachte auch ich die in dem Gutachten geforderte Beschränkung auf die einfachen nur auf Antrag verfolgbaren Sachbeschädigungen des § 303 für geboten, da nur diese Vergehen lediglich in die Privatrechtssphäre eingreifen.

Beim Hausfriedensbruch dagegen gehe ich einen Schritt weiter als das Gutachten und würde auch für den einen der beiden Fälle des § 123, Abs. 3, den gemeinschaftlichen Hausfriedensbruch, die Privatklage zulassen. Die Sache liegt hier wie bei der qualificirten Körperverletzung; es kommen, namentlich bei dem gemeinschaftlichen widerrechtlichen Eindringen, sehr schwere, aber auch, namentlich bei dem gemeinsamen unbefugten Verweilen, sehr leichte Fälle vor. Zu diesen leichten gehört der in der Praxis häufigste Fall: zwei Personen sind zusammen in einem öffentlichen Local, erregen dort durch ihr Verhalten das Mißfallen des Wirths und entfernen sich nicht sofort nach den ersten Aufforderungen. Oder ein Gläubiger betritt die Wohnung des Schuldners zum Zweck der Mahnung; um die Mahnung später beweisen zu können, hat er sich einen Zeugen mitgebracht. Der Schuldner fordert beide zugleich bei ihrem Eintreten zum Verlassen der Wohnung auf; sie leisten dieser Aufforderung aber nicht unmittelbar Folge, weil der Gläubiger erst seine Mahnung vorbringen will. — Derartige Fälle, für welche das gesetzliche Strafminimum von einer Woche Gefängniß unzweifelhaft zu hoch ist, ermangeln des öffentlichen Interesses und sind der Privatklage zu überlassen.

Auf die übrigen in dem Gutachten berührten Punkte einzugehen, erscheint mir entbehrlich, da diese außerhalb des Rahmens der gestellten Frage liegen.

Indem ich mich dem Gutachten darin anschließe, daß es wünschenswerth erscheint, die hier in Rede stehende Reform bis zu einer künftigen allgemeinen Revision der Strafproceßordnung zu vertagen, erlaube ich mir, der Abtheilung folgenden Antrag zur Beschlußfassung zu unterbreiten:

„Es erscheint angemessen, die principale Privatklage auf die Körperverletzungen des § 223a, die nur auf Antrag verfolgbaren Fälle der Sachbeschädigung (§ 303), sowie auf den einfachen den gemeinschaftlichen Hausfriedensbruch (§ 123, Abs 1, 3) auszudehnen."

**Vorsitzender:** Darf ich den Herrn Correferenten, Staatsanwalt Bindseil, ersuchen, das Wort zu ergreifen.

Correferent Staatsanwalt Dr. **Bindseil** (Cottbus): M. H.! Wollte ich hier Hauspolitik der Staatsanwaltschaft treiben, so könnte ich nichts Besseres thun, als mich dem Gutachten des Herrn Referenten anzuschließen und die gestellte Frage, ob es angemessen sei, die principale Privatklage auf die Körperverletzungen des § 223 a, sowie auf Sachbeschädigung und Hausfriedensbruch auszudehnen, zu bejahen. Ich meine aber, unser Zweck und Zweck der Vorschläge, die der Juristentag für die künftige Gesetzgebung zu machen berufen ist, ist gerade der, die Frage zu entscheiden: ist durch eine derartige vorgeschlagene Aenderung eine Besserung des jetzt bestehenden Rechtszustandes zu erwarten oder überhaupt zu erzielen? Und von diesem Gesichtspunkte aus, glaube ich, wird die Versammlung mit mir zu einer Verneinung der vorgelegten Frage kommen. Würde ich nur Hauspolitik der Staatsanwaltschaft treiben, so würde ich die Frage bejahen, und ich habe das zu erklären einfach dadurch, daß gerade die Begründung des Herrn Referenten dahin führt, die Staatsanwaltschaft in ganz eminenter Weise von der ihr nach der jetzigen Gesetzgebung obliegenden Verpflichtung, das Legalitätsprincip aufrecht zu erhalten und einzuschreiten, wo ein Strafantrag nicht gestellt, überhaupt nicht erforderlich ist, zu entbinden. Es läßt sich nicht leugnen, daß das formell etwas Bestechendes hat, wenn man sich die Situation denkt, daß irgend einer, der verletzt ist, unmittelbar als Privatkläger sich an den Richter wenden und von diesem sofortige Remedur dessen, was geschehen ist, erfordern kann. Aber, m. H., die Art und Weise, wie dieser Mann zu seinem Rechte nach der heutigen formalen Gesetzgebung kommen würde, würde weit abweichen von dem, was von dem idealen Standpunkte der ersten Frage als wünschenswerth zu bezeichnen wäre. Ein derartiges Anrufen der Gerichtsbehörden unmittelbar durch den Verletzten ist eben nach der jetzigen Gesetzgebung und nach der formalen Seite des Verfahrens überhaupt nicht durchzuführen und würde im Gegentheil dahin führen, daß derjenige, der verletzt ist, häufig noch den Schaden und die Kosten des Privatklageverfahrens zu tragen haben würde, ohne für das, was ihm zugefügt ist, auch nur die geringste Sühne zu erlangen. Wir rechnen hier mit den thatsächlichen Verhältnissen und nicht mit dem, was schön und gut sein könnte, und wir haben daher nur zu prüfen: ist nach dem heutigen Zustande der formalen Gesetzgebung die vorgeschlagene

Aenderung geeignet, eine Besserung des Verfahrens herbeizuführen? Um diese Frage beantworten zu können, gestatten Sie mir kurz auf den Zustand, den wir heute in diesen Fällen haben, zurückzugreifen. Ich bitte von vornherein um Verzeihung, wenn ich hier Momente, die Ihnen selbstverständlich bekannt sind, genöthigt bin, Ihnen nochmals vorzuführen, es ist aber zur Begründung dessen, was ich Ihnen vorzuführen habe, erforderlich. Das Strafgesetzbuch enthält als Codification des Strafrechts öffentliches Recht und bestimmt nach den organisatorischen Bestimmungen die Staatsanwaltschaft zur Wahrung der Rechte, resp. zur Sicherung der Rechte, welche den Staatsbürgern eingeräumt sind und deren Bruch und Verletzung durch das Strafgesetzbuch bedroht ist. Es ist an und für sich, wenn man dieses sogenannte Legalitätsprincip als das Maßgebende voraussetzt, eine Durchbrechung des Princips darin vorhanden, daß überhaupt ein Privatklageverfahren zugelassen ist, daß also für leichte Körperverletzungen und für Beleidigungen ein besonderes Verfahren der genannten Privatklage eintritt. Diese anscheinende Anomalie aber und diese anscheinende Principdurchbrechung verliert sofort ihre ganze Bedeutung, wenn man sich vergegenwärtigt, in welcher Weise das Institut der Privatklage in diesen beiden Fällen, für die wir es zunächst allein haben, entstanden ist. Ihnen allen ist bekannt, daß erst seit 1849 es der Gesetzgebung rathsam erschienen ist, die Verfolgung der vorsätzlichen Körperverletzung, der leichten, und der Beleidigung in den Rahmen der Strafproceßordnung hineinzuziehen, denn bis zum Jahre 1849 wurde das Verfahren geregelt durch die alte Proceßordnung, welche einen besonderen Abschnitt für Injuriensachen enthält und offenbar diese Strafsachen nicht als strafrechtliches Gebiet, sondern als reine, unter Privatleuten vorgekommene und auf privatem Wege zu erledigende Angelegenheiten betrachtete. Erst 1849 wurde durch das Gesetz vom 3. Januar die strafrechtliche Natur dieses Verfahrens zur Geltung gebracht und so ist sie auch in unsere neue Strafproceßordnung übergegangen. Die Folge davon ist, daß die Strafproceßordnung ausdrücklich vorschreibt: eine Privatklage — und wir schicken hier voraus, daß wir nur von der principalen zu handeln haben — eine principale Privatklage, wo also der betreffende Verletzte ohne Anrufung des Staatsanwalts unmittelbar sein Recht als Privatkläger vor Gericht suchen kann, ist nur zulässig bei solchen Beleidigungen und bei solchen leichten vorsätzlichen körperlichen Mißhandlungen, die ohne Strafantrag überhaupt nicht zu verfolgen wären, also wo von vornherein angenommen ist, daß es lediglich in der Hand und im Belieben des Verletzten liegt, ob er überhaupt die Sache an die große Glocke hängen will, oder nicht.

Nicht genug mit dieser Beschränkung, hat die Strafproceßordnung im § 416 eine weitere Beschränkung dahin eingeführt, daß in diesen Fällen die Staatsanwaltschaft nur einschreiten soll, wenn ein öffentliches Interesse vorliegt. Die Umkehr dieses Rechtsgrundsatzes dürfte wohl die sein, daß andererseits nach der Auffassung der Strafproceßordnung wie der Strafgesetzgebung überhaupt der Staatsanwalt in den Fällen, wo ein öffentliches Interesse vorliegt, auf Grund des Legalitätsprincips wiederum verpflichtet sein soll, diese Sache selbst in die Hände zu nehmen.

Auf diese Weise, m. H., — ich lege gerade darauf Gewicht, — reparirt die Gesetzgebung selbst die Durchbrechung des Legalitätsprincips, die in § 414 ausgesprochen ist, indem sie in § 417 wiederum die Befugniß des Staatsanwalts, in jeder Lage des Verfahrens die Privatklage zu übernehmen und weiter zu führen, einführt. Ich meine, schon dadurch dürfte diese Durchbrechung des Princips durch die Gesetzgebung selbst geheilt sein und dürfte darin deutlich genug ausgesprochen sein, daß der Staat von vornherein und principiell daran festhält, daß in allen diesen Fällen, die das strafrechtliche Gebiet streifen, die Staatsbehörde zum Einschreiten berechtigt sei. Ist dies in formeller Beziehung von dem Gesichtspunkte der Strafproceßordnung aus für die leichten Körperverletzungen und für die Beleidigungen schon zu constatiren, so muß meines Erachtens die Beantwortung der uns vorliegenden Frage:

> Erscheint es angemessen, die principale Privatklage auf die Körperverletzungen des § 223a, sowie auf Sachbeschädigung und Hausfriedensbruch auszudehnen,

eine sehr leichte sein.

Wie schon Herr Reichsanwalt Stenglein hervorgehoben hat, ist gar nicht zu verkennen, daß das Zusammenwerfen dieser 3 verschiedenen Delicte in einer Frage nicht ganz mit den Principien der Logik übereinstimmt. Denn es werden hier zusammengeworfen 2 Fälle, die so wie so nur auf Antrag verfolgt werden, mit einem Falle, der nach gesetzlichen Bestimmungen nicht von dem Antrage des Verletzten abhängig ist, wo vielmehr der Staatsanwalt verpflichtet ist, ohne Weiteres die Sache in die Hand zu nehmen.

Was zunächst den ersten Theil der Frage: ist eine Ausdehnung der Privatklage auf die Fälle des § 223a angemessen, anlangt, so muß ich bekennen, daß ich mich vollständig auf den Boden dessen stelle, was Herr Reichsanwalt Stenglein in seinem Gutachten niedergelegt hat. Eine Ausdehnung der Privatklage auf diese Fälle würde mit dem Willen der Gesetzgeber, wie er erst kaum vor 12 Jahren in der Novelle von 1876 niedergelegt ist, in directem Widerspruche stehen. Ihnen allen ist es ja bekannt, daß nach dem Strafgesetzbuche für das Deutsche Reich noch eine ganze Anzahl von Vergehen aufgeführt war, bei denen ein strafrechtliches Einschreiten von dem Antrage des Verletzten abhängig war. Man überzeugte sich schon nach wenigjähriger Praxis, daß diese Bestimmung mit dem Rechtszustand nicht vereinbar sei, denn man mußte die Erfahrung machen, daß dieses Strafantragssystem gewissermaßen zu einem Schacher mit dem Strafantrage führte, daß es häufig dahin führte, jemanden, der eine Person verletzt hatte, zu einem Geldopfer zu bringen, das durchaus nicht mit der Sache selbst im Verhältniß stand und zu einem Verfahren führte, welches mit dem öffentlichen Interesse in directem Widerspruch stehen mußte. Um dies zu beseitigen, wurde durch die Novelle von 1876 nicht nur für einen Theil der Vergehen der Strafantrag überhaupt beseitigt, sondern es wurde auch gleichzeitig über die Zurücknahme des Antrags, welche bis dahin uneingeschränkt zulässig gewesen war, einschränkende Bestimmungen getroffen, so daß von dieser Zeit an eine ganz geringfügige Zahl von Vergehen noch übrig blieb, wo eine Einstellung des Verfahrens erfolgen mußte, sobald der Verletzte von seinem Strafantrage zurücktrat. Das Motiv, welches dem Gesetz von 1876 zu Grunde lag, ist meines Erachtens ein derartiges, daß es die volle Billigung nicht nur der damaligen, sondern auch jeder anderen Juristenversammlung finden wird, nämlich dasjenige, daß für Rohheiten, die sich in dieser Weise äußern, wie es im § 223a formell ausgesprochen ist, nicht ein privates Pactiren stattfinden dürfe, sondern daß der Staat verpflichtet sei, im Interesse der öffentlichen Sicherheit den Schuldigen zu verfolgen und zur Bestrafung zu bringen.

Es ist in dem Gutachten des Herrn Reichsanwalts mit vollem Rechte ausgeführt, daß diese Novelle einfach nothwendig war, denn bis 1876 konnte man einen Menschen mäßig todtschlagen, ehe ein strafrechtliches Einschreiten möglich war, falls der Verletzte nicht Strafantrag stellte. Es war allgemein gesagt in § 223a „körperliche Mißhandlung", und erst § 224 stellte nachher das Verbrechen fest, wo das eine Auge herausgeschlagen sein muß, wo ein Ohr abgeschnitten, oder sonst etwas geschehen sein muß, um aus dem Menschen eine Ruine zu machen, ehe der Staatsanwalt in der Lage war, das zweifellos geschädigte öffentliche Interesse zu repariren.

Und weshalb ist diese Beseitigung erfolgt? Weil man die Erfahrung machte, — auch das hat Herr Reichsanwalt Stenglein meines Erachtens vollständig richtig hervorgehoben, — daß gerade diese Rohheit, die sich im Verfahren des Angreifers gegen den Verletzten aussprach, dahin führte, daß der Verletzte nun auch noch eingeschüchtert wurde und nicht wagte, seinerseits mit dem Strafantrage vorzugehen. Wenn er es also unterließ, aus Furcht vor dem Verletzer den Strafantrag zu stellen, so mochte 20 mal der Staatsanwalt oder überhaupt die Behörde amtlich oder außeramtlich Kenntniß von dem Vorfalle erhalten haben, sie mochte noch so oft ihre Empörung über den Vorfall aussprechen, es war nicht möglich, die Sache zu sühnen, weil der Verletzte sich hütete und fürchtete den Strafantrag zu stellen.

Dies ist beseitigt, m. H., und ich glaube, daß nicht die mindeste Veranlassung vorliegt, auf einen Zustand zurückzugreifen, der vor 12 Jahren dem Gesetzgeber die Veranlassung gab, eine Aenderung desselben herbeizuführen. Ich meine, daß aus diesem Grunde schon die Frage bezüglich § 223a durchaus zu verneinen ist.

Für diese Verneinung spricht aber noch ein anderer, formeller Grund. Wir sind gebunden an die Formvorschriften, die in Privatklageverfahren der Strafproceßordnung niedergelegt sind, und diese Formvorschriften sind derartig, daß, wenn jemand im Privatklageverfahren sein Recht verfolgt, er trotz der Bestimmung über die Zurücknahme des Strafantrages es abermals in die Hand bekommt, über Sache und Thema nach seinem Belieben zu verfügen, indem er noch bis zum zweitinstanzlichen Urtheil in der Lage ist, den Strafantrag zurückzuziehen. Die allgemeine Bestimmung über die Zurücknahme des Strafantrags beseitigt bekanntlich das Zurücknahmerecht des Verletzten mit dem Augenblicke, wo ein verurtheilendes Erkenntniß ergangen ist, beschränkt also die Sache; — wenn freigesprochen wird, ist ja die Sache ohne Weiteres erledigt, falls aber verurtheilt ist, wie anzunehmen ist, in der ersten Instanz, ist damit die Möglichkeit, den Antrag zurückzunehmen, für den Verletzten erloschen und die Sache muß ihren geregelten Gang gehen. Führen Sie für diesen Fall wiederum das Privatanklageverfahren ein, so kommt die allgemeine Bestimmung in Betracht, daß der Betreffende, wenn vom Verurtheilten ein Rechtsmittel eingelegt ist, auch noch in 2. Instanz das Recht hat, den Strafantrag zurückzuziehen, mit anderen Worten, es führt das dahin, daß das Pactiren über den Strafantrag, welches durch die Novelle von 1876 beseitigt werden sollte, auf dem Umwege des Privatklageprocesses wiederum in das Verfahren hineingebracht wird, was also mit der Tendenz des Gesetzgebers ohne Weiteres in Widerspruch steht.

Ist dies anzuführen für die Verneinung der Frage, bezüglich § 223 a, so glaube ich, daß die Versammlung auch bezüglich der beiden anderen Punkte zu einer Verneinung kommen muß.

Es ist in dem Gutachten bereits hervorgehoben, daß eigentlich gar nicht ersichtlich ist, weshalb man die beiden Fälle des § 303 (Sachbeschädigung) und des § 123 (Hausfriedensbruch) herausgegriffen hat. Ich muß ebenfalls über die Gründe, welche gerade zu dieser Auswahl geführt haben, die Antwort schuldig bleiben und mich auch in dieser Beziehung auf den Boden des Gutachtens des Herrn Reichsanwalt Stenglein stellen, welcher auf diese Anomalie aufmerksam macht und es ablehnt, gerade für diese beiden Fälle ein Gutachten abzugeben, sich vielmehr gerade dadurch veranlaßt fühlt, sein Gutachten auf die allgemeiner gestellte Frage auszudehnen, ob überhaupt in den Antragsdelicten ein Privatklageverfahren stattfinden soll.

Ich glaube, die Versammlung wird sich diesem Standpunkt auch anschließen. Denn nur so ist eine Beantwortung der Frage möglich. Der Herr Reichsanwalt hat nun die Antragsdelicte eingetheilt in solche, wo nach seiner Meinung eine Privatklage möglich, zulässig, sogar erwünscht sein, und solche, wo dies nicht der Fall sein soll. Ich muß anheimstellen, ob eine derartige Theilung, die ja zweifellos willkürlich ist, die Billigung einer Juristenversammlung finden kann. Denn sie führt nach meiner Ueberzeugung dahin, daß abermals das Princip, welches in dem Strafgesetzbuch niedergelegt ist, an allen möglichen Seiten durchbrochen wird. Der Herr Reichsanwalt scheidet die Antragsdelicte in solche, wo die Stellung des Antrages und damit auch die Zurücknahme desselben abhängt von dem persönlichen Verwandtschaftsverhältniß des Verletzten zum Verletzer, und gerade in diesen Fällen, wo man sich selbst sagen könnte, da würde am allerwenigsten die rechtliche Ordnung geschädigt werden, verneint und beschränkt er die Möglichkeit die Privatklage zuzulassen. Denn, sagt er, und das trifft zu, der Strafantrag, der in diesen Fällen den Angehörigen eingeräumt ist, ist überhaupt ihnen nicht eingeräumt, um die Strafverfolgung herbeizuführen, vielmehr ist er ihnen gegeben, um die Strafverfolgung zu verhindern. Sie haben deshalb auch unter dieser Kategorie die Vergehen des Diebstahls, der Unterschlagung, des Betruges, des Jagdvergehens gegen Angehörige und es mögen noch einer oder mehrere Fälle sonst sein. Das wäre ausschlaggebend für die Verneinung. Denn es wird keinen Menschen einfallen, auch Diebstahl, Betrug und Unterschlagung auf den Weg der Privatklage zu verweisen. Ich wenigstens bin überzeugt, daß es im Resultate ungefähr dem gleichkäme, wenn man diese Vergehen in 50 % für straflos erklären wollte.

Diese Fälle scheiden also auch nach dem Gutachten des Herrn Reichsanwalts Stenglein aus, und er kommt nunmehr zu der zweiten Kategorie, wo ein eigentliches öffentliches Interesse nach seiner Meinung nicht vorliegen soll, und diese Fälle führt er auf als den einfachen Hausfriedensbruch, die Eheerschleichung, den Ehebruch, Erlangung des Beischlafs durch Täuschung, Verführung, Beleidigung Verstorbener, Beleidigung, leichte vorsätzliche Körperverletzung, Entführung, Vereitelung der Zwangsvollstreckung, Wegnahme aus fremdem Gewahrsam, eigennütziger Mißbrauch Minderjähriger, einfache Sachbeschädigung, Mundraub und Wegnahme von Futter. Auch bei diesen Fällen, die also nach seiner bisherigen Deduction für die Möglichkeit der Zulassung der Privatklage übrig bleiben, scheidet der Herr Gutachter von vornherein diejenigen aus, bei denen er sagt, es wäre widersinnig, eine Privatklage zuzulassen, und das ist die Beleidigung aus § 102—104 Strafgesetzbuchs. Es ist hier wohl ein kleiner Irrthum untergelaufen, denn § 102 enthält überhaupt keine Beleidigung, vielmehr ist das Versuch des Hoch-, beziehentlich Landesverrathes in fremden Staaten. Da ist der Antrag auf Verfolgung abhängig von einem Antrage, den die betreffende Regierung zu stellen hat, und nach meiner persönlichen Ueberzeugung muß ich gestehen, daß ich niemals daran gedacht habe, diesen Antrag als gleichbedeutend mit dem Strafantrag aus § 61 des Strafgesetzbuches aufzulassen, vielmehr dürfte derselbe nach Analogie der Erklärung, die der Reichstag oder überhaupt gesetzgebende Körperschaften abzugeben haben, um ein Strafverfahren herbeizuführen, zu beurtheilen seien. Es kann wohl nie eine fremde Regierung in die Lage kommen, um sich wegen einer Verletzung ihrer staatlichen Selbständigkeit zu rächen und den Vorfall zur Bestrafung zu bringen, sich der Privatklage bedienen zu müssen. Diese Vergehensklasse scheidet somit abermals aus. Es bleiben übrig die Fälle der Eheerschleichung, des Ehebruchs, der Erlangung des Beischlafs durch Täuschung, der Verführung und der Entführung.

In diesen Fällen, sagt Herr Reichsanwalt Stenglein, ist ebenfalls ein Privatklageverfahren mit der öffentlichen Ordnung nicht recht in Einklang zu bringen; denn bei diesen Fällen concurrirt nicht bloß die verletzte persönliche Freiheit resp. das verletzte persönliche sittliche Interesse, sondern es concurrirt gleichzeitig die ganze staatliche Ordnung, die darauf basirt, dem Staate den Rechtszustand des sittlichen Bewußtseins und der Sicherheit der sittlichen Verhältnisse zu schaffen und zu erhalten. Also auch in dieser Beziehung ist die Ausschließung der Privatklage durchaus erforderlich.

Man muß dem Gutachten wohl darin beitreten, daß in solchen Fällen der Staat ein dringendes Bedürfniß, seinerseits ex officio einzuschreiten, nicht hat. Wollen Sie aber diesen Begriff so weit ausdehnen, daß Sie sagen, es ist eine Privatklage möglich und zulässig und auch ohne Bedenken zulässig in den Fällen, wo nur ein privates, persönliches Interesse geschädigt wird, ja m. H., dann meine ich, können wir unser ganzes Strafgesetzbuch als der Privatklage zugänglich bezeichnen; denn mit Ausnahme der Münzverbrechen und vielleicht des Meineides können Sie jedes andere Verbrechen auf diese private Seite deuten. Auch der Todschlag ist im Ganzen nur ein Eingriff in's Private hinein, und der Staat hat, wenn man die Sache theoretisch auf die Spitze treiben will, kein Interesse, ob der Betreffende bestraft wird oder nicht. Also das würde zu widersinnigen Consequenzen führen, und ich meine also, daß dieses Princip des öffentlichen Interesses bei der Zulässigkeit oder Unzulässigkeit des Privatklageverfahrens nicht geeignet ist, die richtige Merkscheide für diese Frage zu sein. Es kann schon deshalb nicht sein, weil der Begriff des öffentlichen Interesses, wie wir bereits gestern in ähnlichem Falle den Ausdruck gebrauchen mußten, etwas „quecksilberner“ Natur ist. Was ist „öffentliches Interesse“? Die Frage danach, wann der Staatsanwalt einzuschreiten verpflichtet sein soll, ist im Wesentlichen in das Gutdünken des Staatsanwalts gestellt; es ist aber vorauszusetzen, daß der Staatsanwalt ein ehrlicher und pflichttreuer Beamter ist. Das sind wir ja nicht anders in Deutschland gewöhnt und deshalb thut das Gesetz wohl daran, daß es nicht weiter darauf eingeht, auf eine Definition dieses Begriffes. Nun meine ich aber, trotz aller Pflichttreue und aller Kenntnisse kann der betreffende Beamte sehr wohl verschiedener Meinung sein darüber, ob in einem oder dem anderen Falle ein öffentliches Interesse vorliegt. Wo liegt die Grenze? Sie sind fröhlich gestimmt und eben darum so viel weniger geneigt, eine Sache so schlimm aufzufassen, wie an einem anderen Tage, wo Sie mißmuthig sind! Solche Stimmungen sind sehr maßgebend! Sie haben viel zu thun oder weniger; Sie sind an einem Tage geneigt zu arbeiten oder Sie sind es nicht. Auch diese Zustände werden häufig mit in Frage kommen! Aber m. H., vor allen Dingen, politische Verhältnisse! Wie oft wird es vorkommen, daß eine Sache, die unter allen anderen Umständen niemals Interesse erregen würde, mit Rücksicht auf die Umstände, die der Sache zu Grunde liegen, auf einmal öffentliches Interesse gewinnt. Gehen wir noch einen Schritt weiter: wenn 2 Leute sich unter 4 Augen aussprechen und der Eine beleidigt den Anderen, so ist nach dem bisherigen Verfahren der Beweis unmöglich und eine Privatklage von vornherein aussichtslos, da der Kläger keinen Zeugen angeben und auch selbst nicht als Zeuge auftreten kann. In solchem Falle ist nach meiner Ueberzeugung, selbst wenn es sich nur um rein private Ehrenverletzungen handelt, ein öffentliches Interesse vorhanden und habe ich es bisher für meine Pflicht gehalten einzuschreiten, wo der Betreffende sagt: ich habe keine Beweise, und du machst mich rechtlos, wenn du mir die Hülfe verweigerst. Sollte das nicht der Zweck der Bestimmung sein, daß der Staatsanwalt in alle Fälle des Privatklageverfahrens seine Hand hineinstecken kann und prüfen, ob öffentliches Interesse vorliegt oder nicht? Ich meine, das ist zu bejahen und so würde die öffentliche Interessenfrage, die hier hereingezogen wird, und die für die Verweisung des Beschwerdeführers auf den Weg der Privatklage maßgebend sein soll, ein sehr unzulänglicher Maßstab sein.

Man kann es nicht in das Belieben des Beamten stellen, ob er sagt, in diesem Falle habe ich keine Lust, klage privatim. Nein, das ist nicht möglich. Im Interesse der Rechtssicherheit kann nur auf das Legalitätsprincip zurückgegriffen werden, und ich muß sagen, der Staatsanwalt hat die gesetzlichen Bestimmungen für sich. Der Betreffende ist verletzt. Nach Paragraph so und so habe ich den Paragraphen anzuwenden und Anklage zu erheben. Nun könnte man anführen, was auch der Herr Referent angeführt hat, daß auf diese Weise ganz unerhebliche Sachen zur Verhandlung kämen und der Gerichtshof mit Sachen behelligt werde, die besser draußen blieben. Das von dem Herren Referenten vorher angeführte Beispiel gegenseitiger Mißhandlung kann nicht geeignet erscheinen, Ihr Urtheil über die Frage, die hier vorliegt, irgend wie zu beeinflussen. Es ist durchaus legal, daß eine Trennung des Verfahrens stattfindet. Es wird sogar häufig im Interesse der Sache nothwendig sein, beide Fälle zu trennen. Handelt es sich aber wirklich nur um eine gegenseitige Prügelei, bei welcher der eine oder andere Theil sich eines gefährlichen Werkzeugs bedient hat, so giebt das Gesetz im § 367[10] selbst den Weg an, die Sache ohne viel Aufhebens zu erledigen, wie andererseits ja auch der Richter in der Lage ist, durch Bemessung des Strafmaßes der beiderseitigen Verschuldung der Betheiligten gerecht zu werden. Ich weiß nicht, was dagegen sprechen soll, den Messerhelden vor Gericht zu bringen, selbst wenn der Andere selbst gesündigt und den Angeklagten gereizt hat. Ich meine, daß dadurch der Rechtszustand nicht geschädigt und noch viel weniger die Rechtssicherheit unterbrochen wird. Auf diese Weise würde die Nothwendigkeit einer Aenderung zu verneinen sein. Es kommen nur die Fälle in Betracht, welche das Strafgesetzbuch unter den Abschnitten des strafbaren Eigennutzes behandelt und welche theilweise nur auf Antrag zu verfolgen sind. Ich halte es für ausgeschlossen, hier die Privatklage zuzulassen; denn, handelt es sich auch in den meisten Fällen nur um eine Schädigung privater Interessen, so enthalten doch diese Vergehen ohne Ausnahme gleichzeitig Verletzungen derjenigen Gesetze, welche der Staat im Interesse der Rechtssicherheit und des Schutzes ganzer Klassen der Bevölkerung für nothwendig erachtet hat. Diese Vergehen zu strafen, liegt somit im öffentlichen Interesse. Soll der Staat in solchen

Fällen sagen, ich will es dem Beamten überlassen, ob er Lust hat, einzuschreiten, oder nicht? Das wäre ein gefährlicher Weg, den man betreten würde und eine gefährliche Durchbrechung des Legalitätsprincips. Nun nur noch einige Bemerkungen bez. des Resultats des Privatklageverfahrens in solchen Fällen. Ich habe schon darauf aufmerksam gemacht, daß der Gang des Privatklageprocesses durchaus nicht der Art ist, daß man empfehlen könnte, denselben noch mit mehr Material zu belasten. Sie wissen zunächst, was die Beweistheorie anlangt, daß der Verletzte von vornherein ausgeschlossen ist, als Zeuge aufzutreten. Wer hat aber immer die nöthigen Zeugen bei sich? Wir kommen in diesem Falle wiederum dahin, daß wir sagen müssen, der Staatsanwalt muß, wenn er das öffentliche Interesse richtig auffaßt, ex officio einschreiten, um das gebrochene Recht wiederherzustellen und den Mann zu schützen. Schon aus Billigkeitsgründen ist hier die Privatklage auszuschließen. Es paßt eine derartige Ausdehnung des Privatklageverfahrens überhaupt nicht in den Rahmen der Proceßgesetzgebung hinein. Es kommt dazu, daß die Frage nach dem öffentlichen Interesse gar nicht entschieden werden kann, ohne daß vorher eine Prüfung der Sache stattgefunden hat. Im Wege der Privatklage ist dies unmöglich. Der Richter bekommt die Klage, setzt einen Termin an und ladet die sämmtlichen Zeugen; es erscheinen 12 Zeugen, sie werden vernommen, keiner weiß etwas, und, da der rechte Zeuge ausgeblieben ist, muß ein neuer Termin anberaumt werden, daß macht neue Kosten und neue Arbeit, ganz abgesehen von der unnütz verschwendeten Zeit.

Wieviel einfacher ist es im amtlichen Verfahren? Die Anzeige erfolgt, man giebt seine Beweismittel an, die Behörde erforscht: ist das richtig oder unrichtig? Die Zeugen, die nichts wissen, bleiben von selbst fort, die Zeugen, die etwas wissen, werden selbstverständlich geladen; dem Richter werden also nur die Materialien vorgeführt, die geeignet sind, eine Entscheidung herbeizuführen, und dies, meine ich, ist der allein wünschenswerthe Zustand. Der andere Zustand würde dahin führen, den Richter zu zwingen, eine Unmasse Ballast zu verarbeiten, der für die Sache gar nicht in Betracht kommt, der nur geeignet ist, die Acten zu füllen und dem Manne Kosten zu machen. Und das ist der dritte Punkt. Das Privatverfahren als ideales Verfahren würde darin bestehen, daß der Verletzte seine Zeugen nimmt, auf das Gericht kommt und sagt: hier sind meine Zeugen, der Mann hat mich geschlagen, und daß der Richter sofort sein Urtheil sprechen kann. Das ist ein idealer Zustand; in Wirklichkeit gestaltet sich das Privatklageverfahren ganz anders. Der Verletzte geht zuerst zum Rechtsanwalt, wenn er klagen will, denn nur dadurch wird er sich den Erfolg im Privatklageverfahren sichern; die Kostenlast hat er auch hier zu tragen. Die Kostenlast im Privatklageverfahren hat der Verletzte selbst zu tragen, und Sie wissen, daß die Kosten exorbitant sind, so exorbitant, daß er sie vielleicht nicht aufbringen kann. Wenn er nicht in der Lage ist, den in diesem Falle erforderlichen Vorschuß zu zahlen, so wird es dahin kommen, daß der Mann sich die Frage vorlegt: ich bin ein armer Mann; woher soll ich das Geld aufbringen? ich lasse die Sache laufen. Und was ist die Folge davon? Hat er sich entschlossen, von der Privatklage abzusehen, so hat er sich noch längst nicht mit seinem Rechtsbewußtsein damit einverstanden erklärt, daß das, was ihm zu Leide geschehen ist, ungesühnt bleiben soll. Die Folge ist, daß er erbittert von dannen geht und sich sagt: der Staat giebt mir nicht die Mittel, mich zu rächen an dem, der mich angreift; er zwingt mich armen Menschen, Bedingungen zu erfüllen, die ich nicht erfüllen kann. Und was ist das Ende davon? Der Mann sagt: ich bin gesetzlos, rechtlos; warum soll ich mich also ferner an das Gesetz binden? So führt dies wie eine Kette von Ringen aus einer Folge in die andere, und nicht zum Nutzen und Frommen des Rechtslebens.

Soll ich nun direct zurückgehen auf die Frage, so ist dieselbe bezüglich des § 223a bereits im verneinenden Sinne entschieden und ich kann die Versammlung nur bitten, auch bezüglich des zweiten Punktes nicht nur aus den logischen Gründen, die ich angeführt habe, sondern auch aus materiellen und formellen Gründen, die auf dem heutigen Verfahren beruhen, die Frage zu verneinen.

Es kommt dazu, wie auch Herr Reichsanwalt Stenglein ausgeführt hat, daß principaliter zu einer derartigen einseitigen Reform unseres Verfahrens gar kein Bedürfniß vorliegt. Die Privatklage, darüber brauchen wir uns gar keine Illusionen zu machen, ist weder bei den Gerichten noch bei den Verletzten irgendwie beliebt. Ist der Verletzte nur beleidigt, so riskirt er vielleicht die Klage: ist er aber gemißhandelt, so wird er unter allen Umständen sehen, ob nicht der Staatsanwalt so gut ist und die Anklage erhebt. Die Leute, welche in irgend einer Weise verletzt zu sein glauben, wünschen nicht die Ausdehnung des Privatklageverfahrens, sondern sie fühlen sich wohl, wenn sie wissen, sie stellen den Strafantrag beim Staatsanwalt und der Staatsanwalt thut, was Rechtens ist.

Nun könnte man aber den letzten Punkt anführen gegen meine Meinung und für die Ausdehnung des Privatklageverfahrens die nach der Meinung Vieler unberechtigte Willkür des Staatsanwalts. Der Staatsanwalt hat es in der Hand, zu sagen: es liegt ein öffentliches

Interesse vor oder nicht, und demnach kann er die Klage anstellen oder ablehnen.

Es kommt ja nicht selten vor, daß der Staatsanwalt, nachdem er eine Sache zur Untersuchung übernommen hat, das Verfahren einstellt, sehr zum Erstaunen des angeblich Verletzten.

Wie ist in solchen Fällen zu verfahren? Nach dem bisherigen Verfahren ist die Sache außerordentlich einfach. Glaubt der Verletzte, daß die Einstellung zu Unrecht geschieht, so hat er das gesetzliche Mittel der Beschwerde an den vorgesetzten Beamten der Staatsanwaltschaft, welcher nach abermaliger gewissenhafter Prüfung der Sache entweder den abweisenden Bescheid billigt oder die Fortführung der Untersuchung bis zur gerichtlichen Entscheidung anordnet.

Auf das noch vorhandene Rechtsmittel der weiteren Beschwerde beim Oberlandesgericht lege ich, in Uebereinstimmung mit der Ansicht des Herrn Reichsanwalt, gar keinen Werth, denn dieses Rechtsmittel schwebt von vornherein in der Luft, da es erst dann Anwendung finden kann, wenn zwei theoretisch doch sicherlich gewissenhaft gedachte Beamte überzeugt sind, daß eine strafbare Handlung entweder gar nicht vorliegt oder nicht nachweisbar ist. Soll dann das Oberlandesgericht eine andere Auffassung haben? Ich glaube, Hunderte von Fällen werden vorkommen mit derartigen Anträgen, aber nur einer unter den Hunderten, wo einmal, angenommen, daß das Oberlandesgericht wirklich die Erhebung der Klage beschließt, diese Klage auch Erfolg haben wird. Ich habe noch keinen derartigen Fall erlebt. Dieses Rechtsmittel ist meines Erachtens durchaus entbehrlich, uud trotz des Wegfalls desselben wird ein Verletzter sichereren Rechtsschutz genießen, wenn er die Entscheidung darüber, soll strafrechtlich eingeschritten werden, in den Händen eines von vornherein dazu ausgebildeten, dazu berufenen pflichttreuen Beamten weiß, als wenn er sich auf die Gefahr einer Privatklage einlassen muß, um nachher zu spät, auf Kosten seiner Tasche, zu erfahren, es liegt eine strafbare Handlung überhaupt nicht vor oder der Beweis ist nicht erbracht.

Ich erinnere an das Beispiel, welches ich anzuführen mir erlaubte.

M. H.! Nach all diesem kann ich nur die Bitte an Sie richten, sich damit einverstanden zu erklären,

> daß ein Bedürfniß nach Aenderung der Strafproceßordnung im Sinne der Ausdehnung der Privatklage überhaupt nicht vorliegt, daß weiter aber eine einseitige Ausdehnung und Durchbrechung des Legalitätsprincips im Interesse der Vergehen, aus § 303 und § 123 ebenfalls zu verneinen ist und daß die Ausdehnung des Privatklageverfahrens auf die Vergehen des § 223a mit

dem Gesetze und Willen des Gesetzgebers in directem Widerspruch steht.

Ich richte deshalb die Bitte an Sie, die Frage:

„Erscheint es angemessen, die principale Privatklage auf die Körperverletzungen des § 223 a, sowie Sachbeschädigung und Hausfriedensbruch auszudehnen?“

zu verneinen. (Bravo!)

Kammergerichtsrath Dr. **Olshausen** (Berlin): M. H.! Ich erlaube mir, Ihrer Beschlußfassung einen Antrag zu unterbreiten, der auf die Frage, wie sie von der ständigen Deputation des Juristentages gestellt ist, weder eine Verneinung noch eine Bejahung enthält, der somit von den Anträgen, welche der Gutachter und die beiden Referenten gestellt haben, abweicht.

Ich bitte, Sie wollen Folgendes beschließen:

„Eine specielle Bezeichnung einzelner Delicte, auf welche die principale Privatklage auszudehnen sei, empfiehlt sich nicht. Die Frage, welche Ausdehnung dem Privatklageverfahren bei einer etwaigen Reform des Strafprocesses zu geben sei, erheischt vielmehr eine principielle Lösung.“

Sind Sie damit nicht vollständig einverstanden, finden Sie die Lücke vor, welches Princip soll herrschend sein, dann würde ich anheimgeben, daß wir noch den Zusatz machen: die Frage, welches Princip das maßgebende sei, ist noch nicht spruchreif.

M. H.! Die Zeit drängt für die Sitzung der Vertrauensmänner, ich muß mich deshalb kurz fassen, ich kann es aber auch, weil viele der Ausführungen des soeben gehörten Herrn Vorredners mir sehr sympathisch waren, aber ich kann die Ausführungen nicht für voll erschöpfend erachten. Es werden bei einer Reform der Strafproceßordnung, der wir über kurz oder lang entgegengehen, Gesichtspunkte zur Sprache kommen, die noch weiter greifen. Ich meine nun, daß, wenn die Reform des Strafverfahrens stattfindet, allerdings wohl davon nicht mehr abgegangen werden wird, daß die Beleidigungen und einfachen Körperverletzungen im Wege des Privatklageverfahrens zu verfolgen sind. Ich glaube auch, man wird nicht dahin gelangen, was meines Erachtens principiell unrichtig sein würde, wieder auf ein civilprocessualisches Verfahren zurückzugreifen. Im Uebrigen aber wird die Frage nach der Ausdehnung des Privatklageverfahrens, sei es des principalen, sei es des eventuellen, eine sehr bedeutende Rolle spielen, und ich glaube, es bedarf deshalb zu einer positiven Antwort einer gründlichen Vorbereitung, wobei sich die Aufmerksamkeit auf eine Reihe anderer Fragen zu richten haben würde, als wie sie hier heute zur Erörterung gekommen sind. Ich bitte deshalb, die hohe Versammlung wolle meinem Antrage ihre Zustimmung nicht versagen.

**Vorsitzender:** Meldet sich noch jemand zum Wort?

Der Antrag lautet:

„Eine specielle Bezeichnung einzelner Delicte, auf welche die principale Privatklage auszudehnen ist, empfiehlt sich nicht. Die Frage, welche Ausdehnung dem Privatklageverfahren bei einer etwaigen Reform des Strafprocesses zu geben sei, erheischt vielmehr eine principielle Lösung.

Correferent Staatsanwalt Dr. **Bindseil** (Cottbus): Ich meine, daß diese Frage eigentlich das Thema, welches allein heute der Versammlung vorgelegt war, direct erledigt, und zwar in einer Weise erledigt, daß eine Vereinigung zwischen beiden Anträgen gar nicht möglich ist. Denn auf der einen Seite ist die Frage zur Beschlußfassung der Versammlung gestellt: ist gerade in diesen drei Fällen eine Ausdehnung der Privatklage wünschenswerth, und ich meine, diese Frage kann nur nach Form und Inhalt bejaht oder verneint werden. Die Frage, ob eine weitere Ausdehnung des Privatklageverfahrens im Allgemeinen wünschenswerth ist, hat gar nicht zur Discussion gestanden, und es würde also der Antrag des Herrn Kammergerichtsrath Dr. Olshausen eigentlich rein in der Luft schweben.

Professor Dr. **Rubo** (Berlin): M. H.! Wenn Sie den Antrag Olshausen annehmen, so bitte ich Sie, dies nur mit der Maßgabe zu thun, daß Sie das Wort „principale" vor dem Worte „Privatklage" fortlassen. Denn es kann und soll ja heute nicht der Gegensatz von „principaler" und „subsidiärer" Privatklage zur Erörterung gelangen. Ich selbst schließe mich der Auffassung des Herrn Staatsanwalts Dr. Bindseil dahin an, daß in erster Reihe der Staat die Pflicht habe, die Gesetzesverletzer strafrechtlich zu verfolgen: ich bin ein Vertheidiger nur der subsidiären Privatklage und empfehle Ihnen principiell die Verneinung der gestellten Frage, eventuell Annahme des Olshausen'schen Antrages mit der von mir vorgeschlagenen Maßgabe.

Correferent Staatsanwalt Dr. **Bindseil** (Cottbus): Die Ablehnung der uns vorliegenden Frage würde der Frage Olshausen nicht präjudiciren; hier ist bloß von specieller Ausdehnung gesprochen worden, während Herr Kammergerichtsrath Olshausen die weitere allgemeine Ausdehnung im Auge hat.

Kammergerichtsrath Dr. **Olshausen** (Berlin): Dadurch, daß ich das Wort „principale" in den ersten Satz meines Antrages aufgenommen habe, hält sich mein Antrag an die gestellte Frage. Nun folgt der zweite Satz, der sagt: Die Versammlung lehnt es ab, überhaupt eine Entscheidung über die Frage, wie sie gestellt ist, zu fällen; sie hält eine principielle Entscheidung für geboten. Man ist in einer eigenthümlichen Lage gegenüber der Frage, welche von der ständigen Deputation gestellt ist: vielleicht sind Einige unter uns, die die Ausdehnung der Privatklage auf den einen Fall für richtig halten, während Andere, die sie bei dem einen der bezeichneten Delicte verneinen, aus einem anderen Gesichtspunkte eine Ausdehnung der Privatklage rechtfertigen zu können meinen. Deshalb glaube ich, ist eine Fassung, wie ich sie mir erlaubt habe vorzuschlagen, die also eine positive Bejahung oder Verneinung ablehnt, durchaus nicht ungerechtfertigt. Ich bitte Sie, meinem Antrage zuzustimmen.

Justizrath **Makower** (Berlin): Ich möchte den Antrag Olshausen unterstützen. Ich verstehe den Antrag dahin, daß er sagt: de lege lata, wenn im Uebrigen Alles so bleibt wie es ist, so würde ich diese drei Fälle nicht ausscheiden, und insoweit ist Herr Olshausen ganz derselben Meinung, wie unser zweiter Herr Referent. Dagegen besagt der Antrag weiter: Wenn wir einmal an eine Reform gehen, so mag vielleicht das Antragsverfahren noch in ganz anderer Weise ausgedehnt werden, und deshalb sei es ganz zweckmäßig, die Frage jetzt unentschieden zu lassen.

Man muß nicht nothwendig auf dem Standpunkt des Herrn Staatsanwalts Dr. Bindseil stehen. Es scheint mir, daß derselbe den Staat auf dem Gebiete des Strafwesens so omnipotent machen will, daß dem Einzelnen gar nichts mehr überlassen wird, eine Anschauung, welche in anderen Ländern keineswegs getheilt wird. In England z. B. würde man es nicht verstehen, und nichtsdestoweniger besteht doch auch in England Rechtsordnung und die Menschen entbehren nicht des nöthigen Schutzes.

Daraus ergiebt sich, daß ein anderer Gesichtspunkt sehr gut möglich ist. Was die Antragsverbrechen angeht, so kann ich, obwohl ich wenig mit Strafrecht zu thun habe, doch sagen, daß mir Fälle vorgekommen sind, in denen ich auf das Lebhafteste bedauert habe, daß der Antrag nicht mehr zurückgezogen werden konnte, nachdem die Betheiligten sich überzeugt hatten, es liege keine genügende Veranlassung vor, vorzugehen; man hat zunächst in unserer Gesetzgebung sehr Vieles auf den Antrag gestellt, ohne eine Garantie zu schaffen, daß nicht mit dem Zurückziehen des Antrags Handel getrieben würde, und dann ging man in das Extrem über und hat nur wenige Fälle übrig gelassen, in denen ein Antrag zurückgezogen werden kann, meines Erachtens zu wenige. Bei Verletzung von Musterschutz und dergl. kann z. B. der Antrag nicht zurückgezogen werden. Da giebt es zahlreiche Fälle, wo es sich nur um Privatinteresse handelt, wo die Verletzten wünschen, sie hätten nicht die Unbesonnenheit begangen, gleich an die Staatsbehörde zu gehen, wo es gegen ihr eigenes Interesse verstößt, daß die Sache weiter verhandelt wird. Dennoch muß eine solche anhängige Sache ihren Weg gehen, als wenn das Strafverfahren Selbstzweck wäre.

Deshalb meine ich, daß der Antrag Olshausen ganz richtig ist. So, wie augenblicklich die Gesetzgebung liegt, würde ich sie nicht mit einem Male durchbrechen, zu Gunsten der 3 hervorgehobenen Fälle. Bei einer vollständigen Reform der Gesetzgebung dagegen kann das Gebiet der Antragsvergehen unter gewissen Cautelen gegen Mißbräuche ausgedehnt werden. Aus diesen Gründen erkläre ich mich für den Antrag Olshausen. (Bravo!)

**Vorsitzender:** Es meldet sich niemand weiter zum Wort. Ich ertheile den Herren Referenten das Schlußwort und bitte sie, sich kurz zu fassen.

Referent Landrichter Dr. **Kronecker** (Berlin): Ich will nur mit ein paar Worten den Ausführungen des Herrn Staatsanwalts Dr. Bindseil entgegentreten. Herr Staatsanwalt Bindseil hat zunächst die Zusammenstellung dieser drei Delicte in der Frage als eine unlogische bezeichnet und gefragt, wie kommen wir dazu, überhaupt diese drei Delicte herauszugreifen und gerade bei ihnen die Frage aufzustellen, ob die principale Privatklage auf sie ausgedehnt werden soll. M. H.! Ich war von der ständigen Deputation angegangen worden, noch eine kriminalistische Frage vorzuschlagen, und ich habe diese drei Fälle herausgegriffen, bei denen in der Praxis sich am meisten, ich will einmal sagen, ein Bedürfniß gezeigt hat, eine Privatklage zuzulassen und eine öffentliche Verfolgung nicht obligatorisch zu machen. Gerade bei uns — ich bin Mitglied einer Strafberufungskammer — haben sich viele Fälle gezeigt, in denen der Staatsanwalt, sowie das Collegium sich gesagt haben, es ist hier in diesem Falle der sogenannten gefährlichen Körperverletzung, in diesem Falle des Hausfriedensbruches, in diesem Falle der Sachbeschädigung höchst überflüssig gewesen, daß amtlich eingeschritten worden ist, und es ist in manchen Fällen zweck- und sachwidrig gewesen, es hat das Verfahren direct geschädigt. Herr Staatsanwalt Bindseil meint, in solchen Fällen müßte sich ein verbundenes Verfahren ermöglichen durch § 367[10] wegen Schlägerei: „Wer bei einer Schlägerei ein gefährliches Werkzeug gebraucht, in die er nicht ohne sein Verschulden hineingezogen wird". Aber dieser Paragraph findet Anwendung, wenn eine Verletzung nicht stattgefunden hat; hat sie stattgefunden, so greift § 223a Platz und nicht 367[10] Die Sachwidrigkeit bei dem Verfahren aus § 223a vor der Kammer auf der einen Seite und 223 gegen die Gegner vor dem Schöffengericht auf der anderen Seite liegt eben darin, daß die Kammer möglicherweise ganz andere Feststellungen macht, als im anderen Verfahren vor dem Schöffengericht gemacht werden, daß Widersprüche über Widersprüche vorkommen und deshalb die Einheitlichkeit nicht gewahrt wird, die bei der Natur nach zusammenhängenden Strafsachen gewahrt werden müßte. Deshalb glaube ich, daß dies Beispiel wohl geeignet wäre, eine Ausdehnung der Privatklage gerade auf dieses Delict herbeizuführen. Doch will ich mich den Gründen, die namentlich Herr Dr. Olshausen hervorgehoben hat, nicht verschließen. Es soll nur bei einer zukünftigen allgemeinen Revision der Strafproceßordnung, die namentlich auch das sehr verbesserungsbedürftige Privatklageverfahren zu umfassen hätte, dieselbe auch auf die vorliegende Frage ausgedehnt werden, und wenn die Abtheilung es vorzieht, diese Frage, welche Delicte und ob speciell diese Delicte dann bei der allgemeinen Revision zur Privatklage zu stellen sind, vorläufig auf sich beruhen zu lassen, — und es scheint dies hier im Sinne der Abtheilung zu liegen — so will ich mich dem nicht entgegensetzen und deshalb meinen Antrag zu Gunsten desjenigen des Herrn Kammergerichtsrath Dr. Olshausen zurückziehen.

Staatsanwalt Dr. **Bindseil.** Der § 367[10] Stragesetzbuch lautet:

> „Wer bei einer Schlägerei, in welche er nicht ohne sein Verschulden hineingezogen ist, oder bei einem Angriffe sich einer Waffe, insbesondere eines Messers oder eines anderen gefährlichen Werkzeuges bedient."

Es ist wohl durch das Wort „bedient" genügend angedeutet, daß auch eine Verletzung durch die Waffe herbeigeführt sein kann.

**Vorsitzender:** Die Debatte ist geschlossen und wir schreiten zur Abstimmung. Nachdem der Herr Referent Kronecker seinen Antrag zu Gunsten des Antrags Olshausen zurückgezogen hat, liegen die beiden Anträge vor: der von Dr. Bindseil, welcher die Frage 13 verneint, und der von Dr. Olshausen, welcher auf Uebergang zur Tagesordnung geht. Dieser Antrag ist der weitergehende und wird zunächst zur Abstimmung zu bringen sein, wenn die Versammlung damit einverstanden ist. Von Herrn Professor Rubo ist ein Antrag nicht gestellt.

Der Antrag Olshausen lautet:

„eine specielle Bezeichnung einzelner Delicte, auf welche die principale Privatklage auszudehnen sei, empfiehlt sich nicht. Die Frage, welche Ausdehnung dem Privatklageverfahren bei etwaiger Reform des Strafprocesses zu geben sei, erheischt eine principielle Lösung.

Würde dieser Antrag abgelehnt, so würde der Antrag Bindseil zur Abstimmung zu stellen sein.

Will die Versammlung den Antrag Olshausen annehmen?

Derselbe ist mit überwiegender Majorität angenommen und damit die Frage erledigt.

Hiermit sind wir am Schlusse unserer Tagesordnung angelangt und ich fühle mich verpflichtet, der geehrten Abtheilung für die tüchtige Thätigkeit und die geneigte Unterstützung, welche sie mir im Vorsitz geleistet hat, verbindlichst zu danken.

Nun ist noch die Frage: es wird wohl der heutige Beschluß dem Plenum nur zur Kenntnißnahme vorzutragen sein. Ich würde Herrn Dr. Olshausen bitten, das Referat zu übernehmen. (Derselbe erklärt sich dazu bereit.)

Kammergerichtsrath Dr. **Olshausen.** Ich bitte, daß wir unserem Herrn Vorsitzenden für die Leitung der Versammlung unseren Dank aussprechen dadurch, daß wir uns von den Sitzen erheben. (Geschieht.)

**Vorsitzender:** Unsere Berathungen sind geschlossen!

(Schluß der Sitzung 10 Uhr 15 Minuten.)

# Zweite Plenarsitzung

des

# Neunzehnten deutschen Juristentages

zu Stettin

am

## Donnerstag, den 13. September 1888.

---

(Beginn: Vormittags 11 Uhr.)

Präsident Dr. **Drechsler** (Leipzig): Ich eröffne die II. Plenarsitzung des XIX. deutschen Juristentages.

M. H., erlauben Sie mir eine Mittheilung, die freilich Ihnen dem Inhalte nach schon allen bekannt ist. Vorgestern, als wir das Telegramm an Herrn Geheimrath Pape absandten, hatten wir noch die Hoffnung auf seine Genesung. Inzwischen ist die Mittheilung von seinem Tode durch die Zeitungen uns geworden. Ich brauche nicht viel Worte zu machen, um die große Bedeutung dieses Verlustes, gerade auch für unsere Bestrebungen, klarzulegen, denn er war ja eine Stütze und ein Haupthebel beim Werke der Einigung des Deutschen Rechtes. M. H., handle ich in Ihrem Willen, wenn ich Sie bitte, zu Ehren und zum Andenken des Geheimraths Pape sich von Ihren Sitzen zu erheben? (Die Anwesenden erheben sich.)

Wir gehen jetzt über zur Verhandlung der Tagesordnung, welche gedruckt Ihnen vorgelegt ist. Wir kommen zunächst zu den Beschlüssen der Abtheilungen.

Zur Frage 1 der vorläufigen Tagesordnung hat die I. Abtheilung den Beschluß gefaßt:

Es empfiehlt sich, in das bürgerliche Gesetzbuch für den Fall der freiwilligen Uebereignung einer Sache, die dem Miether oder Pächter bereits vorher überlassen war, den Grundsatz: „Kauf bricht nicht Miethe“ aufzunehmen,

und diesen Gegenstand zur Berathung und Beschlußfassung dem Plenum überwiesen.

Ich ersuche den Herrn Referenten, Geheimrath Brunner das Wort zu nehmen.

Referent Geheimer Justizrath Professor Dr. **Brunner** (Berlin): Geehrte Herren, die I. Abtheilung hat in der Frage „Kauf bricht Miethe“ den Ihnen gedruckt vorliegenden Beschluß gefaßt. Die Abtheilung hat damit Stellung genommen gegen den Standpunkt, welchen der Entwurf des bürgerlichen Gesetzbuches in dieser Frage einnimmt. Nach dem Entwurf ist es bekanntlich möglich, daß jemand seine Sache einem Anderen vermiethet oder verpachtet und bald darauf einem Dritten übereignet mit der Wirkung, daß dieser Dritte an das Recht des Pächters oder des Miethers nicht gebunden ist. Der dritte Erwerber ist dann befugt, den Miether oder den Pächter aufzufordern zur Räumung des Grundstückes. Der Miether muß das Grundstück räumen, allerdings erst nach Ablauf der gesetzlichen Kündigungsfrist. Eine Eintragung der Miethe und der Pacht in das Grundbuch ist durch den Entwurf ausgeschlossen.

Gegen diesen Standpunkt des Entwurfs sind in der Abtheilung verschiedenartige Gründe geltend gemacht worden, nationale Gründe, socialpolitische, wirthschaftliche Gründe, juristische Gründe. Der entgegengesetzte Grundsatz, der Grundsatz: „Kauf bricht nicht Miethe“ gilt in Deutschland mindestens für ungefähr $^2/_3$ der Bevölkerung. Es gilt der Grundsatz: „Kauf bricht nicht Miethe“ im Wesentlichen auch in den meisten großen Culturstaaten Europas außerhalb Deutschlands. Er gilt in Frankreich, in Italien, in Belgien, in Holland, er gilt im englischen Recht. Der Grundsatz: „Kauf bricht Miethe“, den wir abgelehnt haben, hängt eng zusammen mit den socialen Verhältnissen des römischen Reiches, mit Verhältnissen, welche bei uns jetzt nicht mehr vorliegen. Der Grundsatz: „Kauf bricht Miethe“ verschärft ein sociales Uebel unserer großen Städte, die häufigen Wechsel der Miethwohnungen und das städtische Nomadenthum. Der Grundsatz: „Kauf bricht Miethe“ gefährdet auf das Bedenklichste den Pächter eines Landgutes, welcher durch die Unbeständigkeit des Pachtvertrages zum Raubbau getrieben wird, an einer rationellen, an einer culturmäßigen Ausnutzung des Bodens verhindert wird. Ebenso gefährdet er die Stellung des Geschäftsmannes, welcher Geschäftsräume auf längere Zeit gemiethet hat, sie durch seine Geschäftsthätigkeit in ihrem Miethwerthe erheblich gesteigert hat und bei eintretendem Wechsel des Eigenthums dann gezwungen werden kann, dieselben zu räumen.

Diese wirthschaftlichen und socialpolitischen Momente sind an sich entscheidend gegen den Entwurf. Daneben kann nicht in Betracht kommen, ob es möglich ist, den Grundsatz: „Kauf bricht nicht Miethe" etwa vom Standpunkte des römischen Rechtes aus zu construiren. Mit den Bausteinen bloß des römischen Rechts und etwaigem naturrechtlichen Mörtel läßt sich eben heutzutage kein großes Gesetzgebungswerk mehr herstellen und das bürgerliche Gesetzbuch ist von vornherein eine Todtgeburt, wenn sein Gesetzgeber nicht mit einem Tropfen socialpolitischen Oeles gesalbt war. Es widerspricht, m. H., ferner unserem Rechtsgefühl, daß jemand eine Sache heute für längere Zeit vermiethet und verpachtet und morgen übereignen kann mit der Wirkung, daß der Erwerber an das Recht des Miethers nicht gebunden ist, denselben austreiben kann. Der Ersatzanspruch, welchen der Miether in solchen Fällen gegen den Vermiether hätte, ist häufig schwer zu realisiren und noch häufiger sehr schwer zu construiren. Auf der anderen Seite tritt der Grundsatz, für den wir uns ausgesprochen haben, den Interessen des Vermiethers in keiner Weise zu nahe, da derselbe in der Lage ist, sich die volle Verfügungsfreiheit über sein Eigenthum vorzubehalten durch Pacht- oder Miethverträge auf kurze Dauer oder durch die Vertragsclausel, daß der Miether oder der Pächter bei eintretendem Wechsel des Eigenthümers das Grundstück zu räumen habe.

Auch der Erwerber wird durch den Grundsatz: „Kauf bricht nicht Miethe" thatsächlich nicht geschädigt, obwohl er unter Umständen ein Miethrecht anerkennen muß, über welches das Grundbuch keine Auskunft giebt. Denn der Vorschlag der Abtheilung beschränkt den Satz: „Kauf bricht nicht Miethe" auf den Fall, daß der Miether oder der Pächter sich in dem Besitz der vermietheten oder verpachteten Sache befindet, und in aller Regel wird man ein Grundstück nicht unbesehen kaufen. Der Käufer wird es vorher besichtigen und wird sich überzeugen können, ob ein Miether darin sitzt oder nicht.

Gegen den Beschluß der Abtheilung hat sich eine einzige Stimme geltend gemacht, Herr Dr. Alexander Katz. Auch dieser tritt nicht unbedingt für den Entwurf ein, sondern hat den Vorschlag des von Meibom erstattenen Gutachtens aufgenommen, der den Grundsatz „Kauf bricht Miethe" zwar in der Hauptsache anerkennt, allein den Entwurf in verschiedenen Richtungen modificirt, unter anderem darin, daß er dem Miether oder dem Pächter wenigstens das Recht geben will, sein Miethund Pachtrecht in das Grundbuch eintragen zu lassen und dadurch den Grundsatz „Kauf bricht Miethe“ auszuschließen. Von einer anderen Seite wurde die Frage aufgeworfen, wie es denn mit dem Grundsatz „Kauf bricht Miethe“ im Falle der Subhastation zu halten sei. Die Abtheilung hat geglaubt, mit Rücksicht auf den Wortlaut der gestellten Frage auf diesen Punkt nicht näher eingehen zu müssen. Das Verhältniß des Satzes „Kauf bricht Miethe“ zur Subhastation würde nicht in dem Entwurf des bürgerlichen Gesetzbuches zu regeln sein, sondern würde Gegenstand eines besonderen Gesetzes über die Zwangsvollstreckung werden. Es wurde übrigens die Erwartung ausgesprochen, daß die ständige Deputation die Frage, wie es bei der Subhastation mit unserem Problem zu halten sei, auf die Tagesordnung des nächsten Juristentages setze. Wenn daher der Beschluß der I. Abtheilung den Grundsatz „Kauf bricht nicht Miethe“ nur für den Fall der freiwilligen Uebereignung ausspricht, so ist — diesen Commentar kann ich mir erlauben — damit nicht gemeint, daß etwa der Grundsatz „Kauf bricht Miethe“ für den Fall der Subhastation gelten soll, sondern die Abtheilung will diese Frage nur offen lassen und einer späteren Entscheidung vorbehalten.

Die Abtheilung legt Ihnen ihren Beschluß vor, nicht bloß zur Kenntnißnahme, sondern zur eventuellen Berathung und Beschlußfassung, nicht deshalb, als ob sie den Beschluß, der nahezu einstimmig gefaßt worden ist, auf's Neue in Frage stellen wollte, sondern um ihrem Beschlusse die, hoffentlich gleichfalls nahezu einstimmige, Sanction des Plenums zu verschaffen. (Bravo!)

**Präsident:** Ich eröffne also die Berathung. Zum Wort hat sich gemeldet Herr Landrichter Dr. Ramm aus Lyck.

Landrichter Dr. **Ramm** (Lyck O.-Pr.): Meine hochgeehrten Herren, wer der vorgestrigen Verhandlung der ersten Abtheilung beigewohnt hat, muß den Eindruck gewonnen haben, daß dieselbe so erschöpfender Natur war, daß es an sich eigentlich überflüssig erscheinen könnte, diese Frage noch im Plenum zur Berathung zu bringen. Wenn es dennoch geschehen ist, so liegt der Grund, wie auch der Herr Referent ausgesprochen hat, lediglich darin, daß es zweckmäßig, ja nothwendig erscheint — da es sich um einen so einschneidenden, das ganze Volk betreffenden Rechtsgrundsatz handelt —, das Urtheil der Abtheilung noch zu verstärken in seiner Bedeutung durch die hoffentlich gleichlautende Entscheidung des Plenums. Sie alle kennen die Gründe, die ganze Entwickelung der Sache, wie sie von den beiden Herren Referenten uns vorgetragen worden ist. Sie ist gedruckt und es erübrigt, weiter darauf einzugehen. Ich möchte nun zunächst eine Pflicht erfüllen, die ich persönlich in mir fühle, von dieser Stelle aus den beiden Herren Referenten für die so außerordentlich gediegene und mühevolle Arbeit meinen Dank auszusprechen. Im Uebrigen habe ich nur noch zu erwähnen, daß es sich bei Beurtheilung dieser Frage, welche eine so durchgehende Bedeutung speciell für das Geschäftsleben hat, hauptsächlich um den praktischen Standpunkt handelt. Es kann an sich ziemlich gleichgültig sein, ob der Miethvertrag nach römischem Rechte oder nach deutschem Rechte, oder nach, aus Bestandtheilen beider, gemischtem Rechte in's Auge gefaßt wird. Es wird sich im Wesentlichen nur darum handeln, zu entscheiden, ob die Lebensbedürfnisse des deutschen Volkes sich für den Grundsatz „Kauf bricht Miethe", oder im entgegengesetzten Sinne aussprechen. Denn das Recht, wie es im bürgerlichen Gesetzbuch zur Geltung kommen soll, darf nur das sein, was in den Lebensverhältnissen selbst liegt und daraus gefunden werden muß, nicht aber das, welches von der Wissenschaft construirt wird. Wenn es nun darauf ankommt, die Anforderungen des Lebensbedürfnisses des deutschen Volkes in dieser Richtung festzustellen, so möchte ich behaupten, daß der Grundsatz „Kauf bricht Miethe", welcher in zwei Dritteln des deutschen Gebietes nicht gilt, darin nach der Rechtsanschauung des Volkes auch nicht zur Geltung kommen darf. Es läßt sich das zwar nicht sogleich durch Documente klar beweisen, aber ich möchte doch ein Sympton anführen, welches deutlich dafür spricht. In Lyck, einer fernen Gegend Ostpreußens, im ganzen Landbezirke, speciell auch in der Hauptstadt ist in der ganzen Geschäftswelt nur eine Stimme, daß der Grundsatz „Kauf bricht nicht Miethe" gelten müsse. Ebenso 100 Meilen weiter nach Westen. Als ich in Stettin anlangte und in einem großen Geschäfte einiges kaufte, und man zufällig hörte, daß ich zum Juristentag hier wäre, war das Erste, was man mir sagte, wir lassen nicht nach, der Grundsatz „Kauf bricht nicht Miethe" muß doch in dem neuen Gesetzbuch zur Geltung kommen. Was machen wir Geschäftsleute, wenn das nicht geschieht? Das reale Bedürfniß im öffentlichen Leben spricht sich hiernach deutlich dafür aus, daß der Grundsatz „Kauf bricht nicht Miethe" auch für die Zukunft in Geltung verbleibt. Aber auch die wahre Natur des Miethverhältnisses spricht dafür. Denn dieselbe beruht wesentlich darin, eine Sache zu nutzen und zu behalten. Es ist das speciell die Natur des alten deutschen Bestandsvertrages, und als solcher aufgefaßt ist der Inhalt des Rechtsverhältnisses hauptsächlich der, den Bestand des Miethers zu erhalten. Darauf weist auch das Lebensbedürfniß hin, und dasselbe würde auf das Aeußerste geschädigt werden, wenn das zu Gunsten des Vermiethers nicht mehr geschähe.

Ich möchte schließlich noch einen Gesichtspunkt hervorheben, der für mich noch von Bedeutung ist. Es ist festgestellt von dem Herrn Referenten durch genaue Untersuchung, daß der Grundsatz: „Kauf bricht nicht Miethe" auf altdeutschem Fundamente beruht, nämlich auf dem schon erwähnten altdeutschen Bestandsvertrage, und es ist mir nicht gleichgültig, daß, wenn dieser Grundsatz zum Durchbruch gelangt, ein nationaler Grundsatz festgehalten wird gegenüber dem fremdländischen. Je mehr wir uns von der Umklammerung fremden Rechtes lösen, und sei es auch selbst das römische, desto mehr wird unser Volksleben gewinnen, und ich begrüße es daher freudig, daß wir heute im Plenum hoffentlich einstimmig einem nationalen Rechtsgrundsatz zur Geltung verhelfen werden. (Bravo!)

**Präsident:** Es hat sich niemand weiter zum Worte gemeldet; ich schließe also die Berathung und schreite zur Abstimmung. Es handelt sich darum, ob das Plenum der Beschlußfassung der ersten Abtheilung zu der Frage 1 beitreten will. Der Beschluß lautet:

> Es empfiehlt sich, in das bürgerliche Gesetzbuch für den Fall der freiwilligen Uebereignung einer Sache, die dem Miether oder Pächter bereits vorher überlassen war, den Grundsatz: „Kauf bricht nicht Miethe" aufzunehmen.

Ich ersuche diejenigen Herren, welche sich für diesen Antrag aussprechen wollen, sich zu erheben. (Geschieht.)

Nunmehr bitte ich diejenigen, die gegen den Antrag sind, sich zu erheben. (Niemand erhebt sich.)

Der Beschluß ist einstimmig gefaßt.

Wir kommen zur Frage 2. Es liegt zu dieser Frage, welche die Servituten an Grundstücken betrifft, ein Beschluß der ersten Abtheilung vor, welcher zur Kenntniß gebracht werden soll.

Referent Geheimer Justizrath Professor Dr. **Dernburg** (Berlin): M. H., auch in Bezug auf die Eintragung der Grundgerechtigkeiten mußte die Abtheilung gegenüber dem Entwurfe des bürgerlichen Gesetzbuches für das Deutsche Reich zu einem ablehnenden Votum kommen. Der Entwurf des bürgerlichen Gesetzbuches für das Deutsche Reich hat aus principiellen Gründen die Eintragung der Grundgerechtigkeiten in größter Schärfe und Unbedingtheit zur Geltung zu bringen gesucht; jeder Einfluß der Zeit sowohl in Bezug auf die Anerkennung seit längster Zeit bestehender Servituten als auch in Bezug auf die Befriedigung von solchen Servituten, die aus dem Leben thatsächlich verschwunden sind, wenn sie nur eingetragen sind — ich sage, jeder solche Einfluß der Zeit wird zurückgewiesen. Denn es will der Entwurf die Beseitigung der Servituten nur durch Löschung eintreten lassen, eine Löschung, zu welcher nicht nur die Eigenthümer der berechtigten Sache, sondern auch alle an dem herrschenden Grundstück irgendwie dinglich Berechtigten zustimmen müssen, so daß praktisch eine Beseitigung einer einmal bestehenden Grundgerechtigkeit schwer oder gar nicht möglich ist, noch viel weniger eine den Lebensverhältnissen entsprechende Modification.

Man hat nun von seiten der Abtheilung erwogen, daß es sich hier um etwas handelt, was in dieser Schärfe und Unbedingtheit in Deutschland unbekannt ist, daß man in Preußen zu Ende des vorigen Jahrhunderts einen viel weniger weitgehenden Versuch gemacht hat und daß der Versuch gescheitert ist, die Servituten, wenigstens die nicht erkennbaren, eintragen zu lassen. Man hat erwogen, daß man auch im Jahre 1872 bei Berathung des Grundbuchgesetzes die absolute Eintragung der Grundgerechtigkeiten für etwas Unausführbares erkannt hat; man hat in Betracht gezogen, daß eine Vorschrift, wonach sämmtliche Grundgerechtigkeiten im Deutschen Reiche, sowohl die ländlichen als die städtischen, die vielleicht nur darin bestehen, daß ein Tropfenfall auf des Nachbars Grundstück erlaubt ist oder ein Erker, oder die Oeffnung eines Fensters oder sonst eine kleine Gerechtigkeit, daß eine Vorschrift, die die Bevölkerung nöthigt, diese Grundgerechtigkeiten sämmtlich eintragen zu lassen, trotzdem daß sie appariren, sehr schwer durchführbar ist, daß es sich bei den Servituten nicht wie bei dem Eigenthum und bei der Hypothek um einfache, klare, liquide Rechtsformen handelt, sondern um Rechte, die flüssig sind, um Rechte, die in ihrem Umfange vielfach bestritten sind und die man thatsächlich wohl duldet, die aber rechtlich, sowie sie fixirt werden sollen, zu Streitigkeiten führen, und man hat die Befürchtung gehabt, daß, wenn die Eintragung für alle Grundgerechtigkeiten vorgeschrieben würde, dann eine Menge von Processen aufgewühlt werden, der Unfriede unter die Nachbarn getragen wird und die Einführung des deutschen Civilgesetzbuchs mit einer verderblichen Schaar von Processen inaugurirt werden müßte.

Man hat sich aber in der Abtheilung nicht völlig darüber geeinigt, ob nicht in gewissem Maße und mit beschränkteren Folgen es möglich ist, gewisse Servituten, bei denen es besonders wünschenswerth ist, eintragen zu lassen. Diese Frage wurde durch den Ihnen zur Kenntnißnahme unterbreiteten Beschluß nicht erledigt.

Nur negativ verhält sich dieser Beschluß, indem er die Bestimmungen des Entwurfs des bürgerlichen Gesetzbuchs in ihrer Allgemeinheit, in ihrer Schärfe, in ihrer Consequenz, aber auch in ihrer Härte für das

Leben mißbilligt und von diesem Standpunkte aus sie nicht empfehlen zu können vermeint.

**Präsident:** Ich danke Ihnen. M. H.! Wir kommen zur Frage 3. Auch diese Frage hat die Abtheilung ablehnend beantworten zu sollen geglaubt in Bezug auf das bürgerliche Gesetzbuch.

Herr Professor Dr. Dernburg wird auch hierüber referiren.

Referent Geh. Justizrath Prof. Dr. **Dernburg** (Berlin): M. H., der Entwurf des bürgerlichen Gesetzbuchs will den Vermächtnißnehmern kein dingliches Recht an der ihnen vermachten Sache zugestehen, vielmehr sollen sie verwiesen sein einzig und allein auf ein Forderungsrecht gegenüber dem Vermächtnißträger, insbesondere den Erben. Dieser Vorschlag, der schon mehrfach in der Literatur aufgetaucht ist, hat jedenfalls den Vorzug einer sehr großen Einfachheit und Durchsichtigkeit, und hat von diesem Standpunkte aus auch warme Befürwortung erlangt. Allein die Abtheilung hat gefunden, daß die entgegenstehenden Gründe weit überwiegende seien. Denn, m. H., sie ging davon aus, daß es die natürlichste Sicherung des Legatars ist, daß er auch die vermachte Sache in sein Eigenthum bekommt, daß er nicht angewiesen sei, bloß auf eine Forderung, wenn etwa der Erbe, wie nach dem Vorschlage zulässig ist, die vermachte Sache veräußert, wie es verstattet wird. Sie hat den wichtigsten Schutz des Legatars gerade darin gefunden, daß, wenn der Erbe wissentlich, böswillig die vermachte Sache, z. B. die vermachten Mobilien, die vermachten Kleider veräußert, daß er da eine Unterschlagung begeht. Sie glaubte dieses Schutzes nicht entbehren zu können. Sie glaubte, daß der Vorschlag, der im Entwurfe des bürgerlichen Gesetz-Buches enthalten ist, mit dem Volksbewußtsein in Deutschland durchaus nicht in Uebereinstimmung steht, daß man es im Volke nicht begreifen könnte, daß, wenn jemandem eine Sache vermacht ist, dann der Erbe als Eigenthümer sie über den Kopf des Legatars veräußern kann; daß das Volk von der Ansicht ausgeht, daß die vermachte Sache auch in der That dem Vermächtnißnehmer gehört, vorbehaltlich natürlich der Rechte der Gläubiger, die immer vorangehen, vorbehaltlich natürlich auch der Rechte gutgläubiger dritter Erwerber, die immer geschützt sind, namentlich nach dem Entwurfe.

Sie nahm an, daß es das Rechtsgefühl des Volkes verletzen müsse, wenn die vermachten Sachen etwa der Frau des Erben oder einem nahen Verwandten verschenkt werden und der Vermächtnißnehmer nur verwiesen wird auf eine persönliche Klage, deren Durchführung ja gerade in den Volksklassen, um deren Interessen es sich hier vorzugsweise handelt, von wenig Aussicht sein wird, wenn einmal die vermachte Sache fort ist.

Der Entwurf hat als Auskunftsmittel darauf hingewiesen, daß, wenn der Erblasser, dem im Uebrigen verboten ist, das Eigenthum der vermachten Sache zuzuwenden, doch den Vermächtnißnehmer sichern wolle, er dann einen Testamentsvollstrecker ernennen könnte. Man hat diese Auskunft des Entwurfs aber nicht für ausreichend erachtet, denn sie ist eine solche, die nur zu gute kommen kann den Vermächtnißnehmern in den höheren Ständen, wo es sich um bedeutende Vermögen handelt, aber nicht den Vermächtnissen, die im niederen Bürgerstande oder von sonstigen kleinen Leuten gemacht werden. Man hat aber geglaubt, daß eine Gesetzgebung wie die des Deutschen Reiches ebensowohl sorgen müsse für die Armen als für die Reichen, und daß diese Gesetzgebung des Deutschen Reiches dem Volksbewußtsein in der Nation Rechnung tragen müsse, um so mehr, da es sich hier um einen Satz handelt, die dingliche Kraft des Vermächtnisses, das Eigenthum an der vermachten Sache, um einen Satz, welcher in ganz Deutschland besteht und welcher nur aufgehoben werden soll, um der Leichtigkeit und Durchsichtigkeit der Construction willen. Aber wir sind davon ausgegangen, daß das Recht dem Leben dienen muß und nicht das Leben dem Recht geopfert werden darf, und von diesem Standpunkte aus haben wir den dem Entwurf des bürgerlichen Gesetzbuches entgegengesetzten Beschluß gefaßt, den wir zu Ihrer Kenntniß bringen. (Lebhaftes Bravo!)

**Präsident:** M. H.! Ich werde mir erlauben, die Beschlüsse der II. Abtheilung zur Frage 5 und 8 zur Kenntnißnahme des Plenums zu bringen, und ersuche den Herrn Präsidenten Dr. Thümmel den Vorsitz zu übernehmen.

Vicepräsident Wirklicher Geh. Oberjustizrath, Oberlandespräsident

Dr. **Thümmel** (Stettin): Ueber die Frage Nr. 5 hat sich die II. Abtheilung dahin ausgesprochen:

> Die Bestimmungen des Entwurfs eines bürgerlichen Gesetzbuchs für das Deutsche Reich über die elterliche Gewalt der Mutter, insbesondere auch die, im § 1538 des Entwuafs vorgesehenen Anordnungen über die Bestellung eines Beistandes der Mutter sind zu billigen,

und es wird Ihnen hierüber Herr Präsident Dr. Drechsler Bericht erstatten.

Referent Reichsgerichts-Senatspräsident Dr. **Drechsler** (Leipzig): M. H.! Die drei Gegenstände, über welche bisher Ihnen Bericht erstattet worden ist und über welche Sie theilweise Beschluß zu fassen hatten, sind solche, in denen der Entwurf des bürgerlichen Gesetzbuchs reprobirt worden ist. Ich freue mich, Ihnen einen Beschluß der Abtheilung II. mittheilen zu dürfen, welcher sich günstig für diesen Entwurf ausspricht und welcher Ihnen empfiehlt, die Bestimmungen des Entwurfs über die elterliche Gewalt der Mutter, insbesondere auch die im § 1538 vorgesehenen Anordnungen über die Bestellung eines Beistandes der Mutter zu billigen. Der Entwurf hat hier nicht juristische Constructionen, wie mein Herr Vorredner es bezeichnete, dem Leben vorgezogen. Der Entwurf hat, indem er eine elterliche Gewalt construirte, die Entwickelung des Rechtslebens in den letzten Jahrhunderten durchaus berücksichtigt; von der väterlichen Gewalt des römischen Rechts, von welchem ja immer noch Spuren selbst in den französischen und deutschen Gesetzgebungen sich finden, ist vollständig abgesehen worden. Es ist der Begriff der „elterlichen" Gewalt constituirt, welcher für den Inhaber die Pflicht und das Recht begründen soll, für die Person und das Vermögen der Kinder zu sorgen, und zweitens, welcher das Recht der Nutznießung an dem Vermögen enthält. Ich brauche nicht darauf einzugehen, daß diese Rechte, die bisher ja als in der väterlichen Gewalt enthalten angesehen wurden, beibehalten wurden, was den Vater betrifft. Aber der Entwurf giebt auch der Mutter das Recht und die Pflicht, für das Vermögen und die Person der Kinder zu sorgen und giebt auch der Mutter — was eine ganz neue Rechtsbildung ist, die indessen durchaus den Anforderungen des Lebens entspricht, namentlich in die weiteren Schichten der unvermögenden Bevölkerung — ein Recht der Nutznießung am Vermögen.

Die Gutachten, welche sich über diesen Gegenstand aussprechen, von Herrn Professor Pfaff und Herrn Professor Kohler, sind für den Entwurf günstig ausgefallen.

Die Abtheilung hat mit diesen Gutachten anerkannt, daß die Mutter der Aufgabe, die ihr der Entwurf zuweist, einer größeren Selbständigkeit, vollständig gewachsen ist. Es hat sich gezeigt, daß die Zulassung der Mutter zur Vormundschaft, welche in immer größerer Ausdehnung durch die neuere Gesetzgebung Geltung erhalten hat, sich bewährt hat. Es hat sich gezeigt, daß die Mutter, welche immer schon bei Lebzeiten des Vaters den größten Einfluß auf die Erziehung der Kinder hatte, gerade nach dem Tode des Vaters den meisten Einfluß auf die Kinder ausübt, daß es nicht der Vormund ist, welcher für die Erziehung der Kinder besonders sorgt, sondern daß diese Sorge für die Person der Mutter obliegt. Es ist also auch gerechtfertigt, der Mutter die Fähigkeit zur Vermögensverwaltung zuzuerkennen. Es ist diese Fähigkeit durchaus nicht in Zweifel zu ziehen bei den geschäftstreibenden Theilen der Bevölkerung. Es ist anzuerkennen, daß oft die Frau eine größere Geschäftskunde und größere Gewandtheit in der Vermögensverwaltung hat, als der Mann. Höchstens in den höheren Schichten der Gesellschaft könnte man zweifelhaft sein, ob die Frauen zur Vermögensverwaltung in dem Maße geeignet sind. Aber dafür hat der Entwurf Beschränkungen vorgeschlagen, welche durchaus die Billigung der Abtheilung gefunden haben.

Daß die elterliche Gewalt besser ist, als die Bestellung einer Vormundschaft, möchte sich aus den thatsächlichen Verhältnissen, wie sie sich gestaltet haben, schon von selbst ergeben. Ich will nicht auf das Einzelne weiter eingehen. Es sind Ihnen ja die Bestimmungen des Entwurfs wohl ziemlich alle zur Hand, es würde auch zu weit führen, die Details noch näher zu berühren. Das Eine ist bloß zu bemerken, daß die Beschränkungen, welche der § 1538 eingeführt hat, die Billigung der Abtheilung gefunden haben. Es ist nämlich dem Vater das Recht zuerkannt worden, daß er im Testament für den Fall, daß die Mutter nicht mehr lebt, die Bestellung eines Vormundes anordnen kann, daß er aber auch, wenn er aus der Erfahrung die Ueberzeugung gewinnt, daß die Mutter nicht im Stande sein möchte, selbständig das Vermögen zu verwalten, ihr im Testament, in der letztwilligen Verfügung einen Beistand geben kann. Es ist ferner bestimmt, daß die Mutter selbst berechtigt ist, einen solchen Beistand sich zu erbitten und daß das Vormundschaftsgericht, wie auch schon beim Vater, die Befugniß hat, bei etwa zu befürchtendem Mißbrauch einen solchen Beistand der Mutter beizuordnen. Aber dieser Beistand hat durchaus nicht die Stellung eines Vormundes, sondern lediglich eines Gehilfen der Mutter im Interesse der Vermögensverwaltung der Kinder. Der Beschluß der Abtheilung ging dahin, die Bestimmungen des Entwurfs über die elterliche Gewalt der Mutter durchaus in ihrem ganzen Umfange zu billigen.

Ich darf wohl gleich meinen Bericht über die Frage 8 anschließen.

Vicepräsident Wirklicher Geh. Oberjustizrath, Oberlandesgerichtspräsident Dr. **Thümmel** (Stettin): Die Frage 8 lautet dahin:

> Ist die Vorschrift des Art. 797 Hand.-Ges.-Buchs dahin zu ergänzen, daß es zulässig ist, die Taxe bei Seeversicherungen auch deshalb anzufechten, weil die Taxe unter dem Werthe bestimmt ist?

Darauf hat die Abtheilung erklärt und beschlossen:

> Es empfiehlt sich nicht, die Vorschrift des Artikels 797 des Handelsgesetzbuches dahin zu ergänzen, daß es zulässig sei, die Taxe bei Seeversicherungen auch deshalb anzufechten, weil die Taxe unter dem Werthe bestimmt sei.

Auch hierüber wird Ihnen berichtet werden.

Referent Reichsgerichts-Senats-Präsident Dr. **Drechsler**: M. H., es ist das eine sehr specielle Frage, die vielleicht nicht ein allgemeines Interesse hat. Ich werde daher meinen Bericht möglichst abkürzen. Ueber diese Frage liegen zwei Gutachten vor, das eine Gutachten vom Herrn Oberlandesgerichts-Präsidenten Dr. Sieveking in Hamburg. Es ist dahin ausgefallen, daß eine Abänderung des Handelsgesetzbuches sich nicht empfehle, während das andere Gutachten unseres Collegen Dr. Reatz sich dafür ausspricht, es zuzulassen, die Taxe anzufechten bei der Seeversicherung, auch wenn sie zu niedrig gegriffen ist. M. H., die Ausdrücke, die hier vorkommen, sind Ihnen vielleicht nicht allen so geläufig, ich gestatte mir daher, Ihnen eine kurze Skizze über das Geschäft der Seeversicherung, soweit es hier nöthig ist, zu geben. Die Seeversicherung ist im Handelsgesetzbuche ganz speciell geordnet in allen Details, so daß es kaum der Bestimmung und einer Police bedarf, es können Seeversicherungen lediglich auf Grund des Handelsgesetzbuches abgeschlossen werden, es würde das für alle Fälle ausreichen, aber die großen Versicherungsgesellschaften und die Assecuradeure in Hamburg, Stettin und Bremen insbesondere haben sich doch veranlaßt gesehen, detaillirte Policebestimmungen berathen zu lassen, die theilweise Modificationen des Handelsgesetzbuches enthalten. Als das Handelsgesetzbuch publicirt wurde, fand eine Berathung von Assecuradeuren in Hamburg statt, an welcher namentlich auch Stettiner Assecuradeure theilnahmen. Der Referent für den Entwurf solcher Bestimmungen schlug vor, die Bestimmung des Handelsgesetzbuches, welche im Artikel 797 enthalten ist, und welche die Anfechtung der Taxe bei Seeversicherungen bloß zuläßt, wenn die Taxe die Abschätzung wesentlich übersetzt, zu hoch ist, dahin abzuändern, auch eine Bestimmung aufzunehmen, welche dasselbe Recht dem Versicherer giebt, wenn die Taxe offenbar zu niedrig ist. Man ging davon aus, daß, wenn die Versicherungssumme den wahren Versicherungswerth, d. h. den wahren Werth des versicherten Gegenstandes nicht erreicht, für den nicht versicherten Theil der Versicherte gewissermaßen sein eigener Versicherer sein müsse, der Versicherer also nur haften könne nach Verhältniß der Versicherungssumme zum Versicherungswerthe. Dieser Grundsatz ist auch ausgesprochen im Artikel 796 des Handelsgesetzbuches; es ist ferner anerkannt im Artikel 790 desselben Gesetzbuches, daß der volle Werth des versicherten Gegenstandes der Versicherungswerth ist, und daß eine Versicherung, die diesen Werth überschreitet, für den Betrag der Ueberversicherung ungültig ist. Nun scheint es ja ohne Weiteres klar zu sein, daß, wenn die Taxe zu niedrig angesetzt ist, dann für den Fall eines Schadens der Versicherer in Nachtheil geräth. Wenn ein Schiff z. B. 100 000 Mk. werth ist, aber nur auf 50 000 Mk. taxirt ist, dann ist es offenbar, daß ein Schaden von 50 000 Mk. eintritt, also der Versicherer die ganze Summe bezahlen muß, während in der That nur die Hälfte des Werthes wirklich versichert war. Diese Unbilligkeit zu vermeiden, bestimmte den Referenten, eine Veränderung der Taxe auch in dem Falle einer zu niedrigen Taxe zuzulassen. Die Hamburger Assecuradeure lehnten diesen Vorschlag ab, die Stettiner Assecuradeure erklärten sich für denselben. Er ist aber demnächst doch nicht in die Versicherungsbedingungen aufgenommen worden, und Ihre Abtheilung hat sich mit Stimmenmehrheit dafür entschieden, es bei der Bestimmung des Hangelsgesetzbuchs zu belassen, daß nur im Falle einer wesentlichen Uebersetzung der Taxe eine Anfechtung derselben und Herabsetzung auf den wirklichen Werth möglich sei. Es könnte dies auffallend erscheinen; dessenohngeachtet entspricht es den Bedürfnissen der Seeversicherung. Es handelt sich bei der Seeversicherung namentlich darum, zunächst festzustellen, welche Bedeutung die Vereinbarung der Parteien über den Versicherungswerth hat. Wenn die Parteien sich über den Versicherungswerth vereinbaren, so wollen sie damit ausschließen die Nothwendigkeit einer späteren Abschätzung, die stets bedenklich ist, denn Allen ist ja bekannt, wie verschieden die Sachverständigen die Werthsabschätzungen machen. Sie wollen aber auch besonders die Fälle treffen, in denen eine wirkliche Abschätzung des Werthes nicht gut möglich ist. Das zeigt sich besonders — und das ist der Hauptfall der Versicherung, in dem die Frage praktisch wird — bei der Versicherung eines Schiffes, des Casco. Diese Versicherung wird in den meisten Fällen geschlossen, wenn das Schiff nicht im Heimathshafen ist, und es ist oft ganz unmöglich, zu bebestimmen, welchen Werth das Schiff zur Zeit des Abschlusses der Versicherung hat. Nun wird eine Taxe vereinbart, es wird ausdrücklich vom Versicherungsnehmer beantragt, diese Summe als die Totalversicherung, als die Versicherung seines Interesses daran, daß das Schiff oder die Ladung die Seefahrt bestehen anzunehmen. Wenn nun der Versicherer auf diese eingeht, so hat dies nach der Anschauung des Verkehrslebens die Bedeutung, daß die Taxe normirend bleiben soll, damit, wenn ein Schaden eintritt, ohne Weiteres nicht nur die Summe definitiv feststeht, welche zu entschädigen ist, sondern auch die sofortige Abwickelung des Schadenfalls eintreten kann. Wollte man nun eine Herabsetzung der Taxe zulassen, so würde man den Zweck dieser Vereinbarung ganz beseitigen. Es hat also die Bestimmung im Handelsgesetzbuch nicht die Bedeutung, daß der wirkliche Sachwerth des versicherten Gegenstandes den Versicherungswerth bilden soll, sondern ein von den Parteien angenommener Werth des Interesses, der, wenn er nicht wesentlich den Sachwerth überschreitet, — in welchem Falle, da eine Versicherung nie zum Gewinn führen soll, ein anderer Grundsatz entgegentreten würde — normirend wirken soll. Wenn die Parteien aber diesen Inhalt mit der Vereinbarung verbinden und wenn die geschäftskundigen Leute Werth darauf legen, daß in kurzer Clausel es sich nicht bloß um die Feststellung des wahren Werths handelt, sondern um die Feststellung eines Werths, der normirend sein soll, so sprechen sie damit aus bei zu niedriger Taxe, daß in diesem Falle in dem obigen Beispiele die ersten 50 000 Mk. versichert sein sollen, daß also der Versicherer wenn ihm der Werth des Schiffes nicht bekannt war, entweder die Versicherung abzulehnen oder für den möglichen Fall eines höheren Werths die Prämie zu erhöhen hat, was nach den Anführungen der Assecuradeure in solchem Falle auch regelmäßig geschieht.

Es war der Herr College Reatz mit diesen Deductionen nicht einverstanden; er schlug Ihnen vor, immer den wirklichen Werth entscheiden zu lassen und also eine Erhöhung der Taxe zuzulassen bei zu niedriger Werthfestsetzung wie eine Herabsetzung der zu hohen Werthfestsetzung.

Die Abtheilung hat aber, sich anschließend an die Anschauungen des überwiegenden Theils der Geschäftswelt, sich dafür entschieden, die Bestimmung des Handelsgesetzbuchs unverändert beizubehalten. Daß es wirklich die Meinung war, im Handelsgesetzbuch und bei der Feststellung der Versicherungsbedingungen die Sache so zu behandeln, ergiebt sich unter Anderm aus einer Bestimmung des Art. 797 in Bezug auf die Fracht. Gewöhnlich wird in den Policen die Summe der Fracht genannt, weil dieselbe leicht zu bestimmen ist, aber ein solches Benennen der Summe soll nicht die Bedeutung einer Taxe haben. Wenn sich demnächst in der That ergiebt, daß die Fracht niedriger war, dann soll nach diesem niedrigeren Frachtsatze die Entschädigung geordnet werden. Gerade das entgegengesetzte aber wird bestimmt in Bezug auf die Vereinbarung einer Taxe im übrigen, also namentlich bei der Versicherung des Casco, der Ladung, des imaginären Gewinns.

Ich kann noch hinzufügen, daß von sämmtlichen Seeversicherungsbedingungen, die in Europa Geltung haben, nur zwei im Falle einer zu niedrigen Taxe eine Veränderung derselben dem Versicherer gestatten. Es sind das die Versicherungsbedingungen in Dänemark und in Norwegen, während in den übrigen Staaten die Bestimmungen des Handelsgesetzbuchs gleichfalls gelten, also namentlich in England, Frankreich, Schweden, auch in Oesterreich, wo man den Versuch einer Aenderung abgelehnt hat. (Bravo!)

(Präsident Dr. Drechsler übernimmt wieder den Vorsitz.)

**Präsident:** Wir kommen jetzt zur Frage 7. Das ist die Vorschrift, die sich auf die Möglichkeit der Execution gegen die Theilnehmer einer offenen Handelsgesellschaft bezieht.

Herr Rechtsanwalt Boyens wird die Güte haben, über den Beschluß der Abtheilung „zur Kenntnißnahme" zu referiren.

Referent Rechtsanwalt **Boyens** (Stettin): Die Vorschrift des Handelsgesetzbuchs, daß die Gesellschaft unter ihrer Firma Eigenthum erwerben kann und für und gegen die Firma Klagen angestellt werden können, ist nach der ausschließlichen und constanten Praxis unserer höchsten Gerichtshöfe und auch nach der überwiegenden Ansicht in der Literatur dahin aufzufassen, daß das Gesellschaftsvermögen ein von den einzelnen Gesellschaftern verschiedenes Rechtssubject sei, allerdings nicht in dem Sinne, daß dieses Rechtssubject eine juristische Person sei, in der die Individualität der einzelnen Gesellschafter verschwindet, aber in der Weise, daß dieses Rechtssubject durch die Gesammtheit der Gesellschafter gebildet werde, so daß gewissermaßen diese Gesammtheit der Gesellschafter eine Collectivperson in Betreff des Gesellschaftsvermögens bilde.

Die herrschende Ansicht geht demgemäß weiter dahin, daß es sich bei Processen für und gegen die Gesellschaft immer nur um Ansprüche gegen den Gesellschaftsfonds handelt, daß dagegen die Urtheile, die gegen die Firma ergangen sind, nicht vollstreckbar seien in das Privatvermögen der einzelnen Socien, daß insoweit nur diesen Urtheilen eine materiell verpflichtende Wirkung in Betreff der einzelnen Socien beiwohne, daß aus diesen Urtheilen gerade so wie aus einem Rechtsgeschäft, das ein firmirender Socius abgeschlossen hat für die Gesellschaft, die einzelnen Socien persönlich und solidarisch haften und also auch auf Grund dieses Urtheils, wie z. B. aus einem Wechsel, den die Firma gezeichnet hat, in besonderen Klagen von dem Gläubiger belangt werden können, in welchen Sonderprocessen ihnen dann Gelegenheit gegeben sei, ihre Einreden geltend zu machen.

Von Prof. Dr. Wach zu Leipzig lag der Abtheilung ein Gutachten vor über die Frage: ob den Urtheilen, die gegen die offene Handelsgesellschaft ergangen sind, eine weitere Wirkung beizulegen sei dahin, daß ohne Weiteres bezw. unter Modalitäten, diese Urtheile auch in das Privatvermögen der Socien zu vollstrecken seien. Dieses Gutachten geht davon aus, daß schon nach bestehendem Rechte die herrschende Ansicht nicht zu billigen sei, daß vielmehr die Firma ein selbständiges Rechtssubjekt überhaupt nicht sei, sondern daß nur die einzelnen Socien nach der Regel der römischen Societätslehre als Eigenthümer des Vermögens der offenen Handelsgesellschaft anzusehen seien, und daß dieser Grundsatz auch in Betreff der Processe, die gegen die Firma geführt würden, anerkannt werden müsse dahin, daß diese Urtheile ohne Weiteres vollstreckt werden könnten in das Privatvermögen der einzelnen Socien. Dabei ergeben sich nur zwei Schwierigkeiten: einmal in dem Proceß, der gegen die Firma geführt wird, werden die einzelnen Socien ja gar nicht festgestellt, müssen also erst hinterher, nachdem das Urtheil ergangen ist, festgestellt werden. Ferner können die einzelnen Socien auch persönliche Einreden haben, die sie im Gesellschaftsproceß als solche nicht geltend machen können, z. B. aus einer Personalstundung, oder wenn sie einwenden wollen, daß die Klage auf einem Scheingeschäft des firmirenden Socius beruhe.

Herr Professor Wach meint nun, daß processualisch in Betreff dieser beiden Punkte so zu verfahren sei, daß erstens nach Rechtskraft des gegen die Firma ergangenen Urtheils auf Grund eines vorgelegten Auszuges aus dem Gesellschaftsregister die Vollstreckungsclausel nach Analogie der Vorschriften der Proceßordnung bei der Erlangung der Vollstreckungsclausel gegen Rechtsnachfolger durch einen einfachen Antrag beim erkennenden Gerichte nachzusuchen sei, und daß auf Grund dieses Urtheils bei gleichzeitiger Zustellung der Clausel ohne Weiteres die einzelnen Socien in ihrem Privatvermögen exequirt werden könnten.

Er meint dann ferner, daß allerdings die persönliche Einrede der Socien aus dem Gesellschaftsproceß zu verbannen sei, daß aber den einzelnen Socien, die mit Execution in ihr Privatvermögen angegangen werden, zu überlassen sei, nach Analogie des § 686 der Civilproceßordnung, durch eine besondere Klage diese Einwendungen gegen den Kläger des Hauptprocesses geltend zu machen.

Er ist, wie gesagt, der Ansicht, daß alles dies schon nach bestehendem Rechte nach richtiger Auffassung Rechtens sei, aber jedenfalls bedinge das Bedürfniß einen solchen Rechtszustand. Denn die Nothwendigkeit der Anstellung von Sonderklagen gegen die einzelnen Socien, nachdem der Proceß schon gegen die Gesellschaft gewonnen sei, belaste die Gläubiger ganz unnöthig. Dazu komme, daß, wenn man darauf verweise, daß es ja möglich sei, gleichzeitig die Firma zu belangen und die einzelnen Socien dadurch sich Schwierigkeiten erheben könnten, einmal in Betreff des gemeinschaftlichen Gerichtsstandes, dann auch, weil in einem solchen Falle eine Streitgenossenschaft angenommen werden müßte und der Proceß gegen die Firma durch diese Confundirung mit den Processen gegen die einzelnen Socien leicht verschleppt werden könne, außerdem die Zustellungen und Ladungen außerordentlich vermehrt werden würden.

Die Abtheilung ist der Ansicht des Herrn Professor Wach nicht beigetreten. Es wurde vielmehr davon ausgegangen, daß es unrichtig sei, hier die römische Societätslehre ohne Weiteres als maßgebendes Recht für die offenen Handelsgesellschaften anzuerkennen, daß vielmehr die offenen Handelsgesellschaften beruhen auf einem besonderen Handelsgewohnheitsrecht, daß sich in Abweichung von der römischen Societätslehre ausgebildet habe. Sei die herrschende Ansicht als bestehendes Recht anzuerkennen, so ergebe sich auch ein Bedürfniß, diesen bestehenden Zustand zu ändern, in keiner Weise. Es genüge den Bedürfnissen vollkommen, daß aus dem Urtheil, welches gegen die Firma ergangen sei, im Urkundenproceß gegen die einzelnen Gesellschafter Sonderklagen angestellt werden könnten, und wenn außerdem in einzelnen Fällen ein noch schleunigeres Verfahren nöthig sei, so sei das Auskunftsmittel von Arresten und einstweiligen Verfügungen vorhanden. Dagegen würde umgekehrt der von Herrn Professor Wach empfohlene Zustand außerordentlich große Schwierigkeiten und Gefahren bringen. Es sei etwas Unmögliches und gegen die Proceßgrundsätze Verstoßendes, den Proceß gegen die einzelnen Socien in der Richtung auf ihr Privatvermögen mit der Execution anzufangen, namentlich die Nichtfirmirenden, die von dem Proceß gar keine Kenntniß gehabt haben, und sie dann auf Sonderklagen zur Geltendmachung ihrer Einwendungen zu verweisen. Es wurde darauf hingewiesen, daß auch die Schwierigkeiten, die Herr Professor Wach aus der Anstellung gleichzeitiger Klagen gegen Societät und Socien in Betreff des Gerichtsstandes und der Vermehrung der Zustellungen und Ladungen befürchte, nicht begründet seien, daß vielmehr in Betreff des Gerichtsstandes einmal ja dies Gesetz aushelfen könne, wenn wirklich ein gemeinsamer Gerichtsstand für Societät und Socien nicht bestehe, dann aber auch ein gemeinschaftliches Forum nach § 36 der Civilproceßordnung nachgesucht werden könne.

Die Abtheilung einigte sich ohne Widerspruch dahin, den Antrag der Referenten anzunehmen, der so lautet:

> Eine gesetzliche Vorschrift, daß ein die offene Handelsgesellschaft verurtheilendes Erkenntniß ohne Weiteres in das Privatvermögen der Theilnehmer vollstreckbar sei, ist nicht zu empfehlen,

und es wurde ferner beschlossen, diesen Beschluß nur zur Kenntnißnahme dem Plenum mitzutheilen.

**Präsident:** Herr Rechtsanwalt Dr. Simon wird berichten zur Kenntnißnahme über die Frage 9, betreffend Gewährleistung für Viehmängel.

Referent Rechtsanwalt Dr. **Simon** (Berlin): M. H., bezüglich der Frage, welche den Gegenstand der Beschlußfassung ad 9 bildet, ist der gegenwärtige Rechtszustand in Deutschland ein sehr mannigfaltiger. Es lassen sich drei große Principien unterscheiden. Erstens das gemeinrechtliche Princip, welches davon ausgeht, daß die allgemeinen Grundsätze über die Haftung für Mängel auch auf die Veräußerungen von Vieh Anwendung finden. Zweitens der deutschrechtliche Grundsatz, welcher davon ausgeht, daß der Verkäufer nur für einzelne, gesetzlich bestimmte Mängel, die Hauptmängel, hafte, und auch das nur, wenn diese Hauptmängel innerhalb bestimmter Fristen, der Gewährfristen, zum Vorschein kommen. Es existirt dann noch ein drittes Princip, welches das preußische Landrecht und im Anschluß an dasselbe das österreichische bürgerliche Gesetzbuch angenommen hat; dies beruht im Wesentlichen auf dem römischen Rechtsprincip, indessen mit dem Unterschied, daß zu Gunsten des Käufers eine Vermuthungsfrist bei bestimmten Krankheiten und bestimmten Thieren eintritt.

M. H., ihr Gutachter, Herr v. Völderndorff, hat sich für das deutschrechtliche Princip entschieden, und auf demselben Standpunkt steht der Entwurf eines bürgerlichen Gesetzbuches. Der Entwurf bestimmt in dieser Beziehung Folgendes: bei der Veräußerung von Pferden, Eseln, Mauleseln, Maulthieren, Rindvieh, Schafen und Schweinen gelten nicht die allgemeinen Grundsätze über die Gewährleistung, sondern vielmehr es haftet der Verkäufer nur für bestimmte Hauptmängel und nur, wenn sich diese Hauptmängel innerhalb bestimmter Gewährfristen zeigen. Indessen sollen diese Gewährfristen und Hauptmängel nicht durch ein Gesetz, sondern durch kaiserliche Verordnung festgesetzt werden. Auch schließt der Entwurf im Anschluß an das deutschrechtliche Princip die Minderungsklage bei der Haftung für Viehmängel aus.

Im Anschluß an das Votum des Referenten hat sich die II. Abtheilung einstimmig gegen das Princip des bürgerlichen Gesetzbuches entschieden und hat als Resolution angenommen:

> Es wird nicht für angemessen erachtet, die Gewährleistung für Mängel bei einzelnen Hausthieren auf bestimmte gesetzlich oder durch Verordnung festzustellende Hauptmängel zu beschränken und die Gewährleistungspflicht an die Voraussetzung zu knüpfen, daß diese Hauptmängel innerhalb bestimmter gesetzlich oder durch Verordnung festzustellender Fristen zum Vorschein kommen.

Die Abtheilung ging dabei von folgenden Erwägungen aus. Alle, die bisher über die Frage sich geäußert haben, sind darüber einig, daß an sich das römische Rechtsprincip das naturgemäße und der Logik entsprechend sei. Denn es haftet eben dann der Veräußerer, ebenso wie bei anderen Veräußerungen, in demselben Umfange, wie es das Aedilicische Edict für angemessen erachtet. Indessen, sagen die Motive, sei es angemessen, im vorliegenden Falle besondere Grundsätze aufzustellen; denn es handelt sich hier um die Veräußerung von lebenden Organismen und deshalb sei die Frage, ob ein Mangel ein erheblicher sei, ob er ein heimlicher sei, ob er bereits in dem kritischen Zeitpunkt vorhanden gewesen sei, eine schwierige. Um nun die hierin liegende Rechtsunsicherheit zu beseitigen, sei es angemessen, die Haftung auf bestimmte Mängel zu beschränken und diese Mängel sowohl als auch die Frist, innerhalb welcher die betreffenden Mängel zum Vorschein kommen müssen, zu fixiren, sei es durch Gesetz, sei es, wie der Entwurf will, durch kaiserliche Verordnung. Die Abtheilung war zunächst der Meinung, daß ein Bedürfniß in dieser Beziehung nicht vorliege. Denn die Schwierigkeit der Ermittelung des Mangels sei in diesem Falle keine andere, als in allen Fällen, wo es sich um die Festsetzung eines Schadens handelt. Es wurde dabei namentlich an die bekannten Expropriationsprocesse erinnert, bei denen die Entscheidung wesentlich von dem Gutachten der Sachverständigen abhängt. Es wurde aber dann ferner darauf hingewiesen, daß die Thierärzte erklärt haben, die Schwierigkett bei der Viehmängelfrage liege gar nicht darin, festzustellen, ob der Mangel ein erheblicher sei und welcher Art er sei, sondern darin, festzustellen, ob überhaupt ein Mangel vorhanden sei; die Diagnose am Leben des Thieres sei eine besonders schwierige; wenn aber dies einmal festgestellt sei, so seien die übrigen Feststellungen verhältnißmäßig leicht. Es wurde darauf hingewiesen, daß die Thierarzneikunde gerade in den letzten 30 Jahren einen solchen Aufschwung genommen hat, daß man es ihr sehr wohl zutrauen könne, daß ihre Vertreter in der Lage sind, ein sachgemäßes und sachverständiges Urtheil zu fällen, und dies um so mehr, als seit 1869 in ganz Deutschland an die wissenschaftliche Qualification der Thierärzte die gleichen Anforderungen gestellten werden. Was aber die Festsetzung der Gewährsfristen und der Mängel betrifft, so wurde betont, daß in dieser Beziehung irgend welches Material, das eine sachverständige Regelung dieser beiden Punkte ermögliche, nicht vorhanden sei. Was zunächst die Gewährsmängel betrifft, so würden nur solche aufgenommen werden können, die unter allen Umständen erheblich sind. Nun gebe es aber eine große Anzahl von Krankheiten, und gerade sehr wichtiger Krankheiten, z. B. die Tuberkulose, welche zum Theil erheblich, zum Theil aber auch, namentlich in den ersten Stadien, unerheblich seien. Würden diese Krankheiten ganz ausgeschlossen werden, so würde dies eine Ungerechtigkeit gegen den Käufer sein; würde man sie unter die Gewährsmängel rechnen, so wäre es eine Ungerechtigkeit gegen den Verkäufer. Auch die Frage, ob ein Mangel als ein heimlicher anzusehen sei, sei nur von Fall zu Fall zu beurtheilen, es gebe eine ganze Reihe von Krankheiten, insbesondere gelte es von den Spathkrankheiten, welche unter Umständen für den Laien zu erkennen sei, unter Umständen aber auch nicht. Auch hier gilt dasselbe, was ich bezüglich der Erheblichkeit gesagt habe: würden Mängel, welche unter Umständen leicht erkennbar sind, unter die vertretbaren Viehmängel aufgenommen werden, so wäre dies eine Ungerechtigkeit gegen den Verkäufer; im umgekehrten Fall würde eine Ungerechtigkeit gegen den Käufer vorliegen. Endlich, und darauf wurde besonderes Gewicht gelegt, wurde auch constatirt, daß sämmtliche Vertreter der Thierarzneikunde, welche sich bisher über die Frage geäußert haben, dahin schlüssig geworden sind, daß es unmöglich sei, allgemeine Fristen für die Erkennung von Krankheiten festzustellen. Vielmehr sei auch dies nur den Thierärzten von Fall zu Fall möglich. Allgemeine Fristen aufzustellen, sei nur bei ganz vereinzelten Krankheiten, namentlich Infectionskrankheiten möglich, während es bei allen anderen Krankheiten den Erfahrungen der Wissenschaft widerspricht, Fristen zu bestimmen, innerhalb deren Krankheiten regelmäßig zum Vorschein kommen. Schließlich wurde geltend gemacht, daß diejenigen Verbände, welche sich bisher über die Frage geäußert haben, sich ganz überwiegend gegen das deutschrechtliche Princip ausgesprochen haben, namentlich der deutsche Landwirthschaftsrath und die preußische Deputation für das Veterinärwesen. Aus allen diesen Gründen ist die Abtheilung zu der Ueberzeugung gelangt und hat derselben einstimmig Ausdruck gegeben, daß die Aufnahme des deutschrechtlichen Principes sich nicht für das bürgerliche Gesetzbuch empfehle. Sie hat aber dabei nicht verkannt, daß die Eigenthümlichkeiten des Viehkaufes es sehr wohl rechtfertigen, irgend welche besondere Bestimmungen, namentlich eventuell bezüglich der Veräußerungen in lite befindlicher Thiere, bezüglich der Verjährung und der Anzeigepflicht zu treffen, indessen hat die Abtheilung davon abgesehen, derartige Bestimmungen in's Specielle auszuführen, sich vielmehr damit begnügt, in dieser Richtung hin auszusprechen, daß sie es für wünschenswerth erachtet, daß die allgemeinen Grundsätze des Entwurfes eines bürgerlichen Gesetzbuches für das Deutsche Reich über die Gewährleistung bei Mängeln im Wesentlichen auch auf die Veräußerung von lebenden Thieren Anwendung finden. (Bravo!)

**Präsident:** Wir kommen jetzt zu den Beschlüssen der III. Abtheilung und zwar zur Frage 4, ob und eventuell unter welchen Voraussetzungen es sich empfiehlt, eine Bestimmung darüber, daß eine Person wegen Trunksucht entmündigt werden kann, in das bürgerliche Gesetzbuch aufzunehmen. Das Wort hat Herr Justizrath Makower.

Referent Justizrath **Makower** (Berlin): M. H., die Abtheilung beschloß, ohne daß sich Widerspruch geltend machte: Es empfiehlt sich, eine Bestimmung etwa folgenden Inhaltes in das bürgerliche Gesetzbuch aufzunehmen: eine Person, welche in Folge der Trunksucht sich oder andere gefährdet, kann entmündigt werden. Hört dieser Zustand auf, so ist die Entmündigung wieder aufzuheben. Für Aufnahme dieses Satzes ist von dem Gutachter Herrn Rechtsanwalt Dr. Ludwig Fuld zu Mainz und Herrn Lammers zu Bremen, sowie vom Referenten geltend gemacht worden: dieser Grund der Entmündigung sei neben demjenigen wegen Geisteskrankheit und Verschwendung zuzulassen, wenn durch den Richter festgestellt wird, erstens, daß jemand ein Gewohnheitstrinker ist, und zweitens, daß sein Zustand bereits geeignet ist, ihn oder andere zu gefährden. Es soll in solchen Fällen möglichst verhindert werden, daß der Trunksüchtige völlig unzurechnungsfähig werde oder in Vermögensverfall gerathe. Dem Zwecke einer solchen Entmündigung entsprechend seien die Wirkungen besonders zu bestimmen. Der Trunksüchtige sei gegen sich selbst zu schützen; daher müsse es zulässig sein, ihn in eine Heilanstalt zu bringen und dort eine mäßige Zeit auch gegen seinen Willen festzuhalten. Die Familie sei gegen ihn zu schützen; ihm seien daher die elterlichen und ehemännlichen Rechte mit Ausnahme der Nutznießung zu entziehen; im Interesse der Familie und des unterstützungspflichtigen Verbandes sei er in der Verwaltung seines Vermögens zu beschränken. Die Gutachter und der Referent haben in ihren Vorschlägen, welche durch den Druck veröffentlicht sind oder werden, einerseits die Cautelen erwogen, welche nothwendig sind, damit die Zulässigkeit einer solchen Entmündigung nicht mißbraucht werde, und andererseits die Formen des vorzuschreibenden Verfahrens besprochen, Detailfragen, welche bei Erlaß eines entsprechenden Gesetzes nothwendig in Betracht zu ziehen sind. Die Abtheilung jedoch hat angenommen, daß es für jetzt nur darauf ankomme, sich über die Zulässigkeit einer solchen Entmündigung auszusprechen, und hat die gestellte Frage principiell bejaht.

**Präsident:** Wir kommen jetzt zu einer Frage, in Betreff deren die Abtheilung beschlossen hat, sie zur Berathung und Beschlußfassung im Plenum zu stellen: die rechtlichen Voraussetzungen der Corporationsbildung.

Referent Geh. Justizrath Professor Dr. **Gierke** (Berlin): M. H.! Die Abtheilung hat von der Ihnen vorliegenden Resolution:

Der Juristentag spricht seine Ueberzeugung aus:

1. Das bürgerliche Gesetzbuch hat, unter Vorbehalt der besonderen Reichs- und Landesgesetze über einzelne Körperschaftsgattungen, allgemeine Bestimmungen über Erwerb und Verlust der Körperschafsrechte zu treffen.
   Es hat dabei das Princip der Körperschaftsbildung zu Grunde zu legen.
2. Privatrechtliche Körperschaften, welche nicht unter ein Specialgesetz fallen — Vereine für ideale Zwecke und wirthschaftliche Vereine, wenn sie nicht auf einen kaufmännischen oder gewerblichen Geschäftsbetrieb gerichtet sind, — erlangen die öffentliche Anerkennung ihrer Persönlichkeit, wenn sie auf Grund gesetzlicher Normativbestimmungen in ein, von den Gerichten geführtes Vereinsregister eingetragen sind —

einstimmig den ersten Absatz angenommen, in welchem zuerst wieder der erste Satz sich gegen den § 42 des Entwurfs eines bürgerlichen Gesetzbuches richtet. Wie man über den Entwurf im Ganzen denken mag, so schien nach der in der Abtheilung vorherrschenden Stimmung jedenfalls der Abschnitt über juristische Personen und vor Allem über Körperschaften dringend einer vollständigen Umarbeitung bedürftig. Dieser Abschnitt geht durchweg aus von dem überlebten rein individualistischen Princip des römischen Rechts, wie es neuerdings aufgefaßt wird, dem Princip der „persona ficta"; das ganze Verbandswesen wird juristisch lediglich aufgefaßt unter dem Gesichtspunkte der Erdichtung künstlicher Individuen, die neben den natürlichen in das Privatrecht treten. Ich glaube, daß, wenn nicht eine vollständige Neubearbeitung dieses Abschnitts erfolgt, es besser wäre, gleich an die Eingangspforte des Gesetzbuchs zu schreiben, es gelte nur für Individuen und den Verbänden bleibe ihr besonderes Gesetzbuch vorbehalten. Denn nimmermehr würde auf dieser Grundlage unsere künftige Entwickelung des Rechtslebens gerecht zu werden vermögen dem lebendig pulsirenden Genossenschafts- und Vereinsleben der Gegenwart! Und nun ist es hier speciell der § 42 des Entwurfs, welcher allgemeinen Anstoß erregt hat, indem er von vornherein die eigentliche Grundfrage des Körperschaftsrechts dem Particularrecht überweist. Denn er sagt: über die Entstehung und Beendigung der juristischen Persönlichkeit soll in Ermangelung besonderer Reichsgesetze das Landesrecht entscheiden. M. H., die Frage ist brennend, das brauche ich nicht zu schildern, da jedermann weiß, wie unbefriedigend der jetzige Rechtszustand mit seiner

Unsicherheit über Vorhandensein oder Nichtvorhandensein juristischer Persönlichkeit ist.

Die Frage ist aber auch, wenn irgend eine, zur einheitlichen Regelung in Deutschland geeignet, denn wo sollten hier die historischen Besonderheiten oder Stammesverschiedenheiten zu finden sein, die einer solchen Regelung im Wege ständen?

Allerdings, m. H., schlägt der erste Satz Ihnen vor, daß in das bürgerliche Gesetzbuch nur eine subsidiäre Bestimmung über den Erwerb von Körperschaftsrechten aufgenommen werde, denn außerhalb des Gesetzbuchs muß natürlich im vollen Umfange bestehen bleiben das besondere Recht aller öffentlichrechtlichen Körperschaften, wie der Gemeinden, Innungen, Deichgenossenschaften u. s. w., das besondere Recht der handelsrechtlichen Corporationen und aller sonstigen durch Specialgesetze wie durch die neuere Socialgesetzgebung geregelte Genossenschaften. Die allgemeine subsidiäre Theorie des Körperschaftsrechts aber gehört allerdings in das gemeine Privatrecht.

Der zweite Satz des ersten Absatzes unserer Resolution sodann richtet sich nicht gegen den Text des Entwurfs, wohl aber gegen seine Motive. Denn wenn derselbe ausspricht, daß die künftige Regelung des Erwerbs von Körperschaftsrechten auf dem Princip der Körperschaftsfreiheit beruhen soll, so finden Sie in den Motiven vielmehr eine Deduction, die zeigt, daß, wenn wir eine einheitliche Regelung von der Commission bekommen hätten, sie im Sinne des sogenannten Concessionssystems ausgefallen wäre. Das Concessionssystem besteht bekanntlich darin, daß jeder Verein der Regel nach, sofern nicht Ausnahmegesetze bestehen, juristische Persönlichkeit nur durch einen speciellen privilegirenden und von freier Gnade abhängigen staatlichen Act erlangen kann. Dieses System ist aber im heutigen Rechtsleben anerkanntermaßen nur noch eine Ruine polizeistaatlicher Zeit.

Es ist in Wahrheit aus der angeblichen Regel längst zur Ausnahme verkehrt. Ihm gegenüber vertreten wir nun das Princip der Körperschaftsfreiheit, d. h. das Princip, daß der freie Bürger von der Rechtsordnung die Willensmacht empfangen soll, Associationen zu bilden, die aus sich selbst heraus eine Gesammtpersönlichkeit entwickeln, die kraft ihres eigenen Rechts als Gemeinwesen sowohl ihren Gliedern wie auch Dritten gegenübertreten, und die deshalb auch im Privatrecht besondere Subjecte von Rechten und Verbindlichkeiten sein können. Bei dieser Entscheidung für das Princip der Körperschaftsfreiheit aber wurde Gewicht darauf gelegt, daß von vornherein zu beachten sei, wie von *Körperschaftsfreiheit* immer nur die Rede sein kann innerhalb der Schranken der bestehenden Vereinsfreiheit. Die publicistische Frage der Vereinsfreiheit sei scharf zu trennen von der privatrechtlichen Frage der Körperschaftsfreiheit. Nur soweit das öffentliche Recht einen Verband als erlaubt, als legitim bestehend anerkennt, nur insoweit kann ihm natürlich die privatrechtliche Fähigkeit zugestanden werden; und umgekehrt: sowie ihm das öffentliche Recht diese Fähigkeit, zu bestehen, entzieht, sinkt selbstverständlich auch in sich zusammen die Privatrechtsfähigkeit dieses Gebildes.

Darum, m. H., bleibt gänglich unberührt von einer solchen privatrechtlichen Bestimmung das ganze Vereinsrecht, das allgemeine Recht wie das Ausnahmerecht, wie etwa zur Zeit das Socialistengesetz, und gänzlich unberührt daher auch die etwaige Verschiedenheit der Landesrechte.

Was dagegen im Uebrigen das Princip der Körperschaftsfreiheit angeht, so wurden für dasselbe geltend gemacht Gründe zwingendster Art. Es wurde hingewiesen zunächst auf die geschichtliche Entwickelung. Die Körperschaftsfreiheit, wurde gesagt, ist uraltes germanisches Recht, und nimmermehr hätte ohne sie die freie Association der germanischen Welt zu leisten vermocht, was sie geleistet hat. Sie wurde dann zurückgedrängt nach der Reception und in den Zeiten des absolutistischen Staates, als die Vereinsfreiheit schlechthin beseitigt war und mit ihr die Körperschaftsfreiheit, als es auch galt, die überlebten mittelalterlichen Corporationen im höhern Interesse des modernen Staates zu brechen. Wiedererstanden ist dann zunächst die Vereinsfreiheit, die in ganz Deutschland als Princip ja heute unverkümmert besteht. Aber bald darauf ist dann auch der Gedanke der Körperschaftsfreiheit wiederum vorgedrungen; halb erkennt ihn das preußische Landrecht schon an mit seinen erlaubten Privatgesellschaften; ganz das österreichische Gesetzbuch; für eine Reihe einzelner Körperschaftsgattungen, wie Ihnen bekannt, zahllose Reichsgesetze und manche Landesgesetze; und in ziemlicher Allgemeinheit neuerdings die Gesetzgebung des Kgr. Sachsen und des Kgr. Bayern.

Dieser Entwickelung gegenüber kann die Devise nur lauten: vorwärts, und nicht zurück in überlebte Zustände!

Aber auch Gründe des praktischen Bedürfnisses sprechen durchaus für das Princip der Körperschaftsfreiheit. Vor Allem die einfache Erwägung, daß, wenn man einen Verein bestehen läßt, ihn handeln läßt am hellen Tageslichte und sein ganzes Gebahren als legitim anerkennt, es nun doch die Aufgabe der Rechtsordnung ist, ihn als das zu behandeln, was er ist, und nicht als das, was er nicht ist! Die Motive sagen ausdrücklich: ein solcher Verein ist gänzlich ungeeignet, nach Gesellschaftsrecht, nach Societätsrecht construirt zu werden, und wenn das Gesellschaftsrecht des Entwurfs, das rein individualistisch ist, Gesetz würde, so wäre das in noch viel höherem Maße der Fall, wären alle die Umwege nicht mehr möglich, die heute gemacht werden, um schließlich die Corporation als modificirte Societät zu retten. Und trotzdem soll dieser Verein als Societät construirt werden durch allerlei Kunststücke, die schließlich doch nicht zu dem ersehnten Ziele führen?

Und wie immer deckt sich die wahre Zweckmäßigkeit auch hier mit der Idee der Gerechtigkeit. Auch ein Postulat der Gerechtigkeit ist es, daß die Vereine, welche lebensfähig sind und lebensberechtigt, anerkannt werden als wirklich selbständige Rechtswesen, daß sie also jenen Anspruch auf Persönlichkeit, den wir dem Individuum nie mehr versagen, von unserer Rechtsordnung ebenfalls zugestanden erhalten. Und nicht minder fordert die Gerechtigkeit, worauf gewöhnlich viel zu wenig Gewicht gelegt wird, auch, daß Dritten ihr Recht nicht verkümmert werde, die sich mit einem Verein eingelassen haben und dann bei dem jetzigen Rechte den Contrahenten, dem sie vertrauensvoll sich in die Hand gaben, nicht wiederfinden können, weil gesagt wird: das war ein Nichts, das war nur der Schein einer juristischen Person, der Schein eines selbständigen Ganzen, mit dem du dich eingelassen hast.

Und welche Gründe haben wir nun in den Motiven gegen die Körperschaftsbildung zu lesen? Vor allem politische Bedenken, Hinweis auf die unleugbaren Gefahren, die der Mißbrauch der Vereinsfreiheit in sich schließe, auf die mögliche Entartung harmloser Vereine, auf die Unmöglichkeit, aus dem Vereinsnamen allein auf seinen wahren Gehalt und Zweck zu schließen. Aber diese Gründe, m. H., würden eben sämmtlich solche sein, die zur Wiederaufhebung der Vereinsfreiheit oder zu ihrer Beschränkung führen müßten, und hiermit haben wir uns hier nicht zu beschäftigen; wir warten ab, in wie weit das durchführbar sein wird.

Soweit aber die Vereinsfreiheit nun einmal besteht, ist es nicht die Aufgabe des Privatrechts, hier die Rolle der Polizei an Stelle derselben zu übernehmen und durch kleinliche Chicane diesen Vereinen das Leben zu erschweren. Zumal doch diejenigen Vereine, die wirklich gefährlich sind, durch den Mangel der juristischen Persönlichkeit niemals behindert worden sind, Fonds zusammen zu bringen zu agitatorischen Zwecken, aufzutreten als gewaltige und schwer zu besiegende Mächte. Und, m. H., wenn die politischen Gründe durchschlagend wären, so müßte doch schon das Eine dagegen Bedenken erregen, daß in Bayern und Sachsen, ganz abgesehen von Oesterreich und der deutschen Schweiz, die Körperschaftsfreiheit besteht. Die Motive sagen, da möchten vielleicht besondere publicistische Regeln das ermöglichen, aber die hätte man doch mittheilen sollen, in der Abtheilung waren sie niemandem bekannt, vielmehr schien es, als wenn, wofür die Sachsen und Bayern reif wären, auch die übrigen Deutschen ebenfalls herangereift seien. Juristisch-technische Erwägungen, die sonst noch angeführt werden gegen das Princip der Körperschaftsfreiheit, fallen ebenso wenig in's Gewicht. Hauptsächlich tritt immer das Bedenken auf, es würden sich Vereine bilden und Körperschaftsrechte nun mit Leichtigkeit erlangen, die auf unsolider Basis gebaut sind, die nachher also verschwinden, ohne daß man die juristische Person wiederfindet, der man creditirt hat. Aber, m. H., das wird nicht abgeschnitten durch den jetzigen Zustand. Es wurde hingewiesen auf die Studentencorporationen u. s. w., die einen großen Credit ohne juristische Persönlichkeit genießen. Das freilich bleibt ja immer bestehen, daß man nicht bloß auf die formale Persönlichkeit dessen zu sehen hat, dem man creditirt, sondern auch auf seine Creditwürdigkeit. Das geschieht aber auch beim Individuum. Wer nichts hat und auch nicht arbeitsfähig ist, dem wird natürlich nicht deshalb creditirt, weil formell seine Persönlichkeit unbestritten ist und die Schwierigkeit, den Proceßgegner zu finden, nicht besteht. Die Abtheilung hat also einstimmig den ersten Absatz angenommen.

Gegen 1 Stimme nahm sie den zweiten Absatz an. In diesem Absatze wird Ihnen vorgeschlagen, in einem Hauptpunkte, in dem die beiden erstatteten Gutachten, das eine von Herrn Professor Rosin, das andere von mir, übereinstimmen, die Grundzüge des künftigen Rechtes des Erwerbes von Körperschaftsrechten zu fixiren, nämlich das hervorzuheben, daß es unbedingt eines öffentlichen Registers bedarf, eines allgemeinen Vereinsregisters, in welches die Eintragung erlangen können diejenigen freien Associationen, welche nicht einer Specialgesetzgebung (Actiengesellschaftsrecht, Genossenschaftsgesetz u. s. w.) unterworfen sind und nun gewisse Normativbestimmungen erfüllen. Alle Details, die dabei in Betracht kommen, glaubten wir nicht als Sache einer Beschlußfassung des Juristentags ansehen zu können, während die Gutachten manches darüber sagen. Unerledigt blieb die Frage, welches der Inhalt sein soll dieser Normativbestimmungen, wie die Register einzurichten sind, wie die Veröffentlichungen auf Grund der Register, was etwa an Garantien in Bezug auf den corporativen Haushalt bei einzelnen Arten von Vereinen zu fordern ist, wie der Name zu gestalten ist, unter dem die Vereine auftreten (als „eingetragene Vereine“ oder ähnlich) u. s. w. Aber, m. H., hier bestehen keine wirklichen Schwierigkeiten. Es handelt sich nur um den Anschluß an bewährte Vorbilder, an die Register, die wir bereits für einzelne Gattungen von Körperschaften haben.

Unentschieden allerdings blieb bei dem Beschluß der Abtheilung auch ein principieller Punkt, nämlich die Frage, über welche die beiden Gutachten differiren, wie rechtlich die Stellung nicht eingetragener, aber eintragungsfähiger Vereine zu gestalten sei. Das Gutachten von Herrn Professor Rosin will allgemein den Registerzwang durchführen, wie wir ihn jetzt bei Actiengesellschaften haben, einen Registerzwang, der dann der nothwendigen Ergänzung durch den weiteren Satz bedarf, daß, wer für einen nicht eingetragenen Verein handelt, persönlich und solidarisch haftet. Mein Gutachten spricht sich für eine bloß facultative Eintragung aus, wie wir sie bei den Erwerbs- und Wirthschaftsgenossenschaften heute haben, und ich will daher einen Verein schon auf Grund seines bloßen, thatsächlichen Bestandes als ein Rechtssubject anerkennen, wenn er im Leben als ein solches erscheint — ein Zustand, der in Oesterreich, in der deutschen Schweiz und in der thatsächlichen Gestaltung der heutigen Praxis sogar fast in allen Ländern des gemeinen Rechts besteht. Auf die Gründe dieser Meinungsverschiedenheit will ich hier nicht näher eingehen. Ich bemerke nur, daß auch ich einen indirecten Registerzwang insofern vorgeschlagen habe, als ich meinte, es könnte abhängig gemacht werden mit Fug und Recht von der Eintragung in das Register die Befähigung, als Rechtssubject in das Grundbuch eingetragen zu werden, also Eigenthum und dingliche Rechte von Grundstücken zu erwerben. Hierin würde in der That für die Vereine ein starker Antrieb liegen, sich der auch nach meiner Ansicht sehr wünschenswerthen öffentlichen Constatirung ihrer Persönlichkeit zu unterziehen. Ich komme auf diesen Punkt nur zurück, um zu betonen, daß derselbe durchaus unentschieden blieb und als eine der Detailfragen betrachtet werden muß, die noch zu regeln sind. Denn keineswegs wollte ich mit der jetzigen Fassung des Antrages meine Ansicht aufgeben, auf sie verzichten, derselben präjudiciren.

Entschieden ist dagegen in dem Ihnen vorgeschlagenen Beschluß eine andere Differenz der beiden Gutachten, indem das Gutachten von Rosin meint, es bedürfe eines solchen Registers nur für Eintragung von Vereinen mit idealen Zwecken, während mein Gutachten dahin lautet, daß es auch einer Zulassung der Eintragung wirthschaftlicher Vereine bedürfe, sofern dieselben nicht zu handelsrechtlichen oder dem Handelsrecht verwandten gewerblichen Corporationen gehören —, Vereine also zwar für wirthschaftliche Zwecke, aber nicht gerichtet auf kaufmännischen und gewerblichen Geschäftsbetrieb. Die Abtheilung hat sich dafür entschieden, zur näheren Erläuterung in einer Paranthese hinzuzufügen, daß unter den in das Vereinsregister einzutragenden „privatrechtlichen Körperschaften" die beiden erwähnten Kategorien von Vereinen zu verstehen seien.

Auch über die nicht direct gestellte Frage der Aufhebung so entstandener Vereine hat die Abtheilung sich nicht aussprechen zu müssen geglaubt. Doch ist hier darauf hinzuweisen, daß eine richterliche Aufhebung eingetragener Vereine, wenn sie ihre Zwecke in's Unerlaubte wenden oder wenn sie die rechtlich gesetzte Grenze ihrer Lebenssphäre überschreiten, neben der bestehenbleibenden publicistischen Gesetzgebung über Vereinsauflösung zugelassen werden muß.

Es wurde der Abtheilung schließlich noch ein dritter Absatz vorgeschlagen, dieser aber mit Mehrheit abgelehnt. Die Herren erinnern sich vielleicht, daß Versuche einer Regelung der privatrechtlichen Stellung der Vereine im deutschen Reichstage und schon im Reichstage des norddeutschen Bundes im Wesentlichen an dem Widerspruch der Regierungen gescheitert sind, welche fürchteten, daß eine solche Gewährung der Corporationrechte an alle politischen und religiösen Vereine bedenklich sei. Nach dem Vorbilde des sächsischen Gesetzes, das eine solche Clausel hat, wollte ich daher es als zulässig erklären, daß das bürgerliche Gesetzbuch den Landesgesetzen es überlasse, die Eintragung politischer und religiöser Vereine von einer vorherigen staatlichen Genehmigung abhängig zu machen, nicht im vollen Einklange mit der principiellen Auffassung, daß privates und öffentliches Recht sich decken sollen, aber weil ich glaubte, daß die praktischen Aussichten den Regierungen gegenüber günstiger liegen, wenn zunächst den Landesgesetzgebungen diese Befugniß bleibt, von der sie Gebrauch machen können oder nicht. Zugleich meinte ich, daß es zweckmäßig sei, es noch besonders auszusprechen, daß das Landesrecht unberührt bleibt hinsichtlich der geistlichen und religiösen Gesellschaften und Genossenschaften. Die Abtheilung hat sich nicht dafür erklärt, zum Theil aus principiellen Gründen, zum Theil offenbar deshalb, weil man auch dies für eine Detailfrage hielt, die hier nicht zu erledigen sei. Ohnehin bietet auch schon der erste Satz mit seinem Vorbehalt für besondere Körperschaftsgattungen die Möglichkeit, die fraglichen Vereine darunter zu subsumiren. Ich möchte daher nur constatiren, daß die Ablehnung dieses dritten Absatzes keine principielle Bedeutung hat, und ich möchte aus diesem Grunde nun das Plenum ersuchen, dem so einstimmig gefaßten Beschluß der 3. Abtheilung in seinem positiven Theile ihre Zustimmung nicht zu versagen. (Bravo!)

**Präsident**: Ich eröffne die Berathung über den Beschluß der vereinigten 3. und 4. Abtheilung; das Wort hat der Herr Dr. Jacobi.

Rechtsanwalt Dr. **Jacobi** (Berlin): Meine geehrten Herren! Sie haben vom Herrn Referenten gehört, was der 2. Absatz der Ihnen zur

Beschlußfassung unterbreiteten Resolution heißen soll, und was er nicht heißen soll. Meine kurze Bemerkung bezieht sich nur auf den 2. Absatz. Dieser 2. Absatz soll bedeuten, daß die Abtheilung es für notwendig erachtet hat, die Einrichtung eines öffentlichen Registers behufs Eintragung corporativer Privatvereine herbeizuführen. Die Nummer 2 soll nicht darüber entscheiden, vielmehr die Frage offen lassen, inwiefern die Erlangung der Einheitsrechte, der Corporationsrechte seitens eines corporativen Privatvereines abhängig sein soll von der Eintragung oder nicht abhängig.

Die Wichtigkeit der letzteren Frage, über die also jetzt nicht entschieden werden soll, läßt sich mit zwei Worten klar machen. Täglich wird es vorkommen und kommt es vor, daß mit Dritten contrahirt wird auf Grund eines Statuts, aus dem ganz klar hervorgeht, daß die handelnde Person nur als Vereinsvorstand contrahirt und nur Namens der todten Firma; daß also ausgeschlossen werden soll jede persönliche Verhaftung; — daß auf Grund eines solchen Status für einen nicht eingetragenen Privatverein contrahirt wird.

Falls nun das Gesetz sagt: es ist die Rechtsfähigkeit abhängig von der Eintragung, so würde gleichwohl die contrahirende Person — wider Willen des ursprünglichen Contractes — verantwortlich gemacht werden können. Wiewohl man sehr gut weiß, daß sie nur als Vereinsvorstand contrahirt hat, würde ihr die exceptio doli versagt werden müssen; es würde dem dolus und Betruge Vorschub geleistet werden müssen, weil das Gesetz formell sagt, der Verein existirt nicht als corporativer Verein, denn er ist nicht eingetragen. Also diese Frage, ob die Existenz als Corporativverein von der Eintragung abhängig oder nicht, sollte offen gelassen werden; über sie soll, wie der Referent erläutert hat, dieser Absatz 2 der Resolution nicht entscheiden.

Lesen Sie nun aber, wenn ich bitten darf, die Fassung. Diese wird von niemandem füglich anders verstanden werden können, als daß damit in der That diese Frage positiv entschieden wird und zwar in dem Sinne, daß privatrechtliche corporative Vereine die Einheitsrechte nur erlangen durch Eintragung. Bleibt es also bei dieser Fassung, so kann ich nur bitten, diese 2. Nummer abzulehnen; denn sie würde von niemandem anders verstanden werden, als daß das Plenum ebenfalls positiv entschieden hat: es soll die Rechtsfähigkeit corporativer Privatvereine abhängig gemacht werden von der Eintragung, — also gerade in Widerspruch mit dem, was der Referent beabsichtigte, und was auch von der Abtheilung beabsichtigt war.

Wenn sich der Herr Referent dazu entschließen möchte oder wenn das Plenum die Aenderung träfe, in dem zweiten Absatz zu sagen: „Die Privatvereine sollen „mindestens dann“ die Anerkennung erlangen, wenn sie in das Register eingetragen sind“, also nur ein Minimum, dann wäre die Sache erträglicher. — Wenn Sie aber wirklich das treffen wollen, was der Herr Referent nach seiner ausdrücklichen Erklärung und auch die Abtheilung beabsichtigt hat, nämlich nur die Aussprache: es soll ein öffentliches Register überhaupt eingerichtet werden — mit Vorbehalt, welche rechtlichen Folgen davon abhängig sind, — ob z. B. nur Erlangung der Grundbuchfähigkeit davon abhängig ist, was die eigentliche Ansicht des Referenten ist, — da bleibt nichts übrig als den Absatz 2 einfach dahin abzuändern:

„Es soll für die Eintragung der corporativen Privatvereine ein öffentliches Register angelegt werden.“

Das wäre die einfache und allein zutreffende Fassung. Bleibt es also bei der vorliegenden Fassung, so würde ich dem Plenum zur Vermeidung von offenbar drohenden Mißverständnissen nur anheimgeben können, die Nummer 2 abzulehnen.

**Präsident:** Wenn ich Sie recht verstanden habe, so wollen Sie die Fragstellung getrennt haben.

Rechtsanwalt Dr. **Jacobi:** Ueber beide Nummern getrennt abzustimmen.

**Präsident:** Oder wollten Sie eine Modification beantragen?

Rechtsanwalt Dr. **Jacobi:** Ja: „Für die Eintragung privatrechtlicher Körperschaften ist ein öffentliches Register anzulegen.“

**Präsident:** Dann bitte ich den Antrag schriftlich einzureichen.

Es hat sich sonst niemand zum Wort gemeldet: ich schließe die Debatte und gebe dem Herrn Referenten das Wort.

Referent Geh. Justizrath Professor Dr. **Gierke:** Ich gebe vollständig zu, daß Herr Dr. Jacobi mit Recht auf eine gewisse Zweideutigkeit dieses Absatzes hingewiesen hat. Ich glaubte allerdings diese Zweideutigkeit ausgeschlossen dadurch, daß zunächst schon von privatrechtlichen „Körperschaften“ vor ihrer Eintragung die Rede ist und sodann von der Eintragung nicht deren Persönlichkeit, sondern nur „die öffentliche Anerkennung“ dieser Persönlichkeit abhängig erklärt wird. Allein ich muß zugeben, daß eine andere Auslegung möglich ist, wie wir ja gesehen haben. Mir würde es ja nur erfreulich sein, wenn die Versammlung noch einen Schritt weiter gehen und den Antrag des Herrn Dr. Jacobi annehmen wollte, der erklärt: es bedarf der Einrichtung eines öffentlichen Registers, in welches privatrechtliche Körperschaften pp., die nicht unter ein Specialgesetz fallen, auf Grund der Erfüllung von Normativbedingungen einzutragen sind, um die öffentliche Constatirung ihrer Persönlichkeit zu erlangen.

Ich gebe zu, daß das Wort „Anerkennung" in meinem Antrage vielleicht besser durch „Constatirung" ersetzt worden wäre. Also wie gesagt, ich werde einem solchen Antrag nicht widersprechen, sondern für denselben stimmen.

**Präsident:** M. H., ich werde noch den Antrag verlesen. Der Antrag, wie er gedruckt vorliegt, soll also festgehalten werden und bloß eine Modification der Nr. 2 eintreten.

Es würde also heißen:

„Behufs Eintragung der privatrechtlichen Körperschaften, welche nicht unter ein Specialgesetz fallen, ist ein öffentliches Register einzurichten."

Also insoweit würde der Antrag in der Fassung der Abtheilung aufrecht erhalten auch von Ihnen?

Justizrath **Makower** (Berlin): M. H.! Es fällt etwas sehr Wesentliches von demjenigen durch, was der Herr Referent mitentscheiden wollte, ob nämlich Concessionspflicht oder Normativbestimmungen zu verlangen seien. Der Herr Referent wollte das letztere. Dadurch entsteht ein sehr wichtiger Satz für die Gestaltung der Sache. In der Fassung, wie jetzt die Sache vorgeschlagen ist, fällt die ganze Frage durch. So ist der Antrag auch nicht annehmbar, sondern man muß ihn sorgfältig redigiren.

Geh. Justizrath Professor Dr. **Brunner** (Berlin): Ich glaube, daß wir bei der Fassung der Abtheilung stehen bleiben können. Es hat immer etwas Mißliches, einen formulirten Antrag einer Abtheilung auf Grund eines Vorschlags, der während der Verhandlungen im Plenum gestellt wird, abzuändern.

Wenn man den Satz juristisch liest, so ist weiter nichts gesagt, als daß privatrechtliche Körperschaften die Anerkennung ihrer juristischen Persönlichkeit durch Eintragung in das Register erlangen können. Es ist damit nicht gesagt, daß das nur auf diesem Wege möglich ist; die Körperschaft kann deshalb noch immer auch auf einem andern Wege die Anerkennung ihrer Persönlichkeit erlangen. Wenn ich nicht irre, liegt die Sache ähnlich im schweizerischen Bundesgesetz über das Obligationenrecht. Es ist da gesagt, daß Vereine das Recht der Persönlichkeit erlangen können, durch Eintragung in ein Register, und es ist daneben dem cantonalen Rechte vorbehalten, zu regeln, ob nicht die juristische Persönlichkeit auf andere Voraussetzungen hin anzuerkennen ist.

Referent Geh. Justizrath Professor Dr. **Gierke** (Berlin): M. H.! Ich möchte nur für das Letztgesagte noch anführen, daß ja z. B. immer die Möglichkeit offen bleiben soll, daß eine Körperschaft durch specielle Concession des Staates Körperschaftsrechte erlangt. Das wollen wir nicht ausschließen. So bliebe z. B. auch die jetzt dem Reiche beigelegte Befugniß, Innungsverbänden und Kolonialgesellschaften Persönlichkeit zu verleihen, unberührt. Wäre in der vorgeschlagenen Resolution die Bezeichnung der Eintragung als des ausschließlichen Weges zum Erwerb der Körperschaftsrechte zu finden, so wäre damit auch der Fortbestand eines staatlichen Verleihungsrechtes unvereinbar. Dies wird niemand herauslesen. Außerdem aber glaube ich, daß die Constatirung des Sinnes jenes Satzes an dieser Stelle genügt, um etwaige künftige Zweifel über die Auslegung unseres Beschlusses auszuschließen.

Rechtsanwalt, Docent Dr. **Jacobi** (Berlin): Es wird vielfach gewünscht, die jetzige Formulirung beizubehalten und nur einzuschalten die Worte „mindestens dann", also zu sagen:

> Privatrechtliche Körperschaften, welche nicht unter ein Specialgesetz fallen — Vereine für ideale Zwecke und wirthschaftliche Vereine, wenn sie nicht auf einen käufmännischen oder gewerblichen Geschäftsbetrieb gerichtet sind, — erlangen die öffentliche Anerkennung ihrer Persönlichkeit mindestens dann, wenn sie auf Grund gesetzlicher Normativbestimmungen in ein, von den Gerichten geführtes Vereinsregister eingetragen sind.

Damit würde sich vielleicht auch der Herr Referent einverstanden erkären.

**Präsident:** Ich darf wohl annehmen, daß der Antrag, den Sie schriftlich eingereicht haben, zurückgezogen ist?

(Dr. Jacobi bejaht.)

Ich kann nunmehr die Debatte schließen, da sich niemand mehr zum Wort gemeldet hat.

Wir kommen zur Abstimmung über Satz 1 des Abtheilungsbeschlusses. Er lautet:

> Das bürgerliche Gesetzbuch hat unter Vorbehalt der besonderen Reichs- und Landesgesetze über einzelne Körperschaftsgattungen, allgemeine Bestimmungen über Erwerb und Verlust der Körperschaftsrechte zu treffen.

Auch dieser erste Absatz ist ja für sich zur Abstimmung zu bringen.

Ich bitte die Herren, die sich für denselben aussprechen wollen, sich zu erheben. (Geschieht.)

Nahezu einstimmig. (Zuruf: Einstimmig!)

Ich glaube also annehmen zu können: einstimmig.

Der zweite Satz der Nr. 1 lautet:

> Es hat dabei das Princip der freien Körperschaftsbildung zu Grunde zu legen.

Die Herren, welche sich dafür aussprechen wollen, bitte ich, sich zu erheben. (Geschieht.)

Ebenfalls einstimmig angenommen.

In Bezug auf Nr. 2 bemerke ich, daß ich zunächst die Formulirung des Beschlusses der Abtheilung zur Abstimmung bringen werde. Falls diese Formulirung abgelehnt wird, ist die Sache ja erledigt; wird diese Formulirung aber angenommen, so bringe ich noch zur Abstimmung den Antrag des Herrn Dr. Jacobi: „mindestens dann". Also die Herren werden es aufgefaßt haben zuerst so, daß die Anerkennung durch Normativbedingungen erlangt wird und daß demnächst noch der Beschluß vorbehalten ist „mindestens dann" hinzuzufügen.

Also zunächst wird abgestimmt über die Nr. 2 in der Fassung des Beschlusses der Abtheilung:

> Privatrechtliche Körperschaften, welche nicht unter ein Specialgesetz fallen — Vereine für ideale Zwecke und wirthschaftliche Vereine, wenn sie nicht auf einen kaufmännischen oder gewerblichen Geschäftsbetrieb gerichtet sind, — erlangen die öffentliche Anerkennung ihrer Persönlichkeit, wenn sie auf Grund gesetzlicher Normativbestimmungen in ein, von den Gerichten geführtes Vereinsregister eingetragen sind.

Landrichter **Dove** (Frankfurt a. M.) zur Geschäftsordnung: M. H., ich würde doch bitten, in umgekehrter Reihenfolge abzustimmen: erst über das Amendement für den Fall, daß Nr. 2 angenommen wird. Denn es könnte doch sein, daß jemand nur mit diesem Amendement für die Nr. 2 stimmen will und sich nicht dazu entschließen kann, wenn dieses Amendement nicht angenommen wird. Insofern scheint es mir richtiger zu sein, zuerst eventuell über das Amendement und dann erst über die Nr. 2 abzustimmen.

**Präsident:** Ich halte es für sehr gleichgültig; ich glaube, es wird sich auf beide Arten machen lassen, denn es soll ja ein selbständiger Beschluß sein. Wenn aber die Herren irgendwie glauben, daß die Sache dadurch abgekürzt wird, dann werde ich zunächst abstimmen lassen über den Antrag Jacobi und zwar nur eventuell, für den Fall, daß Nr. 2 überhaupt angenommen wird.

Die Herren, welche den Zusatz

„mindestens dann"

eventuell annehmen wollen, bitte ich, sich zu erheben. (Geschieht).

Der Antrag ist abgelehnt.

Ich bringe Abs. 2 zur Abstimmung, und bitte die Herren, welche sich dafür erklären wollen, sich zu erheben. (Geschieht).

Der unveränderte Satz der Abtheilung ist mit großer Mehrheit angenommen.

Wir kommen zur Frage 11 über die Prüfung der Wahlen für die öffentlichen Körperschaften.

Herr Dr. Jaques-Wien, der den Bericht übernehmen wollte, ist plötzlich abgerufen worden und hat Stettin verlassen. An seiner Stelle wird Herr Präsident v. Köstlin die Güte haben, den Bericht zu erstatten.

Referent Staatsrath **von Köstlin** (Stuttgart): M. H., die Frage:

> empfiehlt es sich, die Prüfung der Wahlen für gesetzgebende Körperschaften als eine richterliche Thätigkeit anzuerkennen?

wurde in der Abtheilung beantwortet von zwei Referenten, dem Herrn Dr. Jaques-Wien und dem Herrn Amtsrichter Francke-Berlin. Beide Referenten stellten übereinstimmend den Antrag, auszusprechen:

> Die Prüfung angefochtener Wahlen für die gesetzgebenden Körperschaften ist als eine richterliche Thätigkeit anzuerkennen. Die sicherste Bürgschaft für deren entsprechenden Vollzug wäre in der Rechtsprechung eines Wahlprüfungsgerichtshofes gelegen.

In der Abtheilung erklärte sich ein Mitglied, Herr Dr. Beckh, principiell gegen diesen Antrag, dagegen wurde von einem andern Mitgliede, Herrn Justizrath Petiscus, geltend gemacht, daß der Juristentag überhaupt nicht zuständig sei, über politische Fragen zu berathen und zu beschließen, und der Antrag gestellt, wie er auf der Tagesordnung Ihnen gedruckt vorliegt, über die Frage 11 zur Tagesordnung überzugehen.

Diese Tagesordnung wurde von der Majorität der Abtheilung beschlossen, ich glaube aber beifügen zu dürfen, daß, soviel mir bekannt, viele der Herren für diese Tagesordnung nicht sowohl aus Gründen der Incompetenz, als aus Gründen der Inopportunität gestimmt haben. (Heiterkeit. Bravo!)

**Präsident:** Wir können nun übergehen zur Frage 12, eine Ergänzung des Strafgesetzbuches dahin, daß der Verrath an Geschäfts- und

Fabrikgeheimnissen unter dem Gesichtspunkt der Untreue als Vergehen strafbar sei.

Herr Kammergerichtsrath Dr. Olshausen wird hierüber Bericht erstatten, sowie gleichfalls über die Frage 13, die noch nicht auf der Tagesordnung steht, weil der Beschluß erst heute morgen gefaßt worden ist. Die Abtheilung hat beschlossen, dem Plenum zur Kenntnißnahme folgenden Beschluß mitzutheilen:

> Eine specielle Bezeichnung einzelner Delicte, auf welche die principale Privatklage auszudehnen, empfiehlt sich nicht. Die Frage, welche Ausdehnung dem Privatklageverfahren bei einer etwaigen Reform des Strafgesetzbuches zu geben sei, erheischt vielmehr eine principielle Lösung.

Referent Kammergerichtsrath Dr. **Olshausen** (Berlin): M. H.! Mir ist der Auftrag geworden, Sie zu unterrichten über die Resultate der Beschlüsse der III. Abtheilung über zwei Fragen strafrechtlichen Inhalts. Es handelt sich zunächst darum, ob es rathsam sei, das Strafgesetzbuch dahin zu ergänzen, daß der Verrath an Geschäfts- und Fabrikgeheimnissen als Vergehen strafbar sei. Der Gutachter, Herr Oberbürgermeister Dr. André zu Chemnitz, hatte sich mit Entschiedenheit für die Verneinung dieser Frage ausgesprochen. Er machte geltend, wenn ich von Minderem absehe, namentlich zweierlei. Er stellte den Privatinteressen gegenüber das Interesse der Allgemeinheit, dahingehend, daß möglichst wenig Geheimnisse im Fabrikwesen seien, daß die Gemeinheit nur dadurch gewinnen könnte, wenn die einzelnen Fabricationsweisen in weitesten Kreisen Kenntniß erlangten. Dann aber wurde hervorgehoben, daß die Formulirung einer strafrechtlichen Bestimmung außerordentlich schwer sein würde. Es würden die Gerichte sich wesentlich gebunden fühlen, wenn eine solche Bestimmung gegeben würde, durch das Gutachten von Sachverständigen; der Sachverständige werde somit Gesetzgeber werden. Auch in der Abtheilung fanden sich zwei Herren, welche principiell die Frage nach der Ausdehnung des Schutzes gegen den Verrath von Fabrik- und Geschäftsgeheimnissen verneinten. Der eine der Herren machte namentlich geltend, daß bei der Entstehung unseres jetzigen Reichsstrafgesetzbuchs von keiner Seite das Bedürfniß nach einer solchen strafrechtlichen Bestimmung angeregt worden sei. Der andere der Herren wies besonders darauf hin, daß die Patentgesetzgebung ausreichenden Schutz gebe und kein Bedürfniß vorliege, einen weiteren Schutz zu gewähren, als er durch das bereits bestehende Patentgesetz gegeben wäre.

Dem gegenüber nahm der Referent einen principiell abweichenden Standpunkt ein, und er empfahl, die Frage, wie sie von der ständigen

Deputation gestellt ist, zu bejahen. Das war die Hauptsache. Es wurde aber gleichzeitig durch einen zweiten Antrag der Abtheilung Gelegenheit gegeben, sich auch über die Grenzen auszulassen, innerhalb welcher ein solcher Schutz zu gewähren sei. Es wurde in diesem zweiten Theile des Antrags des Referenten ausgesprochen, daß der Schutz einerseits zu gewähren oder, wenn man will, zu beschränken sei gegen den Verrath, der ausgehe von den Angestellten und Arbeitern einer Fabrik oder eines Geschäftes, während sie noch in Diensten der Fabrik ständen, und zwar insofern der Verrath während dieser Zeit mindestens eingeleitet sein müsse, dann aber, daß es nothwendig sei, einen Schutz zu gewähren gegen den Verrath, begangen seitens aller derjenigen Personen, die auf Grund gesetzlicher Bestimmungen, also namentlich auch auf Grund amtlicher Eigenschaft von Fabrik- und Geschäftsgeheimnissen Kenntniß erhalten hätten.

Die große Mehrheit der Redner stellte sich auf die Seite des Referenten. Einer der Herren freilich, welcher mit Entschiedenheit anerkannte, daß ein Schutz erforderlich sei, hielt die Frage mit Rücksicht auf die mancherlei Zweifel, die nach der einen oder andern Richtung sich ergäben, noch nicht für spruchreif und stellte den Antrag, die Sache von der Tagesordnung abzusetzen und der Beschlußfassung des nächsten Juristentages zu unterbreiten. Die überwiegende Mehrheit der Abtheilung war aber anderer Ansicht; sie entnahm aus dem Material, welches bereits dem Gutachten des Herrn Oberbürgermeisters Dr. André beigefügt war, sowie aus den Anführungen, wie sie im Laufe der Debatte zur Erörterung kamen, daß in der That ein, man kann wohl sagen, empörender Mißbrauch seitens der Angestellten getrieben wird und daß eine Reaction gegen diesen Mißbrauch nicht ausreichend geschehen könne bloß durch civilrechtlichen Schutz, sondern daß ein strafrechtlicher Schutz gegeben werden müsse.

Bei dieser Sachlage kam es weniger darauf an, zu erörtern, ob schon die heutige Gesetzgebung in den meisten Landestheilen Deutschlands einen hinreichenden civilrechtlichen Schutz gewähre, oder ob nach den Bestimmungen des Entwurfs des bürgerlichen Gesetzbuchs in Zukunft ein solcher zu erwarten sei, sondern, wie gesagt, es wurde unabhängig davon der Satz ausgesprochen: es ist rathsam, daß das Strafgesetzbuch dahin ergänzt wird, daß das Fabrik- und Geschäftsgeheimniß gegen Verrath geschützt werde. Es wurde kein Unterschied gemacht zwischen dem Schutz des Fabrik- und des Geschäftsgeheimnisses. Es wurde nicht, wie von mancher Seite vertreten wird, der Schutz nur des Fabrikgeheimnisses empfohlen, sondern gleichzeitig auch der des Geschäftsgeheimnisses. Es wurde darauf hingewiesen, daß die Gesetzgebungen bedeutender Kulturstaaten Europas einen solchen Schutz, sei es nach beiden Richtungen oder nach einer Richtung hin gewähren; es wurde aber namentlich auch hervorgehoben, daß zahlreiche deutsche Gesetzgebungen vor der Codification unseres Strafrechts einen solchen Schutz jahrelang gewährt hatten. Damit schien auch der Einwand beseitigt, daß es schwer sein würde, eine hinreichend bestimmte Formulirung zu finden. Die überwiegende Majorität der Abtheilung war aber nicht geneigt, auf eine weitere Specialisirung einzugehen außer im Sinne eines noch von einer Seite gestellten Antrages, die Richtung zu charakterisiren, in welcher dieser strafrechtliche Schutz gegeben werden könne. Demgemäß fand bei der Abstimmung, nachdem Satz 1 des Referenten angenommen war, auch das dahin gehende Amendement Annahme, daß es sich empfehle, den Verrath von Fabrik- und Geschäftsgeheimnissen als „Untreue" zu bestrafen.

Indem der Referent annahm, daß hiermit wesentlich, wenn auch nicht völlig das gedeckt sei, was er selbst mit der Specialisirung hatte angeben wollen, da die von ihm specialisirten Fälle in der That als solche der Untreue sich charakterisirten, obgleich Untreue keineswegs identisch sein wird mit bloßem Contractbruch, zog er seinen Antrag auf Annahme des Satzes 2 zurück, und es ging demgemäß der mit großer Mehrheit gefaßte Beschluß der Abtheilung III dahin:

> Es ist rathsam, das Strafgesetzbuch dahin zu ergänzen, daß der Verrath an Geschäfts- und Fabrikgeheimnissen unter dem Gesichtspunkte der Untreue als Vergehen strafbar sei.

Man darf wohl annehmen, daß dieser Antrag dem Bedürfniß eines großen Theiles der Bevölkerung entgegenkommt und deshalb auch weithin Billigung finden wird.

Es handelte sich dann noch um einen Gegenstand, der erst heute zur Berathung kam, nämlich, ob es rathsam sei, die principale Privatklage auf die Körperverletzungen des § 223a Strafges. sowie auf Sachbeschädigung und Hausfriedensbruch auszudehnen?

Es liegt hier ein Gutachten des Herrn Reichsanwalts Stenglein vor. Dieser bejahte die Frage theilweise, verneinte sie aber bezüglich der Ausdehnung auf die Fälle der sogenannten gefährlichen Körperverletzung. Andererseits aber ging er weiter und bezeichnete noch eine Anzahl Delicte, von denen er es als wünschenswerth charakterisirte, daß auch sie auf Privatklage und zwar principale Privatklage verfolgt werden könnten.

Es referirten zwei Herren in der Abtheilung, von denen der eine die Frage, wie sie seitens der Deputation gestellt war, bejahte, während der andere mit Entschiedenheit für die Verneinung plädirte. Der letztere

Herr vertrat eben den principiellen Standpunkt, daß sich die Ausdehnung des Privatklageverfahrens überhaupt nicht empfehle. Die Mehrheit der Abtheilung erachtete jedoch dafür, daß, kurz zu sagen die Frage noch nicht spruchreif sei. Es zeigte sich eine Scheu dagegen, hier diese einzelne Frage herauszugreifen und eine Anzahl Delicte, sei es die oder die, zu nennen, bei denen wohl das Privatklageverfahren zulässig oder wünschenswerth sei, sondern man sagte sich, daß in Zukunft bei einer im Laufe der Zeit bevorstehenden Reform des Strafprocesses gerade die Frage der Regelung und Ausdehnung des Privatklageverfahrens von ganz besonderer Bedeutung sein würde. Es wurde die Ansicht vertreten, daß doch nicht nur der strafrechtliche Gesichtspunkt von Einfluß sei, sondern auch politische Momente ausschlaggebend sein würden, wie sie es für die Gestaltung manches Punktes des Strafverfahrens gewesen sind. Es wurde deshalb aus der Abtheilung heraus ein Antrag gestellt, welcher die Frage weder bejahte, noch verneinte, noch andere Delicte bezeichnete, bei welchen ein Privatklageverfahren wünschenswerth sei, sondern aussprach, eine solche specielle Bezeichnung sei bei der jetzigen Lage der Sache überhaupt nicht opportun. Sodann wurde durch einen weiteren zweiten Satz dieses Antrags ausgesprochen, daß die Frage bei der demnächstigen Reform des Strafprocesses überhaupt eine principielle Lösung erheische. Dagegen wurde anerkannt, daß für diese principielle Lösung heute noch nicht genügendes Material vorliege. Es war die Frage in dieser Weise noch nicht zur Erörterung gestellt und deshalb hat man Abstand genommen, etwa durch einen dritten Satz auszusprechen, welche Gesichtspunkte dafür maßgebend seien, da die Frage noch nicht spruchreif sei. In dieser Weise hat die III. Abtheilung heute ihre Arbeiten erledigt. (Bravo!)

**Präsident:** Der erste Gegenstand unserer heutigen Tagesordnung, Beschlüsse der Abtheilungen, ist erledigt. Wir gehen über zum 2. Hauptgegenstand, Wahl der Mitglieder der ständigen Deputation. Unser Statut schreibt § 10 vor, daß diese Wahl entweder durch Acclamation oder in einem Scrutinium durch Stimmzettel erfolgen könne. Nach unserer bisherigen Uebung ist ausnahmslos Wahl durch Acclamation beliebt worden und zur Zusammenstellung einer Liste sind Vertrauensmänner in den Abtheilungen gewählt, wie § 10 vorgesehen ist. Diese Vertrauensmänner sind heute zusammengetreten und ich schlage Ihnen vor, bei der bisherigen Uebung zu bleiben, die Liste, die ich Ihnen jetzt mittheilen werde, durch Acclamation anzunehmen und damit die Wahl zu erledigen. Die Vertrauensmänner schlagen vor: von den bisherigen Mitgliedern der ständigen Deputation ausscheiden zu lassen die Herren Prof. Dr. Hiller,

Landgerichtspräsident Hopmann, Landgerichtspräsident Kleiner und auf seinen dringenden Wunsch Herrn Reichsgerichtsrath Dr. Petersen.

Ein Mitglied der Deputation ist weggefallen und es würden also 5 neue zu wählen sein. Nach den Statuten habe ich auszuscheiden als Präsident des Plenums, indem das Statut bestimmt, daß ich der ständigen Deputation für diesmal als Ehrenpräsident anzugehören habe. Der Herr v. Gneist aber, welcher bisher der Ehrenpräsident war, würde damit, wenn er nicht wiedergewählt würde, von der Deputation ausgeschlossen sein. Das kann offenbar nicht die Meinung der Versammlung sein.

Nun schlagen die Vertrauensmänner vor, folgende Herren in die ständige Deputation jetzt zu wählen — ich lese die einzelnen Namen Ihnen vor und werden Sie daraus die Zusammensetzung ersehen:

Herrn Wirklichen Geh. Oberjustizrath Dr. v. Gneist zu Berlin, Herrn Justizrath Anschütz in Leipzig, Herrn Landgerichtspräsident Becker in Oldenburg, Herrn Professor Dr. Brunner in Berlin, Herrn Professor Dr. Enneccerus in Marburg, Herrn Rechtsanwalt Dr. Heinsen in Hamburg, Herrn Oberlandesgerichtspräsident Bardeleben in Celle, Herrn Geh. Justizrath Professor Dr. Eck in Berlin, Herrn Geh. Justizrath Professor Dr. Gierke in Berlin, Herrn Justizrath Levy in Berlin, Herrn Professor Dr. Pfaff in Wien, Herrn Oberlandesgerichtssenatspräsident v. Köstlin in Stuttgart, Herrn Justizrath Makower in Berlin, Herrn Rechtsanwalt Dr. Mörschell in Würzburg, Herrn Reichsanwalt Stenglein in Leipzig, Herrn Oberlandesgerichtssenatspräsident v. Stößer in Karlsruhe, Herrn Oberlandesgerichtsrath Thomsen in Stettin, Herrn Geheimen Justizrath v. Wilmowski in Berlin, Herrn Hof- und Gerichtsadvokat Dr. Jaques in Wien.

Das sind 19 Herren, die außer mir die ständige Deputation für den nächsten Juristentag bilden. Soll diese Liste durch Acclamation angenommen werden? (Zustimmung.)

Dann ersuche ich die Herren, welche nunmehr die ständige Deputation bilden, sich nach dem Schluß der Plenarberathung in diesem Locale versammeln zu wollen, um dem Statut gemäß aus ihrer Mitte einen Vorsitzenden, einen Schriftfrührer und einen Cassirer zu erwählen und sich damit zu constituiren. Ich habe nämlich der Versammlung die Mittheilung zu machen, daß der Herr Geh. Justizrath v. Wilmowski, der bisher das Amt eines Schriftführers und zwar seit 14 Jahren geführt hat, uns dringend gebeten hat, ihn von diesem Amte zu dispensiren.

Ich nehme hieraus Veranlassung, und ich glaube im Sinne des Juristentages zu handeln, wenn ich Herrn Geh. Justizrath v. Wilmowski für die umsichtige, aufopferungsvolle und treue Amtsführung den Dank der Versammlung ausspreche. (Bravo!)

Ich bitte also die Herren, gleich nach Beendigung der Sitzung sich hier zusammenzufinden und die Constituirung vorzunehmen.

Damit würde ich kommen zu dem dritten Hauptpunkt: Geschäftliche Mittheilungen, und da haben wir zunächst entgegenzunehmen die Mittheilung über den Stand unserer Casse, welche uns Herr Justizrath Makower geben wird.

Justizrath **Makower** (Berlin): Sie wird sehr kurz und erfreulich sein. Wir haben etwa 700 Mk. Schulden und besitzen ein Vermögen von 41 550 Mk. in Werthpapieren, namentlich Pfandbriefen. Die nähere Rechnung wird Ihnen mit den Verhandlungen gedruckt zugehen; ich will Sie damit nicht aufhalten. (Bravo!)

(Es folgen Mittheilungen des Präsidenten über eingegangene Briefe und Telegramme.)

**Präsident:** Damit sind die Gegenstände unserer heutigen Berathung erschöpft. Indessen bitte ich die Herren, mir zu gestatten, noch zum Schluß Namens des Juristentages den Dank an die Stettiner auszusprechen, welche uns so gastfrei und so glänzend aufgenommen haben. (Bravo!) Wir danken dem Herrn Oberpräsidenten für das Interesse, welches er unseren Arbeiten gewidmet hat, sowie den übrigen Herren, welche die Vorbereitungen zum Juristentage geleitet haben, insbesondere dem Ortscentralausschuß und den Specialausschüssen, von den letzteren aber insbesondere dem Vergnügungsausschusse, der uns ja beinahe zu viel geboten hat.

Der diesjährige Juristentag ist über mein Erwarten zahlreich besucht. Ich fürchtete, daß das schlechte Wetter dieses Sommers und die nördliche Lage Stettins viele vom Besuche abhalten würde, es ist aber der Besuch zahlreicher als in Wiesbaden, und das ist immerhin schon anzuerkennen. Aber indem ich den Herren, die den Juristentag in dieser Weise mitgemacht haben, meine Anerkennung ausspreche, habe ich doch noch besonders hervorzuheben, daß wir nicht umsonst gekommen sind. Denn eine solche Aufnahme, wie sie nicht bloß aus den genannten officiellen Kreisen, sondern von der gesammten Bevölkerung uns geboten worden, haben wir kaum auf einem anderen Juristentage zu rühmen gehabt. Auch dafür danken wir. (Bravo!)

Damit schließe ich.

Staatsrath **v. Köstlin** (Stuttgart): Ich glaube im Sinne der Versammlung zu sprechen, wenn ich unserem verehrten Herrn Präsidenten für seine vortreffliche Geschäftsleitung unseren aufrichtigsten Dank sage. Er hat nicht bloß als Vorsitzender wieder seine hingebende Treue für unsere Sache documentirt, sondern er hat auch an den Referaten, sowohl in der Abtheilung als im Plenum sich in hervorragender Weise betheiligt.

Ich darf wohl annehmen, daß ich in Ihrem Sinne handle, indem ich Sie bitte, sich zum Beweise unserer dankbaren Anerkennung zu erheben.

(Die Versammlung erhebt sich.)

**Präsident:** Ich danke Ihnen, m. H., nun schließe ich die Verhandlungen definitiv.

(Schluß der Sitzung 1 Uhr 45 Minuten.)

Druck von Leonhard Simion, Berlin SW.